陳垣《元西域人華化考》創作歷程

用稿本說話

陳智超／編著

上

國家圖書館出版社

圖書在版編目（C I P）數據

陳垣《元西域人華化考》創作歷程——用稿本說話（全二冊）/ 陳智超 編著 —北京：國家圖書館出版社，2008.8

ISBN 978-7-5013-3649-4

Ⅰ. 陳...　Ⅱ. 陳...　Ⅲ. ①古代民族—民族歷史—研究—中國—元代 ②元西域人華化考—研究　Ⅳ. K289

中國版本圖書館 C I P 數據核字（2008）第 119604 號

書名　陳垣《元西域人華化考》創作歷程——用稿本說話（全二冊）

著者　陳智超 編著

出版　國家圖書館出版社（100034 北京市西城區文津街 7 號）

發行　(010)66139745，66175620，66126153

66174391（傳真），66126156（門市部）

E-mail　cbs@nlc.gov.cn（投稿）　btsfxb@nlc.gov.cn（郵購）

Website　www.nlcpress.com

經銷　新華書店

印刷　河北三河弘翰印務有限公司

開本　850 × 1168 毫米　1/16

印張　86

版次　2008 年 8 月第 1 版　2008 年 8 月第 1 次印刷

書號　ISBN　978-7-5013-3649-4/K·1693

定價　690 圓

總目

散稿

元西域人華化考餘料（選載）……五〇四

元事雜鈔（選載）……五〇九

贍思遺文（選載）……五一七

油印稿本……五二五

排印本修改散稿及資料

《元西域人華化考》創作歷程

出版一部圖文並舉的援庵先生稿本，反映他的著作的創作歷程，是編著者多年的願望。《元西域人華化考》成為首選。

緣起

就科學研究而言，結論固然重要，求得結論的過程也同樣重要。在某些情况下，過程甚至比結論更爲重要。這是因爲，結論總是針對某一特定問題的，問題有大有小，意義有重有輕，而且具體結論可能會被超越；而從研究實踐過程中總結出來、並經過檢驗的方法，却是有普遍指導意義的。即使結論有誤，如果過程清楚，也可以比較容易發現錯誤出在哪一個環節，從而找出致誤的原因，總結教訓。

陳垣（援庵）先生一貫重視收集名家的著作手稿。他最重視的手稿藏品是清代錢大昕的《廿二史考異》和王念孫的《廣雅疏證》（現均藏首都博物館）。他認爲，通過這些前輩的著作手稿來研究他們的創作、修改過程，可以從中領悟他們的方法。他也常將自己的著作手稿交給兒子和學生學習。他在家書中還説：『得校對職，佳事也。若能遇到主稿者係好手，則大可學文。聞從前温雄飛先生即由此學得主筆先生作文改稿之法，居然能爲桐城派之文，要在自己能留心耳。』

多年以來，我就有出版一部圖文並舉的援庵手稿的願望。圖版部分，即是影印這部著作的稿本；文字部分，則是我對這部著作創作過程的論述。這次選定《元西域人華化考》手稿，是基於以下的理由：

第一：這是他前期的代表作。它奠定了援庵先生作爲世界級學者的地位。發表以後，經過八十多年的檢驗，證明它無愧爲一部學術經典。

第二：份量適中。如果篇幅過大，將會增加讀者的負擔；篇幅偏小，不足以全面展示他的方法。本書正文約八萬字，印出的稿本千餘頁，對有志於學的讀者而言，是一部合適的教材。

第三：留存的手稿資料比較完整。包括醞釀題目，確定提綱，收集資料，考證材料，得出結論，聯綴成文，不斷完善，這樣一個創作的全過程。

目的

本書的文字部分，是編著者對《元西域人華化考》成書史的論述，目的是幫助讀者較快找到理解原著創作方法的門徑。

援庵先生當年研習錢大昕、王念孫手稿的時候，並没有人給他作指導，他把自己的手稿交給子弟學習時，也没有作説明。那末，今天影印《華化考》稿本時，我爲什麽要對它創作過程作詳細的論述呢？我的論述究竟要達到什麽樣的目的？包括哪些内容呢？

援庵先生没有家學，没有師承，自學成才。他所以能取得如此輝煌的成就，憑藉的是他的天賦和勤奮，以及科學的方法。他的天賦一般人是很難達到的，但他的勤奮精神和科學方法，只要努力是可以學習得到的。他雖然没有給子弟作説明，但他們在學習手稿時如有疑難，可以得到他口頭或書面的具體指導，家書也從一個方面反映了這種情況。哲人已萎。我現在所做的，就是幫助讀者在學習過程中，盡可能少走彎路，較快找到理解原著創作方法的門徑。我給自己的定位是導讀，而不是代讀。我爲讀者保留了比較大的研讀空間，讀者可以根據自己的水平、興趣、需要，有重點地進行學習、研究，並在此基礎上有所發展，有所創新。

從根本上説，我的論述就是要盡量復原本書創作的全過程。援庵先生並没有專就《華化考》的寫作逐日記録他的進度，這就需要盡量收集有關材料，對它們進行分析、考證，確定它們在本書創作過程中的位置與作用，並作必要的詮釋。

資料基本完整

《元西域人華化考》稿本及有關資料，經過多年搜集與整理，基本完整。這就爲全面理解《華化考》的創作過程，打下良好的基礎。

現在留存的《華化考》稿本資料包括以下十二種：

一、提綱本：一册，紅格，高二五・六厘米，寬一七・〇厘米，每半頁十行，每頁中縫印有『衆議院普通用紙』七字。封面有援庵手書『十一年九月始』六字。開始十頁爲有關回回、大食的材料。第十一頁開始爲《華化考》手稿，包括題目、提綱等。

二、西域華化考史料：三册，混用兩種大小接近的稿紙，均爲紅格，一種中縫印有『衆議院』三字，高二七・二厘米，寬二〇・二厘米，每半頁六行，每行二十五字；另一種中縫無字，高二七・四厘米，寬二〇・二厘米，每半頁十行，每行二十五字。封面分别有援庵手題『西域華化考史料』上、中、下及『十二年十一月』等字。

三、元西域人華化考餘料：一册，紅格，用紙與上同，封面有援庵手書『元西域人華化考餘料』。

四、散稿若干頁，大小不等，書寫時間亦不同。

五、元事雜抄：一册，紅格。爲『勵耘書屋』專用稿紙，高二八・三厘米，寬二〇・二厘米。每半頁十行，每行二十五字。封面有援庵手書『元事雜抄』四字，封裏手書『十二年一月四日』。

六、瞻思遺文：一册，紅格。用紙同『西域華化考史料』第二種用紙。封面有援庵手書『瞻思遺文』及『十二年八月廿四日』兩行。

七、證類本草海藥輯、李珣海藥本草輯：合訂爲一册，紅格。高二五・〇厘米，寬一四・八厘米。每半頁八行，每行二十二字。標題爲援庵手書。

八、《元西域人華化考》油印稿本上下册（複印本）。封面爲援庵手書『桑原騭藏先生指正　陳垣敬呈　十二年十二月』。目録首頁鈐『京都帝國大學圖書』和『桑原文庫　桑原武夫氏寄贈』印。

九、《元西域人華化考》排印本：上下兩册。上册刊載於北京大學《國學季刊》第一卷第四號，時爲一九二三年十二月；下册刊載於《燕京學報》第二期，時爲一九二七年十二月，與上册發表的時間相隔整整四年。

十、《元西域人華化考》木刻本：上下兩册。鋟版時間爲一九三四年冬。爲《勵耘書屋叢刻》第一集第一種。張宗祥題籤，卷首有陳寅恪序。這個木刻本的英譯本，作爲《華裔學志叢書》之一，一九六六年和一九八九年先後在美國和德國出版。

十一、《元西域人華化考》修訂付印本：一册。一九六三年，作者與中華書局簽訂了排印出版《華化考》的約稿合同，爲此，又對木刻本作了一些修訂。修訂主要在兩方面，一是新增材料，一是修改某些提法。在當時的政治氣氛下，出版方後來以該書有『涉外問題』爲由，終止出版。

十二、《元西域人華化考》導讀本。主要根據一九六三年作者的修訂本，我寫了導讀，上海古籍出版社於二〇〇〇年出版。時距作者去世已經二十九年了。

以上十二種材料，有些原已裝訂成册，並集中在一起，如二、三項的『西域華化考史料』和『元西域人華化考餘料』。有些則經過多年的尋訪才找到的。

散稿若干頁，分散在各種資料中，隨着我對援庵著作認識的加深，知道哪些材料確與《華化考》有關，因此把它們集中在一起。

特别是第八項的《華化考》油印稿本，最早得知消息是在一九九〇年十二月在廣東江門市舉行的『紀念陳垣教授誕生一百一十週年國際學術研討會』上。日本京都大學竺沙雅章教授在會上介紹了援庵贈與日本桑原騭藏教授的《華化考》油印稿本，此本現藏日本京都大學文學部東洋史研究室。自此以後，我一直在國内尋找這個稿本，但都没有結果。二〇〇六年一月，我到大阪參加一個國際學術研討會，閉會以後，專程前往京都，參觀了京都大學東洋史研究室的桑原文庫，看到了幾部援庵題贈桑原的著作，包括這部已知僅存的稿本。又承夫馬進教授的厚誼，贈我以全份影印件。油印稿本上有桑原加的批語及圈點。

根據現已收集到的材料，可以斷言，《元西域人華化考》一書的原稿和相關資料，基本齊全；但也可以斷言，小部分已散失了，散失的原因，將在下文分析。

創作、修訂的五個階段

《元西域人華化考》從一九二三年開始寫作，到一九六三年作者最後一次修訂，相隔四十一年，可分五個階段。其中最重要的是第一階段，歷時十三個月，建立了全書架構，完成了油印稿本。

根據上述資料，可以劃分《華化考》一書創作過程中幾個重要階段。

一、完成油印稿本。包括題目的確定、章節的安排和基本内容的寫定。開始寫作的時間上限爲一九二二年（民國十一年）九月，見『提綱本』封面援庵手書『十一年九月始』，完成時間爲一九二三年（民國十二年）十月九日，見他在油印稿本卷末所題，歷時十三個月。

二、第一次修改。主要是對前四卷的修改，包括增補材料，删節内容和修正某些提法。修改時間自稿本寫成的一九二三年十月開始，至同年十二月《華化考》前四卷在《國學季刊》第一卷第四號上發表時止，歷時兩個多月。其結果體現在《國學季刊》的排印本上。

三、第二次修改。主要是對後四卷的修改。《華化考》後四卷本應在《國學季刊》繼續刊出，但該刊因經費問題停刊，所以直至四年後才在《燕京學報》上登載。修改時間自稿本寫成的一九二三年十月開始，至一九二七年十二月在《燕京學報》第二期上發表《華化考》後四卷時爲止。其結果體現在《燕京學報》的排印本上。

四、第三次修改。第二次修改的七年之後，一九三四年冬，《華化考》由援庵先生自己用木刻本出版。這是全書第一次完整地公開出版。其結果體現在《華化考》刻本上，後來他把《華化考》列爲《勵耘書屋叢刻》的第一集第一種。

五、第四次修訂。一九六三年，作者應中華書局之約，準備出版解放後《華化考》的第一個排印本，爲此又對木刻本作了修訂補充，其結果體現在當時交給中華書局的修訂付印本上。

論述的重點放在原稿和油印稿本上。首先是因爲以原稿爲基礎的一九二三年十月的油印稿本，已經完成了全書的架構，以後的修訂，只是在枝節上。也因爲油印稿本以後的歷次修改，只要對比前後兩種本子，就可以知道何處修改以及如何修改。當然，這並不是説以後的修改不值得我們關注，他體現了作者精益求精、不斷追求完美的精神，其中有許多值得後人學習的地方。

三個關鍵環節

明確了《華化考》全書創作、修訂過程的各個階段，就可以確定，現在留存的相關手稿及資料是屬於哪一個階段的，並進而分析它們的作用及援庵的創作方法。

屬於第一階段、即完成油印稿本階段的手稿及資料包括第三節中叙述的一、二、三、五、六共五種的全部和第四種散稿的一部。

根據這些材料，可以分析全書創作過程的幾個關鍵環節。

一、確定題目： 援庵先生對於自己以及學生論著的題目，十分重視，再三修改。《元西域人華化考》也不例外。在『提綱本』上，我們可以清楚地看到題目的修改過程： 從開始的『元時代外國人之中國化（文學）』改爲『元代西域人之中國化』，又改爲『元世種人漢化考』，再改爲『元代西域人之漢化考』，到油印稿本時定爲『元西域人華化考』。此後歷次修改，對題目再没有改動。 關鍵詞是被化的對象以及化的結果。 前者由『外國人』改爲『西域人』，又改爲『種人』，最後仍然定爲『西域人』。 後者則由『中國化』改爲『漢化』，最後定爲『華化』。 這些改動，反映了寫作本書的時代大背景，即『中國被人最看不起之時，又值有人主張全盤西化之日。』也反映了作者寫作本書的目的： 證明元代『西域人之同化中國』。 參見我在二〇〇〇年爲本書導讀本所作的導讀。

二、擬定提綱、安排章節： 從『提綱本』可以看到，題目（即主題）大致確定下來以後，作者是從兩方面着手收集材料，擬定提綱，爲下一步正式寫作作好充分準備的。

第一是確定應列入『華化』的『西域人』的名單及其簡況。 如馬祖常，下注： 『雍古部人，字伯庸。石田集十五卷。至元十六年生（一二七九），後至元四年卒（西一二三八），年六十。 儒、文、詩』，上注『元史一四三、耶』。 指明了他的族屬、別字、著作、生卒年、本傳在《元史》中的卷數。『儒、文、詩』説明他既是儒者，又是文家、詩人。『耶』指他信仰基督教。名單中也有列出後又勾去的，如耶律楚材，因爲他是契丹人，不是西域人（色目人），不屬於本書所論的範圍。我們還可以看到，作者開列這份名單時，參考了《丁鶴年詩集》、王士禛《池北偶談》等著作。

第二是確定『華化』的內涵及外延。作者在《華化考》中把『華化』界定爲『以後天所獲，華人所獨者爲斷』。他最初列出的『華化』的表現爲：『1、學術：史學、文學、理學。2、宗教：佛、道、儒。3、美術（技藝）：書畫、樂府』。另一種方案爲：『儒術，文學（章），入道，逃禪，美術（書畫）』。還有一種是：『以學名者，以文名者，以詩名者（薩），以畫名者（高）』。

從以上情況推測，援庵在搆思《華化考》時，曾有兩種方案：一是以『人』爲綱，即以一個個『華化』的『西域人』爲綱，分述他們『華化』的表現。另一種是以『華化』的內容爲綱，如學術、宗教、美術等等，然後分述在這些方面有所表現的『西域人』。

緊接着的第二份提綱，可知他計劃選擇第二種方案。

提綱先列出書名的三種方案：一、元代西域人之中國化；二、元世種人漢化考；三、元代西域人之漢化考。其後是各章節的標題。用阿拉伯數碼標序的三條，相當於稿本的緒論：1、西域人之界説；2、何謂中國化；3、元時西域文化之概况。

下面列出各節標題，與後來的稿本比較，編次變動較大，但基本内容相差不多。他們是：

『西域之中國書家（篆、隸）：巙巙、泰不華、盛熙明。

西域之中國畫家：高克恭、丁野夫、伯顔不花。

基督教（景教）世家之儒術：馬祖常。

基督教世家由儒入道：趙世延、馬節。

西域之中國詩人：别哲、買閭、聶古柏。詞家附：□□。

回回教世家由儒入佛：丁鶴年。

西域中國文學家：馬祖常、孟昉、余闕。

西域人之學佛：貫雲石。

回回教世家之儒術：贍思。

基督教之中國詩人：　雅琥、馬世德。
回回教之中國詩人：　薩都拉。
西域人之儒行：　泰不華、三寶柱、顔師聖、伯顔子中、郝天挺。
西域人好道：　迺賢、安世通、老莊精詣。
中國化者之漢文著述。
運會與科舉之□□。（超按：　此條後删去。）
西域之中國史學家：　辛文房。
摩尼教世家之儒術：　廉希憲、余闕、高智耀、偰玉立、三寶柱、薛昂夫。
世襲信仰打破。
元人眼中之西域人中國化。
悍武習慣消融。（超按：　此條後删去。）
西域人之理學：　泰不華。（超按：　此條用鉛筆，故圖版不清。）
樸野風俗改變。（超按：　此條後删去。）
西域人中國化者之先河。
求同化中國者之表示。（超按：　後删去。）
種人不諱所自出：　丁鶴年。（超按：　後删去。）
對同化之懷疑：　送歸彦卿序。（超按：　後删去。）
中國化者部族表，並生卒年。
中國化者類别表，著述表。』
但下面的幾行，似又考慮以人爲綱：
『馬祖常之家世　馬祖常之文學　馬祖常之尊儒
丁鶴年之家世　丁鶴年之儒學　丁鶴年之文學　丁鶴年之逃禪』
再下面是第一種方案的變型：

『基督教世家之儒學：　馬祖常、馬潤。
基督教世家之由儒入道：　趙世延。
基督教世家之詞翰：　雅琥、馬世德。
基督教世家之翰墨：　哈剌、康里不花、趙夫人。
回回教世家之儒學：　贍思、溥博。
回回教世家之詞翰：　薩都拉、伯篤魯丁、掌機沙、別里沙、哲馬魯丁、蒲壽宬。
回回教世家之由儒入佛：　丁鶴年。』

下面又考慮改爲第二種方案：

『1、儒學：　馬祖常等。
2、佛學。
3、老學。
4、詩家：　馬祖常等。
5、文家：　馬祖常。
6、曲家。
7、書家。
8、畫家。』

與稿本相比較，可知作者在寫作過程中，仍繼續對章節的名稱、安排作調整。爲了使作品能更好地表達主題，他對全書的結構安排，真可謂煞費苦心，直到稿本完成時，章節安排也才最後定案。

三、正文寫作：　這是創作的主要階段。

正文的原稿基本保存下來了。它們集中在題爲『西域華化考史料』的上、中、下三册中，即第三節所介紹的第二種資料。還有一些是零散的手稿。

當細心的讀者翻閲本書影印的這三册『史料』時，可能會提出一連串的疑問：　爲什麽《華化考》的手稿不是按全書的次序排列，而是分散裝訂在這三册『史料』中？　爲什麽這三册『史料』，既包含有《華化考》的手稿，也有其他材料？爲什麽還有一小部分手稿是散頁？還有一小部分原稿爲什麽缺失？這些，都同援庵先生的寫作模式有關。其中有些屬於他的寫作習慣，帶有個人的特點，更多的是體現他的方法、精神，具有普遍的啓發、指導意義。

援庵没有專門寫過歷史研究法之類的文章，但在著作中、在書信中，結合自己的創作實踐，他提出過一些原則性的意見。

一九四〇年一月，他在家書中説：『凡論文必須有新發見，或新解釋，方於人有用。第一搜集材料，第二考證及整理材料，第三則聯綴成文。第一步工夫，須有長時間，第二步亦須有十分三時間，第三步則十分二時間可矣。草草成文，無佳文之可言也。』這當然是針對史學著作而言的，但對其他學科也有借鑒作用。

上世紀四十年代，他在《中國佛教史籍概論》中，以僧傳爲例，説明文史兩家之法的特點。他説，『類聚衆文，裁剪而成傳，其作用爲物理的』，『此史家之法也』。『鎔化衆説，陶鑄以成文，其作用爲化學的』，『此文家之法也』。他還説，『二者優劣，誠未易言』，但文家之法，如果作者長於文詞，『其書琅琅可誦』，有較强的可讀性。援庵先生作爲一位史學家，始終堅持史學的立場，『史以徵信』，總是把真實性放在他所有著作的首位。同時他也非常重視『文章』，重視内容的表達形式，重視論著的可讀性，考慮如何使讀者更容易並樂於吸收他的成果。

援庵主張史學論著必須設法減少小注，或改爲正文。他在一九四六年四月八日的家書中説：『我近日作品，力避小注，不論引文、解釋、考證、評論，皆作正文。此體將來未知如何，我現在尚在嘗試中，未識能成風氣否也？且要問注之意義爲何，無非是想人明白，恐人誤會耳。既是想人明白，何以不作正文？若是無關緊要之言，又何必注？』試看他的著作，雖然没有采取注的形式，但無一不符合現代學術著作的規範，同時又避免了因注文而打斷讀者閲讀思路的弊病。

以上這些，是他多年科研實踐的總結，在《華化考》中也有充分的體現。

寫作三步驟

（一）搜集材料；（二）考證及整理材料；（三）聯綴成文。

援庵所説的爲文的第一階段是搜集材料。他爲寫作《華化考》所搜集的材料就是本文第三節介紹的『西域華化考史料』三册，『元西域人華化考餘料』一册，『元事摘鈔』一册，『瞻思遺文』一册，還有散頁若干。當時没有電腦，他專門請了兩位抄書先生，按照他勾出的段落，用大小基本一致的稿紙抄出，並在文末注明出處。

爲文的第二階段是考證及整理材料。援庵對《華化考》材料所作的考證，大都采取眉批的形式。

爲文的最後階段，是將經過考證及整理的材料，聯綴成文。

下面就以郝天挺、泰不華、迺賢三個實例加以説明。

『史料』上册開首三頁（此頁爲稿本之頁，在本書則爲六頁）是作者收録的有關郝天挺的資料。第一頁録自清人顧嗣立《元詩選》癸之乙，包括郝天挺小傳，以及郝《麻姑山》詩一首。第二頁録清人王士正（原名士禛，卒後因避雍正諱，追改士正，乾隆時又命改士禎）《池北偶談》一則。第三頁録《元史》卷一七四本傳。

在《元詩選》這一頁上，援庵有多條批語，現逐條加以解釋：

（一）『《元史》一七四』：指《元史》卷一七四有郝天挺傳。對於《元詩選》的郝天挺小傳來説，《元史》本傳自然是較原始的材料。作文自應引《元史》而不引《元詩選》。

（二）『《唐詩鼓吹》，元好問編，郝天挺注，《四庫》著録』。與此條批語相應，將《元詩選》文中的『唐人鼓吹集』改正爲『唐詩鼓吹』。

（三）『元郝天挺爲遺山弟子，金郝天挺爲遺山師』。與此條批語相應，在《元詩選》文中的『其師』、『其弟子』旁注『遺山之』。這是因爲金元之際有同姓名的兩個郝天挺，而且都同元好問（遺山）有密切關係。康熙御定《全金詩》以及柯劭忞的《新元史》都將兩人混淆。

（四）『《唐詩鼓吹》十卷，皆唐人七言律詩，凡九十六家，五百九十六首。《四庫提要》稱其但釋出典，簡略而不涉於穿鑿，與吾鄉廖文炳等之所解，横生枝節，庸而至於妄者不同』。與此相應，書眉還有一短批：『廖文炳，古岡後學』。廖文炳是新會人，所以援庵在批語中稱之爲『吾鄉廖文炳』。廖在萬曆年間編《唐詩鼓吹注解大全》，新會古稱岡州，『古岡後學』應是他在《注解大全》中的題名。

（五）『此詩並見《元風雅》前集卷一。今依《元風雅》改注於旁者是。此詩又見《宋元詩會》六九。此詩本見《元文類》卷六，而康熙御定《全金詩》增補《中州集》，卷四十二乃補入金之郝天挺卷中，誤甚』。這些批語，是針對《元詩選》

所收郝天挺《麻姑山》詩的。與此相應，援庵據《元風雅》校此詩，如『石徑斜』旁注『景便嘉』等。援庵在批語中步步追尋《麻姑山》詩的出處，並指出《全金詩》之誤。

在《池北偶談》這一頁上，批注有三處：

（一）在《池北偶談》旁注『卷六』，指明此條出處。

（二）『《中州集》卷九有郝晉卿詩一首』。晉卿爲金郝天挺之字。

（三）在録文之末注『元遺山詩集箋注補載』。此爲《池北偶談》此條題目。

在《元史·郝天挺傳》一頁上，有如下批語：

（一）『詩。行。』此兩字批在頁邊上，作爲標題或提示。『詩』指郝爲華化的詩人。所謂『行』，見『提綱本』中『西域人之儒行』，下列郝天挺之名。可見援庵原設想有此一節，郝在其中。後來此節取消。

（二）『朵魯別，即西北地附之打耳斑，在裏海西岸』。這是對本傳中『出於朵魯別族』一語的注釋。

（三）『《郝和尚拔都傳》，《元史》一五〇。以和尚拔都爲太原人，故亦置於漢人南人之列』。郝和尚拔都爲郝天挺之父，《元史》置其傳於卷一五〇。援庵在本書卷二第一節指出：『《元史》卷一一八至一四五，爲蒙古、色目人列傳；卷一四六至一八八，爲漢人、南人列傳』（在散稿中有相應的一條，並標明日期）。批語認爲《元史》編者不應將郝和尚拔都傳置於卷一五〇漢人列傳之中，並分析致誤之原因。

（四）『張閭，字伯高，迺賢族人，即章閭。見迺賢《詠清益堂詩》』。又批：『非此人』。此兩條批語是對郝天挺傳中提到的『少保張閭』的注釋。原以爲即迺賢族人章閭，後發現爲另一人，所以補注『非此人』。

以上是關於郝天挺一段所收集的材料及對這些材料的考證與整理。那末，在『聯綴爲文』，即正式寫作階段，他又是怎樣運用這些材料的呢？

在《華化考》中，有關郝天挺的敘述，主要集中在卷四文學篇的第一節『西域之中國詩人』，共分四段。這部分的原稿，現保存在『西域華化考史料』下册。

第一段全爲援庵手迹。分析郝天挺詩流傳不多，但元人蘇天爵在《元文類》中仍將他列爲詩人的原因。這主要是因爲他有一部有關唐詩的著述《唐詩鼓吹》。

第二段大部爲援庵手迹。首先根據《元史》本傳概述郝天挺生平事迹。其次，指出《元史》編者將郝傳置於漢人列傳中，爲『一時失檢』。再次，指出康熙御定《全金詩》將元人郝天挺之詩誤作金人郝天挺之詩。又指出，雖經《池北偶談》、《元詩選》、《四庫提要》的辨正，《新元史》仍混淆金、元兩郝天挺。此段末尾引趙孟頫爲《唐詩鼓吹》所作序言。序言由書手鈔寫，其中援庵勾去數段，這是指示書手謄稿時略去此數段。援庵曾多次强調，引文可删節，但不能篡改。有心的讀者可對比趙序全文與援庵的删節。删節後既不損原意又不着痕迹。

第三段開頭數語爲援庵手迹：『趙序僅言天挺爲好問弟子，而未嘗注意其爲色目人。姚燧序則注意及之。』下引姚燧爲《唐詩鼓吹》所寫序言。序言也是由書手鈔寫，援庵也勾去了一些與論證主題無關的文字。

最末一段全爲援庵手迹。先是説姚燧之序『直以郝天挺爲原出軍閥，至是乃講求文化也』。然後是根據通行本《唐詩鼓吹》的情況評論《四庫提要》的一些論斷。

在油印稿本中，對這部分原稿作了一些修改。如對《新元史》的批評，原稿作『不可謂非失檢之尤者也』，刻板油印時改爲『亦一時失檢也』，郝天挺『原出軍閥』改爲『原出將門』，『講求文化』改爲『講求文學』，等等。

現在再以泰不華爲例，看援庵創作的三階段。

援庵收録的泰不華的資料有三段，每段的内容及援庵在其上所作批語的情況如下：

第一段爲《元詩選》所載泰不華小傳。

（一）在頁邊上批『西域人之篆隸』。可知《華化考》原計劃有此一節，泰不華列其中。後來此節定名爲『西域之中國書家』。

（二）『《元史》一四三』。這是泰不華傳在《元史》中的卷數。

（三）『《元史氏族表》卷二第五九頁。伯牙吾氏爲欽察族』。《元史》稱泰不華爲伯牙吾台氏。錢大昕《元史氏族表》列伯牙吾氏入欽察族。

（四）『《元詩選》癸之丙：「周仁榮，字本心，工爲文章。其所教弟子多爲名人，而泰不華實爲進士第一。」《宋元學案》。』周仁榮爲泰不華師，《元詩選》收其詩兩首，並據《元史》本傳爲其作一小傳；《宋元學案》則將師生二人列入卷八二北山四先生學案。

（五）『《元詩選》初集辛，《鐵崖集·挽達兼善詩》注，謂辛卯十一年八月歿於南洋』。楊維楨《鐵崖集》收入《元詩選》初集辛。楊維楨《挽達兼善》詩之注，謂達兼善歿於至正十一年八月。達兼善即泰不華。

(六)『《元詩選》初之庚《顧北集》』。泰不華集名《顧北集》，收入《元詩選》初集庚，即此篇泰不華小傳的出處。

第二段爲《元詩選》初集庚泰不華《顧北集》所附泰不華佚事一則。批語爲：

(一)『同册鄭元祐《僑吴集》稱兼善爲國人。又稱泰白野』。援庵注意到了有的文獻認爲泰不華爲『國人』，即蒙古人。

(二)『原文出曹安《讕言長語》卷下，《秘笈》本，即今所塗改者是原文』。援庵後來查到《元詩選》此段記事之出處爲曹安《讕言長語》，並據《寶顔堂秘笈》本《長語》校正《元詩選》。

在引文前後都有援庵手迹，解釋詳下文。

第三段爲蘇天爵《與達兼善郎中書》。批語爲：

(一)『齊履謙，《元史》一七二』。蘇天爵此書中提到『太史齊公』。批語指出齊名履謙，《元史》一七二有傳。

(二)將文末原注出處『《滋溪文稿》卷二十四』圈去。

在這段材料前後也都有援庵手書大段文字。解釋並見後。

現在再將這三段材料與《華化考》原稿及油印稿本中有關泰不華的論述加以比較。

《華化考》關於泰不華的論述共有三處。第一處在卷二儒學篇第一節『西域人之儒學』；第二處在卷四文學篇第一節『西域之中國詩人』；第三處在卷五美術篇第一節『西域之中國書家』。重點在卷二儒學篇。

《華化考》儒學篇『西域人之儒學』一節關於泰不華的論述，共三段，與上述三段材料一一對應。

第一段論述泰不華的生平、族屬、師承與卒年。此段原稿已不存，但我們可以上述材料與油印稿本比較。結果發現，稿本與資料第一段上的批語一一對應。

批語『《元史》一四三』，稿本述泰不華的生平就是根據《元史》本傳，而不是《元詩選》的小傳。

批語『《元史氏族表》卷二』云云，稿本即據錢大昕《元史氏族表》，論泰不華爲色目人而非蒙古人。

批語『周仁榮』云云，稿本述泰不華的老師周仁榮，即據《元史·周仁榮傳》及《宋元學案》。

批語『《鐵崖集》』云云，稿本證泰不華卒年，據《元史》駁楊維楨辛卯年説。

可見《華化考》關於泰不華的這一段論述，就是根據搜集到的上述資料以及對這些資料的考證，綜合寫成的。

第二段述泰不華之清節。手稿就是直接在材料上加工的。這段材料原録自《元詩選》初集庚所收泰不華《顧北集》的注文。後來援庵發現它的最早出處是明人曹安的《讕言長語》，於是據《寶顔堂秘笈》本《讕言長語》，校正《元詩選》的引文（見批語），並在引文前加『曹安《讕言長語》卷下有泰不華佚事一則，亦足見其清節。云』。引文後加：『其清節感人若此』。

第三段論泰不華曾有志於邵子（宋人邵雍）之學。《華化考》本節内容爲『西域人之儒學』。第一段雖舉出了泰不華師承元儒周仁榮，但泰不華本人著作流傳至今者止有詩而無文。爲進一步説明泰不華的儒學，援庵發掘出一條重要的材料，即蘇天爵致泰不華的一封信。這一段的原稿即以載於蘇天爵《滋溪文稿》卷二四的《與達兼善（即泰不華）郎中書》爲基礎。在引文之前和引文之後各加了一段話。大意是説，《元史》、《宋元學案》都没有提到泰不華的學業，但從蘇天爵這封信中，知泰不華曾求蘇天爵印宋末祝泌的《皇極經世説》，從而知泰不華有志於邵雍之學。

除卷二儒學篇外，另兩處論及泰不華的，一是卷四文學篇的第一節『西域之中國詩人』，《華化考》引《元詩選》的評論，稱他與余闕並列爲元季詩人第一。

一是卷五美術篇第一節『西域之中國書家』。此節論述泰不華者共有兩處，篇幅頗長。

第一處引《書史會要》關於泰不華的記載。《書史會要》説泰不華是蒙古人。援庵引此段後，在原稿中説：『泰不華，伯牙吾氏，非蒙古人，辨見前編』。到油印稿本中增補云：『泰不華，伯牙吾氏，是色目，非蒙古，辨見儒學篇。《道園學古録》二三《句容郡王世績碑》云：「欽察之先，武平北折連川按答罕部族也。後遷西北，即玉黎北里之山居焉。」《元史》一三四《和尚傳》：「和尚，玉耳別里伯牙吾台氏」。玉耳別里，即玉黎北里，伯牙吾台因山爲氏。《遼金元姓譜》列「以山爲姓」類中，是也。元成宗后有伯岳吾氏。（《元史》一一四）』。此段後來在排印本和木刻本中續有修改。

第二處論及泰不華的，原稿缺前數句，從油印稿本知所缺爲：『泰不華，伯牙吾氏。伯牙吾一作白野，故泰不華恒自署「白野泰不華」，亦稱爲「白野尚書」』。蘇天爵《滋溪文集》三十有《題泰不華自書所作詩後》云：……』以下引蘇文，並就此論元時西域人同化之速』。以下述《元八家書法》所載泰不華墨迹，及《寰宇訪碑録》著録之泰不華書碑。又言泰不華『通小學，善篆隸』，引《攈古録》所載泰不華篆額六通。油印稿本對原稿又作了些修改，如『可見文化之征服人種族，其效比武力爲大也』，改爲『可見文化之感人，其效比武力爲大』。

除收入『史料』下册的原稿外，在散稿中還有一頁，從《寰宇訪碑録》（散稿簡稱《訪録》）中録泰不華書碑四通，及巎巎書碑八通。這是更原始的稿件。

我還要再舉迺賢的例子。

援庵搜集的迺賢史料有三處。《華化考》中論及迺賢的有四處。

第一處史料裝訂在『史料』上册，有三十頁（半頁）之多，又可細分爲七段。

第一段爲《元詩選》初集戊迺賢《金臺集》之迺賢小傳及詩十一首。援庵批語甚多。

（一）在首頁頁邊作爲標題及提綱，批：『西域人之佛老』，『及西域詩人之好道』，『交結、標榜、詩、道、史』。後來此節定名爲『西域詞人之佛老』。

（二）在小傳標題『編修迺賢』下，批『《氏族表》七八頁』。指錢大昕《元史氏族表》有迺賢。

（三）『迺賢有《河朔訪古記》二卷，《四庫》著録。原十六卷，此從《永樂大典》録出，僅存二卷。聚珍版刊行』。『劉仁本《羽庭集》卷一稱爲十六卷。王褘《王忠文集》卷三稱爲二卷』。『史料』上册收録了劉、王兩序全文。《華化考》卷三佛老篇第一節『西域詞人之佛老』述迺賢《河朔訪古記》時，融會了上述批語。

（四）在迺賢小傳述其《金臺集》時，批語：『《金臺集》卷首有歐陽玄、李好文、貢師泰序，有黄溍題詞，張起巖題詩，有泰不華、新安程文、浙河楊彝跋，又有危素跋』。上述諸人的序、題詞、題詩、跋，在『史料』中都采録了全文。《華化考》卷四文學篇第一節『西域之中國詩人』述迺賢時，摘引了李、貢、程的序文。在『史料』中，所引文，或打圈，或用括弧勾出。

（五）小傳『人目爲江南三絶』旁，批：『語出楊彝跋』。

（六）小傳末所注出處《元詩選・金臺集》添『初集戊』。

（七）《登崆峒山》詩上批：『七詩』。此詩及以下諸詩打圈處，在《華化考》『西域詞人之佛老』一節中大都引用。

（八）《京城雜言六首》詩上批：『六首，録其三首』。

（九）《南城詠古十六首》詩上批：『十六首録其二』。

（十）《玉虚宫》詩上批：『太當作大』（超按：迺賢自注作『太道教』）。又批：『元時道教分爲三，曰正一教，曰真大道教，曰太一教。正一教，張氏所傳。真大道教，金末道士劉德仁爲首，五傳至酈希誠，憲宗賜名真大道。太一教則傳太一三元法籙術，故以爲名。以金道士蕭抱真爲首，五傳至李居壽，世祖賜太乙掌教宗師印。是等諸派，皆盛行於當時。見《支那史》七。《元史》二〇二《釋老傳》云，真大道教以苦節危行爲要』。

第二段僅一條，録徐𤊹《元人十種詩》序。《華化考》卷一緒論第一節『元西域範圍』，全文引用。

第三段爲《甬上耆舊詩》卷三『編修馬易之』條。《元史》無迺賢傳，《華化考》述其生平時，參引此段。

第四段爲劉仁本《題馬易之遠游卷》，未采用。

第五段爲劉仁本及王褘所作《河朔訪古記序》。在劉序上批：『王褘序作二卷』，『武陵今湖南常德』。《華化考》述迺賢生平時，提及此兩序。

第六段即前述歐陽玄、李好文等人爲《金臺集》所寫序言、題詞、題詩、跋文。清刻本将『葛邏禄』改譯爲『郭囉洛』，『合魯』改譯爲『和囉』，『不華』改譯爲『哈不哈』，『迺賢』改譯爲『納新』，援庵均爲之復原。在四卷一節中節引了李好文、貢師泰、程文三序。引用部分，材料中大都打了圈。

第七段爲《水東日記》卷八之一條，言迺賢《金臺集》有虞集、歐陽玄等序跋。援庵批：『尚有李好文、貢師泰、泰不華、程文、楊彝』。此段《華化考》没有采用。

關於迺賢的第二處史料訂在『史料』中册。僅一頁，全爲援庵手迹。此頁共四則，最後一則與迺賢有關，即《歷代詩話》卷六十五引貢師泰《金臺集序》。他還有批語：『貢師泰《玩齋集》十卷八册，無此序』。如前所述，《華化考》四卷一節引了貢師泰序此段，但直接採自《金臺集》。由此可見，援庵先是從《歷代詩話》中看到這條有用的材料，但因爲轉引，所以查作者貢師泰的文集《玩齋集》，集中不載此序，最後引用的是翻印元本《金臺集》。它比起《歷代詩話》所引更爲直接。

迺賢的第三處史料在散稿中，一頁，全爲援庵手迹，是從《金臺集》中摘出他爲道士所賦詩二十首的目録，如《送道士陳復初歸金華》等等。經整理後，載卷三第一節『西域詞人之佛老』，這是本節主題迺賢『愛慕道家』的强有力的證據。

《華化考》卷八結論第三節《元西域人華文著述表》列出迺賢著作《河朔訪古記》等共五種，材料就在『提綱本』中。

從郝天挺、泰不華、迺賢三例，看援庵創作的三階段，可以總結出幾個特點：

一、搜集材料務求全面。他曾提出過要『竭澤而漁』，即在研究某一具體問題時，應盡可能將有關材料收集齊全。我們研讀這部《元西域人華化考》的稿本時，不僅要注意他在《華化考》中引用了哪些材料，同時要注意他爲此問題收集了哪些材料。後者的數量遠遠超過前者。我們還要注意，他爲什麽能在比較短的時間内收集到這些材料？上述例子告訴我們，他善於利用前人的成果，並充分發揮了自己在目録學方面的優勢。

二、考證材料求真求精。材料有真僞之分，精粗之别。考證材料就是一個『去粗取精，去僞存真』的過程。所謂『精』，就是那些最能反映歷史事實真相、反映歷史本質的材料。一般來説，原始材料、第一手的材料應是『精料』；但也要認真考察它的來源，究竟是誰記載的？目的何在？也就是援庵常説的，『讀書當觀其語之所自出』。鑒别真僞，吸取精華，不但要有考證的工夫，還要有識斷的能力。我們可以看到，援庵爲撰寫《華化考》所收集的材料可大致分爲三類：第一類没有加任何按語，這一類明顯與本題無關（但並不等於無用）；第二類加了按語，是經考證然後區别情況應用的；第三類則經删節後直接引用，這些都是『精料』。

三、爲文深入淺出，以理服人。援庵在家書中所説的寫作的第三階段是『聯綴成文』，并且説這一階段需時爲整個創作過程的十分之二。這並不是説這一階段的工作只是把經過考證的材料簡單地加以串聯。援庵的著作，既重視内容，也重視文章。這一階段的工作所以能在較短時間内完成，是因爲在前兩個階段，他已經對全書的布局、結構，反復考慮、反復調整。他的文章，可以説是『史家之法』與『文家之法』的巧妙結合。有些需要大段引用的材料，他在引文前後加上自己的話，説明出處，加以詮釋，作出論斷，這是『史家之法』；有些則是『鎔化衆説，陶鑄以成文』，這是『文家之法』。《華化考》稿本完成以後，他把引用過的材料（包括自己在前後加了説明、論斷的内容）仍然分類裝訂成册；而那些運用『文家之法』的手稿段落，因無所歸屬，未訂入册内，有些已流失了。這就是原稿小部分没有保留的原因。凡讀過援庵著作（包括《華化考》）的人，普遍感覺他的文章一氣呵成，邏輯嚴緊，説理透徹，琅琅可誦。這是因爲他把『史家之法』與『文家之法』巧妙地結合起來了。

從油印稿本到排印本

這是《元西域人華化考》的第一、第二次修改，時間自一九二四年至一九二七年。

從油印稿本到排印本。這是第一、第二次修改。

我所以把這兩次修改合併在一起論述，是因爲兩者時間雖然相隔四年，但内容銜接而不重複。修改的結果就是前四卷和後四卷的排印本。

爲了節省篇幅，先將從油印稿本到排印本的較重大的、實質性的修改列表如下：

卷／節	油印稿本	排印本
一／二	「炫耀於歐亞大陸」後。	添「耶律楚村《懷古百詠》」至「必曾行使漢文」一段。
一／四	「未聞有以華學名」後。	添「諸夷蕃將」至「絶無僅有」。
一／四	「《日知録》……有貶壽宬語」後。	添邱葵《釣磯詩集》一句。
二／一	「伯顏師聖……於顏元爲近」後。	刪「而魄力過之，所謂平民學者也」。
二／一	引《元史·伯顏師聖傳》。	刪其中「既死，人或剖其腹」一句。
二／一	揭徯斯《送也速答兒赤序》後。	添夏天祐《送丁希元序》一大段。
二／二	「（馬）祖常當然爲也里可温」（兩處）。	改爲「可見馬氏爲也里可温世家」。
二／二	引袁桷馬潤神道碑。	刪「所爲詩曰《樵隱集》」以下數句。
二／二	闊里吉思「其父及伯叔父以至於曾祖，皆無一爲基督徒名也」。	改爲「其父愛不花，季父君不花，亦皆熱心之基督徒也」等等。
三／一	引歐陽玄《貫公神道碑》與中峰禪師論道一節之後。	添「中峰禪師者……爲元世高僧」一句。
三／三	「其存目待訪者，有盩厔重陽宫敕藏御服碑」。	改爲「盩厔重陽宫敕藏御服碑，見拓本」。
三／三	「（趙）世延之詩，《元詩選》癸集所收僅七首，而詠道院之作已占其五」之後。	添「蓋選自《茅山志》卷三十者」。
三／三	引趙世延《華陽道院》等詩後。	添「鳩資創建文昌帝君祠」一大段。
四／二	引胡應麟論元詩一段之末。	添「可見元人之詩久不在明人目中也」。
四／四	「趙世延文傳者，《南唐書序》外」後。	添《茅山志序》等四種。
四／四	貫雲石「惜今傳者，詩詞而外，無一文也」。	改「無一文也」爲「文僅《陽春白雪》一序而已」。
四／五	「不忽木作品，余未之見」。	改「余未之見」爲「傳者特少」，並添《太和正音譜》所收《鵲踏枝散套》。

（續表）

四／五	不忽木七絶『流麗可喜』後。	添『涵虚子《詞品》比之爲「閒雲出軸」』一句。
以上爲第一次修改，所改者爲《華化考》的前四卷。以下爲第二次修改，所改者爲後四卷。		
目録	『西域之中國書家』。	添贍思。
目録	『西域之中國畫家』。	添薩都剌。
目録	『西域人名氏效華俗』。	添李公敏。
目録	『西域人祠祭效華俗』。	添答失蠻靈隱寺佛像。
目録	『西域人居處效華俗』。	添錢寳臣容膝軒。
目録	『西域婦女之華學』。	添李珣妹。
五／一	廉希貢一段之末。	添注：『鮮于樞《困學齋雜録》作于闐人』。
五／一	引《書史會要》泰不華一段後之説明。	有較大改動。
五／一	『泰不華行書贈堅上人一首』後。	添『爲《元詩選·顧北集》所未載』，並録全詩。
五／一	此節之末。	添贍思一段。
五／二	高克恭畫，『今其原迹雖不可得見』云云。	改爲：『今故宫博物院所藏高克恭畫，爲吾所見者，尚十餘軸』云云。
五／二	『元時所謂回回文字，實波斯文字』後。	删『此爲吾人最近研究之所承認』。
五／二	士夫爲文『輒易回回爲回紇』一句後。	添朱德彦詩二句。
五／二	此節『西域之中國畫家』之末。	添故宫博物院藏薩都剌畫一段。
五／三	此節『西域人之中國建築』之末。	添《元史·世祖紀》及《四庫提要》、《元内府宫殿製作》兩段。
六／三	此節之末。	添《兩浙金石志》一大段。
六／四	守中霜月軒一段之後。	添錢寳臣容膝軒一段。

（續表）

卷/節	排印本	木刻本
六/四	偰公遠近思齋一段之末。	添夏天祐亦有《近思齋箴》一句。
七/一	『西域婦女之華學』一節之首。	添李珣妹李舜絃一大段。
七/一	節末鐵鉉二女詩一段末。	添錢謙益謂此詩非鐵氏作一句。
八/一	開首統計數字。	有改動。
八/一	『色目人之讀書應試者甚衆』後。	添馬祖常《送李公敏之官序》一句。
附録	『元西域人華文著述表』一節。	偰百僚遜下添《明詩綜》亦有偰遜詩』。辛文房下添《雪樓集》有辛撰察罕父行狀。雅琥《正卿集》，注改用《歷代詩選》。察罕《紀年纂要》注，補《雪樓集》。保八《易原奧義》等注，補任士林《松鄉集》有序。
附録	『元西域人華化考徵引書目』一節。	添《蒙兀兒史記》等共二十一種。

從排印本到木刻本

這是《華化考》的第三次修改，時間自一九二七年至一九三四年。

從排印本到木刻本。這是第三次修改，與第二次修改之時，相隔了七年。現仍將較重大的、實質性的修改列表如下：

卷/節	排印本	木刻本
一/一	標題『西域之範圍』。	刪『之』字。
一/四	陳黯《華心》，原引自《全唐文》。	改引《文苑英華》。
一/四	原引曹學佺《泉州府志勝》一段。	改引弘治《八閩通志》。

（續表）

一／四	丘葵「有挽（蒲）壽宬詩」。	補引兩詩全文。
一／四	「此《提要》之疏略也」。	删去此句。
二／一	巙巙「《元史》本傳言」。	「言」改爲「有「愛儒答問」一則，備録如左」。
二／一	伯顔師聖，「譬之清儒，於顔元爲近」後。	添「而魄力過之，所謂平民學者也」。
二／一	伯顔師聖一段之末。	添「凡此皆可稱爲西域理學名儒也」。
二／一	「夏天祐《正思齋文集》」。	改正爲「鄭元祐《僑吾集》」。
二／二	「聶思脱里（Nestorius ）」。	删西文。以下同。
二／二	論馬祖常爲基督教世家之第五證。	改動較大。
二／二	論闊里吉思爲基督徒一段。	改動較大。
二／二	論闊里吉思之儒學一段。	添闊復碑又稱其弟耽嗜儒術一句。
二／三	此節「回回教世家之儒學」之末。	添勖實戴一段。
二／五	「突厥之滅」一段。	「暾欲谷之卒」前添「果」，「暾欲谷爲回紇謀臣」改爲「偰氏世爲回紇貴臣」。
三／二	「知《明史》之語有所本」後。	添「明回回詩人金大車兄弟……」一句。
三／二	丁鶴年與游之僧。	添「鉉宗鼎」，「右四人」改爲「右五人」。
三／三	趙世延詠道院之作五首。	五首之次序及引文先後均調整。
三／三	趙世延晚年。	删「鴛鴦筵席」下數句。
四／一	「迺賢直托爾斯太一流之所自出也」。	改「迺賢與托爾斯太一流正有些相類」。
四／二	《元音》稱雅琥「爲可温人」之後。	添《歷代詩選》、《元詩》「亦題元可温雅琥著」。
四／二	同上。「其必爲也里可温人無疑矣」。	改「蓋也里可温之省文也」。
四／二	末段引黄鎮成《秋聲集》。	添注卷數。
四／三	本節末段論買閭爲回回教世家。	添「其祖名哈只，……哈只爲曾朝天房者之稱」。

（續表）

四／四	「《元史·世延傳》（一〇八）」。	「一〇八」改正爲「一八〇」。
四／四	趙世延文「惜乎存者不多也」後。	添《永樂大典》臺字韵有世延殘文。
四／四	贍思之後。	添亦祖丁，撰《魏鄭公諫録序》。
四／四	「察罕賜姓白氏」之前。	添「察罕，蒙古語爲白，故」。
四／五	引《詞品》，「薛昂夫」下加注「即薛超吾」。	删注。
四／五	不忽木《鵲踏枝散套》。	删注「全文見《陽春白雪》後集二」。
四／五	本節「西域之中國曲家」之末。	添《録鬼簿續編》一段。
五／一	首段之末，引《書史會要》。	添「其有色目誤爲蒙古者並附正之」。
五／一	「阿尼哥」。	添「《新元史》誤作阿尼哥尼」。
五／一	論泰不華是色目。	删前引《輟耕録》、《元史氏族表》、《蒙兀兒史記》、《遼金元姓譜》。
五／一	沙剌班，引《元史類編》作畏吾人。	添「疑即此人」。
五／一	哈喇。	添《録鬼簿續編》一段。
五／一	余闕，引《佩文書畫譜》所引《紫桃軒又綴》。	添注：「崇禎本《又綴》無此語」。
五／一	本節「西域之中國書家」之末。	添《録鬼簿續編》一段。
五／二	「亦思替非文字者，波斯文字也」。	改爲「未知所謂回回國子學者，是否與波斯文字有關」等。
五／二	「馬先生者，回回國人無疑」。	改「馬先生者，疑亦回回國人」。
五／三	末兩段之「建築學專家」、「建築學者」。	均改爲「工程學者」。
五／三	末段之前。	添《元典章》一段。
六／二	三年之喪，引「《元典章》十一」。	改標「《元典章》吏部五官吏丁憂終制致仕條」。
六／二	別的因居喪用中國禮。	添「別的因《元史》有傳」一句。

（續表）

六／二	馬合馬沙一段。	兩『翁仲』均改爲『石像』。
六／三	關於《白龍潭廟碑》之分析。	添道光《廣東通志》馬合謨一句。
六／四	忠順堂一段。	原據《四庫》本《中庵集》，改用元刻本，但保留《四庫》本之長處。
六／四	偰公遠近思齋一段。	删所引《正思齋文集》。
七／一	李珣妹一段。	將此段劃出單設『西域婦女華化先導』一節。『李珣妹』改『李舜絃』。『周肇祥』改『英斂之』，增《全唐詩》一句，删《萬首絶句》一句。
七／二	『夫人所習之《孝經》、《論語》，非畏吾兒文』。	『非畏吾兒文』上添『當』字。
八／一	統計數字。	有較大改動。
八／一	『皆用名從主人之例』之後。	添『如合魯即哈剌魯，斡端即于闐』。
八／一	『余疏陋所未及見者，何可勝道』。	『何可勝道』改『當不止此』。
八／一	引謝枋得文，注出自《疊山集》卷二。	『卷二』改正爲『卷六』。
八／二	『宋人之褊淺狹隘』。	改爲『宋季之偏激狹隘』。
八／三	『元西域人華文著述表』，原爲附録之一。	改爲卷八結論之第三節。
八／三	《大元通制》，『見《順帝紀》』。	改『見《順帝紀》三』。
八／三	《近思齋逸稿》，《明詩綜》亦有偰遜詩。	《明詩綜》下添『九五』，指卷數。
八／三	辛文房。	將其《布都公行狀》由《披沙集》之備考欄，改置書名欄。
八／三	雅琥《正卿集》。	備考添《元詩選》。
八／三	《薩天錫詩集》二卷。	備考添『士禮居藏十卷』。
八／三	《孟天暐擬古文》。	備考删『青陽集（有題詞）』。
八／三	《聖武開天記》。	備考删『由脱必赤顔譯漢』一句。

（續表）

八/三	《紀年纂要》。	備考添「借月山房重訂本」。
八/三	《瑞竹堂經驗方》。	備考刪「承天仁惠局藥方」一句。
附徵引書目		添《八閩通志》等八種，刪《遼史》等二十九種，次序調整者六種。

從木刻本到修訂付印本

時為一九六三年，與上次修改相隔了二十九年。援庵先生生前沒有排印。

從木刻本到修訂付印本。這是第四次修改，與上一次修改，相隔二十九年。付印本在作者生前沒有排印，直到援庵先生逝世二十九年後的二〇〇〇年，由我依據這個修訂付印本所作的導讀本才正式出版。

修改情況如下表：

卷/節	木刻本	修訂付印本
一/一	標題「西域範圍」。	改爲「元西域的範圍」。
一/一	末段。	「西域」改「元西域」，「蒙古等」改「契丹等」，「叙利亞」刪去。
一/四	首段，「夷其形而華其心」。	改「人非華而心則華」。
二/一	「儒學爲中國唯一產物」。	「唯一」改「特有」。
二/一	「中國內地」。	改「中原內地」。
二/二	馬祖常爲也里可温世家，論據之五。	刪「令人神往者」。
二/二	馬氏舍基督而歸儒一段。	《馬君神道碑》，「馬君」改正爲「馬公」。

（續表）

二／二	閣里吉思一段，『中國人多妻之唯一口實』。	『中國人』改爲『昔人』。
二／四	首段，『被其陶化』。	改『愛慕華風』。
二／四	第三段，『非盡變中國如印藏不止』。	『如印藏』改『爲佛教國』。
二／五	首段，『分竄』，『竄入』。	改爲『分佈』，『流入』。
二／五	次段之末，『克直魯爾』。	改正爲『克直普爾』。第七段同。
三／一	首段，『佛非出於中國』。	『佛』下添『教』字。
三／一	倒數第三段，『然此四人者』。	改爲『然貫雲石等四人』。
三／一	末段。	刪『刺馬云者』一句。
三／二	丁鶴年爲儒家一段，『背回教而同化中國者』。	改爲『與回教相背者』。
三／二	丁鶴年與游之僧。	『恕中韞』改『恕中愠』，『貞長老』下添『琦公宗師』。
四／一	迺賢《新鄉媪》詩，『第二截寫資本主義之壓迫』。	改『資本主義』爲『豪門勢力』。
四／一	薛超吾，引《天下同文集》。	據文津閣本，在『十年之後』下添『必有非復前日吴下之嘆』，刪『唐』字。
四／三	次段，『余别有專論詳之』。	『别』改『將』。
四／三	丁鶴年之次段，『丙午爲元亡之前一年』。	『前一年』改作『前二年』。
四／三	末段，『亦不刺金今通譯亞伯拉罕』。	『今通譯』改爲『或譯』。
五／一	引泰不華詩。	『玉笏山』改正爲『玉笥山』。
五／一	引宋濂《題余闕篆書後》。	『忠義之氣』後，補『可以懼亂賊、清惡厲』。
五／二	引《畫旨》論高克恭。	『倪迂黄子久畫云』，『倪迂』下補『題』字。
五／二	末第三段，『人性然也』。	改爲『人情然也』。
五／二	末第二段，『其祖國在今阿刺伯』。	刪去此句。
五／三	末第二段，『惟迭兒作迷兒，未知孰是』云云。	改『未知孰是』云云，爲『想是誤字也』。

（續表）

六／一	評王沂字說，「尚較去中國爲遠也」。	「中國」改「中原」。
六／一	引宋濂《西域浦氏定姓碑文》。	「從名師傅」改正爲「從名師傳」。
六／二	首段首句，「人類社會」。	改爲「封建社會」。
六／二	論也黑迭兒墓舍有石像。	「拳匪」改「義和團」。
六／三	論中國人立廟建祠之故。	刪「年前基督教徒李和」一句。
六／四	引《一清堂記》。	「懼辱於已」改正爲「懼辱於己」。
八／一	次段之末，「文化是一事，政治又是一事」。	改爲「文化與政治雖有關係，但畢竟不是一事」。
八／二	干文傳序《雁門集》，「在至正十七年丁酉」。	改爲「至正七年丁亥」。

以上這些修改，有因發現新材料而增補，有因發現錯誤而改正，有因新認識而作新論斷。只要有一次再版機會，必作修改，體現了援庵對作品精益求精，對讀者高度負責的精神。

積累與延伸

《元西域人華化考》是援庵先生一部里程碑式的著作。成功的一個重要原因是有深厚的積累。它也為援庵此後的著作打下了扎實的基礎。

《元西域人華化考》一書的寫作時間不過一年左右（指完成油印稿本），當時援庵先生還有其他工作，而且也還只有四十三、四歲，以這樣的年紀，這樣的時間，能完成這樣一部經典名著，原因何在？有哪些值得後人借鑒的地方？除了前面介紹的他的方法以外，還有很重要的一點，就是他有深厚的積累。

他的積累又可分爲基礎性的積累與專題的積累。

援庵先生自學成才，沒有受過正規的史學教育，但他從小就酷愛歷史，青年時代更痛感國人之『無歷史觀念』。大概十三、四歲就開始認真閱讀《四庫全書總目提要》，十五、六歲就閱讀二十四史，此後對中國史籍的鑽研就沒有停止過，對錢大昕的《廿二史考異》、王鳴盛的《十七史商榷》、趙翼的《廿二史劄記》，善於繼承、借鑒并發展。對中國歷史的

全局與重要的轉折，成竹在胸。

他有開闊的視野，特別是一九一三年定居北京之後，與學界有廣泛的交流，也十分注意國際漢學界（特別是日本漢學界）的動態，隨時瞭解日本一些重要史學雜誌的目録，並請人翻譯了其中的部分論文。像他這樣一位本土學者，在當時的環境下，如此關注國際史學動態，真是鳳毛麟角。他的第一篇正式史學論文《元也里可温教考》，就參考了日本和法國學者的著作。在創作《華化考》時，已注意到了日本學者桑原騭藏的代表作《蒲壽庚之事迹》。

他有深厚的目録學素養。這一點在《華化考》中有充分的體現。《華化考》中大量引用元人的文集，可謂得心應手，這和援庵對《四庫全書》的深入研究，并親自編製了《元六十家文集篇目索引》密切相關。他在卷五美術篇的第一、第二論書家、畫家兩節，利用陶宗儀的《書史會要》和夏文彦的《圖繪寶鑒》，收事半功倍之效。

以上是基礎性的積累。對於想要深入研究中國歷史的人來説，不論是研究斷代史還是專門史，都是必須的。

所謂專題積累，指對於研究元代西域人華化這樣一個範圍内的積累。

首先是元代歷史。還在清末，在援庵先生的青年時代，他就對元代歷史給予特別的關注。雖然當時的着眼點是借揭露元代的民族壓迫和專制統治而影射清朝，但由此而熟悉了元朝的歷史。

對於元代的文獻，《元史》固然是他曾鑽研的。特別需要指出的是，對於當時還極少有人利用以研究元代歷史、而又非常重要的《元典章》，他在青年時期就敏鋭地覺察到他的史料價值，不斷加以利用。

在此以前，他對幾種外來的宗教如基督教、摩尼教等，對歷史上的中外關係、民族關係等都有深入的研究。這些都同《華化考》内容直接相關。

所有這些，都對《華化考》的創作起了積極的作用。

《元西域人華化考》在援庵先生的史學生涯中是里程碑式的著作。《華化考》既是他前期的代表作，是他此前史學研究的一個總結；同時又開啓了以後的一系列研究。

《二十史朔閏表》和《中西回史日曆》，是歷史學者必備的工具書。回回是元代色目人中的一個重要組成部分。援庵對回族和伊斯蘭教的研究，與《華化考》幾乎是同時進行的，其成果也是《華化考》的重要内容。他深切體會到，要精細研究中國的回族和伊斯蘭教的歷史，首先必須瞭解回曆與中曆的不同，以及他們之間的對應關係。在完成《華化考》以後不久，他發表了《擬編中西回三曆歲首表意見書》，此後，又用極大的精力編纂了《二十史朔閏表》和《中西回史日

曆》。

在《華化考》中，他已經引用了《元典章》。在《華化考》完成的次年一九二五年，清室善後委員會在故宫齋宫發現了元刻本《元典章》。援庵帶領學生以此本及其他鈔本校勘通行的沈刻本《元典章》，著《元典章校補》。又在此基礎上，著《校勘學釋例》（初名《元典章校補釋例》）。這部書已成爲校勘學的經典之作。

《華化考》的第三卷爲佛老篇。道教是中國土生土長的宗教。色目人而慕道學道，當然是華化的重要表現。從前述援庵在迺賢《玉虛宫》詩上的批語可見，他當時對元代道教中的全真教派，瞭解還不多。此後不久，他利用北京大學所藏藝風堂拓片及其他資料，編纂了大型道教碑刻資料集《道家金石略》。抗日戰爭期間，他以《道家金石略》收録的金元道教資料爲基礎，寫成《南宋初河北新道教考》。

《通鑒胡著表微》是援庵後期的代表作，其中的考證篇、辨誤篇和夷夏篇，多次闡述作者在《華化考》中表達的民族觀。

以上這些，都是援庵後期的重要著作，也都是《元西域人華化考》的延伸。

結束語

繼往開來，後人之責。

在結束這篇《華化考》成書史的考察的時候，我認爲有必要重申我在一開首所寫的那一段話：『就科學研究而言，結論固然重要，求得結論的過程也同樣重要。在某些情況下，過程甚至比結論更爲重要。這是因爲，結論總是針對某一特定問題的，問題有大有小，意義有重有輕，而且具體結論可能會被超越；而從研究實踐過程中總結出來、並經過檢驗的方法，却是有普遍指導意義的。即使結論有誤，如果過程清楚，也可以比較容易發現錯誤出在哪一個環節，從而找出致誤的原因，總結教訓。』

我所以編著這部《陳垣〈元西域人華化考〉創作歷程》，就是盡量復原本書創作（包括修改）的全過程，以便後人學習。

從總體來說，從大多數具體論斷來說，《元西域人華化考》經過近一個世紀的檢驗，已被證明是正確的，無愧爲這一領域的經典著作。當然，它也不可避免地會有少數失誤，作者不斷修改的過程，其實也是不斷糾正某些失誤的過程。我已經基本復原了全書的創作過程，讀者不但可以從它的成功經驗（這是基本的方面）中學習，同樣也可以從它存在的少數失誤中學習，吸取教訓。學習而不迷信，繼承並有創新，這是後來者應取的態度與應盡的責任。

陈智超

二〇〇八年五月

修訂本導讀

此書著於中國被人最看不起之時，又值有人主張全盤西化之日，故其言如此——陳垣㊀

《元西域人華化考》（以下一般簡稱《華化考》）是陳垣先生前期的代表作。這部著作全文不過八萬字，但它奠定了陳垣先生作爲國際學者的地位，也是現代中國元史研究的開拓性著作之一。

（一）

本文開首引用的，是陳垣先生在一九六四年回答一位老讀者信中的一句話。它是瞭解本書寫作背景、寫作目的的一把鑰匙。

《華化考》作於一九二三年，即民國建立後的第十二年。辛亥革命推翻了持續兩千多年的封建帝制，但没有改變中國半殖民地半封建社會的性質。列强侵略，政客争權，軍閥混戰，民不聊生：這就是當時的現實。

陳垣先生爲了中國的獨立、民主、富强，青年時代就投身於反帝反清的革命活動，一九〇五年二十五歲時在廣州與友人創辦《時事畫報》，用文字作革命宣傳，並加入同盟會。民國成立後當選爲衆議員，定居北京。殘酷的政治現實，沉重地打擊了他青年時代的美好政治抱負，一九二三年開始，他徹底轉向史學研究與教學，但並没有放棄報國之志。

這時的中國，不但政治、經濟、軍事以至國民體質，處處落後，被人譏爲『東亞病夫』，就是學術、文化也處於落後狀態，爲人輕視。據他的朋友、學生們回憶，當時陳垣先生縈回腦際的中心問題，就是就他所從事的學術研究工作，與志同道合者一起，努力把漢學中心的地位從外國奪回中國。

例如，胡適一九五九年一月三日在臺北中央研究院的團拜會上説，二十年代『在北平和沈兼士、陳援庵兩位談起將

來漢學中心的地方，究竟是中國的北平，還是在日本的京都，還是在法國的巴黎？』㊁

陳垣先生在北京大學時的學生鄭天挺回憶，一九二一年在北大研究所國學門的一次集會上，『陳老說：現在中外學者談漢學，不是說巴黎如何，就是說西京（日本京都）如何，沒有提中國的。我們應當把漢學中心奪回中國，奪回北京。』㊂

他在燕京大學時的學生翁獨健在一九七八年回憶道：『一九二八年，當時我是大學一年級學生，在課堂上聽到陳垣教授甚有感慨地說過這樣的話：今天漢學的中心在巴黎，日本人想把它搶到東京，我們要把它奪回到北京。』㊃

他在北平師範大學時的學生柴德賡回憶說，陳老師『深以中國史學不發達爲憾，常說：「日本史學家寄一部新著作來，無異一砲打在我的書桌上。」因此，他就更加努力鑽研。』㊄

他在三十年代中期在北京大學的學生朱文長回憶當時他就時局發表的看法：『一個國家是從多方面發展起來的；一個國家的地位，是從各方面的成就累積的。我們必須從各方面就着各個所幹的，努力和人家比。我們的軍人要比人家的軍人好，我們的商人要比人家的商人好，我們的學生要比人家的學生好。我們是幹史學的，就當處心積慮，在史學上壓倒人家。』㊅

《元西域人華化考》的寫作，就是陳垣先生爲此所作的一次努力。他爲什麽選擇這個主題呢？

過去提起中國的盛世，不是漢代的文景，就是唐代的貞觀、開元，清代的康乾。提到元代，最多說它的武功顯赫，而更多的是注意它的殘暴統治。陳垣先生在辛亥革命前所寫的抨擊清朝政府的文章中，有一些也是借揭露元代的民族壓迫和專制統治而影射清朝的。清朝的統治被推翻了，形勢發生了變化，啓發他從另一個角度來審視元朝的得失。中國積貧積弱的現實，使他想到了正是元朝在中國歷史上建立了空前規模的大帝國。但他注意的不是元朝的武功，而是在大一統的局面下，大批過去被隔絶的外國人以及西北少數民族，來到了中國，來到了中國的中原地區，接觸了中華文化，受到感染，爲之同化。闡明這一歷史事實，正符合他要喚醒國人，振興中華文化的目的。

所以他在《華化考》一書中意味深長地强調：『自遼、金、宋偏安後，南北隔絶者三百年，至元而門户洞開，西北拓地數萬里，色目人雜居漢地無禁，所有中國之聲明文物，一旦盡發無遺，西域人羡慕之餘，不覺事事爲之仿傚。故儒學、文學，均盛極一時。而論世者輕之，則以元享國不及百年，明人蔽於戰勝餘威，輒視如無物，加以種族之見，橫亘胸中，有時雜以嘲戲。元朝爲時不過百年，今之所謂元時文化者，亦指此西紀一二六〇年至一三六〇年間之中國文化耳。若由漢高、唐太論起，而截至漢、唐得國之百年，以及由清世祖論起，而截至乾隆二十年以前，而不計其乾隆二十年以後，則漢、唐、清學術之盛，豈過元時！』（卷八第一節）這在當時是一個嶄新的觀點。

他在書中鄭重聲明：『吾之爲是編，亦以證明西域人之同化中國而已。』（卷二第四節）爲此需要對本書題目所用的『西域』及『華化』兩詞加以説明。

『西域』一詞始見於漢。漢武帝派張騫出使西域，是爲人們熟知的史實。時代不同，西域的範圍也有變化。元代開疆闢土，西域的範圍較以往擴大許多。元時又有『色目』的名稱。元朝把它統治下的人們分爲蒙古、色目、漢人、南人四等。元代的色目人與歷史上的西域人範圍不完全相同。《華化考》所論者是色目人。爲什麽作者不用『色目人』而用『西域人』，他是這樣解釋的：『西域人者色目人也。不曰色目而用西域者，以元時分所治爲蒙古、色目、漢人、南人四色，公牘上稱色目，普通著述上多稱西域也。』（卷一第二節）關於題目中的『華化』，檢閲現存的《華化考》的提綱和初稿，提綱先作『中國化』，後改爲『漢化』，初稿沿用『漢化』，至定本改爲『華化』，但文中還保留少數『漢化』之詞。改『漢化』爲『華化』，我們固然可以作這樣的解釋：元代的漢人與漢族人不是同義語，『漢人』不但指漢族，也包括契丹、女真、高麗等族，而元代的『南人』中大部分是漢族。但如果我們聯繫到本文開首所引的陳垣先生的話：『此書著於中國被人最看不起之時，又值有人主張全盤西化之日，故其言如此。』他不曰色目人而曰西域人，不曰漢化而曰華化，以西域人與華人相對，以西化與華化相對，其故可深長思之！

（二）

《華化考》的主旨是證明元代『西域人之同化中國』，但這只是作者寫作本書所要達到的目的。這個目的能否達到，也就是説這個論斷是否成立，並爲人們所認同，還要看它是否符合歷史現實，作者提出的論據是否正確、充分，論证是否符合邏輯。

作者在界定了元時西域人的範圍之後，又對『華化』的意義作了這樣的規定：『以後天所獲，華人所獨者爲斷。』所以，『或出於先天所賦，或本爲人類所同，均不得謂之華化』。（卷一第三節）

『華化』的定義既明之後，作者又是從哪些方面論證元時色目人之華化的呢？

第一，儒學：『儒學爲中國特有産物，言華化者應首言儒學』（卷二第一節）。

第二，佛道兩教：道教是中國土生土長的宗教，自不必説。『佛教非出於中國，然元時佛教之入中國，已千三百餘年，本分禪、教兩大宗，其禪宗早已成爲華化。倘其人之佛學得自梵文，或得諸西域，固不可謂之華化；倘其佛學係由漢譯經論，或由晉、唐以來之支那撰述而得，而又非出家剃度、身爲沙門，僅以性耽禪悦，自附於居士之林，則不得不謂之華化。』（卷三第一節）

第三，文學：包括詩、文、詞曲。這當然指的是中國詩、中國文以及在元代文學中最具特色的元曲。

第四，美術：包括書法、繪畫和中國建築。關於書法，作者説：『書法在中國爲藝術之一，以其爲象形文字，而又有篆、隸、楷、草各體之不同，數千年來，遂蔚爲藝術史上一大觀。然在拼音文字種族中，求能執筆爲中國書，已極不易得，況云工乎！故非浸潤於中國文字經若干時，實無由言中國書法也。』（卷五第一節）關於繪畫，『中國畫有中國畫特色。以元版圖之大，即有西域畫家挾羅馬、波斯、土耳其之畫法，以顯於中國，亦並不奇；然此之所謂畫家，乃中國畫法，非西域畫法，故不曰西域畫家，而曰西域之中國畫家也』（卷五第二節）。

第五，禮俗：包括名氏、喪葬、祠祭、居處之仿傚華俗。作者説：『試一檢元人文集，種人（超按：此處指色目人）之請字請名者觸目皆是，其人皆慕效華風，出於自願，並非有政策之獎勵及强迫，而皆以漢名爲榮。』（卷六第一節）又説：『封建社會最大之禮制，莫過於喪葬』（卷六第二節）。

由此可見，作者所説的華化或同化，是指文化上的影響、吸收、接受或認同；也可見作者考慮之周全和規模之宏闊。

本書在材料的運用上也有鮮明的特色。

第一，材料富。許冠三在評述《華化考》時説：『僅就資料的豐實言，已屬前無古人。全書七萬餘字，共用材料二百二十種，以金石録和詩文集爲主體，所引元、明人詩文集約百種，在一般史家常用的正史、方志、雜記、隨筆外，連畫旨、畫譜、書法、進士録等，亦搜羅無遺。如此的繁富而多樣，僅有晚年的陳寅恪和顧頡剛差堪匹敵。』[七]

第二，版本多。許冠三又説：『《元西域人華化考》所以縝密服人，「多聚異本」無疑是重要因素之一。如考余闕華化，所見《青陽集》，即有元刊五卷、六卷本，明刊九卷本和四庫六卷本四種。考丁鶴年事迹，所據鶴年著述則有兩種版本：一、藝海珠塵本《丁孝子詩集》，二、琳琅秘室本《丁鶴年集》；所參考的戴良作品，亦有兩本：一是琳琅秘室

本《丁鶴年集》戴序，二是收入戴良《九靈山房集》的《鶴年吟稿序》。前者是初稿，後者是定本。』[八]

第三，善利用。美術篇的西域之中國書家和畫家兩節，作者寫作時較其他篇省力，因爲他利用了兩部『極現成之書』，即元代陶宗儀的《書史會要》和夏文彦的《圖繪寶鑒》。論證西域人名氏效華俗，則利用了元人文集中觸目皆是的『字説』。但在論述西域人喪葬效華俗時，因爲諸家記述極少，他多方搜集材料，利用了當時很少有人利用的《元典章》，從元代禁止畏吾兒仿傚漢兒喪葬體例中反證：『必其有所效，而後有所禁也。』（卷六第二節）

許冠三還評論説，《華化考》『論證的謹嚴，亦是當代罕有。如證《丁鶴年集》通行本皆明刻説，共舉五證，證證確切。又證丁氏爲回回一節，則有八證。且舉證皆按效力强弱定先後，條理井然。』[九]

《元西域人華化考》在學術界産生了廣泛而深遠的影響，無論是主題的選擇，材料的運用，以至著述體例、學風等等方面，都給了並將繼續給後人有益的啓示。他當年告誡人們要警惕那些『誇彼善俗，思革吾華風者』，應爲後人銘記。《華化考》也有一些具體的、細節的失誤，比如魯古訥丁、別的因、泰不華、勗實帶、郝天挺等人是否爲色目人？有的肯定不是，有的還有争論。

學無止境。譬如積薪，後來居上。在前人取得成果的基礎上繼續前進，這是科學發展的規律，也是後繼者義不容辭的責任。

（三）

《華化考》完成以後引起了熱烈的反響。

《華化考》初稿寫成之後，在北京大學《國學季刊》發表（前四章）之前，作者曾將油印稿分別寄給包括魯迅在内的國内外一些學者。

第一個反映來自日本學者桑原騭藏。桑原比作者年長十歲，畢業於東京大學，此時是京都大學文科大學教授，正是日本漢學界的一位中堅人物。桑原於一九二四年春天收到《華化考》油印本，在當年十月出版的《史林》雜誌發表了題爲《讀陳垣氏之〈西域人華化考〉》的書評。[十]書評一開始就説陳垣是現在中國史學家中『尤爲有價值之學者』，『能如陳垣氏之足惹吾人注意者，殆未之見也』。他認爲陳垣研究的特點有二。第一，是在研究中國與外國關係方面，『裨益吾人者甚多。氏之創作以《元代也里可温考》始，次如《國學季刊》所揭載之《火祆教入中國考》、《摩尼教入中國考》兩篇，資料豐富，考據精確，爲當時學界所見重』。第二，則是書評一再强調的，研究方法的科學。桑原還説，《華化考》『博引傍搜元人之文集、隨筆等一切資料，徵引考核，其所揭之各題目，殆無遺憾』，不但研究元史，即使是研究中國文化史，都應參考此書。桑原的評價多處以陳垣與其他中國學者對比，讀完這篇書評，如果再參看桑原大約同時寫的評論柯劭忞《新元史》、梁啓超《中國歷史研究法》的文章，更可以體會到，爲什麽陳垣先生説『此書著於中國被人最看不起之時』，爲什麽他一再提出要把漢學中心奪回中國。

王國維讀《華化考》油印稿後，於一九二五年二月向作者寄贈有關李珣材料一條。李珣是唐代土生波斯人，能作詞，《花間集》收録其詞作三十七首，可稱爲元西域人華化之先導者。以後周肇祥、英華也告以同一材料。㊁作者則受此啓示而聯想及李珣之妹、前蜀王衍昭儀李舜絃，能詩能畫，爲增《西域婦女華化先導》一節。

一九二九年，當時任中央研究院歷史語言研究所所長的傅斯年，給應聘爲該所特約研究員的陳垣先生寫了一封情辭懇切的締交信。信中説：『斯年留旅歐洲之時，睹異國之典型，慚中土之摇落，並漢地之歷史言語材料亦爲西方旅行者竊之奪之，而漢學正統有在巴黎之勢。是若可忍，孰不可忍？幸中國遺訓不絶，典型猶在。静庵先生馳譽海東於前，先生鷹揚河朔於後。二十年來承先啓後，負荷世業，俾異國學者莫敢我輕，後生之世得其承受，爲幸何極。』㊂傅斯年現存信件多已刊出，看過他的信件的人，都會感到這是他最謙恭的一封信；而瞭解他的性格的人，又會知道這絶非客套之詞。他所以作出這樣的評價，除了同有將漢學中心奪回中國的志願之外，也是覺察到了以《華化考》爲代表的陳垣先生的前期著作所達到的水平與産生的影響。

無獨有偶，還有一位學者將王國維與陳垣並提。但他不是中國人，而是法國的伯希和。他説：中國近代之世界學者，惟王國維及陳垣兩人。㊃

一九三四年冬，陳垣先生將先後分别發表在北京大學《國學季刊》和《燕京學報》上的《元西域人華化考》上下篇木刻出版，請陳寅恪作序言。陳寅恪在一九三五年二月寫了《重刻〈元西域人華化考〉序》。序中説：『是書之材料豐實，條理明辨，分析與綜合二者俱極其工力，庶幾宋賢著述之規模。』又説：『近二十年來，國人内感民族文化之衰頽，外受世界思潮之激盪，其論史之作，漸能脱除清代經師之舊染，有以合於今日史學之真諦，而新會陳援庵先生之書，尤爲中外學人所推服，蓋先生之精思博識，吾國學者自錢曉徵（大昕）以來未之有也。』又説：『今日吾國治學之士競言古史，察其持論，間有類乎清季誇誕經學家之所爲者。先生是書之所發明，必可示以準繩，匡其趨向，然則是書之重刊流佈，關係吾國學術風氣之轉移者至大，豈僅局於元代西域人華化一事而已哉！』陳寅恪在寫序同時，對書中一些具體提法曾提出意見，作者也作了相應的修改。[24]一處是卷二儒學篇第五節摩尼教世家之儒學，排印本『暾欲谷爲回紇謀臣』，木刻本改爲『偰氏世爲回紇貴臣』。另一處是卷四文學篇第一節西域之中國詩人，排印本『迺賢直托爾斯太一流之所自出也』，木刻本改爲『迺賢與托爾斯太一流正有些相類』。『正有些相類』，與作者一貫的文風不類，細察木刻本，知此數字爲剜改補刻，似爲陳寅恪來函原文，作者一爲尊重對方意見，一爲將就刻版字數。在此之前，大約是一九三〇年底至一九三一年中，兩人就曾對《華化考》書中的不忽木其人進行過討論，現存的一紙二陳筆談遺墨是其見證。原來，陳垣先生在校勘沈刻《元典章》時，發現在《元史》等書中多次出現的不忽木，在《元典章》中作不忽术。究竟是『木』還是『术』？在没有找到充足的證據之前，他没有下結論，而是向通曉多種文字的陳寅恪請教，想從語言學方面尋找證據，再作判斷。雖然没有找到强有力的證據，但爲後人留下了一份珍貴的文獻和記録。[25]

一九六六年，《元西域人華化考》的英譯本由錢星海和 L. Carrington Goodrich 翻譯、注釋，作爲《華裔學志叢書》之一，在美國洛杉磯出版，一九八九年又在德國再版。這時距本書首次發表的一九二四年已經六十五年了。它也從一個方面反映了本書長盛不衰的學術生命力。

（四）

《華化考》一共有五種文本。

一、初稿：大部分保存下來了，分爲三册，每册封面都有陳垣先生題字：『西域華化考史料』（上、中、下），並題『十二年十一月』。裝訂次序同全書篇章次序並不完全相符，原稿與其它有關《華化考》的史料合訂在一起。這種裝訂法反映了作者寫作的一個特點：他總是先將有關的材料收集齊全，然後挑出第一手的、準備引用的材料。引用時常作許多删節（他一再强調，引文不可改，但可删），並把它們聯綴成文。初稿的主要特點，如前所述，定本中的『華化』，初稿中一律作『漢化』。

二、油印稿：至目前爲止，只知道僅存一部，藏於日本京都大學文學部東洋史研究室的『桑原文庫』。綫裝上、下兩册，每半頁十行，行二十五字。卷末注有『十二年十月九日寫於北京西安門外恒德廠』，由此可知本書完成的準確時間（一九二三年十月九日，作者當時尚未滿四十三歲）和作者當時在北京的寓所。上册封面有作者題字：『桑原騭藏先生指正 陳垣敬呈十二年十二月』。[23]這就是作者贈與桑原之本。桑原逝世後，根據他的遺願，全部藏書贈與京都大學，本稿也在其中。初稿中的『漢化』，在油印稿中絶大部分已改爲『華化』。

三、排印本（正式發表本）：一九二三年十二月，北京大學《國學季刊》第一卷第四號發表了《元西域人華化考》的前四卷，後因該刊經費困難，久未續出。直至一九二七年十二月，後四卷才發表於燕京大學《燕京學報》第二期。前後相隔竟達四年之久。排印本按當時刊物的規格，加了標點符號。

在前四卷發表之後，後四卷尚未發表之前，作者還應雜誌之請，抽出全書部分内容，以《元基督教徒之華學》和《十四世紀南俄人之漢文學》的題目分别發表在《東方雜誌》二十週年紀念號（一九二四年一月）和《小説月報》第七號號外、中國文學研究下册（一九二七年六月）上。

四、木刻本：一九三四年，作者將全書木刻出版，作爲《勵耘書屋叢刻》第一集的第一種。木刻本對排印本作了若干補充修改，將標點符號改爲斷句。此本在臺灣和大陸都有盜版。

五、一九六二年修訂本：一九六二年，中華書局擬將此書重新排印出版，作者對木刻本内容没有增删，只是對個别提法作了删改。如卷四文學篇第一節西域之中國詩人，作者在引迺賢《新鄉媪》詩後所作解釋，原作『第二截寫資本主義之壓迫』，改爲『第二截寫豪門勢力之壓迫』等。可能因爲西北問題當時爲政治上之敏感問題，出版未果。這次重排，采用作者一九六二年修訂本，對個别標點符號作了修改。

二〇〇〇年十一月十二日是陳垣先生一百二十週年誕辰，本書的出版，也是對他的很好紀念。

陳智超

二〇〇〇年六月於北京

注釋：

㈠陳智超編注《陳垣來往書信集》第八一八頁，上海古籍出版社一九九〇年出版。

㈡胡頌平編著《胡適之先生年譜長編初稿》第八册第二七八九頁，臺北聯經出版事業公司一九八四年第二版。原文作『二十年前』，一九五九年之二十年前爲一九三九年，當時根本不可能談此問題，『二十年前』應是『二十年代』之誤。

㈢鄭天挺《回憶陳援庵先生四事》，北京師範大學《陳垣校長誕生百年紀念文集》第十二至十三頁。

㈣《光明日報》一九七八年三月十一日報導。

㈤柴德賡《我的老師陳垣先生》，載柴氏《史學叢考》第四三六頁，中華書局一九八二年出版。

㈥朱文長《北大與北大人》，《東方雜誌》第四十卷第七號，一九四四年一月出版。

㈦許冠三《新史學九十年》上册第一一五頁，香港中文大學出版社一九八六年出版。

㈧同上書第一二三頁。

㈨同上書第一一五頁。

㈩原載《史林》第九卷四號，後收入《桑原騭藏全集》第二卷，東京岩波書店一九六三年出版。有陳彬和中譯本，發表於《北京大學研究所國學門週刊》第一卷六期，一九二五年十一月十八日出版。

⑪《陳垣來往書信集》第二二七至二二八頁，二三三頁。

⑫陳智超《陳垣先生與中研院史語所》及杜正勝《無中生有的事業——傅斯年與史語所的創立》，臺北中央研究院歷史語言研究所《新學術之路》第二三六至二三七頁，二七頁，三四頁，一九九八年出版。

⑬《陳垣來往書信集》第九六頁，尹炎武函。

⑭同上書第三七八頁。

⑮見陳智超《史學二陳的友誼與學術》，《紀念陳寅恪教授國際學術討論會文集》第二四五至二四六頁，中山大學出版社一九八九年出版。

⑯（日）竺沙雅章《陳垣與桑原騭藏》，馮錦榮譯，原載《歷史研究》一九九一年第三期，增訂稿收入《陳垣教授誕生百一十週年紀念文集》第二一五至二二九頁，暨南大學出版社一九九四年出版。日文本載於《史林》第七五卷四期。

附記：此文係作者爲上海古籍出版社二〇〇〇年修訂版所作的導讀。

提綱本首頁

十六年九月始

元時代西域外國人之中國化文學

元史一四六 耶律楚材 字晉卿 湛然居士集十四卷 元太宗十二年生 一二三

元史一二六 廉希憲 畏吾兒人 至元十七年卒，年五十。

元史一四三 貫雲石 畏吾兒人 元詩紀事十一 名小雲石海涯 號酸齋 酸齋集 至元廿三年生 一二八六 泰定元年（一三二四）卒，年卅九

元史一八〇 趙世延 雍古部人 字子敬 元詩選癸之丙 至元七年生，後至元二年卒，年七十七

元史一四三 馬祖常 雍古部人，字伯庸 石田集十五卷 至元十六年生 一二七九 後至元四年卒 一三三八 西一三 年六十

行文詩 元詩選有翁譯集

元史一八三 三字姓 孛朮魯翀 女真人

元史一四 王翰 西夏人

廼賢 葛邏祿人 印合魯人 字易之 清人改納新 有金臺集二卷 河朔訪古記 元詩選初集戊 至大二年 一三〇九 生

元史無傳 薩都剌 色目人 字天錫 雁門集四卷 元詩選初集戊 至大元年生 一三〇八

衆議院普通用紙

元史一七四
郝天挺 朶魯別族也 元定宗元年生 皇慶二年卒 六十七 元詩選癸之乙

元史一四三
余闕 字廷心 青陽集六卷 元詩選初集 大德七年生 至正十八年卒 五十六

元史一九〇伯顏、[illegible]
伯顏 宗道 哈剌魯氏 元貞元年生 至正十八年卒 六十四

元史一九〇儒學四
贍思 大食國人 有河防通議四卷著录 至元十五年生 至正十一年卒 七十四

元史無傳
辛文房 西域人 撰唐才子傳 元詩選癸之乙

右見王士禛池北偶談

高彥敬 名克恭 元詩紀事卷十一 其先西域人 有房山集 元詩選二集丙 善畫、 [illegible]

元史一四三
巎子山 名巎巎 元詩選癸之乙 至正五年 四五 卒 年五十一

元史一四三泰不華 明史二三八有傳 [illegible]
達兼善 元詩選初集 [illegible] 名泰不華 大德八年生

雅正卿 名雅琥 元詩紀事十七 元詩選二集戊 [illegible]

明史二八六

元史無傳

明史本傳 傳有蓬萊 附錄

元史一八一

明史二八五 回

元史一八六

宋史 [illegible]

壽古朋　元詩選三集丙集有倪郎集

斡克莊　名鐸玉倫都　西夏人　元詩紀事卷十七　元詩選癸之丁、作斡玉倫徒

魯古道　元詩紀事卷十六　[illegible]

三延圭　元詩選癸之丙作三寶柱、字廷珪、畏吾兒人、

有見九靈山房　海桑 [illegible] 詩集序　雅川集 [illegible]

揭溪斯　文安集十四卷

丁鶴年　有鶴年詩集三卷　元詩選初集辛、有海巢集　生至元元年　卒永樂二十二年

蒲道源　眉人　閑居叢稿二十六卷

同恕　榘菴集十五卷

[illegible]道　宋史儒道傳 [illegible]

癸集下作斡玉倫同

明史二四

元史一二五

蒲壽宬

元鄉貢及廷試皆分右左二榜，蒙古色目人為右榜

漢人南人為左榜，各有狀元、十駕齋新錄卷十

[illegible]

[illegible]

魏彥文

贍思丁 元太祖六年生 至元十六年卒年六十九

哈剌 字元素

忽辛 贍思丁子 至大二年卒

伯顏子中 元詩選癸集 有傳

[illegible]世德 元詩選癸之丁 又癸之癸

偰玉立 畏吾人 元詩選三集庚

沙班 元詩選癸之丁

一 學術 史學 理學 文學 史 宗教 佛 道 仟

了 美術 技藝 書畫 音樂 棋 以算者者 以文名者

道術 文學 辭章 入道 逃禪 以書名者

美術 書畫 以詩名者 薩 以畫名者 高

元代西域人之中國化　元西域人之華化考

一　西域人之界說　又何謂中國化

二　元時中國(本來)之原有文化之概況　元時西域人概況

西域人之中國書家　巎巎　康里　西域人之中國畫家　高克恭　丁野夫　伯顏不花

基督教世家之儒家　馬祖常　基督教世家之儒家　趙世延　薛昂夫

西域人之中國詩家　回回教世家　西域人之中國佛教

西域人之中國文學家　馬祖常　西域人之學佛　貫雲石

四、教世家之中國美術　基督教之中國詩人　馬世德　回教之中國詩人　薩都剌

西域人之仕行　元時西域人之孫遠

中國人之著述

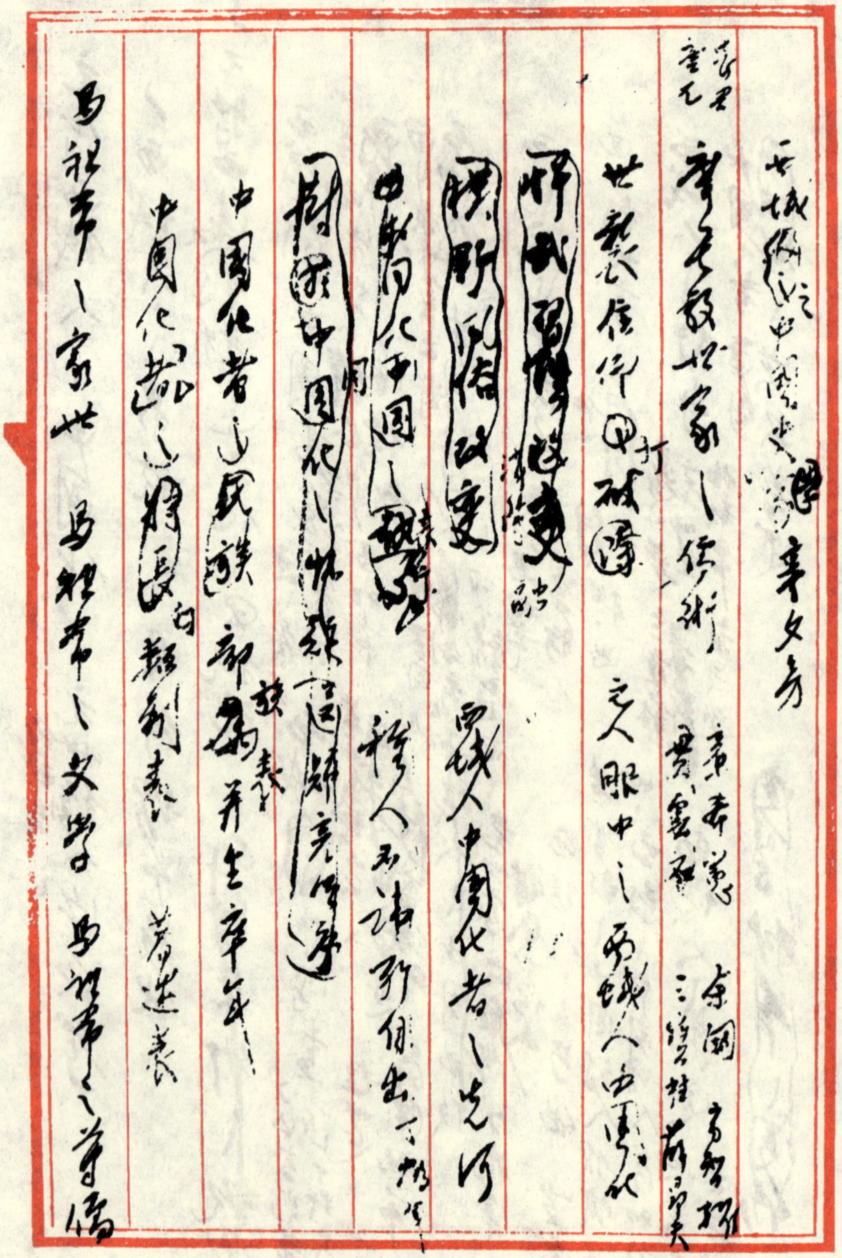

西域人之中國史學 辛文房

[illegible]世家之儒術 廉希憲 高智耀 偰玉立 貫雲石 [illegible] 薛昂夫

世襲信仰之打破 [illegible]人眼中之西域人之中國化

[illegible]中國化者之先河

[illegible]

中國化者之民族 部落 並生卒年

中國化者之特長 類別表 著述表

[illegible]

眾議院普通用紙

丁鶴年之家世、丁鶴年之信仰、丁鶴年之文學

丁鶴年之逃禪、

基督教世家之儒學 馬祖常 馬潤

基督教世家之中國文學 趙世延

基督教世家之詞翰 雅琥 馬世德

基督教世家之翰墨 哈剌 康里不花 趙夫人

回回教世家之儒學 贍思 溥博

回回教世家之詞翰 薩都剌 伯篤魯丁 答失蠻、別里沙、
獲獨步丁 薛秀實、

回回教世家之中行之儒、丁鶴年、

西北地帶有
青年班

新天使 第五部引楔

泰不華、伯牙吾氏 五雜俎五六頁 欽察部族

薩都剌、哈剌魯氏 五雜俎七六八頁

廼賢、葛邏祿氏 五雜俎七八五頁 伊蘭、東北各族

哈剌魯即葛邏祿，西北地游牧部落地

王屋山麓，（嵩陽城在曲及河南府濟源縣，其頂曰天壇）（南少室 東北少華 古今 西北至地）

狀如王者車蓋，故名。為唐司馬承禎修道之所，新府志稱是

（王屋、趙六壇詩：峨峨峻嶺接雲邈，林壑幽深詩

林深何處隱？守心收拾圖書，將卜築峰巖之間，千里來，東北行入王屋來也。

儒學 佛老

丁鶴年

4 詩家 7 書家 8 畫家 1 儒學 5 文家 7 道家 老學

馬祖常 馬祖常 阿魯渾薩理 2 馬祖常

薩都拉 薩都拉 薩都拉

蒲壽宬

丁鶴年 丁鶴年

廼賢 高智耀 4 廼賢

[illegible]

高克恭 [redacted] 1 高克恭 巙巙

泰不華、泰不華

雅琥

6 曲家 [illegible]

7 薩都拉

蒲壽宬

6 [illegible]

7 阿里西瑛 耀卿子

[illegible]

[illegible]

5 [illegible]

辛文房

薛昂夫

十二頌

辛文房

丁野夫

彭仲章

貫雲石 貫雲石 薛昂夫 貫雲石[3]

余闕 余闕 余闕 學術[4]

盛熙明 盛熙明

薩都剌 國防 孝防[5]

路思

史世道[1]

不忽木[1]

貫雲石

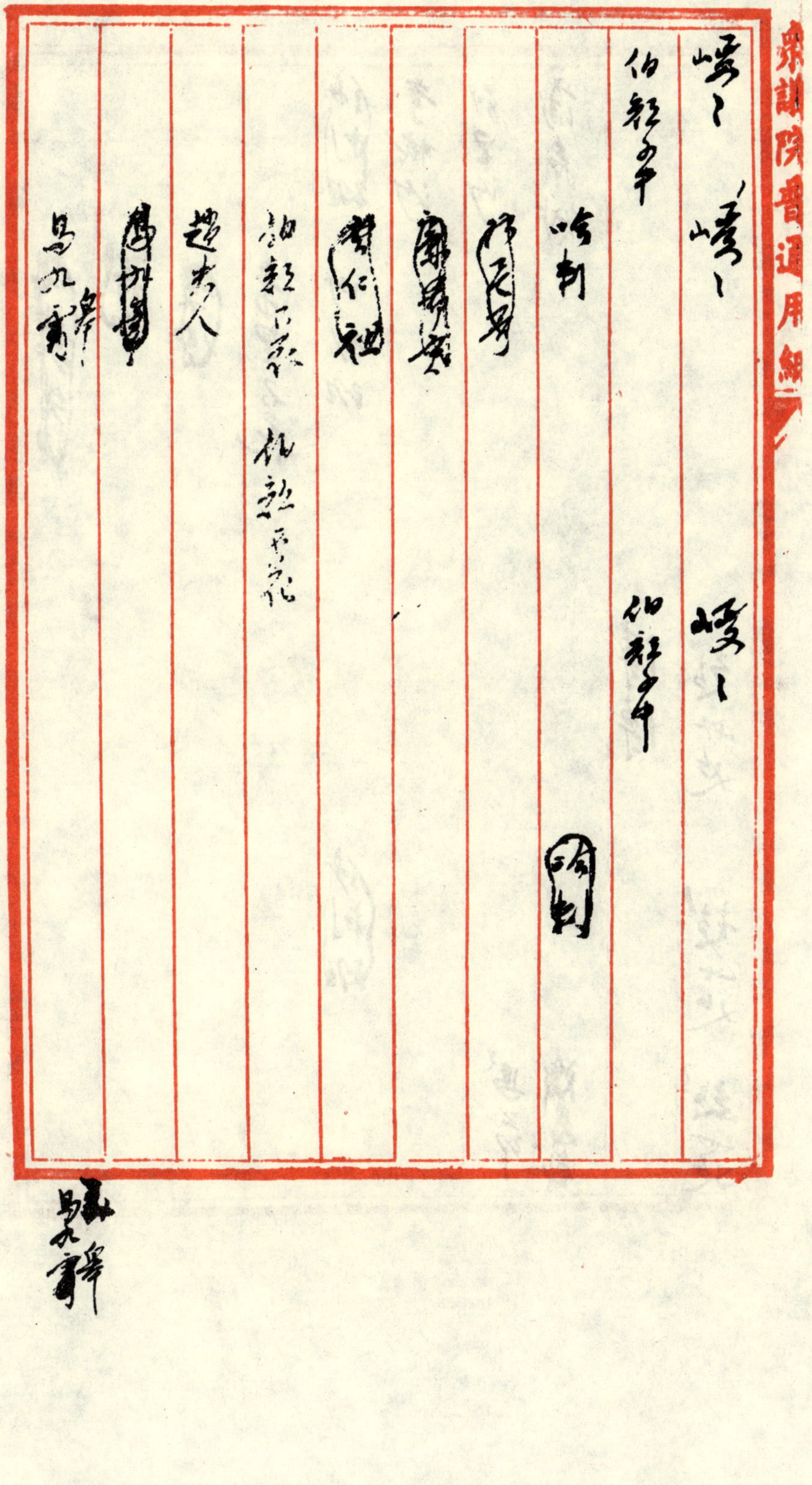
衆議院普通用紙
哈利
趙夫人

侯世子先生

關

保臣

李里石花

伊刺班　伊刺班　伊刺班

李桃沙

刘里沙　马三節

潇寿诚　潇寿诚

谭博

赵世之　赵世之　赵世之

送書

送書

抄寫書

詞律 二十卷 康熙廿六年萬樹撰 案文罢只大官傳，彼見有二八名刻列
元人 考廿有宋元依舊譜襲作 一百八十九字

樂府 卷八十 近代曲辭首 羅蘇州、歷代歌部曰雜歌謠曲紀角
四 胡天游石笥山房詩作集雜謠列
玉簫 舊舊弄清歌日日新 摘花當歸路、寶馬隨

故人 案文係周四、五行 數數 有詩詞一卷 李益撰

贍思丁
廉希憲
阿魯渾薩理
郝天挺
高克恭
不忽木
馬潤
趙世延
高智耀等
薩都剌

嗟忍

馬非常々々

罵々

黄雪不

馬非謀

嘆々

彩竹瑾

宋開

遠兼善

丁鵬華

參与詩衡
實

張雨句曲外史集有再次韻洲輞班郎中春遊二首、

元詩選壬集

元詩選癸之戊下、列哲字伯淵西域人、有題邵南芳子推

蓮竹圖

二有老撒見沂州志、有艾山懷古一首

又有別羅沙、見釋無盡天台山方外志、有宿寒巖一首、

又有大食惟寅題趙奕、徽畫赤驥一匹二首、

癸之己上、有買住玑雲九和仙篤魯丁淨雲寺一首

又有賈策熙門字德章嘉定教人、有湖心寺贈

見心上人一首、遊大慈山和見心上人韻、一首、

琰之字上、有仉機沙、字大用、回々人、按仉古掌字、西湖竹枝詞有掌機沙、字密卿、阿魯温氏、已載上卷、未知即此人否也、

、研北雜志卷下 王伯益名繼學，以字行，大名人，同輩

有辛文房良史，西域人，楊載仲弘，浦城人，並稱

能詩。

、卷下 張可與家有周昉五星真形圖

西域人以十二月成歲，不知有閏

陸友字友仁

、郝天挺新如悟兄本元詩會卷九。

、宋元詩會卷八十六之廼賢 有奇閣詩集

、卷九之 張憲字思廉 有當別寰衆和詩

、卷九之 丁鶴年 回回人

書史會要元人卷七、[illegible]九年
哈剌魯人坊生補遺有
玉山名勝集卷一、卷二均有昂吉文詩，西夏人
卷二、又有清真劉某，清真二字不知何解
金華黃[illegible]稿序 辛卯元統學齋稿卷四
雲林隱者圖序 余[illegible]
光白齋稿卷廿三、孟傳劉文集序，餘竹字天驥
西夏人也，至正十二月乙未書驛子訣越六西
夏人、丁[illegible]

滙徵文稿卷首有

與達尊吾卿中書

卷十九有馬祖謙墓碣銘

卷廿、有題王天驥撰古文後

卷卅題蕭尊吉書自書所作詩後

卷卅有題吳呂偉孔三井畫記後

黃溍集有跋陳去非書杜文集 黃師泰序

有虞集題詞 有袁桷草跋 有新安程文跋，以

有劉將孫楷跋，有孫起岩題詩 有危素跋

並有墨詩兄 黃溍集

黃溍文獻集

有江南三絕詩

又楷書跋

、玄雲山人遺稿「答倉伯淵」詩：書無蹤隱我亦凡

、青華齋集卷七，有月娥傳：月娥者，太平蕪湖

葛通甫之妻，武昌尹吉長職馬祿丁之女，西域人也。

少聰慧靜幽，讀詩史，明經之學，手業月織，隨

而諷誦通典義，晚年窮於經史，有樓行紡績

讀書以月娥口授。

、卷八有送烏馬兒偏將北上序

又見元風雅前集四

、元音卷七有壽古柏老將還軍

卷九有雅哈字子柳哀諾忽人 又

、卷十二有去非謨丁 愛理沙詩四之人，稱年西域

應以人名爲主，書目附人下。

經世大典 趙世延等纂修 李化茍、 經世大典序錄 元文類卌

大元通制 竣等纂修 李化、李果、

前岡詩集 迺賢 見宋元詩會卷八六

左傳注 余闕 金門詔三史藝文志

易詩書疏十卷

群賢文粹三十卷 元史藝文志

萬年曆 札馬魯丁 西域人 至元四年十二月上 元史曆志 札馬剌丁 作札馬魯丁

續東陽志六卷 睦思 據錢大昕補元史藝文志卷二

詩四十卷 申屠駉 元史藝文志

世玉集 倪玉立

元東陽縣，江浙行省婺州路，清金華府東陽縣治

書名　卷數　著者　存佚

△拙逸集　馬潤（祖常父）

△風憲宏綱　二十冊　趙世延

△英宗實錄　馬祖常　列傳一四三、一四五（[illegible]）

△皇圖大訓　許師敬、阿璘帖木兒等譯以國語　馬祖常譯潤　見道園學古錄卷廿六

承華事略

列后金鑑

千秋記略

○孝經一卷、　[illegible]有傳　[illegible]文齋

○指沙集　十卷　見[illegible]集

青陽（山房）集、　余闕　六卷

友石山人遺稿 王翰

侍郎集 喬古柏

丁鶴年集 一卷

雁門集 薩都剌 集外詩一卷 見元文類編 元史藝文志

或曰雁門集六卷、詩集三卷、集外詩一卷

西湖十景詞

金臺集 迺賢 二卷 海雲清嘯集 金臺後集一卷

河朔訪古記 十

石田集 馬祖常 （先生文）十五卷

丁卯集 那琥

帝王心法 瞻思

四書闕疑、

五經思問

奇偶陰陽消息圖

老莊精詣

鎮陽風土記

重訂河防通議

西國圖經

西域異人傳

金哀宗記

正大諸臣列傳

審聽要訣 待制文集 文集三十卷

王風（暐擬古文）玄紡

薛昂夫詩集　薛超吾

子中集　伯顏子中

蒙泉詩稿　龍舟成

心泉詩餘

房山集　高克恭　文簡文集七卷　謚

尚書文集　王士熙　王士點　書畫錄十七

樂府　小令　醉　又

酸齋文集　小雲石海涯

直解孝經一卷　元史本傳一四三

顧北集　泰不華

重類復古編十卷　本傳一四三　復古編係宋張有撰

雲南實錄五卷　郝天挺

唐人鼓吹集注十卷

補陀洛迦山考　上中下三篇　盛熙明

法書考八卷

仁宗實錄　廉惠山海牙　本傳一四五

瑤樵船詩集　王石峯　卷三

皇元風雅　有多種，其一丁鶴年輯，見九靈山房集第廿　皇元風雅序，云東海隱君子鶴年所輯……

聖武開天記　察罕　由脫必赤顏譯出

紀年纂要　仝上

太宗平金始末　仝上　元史一三七

瑞竹堂經驗方　五卷　薩里彌實　泰定丁卯四年著

易說　五卷　余闕　見戴良余忠宣公手帖后題

遼史　廉惠山海牙　等撰　四人之一

金史　沙剌班　翰林修撰　六人之一

仙都……

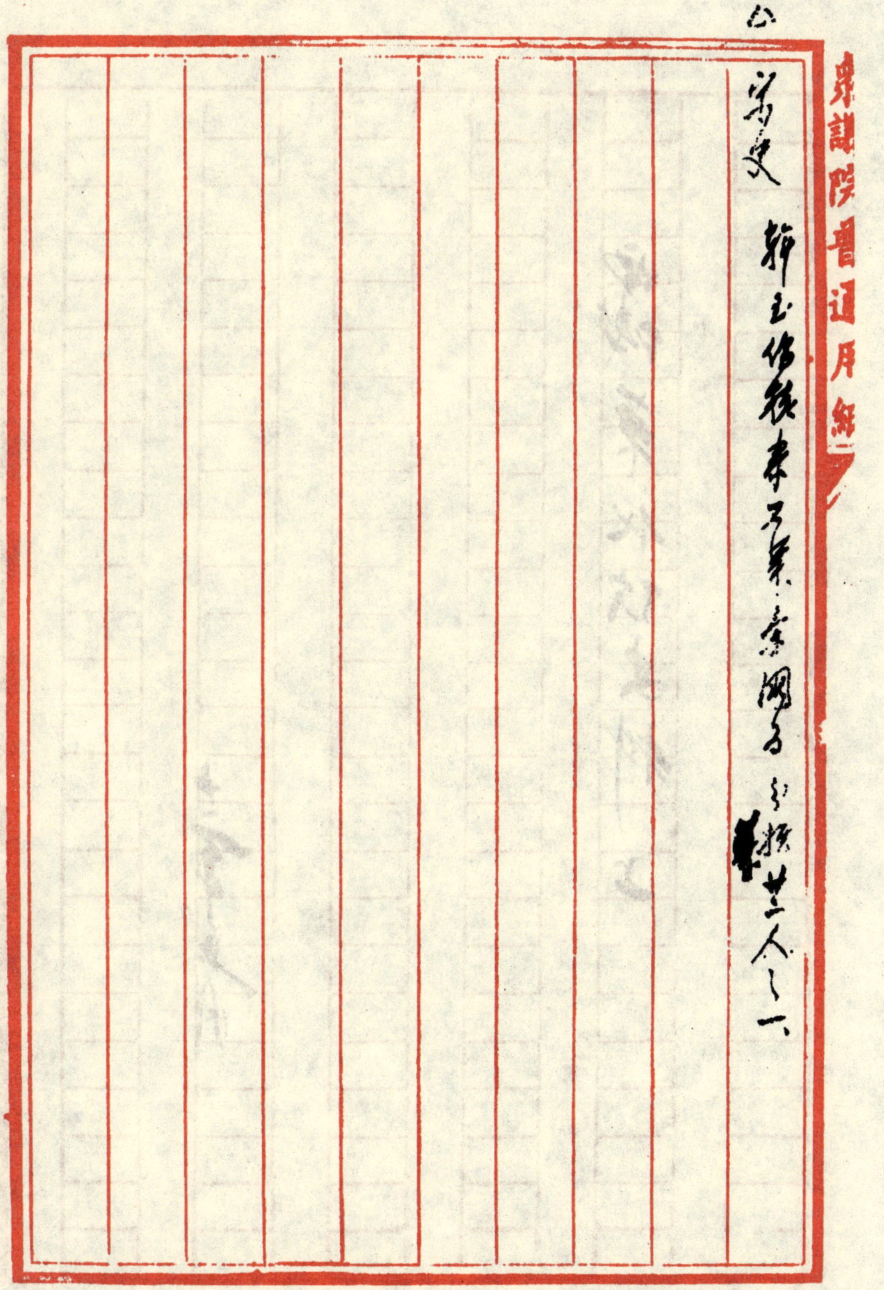

西域華化攷史料 上

十二年春

元史一七四

郝平章天挺

天挺字繼先，號新齋，出于朵魯別族，居安肅州。父和上拔都魯為河東行省五路軍民萬户，至元中以勳臣子召見。元世祖嘉其容止，有旨俾執文字，備宿衛春宮。建省雲南，除參議雲南行尚書省事，尋陞參知政事，擢陝西漢中道廉訪使，入為吏部尚書，尋除陝西行御史臺中丞，又還四川行省參政，及江浙行省左丞，俱不赴。拜中書右丞，出為江西、河南二省右丞，召拜御史中丞，尋拜河南行省平章政事。皇慶二年卒，年六十七，贈光祿大夫、中書平章政事、柱國，追封冀國公，謚文定。繼先嘗受業于元遺山，多所撰述，修雲南實錄五卷，注唐詩鼓吹集十卷，行于世。按金史隱逸傳，郝天挺字晉卿，澤州陵川人，爲國信使經之祖，遺山嘗從學，進士業。夫以同時而同姓同名，乃一爲其師（遺山之），一爲其弟子（遺山之），亦一奇也。附識于此。

元詩選癸之乙

麻姑山

唐詩鼓吹十卷，唐人七言律詩凡九十六家五百九十六首，提要稱其去取謹嚴，軌轍歸一，大抵遒健宏敞，無寒儉纖薄之習。

明廖文炳注解。

路入尋仙石逕斜（一作雲關寂不譁，一作雲關仙境住），瓊田瑤草帶烟霞。（一作鍾）

洞古無遺蹤（一作留），養藥爐（一作爐火）存失舊砂，青鳥空（一作不傳，一作采）傳金母（王母）信，

紫鸞應到返（一作一作）玉皇家，巖扉不掩春常（長）在，編碧桃千樹（數）花。

唐詩鼓吹元好問編，郝天挺注

元郝天挺爲遺山弟子，金郝天挺爲遺山師

唐文炳 古刻本

北詩弄兄元

郝雖高其集卷一，金源元風雅改注於旁者也。

北詩又之宗之

北詩本兄元文詩會六九

郝天挺六十而袁桷作定金詩，詩補中卅篇卷四十二，均補入金之郝天挺卷中，誤也。

中州集卷 有郝晉卿詩一首

王士正池北偶談（卷六）金元間有兩郝天挺一為遺山之師一為遺山弟子予考元史郝經傳云其先潞州人徙澤州之陵川祖天挺字晉卿元裕之嘗從之學裕之謂經曰汝貌類祖才器非常者是也其一字繼先出於朵魯別族父和上拔都魯元太宗世多著武功天挺英爽剛直有志略受業於遺山元好問累拜河南行省平章政事追封冀國公謚文定為皇慶名臣嘗脩雲南實錄五卷又註唐人鼓吹集十卷（元時漢人賜號拔都惟史天澤張宏範見輟耕錄）漢言勇也近常熟刻鼓吹集乃以為隱逸傳之晉卿而致疑於趙文敏之序稱尚書左丞又於尚書左丞上妄加金字誤甚（元遺山詩集箋註卷廿）

自補
載

請竹

蒙古部名[illegible]打耳班[illegible]西岸

郝和尚拔都有傳，元史一五〇，[illegible]太原人[illegible]

張閭字仲高，趙州寧晉人，[illegible]元史[illegible]

郝天挺 子佑附

郝天挺字繼先出於朶魯別族自曾祖而上居安肅州父和上拔都魯太宗憲宗之世多著武功為河東行省五路軍民萬户天挺英爽剛直有志略受業於遺山元好問以勳臣子世祖召見嘉其容止有旨宜任以政俾執文字備宿衛春宮裕宗遇之甚厚建省雲南選官屬遂除參議雲南行尚書省事尋陞參知政事又擢陝西漢中道廉訪使未幾入為吏部尚書尋除陝西行御史臺中丞又遷四川行省參政及江浙行省左丞俱不赴拜中書右丞與宰相論事有不合輒面斥之以奏事數陳明允特賜黃金百兩不受帝曰非利汝也第旌汝肯言耳成宗崩仁宗以太后命首定大難及武宗還自朔方遂入正大統定策之際天挺與有力焉仁宗臨御收召故老天挺與少保張閭等十人共議大政革尚書省

之弊，遂成皇慶之治，又出為江西河南二省右丞，召拜御史中丞，入見，首陳紀綱之要，以鷹為喻，曰御史職在擊奸，猶鷹揚焉，鷹之弱者易獲也，其力大者必借人力，不然，不惟失其前禽，仍或有傷鷹之患矣。帝嘉其言，既出，臺臣皆以為賀，風紀大振。又上疏陳七事曰：惜名爵，抑浮費，止括田，久任使，論好事，興農務本，勵學養士。詔中書省舉行之，尋俾均逸于外，拜河南行省平章政事，時河南王卜憐吉歹為丞相，待以師禮，由是政化大行。皇慶二年卒，年六十七，贈光祿大夫、中書平章政事、柱國，追封冀國公，謚文定。天挺嘗修雲南實錄五卷，又註唐人鼓吹集一十卷，行于世。子佑，字君輔，小字案魯别台，由宿衛補官，仁宗時拜殿中侍御史，以廉直著名，大受知遇，遷陝西行省參知知政事，拜陝西行御史臺侍御史

元史卷一七四

兩浙都運鹽使司判官阿哈瑪特公惠政記

至正十三年兩浙都轉運鹽使司判官西域阿哈瑪特公以歲賦

各有督分司明越二郡德刑並施官庶畏悅頌聲溢于塗厥績孔

彰越之石堰場賦最重其歲之賦畢輸於仲秋恒役是執者既夷

竈息力相與慶勞繹公之恩不釋心乃徵文刻諸石其詞曰維國

家奠中邑包有域外物衆財阜庾積府蓄用之不匱軼前曠後厥

維盛哉幽宇內貢賦之算浙江當大半鹽之賦兩浙者以引計之

歲四十萬通貫界內四分其直官取一焉而歲有恒秩其給經費

有餘矣車載馳負闐費廣莫道不絕運東南之賑乃日勤於食比

歲外難四起征討不輟物力大耗民用不靖有司湛溺故習益乘

時肆志無所恤隱况貸利出入之數法禁榷家政柄獄重神動鬼變易行其胸臆者哉今公督賦二郡也正以飭己明以屏姦寬以紓困敏以集功故隸其下者仰之若時雨憚之若夏日靡有惱法怠事者矣先是石堰輸賦者類利於遷延有嬰窮歲杪罰重累者焉公則雨暘是視而緩亟其力故恒賦先期而畢輸祗之老稚熙熙然慶勞以寧且知恩之自出矣譬若慈父母愛厥孺子節飲食俾無疾病若乃實愛厥子也石堰之祗以公愛己若愛厥子弗敢恩是眛刻文示子孫以俟督賦若公者臨焉而事之有則亦曰宜哉是歲九月既望餘姚宋禧記（庸菴集卷十四）

宋禧

西域人 箋

元史一四三

元史氏族表卷二第五九頁、伯牙吾台氏欽察族、

元統進士錄丙同仁榮字兼善、工爲文章、其科數第子多名人、而泰不華最著爲進士第一

宋元學案

元詩選初集辛
顧北集 泰不華
達兼善
辛巳八月跋
於南屏

忠介公泰不華

泰不華字兼善、伯牙吾台氏、初名達普化、文宗爲賜今名、世居白野山、其父塔不台、始家台州、兼善年十七、江浙鄉試首薦、明年至治改元、賜右榜進士第一、授集賢修撰、累轉監察御史、順帝初、興修宋遼金三史、擢禮部尚書、至正八年、方國珍兵起、江浙行省參政朶兒只班被執、上招降狀、詔泰不華察實以聞、具上招捕之策、不報、十一年、遷浙東道宣慰使都元帥、與左丞孛羅帖木兒夾攻國珍、孛羅先期至、爲所執、尋遣大司農達識帖睦邇招之、國珍僞降、泰不華請攻之、不聽、改台州路達魯花赤、十二年三月、國珍襲之澄江、九戰死之、

之竹逵初之史
頃比集

年四十九、贈行省平章政事、魏國公、謚忠介、立廟台州、穎曰崇節、兼善好讀書、以文章名、善篆隸、溫潤遒勁、或稱于時、

此文無年月
雅古見秘書監志
四年事之言卷七、雅琥字正卿、鄂衰諾爾人
明史文苑卷九有傳人、

基於家世文學之詩、趙世延、雅琥、馬世德、馬祖常、馬潤

送雅琥參書之官靜江詩序

奎章閣參書雅琥字正卿、取高科、登朝廷、以文學才諝遇知于天子、出貳郡治、以宣上德、而脩百姓之務、亦可謂榮矣、然而有爲不懌者、謂正卿宜在館閣華要、與諏訪獻納、讚謀議、佐政事、而自効於靜江荒遠僻隅、山側洑海之地、孰失之歟、余爲之言曰、中州大夫士吏南越者、往往不樂其土、其仕皆有苟且而無憂勤之心、以故其政事解弛、莫致其治教之意、而蠻民與搖合盜、廣西數郡罹其暴害、天子宰相以靜江重鎮、守臣未易稱任、又知正卿嘗家衡鄂、辟于其壤、識其山川[illegible]巇坎之勢、市里田土風謠習尚話言之變、害利詭冒憸良之形、制其傾搖踸躪、而導其善心、必有素計也、他日正卿以親老乞高郵便養、而天子宰相特有是命焉、夫以嘗仕于朝、出入禁籞、爲文學之臣、而治其所居已安、所有事之宜否、

皆已習熟之士、專思一慮、以勞其職、以宣布上德、而無苟且、以憂勤百姓之務、余知其必能成在官之政、為後來可守之法矣、此正卿所當自致其治教之意、而天子宰相之所以命正卿者也、又孰失之歟、然余聞往時廣西憲臣、師帥、守管并力以勝盜、勝則削骸戮俘、矯虔毒民、使荆湘衡鄂兵以萬數、卒殲焉、正卿其特將除是而已耶、抑用之為小異也、豈亦制而導之亡素、計猶不免為是也、天子宰相任之之意其然耶、孔子曰、天下有道、盜其先變乎、亦嘗思於其言否耶、繇鄂泝湘、過衡、抵靜江、吏者多中州大夫士、正卿為余誦其賢者曰、受命為吏、大者專方鎮、小者一郡一州、越居靡有所失、飲食不侈、以安、雖越南與中州、不大異也、豈當以不樂而置官以不事利進襮耶、倘曰余之言可、豈得蠻猺之為盜哉、噫、亦其民之幸也、已於是不懌者、與館閣僚友及京師聲明之士、各析

然為文章以美其行、而勸其無久於外、以致其去處之情、而請余為之序。正卿固喜任事者、故次第其言以送之。馬石田先生文集卷九

題虎邱　馬世德

滄海何年湧此峰、亭亭秀出玉芙蓉、高低樓觀毗盧室、表裏江山太伯封、寶劍有神能化虎、石潭無際卻潛龍、小吳軒伴登臨處、致我青雲第一重。元詩選癸之癸上引長洲王賓仲光虎邱山志

馬尚書世德

世德字　　駿儀、入官刑部尚書、

字原闕，據青陽集字元臣、元統進癸之己有潘煜詩、題云「寄馬侍御尚書元臣公寓靈泉寺」

過靈泉寺二絕

老僧杖錫何方住、家在萬松東嶺頭、山色似身心似水、白雲為屋月為舟。

庭前蒼檜一百尺、上有老鶴巢其巔、自去自來無挂礙、長鳴戛然

如問禪元詩選癸之丁

御溝流葉

雅正卿有四美人圖詩，惟御溝流葉最佳：「彩毫將恨付霜紅，恨自綿綿水自東。金屋有闌防虎豹，玉書無路託鱗鴻。秋期暗度驚催織，春信潛通誤守宮。莫道人間音問杳，明年錦樹又西風。」琢句甚工。歸田詩話下

元秘書監志卷十題名著作佐郎雅古、蒙進士、字正卿、也里可溫人泰定元年十一月二十六日以承事郎上、

此詩見傳 此據詩文集卷三

此係原注

此逕元詩選本，我此詩，刪去初名雅古等小注

傳與碼名若金等

憶昔行送雅琥正卿參書南歸，參書居閒京師，行中書調廣西選為靜江同知，比上其名中書，正奏授高郵，時廣西寇盜而參書母老，即移家歸武昌待次，遂作此奉送，兼問訊江漢故人。初名雅古，登天曆第，御筆改雅琥。

憶昔文皇御天曆，知君已是青冥客。寶氣經年動斗牛，璇光徹夜通奎璧。比來蹇剝人所嘆，況復貧病家多厄。一作當路宣昭氣斯直 忽聞除書雙及門，老親白髮生顏色。秦郵近水足秔稻，桂林只今多盜賊。待次且食武昌魚，攜家不過湘南驛。王祥舊來驅別乘，賈誼未久遭前席。此時父老怨來遲，他日攀轅會沾臆。騏驥那愁九州大，鳳皇早恨三山隔。秋浮江漢雲木清，夜過淮河月波白。新詩屢成知自誦，遠道即見何由得。黃鶴樓前遇故人，因君為致長相憶。元詩選二集 江集

雅琥字正卿可溫人見元[illegible]九[illegible]錄

始疑作如元詩選本作始御選元詩卷廿八作如

雅同知琥

琥字正卿可溫人嘗家於衡鄂登天曆第（三年進士）初名雅古文宗御筆改為雅琥授奎章閣參書至元間行中書調選廣西靜江府同知比上其名中書正奏授高郵時廣西多冠盜而琥母老即移家歸武昌待次馬中丞伯庸作序送之朝士因各為歌詩以美其行傅廣文與礪有句云忽聞除書雙及門老親白髮生顏色後歷官至福建鹽運司同知（元詩選二集戊 元正卿集）

雲谿真觀　元　雅琥

真館雲谿上孤高逼太清江山環几席星斗拂檐楹樹古成龍去篁踈作鳳鳴仙遊始可接我欲謝塵纓（佩文齋詠物詩選 仙觀類）

正卿揞別都魯沙迓憲使歸漢陽

纔聞征旆入三神、又矚歸鞭過七閩、仙籍九天承雨露、使華十里動星辰、江閣木落雲帆冷、雨後梅開水驛春、亦欲登樓乘夜月、幾時來食漢江鱗、(樵川二家詩卷五、秋聲集、黃鎮成著、)

送馬少卿伯庸南祀萬恒淮濟

總章盛全德，齋明赫當宁。皇皇遣天使，肅肅承聖（一作治）語。三熏禮岳瀆，萬里涉梁楚。祝釐帰堯舜，降神出申甫。南斗迎文星，西風起儀羽。樂張洞庭月，旆涇湘岸雨。壯吟鄗騷怨，高談（一作馳）洗儒（一作塵）腐。過家猿鶴喜，攬轡鴻鴈聚。青闈（一作闈）別晴勞，黃屋深記注。帰騎慎勿徐，席虛玉堂署。（元詩選二集己集薛漢宗海集）

馬雍古祖常，字伯庸，俊儀可溫氏，延祐第一科護都踏兒榜及第，官至御史臺中丞，詩名敵虞、王，西夏氏之詩振始於石田集也。竹枝蓋和王繼之作，其音格矯健，類山谷老人云。（西湖竹枝集）

俊儀今作浚，今開封

弘正辛巳，徒下似亦有誤字

元詩選初集丁，楊維楨鐵崖集，有送馬郎中御史按部河西詩，直稱雍古。

蜀道士歸僑

青城羽客燒丹砂，要近東家問六經，却笑山陰痴道士，白鵞閒覓

寫黄庭原白某先四

石田集至元五年奉旨刊行，屢見錄二、

王士禛

元翰林直學士謚文清宋褧燕石集至正八年聖旨下都省移江浙省于各路有錢糧學校內刊行中書省御史臺據御史段獬楊忠王思順蘇寧等奏請也此與石田集皆奉旨刊行元時崇文如此或謂九儒十丐當是天曆未行科舉以前時語耶居易錄卷三

馬伯庸淮南別業、號石田山房、指韻求詩、仍依次用、

窅曲愚公谷、縈旋戴氏池、人從西掖召、文任北山移、畦稻收新粒、巖花豔故枝、地因人愈勝、心共景相宜、戶晝孫常閉、園春董不窺、紛華忘世變、衷素付天知、暗篠藏仙客、喬林叫竊脂、淮流紆大帶、楚岫作修眉、輞水堪摩詰、樊川稱牧之、山房空蕙帳、猿鳥望歸期、

元詩選初集戊
宋褧燕石集

元詩選二集丙、文矩子方集有送馬伯庸御史奉使關陝詩、首四句云、聖朝啟文運、同軌來無方、大君起天閑、崆起千仞翔、

詔可用中議祠星於天寶宮

敕命司諸席、元辰集醮筵、星君符介壽、歲紀轄安躔、炬焰天無夜、熏焚樹有煙、音如緱嶺上、拜似竹宫前、忽發祥延世、飈輪儼御仙、日餘青煒接、宿雉蜀壇連、篆緯昭重潤、齋明祝大年、步虛垂珮響、冀節識文鮮、誠感將馨祀、神娛樂鼓淵、蓄釐歸帝胄、孚祐播農田、

（馬文貞公碑　至正集四十六）

行、於華學

（國家涵濡百年、醲鬯紛上，公先世已事華學。至公始大以肆。為文精核、務去陳言、師先秦兩漢、尤致力於詩。凌轢古作。大篇短章無不可傳者、銘曰

元大一統、六合同風、……新疆蔚行。文貞伊始。……深永韋修講學洽夏。……維爾家族、文貞有躅）

元史一四三

圭齋集卷九有小神道碑即元史所本謂雲石學佛

侍讀學士小雲石海涯

小雲石海涯阿里海涯之孫父名貫只哥雲石遂以貫為氏號酸齋年十三膂力絕人使健兒驅三惡馬疾馳持槊立而待馬至騰上三越二而跨三運槊生風觀者辟易或挽彊射生迹猛獸上下峻阪如飛諸將咸服其趫捷稍長折節讀書初襲父官為兩淮萬戶府達魯花赤鎮永州一日解所綰黃金虎符讓弟忽都海涯佩之北從姚燧學燧見其古文峭厲有法及歌行古樂府慷慨激烈大奇之俄進為英宗潛邸說書秀才仁宗踐祚拜翰林侍讀學士中奉大夫知制誥同修國史乃稱疾辭還江南泰定元年五月八日卒年三十九贈

集賢學士、中奉大夫、護軍、追封京兆郡公、謚文靖。酸齋晚年
為文日邃，詩亦沖澹，草隸等書，變化古人，自成一家。其視死
翛然而逝
生若晝夜，絶不入念慮，臨終有辭世詩云：「洞花幽草結良緣，
被我瞞他四十年，今日不留生死相，海天秋月一般圓。」洞花
幽草蓋二妾名也。酸齋休官辭禄，役或隱屠沽，或侶樵牧，常
於臨安市中立碑額，貨賣「第一人間快活丸」，人有買者，展兩
手一大笑示之，領其意者亦笑而去。一日錢唐數衣冠士人
游虎跑泉飲，間賦詩以泉字為韻，中一人但哦泉泉泉，久不
能就，忽一叟曳杖而至，應聲曰：「泉泉泉，亂迸珍珠个个圓，玉
斧斫開頑石髓，金鈎搭出老龍涎。」衆驚問曰：「公非貫酸齋乎

日茲茲遊歟，同飲盡醉而去，其依隱玩世多類此。貫酸齋以樂府得名，同時有徐某號甜齋，時號酸甜樂府，文詩逸、酸齋集、仁集兩

薛超吾字説

大行薛君。以昂夫為超吾之字。既稱於四方。聞於士大夫君子。適廬陵。猶歎然。問於須溪劉氏之子。曰何如則其質温而器廣。其進進不已也。若此。余惟隋唐而降。名君字類失古意。近世逾甚。特摘取陳言一二以為娛。於義無稽。於規無當。蓋欣然於昂夫之異乎流俗之選也。昂夫復請曰。吾稱之有年矣。顧未有說。吾子於此乎語也。則復之以說曰。人未有不志於昂然一世之上也。然貴可以先人。富可以上人。名可以欺人。事功可以加人。而其人品高下。有不容不異觀者。非其材力有所不及也。其所自立者。往往未超乎。人不能不在人間。亦豈不志於用。所謂超者。不必皆與人爭也。彼

以人超人所超者亦特斯人止耳而吾安在也超者以吾而不借
於人適得吾之所以為吾者焉宇宙事物為我用而不我累即皋
夔周召之業時出之亦不以易我故其聲光倍常使人瞻望欽嚮
如異人絕世是夫也其歸也吾也草野之賢萬鍾千駟不足以
浼其介東山之几几四國流言不必以嬰其心張子房處秦項
不愛人間三萬戶想像赤松黃石於穀城之下諸葛孔明成都桑
田之誓不使分毫有增於草廬抱膝之日謝安不東山高蹈之志
王茂弘箇中東第之懷李鄴侯靈武山人之興此其人既已捐其
身併其名而靡其事矣又非能挈挈以為高也然所以表然稱一
時而名千載乃或在於功名之際才德之外者非其風度志趣樹

之人心、有在此不在彼故自超耶、彼公孫丞相卜大夫胡廣趙戒乘時得志、豈不三公文學政事者年厚德、又豈不有聲於世而百世之下、且憒之於羊豕之間、而鄙之於糞土之賤也、則人亦何可無以自異哉、雖然表表者不一二、而若彼者滔滔皆是也、亦安得不以爲戒也、以昂夫之材之立、而名軒以野鶴自處如逸民、其所以養者稱是德矣、重爲之贊辭、曰富貴自有、勳業餘事、其體其性、浩然天地、吾無上人、人自我下、我揮鋤金、彼拾棄馬、光風霽月、金錫璧圭、固不即人、人豈舍之、一世之芳、千載而長、顒顒卬卬、萬夫之望、（養吾齋集卷二十四）

辰翁子
劉將孫撰

明文一二四

元詩紀事有伯顏子中者，日絶命六首、七言，亦見元詩選中集

侍郎伯顏

伯顏字子中，西域人，其祖父官江西，因家進賢，五舉正鄉薦，辟東湖書院山長，改建昌路教授，壬辰兵起，行省以便宜授贛州路知事，陞經歷，參政全普菴撒里守贛，辟為都事，戊戌，偽漢陳友諒遣將來攻，伯顏出募兵應援，會城陷，間道奔閩，右丞章完表為行省員外郎，佐閩帥陳友定復建昌，因浮海抵大都獻捷，進兵部侍郎，持節之廣西發兵，時明師已定閩廣，英墮馬折足，為將軍廖永忠所得，不屈，義而釋之，乃變姓名，遁迹江湖間，且二十年，往來居進賢之北山，劍竹塢三間以居，洪武十二年，詔搜遺逸，布政使沈本立以伯顏名應，

使者將至、飲藥死、刋中有學行、喜談兵、元亡後、妻子沒入掖庭、語及往事、涕泗潸然下、出以鴆自隨、曰、此所以志也、殁之先一夕、具牲醴祭其先、與昔時共事死節之士、作七哀詩、讀者悲之、（元詩選二集庚集子中集）

西域人ノ傳

伯顏子中

伯顏子中其先西域人，從仕江西，因家焉。子中明春秋，五舉有司不第。行省辟授東湖書院山長，遷建昌教授。子中雖儒生，慷慨喜談兵。江西盜起，授分省都事，使守贛州。而陳友諒兵已破贛，子中倉卒募吏民興鬭城下，不勝，脫身間道走閩。陳友定素知之，辟授行省員外郎。出奇計以友定兵復建昌。浮海如元都獻捷，累遷吏部侍郎，持節發廣東何真兵救閩。至則真已降於廖永忠。子中跳墮馬，折一足，致軍前。永忠欲脅降之，不屈。永忠義而舍之。乃變姓名，冠黃冠，遊行江湖間。太祖求之不得，籍錄其妻子。子中竟不出，嘗齎鴆自隨。久之，事寢解，乃還鄉里。洪武十二年，詔郡縣舉元遺民，布政使沈立本密言子中於朝，以幣聘。使者至，子中太息曰：死晚矣。為歌七章，哭其祖、師、父、友，飲鴆而死。尚元亡時守土臣仗

元詩選
本注

來於松江乘具酒醴告祖禰顧西日晴明曰人生晚節如是足矣夜分自經死其親藩死事最烈者有雲南梁王（明史卷一二四附陳友定傳）

西域人之詩史

唐才子傳

唐才子傳、西域辛文房著十卷、總三百九十七人、皆有詩名當時、其見於唐書者共百人、蓋行事不關大體不足為勸戒者不錄、作史之體也、而讀其詩、欲知其人、於辛所錄宜有取然、唐以詩取士三百年間以詩名者當不止於辛之所錄、如郭元振張九齡李邕之徒、顯於時矣、而猶遺之、況在下者乎、而辛所錄者又間雜以臆說、觀者當擇之　楊士奇東里文集卷十題跋

唐才子傳四本書本八卷

石田集卷二、有贈（題）辛良史撒沙集詩二首五言作

御選元詩卷六三、張雨作有元日雪霽早朝大明宮和辛良史首郎三十二韻、并見句曲外史詩集卷四有元詩選

楊仲弘集卷七、五有元日早朝次韻辛良史二七律一首

辛文房

文房字良史、西域人、與王執謙伯益、楊載仲弘、以能詩祢、著唐才子傳十卷、總三百九十七人、皆有詩名當時、其見于唐書者有百人、其行事不關大體、不足為勸戒者不錄、見楊文貞東里集卷十、

朔北新語卷下云：字行、大名人、同時有辛文房良史、西域人、楊載仲弘、浦城人、

元詩選癸之乙

蘇小小歌

東流水底西飛魚、斷得錢塘紋錦書、截田錯認青驄馬、着處閑乘油壁車、鸚武杯殘春樹暗、葡萄盒冷夜窗虛、蓮子橦成南北岸、苦心相望欲何如、元文類卷四并元詩選

清明日遊太傅林亭

隔水園林亟相宅、路人猶記種花時、可憐總被風吹盡、不許遊人折一枝。元文類卷八

辛良史披沙集詩 共四句

未可披沙揀、黃金抵自多、悠悠今古意、蒼蒼短長歌、石田集卷二

唐才子傳

楊文貞東里集載唐才子傳、西域辛文房著、十卷、總三百九十七人、皆有詩名當時、其見於唐書者百人、其行事不闕、大體不足爲勸戒者不錄、研北雜志記王執謙伯益、辛云同時有辛文房良史、西域人、並稱能詩、按全唐詩話、唐詩紀事二書、例皆以詩系人、文房此書、視二書當尤詳備、惜今無傳矣。元文類載文房蘇小小歌一篇云、池北偶談卷十二

不止蘇小小歌、四庫提要一據此

故太中大夫刑部尚書高公行狀

曾祖集　祖樂道　文亨

公諱克恭字彥敬其先西域人以占籍大同譜牒散佚莫述其所
始公之父以學不苟媚事權貴為六部尚書器重歸以其女因奉
母夫人瞿氏居燕時皆知名士嘉甫朝夕講肄遂得大究于易詩
書春秋及關洛諸先生緒言搢紳交章論薦世祖召見便殿奏對
皆經世要務而嘉甫雅不樂仕歸老房山生子五人公其長也公
蚤習父訓於經籍奧義靡不口誦心研務極源委識悟弘深至元
十二年由京師胥補工部令史江南歸附選充行臺掾復選內臺
掾復擢山東西道按察司經歷自工部為經歷率間歲一遷經歷

生定宗三年戊申
卒至大三年庚戌 年六十三

烏巴都剌、四
三人、善木思楚
訓文字者之子、

○中略

之明年入掾中書、未幾發戶部主事、一時公卿大夫多魁儒碩彥、而公以文雅裨補其間、故望蔚日著。至大三年春二月還京師、究城南將入覲、得寒疾、久不愈、至九月初四日辛卯、以是月二十六日葬在佐山北山之原、從蕭有先生之兆、公生於戊申十一月 闕 日、享年六十有三、積官至太中大夫、先娶夫人曹氏 闕 之女、生男一人、曰相、今為秘書著作郎、餘早世、女二人、長適李某、次適中書平章政事烏伯都剌、再娶夫人劉氏 闕 便宜公之孫、生女 闕 人、未行、妾之子 闕 尚幼、公性極坦然、與士落落寡合、遇知己則傾肝鬲與交、終身亦不復疑貳、在杭愛其山水清麗、公退即命僮挈榼杖屨、適山中、世慮氷釋、竟日忘歸、好作墨竹、妙處不減文湖州畫山水、初学米氏父子、後乃用李成、董元、巨然法、造詣精绝。公卒後、購公遺墨者、一紙至百千緡。為詩不尚鉤棘、自得天趣。嘗見公作畫時、雖貴交在側、或不暇顧、有指謂公簡傲者、久乃識其真。浙江所在多豪門右族、或飛語汙公、公亦不為辯。暨北歸、行李無長物、貸於人而後具舟費。公揚行臺時、嘗從大夫相威公入見世祖、顧問再四、曰是高嘉甫兒邪、賜中統鈔二千五百緡。公嘗言自筮仕、月給餐錢外、所得僅此。止居山有田二頃、課僮奴耕作、歲入不能供、及卒之日、家無餘資、識與不識、皆為流涕。易簀、命喪葬用朱文公法。及屬書家事甚悉、此心不以生死亂、衆謂講学之驗。平昔於諸弟友愛篤、所喪弟孤嫠、皆衣食於公、嘗舉江南文学之士教君袁姚子敬、陳公遠、田仲深于朝，皆官郡博士教，陳相繼死。公每念子敬貧且年逾五十，自刑部白之都堂，曰：薦賢非秋官職，然不敢以辟嫌以賢士。寧相從其言，將官之七品，吏部尼以銓法，不果行。疾革，語及猶太息。文原自公為都事，使杭，首受公知，六典在峯中，洎忝詞林屬，而公在朝，相從先後十年，每歎公立言操行有古君子之風。子敬言：一日公問人生至要者何，子敬方隱度以對，公曰：去求子敬。每誦斯語，交相儆勵，期不負公知。惟公名實終始宜浮當世。善為文辭者銘其墓，謹序其歷官行業，可傳於來者如右。巴西集卷下

元詩選

袁桷清容居士集　初集丙上

1 題高彥敬桑落洲望廬山圖 為秋泉作

虞集道園學古錄　初集丁上

2 題高彥敬尚書趙子昂承旨共畫一軸為戶部楊侍郎作 高文簡公一日与客游西湖見素屏雅潔乘興畫奇石古木數日後文敏公為補叢竹後為戶部楊侍郎所得文敏公題詩其上此圖遂成三絕

楊載仲弘集　初集丁上

3 題高尚書竹石

柳貫待制集　初集丁下

4 題高尚書藤紙畫雲林煙嶂圖

吳師道禮部集　初集己上

題高彥敬越山圖　二集甲

5 仇遠山邨遺稿　二集甲

6 題高房山寫山邨圖卷并序

大德初元九月十九日清河張淵甫貳車會高彥敬御史於泉月精舍酒半為余作山邨圖頃刻而成元氣淋漓天真爛漫脫去畫工筆墨畦町余方棲遲塵土無山可耕展玩此圖為之悵然而已

鮮于樞困學齋集　二集丙上

7 高尚書夜山圖

鄧文原素履齋稿　二集丙上

8 題高房山畫

9 題高尚書秋山暮靄圖

10 題高房小墨竹圖

沈右清輝樓稿　二集辛下

題高尚書秋山暮靄圖　二集壬

薛玄曦上清集

題高尚書夜山圖　三集甲

郭麟孫祥卿集

題高尚書秋山暮靄圖　三集甲

湯炳龍北村集

題高尚書夜山圖　三集戊己

柯九思丹丘生稾

題高尚書秋山暮靄圖　三集戊己

林泉生覺是集

題高尚書夜山圖　三集庚上

張天英石渠居士集

11

題高尚書青山白雲圖
張謙　癸之甲

題高尚書夜山圖
張逢源　癸之甲

題高彥敬夜山圖
戴天錫（王易簡）　癸之甲

題高尚書夜山圖
盛彪　癸之甲

題高尚書夜山圖
屠約　癸之甲

題高尚書夜山圖
徐琬　癸之乙

題高尚書夜山圖并序

彥敬郎中高君讀書窮理外留心繪事所謂吳裝山水者尤得意焉左右司秩滿之後閒居武林不求仕宦日從事於畫心愈好而技愈進雖專门名家有不逮也行省照磨李君公略性沖澹樂山水寓居吳山之巔南嚮開小閣俯瞰錢塘江及江東諸山歷歷可數如几案间物彥敬每相過未嘗不留連徙倚以展清眺公略謂夜起登此閣月下看山尤覺殊勝彥敬聞之躍躍以喜遂援筆而為是圖公略持以示余且請書語因賦錢塘夜山圖歌一篇書之左方聊為道其梗槩云

張復亨

癸之乙

題高尚書夜山圖

姚式

癸之乙

題高尚書夜山圖

劉[illegible]　癸之丙

12

題高尚書畫

呂同老　癸之戊

題高彥敬夜山圖

馬庸　癸之庚

13

題高尚書滄洲石林圖

雄覺　癸之壬

題高尚書夜山圖

鄧文原素履齋稿　二集丙上

題高尚書秋山暮靄圖

共三十首上二頁

式古堂書畫彙考卷十七

高克恭

14 倣米氏雲山圖

? 15 烟嶺雲林圖

秋山暮靄圖

16 山村隱居圖

17 秋山遇雨圖

夜山圖

青山白雲圖

滄洲石林圖

墨竹圖

18 春雲曉靄圖

史箋完

19

墨竹坡石圖

墨竹圖

全卷二

高尚書設色長卷

樓閣山水

松山圖

卷三

山水

卷四

山水

雲山圖

20

雲山双鶴圖

卷五

畫

臨米元暉畫冊

卷六

越山圖

明西域人之中國畫家
高克恭　丁野夫　伯顏不花
邊魯

巴西集
高〻燕人
高彥敬回人
雪堂書畫跋
元高尚書畫跋

高尚書克恭

克恭字彥敬，其先西域人，後居燕之房山。初仕為省郎，出為江浙行省左右司郎中，大德初為御史，官至刑部侍郎，卒，追贈刑部尚書，謚文簡。彥敬好作墨竹，畫山水，初用二米法寫林巒煙雨，晚更出入董北苑，每不輕於著筆，遇酒酣興發，或好友在前，雜取縑楮，研墨揮豪，興快為之，神施鬼設，不可端倪。趙松雪詩有「國朝名筆誰第一，尚書醉後妙無敵」之句。卒後購其遺墨者，一紙率千百緡。自號房山老人，因皆稱曰高房山。為詩不尚鈎棘，自得天趣。柳道傳嘗謂高公畫入能品，故其詩神超韻勝，如王摩詰在輞川，李伯時泊皖口舟中，思興

（趙松雪句見松雪齋集卷六。又虞文靖詩題趙松雪，道園學古錄卷二）

（柳待制集卷十八）

圖繪寶鑑
言回紇人
野夫能畫

元詩紀事有高克恭安陽樓待漏五律一首過信州七絕一首之文愈思求

境會，脫口成章，自有一種奇秀之氣。其畫中題句，如「木落秋空，天寒遠山靜，峭寒留剩雪，莫影入濃雲，雲氣外無出路，水聲中有人家，冷光混翠相搏處，曾向廬山月下來，青山萬疊雲無塵，中有仙人問月臺」，具有妙思，故并錄之。元詩選二集丙房山集

高克恭

高士安字彥敬，回鶻人，居官公暇，登山賞覽，故湖山秀麗，雲烟變滅，蘊於胸中，發於毫端，自然高絕。其峯巒皴法師董源，雲樹學米元章，品格渾厚，元朝第一名畫也。清河書畫舫錦字号

高克恭

高克恭字彥敬，圖繪寶鑑云號房山。其先西域人，後占籍大同，至元十二年

四庫提要續集……[illegible]

由京師貢補工部令史，至大中大夫、刑部尚書。好作墨竹，妙處不減文湖州。畫山水初學米氏父子，後乃用李成、董源、巨然法，造詣精絕。故從購遺墨者，一紙率千百緡。（書畫譜卷五十三引鄧文原巴西集卷下高公行狀）

趙集賢畫為元人冠冕，獨推重高彥敬，如後生事名家。而倪迂題黃子久云：雖不能夢見房山，鷗波特有筆意，則高尚書之品，幾與吳興埒矣。高乃一生學米，有不及，無過也。（書畫譜卷五十三引董其昌畫旨）

元高克恭夜山圖

彥敬郎中高君，讀書窮理外，留心繪事，所謂吳裝山水者，尤得意焉。左右司秩滿之後，閑居武林，不求仕宦，日從事于畫，心愈好而技愈進，然專門名家有弗逮也。行省照磨李君公略，性沖澹，樂山

鐵網珊瑚 明朱存理撰

水窩居吳山之巔，南嚮開小閣，俯瞰錢唐江及浙東諸山，歷歷可數，如几案間物。彥敬每相過，未嘗不流連徙倚，以展清眺。公略謂夜起登此閣，月下看山，尤覺殊勝。彥敬聞之，躍躍以喜，遂援筆而為是圖。公略持以示予，且請著語，聊為道其梗槩云。至元甲午陽月望日，徐琰子方父跋于武林官舍之方潤堂。（書畫譜卷八十一引鐵網珊瑚，并見元詩選癸之乙）

高克恭字彥敬，號房山，其先西域人，徙居燕京，官至刑部尚書。善山水，始師二米，後學董源、李成，墨竹學王黃華，大有思致。怪石噴浪，灘頭水口，烘鎖潑染，作者鮮及。（圖繪寶鑑卷五）

御選元詩五九、大祈作高克恭、蘇大年書畫題跋、尚有云、西域高侯自房山，北君冰雪枝相看、蒼蒼精秦上秋風深、翠袖佳人日暮寒、並見元詩選初集壬大祈蒲室集

元素題高房山畫

房山居士高使君，系出西域才超群。中原文獻紹遺緒，藝苑畫畫當清芬。辭官巴蜀讓僚友，此事今無古或聞。北游易水訪陳跡，但感宿草迷荒墳。霜臺執法老元勳，貽我青山之白雲。□□風色樂吞吐，絕壁雨氣何氤氳。奉常休沐（涂）埽塵軌，耽玩忽驚西日曛。天台匡廬多勝地，南紀晝夜纏祆氛。挂冠神武定何日，寤寐耿耿心如焚。

右詩見鐵網珊瑚第三卷

周伯琦題高山白雲圖云、西域才人畫似詩、宮石蒼下我出
吳興鄉貢昇吳越詩中伯、文字風流照一時
其書畫景行大史

清河書畫舫、柯九思題高房山秋山暮靄圖云、元代以來推錢趙九州、外有斯人、君看筆底多秋色、畫出瀟瀟秋水濱、並見元詩選三集戊丹邱生稿

宋元學案卷九十五列先生於蕭𣂏同（恕）諸儒學案中稱爲榘菴同志同調、

書畫譜三八引丕新錄說元六東嶽廟昭德殿碑天曆元年趙世延書、原文見稽古錄卷六

趙世延行書、見名錄

陸游南唐書卷首有趙世延序、亦見元文類卅三

書史會要言趙世延好讀書

趙平章世延

世延字子敬其先雍古族人居雲中北邊祖按竺邇幼孤鞠于外大父朮要甲訛爲趙家因氏爲趙至元間年二十四授雲南諸路按察判官擢監察御史出僉江南湖北廉訪司事大德間由山東廉訪副使改江南行臺治書侍御史除安西總管至大初移紹興改四川廉訪使陞陝西行臺侍御史皇慶間拜江浙行省參知政事尋召還拜侍御史延祐間拜中書參知政事遷御史中丞進翰林學士承旨出拜四川行省平章政事仁宗崩鐵木迭兒復相怙其黨煅煉成獄居囚再歲事白出獄居金陵泰定元年召還除集賢大學士出爲江

南行臺中丞，入朝後為御史中丞，遷中書右丞。天歷間仍入集賢，加奎章閣大學士，進中書平章政事。至順元年封魯國公，二年改涼國公。至元改元，仍除奎章閣大學士、翰林學士承旨、中書平章政事、魯國公。明年卒于成都，年七十七，謚文忠。子敬歷事九朝，歇歷省臺五十餘年。天資秀發，喜讀書，為文章波瀾浩瀚，一根于理，儒林宗之。元詩選癸之丙

原選詩七首，今錄其五，皆於紫返九日閲

覽蘇後湖待月南軒墨蹟白雲觀即景用韻

涼颸集庭柯，秋夜殊未肅。扶雲度崇岡，訪古瞰巖谷。午茶琳宇琴

清絃超冰玉，愧爾白雲人，幽棲非碌碌。

華陽道院石亭

秀石嶙峋泓水清、雲松雪竹護危亭、一壺天地開仙境、百里風烟簇畫屏、華表柱頭人易換、槐安國裏夢初醒、何當借我東偏座、靜掩巖扉學鍊形。

許長史井

因觀長史陰陽井、於悟混元玄牝門、一勺三田勤灌溉、无根靈草自春溫。

玉晨觀懷古

豢龍人去水平池、樓廢壇荒有所思、落日回廊秋寂寂、摩挲晉檜讀梁碑。

出茅山、宿青元（玄）觀、

白雲送我出山溪、來宿葛公丹井西、莫道歸途清興減、夜來和月飲刀圭、

昭德殿碑

趙公世延、在勝國初以文章字畫、與文敏並顯、文敏既服膺北海、而公、復步趨文敏、局面筆意不諱於相襲、既不礙松雪之獨步、如此碑等亦自可千古、墨林快事

碑亦在東嶽廟、書法微類文敏、而遜其謹嚴矣、庚子銷夏記

東嶽廟豐碑三通、其一為昭德殿碑、趙世延書、燕都游覽志

謹案元史趙世延傳、字子敬、其先雍古族人、居雲中北邊、祖按竺邇、幼孤、鞠於外大父朮要甲、謁為趙家、蓋出於部落、冒姓趙氏、而帝京景物略以為文敏之弟。大誤。畿輔通志 卷一三九金石二

南唐書序

趙世延

天歷改元，余待罪中執法，監察御史王主敬謂余曰：公向在南臺，蓋嘗命郡士戚光纂輯金陵志，始訪得南唐書，其於文獻遺闕，大有所考證，裨助良多，且為之音釋焉。因屬博士程熟等就加校訂，鋟板與諸史並行之。越明年，余得告還金陵，書適就，光來請序。按南唐本紀，李昪系出憲宗四世，間關困阨，纔有江淮之地，僅餘三十年，卒不復振而宋滅之。雖為國褊小，觀其文物，當時諸國莫與之並。其賢才碩輔，固不逮蜀漢武侯，而張延翰、劉仁贍、潘佑、韓熙載、孫忌、徐鍇之徒，文武才業，忠節聲華，炳耀一時，有不可掩翳。其間政化得失，興衰治亂之蹟，有可為世鑒戒者，尤不可泯也。竊謂唐末契丹雄盛，虎視中原，晉漢之君以臣子事之惟謹，顧乃獨拳拳於江淮小國，聘使不絕，嘗獻橐駝并羊馬千計，高麗亦歲貢方物、意者久服唐之恩信、尊唐餘風、以唐為猶未亡也耶、宋承五季周統、目為僭偽、故其國亡而史錄散佚不彰、然則馬元康、胡恢等迭有所述、今復罕見、至山陰陸游著成此書、最號有法、傳者亦寡、後世有能秉春秋直筆、究明綱目統緒之旨、或有所考而辯之、姑識其端、以俟君子、余前忝史館、朝廷命議修宋遼金三史而未暇、他日太史氏復申前議、必將有取於是書焉。（元文類卷三十三）

辯平章趙世延

伏以公論昭明、見朝廷之政治、正人伸雪、乃風憲之振揚、苟有見
聞、豈容緘默、竊見光祿大夫、前四川行省平章趙世延、先任御史
中丞、倡率監察御史、奏劾奸臣帖木迭兒不法一十餘事、及中丞
朵兒赤等、按問帖木迭兒下總領蔡雲、因為關平身死公事、過付
張五十三、許與帖木迭兒中統鈔一千定、本人受要說事錢二百
定、招證明白、徵贓到官、其帖木迭兒幸得脫免、追印罷職、因此懷
蓄忿怒、至延祐七年、復入中書、盜弄威權、專務報復、陷害忠良、無
所不至、將中丞朵兒赤并蕭拜住、織羅誅殺、又以溫迪罕嘗贊其
事、坐以減死之罪、為平章趙世延遠任蜀省、令人誘說伊房弟胥

黃旨至江寧

益晃哈呼將赦前干名犯義虛妄事情排陷陳告差人勾喚赴都
對問行至中途遇詔赦釋免又行差官催促到部令伊門下心腹
人尚書荅里馬失里非法鍛煉勒要招服鎖發前去三不剌復還
大都淩虐枉禁前後三年○意逼自裁本官剛明自負不為匹夫自
經溝瀆之事其元告人自知誣妄不敢面對因此在逃根勾不獲
為本官患病奏奉聖旨保管在外刑部議擬昏益晃哈呼許告虜
兒趙平章逐項事理俱在革前元告人在逃百日之上依例革撥
改正衆中書省聞奏令還家養病茲者欽遇奏定聖天子登極之
初眷念忠良枉罹刑害如朵兒赤蕭拜住溫迪罕等首降德音特
與昭雪其平章趙世延即與中丞朵兒赤等一體中外共知理宜

辯正況本官廟堂偉器柱石良材肖臺出入垂三十年劬瘁焦勞幸脫虎口似此老成蓋未易屈指也江南行臺已嘗辯明如蒙奏聞擢用允愜輿情（至正集卷第七十六公移三）

甲戌元統二年太師太平王燕帖木兒自帝即位以來不復留心政事惟日溺於酒色收晉邸后為妻諸公主嫁之者四十餘人有某位王公主嫁及門三日不得見既而傳旨曰公主且歸我要時來取燕帖木兒宴趙中丞家男女共座名為鴛鴦筵席偶座中有一婦人顏色甚麗太師目之問曰此為誰意欲留之左右告曰此太師魏夫人某氏也由是酒色過度體羸溺血而死（庚申外史卷上）

學津本不分卷、秘笈本二卷、權衡撰 元末明人

參見元史一三八燕鐵木兒傳

先是燕鐵木兒自秉大權以來挾震主之威肆意無忌一宴或宰十三馬取泰定帝后為夫人前後尚宗室之女四十人或有交禮

三日遽遣歸者、而後房充斥、不能盡識、一日宴趙世延家、男女列坐、名鴛鴦會、見座隅一婦色甚麗、問曰此爲誰、意欲與俱歸、左右曰此太師家人也、至是荒淫日甚、體羸溺血而薨（元史一三八 燕鐵木兒傳）

元史一四三

元史一二五有高智耀河西人，重經術，類儒者人，

余忠宣公闕

闕字廷心，一字天心，唐兀氏，世居武威，父官合肥，從家焉。少孤，授徒以養母，與吳草廬弟子張恒遊。登元統癸酉進士第二名，除同知泗州，歷任監察御史、翰林待制。至正十三年，江淮用兵，改淮東宣慰司，為都元帥府，治淮西，起闕為副使，僉都元帥事，分兵守安慶，屢敗諸寇，拜淮南行省左丞，陳友諒合兵來攻，十八年正月城陷，闕死之，舉家赴井，官民將士從死者以千計。事聞，贈淮南江北等處行中書省平章政事，追封豳國公，謚忠宣。廷心留意經術，為文有氣魄，能達其所欲言，詩體尚江左，高視鮑、謝，徐、庾以下不論也，篆隸亦古雅可

傳。嘗讀書青陽山中，學者稱青陽先生。門人郭奎摭拾其遺文為青陽集六卷，同年進士李祁序之，謂廷心以羸卒數千守孤城，屹然為江淮保障者五六年，援絕城陷，與妻子偕死，孤忠大節照映千古，為斯文之光。明太祖嘉歎之，忠立廟忠節坊，命有司歲時致祭。按忠宣公夫人，宋太史傳作耶卜氏，張美和元史節要作耶律氏，曹良伯記節記作夫人蔣氏。公姪蔣宗烈云：叔祖有妾耶律卜氏，叔祖母蔣氏，子傑臣，女安安，皆其所生也。維揚張毅所記如此。元詩選初集庚 青陽集

御史大夫納璘元史一四二作麟

納璘字文璨河西人祖高智耀官中興等路按察使父睿官
南臺御史中丞大德間納璘以名臣子入備宿衛除中書舍
人皇慶初擢遷河南廉訪司事延祐初拜監察御史出為河
南行省郎中至治間入為都漕運使泰定中擢湖南湖北兩
道廉訪使天歷初除杭州路總管改江西廉訪使至順元年
拜湖廣行省參知政事元統初改江南行臺治書侍御史尋
陞中丞至元元年召拜中書參知政事出為江浙行省右丞
至正二年進平章政事還河南入為中書平章政事出為江
南行臺御史大夫尋召拜御史大夫加太尉退居姑蘇江淮
盜起命為南臺御史大夫設僚屬總制江浙江西湖廣三省
軍馬後以疾固請謝事從之十六年詔以江南行臺移置紹

興、復為御史大夫、十九年赴召、抵京師感疾、卒于通州、年七十九。

題第一山答余廷心

一山松檜巢歸鶴、五塔香燈送落暉、惟有玻瓈同我志、閑來時復濯纓歸。（元詩選癸之庚上）

馬元德為丁鶴年之從兄吉雅謨丁字元德

送馬侯元德任奉化州序

鄞為東浙甲郡馭二州四縣之衆於今為難治者在縣為定海而州則奉化是也而地界乎山海犬牙錯入遭時艱虞民與兵雜處驍獷之徒樂占赤籍得逞横暴以凌轢蹂躪為事善類無所容則負逃深匿山谷而居斥鹵者悉為馬御海監怙勢挾威叱咤呵殿眩視州邑而汚為海梟奔走求能安田里出粟縷以事其上者蓋亦寡矣朝廷重守令必選得若人而往撫治之於奉化得李侯元中為守于定海得馬侯元德為令馬侯世居燕山登進士第嘗辟江南御史臺掾耿介廉慎學道愛人故得選為定海其始至也民疑之侯能抑强扶弱鋤梗摘姦均而租徭寬而賦斂周恤其隱事有

牽制、即躬白于有、故行不得使、而止不得尼、一年而民信之、又一
年而民頌之、三年而民惟恐其去、則日赴訴而願留之、乃今年春、
會有府以幕職辟舉李侯、州之為庶為士為農者、從其父老趨詣
有署曰、吾州昔軫凋瘵、李侯甦之、而未盡、後侯今往矣、將孰為守、
願得如馬定海者、庶其撫我、毋俾我饑、於是有議舉馬侯往攝者、
從民欲也、嗚呼、古之賢哲、不擇地而仕、能與時而行、民吾民也、事
吾事也、盡心焉而已、故有政績之著、如龔遂治渤海、化佩刀劍者
賣而買犢、鄧牧為吳郡、去日百姓數千人依舟不欲返、二君之事、
著在簡冊、吾今于馬侯見之矣、且定海去奉化僅百餘里、民相若
也、俗相近也、土田賦斂相高下也、絲縷力役之徵無甚相遠也、矧

侯之美政聲問又先入于民也即其治定者治奉化將不必三載
而功成考最其所書者治又不後曰撫字心勞催科政拙而已若
曰吾治已足吾譽已彰而或怠于宦成者非吾所敢知也大夫士
為詩歌以餞者若干人推余綜辭輒書卷右云至正二十有二年
夏天台劉仁本序（羽庭集卷五）

丁鶴年集校語

余幼學作試帖詩賦「北窗梅月最知心」題得二句云「無言宵弄笛有約石眠琴」，高丈鐵珊見而賞之，惜題句無出處，檢查佩文韻府，乃在摘句中，繼閱元詩選，知係鶴年句，余隨欲覓其專集，攷四庫全書止有一卷，藝海珠塵收有三卷，浙江採遺書目亦然，惟愛日精廬有元刻四卷之本，訪諸虞山書友鮑芳谷，知售去久矣，閱六年，金嘯甫自山塘汪氏攜三卷之本歸余，爲明正統刊本，黃堯圃先生以元本校於上下方，余循次鈔之，無如次敍淆亂，批校模糊，正欲再覓善本，芳谷適得張氏影元鈔本贈余，與元刻惟妙惟肖，每半頁十行，行廿一字，因歎前則數年不獲，今且兩本並儲，文字因緣，若由前定也、急公之於世、其有明刻、優於元刻者、不敢毅然、更改、但於本詩下注云按某字明刻作某庶不失元刻真本云咸豐三年五月仁和胡珽識、

丁鶴年集校譌

此元刻元人丁鶴年詩，余友顧澗蘋歲試玉峯時所收，而以之歸余者也。余向藏正統重刊本，止三卷，今元本分四集：一曰海巢集，二曰哀思集，三曰方外集，四曰續集，以附錄終焉。嘗取與明刻校勘，分卷分體，俱非其舊。即如海巢一詩，元刻在卷一，或以是名集，職是之故。明刻列諸卷二中，失其旨矣。他如哀思已下三卷，皆有取意，而後之稱者，僅據至仁一序，悉以海巢名之，有是理乎？得此可證廬山面目，益歎元本之不致淪沒者幾希。爰付裝池，俾得附麗不壞，與元刻諸名集同十襲藏之，較嚮之塵埋故紙堆中，其顯晦為何如耶？伯樂一過冀北之野而馬羣遂空，此書之於澗蘋亦云然。嘉慶己未孟夏五日書於士禮

居、棘人黃丕烈、丁鶴年集後跋

題馬元德伯仲詩後

元德騎鯨上天六七年矣，平生詩詞流落人間者，六丁取之殆盡，獨此三詩猶爲其弟鶴年所蓄。鶴年聯之爲卷，且追書和荅之作，併題四韻于後，予得而讀之，於是知二君之詩爲足傳矣。元德由進士起家，嘗掾南臺，宰定海，守奉化、昌國，皆有善政可紀。鶴年當武昌失守，奉母夫人避地鎮江，母夫人下世，依元德居越，臺省交薦其卓行，俱以祿不逮養，堅辭弗起。元德之政事，鶴年之高風，豈他人所可及哉，則其所作之在世，雖一詩律之微，亦宜傳也，永久而不廢矣。昔東坡、予由伯仲，名德蓋天下，而後世以能詩稱，予嘗歎息之，然名德之重，故世珍其所作，蓋理之固然。二君之詩盡亦

以是論之、九靈山房集卷二十二

題丁鶴年集呈蕘圃政 得年字禁押本事，時嘉慶乙亥四月

顧廣圻稿

西域詩人集，傳於至正年。諸兄咸附錄，高弟各分編。時下哀思淚，亦隨方外緣。須知海巢序，只說武昌前。丁鶴年集題詞

次澗蘋韻題元本丁鶴年集

蕘圃黃丕烈

元代詩名盛，涵濡近百年。用戴序語 流風傳絶域，吟稿見遺編。鶴年集以此為最善 廬墓全親孝，居山謝世緣。石田鴈門集，美不擅於前。叔能以伯庸天錫輩為比，今余藏元人詩集，如元刻元馬石田、舊鈔之薩鴈門，皆稱善本，得此可云濟美，故以為擬。

丁鶴年詩

鶴年其先西域人、西域人多名丁、既入中國、因以為姓、故鶴年亦丁姓、其祖父皆仕元、二兄皆舉進士為顯官、鶴年獨泊然、布素寒士元亡歸四明與戴叔能相善尚節操有孝行叔能嘗為作傳後隱武昌山中余在武昌邇之甚相得時已老矣别後數歲卒此集蓋其卒後得之武昌鄭存誠東里文集卷之十題跋

四、蘇世家男行入傳

宋元詩會卷九三丁鶴年回回人

玉山名勝集卷二有清真剎劉詩，詩末不知何指。

丁鶴年傳

丁鶴年者，回回人。曾祖阿老丁與弟烏馬兒皆巨商。元世祖征西域，軍乏饟，老丁杖策軍門，盡以貲獻。論功賜田宅京師，奉朝請。烏馬兒累官甘肅行省左丞。父職馬祿丁以世蔭為武昌縣達魯花赤，有惠政，解官，留葬其地。至正壬辰，武昌被兵，鶴年年十八，奉母走鎮江。母歿，鹽酪不入口者五年。避地四明。方國珍據浙東，最忌色目人，鶴年轉徙逃匿，為童子師，或寄僧舍，賣漿自給。及海內大定，牒請還武昌，而生母已道阻前死，瘞東村廢宅中。鶴年慟哭行求，母告以夢，乃齧血沁骨，斂而葬焉。烏斯道為作丁孝子傳。鶴年自以家世仕元，不忘故國，順帝北遁後，飲泣賦詩，情詞悽惻。晚學浮屠法，廬居父墓，以永樂中卒。鶴年好學洽聞，精詩律，楚昭、莊二王咸禮敬之。正統中，憲王刻其遺文行世。（明史卷二八五文苑傳）

梧竹軒

丁鶴年回回人、至正末方氏據浙東、深忌色目人、鶴年畏禍、遷避無常居、有句云、行蹤不異梟東徙、心事惟隨鴈北飛、識者憐之作

照依

詩極工。題梧竹軒云：鳳鳥當年此地過，至今梧竹滿卯阿。曾聞蓊葉書周史，又聽翻枝入楚歌。金井月明秋影薄，石壇風細夜涼多。中郎老去知音少，共負奇材柰爾何。時作者已滿卷，此詩一出，皆為斂衽。又逃禪室與蘇生話舊云：不學揚雄事草元，且隨蘇晉暫逃禪。無錐可卓香嚴地，有桂難攀杞國天。讒詫丹霞燒木佛，誰憐玉露泣銅仙。茫茫東海皆魚鱉，何處堪容魯仲連。感時書事而鍊句精緻如此。後至杭，見予所集鼓吹續音，緒閱再過，惜其中有未盡善者，謂予當以此為限，更博求諸作，得一善者則易去一疵者，此亦著述之法也。因手鈔所作序文而去。今此集久已散失，而鶴年言猶在耳，可為太息也。歸田詩話下

此回回伊斯蘭
明史二八五、
按至元元年
生、一三三五
永樂廿二年
卒，一四二四、
年九十、
藝海珠塵石集
丁孝子詩之抄
[illegible]
琳琅秘室叢書
書中四卷有
丁鶴年詩
四卷，景元本、
孝子傳附孝
子詩卷末

丁孝子鶴年

鶴年以字行一字永庚西域人也曾祖阿老丁爲巨商以其貲歸元世祖世爲顯官父職馬禄丁官武昌縣達魯花赤有惠政留葬焉鶴年年十八值兵亂倉卒奉母走鎮江母歿鹽酤不入口者五年避地越江上又徙四明行台有交辟不就時方氏深忌色目人鶴年轉徙逃匿旅食海鄉爲童子師或寄居僧舍賣藥以自給先是生母馮阻絶東邨病死瘞廢宅中道既通鶴年還武昌痛哭行求夢其母以告蹤跡得之齧血沁骨棺斂以葬晚年屏絶酒肉廬父墓以終其身明永樂間烏斯道爲作丁孝子傳戴叔能作高士傳以申屠蟠儗

之、序其詩、謂注意之深、用工之至、尤在于五七言近體、「濬居老人」題海巢集、亦云忠義慷慨、有騷雅之遺意、鶴年家世仕元、諸兄之登進士第者三人、遭時兵亂、不忘故國、嘗有句云、行蹤不逐鳧東逝、心事惟隨雁北飛、亦可悲也、錄其詩為元季諸人激動、而兩兄之作附焉、（元詩選初集辛集海巢集）

逃禪室卧病、簡諸禪侶、

高秋多病客、古寺寄黃昏、野迥常疑虎、天寒早閉門、離愁燈下影、鄉淚枕邊痕、賴有諸禪侶、情親似弟昆。（丁鶴年集卷一）

逃禪室述懷十六韻

出處兩茫然、低徊每自憐、本無經國術、仍乏買山錢、故邑三千里、他鄉二十年，力微歸計杳，身遠客心懸。桃李誰家樹，禾麻舊舍田，鶉衣秋屢結，蝸室歲頻遷。逝水終難復，寒灰更不然。久要成齟齬，多病後沉緜。俛仰衷情倦，棲遲野性便。延徐雖下榻，訪戴獨迴船。恥灑窮途泣，閒修淨土緣。談玄分上下，味道迷中邊。有相皆虛妄，無才幸苟全。棲雲同白鹿，飲露欽玄蟬。高蹈慚真隱，狂歌愧昔賢。惟餘空念在，山寺日逃禪。仝上卷二

逃禪室與蘇伊舉話舊有感

不學揚雄事草玄，且隨蘇晉暫逃禪。無錐可卓香巖地，有柱難擎杞國天。謾說丹霞燒木佛，誰憐青露泣銅仙。茫茫東海皆魚鱉，何處堪容魯仲連。仝上卷二

鶴年卷一又有題族兄馬子英進士梅花詩、宋元詩會卷九二張憲字思廉有留別賽景初詩

丁鶴年詩附錄「鶴年兄吉雅謨丁、宗兄從元、表[illegible]山房老葉、友「賈趙」馬元德伯仲詩「傚」、馬元德即吉雅謨丁也

贈表兄賽景初（景初故咸陽王賽典赤之孫也）

蕭條門巷舊王孫、旋寫黄旄換緑尊、富貴儻來還自去、只留清氣在乾坤、（全上書目一）（元詩選初集癸集張憲玉笥集有留別賽景初詩）

元帥吉雅謨丁

吉雅謨丁字元德、鶴年之從兄、至正間進士、官浙東僉都元帥事、（元詩選海巢集）

鶴年弟盡弃紈綺故習、清心學道、特遺楮帳、資其澹泊之好、仍侑以詩、

誰擣霜藤萬杵勻、製成鶴帳隔塵氛、香生蘆絮秋將老、夢熟梅花夜來分枕上、不迷巫峽雨、牀頭常對剡溪雲、竹罏松火茶煙暖、一

元方卷七一、
有答雅琥丁
資理沙詩、
拘法四之人、
補鶴年詩
以裕鶴年
西域」

殷清真畫扇君。、（全上附）

應奉愛理沙

愛理沙字允中、鶴年之次兄、至正間進士、官應奉翰林文字、

元詩選
海巢集

詩略

月娥西域人元武昌尹職馬祿丁女也少聰慧聽諸兄誦說經史輒通大義長適蕪湖葛通甫事上撫下一秉禮法長姒盧率諸婦女悉受其教太祖渡江之六年偽漢兵自上游而下盧曰太平有城郭且嚴兵守可恃使月娥挾諸婦女往避之未幾寇至城陷月娥歎曰吾生詩禮家可失節於賊邪抱幼女赴水死諸婦女相從投水者九人方盛暑屍七日不浮顏色如生鄉人為巨穴合葬之故居之南題曰十女墓娥弟丁鶴年幼通經史皆娥口授也後通甫與盧皆死於寇 明史卷三〇一

明史稿二百八十

這首本句曲外史集載此詩，道園學古錄亦無此紀

贈紐憐大監

論卷聚書三十萬，錦江江上數連艘，追還教授文翁學，重歎徵求使者勞。石室談經脩俎豆，草堂迎詔樹旂旄。也知後世揚雄在，獻賦為郎愧爾曹。

請以蜀文翁之石室、揚雄之墨池、杜甫之草堂，皆列學宮，又為甫得謚曰文貞，以私財作三書院，編行東南，收書三十萬卷，及鑄禮器以歸，虞奎章記其事，邀予賦詩如上。 句曲外史集、元詩選初集壬了

元史新編卷二十八平蜀功臣紐璘，珊竹帶人。

鐵氏二女詩

鐵鉉河南鄧州色目人也革除間參政因忤成祖被誅二女金兒玉兒發教坊司女誓不受辱而色長陳儀特護持之仁宗即位命官至教坊查審放出皆令適人因而各上詩一律謝恩長詩曰教坊脂粉洗鉛華一片堅心對落花舊曲聽來猶有恨故園歸去已無家雲鬟半綰臨粧鏡雨淚空流濕絳紗今日相逢白司馬樽前重與訴琵琶其妹詩曰骨肉傷殘舊業荒一身何忍去歸娼涕垂玉筯辭官舍步蹴金蓮入教坊覽鏡自憐傾國色向人羞學倚門粧春來雨露寬如海嫁得陶郎勝阮郎或云少女原許阮主事後朝命配陶某故云七修續藁卷五

又西域詩人之北遊 西域詞人之翰佛煞
文佳、 樣樣、詩、道、 又

他學有河朔訪古記二卷、西平書系、余十六卷、此紀西第年、錦出債存二卷、依竹版刊行

劉仁本羽庭集卷一稱為七言 王禕王忠文集卷二錦西二卷

今金臺集、金臺集序

金臺集卷首有歐陽玄等好文、貢師泰序

有黃溍題句 張起巖題詩 有泰不華、劉文 謝河 楊彝跋 又有元泰跋、

編修迺賢 以續表七八頁

迺賢字易之本葛邏祿氏譯言馬也世居金山之西元興西北諸部仕中朝者多散處內地故易之稱南陽人隨其兄宦遊江浙卜居于鄞再至京師以能文名尤長歌詩每一篇出士大夫輒傳誦之時浙人韓與玉能書王子充善古文易之興二人皆來入目為江南三絕（語出楊彝跋）久之歸浙東辟為東湖書院山長以薦授翰林編修官出參桑哥失里軍事卒所著金臺集歐陽元功序之謂其清新俊逸而有溫潤縝栗之容宣城貢師泰稱其詞清潤纖華五言類謝朓柳惲江淹七言類張籍王建劉禹錫而樂府尤流麗可喜有謝康樂鮑明遠之遺

七 詩

風。魏郡李好文曰：易之西北方人，而粹然獨有中和之氣，不喜祿仕，惟以詩文自娛。其來京師，特廣其聞見，以助其詩也。其先塔海仲良以進士起家，而易之晚乃得一官，未竟其用。虞文靖題其集云：因君懷鄭隗，千古意如何。張承旨起巖云：愛君談辯似懸河，最喜交情古意多。長使馬周貧作客，今人千古媿常何。其所期望者深矣。（元詩選金臺集初集巳）

登崆峒山

緣蘿陟層巘，曠望浮雲馳。飄風西北來，颼颼吹裳衣。氣候倏遷變，中懷鬱歔欷。路逢一道士，高徒冠巍巍。恐是廣成子，載拜欲問之。長歌入深林，棄我忽若遺。哀湍瀉石磴，日落松風悲。靈蹤邈難及，

千載生遐思、

玄圃爲上清周道士賦、

玄圃雲深路渺茫、神仙飛珮隔扶桑。碧桃開盡春溪漲、白鶴歸來海月涼。巖溜涓涓鳴石竇、松花細細落琴牀。明年我亦山中去、驂采瑤芝滿藥囊、

送道士袁九霄歸金波道院、

詩略

送道士張宗嶽奉賀正旦表朝京竣事還龍虎山、

詩略

京城雜言六首 其三

六首录其三一首、

丘公神仙流，學道青海东，维時儒教師，矯矯真天龍，乾坤始開廓，魚水欣相從，扣馬諫不殺，嘉辭動天容。保此一言善，元祚垂無窮。世祖常因金儒元好问之請為儒教大宗師，復纳金真丘處機之一言，國家務於好生不殺。

赤城。金闕山在赤城西郊，洞明真人吟餘之所。山中饒產青李、来禽諸果。

詩略

雨夜同天台道士鄭蒙泉話舊并懷劉子彝蒙泉時奉祠上京崇真宫。子彝常于四明东湖築天壇道院，以詩藁介东歸。

飛雪台州老鄭虔，相逢灤水話當年，草堂聽雨秋將半，石鼎聯詩夜不眠。遥憶东湖来夢裏，起看北斗落窗前。劉郎獨愛長生訣，日日天壇望鶴還。

歸途至金閣山懷虞侍講

鸞驂八月過雲州，殿閣嵯峨疊嶂稠。空谷無人黃葉落，白雲如雪滿溪流。獨登金閣尋仙跡，還憶青城覓舊遊。日落長歌下山去，西風十里異香浮。（虞公過山下，常聞異香十餘里。）

南城詠古十六首 并序

至正十一年八月既望，太史宇文公、太常危公，偕燕人梁處士九思、臨川黃君殷士、四明道士王虛齋、新進士朱夢炎，與余凡七人，聯轡出遊燕城，覽故宮之遺跡，凡其城中壇廟樓觀臺榭園亭，莫不徘徊瞻眺，拭其殘碑斷柱，為之一讀，指廢興而論之。余七人者，以為人生出處聚散不可常也，解后一

日三樂、有足嗜者、豈獨感慨陳迹而已哉、久賦詩十有六首以紀其事、俾來者有所徵焉、河朔外史迺賢序、

長春宮 全真丘神仙處機之居、太祖嘗召至西域之雪山論道、還勅上以承報、

飄驂蹋秋日、水一作遶遶瑶琳宮、松子花飄落、溪流板閣通、樓臺非下土、環珮憶高風、草昧艱難日、神仙第一功、

玉虛宮 太一道教以供薪水之勞為其張本宮主張真人、其觀甚清古、

樓觀迴溪卷、松枝夾路低、拾薪供早爨、抱甕灌春畦、徑向琅圖讀、詩從古鼎題、白鬚張道士、送客過桃溪、

十六首錄其二、

本書作太元時道教分為三、曰正一教、曰真大道教、曰太一教、正一教、張氏所傳、真大道教、金末道士劉德仁為首、五傳至酈希誠、憲宗賜名其大道教曰真大道、太一教則傳太一三元法籙之術、故以為名、以金道士蕭抱珍為首、五傳至李居壽、世祖賜太一掌教宗師印、其符籙之術盛行於當時、見文類卷四十、元史二〇二釋老傳、言真大道教、以苦節危行為要、

天錫、易之、崛生窮髮不毛之域、流商刻羽、含英咀華、駸駸闖作者之室，豈非奇渥溫氏帝天下而風會極一時之盛歟、徐勱元人十種詩序

編脩馬易之

本葛邏祿氏譯言馬也名乃賢以字行世居唐回鶻部後爲南陽人至易之兄塔海仲良始登進士易之少篤學志尚高潔不屑作制舉文字尤長于詩力能追步古人嘗持其行卷謁貢御史曰此心泊然無他好所好而得之者盡在是矣其標格若此既從兄宦游江浙聞吾鄉鄭以道先生師法甚嚴乃齎糧從游門下得備其學遂卜居于鄞已復與會稽韓與玉金華王子充同至京師與玉能書子充善古文易之以詩名時稱爲江南三絕而易之詩名尤重每作一篇即傳誦士大夫間久之歸鄞聘爲東湖書院山長以薦授翰林編脩出參桑哥失里軍卒于官

余嘗讀金臺集，輒嘆易之產自金臺數萬里外，身獨以詩名，既雅慕四明山水，家于吾鄉，其詩遂日工，誠崛生異人也。既而讀鄭以道先生集，有贈門人馬易之二序，黃溍、宇文公諒書其後，謂四明鄭先生所贈弟子序，以規不以譽，師道足重，而易之持其師說，徧示諸賢士大夫，意在不負所教，始知易之詩法有深得于鄭先生者也，豈僅四明山川之助哉。甬上耆舊詩卷三

題馬易之遠遊卷

南陽馬君易之以至正六年遊京師朋儕不忍其離别作為歌詩贈言以貽之至有託物寓意成圖畫聯篇巨軸寘諸行李間自浙江而泝淮經雒訪古河朔感慨中原之墟盤桓兩京之地極遊覽以快於心目有所得輙形賦詠且獲當世名公品題珠玉什襲以歸則江淮之難作矣余觀卷中姓名多聲聞相接其中有拜顯官位台鼎者有沈鬱下僚者有得休致者有物故者有遁依嵓谷者有尚羈旅者有忠義死節凛乎若生者有陷身逆賊終不免者何十數年之間榮悴得失有若是之不齊耶第其文章翰墨則皆為時所重春蘭秋芷各具芳聲炳然可掬此余所以諦觀而一喜一

悲也、因為賦雜詩十五首、各附題下、并卷歸之、異時當為馬氏青氈美、天台劉仁本識。乾坤正氣集卷一三七劉仁本羽庭集卷四

王禕序作
[illegible]

河朔訪古記序

今翰林國史院編修官葛羅祿氏迺賢易之自其先世徙居鄞越則既爲南方之學者矣而其遠遊壯志常落落乎懷將以馳騁也乃至正五年挈行李出浙渡淮溯大河而濟歷齊魯陳蔡晉魏燕趙之墟弔古山川城郭邱陵宮室王霸人物衣冠文獻陳迹故事暨近代金宋戰爭疆埸更變者或得以圖經地志或聞諸故老舊家流風遺俗一皆考訂夜還旅邸中筆之于書又以其感觸興懷慷慨激烈成詩歌者繼之總而名曰河朔訪古記凡一十六卷其博雅哉徵序于搢紳先生若許安陽黄金華危臨川余武陵諸公者論說盡矣復以示余余南產也于河朔古今巨蹟曾未之見聞

有所聞、而又未為之得、不敢妄有指摘、然獨愛其于人京都國家之典禮、官署城池、廟廷祭享、朝班鹵簿、聖德臣功、文武士庶、一代威儀制作、尤加詳備、非惟後日可應史氏採摭、將百世損益殆有所據焉、於戲吾諗其遊覽之時、及歸之日、黃河南北已有胥魯畚鍤之擾、而民俗稍為騷動矣、然其所載、則皆追述盛時之事、不以少變而廢也、昔太史公周遊天下、歷覽名山大川、紬金匱石室之藏、故其文章雄深奇偉、今觀易之之作、庶幾有焉、其賡館閣之名而為史官也、不亦宜乎、至正二十有三祀昭陽單閼之歲、蕤賓節日奉直大夫溫州路總管管內勸農防禦事天台劉仁本序乾坤正氣集卷一

三四 劉仁本羽庭集卷一

河朔訪古記序

河朔訪古記二卷合魯君易之所纂予爲之序曰合魯實葛邏祿本西域名國而易之之先由南陽遷浙東已三世易之少力學工爲文辭既壯肆志遠遊乃絶淮入潁經陳蔡以抵南陽由南陽浮臨汝而西至于雒陽由雒陽過龍門還許昌而至于大梁歷鄭衛趙魏中山之郊而北達于幽燕於是大河南北古今帝王之都邑足跡幾徧凡河山城郭宮室塔廟陵墓殘碣斷碑故基遺跡所至必低徊訪問或按諸圖牒或訊諸父老攷其盛衰興廢之故而見之於紀載至于撫時觸物悲喜感慨之意則一皆形之於咏歌既乃裒其所紀載及咏歌之什以成此書夫古之言地理者有圖必有

志圖以著山川形勢所在，而志則以驗言語土俗博古久遠之事。古之言詩者有雅頌，復有風雅頌以道政事、美盛德，而風則以驗風俗政治之得失。故成周之制，職方氏既掌天下之圖，而邦國四方之志則小史、外史實領之；太師既掌六詩，而列國之風則觀風之使實采之。所以然者，蓋志之所見，王道存焉；風之所形，王化繫焉。故設以官守，達諸朝廷，所以考一代之政教，豈徒取為虛文也哉！然則易之此書，其所紀載猶古之志，其所咏歌猶古之風歟？惜乎今日小史、外史之職闕，而觀風之使不行，此書不得達于朝廷之上以備纂錄，廣而傳之，徒以資學士大夫之汎覽而已。抑予聞之，古之志領之固有其職，古之風采之固有其官，而其為之者類皆博聞多識懷道秉德之士故曰誦其詩讀其書不知其人可乎然則學士大夫觀乎此書其亦可以知吾易之之爲人矣易之名迺賢其北遊歲月具見篇中茲不著乾坤正氣集卷一六七王忠文公集卷一

王禕

金臺集題辭

今之言詩者、大氐祖玉溪而宗楊劉、殊不思楊劉諸公、皆侍從近臣、凡所以鋪張太平之盛者、直寫其所見云爾、江湖之士、寘身風月寂寞之鄉、而欲於暗中索以追逐之、用心亦良苦矣、葛邏祿氏迺賢易之、雅志高潔、不屑為科舉利祿之文、平生之學、悉資以為詩、久留京師、出入于英俊之林、而習聞于朝廷之典禮、臺閣之儀章、至於衆大之區、紛華侈靡、宏麗可喜之觀、亦有以開廓其心目、故其形於咏歌、言必發乎情、辭必稱乎事、不規規焉務為刻琱藻飾、以追逐乎前人、而自不能不與之合也、因閱易之金臺集、漫識其後、以俟覽者詳焉、至正十年四月六日黃溍書

跋

詩之意本於諷諭，蓋心欲有言而言不足以道志，故假於辭焉，而辭也者，欲其諭難言之志也。然詰澀而俚意淺，以近文采不足以動人，立言易朽，君子不由也。余致力於斯甚久，未嘗敢以易心為之，蓋得於意者或難美，而修於辭者不失之過則不及，以是而綴者十八九，嗚呼其難矣哉。金臺集者，友人葛邏祿（合魯）易之之詩也，其詩百餘篇，森然若開群玉之府，圭璋琮璜，各有列位，辭語至到而神與情諧，動盪激越，可歌可舞，信乎其能諭諸人者。余讀之再過，因歎賞不已，遂書所見於其篇末云。至正三年二月既望，揭傒斯書。

至正己丑夏至日，百野泰浴（不華）巴遊觀于持志齋

跋

右金臺稾若干卷、葛邏祿君易之之所製也、易之自幼篤學為詩、既長、訪古河朔、歷覽山川、以達其趣、八年之春、余在京師、與易之遇於故友會稽韓與玉氏、相善也、與玉能書。時金華王子充為古文。易之與二人偕來江南、京師因目為江南三絕、而易之所為詩、尤傳誦士大夫間、余既歸久之、易之亦橐其稾以歸、復與余相會於鄞、則其友已傳刻之、時取一二篇以讀、則慷慨悲歌、而燕、趙之風聲氣習、猶可想見、及觀承旨歐陽公、祭酒李公、侍講黃公、故侍書虞公、侍講揭文安公所為序、其深評遠論、惟恐其不傳也、其有得於此、可謂難矣、且詩自漢、魏而下、至唐為盛、而其間獨推杜甫允以為不失風人之旨、然其時先後、若陳子昂、高適、韋應物、劉禹錫、韋六名家、蓋詩由人情生也、情非有古今者、特有至有不至尔、是故越人之曲、敕勒之歌、其托興寫物、非素工於辭者、而樵舩之士、有不遠也、何則、情之所至、而語至焉、則不求工而自工也、故余謂易之三詩、如穎州老翁、西曹郎、巢湖新鄉媼、新隄等篇、摭事感懷、若不經意、而盡所欲言、有得於風人之旨者、當不謝於古人、况其所工者、後不下是、茲固可信其必傳也、雖然、易之年未五十、平生故人、多列官于朝、而當急賢之時、其能久於窮乎、韓子云、天將和其聲以鳴國家之盛者、意其有在於是、則嗣而刻之、尚未艾也、余姑識斯語以俟、至正十五年冬十月望、淛河楊彝書

題詩

予既致政、將歸濟南、賦詩四章、題金臺集後、奉别易之良友、聊以書予自娛云爾、至正戊子三月望日華峰真逸張起岩書

崇天門下聽臚傳，臺閣聯翩四十年。今日懸車歸故里，杖藜攜酒落華前。

玉帶難圍老病身，廟堂補報乏涓塵。衰年作别情懷惡，秉燭題詩贈故人。

愛君譚辯似懸河，更喜交情古意多。長使馬周爲作客，令人千古媿常何。

百尺高臺易水東，千金曾此聘英雄。君來却在承平日，先築詩壇

第一功、

金臺集序

三代而上天地之英著為禮樂三代而下禮樂之英散為文章禮樂文章無處不有無時無之是故禮之用莫妙於樂文章之用莫妙於詩英即妙也發舒而可見謂之英鼓舞而莫測謂之妙於是詩與樂之妙可以動天地感神明廣聲教移風俗也皇元混一以來諸國人以詩文鳴者前代罕有郭（葛）囉（邏）洛（祿）納（迺）新（賢）易之卓然繼前修之後以能文稱而尤長於詩其詩清新俊逸而有溫潤縝粟（栗）之容七言傑者擬盛唐焉近年來京師因裒其作題曰金臺集暇日袖以眂余謂余題其帙端顧余引年治歸欲誦佳句於百僚恨已晚矣然念九州共貫之久而士有斯作焉治世之音其來方昌兆見

於此，譬如鸑鷟鳴於高岡，目前狴䝙之嗥，無足怪也。會當修承平舊觀，置之承明奉常之署，以制作之事歸之，其將咸韶斯世也歟。

志余喜以俟。至正壬辰七月初吉，蠡庵老人新賜致仕歐陽玄書于京城慶壽禪寺之僧舍。

序

危子大樸示余以金臺集詩古律凡若干首，讀之未盡卷，不覺釋然自意，若三日不食而得膾炙羊棗也，布絮藍縷而得方空縠綺也，又如空山窮野而聞鈞韶鏗金戛玉也。詩（蕭選祿）離騷之所作易之，西北方人，而天地精英之氣所賦若是。然宇宙之廣，土域之大，山川人物風俗之異，氣之所發，固不能齊也。嘗愛賀六渾陰山敕勒歌，語意渾然，不假雕劇，顧其雄偉[illegible]（真）直，善於模寫，政如東舟突，欲盡本土人物，筆蹟超絶。論者以為不免有遼東風氣之偏。惟君易之之作，粹然獨有中和之氣，上可以追媲昔賢，下可以鳴太平之治，溫柔敦厚，清新俊邁，使人讀者信永而不厭，茲非聖人之化仁義漸被詩書禮樂之教而致然耶、君同易之不喜祿仕、惟以詩文自娛、其來京師、特以廣其聞見、以助其詩也、今將歸隱于江淮之南、凡所與游者、皆戀戀不忍其去、則其志趣益尚矣哉、至正壬辰魏郡李好文書、

序

易之，葛邏祿氏也。少居江南，長遊齊、魯、燕、趙之間，以客于京師。博學善歌詩，其詞清潤纖華，每出一篇，則士大夫轂傳誦之。大抵五言類謝脁、柳惲、江淹，七言類張籍、王建、劉禹錫，而樂府尤流麗可喜，有謝康樂、鮑明遠之遺風。間錄其近作一編來，謁曰：僕於世甚拙，知焉不能出奇于時，鈎連強近以有祿爵；力焉不能操弓挾矢，馳騁風雨，以自効於時；又不能占占逐利，如鷹鸇鳥之發也。此心泊然無他好，其有好而得之者，盡在是矣。太史危君嘗為僕序前所錄藁，君子幸更序之。予聞葛邏祿氏在西北金山之西，與回紇壤相接。俗相類。其人便捷善射。又能相時居貨。媒取富貴。易之出由其族。而心之所好獨異焉。宜乎見於詩者、亦卓乎有以異於人也。雖然、富貴可以知力求、而詩固有難言者矣。是以黃金丹砂、窮圭植璧、猶或幸致、而清詞妙句、在天地間自有一種清氣、豈知力所能求哉。昔之善論者、謂詩有別思、易之之於詩、其將悟於是也夫。至正十二年八月望日監察御史宣城貢師泰序

跋

易之至京師，有詩名，雄諸公間。其道途之所經，耳目之所屬，山川風俗，人情物態，可喜可愕，一發於詩，然皆本諸性情，徵諸政教，而不為烟雲月露之歸，追風雅之遺音，振金石之遠響，上而公卿大夫，下而里閭韋布之士，莫不稱之，一皆之善為詩者，亦莫之能過也。余得其金臺集若干首，讀之彌月不厭。古人云，用功深者其收名也遠，詎不信乎。易之郎羅路人。壯中國兩北數千里之外，而能被服周公仲尼之道。家故有閥閱勳業，可籍以取富貴，而棄不就，擢然一寒出，專以詩鳴，迺亦奇偉不羣之士哉。今届越云。至正辛卯史官新安程文書

尚有李好文
貢師泰泰
吳萊程文
[illegible]

元詩人葛邏祿迺賢馬易之金臺集前後序題跋出虞伯生歐陽元功黃晉卿張起巖余廷心曾子白危大朴等篆隸真行小楷皆出諸公親筆入刻極其精妙嘗從錢原溥簡討借觀留余所者數月後再從借觀則托辭卻去矣 水東日記卷八

華心

大中初年大梁連帥范陽公得大食國人李彥昇薦於闕下天子詔春司考其才二年以進士第名顯然常所賓貢者不得擬貳曰梁大都也帥碩賢也受命於華君仰祿於華氏其薦人也則求於夷豈華不足稱也耶夷人獨可用也吾終有惑於帥也曰帥真薦才而不私其人也苟以地言之則有華夷乎以教言亦有華夷乎夫華夷者辨在乎心辨心在察其趣嚮有生於中州而行戾乎禮義是形華而心夷也生於夷域而行合乎禮義是形夷而心華也若盧綰少卿之叛亡其夷人乎金日磾之忠赤其華人乎繇是觀之皆任其趣嚮耳今彥昇也來從海外能以道祈知於帥帥故異

而薦之以徼夫戎狄，俾日月所燭，皆歸於文明之化，蓋華其心而不以其地也。而又夷焉作華心（全唐文卷七百六十七）

大梁連帥范陽公者，汴州刺史宣武軍節度使范陽盧鈞也。鈞嘗為嶺南節度使，嶺南蕃坊大食國人故鈞得識李彥昇而薦之。詔春司考其才，以進士第名顯。

是彥昇一大食人，業進士者。求必遁去其國籍也。以重識其生者精通華學，遂進有文德，亦精太學本科，外知予取入學。西域人之漢學欽者，絕少，盧鈞、常袞李彥昇，時人以為奇而深贊焉，故特為文解釋之也。

青城山道人安世通者，本西人。其父有謀策，為武官，數以言干當路，不用，遂自沈於酒而終。世通亦隱居青城山中不出。吳曦反，乃獻書於成都帥楊輔曰：世通在山中，忽聞關外之變，不覺大慟。世通雖方外人，而大人先生亦嘗發以入道之門，竊以為公初得曦檄，即當還書誦其家世，激以忠義，聚官屬軍民，舉服號慟，因而散金發粟，鳩集忠義，閉劍門，檄蜀將，興仗義之師，以順討逆，誰不願從？而士大夫皆酒缸飯囊，不明大義，尚云少屈以保生靈，何其不知輕重如此！夫君乃父也，民乃子也，豈有棄父而救子之理？此非曦一人之叛，乃舉蜀士大夫之叛也。自古有叛民，無叛官，今曦叛而士大夫皆縮手以聽命，是驅民而為叛也。且曦雖叛逆，猶有所忌，未敢建正朔，殺士大夫，而以虛文見悅，亦以公之與否卜民之此語出列子力命篇。

從違也。今悠悠不決，徒為婦人女子之悲，所謂得因長智者，恐朝廷之失[illegible]也。凡舉大事者，成敗死生皆當付之度外。區區行年五十二矣，古人言可以生而生，福也；可以死而死，亦福也。決不忍汗面戴天，同為叛民也。」輔有重名，蜀中士大夫多勸以舉義者，而世通之言尤切至。輔不能決，遂東如江陵，請吳獵舉兵以討曦。未幾曦敗，獵使蜀薦士，以世通為首云（宋史卷四五九隱逸傳）。

吳曦之叛，在開禧二年。安世通不出仕，[illegible]慷慨論[illegible]，其實[illegible]。

所謂[illegible]可貴者，以其人本西域人，[illegible]入道，竟能華化也。

[illegible]世通[illegible]，蓋安世通之[illegible]，名安清。

安息國[illegible]王太子，[illegible]讓國為沙門，[illegible]漢桓帝時至中國，世號安世高，後[illegible]大月氏[illegible]

[illegible]以國為姓[illegible]

列子力命篇。安世通蓋深於莊、列、老、易者矣。

7

宋末又有蒲壽宬、壽庚兄弟，西域人，泉州市舶使蒲壽庚之兄。以詩知梅州，有惠政。嘉應州志卷十九引舊志云：

蒲壽宬咸淳七年知梅州，一毫無取於民，居處飲食儉約。見曹井遺澤在民，遣人還籍取家資建石亭其上，日汲井水二瓶置諸公堂，欲常目在之，而踵其武也。州進士楊圭題其梁曰：曾氏井泉千古冽，蒲侯心地一般清。今祀名宦祠。（光緒嘉應州志卷十九引舊志）

曾井者，南渡時程鄉令曾芳所遺也。壽宬景仰前風，思以效之，亦可見其人深於詠其能，猶吏可貴，然高尚謂之漢化，古人今之所爲，其以西域人而工中國之詩，然究也。壽宬有心泉學詩稿，清四庫人未收，四庫本六卷，其錄文淵閣本余家藏有鈔本，四庫提要謂其詩沖淡閑遠，在宋元之際，殊爲雅音，西域之中國詩人，元以前[illegible]蒲氏一家有[illegible]，今張村叢書有心泉詩餘一卷，即四庫本所收心泉學詩稿者，其提要謂壽宬之名，見於明人黃[illegible]封和壽宬之和，多致微詞，[illegible]

詩話總龜云法石寺在晉江城東五里宋初陳洪進築壇山上以效嵩呼又名萬歲山有乾德四年賜額敕文宋末西域人蒲壽宬與弟壽庚以互市至咸淳末擊海冦有功壽庚歷官至招撫使壽宬授知吉州不赴勸壽庚據泉以降元策既定佯着黃冠野服入法石山中自稱處士偽示不臣之意忽有二書生因其晝寢各投一詩不著姓名而去其詩云梅花落地點蒼苔天意相商要入梅蛺蝶不知春去也雙雙飛過粉墻來其二云劍戟紛紛扶主日山林寂寞閉門時水聲禽語皆時事莫道山翁總不知按荔枝譜云法石白荔枝色青白其大次於藍家紅（泉州府志勝卷五）

書卷一、五三及鄭所南心史記其家之事甚詳。西遼回人畢原陽藏氏

其書實最早見於史學雜誌所著論，而回回人趙安不錦壽家之名未

思所見史，知元史卷九世祖紀至元十三年二月辛酉，詔以濟南路

總管撒吉思所為，見第四期之世孫安之跡略述其梗

為青城山道人，其郝大壽家為法名小蓬萊士，南宋西域人也，其家之所有之一

代西域人漢化之先驅者也

西域人之能用漢名，漢化之究竟，亦可以見當時西域人之漢化。

四年有奇。宬著心泉學詩稿六卷七十四首、殊甘詞有心泉詩餘一卷

蒲壽庚 蒲壽宬

宋季益廣二王從福州行都航海幸泉州駐蹕港口，守臣蒲壽庚拒城不納。壽庚武人寡謀，其計皆其兄壽宬所籌畫。壽宬仕宋至知吉州，逆計宋事已去，辭不赴。壽庚迎降及殲淮兵、誅宗室，皆宬陰謀部署。決策既定，佯着黃冠野服入法石山下，自稱處士，示不臣二姓之意，而密畀壽庚以蠟丸裹降表，命善水者由水門潛出納款於唆都。既而元以壽庚歸附之功，授官平章，開平章省於泉州，富貴冠一時，壽宬亦居甲第。有二書生踵門，自云從潮州來，求謁處士。閽人以處士方晝寐弗為白，生曰：願得紙筆書姓名，俟覺敢煩一投。閽人取紙筆，各賦詩一首。詩曰：梅花落地點蒼苔，天意商量要入梅。蛺蝶不知春去也，雙雙飛過粉牆來。劍戟紛紛扶主日，山林寂寞閉門時。水聲禽語皆時事，莫道山翁總不知。書畢不

署姓名、拂袖而去、壽歲既覺、閩人以詩進、惶汗失措、恚不登白、遂遣人四出追之、竟不復見、乾隆福建通志卷六十六引黄仲昭八閩通志

彈西夏中興路按察使高智耀不當狀

切惟按察司所行，輕則彈劾奸邪，重則抑按暴亂，為使者務要剛明知體，臨事有為，故風彩所加，百城震肅。今體察得西夏中興路提刑按察兼勸農使高智耀，稍性罷輭，不聞有為，事佛敬僧，過其所樂，迹其心行，一有疑僧耳。既乏風憲之材，難處搏擊之任，兼河西土俗太半僧祇，初聞智耀來官，已為望風輕易，故理任已來，所行淹阻，畧不見憚，欲望宣明教化，問民疾苦，鎮靜一道，難矣哉。如近者習良和尚等事，比其驗也。合無別選材能，以代厥職，不然雖復別有區處，既非其人，恐終不能震疊，不惟虧損朝廷威重，使五郡冤抑之民，一經赴訴，彼強暴者加怨前時，而平民轉罹殃咎，其

或使之强為因而别生事端尤為未便叅詳至此擇人而代似不宜緩據此合行料呈（秋澗先生大全文集卷八十六）

廉希憲

廉希憲字善甫布魯海牙子也幼魁偉舉止異凡兒世祖為皇弟希憲年十九得入侍見其容止議論恩寵殊絕希憲篤好經史手不釋卷一日方讀孟子聞召急懷以進世祖問其說遂以性善義利仁暴之旨為對世祖嘉之目曰廉孟子由是知名嘗與近臣校射世祖前希憲腰揷三矢有欲取以射者希憲曰汝以我為不能耶但吾弓力稍弱耳左右授以勁弓三發連中衆驚服曰真文武材也歲甲寅世祖以京兆分地命希憲為宣撫使京兆控制隴蜀諸王貴藩分布左右民雜羌戎尤號難治希憲講求民病抑彊扶弱暇日從名儒若許衡姚樞輩諮訪治道首請用衡提舉京兆學

校教育人材爲根本計國制爲士者無隸奴籍京兆多豪强廢令
不行布憲至悉令著籍爲儒已未憲宗駐蹕合州世祖渡江取鄂
州命布憲入籍府庫布憲引儒生百餘拜伏軍門因言今王師渡
江凡軍中俘獲士人宜官贖遣還以廣異恩世祖嘉納之還者五
百餘人至元元年丁母憂率親族行古喪禮勺飲不入口者三日
慟則嘔血不能起寢臥草土廬于墓傍宰執以憂制未定欲極力
起之相與詣廬聞號痛聲竟不忍言未幾有詔奪情起復布憲雖
不敢違旨然出則素服從事入必縗絰及喪父亦如之方士請煉
大丹勑中書給所需布憲具以秦漢故事奏且曰堯舜得壽不因
大丹也帝曰然遂却之時方尊禮國師帝命布憲受戒對曰臣受

孔子戒矣帝曰孔子亦有戒耶對曰爲臣當忠爲子當孝孔子之
戒如是而已七年詔釋京師繫囚西域人匿贊馬丁用事先朝資
累鉅萬爲怨家所告繫大都獄既釋之矣時希憲在告實不預其
事是秋車駕還自上都怨家訴於帝希憲取堂判補署之曰天威
莫測豈可幸其獨不署以苟免耶希憲入見以詔書爲言帝曰詔
釋囚耳豈有詔釋匿贊馬丁耶對曰不釋匿贊馬丁臣等亦未聞
有此詔帝怒曰汝等號稱讀書臨事乃爾宜得何罪對曰臣等忝
爲宰相有罪當罷退帝曰但從汝言即與左丞相耶律鑄同罷一
日帝問侍臣希憲居家何爲侍臣以讀書對帝曰讀書固朕所教
然讀之而不肯用多讀何爲意責其罷政而不復求進也阿合馬

因讒之曰布憲日與妻子宴樂爾帝變色曰布憲清貧何從宴設
十二年右丞阿里海牙下江陵圖地形上於朝請命重臣開大府
鎮之帝急召布憲還使行省荊南賜坐諭曰荊南入我版籍欲使
新附者感恩未來者向化宋知我朝有臣如此亦足以降其心南
土卑濕於卿非宜今以大事付託度卿不辭賜田以養居者馬五
十以給從者布憲曰臣每懼才識淺近不能勝負大任何敢辭疾
然敢辭新賜復有詔令布憲承制授三品以下官布憲冒暑疾驅
以進至鎮阿里海牙率其屬郊迎望拜塵中荊人大駭即日禁剽
奪通商販興利除害兵民按堵大綱既舉乃曰教不可緩也遂大
興學選教官置經籍旦日親詣講舍以厲諸生十五年春近臣董

文忠言江陵濕熱如希憲病何即召希憲還江陵民號泣遮道留之不得相與畫像建祠希憲還囊橐蕭然琴書自隨而已帝知其貧特賜白金五千兩鈔萬貫五月至上都戒其子曰丈夫見義勇為禍福無預於己謂皐夔稷契伊傅周召為不可及是自棄也天下事苟無牽制三代可復也又曰汝讀狄梁公傳乎梁公有大節為不肖子所墜汝輩宜慎之十七年十一月十九夜有大星隕于正寢之旁流光照地久之方滅是夕希憲卒年五十謚文正（元史卷一二六）

不忽木

不忽木一名時用字用臣世為康里部大人英特進止詳雅世祖奇之命給事裕宗東宮師事太子贊善王恂恂從北征乃受學于國子祭酒許衡日記數千言衡每稱之以為有公輔器世祖嘗欲觀國子所書字不忽木年十六獨書貞觀政要數十事以進帝知其寓規諫意嘉歎久之衡纂歷代帝王名謚統系歲年為書授諸生不忽木讀數過即成誦帝召試不遺一字至元十三年與同舍生堅童太荅禿魯等上疏曰國學聞之學記曰君子如欲化民成俗其必由學乎玉不琢不成器人不學不知道故古之王者建國君民教學為先蓋自堯舜禹

湯文武之世，莫不有學，故其治隆於上，俗美於下，而為後世所法。降至漢朝，亦建學校，詔諸生課試補官。魏道武帝起自北方，既定中原，增置生員三千，儒學以興。此歷代皆有學校之證也。臣等今復取平南之君建置學校者為陛下陳之：晉武帝嘗平吳矣，始起國子學；隋文帝嘗滅陳矣，俾國子寺不隸太常；唐高祖嘗滅梁矣，詔諸州縣及鄉並令置學，及至太宗數幸國學，增築學舍至千二百間，國學、太學、四門學亦增生員，其書、算各置博士，乃至高麗、百濟、新羅、高昌、吐蕃諸國酋長亦遣子弟入學，國學之內至八千餘人；高宗因之，遂令國子監領六學：一曰國子學，二曰太學，三曰四門學，四曰律學，五曰書學，六曰算學，各置生徒有差，皆承高祖之意也。

疏此語若忽木當為蒙古人、元史苗、亦以不忽木為蒙古人

然晉之平吳、得戶五十二萬而已、隋之滅陳、得郡縣五百而已、唐之滅梁、得戶六十餘萬而已、而其崇重學校已如此、況我堂堂大國、奄有江嶺之地、計亡宋之戶不下千萬、此陛下神功自古未有、而非晉隋唐之所敢比也、然學校之政尚未全舉、臣竊惜之、臣等嚮被聖恩。俾習儒學。欽惟聖意、豈不以諸色人仕宦者常多、蒙古人仕宦者尚少。而欲臣等曉識世務、以任陛下之使令乎、然以學制未定、朋從數少、譬猶責嘉禾於數苗、求良驥於數馬、臣等恐其不易得也、為今之計、如欲人材衆多通習漢法。必如古昔。徧立學校、然後可。若曰未暇、宜且於大都弘闡國學、擇蒙古人年十五以下十歲以上、質美者百人、百官子弟與凡民俊秀者百人、俾廩給

各有定制選德業充備足為師表者充司業博士助教而教育之使其教必本於人倫明乎物理為之講解經傳授以修身齊家治國平天下之道其下復立數科如小學律書算之類每科設置教授各令以本業訓導小學科則令讀誦經書教以應對進退事長之節律科則專令通曉吏事書科則專令曉習字畫算科則專令熟閑算數或一藝通然後改授或一日之間更次為之俾國子學官總領其事常加點勘務要俱通仍以義理為主有餘力者聽令學作文字日月歲時隨其利鈍各責所就功課程其勤惰而賞罰之勤者則升之上舍惰者則降之下舍待其改過則復升之假日則聽令學射自非假日無故不令出學數年以後上舍生學業有

成就者乃聽學官保舉蒙古人若何品級諸色人若何仕進其未
成就者且令依舊學習俟其可以從政然後歲聽學官舉其賢者
能者使之依例入仕其終不可教者三年聽令出學凡學政因革
生員增減若得不時奏聞則學無弊政而天下之材亦皆觀感而
興起矣然後續立郡縣之學求以化民成俗無不可者臣等愚幼
見於書聞於師者如此未敢必其可行伏望聖慈下臣此章令諸
老先生與左丞王贊善等商議條奏施行臣等不勝至願
書奏帝覽之喜大德四年卒年四十六其學先躬行而後文藝居
則簡默及帝前論事吐辭洪暢引義正大以天下之重自任知無
不言每侍燕閒必陳說古今治要世祖每拊髀歎曰恨卿生晚不

得早聞此言、武宗時謚文貞、元史卷一三〇

元史、黃、孫以謂之忽木為答失人、

故昭文館大學士榮祿大夫平章軍國事行御史中丞領侍
儀司事贈純誠佐理功臣太傅開府儀同三司上柱國追
封魯國公謚文貞康里公碑

公諱不忽木自祖父海藍伯而上世為康里部大人海藍伯事王
可汗王可汗滅帥麾下遁去大祖皇帝虜其全部以歸○第十子燕
真年十餘歲分賜莊聖太后唯恭謹善為弓服事世祖皇帝不離
左右配以高麗美人名長姬姓金氏生五子次二為公公幼事裕
廟於東宮聞因簡衛士子俾師贊善王恂恂從北征而太傅魏國
許文正公衡為國子祭酒公時年十二眉目秀美進退詳雅已成如
人父知其非常兒請於上欲教之讀書有旨入國子學師事許公

上略

性強記，日誦千餘言，有問必及綜領，許公亟稱之，謂公必大用於
世，名之曰時用，字之曰用臣。起家為利用少監，於是宅澤為丞相，
而公平章政事，桑哥時賣官，高下有定價，上自朝廷，下至州縣，綱
紀大壞，在官者以掊刻相尚，民不堪命，往往起為盜賊。公與諸公
謀議，欲革桑哥弊政，首召用舊臣為桑哥所斥逐者，尤重文學知
名之士，使吏相薦舉，雖毫髮之善，亦無所遺。上每與公極論治道、
古今成敗之理，至忘寢食，或危坐達旦，謂公曰：曩與許仲平論治，
仲平不及汝遠甚，先許仲平有隱於朕耶？抑汝之賢過於師耶？公
皇恐謝曰：臣師見理甚明，臣之所聞知，何足以跂其萬一，第臣師
起於布衣，君臣分嚴，進見有時，言不克究，臣賴先臣之力，陛下撫

（趙孟頫為文貞康里公碑，松雪齋集卷七云）

臣兄弟如家人兒子朝夕左右陛下又幸聽其言故得盡言至此

[illegible]

公以朝廷廉政多仍襲前代第求詳於簿書稽古禮文之事頗缺

[illegible]

而不講已奏得旨與文學之士共議定為規制使萬世可以循守

[illegible]

用事之臣有不便者力加沮抑故其事中輟識者至今為恨以在

御史臺監察御史及各道廉訪使者多擇士人為之患吏不知義

理言通一經一史試吏及勸上降詔勉勵學校議行科舉所改苛

法如挾官吏犯贓子不得證父妻妾不得證夫主皆仁政之大者

公薨于大德四年月十七日年止四十又六謚文貞夫人寇氏

王氏皆魯國夫人寇氏前卒生子回今為淮西廉訪使王氏生子

崚今為集賢待制者七 松雪齋文集

巎巎

巎巎字子山康里氏父不忽木自有傳祖燕真事世祖從征有功巎巎幼肄業國學博通羣書其正心修身之要得諸許衡及父兄家傳長襲宿衛風神凝遠制行峻潔望而知其為貴介公子其遇事英發掀髯論辨法家拂士不能過之拜禮部尚書監羣玉內司巎巎正色率下國制大樂諸坊咸隸本部遇公讌衆伎畢陳巎巎視之泊如僚佐以下皆肅然先是文宗勵精圖治巎巎嘗以聖賢格言講誦帝側裨益良多順帝即位之後翦除權姦思更治化巎巎侍經筵日勸帝務學帝輒就之習授欲寵以師禮巎巎力辭不可凡四書六經所載治道為帝紬繹而言必使辭達感動帝衷

敷暢旨意而後已若柳宗元梓人傳張商英七臣論尤喜誦說嘗於經筵力陳商英所言七臣之狀左右錯愕有嫉之之色然素知其賢不復肆愠帝暇日欲觀古名畫巎巎即取郭忠恕比干圖以進因言商王受不聽忠臣之諫遂亡其國帝一日覽宋徽宗畫稱善巎巎進言徽宗多能惟一事不能帝問何謂一事對曰獨不能為君爾身辱國破皆由不能為君所致人君貴能為君它非所尚也大臣議罷先朝所置奎章閣學士院及藝文監諸屬官巎巎進曰民有千金之產猶設家塾延館客豈有堂堂天朝富有四海一學房乃不能容耶帝聞而深然之即日改奎章閣為宣文閣藝文監為崇文監存設如初就命巎巎董治又請置檢討等職十六員

愛儒者問

以備進講、帝皆俞允、時科舉既輟、巙巙從容為帝言、古昔取人材以濟世用、必有科舉、何可廢也、帝采其論、尋復舊制、一日進讀司馬光資治通鑑、因言國家當及斯時修遼金宋三史、歲久恐致闕逸、後置局纂修、實由巙巙發其端、又請行鄉飲酒于國學、使民知遜悌、及請褒贈唐劉蕡宋邵雍、以旌道德正直、帝從其請、為之下詔、巙巙以重望居高位、而雅愛儒士、甚於饑渴、以故四方士大夫翕然宗之、萃於其門、達官有怙勢者言曰、儒有何好、君酷愛之、巙巙曰、世祖以儒足以政治、命裕宗學於贊善王恂、今祕書所藏裕宗倣書、當時御筆於學生之下、親署御名習書謹呈、其敬慎若此、世祖嘗暮召我先人坐寢榻下、陳說四書及古史治亂、至丙夜不寐、世祖喜曰：朕所以令卿從許仲平學，正欲卿以嘉言入告朕耳。卿益加懋敬，以副朕志。今汝言不愛儒，寧不念聖祖神宗篤好之意乎？且儒者之道，從之則君仁臣忠，父慈子孝，人倫咸得，國家咸治；違之則人倫咸失，家國咸亂。汝欲亂而家，吾弗能禦，汝慎勿以斯言亂我國也。儒者或身若不勝衣，言若不出口，然腹中貯儲有過人者，何可易視也。達官色慙。既而出拜江浙行省平章政事。明年，復以翰林學士承旨召還，至京七日，感熱疾卒，寔至正五年五月辛卯也，年五十一。家貧，幾無以為斂。帝聞為震悼，賜賻銀五錠。其所負官中營運錢，臺臣奏以罰布為之代償。巙巙善真行草書，識者謂得晉人筆意，單牘片紙，人爭寶之，不翅金玉。諡文忠。（元史卷一一四三）

（由此可見巙巙之丰儀可見矣）

巙巙之從康里氏之崇尚儒術者，有慶童、兩浙金石志卷八一越中金石記懷有任與經儒學教授朱鍾所為御史大夫康里公勉勵學校記碑修校，多西域人之宦斯土者，又其皆是西域人熱心儒學之一證也。

此亦西域人，極注[illegible]教育者[illegible]

[illegible]沙班[illegible]

[illegible]居杭[illegible]

[illegible]

沙班子中興義塾詩序云

至正十一年春三月十有五日沙班子中來言曰吾居杭有年矣杭於江南視他郡爲大民多而儒少豈教育之未至乎吾嘗得隙地于慶遠安撫沙必願築室以爲義學招子弟以教而土木樹築之資無所出可若何余聞而嘆曰方今天下郡縣無不有學名山古蹟又有書院咸設學官杭之城郡縣學及書院凡四處生徒蟻集省憲臨馬又何俟於子之室乎子中曰噫是子不知余也予以爲予之學猶官之學與非也予請爲子言學夫學也者學爲聖人之道也學成而以措諸用故師行而弟子法之是故棲羅天人究極古今旁通物情達其智也齊明盛服非禮勿動篤其敬也見惡則違見善則隨敦其仁也存心養性樂道尊德致其大也禮儀三百威儀三千盡其細也忠信謹慤固其內也貌言容止閑其外也詩

書六藝、貽其文也、剛毅木訥、培其質也、親賢友仁、以輔德也、幼幼長長、順天則也、夫學習以周之、敬以一之、仁以行之、立乎大不遺乎細、嚴乎內不弛乎外、文以藻之、質以餘之、於是乎德成、而不失其則、（今之學主以文墨為教、第乎上者華而鮮實、下者習字畫以資刀筆官司應酬廩粟之外、無他用心、其亦異乎予之所欲為者乎、）夏之校、殷之序、周之庠、吾不得而見之矣、而有志焉、道之將行也夫、吾室之成未可知、道之不行矣夫、吾固將以盡吾心、終吾年、縱不能行于今、庶其或垂於後、予聞而壯之、書其言以為序、予聞湖浙之間多富而好禮者、有興乎中同志、尚能為乎中成之。（誠意伯文集卷四）

此兩篇皆名儒言於西學之事，可補前錄第一節，證明西域之私學，以行其蒙古時代，中國之學者來發我之先也，凡此皆於西域人之儒學也、

回回教世家

瞻思字得之其先大食國人國既內附大父魯坤乃東遷豐州太宗時以材授真定濟南等路監榷課稅使因家真定父斡直始從儒先生問學輕財重義不干仕進瞻思生九歲日記古經傳至千言比弱冠以所業就正於翰林學士承旨王思廉之門由是博極羣籍汪洋茂衍見諸踐履皆篤實之學故其年雖少已為鄉邦所推重延祐初詔以科第取士有勸其就試者瞻思笑而不應既而侍御史郭思貞翰林學士承旨劉賡參知政事王士熙交章論薦之泰定三年詔以遺逸徵至上都見帝於龍虎臺眷遇優渥時倒剌沙柄國西域人多附焉瞻思獨不往見倒剌沙屢使人招致之即以養親辭歸天歷三年召入為應奉翰林文字賜對奎章閣文宗問曰卿有所著述否明日進所著帝王心法文宗稱善詔預修

賡

經世大典以論議不合求去命奎章閣侍書學士虞集諭留之瞻
思堅以母老辭遂賜幣遣之後命集傳旨曰卿且還行召卿矣
至順四年除國子博士丁內艱不赴後至元二年拜陝西行臺監
察御史即上封事十條曰法祖宗攬權綱敦宗室禮勳舊惜名器
開言路復科舉罷數軍一刑章寬禁網時姦臣變亂成憲帝方虛
已以聽瞻思所言皆一時羣臣所不敢言者侍御史趙承慶見之
歎曰御史言及此天下福也戚里有執政陝西行省者恣為非道
瞻思發其罪而按之輒棄職夜遁會有詔勿逮問然猶杖其私人
及分巡雲南按省臣之不法者其人即解印以去遠藩為之震悚
襄漢流民聚居宋之紹熙府故地至數千戶私開鹽井自相部署
往往劫囚徒殺巡卒瞻思乃擒其魁而釋其黨復上言紹熙土饒
利厚流戶日增若以其人散還本籍恐為邊患宜設官府以撫定

之詔即其地置紹熙宣撫司三年除僉浙西肅政廉訪司事即按問都轉運鹽使海道都萬戶行宣政院等官贓罪浙右郡縣無敢為貪墨者復以浙右諸僧寺私蔽猾民有所謂道人道民行童者類皆瀆常倫隱徭役使民力日耗契勘嘉興一路為數已二千七百乃建議請勒歸本族俾供王賦庶以少寬民力朝廷是之即著以為令四年改僉浙東肅政廉訪司事以病免歸贍思歷官臺憲所至以理冤澤物為己任平反大辟之獄先後甚衆然未嘗故出人罪以市私恩嘗與五府官決獄咸寧有婦宋娥者與鄰人通鄰人謂娥曰我將殺爾夫娥曰張子文行且殺之明日夫果死跡盜數日娥始以張子文告其姑五府官以為非共殺且既經赦宜釋之贍思曰張子文以為娥固許之矣且娥夫死及旬乃始言之是娥與張同謀度不能終隱故發之也豈赦可釋哉樞密判官曰

平反活人、陰德也、御史勿執常法、贍思曰、是謂故出人罪、非平反也、且公欲種陰德於生者、奈死者何、乃獨上議刑部、卒正娥罪、其審刑當罪多類此。至正四年除江東肅政廉訪副使、十年召為秘書少監、議治河事、皆辭疾不赴、十一年卒於家、年七十有四（三）十五年皇太子撫軍冀寧、承制封拜、贈嘉議大夫禮部尚書上輕車都尉、追封恒山郡侯、謚曰文孝、贍思邃於經、而易學尤深、至於天文地理鍾律算數水利、旁及外國之書、皆究極之、家貧、饘粥或不繼、其考訂經傳、常自樂也、所著述有四書闕疑、五經思問、奇偶陰陽消息圖、老莊精詣、鎮陽風土記、續東陽志、重訂河防通議、西國圖經、西域異人傳、金哀宗記、正大諸臣列傳、審聽要訣及文集三十卷、藏於家。元史卷一九〇儒學傳

首有本王惲序 河防通議二卷出永樂大典錄元沙克什撰云沙克什原作贍思今改正云

贍思著述今存者僅河防通議二卷、有守山閣、墨海金壺、大典、…

西異新語、五經思問、老莊精詣、西域異人傳等、均不可得見、從今人欲望其瑰異、亦只有西域異人傳者、當有可觀、年通詩書禮三經、晚年好讀神、易、述之者亦甚著、而通詩書氏篤、折衷以朱呂之傳、蓋亦文獻之甚光耀者、有淵博之學。子淵、西域阿魯渾人、回回儒者也。見宋濂鑾坡集卷七西域浦氏定姓碑文

佛教世家之儒學

史言佛教世家，元時佛教世家之盛，首推阿魯渾薩理，三世通精佛學，

父乞台薩理，精釋教，幸身受業於國師八哈思巴，以世世襲佛教，其思想

宜未易轉也。而卻以中文為事，其孟特患其不通中國之文，不讀中國之

書為忌。為言其文，讀其書，歸有不[illegible]其教化者，當以為[illegible]趙孟頫

松雪齋集卷七

大元勑賜故榮祿大夫中書平章政事守司徒集賢院使領

太史院事贈推忠佐理翊亮功臣太師開府儀同三司上

柱國追封趙國公謚文定全公神道碑銘

從此至此也。只錄至

太祖皇帝既受天命略定西北諸國回鶻宜運最先附遂詔其主

亦都護第五子與諸皇子約為兄弟寵異冠諸國自是有一材一

藝者畢效於朝至元大德間在位之臣非有攻城野戰之功斬將

搴旗之勇而道包儒釋學際天人寄天子之腹心繫生民之休戚

者惟趙國文定公而已今上皇帝臨御之七年始行褒卹之典於

是贈公祖父官爵勳封越明年復賜碑墓道命臣孟頫為之文當

世祖時公為平章政事臣為兵部郎中趨走省闥識公為舊承言

論政知公為詳敢不祇奉明詔公諱阿魯渾薩理回鶻北庭人今所謂畏吾兒也以父字為全氏曾祖諱乞赤也奴亦納里妣可呂諾失怗林祖諱阿台薩理贈保德功臣銀青榮祿大夫司徒柱國追封趙國公謚端愿妣張氏追封趙國夫人父諱乞台薩理早受浮屠法於智全末利可吾坡地沙閭通辯悟當時咸推讓之累贈純誠守正功臣太保儀同三司上柱國追封趙國公諱通敏妣李氏累封趙國夫人初通敏公從父自燕還北庭生公兄弟三人已而被召留妻子北庭公兄弟稍長奉母東求其父歲餘至冥中得通敏公居三年公從國師八思馬學浮屠法不數月盡通其書旁達諸國及漢語世祖知其材俾習漢文書頃之遂通諸經史百家

若陰陽、歷數、圖緯、方技之說、靡不精詣、會幽師西遷、携與俱、歲餘
乞歸省、師送之、曰、以汝之學、非為我佛弟子者。我敢受汝拜耶、勉
事聖君、相泣而別、比至闕、師已上書薦之、裕宗得召入宿衛、日以
筆札侍左右、至元二十年冬、有二僧西來、見自言知天象、上召通
象胥者數輩與語、莫能解、有脫烈者、言公可使、立召與語、僧乃屈
謝不如、上大悅、大德三年、復拜平章政事、十一年春、成宗晏駕、哀
慟成疾、秋八月十有七日、薨于大都發祥里第、年六十三、以是月
日葬城西南關、子原道、斂公兆、汶公開明廓深、喜慍不形於色、仁
足以立政、智足以周物、明時務、識大體、初為世祖所知、即勸以治
天下必用儒術。江南諸老臣、及山林藪澤有道藝之士、皆宜招納

以備選録、於是置集賢院、下求賢之詔、遣使天下、天下聞風而起、
至者恚命公館之、禮意周洽、皆喜過望、其有不稱旨者、亦請厚賚
而遣之、以勸來者、而集賢長貳、極一時名流、盡公所薦用、又請置
國子監學官、增博士弟子員、優其廩餼、學者益衆（松雪齋文集卷七）
本前數百年[illegible]為[illegible]年[illegible]理先解，不由傳[illegible]
師[illegible]於孔子之言無所[illegible]人人[illegible]學者[illegible]其[illegible]解[illegible]
徒見其以其[illegible]天下[illegible]中國[illegible]中國之儒者其
[illegible]西域之儒者[illegible]之[illegible]者
道[illegible]國家[illegible]用之[illegible]
[illegible]世祖[illegible]也世祖[illegible]乎[illegible]
仲[illegible]遠甚，[illegible]
[illegible]
人之[illegible]一[illegible]西域人[illegible]西域人[illegible]

阿魯渾薩理祖阿台薩理精佛氏學生乞台薩理襲先業
通經律論業既成師名之曰萬全至元十二年入為釋教都總統
年七十卒子三人長曰畏吾兒薩理季曰岛瓦赤薩理阿魯渾薩
理其中子也以父字為全氏幼聰慧受業於國師八哈思巴既通
其學且解諸國語世祖聞其材俾習中國之學於是經史百家及
陰陽歷數圖緯方技之說皆通習之後事裕宗入宿衛深見器重
至元二十年有西域僧自言能知天象譯者皆莫能通其說帝問
左右誰可使者侍臣脫烈對曰阿魯渾薩理可即召與論難僧大
屈服帝悅令宿衛內朝會有江南人言宋宗室反者命遣使捕至

闕下，使已發，阿魯渾薩理趣入諫曰：言者必妄，使不可遣。帝曰：卿何以言之？對曰：若果反，郡縣何以不知？言者不由郡縣而言之闕庭，必其仇也。且江南初定，民疑未附，一旦以小民浮言輒捕之，恐人人自危，徒中言者之計。帝悟，立召使者還，俾械繫言者下郡治之，言者立伏，果以嘗貸錢不從誣之。帝曰：非卿言幾誤，但恨用卿晚耳。自是命日侍左右。二十一年，擢朝列大夫、左侍儀奉御。遂勸帝治天下必用儒術，宜招致山澤道藝之士以備任使，帝嘉納之，遣使求賢，置集賢館以待之。秋九月，命領館事。阿魯渾薩理曰：陛下初置集賢以待士，宜擇重望大臣領之，以新觀聽。請以司徒撒里蠻領其事。帝從之，仍以阿魯渾薩理為中順大夫、集賢館學士兼太史院事、仍兼左侍儀奉御、士之應詔者、盡命館穀之、凡飲食供帳車服之盛、皆喜過望、其弗稱旨者、亦請加賚而遣之、有官於宣徽者、欲陰敗其事、故盛陳所給廩餼於內前、冀帝見之、帝果過而問焉、對曰、此一士之日給也、帝怒曰、汝欲使朕見而損之耶、十倍此以待天下士、猶恐不至、況欲損之、誰肯至者、阿魯渾薩理又言於帝曰、國學人材之本、立國子監、置博士弟子員、宜優其廩餼、使學者日盛、從之、大德十一年薨、年六十有三、（元史卷一三〇）

高昌偰氏家傳

偰氏偉兀人也其先世曰暾欲谷本中國人隋亂突厥入中國
人多歸之突厥部以女婆匐妻默棘連可汗為可敦乃興謀其國
政唐史突厥傳載其事甚詳默棘連卒國亂婆匐可敦率衆歸唐
唐封為賓國夫人而默棘連牧地盡為回紇所有暾欲谷子孫遂
相回紇即今偉兀也回紇嘗自以其鷙捷如鶻請於唐更以回鶻
為號偉兀者回鶻之轉聲也其地本在哈剌和林即今之和寧路
也有三水焉一並城南山東北流曰斡耳汗一經城西北流曰和
林河一發西北東流曰忽爾班達彌爾三水距城北三十里合流
曰偰輦傑河回紇有普鞠可汗者實始居之後徙居北庭北庭者

今之別失八里城也。會高昌國微，乃併取高昌而有之。高昌者，今哈剌和綽也。和綽本漢言高昌，高之音近和，昌之音近綽，遂為和綽也。哈剌，黑也，其地有黑山也。今偉兀稱高昌地，則高昌人則回鶻也。高昌王有印曰「諸天敬護護國第四王印」，即唐所賜回鶻印也。言「諸天敬護」者，其國俗素重佛氏，因為梵言以祝之也。暾欲谷子孫既世為偉兀貴臣，因為偉兀人。又嘗從其主居偰輦河上，子孫宗暾欲谷為始祖，因以偰為氏焉，以河名也。相傳暾欲谷初為國相，適當唐天寶之際，唐以安氏之亂，求回鶻援兵，暾欲谷與太子剌特勒帥師與討安祿山，有功，封太傅、忠武王，進位司空，年百二十四終。子廿而後傳數世，至克直魯爾韃，為本國相，答剌罕，錫號阿大都督，

圭齋文集 卷十一

曹安讕言長語卷下：元達兼善為台州守，有所廉察，夜宿村家，聞鄰婦有姊姒夜績者，姒曰：夜寒如此，我有瓶酒在牀下，汝可分其清者留以奉姑，濁者吾與爾飲之。姒如其言，起而注清者于他器，且曰：此達元帥也，吾等不得嘗矣。姊曰：到底清耶？遂笑而罷。兼善聞之，未曙即去。其清節為時所稱若此。

鄭元祐僑吳集、林弼林登州集、又舒頔貞素齋集

（全文出曹安讕言長語卷下）

其清節感人

5

元史本傳，參稽其事跡，學業，宋元學案，儀封釋文傳，錢大昕補元史藝文志，……

有與兼善郎中書（嘉善）述皇極經世書之授受源流

〔詳出姑蘇名第，曾有志於邵子之學。時嘉禾第為江浙行省右司郎中。〕

述承賜教，知久病新愈。夫君子之仕，固欲行其志也，然事之齟齬者，十常八九，欲舍而去之，不知者以為忘斯世矣。閑不以進士得官二十餘年，悉以文字為業，人則曰儒者也。及官風紀，屢行而屢止，孰知其志之所存乎。向諭即祝泌皇極經世說，謹裝潢納上。某嘗學于臨川吳先生（澄），聞其言曰：邵康節天人之學也，雖其子弗克傳焉。蜀人張行成蓋能得其彷彿，行成既沒，其學又弗傳矣。祝泌生于宋季，所學者風角鳥占之術，特假皇極之名張大之耳。撫州人有傳其術者，覩物即知休咎，嘗欲以學授予，予弗從而止。某又嘗學于太史齊公（履謙），每見公讀邵子書不去手，晚歲又釋外篇，今

孔節之年尚十餘歲，求知其原，進從何如也。書云

齊履謙 元史 一七二

某傳其言曰：皇極之名見于洪範，皇極之數始于經世書。數非極也，特寓其數于極耳。經世書有內外篇，內篇則因極而明數，外篇則由數以會極。某嘗欲集諸家釋外篇者為一書，顧未能也。又聞國初李徵君俊民、李翰林冶皆能通邵子之書，或言徵君得傳于河南隱士荆先生，而翰林不知得于何人也。世廟在潛邸時嘗召徵君問之，徵君既已，復召翰林問之，以某觀之，二公不過能通其數耳，而康節之學蓋未易言也。故曰：欲知邵子之學者，當於林下相從二十年方可學也。因閣下求祝泌之書，偶言及此。（滋溪文稿卷二十四）

祝泌之書，今傳者有觀物篇解五卷、附皇極經世解起數訣一卷，清四庫著錄子部術數類；朱彝尊經義考有皇極經世鈐十二卷、[illegible]十書集、[illegible]卷[illegible]，[illegible]錄大有可知者何書也[illegible]補宋元學案之闕也。

[illegible]

時齋記

春夏秋冬時之運也温涼寒暑時之化也陰晴風雨時之迭至而不齊者也在天之時若是而在人者如之何哉夫先天而天不違後天而奉天時德與天合者然也若夫君子而時中曰時措之宜曰當其可之謂時是則人之所能為者康里子淵卜築於國子監之西而名其齋居之室曰時大矣哉時之義乎昔先文貞公為國名臣從賢師知聖學其行于身施于家發于事業固已得中得宜而當其可矣子淵淳正明敏益之以平日家庭之所聞衆人紛紛競進而退然閑處若無意斯世者然苟所當辭雖近而怯就苟所當受雖遠而勇去所謂中所謂宜所謂可蓋亦無忝於其先公此所

[illegible]

以名其齋室之意也、雖然、時之為時、莫備於易、先儒謂之隨時變
易以從道、夫子傳六十四彖、獨於十二卦發其凡、而贊其時與時
義時用之大、（一卦一時、則六十四時不同也、一爻一時、則三百八
十四時不同也、始於乾之乾、終於未濟之既濟、則四千九十六時、
各有所值、引而伸、觸類而（長、時之百千萬變無窮、而吾之所以時
其時者一而已、子淵好讀易、予是以云（子淵又善晉人書、書以誌
諸其壁、（吳文正公集卷之二二）
（四）不見萬曆本中、此文當可補去開。

伯顏一名師聖字宗道哈剌魯氏隸軍籍蒙古萬戶府世居開州濮陽縣伯顏生三歲常以指畫地或三或六若為卦者六歲從里儒授孝經論語即成誦蚤喪父其兄曲出買經傳等書以資之日夜誦不輟稍長受業宋進士建安黃坦坦曰此子穎悟過人非諸生可比因命以顏為氏且名而字之焉久之坦辭曰余不能為爾師羣經有朱子說具在歸而求之可也伯顏自弱冠即以斯文為已任其於大經大法粲然有覩而心所自得每出於言意之表鄉之學者來相質難隨問隨辨咸解其惑於是中原之士聞而從遊者日益衆至正四年以隱士徵至京師授翰林待制預修金史既畢辭歸已而復起為江西廉訪僉事數月以病免及還四方之來學者至千餘人蓋其為學專事講解而務真知力踐不屑事舉子

詞章、而必期措諸實用、士出其門、不問知其為伯顏氏學者、至於異端之徒、亦往往棄其學而學焉、十八年、河南賊蔓延河北、伯顏言於有臣、將結其鄉民為什伍以自保、而賊兵大至、伯顏乃渡漳北行、邪人從之者數十萬家、至磁、與賊遇、賊知伯顏名士、生劫之、乃見賊、將誘以富貴、伯顏罵不屈、引頸受刃、與妻子俱死之、年六十有四、既死、人或剖其腹、見其心數孔、曰古稱聖人心有七竅、此非賢士乎、乃納心其腹中、覆墻而揜之、有司上其事、贈奉議大夫僉太常禮儀院事、謚文節、太常謚議曰、以城守論之、伯顏無城守之責、而死、可與江州守李黼一律、以風紀論之、伯顏無在官之責而死、可與西臺御史張桓並駕、以平生有用之學、成臨義不奪之節、乃古之所謂君子人者、時以為確論、伯顏平生修輯六經、多所著述、皆燬於兵、（元史卷一九〇儒學傳）凡此皆可稱為西域之理學名儒也者、

10

貫雲石号蘆花道人

送馬時憲還雄楊詩序云

西域馬君時憲以胄監弟子貢舉進士為翰林編修官志不屑也閩遊九江泛彭蠡踰梅關拜外父安公于南雄因棹章貢訪趙蘇諸老遺跡因翱翔而弭節焉性重默無汎交跡絶權貴之门衆以是奇之一日聞有笑笑道人者荷笠披紙衣擊節行歌于市憩江東雷岡亭飛舞而上馬祖岩歌聲若金石悲壯激越林木為動田翁樵子弃業而衆觀意其散仙也怪而察焉則時憲耳噫其果于忘世若楚狂接輿者耶抑猶豪傑不偶之士雄才莫施輙佯狂詭其迹輕世肆志以泄憤懣無聊之氣耶昔燕趙素多忼慨悲歌之士安知不猶有曩之風烈耶余有以知時憲倜儻不羈之情矣

既而道里無虞，將還東淮之僑所，余友馮詠索士大夫詩歌送之，

而屬余以序。余言何足為君贈哉，第于時實不能不為當世職于

薦賢者興舉而不能先之歎也。馬君行矣，見今世任方叔召虎之

事者，為我懇切論之曰：生民塗炭極矣，聖君如此，誰忍負之！（麟原集卷

四）

此等（苦行訣、昔之佛、古之仙者有表）無論舍本而從釋從仙，皆[illegible]明其[illegible]也。

（又謂志於題詩之詩人已，其宗旨[illegible]為別業也。）

然此三人者，皆未嘗為物而為道士，其中識大不過其學術

（編）思想超脫於是耳，靈要之際中，於是途換境界發現一面。

西域人（入全真教）為道士者，可謂無幾，並前言有若幾矣。

11

桂隱集亦有

儉德堂懷寄，凡二十二首，其第八首有小序云：

剌馬當文郁，西域人，由父蔭累遷南臺御史，今寄跡全真教中。詩云：

清修馬道士，憶過小林丘。既略青驄迹，還隨白兔遊。君親心獨耿，河海淚同流。好在醫閭北，徘徊紫氣浮。（桂隱集卷五）

剌馬當其名，文郁其字。其名譯西域言，其字取中國義。剌馬云者，未詳何義，疑喇嘛之喇，[illegible]以喇嘛而入道教，尤奇中之尤奇者矣。[illegible]剌馬當之入道，似在元亡而後，[illegible]黃冠，亦因勝國遺臣之恨，特出於不得已[illegible]來者也，不得專美於前矣。

西域華化考史料 中

十二年青

監縣大都閭

大都閭字　北庭人至正間監寧晉縣事

武安君廟

策馬行行過土門、特來祠下弔將軍、斷碑冷落埋秋草、遺址荒涼鎖暮雲、鐘甚聲名天地久、凜然生氣古今存、欲窮幾度傷懷抱、哀柳寒蟬噪夕曛、元詩選癸之已上

艮羲完

拜帖穆尔　唐兀氏

溪山春晓

吳来無事上幽亭、雨過郊園一片春。路失前山雲氣重、帆收遠浦客舟停。笛篴野館二三曲、灯烛林垌四五星。坐久不堪聞杜宇、東風吹我酒初醒。皇元風雅後集卷之五并元詩選癸之戊

元史一九二良吏傳

水監觀音奴

觀音奴字志能唐兀人氏居新州登泰定四年右榜進士第任戶部主事轉知歸德府後陞都水監官致仕歸卒年六十九

棲霞洞

拄杖訪棲霞神仙信有家聽泉消俗慮拂石看雲花海內年將暮山中日未斜何堪驄馬去回首一雲遮（元詩選癸之丙）

衆義完

畏義完

縣尹買住

買住字從道，家世唐兀氏，居廣平。元統元年登進士第，任保定路安州同知，轉松江縣達魯花赤。元詩選癸之已上

和伯篤魯丁浮雲寺此詩一作無名氏

馬首山光潑眼青，柳邊童叟遠歡迎。花飛南苑芳春暮，涼入西樓夜月平。野鳥喚晴聲正滑，主人留客酒初行。明年我亦燕山去，稻可供炊魚可羹。元詩選癸之已上

烈哲

烈哲字好問西域人

題所南老子推篷竹圖

碧雲午夏楚山冷、白雨六月湘江寒、南翁筆底得佳趣、瀟瀟半壁青琅玕、元詩選癸之戊下

衆義完

此父子皆西域人之[illegible]者尤其著者

沙左丞班

班，字子中，色目人，居杭州，舉進士，授建安經歷，歷官湖南行省左丞。至正間，得隙地于慶遠，築室以為義學，招子弟以教之。劉基集有沙班子中興義塾詩序（卷四），二子善才、善慶，俱登第，因名其所居之山曰「聯桂」，所以紀瑞也。元詩選癸之丁

元詩選癸集西吳克恭寅夫集，有送沙子中經歷建寧詩，多作建安，此與本集建寧路，今福建。誠意伯集

慶遠，廣西；慶遠府宜山縣

元詩選癸之丁，卜友雲詩有寄建寧經歷沙子中同年詩，不作建康誤

武夷山

武夷別是一區寰，咫尺蓬萊手可攀。一葉扁舟九曲水，數聲啼鳥萬重山。雲梯天近風長濕，石洞春深蘚自斑。莫道仙凡相去遠，幾多脫骨在岩間。

昇真觀

高處星辰可摘攀、樓樽聊復一開顏、白雲起處山無數、流水灣頭屋幾間、無語洞花相掩映、忘機林鳥自飛還、何須再覓蓬萊路、此是仙家第一關、

峻々齋

康里氏之崇儒術者又有慶童見

御史大夫康里公勉勵學校記曰

紹興路儒學教授朱鐔撰所為 承務郎江南諸道行御史臺監察

御史李覲書 朝請大夫江南諸道行御史臺經歷伯顏篆額

聖朝混一區宇誕敷文教內而京師外而郡縣莫不有學天下文

物蓋彬彬乎三代之盛矣紹興為浙東甲郡先聖廟在郡城之南

而學麗焉宏深亢爽尤非他郡所及比者制遷南臺于紹興學校

日嚮興舉屬以兵革擾攘奄至廢弛鐔繼任教事念無以為修崇

稱上意旨夙夜靡遑至正十八年冬 康里公以朝廷碩德重望

來為御史大夫下車之始百司恪共越明年春爰率僚佐祇謁先

聖行釋菜禮既而坐堂上進諸生而前曰建學育才古今盛典惟
爾士于慎毋以時事之弗寧而進脩之或惰其懋勉之哉顧瞻堂
宇一皆毀廢之餘則為之惻然吁嘻俾即修治會寇逼城池而止
幸公威德交孚而　總戎參政呂貲善奮其忠勇寇清民安迺十
有二月既望公仍莅學又明年正月十有五日禮亦如之諸生講
誦既畢公迺命酒勸勞郡官曰學校興廢風化繫焉今諸生之業
于茲者既復其家俾得遂志於學善矣然而宮宇久弊不以時葺
何居於是郡官奉命惟謹經畫營度因學舊所儲材次第繕修不
閱月踰時迺傾者支缺者補漫漶者鮮華勞費不甚而工用速成
賓師有養政教漸至復興焉公於暇日詠歌之餘又大書廟額俾

揭儀門、翰墨雄傑、黛耀觀覩、咸知公之究心於學校、殆無時而或忘

原文載兩浙金石志及越中金石記卷十、碑陰題名數十人、中多西域

妄矣、益學校政教之原、國家之所崇尚、兵興以來、視以為非當

人名、甚有功於斯學者、例得備書也。此碑西域人熱心儒學之大端也

務所急者有之矣、今我公質匡世之才、來振臺綱、明政教於擾攘之日、益將備文德以懷柔凶悍、可謂知所本哉、此其功效之大、豈徒斯學之士有所賴而興、將見大江以南、司風紀之任者、於是而知所勸矣、勉勵之道、孰加於此、惟公之紀綱政事、豐功偉績、可以載之竹帛、銘之鍾鼎者、非鐔所得僭述、敢以公之勉勵斯學者書其實而刻之、以貽公之盛心於無窮、并紀一時僚佐名氏于左、公名慶童、字明德、頌曰、

於赫皇元、廣輪無垠、於越之墟、江瀕海濱、廟堂有弘、儒林蓁蓁、孰隳其完、孰圯其輪、師旅之興、猋戕攸困、我

公賓來、紀綱維新、校宮是圖、聿昭彝倫、再三戾止、誨言諄諄、申勖
師徒、敦禮縉紳、士類忻喜、泮水為春、歎起陵夷、任惟其人、乃揭于
門、大書輪囷、勢莊而凝、儀鳳祥麟、觀瞻歎嗟、煥爛英、蔚蕤焉何享、
褎焉何屯、匪由我公、媚于聖神、文德以修備王章是遵、可訓可述、不
刊不淫、爾垂久遠、頌言斯陳、
中丞王思齊　侍御鐵穆烈思　經歷輿林、都事孛术魯翀
照磨崔約禮　管勾不花、完哲　陳脩　監察御史鎖飛　篤
魯彌實海涯　衛公輔　李完者帖木兒　忽都不花　顧顯祖
　徐伯顏　速來蠻　崔約禮不花　亦普剌金　阿合馬、劉
貞　李烈　傅敏學　孔訥　姚阿速不花　觀童　中丞丑的

侍御、杭州不花　治書、梅敦海牙　經歷、伯顏　都事、劉東彝

王伯顏不花　照磨、篤烈圖　監察御史赫斯　耶木罕　黄

布賢　李觀　薩兒搭臺　長壽　劉克復　月忽難

至正二十一年正月日立石　學正葉子明　學錄鄭安　東越

王元良鐫（兩浙金石志卷十八）

越中金石記卷十、有碑陰題名數十人、多西域人名

西域人之科第

[?]石華　余闕　薩都拉

馬祖常　别羅沙

元西域人進士

元史氏族表　元史[?]補注

參閩書卷七 清淨寺記

圭齋集卷十一 高昌偰氏家傳

元史一九三忠義傳有合剌普華傳

偰廉訪玉立

玉立字世玉，其先本回紇人，即今偉兀，偉兀稱高昌，地則高昌人，則回鶻也。居偰輦河上，因以偰為氏焉。祖合剌普華，至元間歷官廣東轉運鹽使，兼領諸番市舶，遇劇賊歐鐘等戰死，封高昌郡公，謚忠愍，歿葬溧陽。父文質，官正議大夫、吉安路達魯花赤。玉立以儒業起家，登延祐戊午進士第，授翰林院待制、兼國史院編修官，至正中為泉州路達魯花赤，考求圖志，搜訪舊聞，聘寓公三山吳鑒成清源續志二十卷。代還，湖廣僉事、海北海南道肅政廉訪使。玉立兄弟五人，弟偰直堅登泰定甲子第，偰哲篤登延祐乙卯第，偰朝吾登至

篪

治辛酉第、偰列篪登至順庚午第、俱以江西龍興籍同登進士榜、時論榮之。（元詩選三集庚集世玉集）

清源洞

洞府神仙去不還、清源紫帽聳高寒、泉南佛國幾千界、閩海蓬萊第一山、夜月風簫聲隱隱、秋風鶴珮聽珊珊、瑤池豈隔塵寰路、更扣危岑最上闌。

謁天聖宮

玉騎朱旄降翠巒、神光紫氣應函關、真仙出没時無有、宮使憂勤自往還、古殿烟横千歲柏、靈池雲遶萬重山、瓊枝珠蕊垂甘露、願補豐年瑞雪頒。

黄溍集卷廿五有哲篤父合剌普華神道碑。

偰參政哲篤

哲篤字世南，玉立弟，登延祐二年進士第（与黄溍同年），知高郵州，以中順大夫僉廣東道肅政廉訪司事，被劾，寓居溧陽，買田宅，延師教子有法，為色目本族之首。歷官至工（一作吏）部尚書，參知政事。元詩選二集貞集世玉集

詩略

駙馬高唐忠獻王碑　閻復

大德九年秋七月、詔謚故駙馬高唐王闊里吉思為高唐忠獻王、忠獻王前尚皇姊忽荅的美實、追封齊國大長公主、繼尚皇女愛失里、追封齊國公主、從介弟高唐王朮忽難請也。謹按家傳、系出沙陀鴈門節度之後、始祖卜國、汪古部人、世為部長。忠獻王生長北方、金革之用、固其所長、而崇儒重道、出於天性、興建廟學、裒集經史、築萬卷堂於私第、講明義理、陰陽術數、靡不經意。宗王也不干叛、率精騎千餘、併行旬日追及之。大德改元夏四月、與敵遇於伯牙思、大破敵軍。二年秋、諸王將帥會于邊、共籌邊事、咸謂往歲敵無冬至之警、宜各休兵境上。王曰、今秋候騎至者甚寡、所謂鷙烏將擊，必匿其形，兵備不可弛也。衆不以為然，王獨嚴兵以待。是冬，敵果大至，彼衆我寡，馬傷而仆，至陷敵域，竟以不屈而終。蓋王平生潛心聖學，綱常之分，了然於胸中，知義重於生，故臨難無苟免，可謂無忝爾祖矣。（元朝文類卷二三）

元史作木誤，應作术忽難

阿剌兀思剔吉忽里

阿剌兀思剔吉忽里，汪古部人，子闊里吉思，性勇毅，習武事，尤篤於儒術，築萬卷堂於私第，日與諸儒討論經史、性理、陰陽、術數，靡不該貫。尚忽答的迷失公主，繼尚愛牙失里公主。大德九年追封高唐忠憲王。子朮安幼，詔以弟朮忽難襲高唐王。朮忽難才識英偉，謹守成業，撫民御眾，境內乂安。痛其兄死節，遣使如京師，表請鄃與，又請翰林承旨閻復銘諸石，教養朮安過於己子，命家臣之謹厚者掌其兄之珍服秘玩，侍朮安成立，悉以付之。元史卷一百一十八

至元六年

閏十二月二十七日喜雪二首前二日平章徹里帖木兒家南安

積禍丘山重莫踰，君恩如海聽南還。品流懸絕昌黎叟，一樣藍關馬不前。

姓名何事到金甌，滄海橫流浩莫收。鶴立白袍三百箇，有誰回首望崖州。

徹里帖木兒為江浙平章，會科舉驛請試官，供張甚盛，心頗不平。及後入中書，首議罷科舉，及論學校莊田租可給宿衛士衣糧。至元元年科舉罷，其明年徹里以罪徙，六年十二月乃詔復行科舉。元詩選癸集收　宗贊善在集

中間停兩科

孫母高昌氏墓誌銘

孺人畏吾兒氏，諱也先的斤，系出高昌。敦武校尉、雩都縣達魯花赤阿魯渾之女，亞中大夫、臨江路達魯花赤黑廝、資善大夫、海北道監司多羅赤之妹也。初世祖皇帝之下江南也，其先與有勞焉，簪纓之盛甲于他族。雩都君以孺人稟性仁厚，擇南士孫庭蘭妻之。庭蘭之先以科第起家，為縣令，雩都稱閥閱者首之。適孫三年，庭蘭沒，年甫二十有五，植遺腹，矢靡他。子既入學，擇明師奉之，盡禮，振同室孤遺如己出，經紀家事井井不紊。役之三十年，屢抱孫矣。邑之父老始上其事，求旌異以善俗。轉聞于朝，屬亂，未報，而孺人以病終，實己亥（至正十九年）之歲二月二十八日也。死之日，族姻、鄰巷、僕妾

无不慟哭失聲得年五十有九男一人本立婦劉氏孫男二人兆
元兆麟女二人越三日權厝于城東經堂之北弗請故也卜某年
某月某日改葬于某本立具狀稽顙再拜以銘為請余惟女之歸
人猶臣之事君從一之義弗可渝也古則然矣今之祿食者果且
有取于此宁果且无取于此乎銘曰
維高昌有後俾彼嬬節維君子有儀式延其澤于嗟二三士也慭
德曷不覩此千載星月陵谷有遷斯文不滅 麟原前集卷二

王礼

雩陽孫母畏吾兒氏貞節序

易稱有夫婦而後有父子有君臣者，謂人倫莫能或之先也，聖人刪詩念夫婦以經斯父子君臣之倫無不得其正，揭栢舟冠變風，其意顧不深遠哉，嗟夫，予于雩都孫母之貞節有不得不暴之天下矣，孫母畏吾兒氏，而諱刖也，先的斤也，父阿魯渾，爲雩都縣達魯花赤，齊賢邑士孫庭蘭以其子妻之，歸孫三年，庭蘭歿，年甫二十有五，誓守遺腹，靡他，默祈態祥，庶庭蘭死猶不死，後果得丈夫子紫宗是也，鞠子甚勤，日深歲積，遣從學，受室，卓然能自樹立，則母年已五十餘矣，于是里社長老聚而言曰，是貞節婦也，不白于公旌異之，其何以勵俗，遂上其事于縣，縣令受其詞而察之，得其實，復上

紫宗，石本玄。

其事于府，府必受其詞，下而察之，得其實，又上其事于行省，省臣聞之于朝，將表其門閭，以事變寢。己亥（至正十九）春，余自嶺南還，寓見崇宗氣衰疾，則其母亡矣。一日泫然謂余曰：本立未生，先父棄代，賴母氏鞠育教訓，以有今日。其貞白之節、行道之人猶知之，旌淑有令，遭亂而止。本立德薄才淺，無可自見于世，以顯揚其親。今母氏音容不復接矣，罔極莫報，而語食自若于天地間，尚得爲人子乎？思得四方能言之士載諸咏歌，庶有聞于後，不孑之愿也。先生以爲何如？請述其槩。余遂志之曰：兵興以來，父子君臣之間有愧于孫母者衆矣。尚德君子三復斯文，知斯人之特行，嘉其子之孝思，豈無慨然興懷而咏嘆之者。（麟原集 卷五）

太古詩并序

高昌拜住太古後至元丁丑拜御史康直有令聞汝寧民羣作亂君奉命治其獄無冤濫久之劾一巨姦忤權臣二年不調庚辰春權臣敗始遷山南憲副為御史與予同僚嘗為太古字說今來山南予亦僉憲事再徵鄙言因紀其事以贈

宇宙萬年外汗隆百代中時艱崇濁詐世降逞奸雄劾職心如石攻邪氣似虹如君多布列庶可返淳風燕石集卷五

邊魯字魯生、北庭人、天才秀發、善古樂府詩、尤工畫花竹、然權
貴人弗能以勢約之、

戴勝降時霜葉青、梨花開處近清明、狂夫歸來未有信、蝴蝶作團
飛上城 西湖竹枝集

書史會要補遺、邊魯亦工書

邊魯字至魯生、善星戲[illegible]

盛書史熙明

熙明字熙明，龜茲人，以能書辟奎章閣書史，著法書考，生居西域，善誦佛書，深達梵語，著補陀洛迦山考（見下二行）。天台劉仁本題

劉仲義集
羽庭集卷六
跋文

其後（元詩選癸之壬下）

遊補陀洛迦山

鷲起東華塵土夢，滄洲到處即為家。山人自種三株樹，天使長來八月槎。梅福留丹赤如橘，安期送棗大如瓜。金仙對面無言說，春滿幽巖小白華。（補陀洛迦者，蓋梵名也，華言小白華。）

元盛熙明論書

夫書者，心之跡也，故有諸中而形諸外，得於心而應於手，然揮運

元史藝文志、
元法書考八卷、
四庫著錄、提要云、
有其書考八卷、前有虞集、歐陽玄、揭傒斯三序、虞、揭謂熙明龜茲人、歐序謂
熙明西域人、今重刻本不載揭序、大指文安公集有安世序、[illegible]

[illegible]

[illegible]曲鮮[illegible]鮮卑[illegible]

之妙必由神悟而操執之要尤為先務也每觀古人遺墨存世點畫精妙振動若生蓋其功用有自來矣翰墨之妙通於神明故必積學累功心手相望當其揮運之際自有成書於胸中乃能精神融會悉寓於書或遲或速動合規矩變化無常而風神超逸是非高明之資孰克然邪（全文 書畫譜卷七引法書攷）

盛熙明

盛熙明其先曲鮮人後居豫章清修謹飭篤學多材工翰墨亦能通六國書至正甲申嘗以所編法書考八卷進上覽之徹卷命藏禁中（書畫譜卷三十八引書史會要）

揭[illegible]有撰述九、先曲阜人、今爲掾章[illegible]

[illegible]書史會要之說

印本於是、[illegible]元史藝編卷芸乃誤曲阜爲鄉[illegible]、鄱陽[illegible]為

龜茲人、利意工書、而[illegible]一石研究家所、作如是書、且[illegible]達

華之精、評書之精、洲其於斷稿者時之如是[illegible]甚長、

物殊、家大[illegible]物無[illegible]

西域人之中國[illegible]人

○[illegible] 貫雲石 不忽木 迺賢 薛超吾 大都閭 [illegible]

平章不忽木

不忽木一名時用字用臣世為康里部大人康里即漢高車國也父燕真從元世祖征伐有功不忽木姿稟英特進止詳雅世祖奇之命給事東宮師事贊善王恂祭酒許衡（國）之十四年授利用少監十五年出為燕南河北道提刑按察副使二十一年召參議中書省事擢吏工刑三部尚書以疾免二十七年拜翰林學士承旨知制誥兼修國史欲用為丞相固辭拜平章政事成宗即位拜昭文館大學士平章軍國事大德二年特命行中丞事兼領侍儀司事四年疾作引觴滿飲而卒年四十六武宗時贈太傅開府儀同三司上柱國魯國

公謚文貞、元詩選 癸之乙 詩略

右丞回回

回回字子淵、不忽木子、博學能文。在成宗朝宿衛、擢太常院使、丞大同、大司農卿、除山南廉訪使、再改河南、英宗即位、丞相拜住首薦為戶部尚書、尋拜南台侍御史、改參議中書、泰定初、授太子詹事丞、陞翰林侍講學士、遷江浙行省右丞、文宗立、除宣政院使、擢中書右丞、力辭、還第數年卒、與弟巙巙齊名、世號雙璧云、元詩選 癸之乙 詩略

○去中略、

回回字子淵、敦默寡言、嗜學能文、在成宗朝宿衛、文宗立、除宣政院使、上言乞沙汰僧道、其所有田宜同民間徵輸、與弟巙巙皆為時之名臣、世號為雙璧云（元史卷一四三）

西域之中國書家⑤

之文 西三

巙 正

卷三書畫傳 帖古有書里 巙書後文升 及雜著諸論 載焉

又有姚燧書 南城詠古詩十 六首

承旨巙巙

巙巙字子山，號正齋，又號恕叟，或自稱蓬累叟，不忽木次子。幼肄業國學，長襲宿衛，授承直郎、集賢待制，遷兵部郎中、秘書監丞，改同僉太常禮儀院事，拜監察御史，累遷集賢直學士，轉江南行台治書侍御史，拜禮部尚書，累進奎章閣學士院大學士、知經筵事，尋拜翰林學士承旨、知制誥兼修國史。至正四年，出為江浙行省平章政事，明年，復以翰林學士承旨召還。至京，卒，年五十一，謚文忠。子山風神凝遠，望而知其貴介公子。善真行草書，得晉人筆意，趙松雪後罕得及之。劉師魯嘗題其書後曰：松雪書法獨步當代，康里繼起，遂有北巙南趙之譽。余謂趙書如士大夫按樂，縱爽節奏，而意態閑雅；巙書如生駒出獵，未閑韁御，安事驅馳，論者以為極

當、元詩選癸之八 詩略、

巎巎刻意翰墨、正書師虞永興、行草師鍾太傅王右軍、筆畫遒媚、精揭圓勁、名重一時、評者謂國朝以書名世者自趙魏公後便及公也、書史會要

江浙平章子山公書法妙一時、自松雪翁之後便及之、子山嘗問客有人一日能寫得幾字、客曰聞趙學士言一日可寫萬字、公曰余一日寫三萬字未嘗以力倦而輟筆、公歸田而終、史不錄、逕累史康里人 陶宗儀輟耕錄卷十五

子山書從大令來、旁及米南宮、神鋒可愛、何良俊四友齋叢說

康里回回

回回正書宗顏魯公、甚得其體、書史會要

右四則書畫譜卷三十七引

過贊皇五馬山泉　　不忽木

相彼山泉源本清，太平君子濯塵纓，泠泠似與遊人說，說盡今來往古情。元詩選癸之乙

李景山歸自南詔點蒼之勝寄題一首　　巙巙

有客新從鶴拓回，自言曾上五華臺，蒼顏暑雪當窗見，玉腳晴雲對檻開，桂樹小山招隱士，桃花流水屬仙才，王孫芳草年年綠，爲問西遊幾日陪。元詩選癸之乙

跋康里承旨遺墨

故翰林學士承旨康里公遺墨四帖其後兩帖乃公在宣文閣時所書以遺基而基轉以予顧君仲瑛者今年孟春過玉山草堂仲瑛出以見示伏而玩之恍然見公與王右軍父子翱翔於天門鳳閣之上而蛟龍鸞鶴為之後先也九原不可後（作）尚幸數從仲瑛游一披展俯仰今昔得不重為感慨乎 夷白齋稿外集卷下

教授哲馬魯丁

哲馬魯丁，字師魯，回回人，泰定三年任鎮江教授。元詩選癸之丙

題錢玉潭竹林七賢圖 并序

吳興錢舜舉作七賢圖，輕毫淡墨，不假丹青之飾，似有取于晉代衣冠雅素之美。想其儀形，摹其樂趣，觀嵇康之友六人，或歌或飲，或書或琴，仰天席地，優游自得，呼曲肱飲水浴沂舞雩豈外是哉。

叔夜致憤因傲物，嗣宗白眼視人間，避迹於酒終揚已，争似劉伶善閉關，

元史氏族表卷二，別羅所西域別吉思里人氏居龍興路錄事司；其女田田氏、妻答失蠻氏、賞赤田田也元氏、至正字彥誠元統元年進士，授吉安路同知□□事竹枝詞楓篁風

又云

縣尹別里沙

別里沙字彥誠，回回人。早登上第，官至光州達魯花赤，問學精明，居官有政，詩尤有唐人之風云。（元詩選癸之丁 及 西湖竹枝集）

西湖竹枝詞

楓篁嶺下月色涼，無數竹枝官道旁。東家為愛青青節，截作參差吹鳳皇。

別羅沙

別羅沙字　　人見釋無盡天台山方外志

宿寒巖

朝發赤城山，暮抵寒巖宿。飛瀑瀉長松，清風動修竹。人行古徑苔

僧住懸崖屋、寒拾在何許、白雲滿林麓、元詩選癸之戊下掌機沙，字密卿，阿魯温氏，禮部尚書哈散公之孫也，學詩於薩天錫，故其詩風流俊爽，觀於竹枝，可以稱才子矣。

南北峯頭春色多，湖山堂下來棹歌，美人蕩槳過湖去，小雨細寒生綠波。西湖竹枝集

伋機沙

伋機沙，字大用，回回人。按伋古掌字，西湖竹枝詞有掌機沙字密卿，阿魯温氏，已載上卷，未知即此人否，俟更考。元詩選癸之辛上

耕漁軒 徐良夫字

奉寄耕漁高士

爽吾宅畔二年前，邂逅僧房共夜筵，臨酒尚思文字飲，得書猶感故人憐。寒風夜館新賓客，暮雨燈窗舊簡編，何事相知不相見，瘦筇空倚翠雲巔。元詩選癸之辛上

良羲完

大雅集稱
西會稽人

宋
中秋帶〻
壽昔

買閭

字兼善、西域人、家上虞、領至正壬寅鄉貢、以薦授嘉興路儒學教授、出遼元詩姓 癸集里二

和年第聞人樞京城雜詩 大雅集卷之四首 此其第一、四

鳳詔頒初罷、花陰轉玉墀、鹽梅調鼎餗、絲竹奏咸池、風靜爐煙直、雲開扇影移、紫薇花下客、爭賦奪袍詩、

霄漢樓臺薄、春風燕雀飛、櫻桃臣舊賜、苜蓿馬新肥、清漏傳銀箭、紅雲護袞衣、窮經晚進士、慚愧一官歸、

雪

朔風吹破屋、曙雪下繽紛、六合渾清氣、千山盡白雲、老蛟深閉蟄、

獨鴈遠呼群，想像西湖路，梅花瘦幾分。大雅集卷五

春雨有感

曉雨連山白，春雲壓地陰，叢篁棲雀亂，芳草落花深，水闊西江限，天長北闕心，孤桐閒在壁，忍操越南音。以上俱選元詩卷四一 大雅集卷五

八月既望訪古鼎上人時庭桂盛開因賦絕句以贈

桂花陰下坐談空，況在清虛玉府中，海月滿庭秋一色，天香和露滴西風。大雅集卷八

春曉

香霧空濛落月低，六街官馬散銀蹏，芙蓉帳底夢初醒，卧聽眾留花外啼。全上卷七七 大雅集卷八

買閭

述懷

流光何駸駸，瞬息不我待，憶從越山來，忽復廿餘載，羇栖迫險艱，形容爲之改，世澤嗟僅延，生涯念何在，冰霜歲云暮，憂端際滄海，積陰翳日月，矯首重興慨，願效商顏翁，行歌紫芝採。（御選元詩卷二三第六）

雅頌卷四

和年弟聞人樞京城襍詩四首

四首，抄前二首，一、四兩首已見御選元詩

山勢北來遠，河流東去長，天皆羅虎拜，帝室降龍祥，石鼓苔痕碧，金盤露氣涼，慚無董賈策，三伏獻明光。

詔曉蘭州士，青衣愧不先，未承金馬詔，及見玉堂仙，日月開雙闕

星河麗九天、何階近帝衣、身惹御炉烟、大雅集 卷之五

感懷

關河北望正愁人、且復雲間托此身、一片丹心照日月、數莖白髮老人塵、9、箕裘嗣世慚無子、菽水承顔喜有親、自是故園歸未得、杜鵑啼破越山春 大雅集 卷之六

薩都剌

京口薩都剌字天錫本朱氏子冒為西域回回人善咏物賦詩如鏡中燈云「夜半金星犯太陰」混堂云「一笑相逢裸形國」鶴骨笛云「西風吹下九皋音」之類頗多工巧金陵謝宗可效之然拘于形似欠作家風韻且調低識者不取也　至正直記卷一

四、數世家之工詩（文學）

丁鶴年 古雅謹丁 黄溍所

薩經歷都剌

薩都剌字天錫，別號直齋，本答失蠻氏，祖父以勳留鎮雲代，遂為鴈門人。薩都剌者，猶言濟善也。弱冠登泰定丁卯進士第，應奉翰林文字，出為燕南經歷，擢御史於南臺，以彈劾權貴左遷鎮江錄事，歷閩海廉訪司知事，進河北廉訪經歷。尚書干文傳序其詩曰：天錫涉官閩憲幕，往還吳中，出所作鴈門集見示，其豪放若天風海濤，魚龍出沒，險勁如泰華雲門，蒼翠孤撐，其剛健清麗則如淮陰出師，百戰不折，而洛神凌波，春花霽月之嬋娟也。

並於元 年

書史會要謂天錫為回回人

統要謂薩實蒙古人，誤也。

雅頌集作贈吳山紫陽菴女道士并引、稱云、下引小集至文

一〇、

吳山女道士（另行）

吳山（一作武林吳山）紫陽菴浙氏丁氏、（一作有丁姓者）棄族（俗）爲全真、一日召妻入山、（一作忽召其妻）書付（一作詩）四句云、（下）嬾散六十三、妙用無人識、順逆兩俱忘、虛空鎮長寂、（一有坐字）抱（一有一字）膝而逝、（一云佗謂之騎鶴化六字）尸堂尚存、其妻束髮簪冠、爲（一有女字）道士、奉（一有其字）夫尸不下山二十年、（一有歲於傳道計以沙茲姑不暇論其婦十四字）一節可（一有誦）尚也、（一有婦年七十四字）姓王名守眞、因賦此以贈之、（一作王其佐漂守眞六洲人云堂覽之餘因爲詩）

不見遼東丁令威、舊遊城郭昔人非、鏡中春去青鸞老、華表山空白鶴歸、石竹淚乾斑雨在、玉簫聲斷綵雲飛、洞門花落無人掃、（一作迹）獨坐蒼苔補道衣、（以[illegible]）

元風雅前集卷五有昂吉題丹溪山詩外一首、注從元詩

玉山名勝集卷一、卷二均有昂吉起文詩 西夏人

錄事昂吉

昂吉字啟（起一作）文本唐兀氏世居西夏昂吉留吳中舉至正七年鄉薦明年登張秦榜進士授紹興錄事參軍遷池州錄事為人廉謹寡言笑時往來玉山唱和為多楊鐵崖送啟文會試詩有云西涼家世東甌學公子才名久擅場其推與可知也（元詩選 啟文集）

題丹山

昔人仙去大蘭山臺殿空遺石壁閒崖瀑四時飛白雪溪雲長日護玄關青櫺露冷從猿采仙木風生看虎還昨夜洞前新雨過王人留客聽潺湲（元詩選 啟文集）

完澤字蘭石、西夏人、聰敏過人、善讀書、尤工於詩律、仕爲平江路十字翼萬户府鎮府、廉謹且尚義、平汀寇、實有功焉

花滿蘇堤酒滿壺、畫船日日醉西湖、阿儂最苦雨離別、不唱黄鶯唱鷓鴣、

堤邊三月柳陰陰、湖上春風似海深、遊人來往多如蟻、半是南音半北音（西湖竹枝集）

畏義完

張雄飛詩集序

延祐首科國人暨諸部列右榜者十六人幸獲魚兔吾其筌蹄與夫不以一得為足汲汲所未至者亦各揣人耳目有不得而掩者焉唐兀氏張君雄飛首科右榜有聞者也不以一得為足益礪其學尤工於詩往往膾炙人口佳章奇句不可悉舉拜御史西臺按巴蜀越巂足跡殆盡西南履少陵之躅默有契焉移南臺行嶺海窮極幽險僉浙東憲過錢塘登會稽探禹穴天台雁蕩之勝舉在心目得江山之助故其詩益昌而多也夫言之精絕者為文文之精絕者為詩然昔人有文章妙一世詩句不逮古人之言亦有文章不傳獨以詩顯者工部三賦他無聞焉非無文也以其所長掩之

也。雄飛既礪其學，而詩又其尤長者乎。初僉湖南，過余琅琊山中，出其稿古律詩共若干首，屬序其端，愚因得以志其多也。且作邑而有惠，佐臺而有聞，司憲而有爲，礪學之不已，不獨資以為詩，將澤於道德仁義，致其遠者大者，其可尚也哉。吾同年之得人，可不謂盛矣乎。（至正集卷第三十三）

至正八年廿三 書張研北 詩集不存、 張之詩在[illegible] [illegible]

張僉憲雄飛

雄飛字　唐兀氏延祐首科登護都沓兒右榜進士第爲西臺御史僉憲浙東湖南按元史別有張雄飛字鵬舉瑯琊臨沂人仕至燕南湖北道宣慰使

碧雞山

北闕辭丹鳳南雲看碧雞紫苔移玉座瑤草溼金泥雨霽龍歸洞風生虎渡溪尋梅穿竹徑採藥躡松梯白日依山盡青天入海低寄書無雁過擇木有猿啼花映高低樹園分遠近畦飛星馳宵馬沈水吐銀魭魚戲蓮房北鷗鳴荻渚西長歌漢頌罷刻石紀新題

元詩選 癸之丙

四部叢刊本元風雅前集卷二有聶古柏詩十七首

孫存吾[illegible]元風雅收此詩，四部叢刊本元風雅前集四卷收此詩，元音卷七亦載此詩，廣東[illegible]四百[illegible]另錄[illegible]

聶侍郎古柏

古柏字里未詳，官吏部侍郎。黎崱安南志略云：至大四年，遣禮部尚書乃馬歹、吏部侍郎聶古柏、兵部郎中杜與可奉使安南，宣仁宗皇帝即位詔。詩集失傳，僅見傅習、孫存吾皇元風雅數篇而已。（元詩選三集丙集 侍郎集）

番禺道中

玉府（一作斧）飛霜大庾南，萬松蒼（一作深）翠洗煙嵐。雲開梧野山羅戟，月滿韶江水潑藍。擲子漿寒殊甘（一作似）蜜，荔枝香發絕勝柑。中朝耆舊如相問，鳥語啾啁正未堪。（元詩選 侍郎集 并元詩紀事 元音補遺）

元詩選癸之丁此下有王倫徒，趙孝氏四廣堂之首，當即其人，玉誤王也。元詩選癸集忠心亦有此三首，錄玉倫徒，以作王，不知元詩選實誤。元文類十八有虞集撰西夏相斡公畫像贊，係玉倫都之高祖。虞伯生詩續編卷首有贈丞玉倫徒西蜀書詩，亦作王。

僉憲斡玉倫徒

斡玉倫徒字克莊，八官淮西僉憲。嘗曰：人樵于山，我樵于海。山有木，樵則取之；海無木，而我樵之者，俟于海濤有浮槎斷枝至乎吾前者取之，不至乎吾前者吾漠然與之相忘也。故自命曰海樵。蜀郡虞集（道園學古錄卷廿）爲作海樵說。（元詩選癸之丁）

斡玉倫都

斡玉倫都字克莊，西夏人，官玉山南廉訪使，以文章事業著，書躋六佳。（書畫譜卷三十八引書史會要）

遊山谷寺

春風重到野人家，修竹桃花尚儼然。高塔已空多劫夢，清溪猶說

元詩補遺省稱玉倫徒。趙西湖辛丑暮餘倚初簡校七律并見元詩選癸之丁

昔時禪鶴知避錫，歸華表龍愛聽經，出石泉。寄語嵓雲莫輕去，岩前草樹緣無邊。元詩選癸之丁

憲使三寶柱

三寶柱字廷珪，畏吾兒人，登至治元年右榜進士第，以才學知名，選擇知瑞安州，還兵部員外郎，去，既而署爲監郡，兼分閫溫州。時御史喜山約三寶柱夾攻方國珍，喜山敗，謀遁去，三寶柱被執，至舟，劫以兵，不屈，乃釋之。改授，應任諸省憲副、憲使，所至皆有廉名。初廷珪爲浙省郎中日，大書四句于門屏之上曰：「逆剖蛟龍鱗，順捋虎豹尾，若將二伎論，尤比干人易。」蓋以杜絕人之求請也。元詩選癸之丙

元史一四四星吉傳：星吉嘗出爲江南行御史臺御史大夫，湖東僉事三寶柱行者也，性廉介，所至搏擊貪猾無所貸，御史有以自私請

昔指不納、則誣以事、劾之、章至、星吉怒曰、吾人人素、孰不知之、方敢為是言耶、即奏杖御史而白其誣、

游北湖

一月不來湖上路、湖邊桃李已成陰、蒼蒼山色故人面、蕩蕩風光游子心、沽酒樓高斜欲墮、賣茶船小巧相尋、自憐鸚鵡洲中客、手撚江蘺和楚吟、

西峴山

蕭瑟西風木葉殘、千巖萬壑鬪蒼顔、畫工胸次分明處、寫出斜陽影外山、元詩選癸之丙

王逢梧溪集卷一有訪魯至道後裔詩

魯至道

至正十二年壬辰七月初十日徽賊入寇杭城時樊時中執敬為浙省參政亟出禦賊北行至歲寒橋遇害先浙省以杭州路總管寶哥惟賢攝參政調守禦崑山之太倉領軍而往駐於崑山舊州山寺離太倉州治三十餘里終於不往聞寇至遂遁匿於杭之寓舍適值賊破杭乃挈家潛於西湖舟中越三日鄰居無賴之徒利其所將恐之遂與次妻 氏連結其衣袂溺水而死時潭州路總管魯至道作二詩挽之以寓褒貶之意謾書於後

挽樊時中參政

主將無謀怫衆情賢參有志惜言輕狐羣衝突成妖孽黔首驚惶

出示

望太平、奮志從軍全節義、殺身徇國顯忠誠、咸寒橋下清冷水、夜夜空聞哽咽聲、

挽寶哥參政

香魂倏尙墜深淵、無智無謀亦可憐、妖寇猖狂如有祟、生民凋瘵似無天、芳名苟得千年在、死節應當二日先、欲向西湖酹尊酒、凄風冷雨浪無邊、山居新話

修本傳
考

書畫彙考卷二

丁野夫山水

邊魯花鳥

邊魯　孝鴉話寒圖

蘆汀宿雁圖

水墨牡丹圖

卷四

貫酸齋移圖

卷二

伯顏不花震霧戲珠龍圖

坐龍圖

出山子母龍圖

戲龍圖

回回藥方

原書長一尺〇五分　寬六寸五分　新尺

板框長八寸九分　寬五寸四分五

中縫寬二分一

每半頁十五行　每行三十字

卷十二卅兩冊全冊每頁整行半行間半每頁大概有五百餘字

惟卷卅四一冊每頁滿字者居多數大概按全冊計算每頁平均有七八百字

卷下目錄一冊每頁約三百五六十字 此冊全係目錄

卷十二卷首有目錄四頁 以後皆藥方 藥方內有回回字

卷三十有目錄三頁 仝

卷三十四有目錄三頁 仝

卷下目錄每冊約計二萬〇八十餘字 一冊五十八頁

卷十二卅二冊約計共六萬叁千字 兩冊共一百二十六頁

卷三十四一冊約計三萬九千二百餘字 一冊四十九頁

以上四冊約計共十二萬三千〇八十餘字

回回藥方卷之十二

衆風門

左癱右瘓口眼喎斜類

治左癱右瘓、此病動止不隨意思、是動止相纏、短了動止有動有止、相纏、變成此病、為因力微了、動止亦微、若因力微者、病必久矣、如人多有房事、或做重事、或有驚恐、或上高處、或逢大喜、心經壯跳、身戰、若七竅都微、筋中有餘、濕筋性、隨意出者、必冷鬆了、為因重醉、多喫冷水、不消之食、因近生濁病根、閉住氣力、不通、不能到其身、若因重怒起者、多半筋中有濕、却着怒大毀其方動、或癱瘓病證、多在頭手之筋、是動魂之緊、筋頭是腦、頭是腦之窠、手近着濕、

腦筋亦近、有軟、因此、此病多在頭手、下串渾身、筋硬、因離頭遠、其
身也硬沉、為因攢着渾身、因此不生癱瘓病痰、若病根便到者、也
無利害、治癱瘓病證、病根是濕者、或因失飢傷飽者、治必吐痰、若
因酒重醉者、一發便索斷其醉、
右用梅桂油、或木兒的[illegible]油、同些醋調、貼頭、食用助
血之食、用扁豆、可兒納不[illegible]燒免兒腦子、喫者、有餘藥、可
服、亦思禿黑都思[illegible]用蜜水調喫、或服一十八日、古吉
牙丸[illegible] 或病久者、卻服些、米陽黑撒[illegible]一同蜜調
服、若因乾者、做勞病治、
治左癱右瘓頭疼化痰

鹹　甘草　阿思忙攻[illegible]各等三錢

细辛　白芥　乾蒲萄

撒夫荅那知[illegible]各等四錢　飛古剌[illegible]少許

右一同搗羅為末、用梅桂露水調嗽、

治左癱右瘓、偏正頭風、頭眼因痰病證、

哈齊齊[illegible]　沒藥各等一兩　香里子三錢

匾豆　香菜各等五錢　安崩[illegible]

孝子膠　撒荅不即薄荷　鵝鵓膽

札兀失寬[illegible]各等三錢　沙糖

撒法郎即番梔子花藥各等三錢　法剌夫云

蘆薈 各等 半錢

右一同為末用、溫谷水 一同調作、匾豆大、放乾、遇患、用

一箇、同麥兒桑遇失 紫花油、同調稀、滴鼻中、

王屋山南至安陽縣、

濟水之源、出王屋山之顛、洑流至平地再出、即今濟源

縣濟瀆廟是也。乃朝歌 古記中、

彊村叢書有蒲壽宬心泉詩餘一卷

貢泰甫云、易之葛邏祿氏、在西北金山之西、與回紇壤相接、（名師泰 玩齋集十卷無此序）

俗相類、其人便捷善射、又頗相特居貧、樸素寡言笑、

此其族、而易之獨能異其習、篤學工詩者、而尤篤乎

發以異於人也 元代詩話卷六之五引 金臺集序

粵雅堂廿六集有元辛文房撰唐才子傳十卷，伍崇曜跋稱其書評隲精審，似鍾嶸詩品，標舉新穎，似劉義慶世說，而敘次亦雅，則文與皇甫謐高士傳等相同，推許極矣。房字良史，西域人。

四庫提要曰其楊士奇東里集有是書跋，是明初尚有完帙云。

至正直記，著於至正庚子年。

粵雅堂廿三集有元孔齊著至正直記四卷，卷一有酸齋樂府條，云北庭貫雲石酸齋

善寫景物、情韻俊逸、為時所稱、同卷
又有薩都刺條、云京口薩都刺、字天錫、本
朱氏子、冒為西域回回人、善詠物賦詩、
卷三有吳禎題雅琴條（已見元詩紀事引）又有高昌偰
哲條、云高昌偰哲篤世南、以儒業起家、生江
西時兄弟五人同登進士第、時人榮之、且教子
有法、為色目本族之首、

孝

謝木仲毅員外過烏涇別業（有後序）

歸耕全晚節，懷舊過寒詹。不解吳儂語，猶森蜀將髯。名公書早佩，繼母誥生露，三世風塵屬。千艱水陸兼，獸車畋北遠，魚飯味南厭。芝嶺歸秦皓，桃源記晉潛。銜才紛禰戮，昧識總申鈐。世事忻相遠，春杯約細拈。

毅西域人，少喪母，繼母諱馬麻哈，同撫育若己出。及毅貴，皇封爲宜人。毅性周謹，事上涖下，非禮法不陳。道中臺丞王公德謙特書賜「循理」二大字，以南有使累遷長兵曹幕，去亂遠引，今爲農海上，於予篤交好云。（梧溪集卷五）

夢觀閭元賓 有序

元賓乃丑閭御史之母弟也。始御史直衛英皇時，以父宣慰公廕讓，累官監杭郡。三年報政，而中外亂離，累遷仕意泊矣。至正丁未（廿年卯未年）秋九月，吳藩為明兵所破，故官例徵庸，元賓至，則歎曰：國危身虜，而有頭戴南冠耶。遂經死。平生善書詩，治蹟多可稱焉。

詩曰

老存平生懷，數夢忠良士。大者為列星，小者為厲鬼。元賓高昌冑，氣幹岳巢嶵。始如月閭門，既猶風行水。忘言異溫序，諒亦思故里。陰陽剝西極，江漢洶南紀。乞憐毛羣中，拭目歎死難。在官知苦晚，徇國歎咼已。鬱鬱秦陵作，咄咄永和體。琴鶴就淪亡，高樓笛誰倚。

梧溪集
卷五

西域人乀

西域人
元史類編
有孟昉傳

四庫本夷白齋集
卷廿二孟待制文
集序稱昉西
域人、昉誤暐、
至正十二年十月
乙未書云々
可閒老人集
四庫提要

題孟天暐擬古文後

秦燔燒詩書百家之言、漢興、稍掇拾之、諸子後出、然頗雜以依倣之說、如國策諸篇多蒯徹之流所撰、甚至竊取他書以足之、如先秦者豈盡短長之舊哉、孟君天暐善模倣先秦文章、多似之、其讀國策當能辯之、知予言為不妄也（青山房集卷五）

孟御史昉

昉字天暐、本西域人、寓北平、至正十二年為翰林待制、官至江南行臺監察御史、蘇伯修嘗題孟天暐擬古文後云「太原孟天暐學博而識敏、氣清而文奇、蓋欲傑出一世、其志不亦偉乎」、張光弼寄孟昉郎中詩云「孟子論文自老成、早於國語亦留情」、其為當時所推重如此、按陳基孟待制文集序謂翰林待制孟君砥礪成均、敭歷省臺、張光弼集多載與孟天暐

西湖往還之作蓋天暐自翰林出歷官江浙亦在江淮兵亂之後入本朝未詳所終

十二月樂詞并序

凡文章之有韻者皆可歌也第時有升降言有雅俗調有古今聲有清濁原其所自無非發人心之和非六德之外別有一律呂也漢魏晉宋之有樂府人多不能曉唐始有詞而宋周之其知之者亦罕見其人焉今之歌曲比於古詞有名同而言簡者時復亦有與古相同者此皆世變之所致非固求異乎諸古而強合于今也使今之曲歌於古猶古之曲也古之詞歌於今猶今之詞也其所以和人之心養情性者奚古今之異哉先哲有言今之樂猶古之樂不其善歟嘗讀李長吉十二月樂詞其意新而不蹈襲句麗而不協淫長短不一

音節亦異旁搆冥思朝涵夕泳諧五聲以攤其腔和八音以符其調壽繹日久竟無所得遂輟其學以待知音者出而余承其教焉因增損其語而隱括為天淨沙如其首數不惟於樽席之間便於宛轉之喉且以發長吉之蘊藉使不掩其聲者慎勿曰侮賢者之言云（元詩選癸之辛上）

書湯某考之 書題孟天暐 擬以文休

孟昉

孟昉字天偉（書史會要作天暐）本西域人寓居北平至正中由翰林待制官南臺御史工書法（備考 簡錄）有重 侍制文集多所由精究聲韻之學（元史類編卷卅六文翰傳）

傅與礪文集卷四有「孟天偉文稿序」，錄作孟天偉、

語含規諫

陳垣

題孟天暐擬古文後　全文

太原孟天暐學博而識敏、氣清而文奇、觀所擬先秦西漢諸篇、步趨之卓、言語之工、蓋欲傑出一世、其志不亦偉乎、昔歐陽公謂韓子爲樊宗師墓銘、即類樊文、其源出于司馬子長、子長爲長卿傳如其文、惟其過之、故能兼之、夫文章務趨一時所尚、固不可也、然欲求合于古、又豈易言哉、故韓子曰、爲文宜師古聖賢人、師其意不師其辭、歐陽公亦曰、爲文句用造語、模擬前人、取其自然耳、三代以下文之古者莫韓歐若也、而其言如此、當與天暐評之、滋溪文稿卷三十

跋孟天暐擬古卷後

楊侍郎以太玄準易法言準魯論而劇秦美新君子病之柳柳州作南雎陽碑用駢儷語紫陽夫子謂子厚非不能古文特作劇爾河東孟君天暐延祐間為胄監生明敏英妙質美而行懿由鄉舉得解從事臬司憲部掾樞府進中書西曹及今典國子監簿二十年間讀書不廢六藝矣哉嘗擬先秦西漢諸作摹倣工緻大夫士皆與之然從戲翰墨殆若作劇者其志則子雲也嗚呼文以載道道之大原出於天其傳則由堯舜迄孟軻氏先儒稱孟子文章不可及道之傳也天暐進道與文其必學孟子子歸而求之有餘師秦漢云乎哉燕石集卷十五

樗亭銘 原注為回紇人作

木材則伐，而不材者全。人賢而用，而不賢者捐。彼木無知，材與非材者斯可與樗亭而同歸。中庵集卷十九

送聶古伯主簿序

至元二年冬十月部使者至衢衢去開化百五十里民之耄耋相扶攜造使者庭舉主簿捏君之能曰君自始政至今不怠道路橋梁無不理者夏飢君賑恤有方民無菜色使者未之然也至常山常山鄰縣民不干其官之稱而稱君至開化民之舉君益衆使者由是然之案牘稽延以君故無所閒後城勉于政慎厥終邑人魯貞曰此可以見人情之所與也苟不與雖刑驅勢迫不肯從設有從者非其情也且君何以得是於人哉其志確其行直其志確故不為睊動其行直故不為私撓確而且直雖神鬼其順之矣況人乎且人之所以舉君者公耳公者人之所同也夫民豈難治哉得

魯貞撰

其情則喜逆之則怨為政者亦惟得人情而已彼為政者而人不與者逆乎人情者也夫上得民心其次得民情其次不失人情然則君之得是于人者蓋不失人情也使君異時調他縣他縣之政愈于今升臺有臺有之政愈于他縣是為不負邑人之所舉是為不負部使者之所與也（楓山老農集卷二）

西域人之中國詞曲家

貫雲石　不忽木　瑣非復初

馬九皋　薩都剌

州，海鹽州也。康惠、楊梓謚也。子當作孫

說郛本有之、十八冊

州少年多善歌樂府，其傳皆出于澉川楊氏。當康惠公存時，節俠風流，善音律，與武林阿里海涯之子雲石交善。雲石翩翩公子，無論所製樂府散套，駿逸為當行之冠，即歌聲高引，可徹雲漢。而康惠獨得其傳。今雜劇中有豫讓吞炭、霍光鬼諫、敬德不伏老，皆康惠自製，以寓祖父之意，第去其著作姓名耳。其後長公國材、次公少中，復與鮮于去矜交好，去矜亦樂府擅場，以故楊氏家僮千指，無有不善南北歌調者，由是州人往往得其家法，以能歌名于浙右云。學海類編樂郊私語　元姚桐壽著

香祖筆記卷一引此曰：今世俗所謂海鹽腔者，實發於貫酸齋，源流遠矣。

元時鄉試取中人數表　共三百人

	蒙古	色目	漢人	南人
大都（直隸省部，貼分四）	一五	一○	一○	
上都	六	四	四	
河東（宣慰司六）	五	四	七	
真定	五	五	一一	
東平	五	四	九	
山東	四	五	七	
遼陽（行省十一）	五	二	二	
河南	五	五	九	七（今江蘇安徽湖北在內）
陝西	五	三	五	
甘肅	三	二	二	

○嶺北	三	二	一	
○江浙	五	一○		二八 今浙江福建安徽
○江西	三	六		二二 今江西廣東
○湖廣	三	七		一八 今湖北廣西貴州
○四川	一	三	五	
○雲南	一	二	三	
○征東（即高句麗）	一	一	一	
計	七五	七五	七五	七五

李孝升	大食	
安世通	西人	道家
○蒲壽宬	南城	詩家
高智耀	唐兀	儒家
貫雲石	畏吾兒	儒家
不忽木	康里	儒家 曲家
○巎巎	康里	儒家 書家
慶童	康里	儒家
沙班	色目	儒家
○馬祖常 雍古	雍古	~~也里可溫~~ 儒家 詩家 文家
闊里吉思	雍古	~~也里可溫~~

眾議院

出穴

贍思丁	回回						
忽辛	回回						
贍思	大食	大食	儒家				
溥博	西域阿魯渾		儒家				
阿魯渾薩里	畏吾兒		儒家				
[illegible]偰氏玉立	高昌		儒家	詩家			
偰哲篤	高昌		儒家	詩家			
偰百遼遜	高昌						
泰不華 伯牙吾氏	伯牙吾氏		儒家	詩家	書家		
回回	高昌		儒家				
伯顏師聖	哈剌魯氏		儒家				
貫雲石 畏吾兒	畏吾兒		儒學	詩家	曲家	書家	

延實	合魯	道家 詩家
馬[illegible]	西域	道家
[illegible]	西域	道家
丁鶴年	回回	儒家 詩家 佛家
馬節	雍古	道家 [illegible]
趙世延	雍古	儒家 [illegible] 道家
余闕	唐兀	儒家 文家 詩家
薛古柏	色目	詩家
斡玉倫徒	唐兀	詩家
魯至道	色目	詩家
三寶柱	畏吾兒	詩家
張雄飛	唐兀	詩家

衆議院

昂吉	唐兀	詩家
完澤	唐兀	詩家
伯顏子中	西域	詩家
薛超吾	回鶻	詩家
郝天挺	朵魯別族	詩家
辛文房	西域	詩家
馬潤	雍古	儒家 詩家
馬世德	也里可溫	儒家 詩家
雅琥	也里可溫	詩家
薩都剌	答失蠻	詩家
吉雅謨丁	回回	詩家
愛理沙	回回	詩家

哲馬魯丁	回回	詩家	
伯篤魯丁	回回	詩家	
別里沙	回回	詩家	
仉機沙	回回	詩家	
買閭	西域	詩家	
孛昉	西域	文家	
答祿乎	西域板勒紇純域	文家	
馬九皋	回紇	曲家	書家
瑣非復初	西域	曲家	
廉希貢	畏吾兒	書家	
盛熙明	龜茲	書家	
甘立	唐兀	書家	

阿尼哥	尼波羅國	書家
道童	高昌	書家
沙剌班	畏吾兒	書家
達識帖木兒	康里	書家
伯顏不花	高昌	書家 畫家
康里不花	也里可溫	書家
燮僧	回紇	書家
吾山	畏吾兒	書家
隱也那失理	畏吾兒	書家
邊魯	北庭	書家 畫家 詩家
哈剌	也里可溫	書家
趙世八	雍古	書家 [illegible]也里可溫

高克恭	西域	、詩家　畫家
丁野夫	回紇	畫家
魯古訥丁	奈蠻和刺氏	
沙的行之	色目　西北貴族	
木撒飛	回回	回回
玉元鼎	西域	
兮剌思	色目	
米十尹	西域	
數思永	西域	
丁慎之	西域	
怯里木丁	西域	
拜住	高昌	

眾議院

劉名元識
趙榮西域

紹著　高昌
凱霖　西域阿魯渾氏
別的因　乃蠻
也黑迭兒　大食
馬雲祥　雍古　也里可溫
馬合祿　西域　回回
馬合謨　回回　回回
張閭　合魯
馬季子　雍古　也里可溫
忽都魯　西域
守中　高昌
仲禮　高昌

薩德彌實	色目
別都魯沙	也里可溫
馬奉聲	西域
阿里	西域
沙都	色目
也速答兒赤	合祿魯
家鉉翁	畏吾兒
亦都忽立	回鶻 畏吾兒
舍剌甫丁	回回 回回
答失蠻奉修	答失蠻
貫雲石女	畏吾兒
偰哲篤妻	高昌

衆議院

丁鶴年姊 共148 [illegible] 四、

、大食 三 、伯牙吾氏 一 、尼波羅國 一

、西域 [illegible] 、哈剌魯氏 一 、乃蠻 二

、唐兀 七 、合魯 三 、阿魯渾氏 [illegible]

、畏吾 十 、回紇 二 西北蕃族

、康里 三 朵魯別族 一

、色目 [illegible] 、也里可溫 五

、雍古 卅八 、答失蠻 二

、回回 十一 、西域板勒紇城 一

、高昌 十 、回紇 三

、北庭 一 、龜茲 一

唐才子傳跋

右辛文房唐才子傳十卷，同邑陸君芝榮據日本佚存叢書重雕，後以四庫館所輯永樂大典本校定文字，別為攷異，致精審矣。梓成，繼培讀之，後得違失者數事。案唐書李尚隱傳稱尚隱遷廣州都督五府經略使，及還，人或袌金以贈，尚隱曰：吾自性分不可易，非畏人知也。文房乃誤載其事於李商隱傳。晁氏讀書志云：偽唐李有中嘗為新淦令，與水部郎中孟賓于善，賓于稱其詩如方干賈島之徒。文房作李中傳，全襲之，而云仕終水部郎中，則誤以賓于官為中官矣。其家數先後以科目為斷，而所記登科之年或與他書不合。極元集、晁志並稱王維開元九年進士，此云十九年，

晁志稱耿湋寶應元年進士趙嘏會昌四年進士此則並云二年
唐詩紀事稱王灣登先天進士第此云開元十一年崔曙大中時
進士此云廣明間又唐書藝文志注晁志唐詩紀事並稱曹松天復元年進士此云光化四年唐詩紀事稱張子
容先天二年進士此云開元元年則以先天二年十一月改元開元光化四年四月改元天復本一年也他若崔曙開
元二十六年進士張謂天寶二年進士朱晝元和間進士李宣遠
貞元進士皆略而不書未免疏漏又文房生於元代唐人撰述太
半散佚是書所錄蓋據唐志及宋人書目輒云集若干卷今傳今
行世晁志載雍陶詩五卷謂唐志集十卷今亡其半唐志者藝文
志也文房直以唐志為陶集名尤為巨謬高適字達夫又字仲武
其撰中興間氣集者乃名仲武陸游渭南集嘗辨之文房以間氣

集為遺所選。亦誤仍二人為一。蓋文房採摭羣籍。連綴成篇。往往未及詳檢。然敘述簡雅。具有體識。議論皆原本前哲。無鑿壁虛造之說。亦可據一臠以嘗其全書也。叢書本每卷題辛文房撰。惟第八卷作辛良史。良史乃文房字。見陸友仁研北雜誌。稱其能詩。與王執謙齊名云。嘉慶乙丑十有一月既望蕭山汪繼培識

卷十攷異

盧延讓　余嘗在翰林云云　攷證云。按此條全本楊大年談苑。攷談苑原文云。盧延遜詩淺近。人皆笑之。唯吳融獨重之。且云後必垂名。延遜詩亦有佳處。如宿東林云云。余在翰林嘗召對。上舉延遜臂鷹騎馬二句。雖淺。亦自成一體也。攷宋避漢安懿王名。故諱讓字。延遜即延讓也。但翰林召對數語。乃大年自述其制誥時事。原文以為吳融之言。舛謬殊甚。

送方伯載歸三山序

景定二年司曆者曰星有天尾旅於奎填於氐從月後會四星不相能也乃季春月朔同軌其占為文運不明天下三十年無好文章儒者望清臺而語曰何物瞽叟為此妖言司曆者聞而笑曰豈特無好文章經存而道廢儒存而道殘科舉程文將無用矣皆疾其為妖言也後十六年而驗滑稽之雄以儒為戲者曰我大元制典人有十等一官二吏先之者貴之也貴之者謂有益於國也七匠八娼九儒十丐後之者賤之也賤之者謂無益於國也嗟乎卑哉介乎娼之下丐之上者今之儒也今上哀憐之令江南路縣每置教諭二人又用輔臣議諸道各置提舉儒學二人提舉既曰大

有司設首領官知事令史尤繁學府有羨鈔廩有羨粟歲磨時勘月稽日察有欺獘毫髮比去之十年亦責償無赦饑雀羸鼠饞涎吐吞不敢啄囓學官以尊貴寶卑賤祿不足以救寒餓甚者面削如咽鐵如肌骨柴如書類啁啾相呼而謀曰我國朝治贓吏法最嚴管僧食僧管醫食醫管匠食匠御史按察不敢問豈不曰時使之然法使之然教之必不敗比而誅之則不忍也吾徒管儒不食儒將坐而待斃乎推肌剜肉於儒戶不足則括肉敲髓次鄉師滑稽之雄以儒為戲者又曰管儒者益眾食儒者益繁豈古之所謂獸相食者歟抑亦率獸而食人者歟儒不勝其苦逃而入僧入道入醫入匠者十九建安科舉士餘二萬戶儒者六百儒貴歟賤歟

榮歟辱歟可以發一慨也九仙方伯載三百年儒家一才子也幼登陳忠肅公門有遠志強記而善問語筆皆英氣薄科舉程文不為而喜為詩其每以科舉程文教子孫見後進學文者必勸之閒語伯載曰以子之才屑為程文應儒選孰不貴重子伯載笑頷而笑揮臂而去曰吾始以先生為知我者也今而後知先生非知我者也馬之目千里者豈銜勒轡策所能羈哉吾人品豈在娼之下匄之上者乎吾豈不能為場屋無用之文所以騰口不屑道者顧為大元一逸民超然出乎十等人之外也先生果知我者乎請從此辭其始而疑中而怪終而大敬之攜其手坐之堂上而告之曰辛酉至庚寅十三年文運大明今其時矣天下豈終無好文章乎

至元廿五年 戊子

古之所謂經天緯地曰文者必非場屋無用之文也予既淬場屋之文而經天緯地必有所溥矣安得偕一席地相與講明之乎予方枕涸棠坐卜肆豈得已哉是亦不願為儒者以予所不願而願子為之有愧於忠恕之道多矣雖然天地之大無儒道亦不能自立況國乎秦之後為漢嫚儒者莫如高帝尊儒者亦莫如高帝子能為董公為子房為四皓帝必不敢以儒之腐者豎者待予矣安知以文章名天下者不在子乎安知使儒道可尊可貴者不自子始乎戊子四月甲子序（謝疊山集卷二）

吳鄹，永新人，宋末兵亂，避仇，轉徙山西，改姓名張應珍，自號義山先生，示不忘其故土。著周易，宗程朱而不為苟同。如參天兩地而倚數，鄹以為本義天圓地方，圓者一而圍三，三各一奇，方者二而圍四，四合二耦，似費擬議。蓋五生數之中，天數一三五，凡參；地數二四，凡兩，故聖人參兩之以倚數。八卦之象，乾坤天地，以大虛言之也；震巽天地之長男女，為雷風，有氣無形；坎離天地之中男女，為水火，有形無質；艮兌天地之少男女，為山澤，有質確定矣。其說頗有據。元駙馬都尉高唐郡王闊里吉思嘗從之質疑焉，為刻其書於平陽路，且序其里居為詳。書今藏秘閣。（吉安府志卷二十五儒行傳）

曾叔魯丁
御選元詩作
魯丁。
雲元又異作
有和伯篤魯
丁浮雲寺詩
作魯丁。

憲副伯篤魯丁

伯篤魯丁，答失蠻人，進士，至正三年任嶺南廣西道肅政廉訪副使。（元詩選癸之丁）

詩帖

浮雲寺

麥雲夏盡草青青，白叟黃童喜送迎。海宇有生皆樂擇，遐荒無地不昇平。水明山秀聞鶯語，雲淡風輕信馬行。山下高人留客醉，旋桃竹笋煮魚羹。（元詩選癸之丁）

慶童

慶童字明德、康里氏、早以勳臣子孫、受知仁廟、至正二十年、拜陜西行省左丞相、元史本傳

慶童器量弘重、政教宣著、善大字、書史會要

西域華化攷史料下

十二本

回回教世家由儒入佛

丁鶴年[illegible]世奉[illegible]其先出西域，與其父母[illegible]世奉其教，故[illegible]

回回，西域人之佛者，若其[illegible]其父宗，宗教，雖有可考

者，鶴年論之，則丁鶴年之任[illegible]教者也，回回教世家之儒學，丁鶴

年亦回回教世家之儒者，然其後由儒入佛，同其所處中國化也

[illegible]高士傳[illegible]之比專以傳者為名也，丁鶴年生三十三歲而元亡

入明，永樂末年始卒，故元史無傳，明史入文苑傳，[illegible]事蹟甚略

[illegible]戴良所撰高士傳，而其節稍詳，今考鶴年生平，當即據之，高士傳九靈山房卷十高士傳云

鶴年西域人也祖阿老丁與弟烏馬兒皆元初巨商當世祖皇帝徇地西土餉不繼遂杖策軍門盡以其資歸焉仍數從征討下西北諸國如拉朽廷論以功授官阿老丁年老不願仕特賜田宅留奉朝請烏馬兒擢某道宣慰使其後招降吐蕃有大功遂自宣慰拜甘肅行中書左丞祖苫思丁由北晉王從官起家累官至臨江路達魯花赤政尚寬仁民懷其德父職馬祿丁重義輕財盡取祖父遺資賑諸親故之不足及他士之貧者然性尚豪邁雖不喜榮名年四十始應野憐真丞相辟主臨川縣簿以治行高等陞武昌縣達魯花赤有惠政解官之日父老為築種德之堂請曰吾縣蓋公之桐鄉願留居毋去武昌公亦愛其土俗異他處遂家焉生子五人而鶴年最幼武昌公死時鶴年年甫十二已屹然如

10

鄉之諸有
孝懷先師
特本周孝
思先生之詩

成人其俗素短喪所禁止者獨酒鶴年以為非古制乃服斬衰三年仍八年不飲酒家有遺貲悉推與諸兄不留一錢自遺也武昌公在時以鶴年倜儻類己甚鍾愛并蔭從父桓州職鶴年亦辭謝不敢有惟益厲志為學清貧自苦與寒畯賤士等或曰汝貴家子不效祖父為官以顧乃過自矯激如此鶴年曰吾宗固貴顯然以文學知名於世者恒少吾欲奮身為儒生豈祿祿襲先蔭苟取祿位而已耶鄉之諸儒長者以其年幼而有志多樂教之年十七而通詩書禮三經豫章周懷孝楚大儒時寓武昌執經問難者比肩立然獨器重鶴年且欲同歸豫章而妻以愛女鶴年以母老諸兄皆官千里外無他兄弟備養辭不行毋聞而遣之鶴年曰人之所以為學者學為孝耳今舍晨昏之養而從師遠游人其謂斯何明年淮兵渡江襲武昌鶴年奉母夫人以行所在艱阻三閱月始達

鎮江，薪木不給，雖傭販賤業、騎射卑職，皆趨爲之，不問。及夫人捐館舍，鶴年哀毁盡瘁，鹽酪不入口者五年。於是浙以西日入于亂，鶴年聞從兄吉雅謨丁避地越江上，徒步往依焉。時江南行御史臺移治茲郡，大夫拜住公，鶴年父友也，雅知鶴年，即辟爲從事。御史選烈圖充滿選兒而舉校官，余觀胡晉顏怡木兒安慶舉孝廉，鶴年痛祿之不逮養也，俱不應。浙東廉訪僉事都堅不花延致鶴年于家，俾諸子師事之，且列薦入館閣。薦章未出而肯浙南臺大夫沙藍答兒公被召還朝，思得文儒之士，以備其諮訪，復以從事辟之。江西閩海二道肅政府又以其省儒學提舉薦，皆陳悃以辭。毅然不○就。鶴年又與吉雅謨丁甚友愛，吉雅謨丁掾南臺時，欲以利祿勉鶴年，鶴年去不顧。後以直言忤權要，謫還江右，道里梗塞，僕隸皆憚行，鶴年乃獨衝寒雪，冒險途千里從之。後還越，宿留四明，或旅食海鄉，爲童子師，或寄居僧舍，賣藥以自給，雖久處艱瘁，泊如也。通政院判伍實督運海上，自負才氣，見賓客不爲禮，而獨賢鶴年，虛左迎至。即鶴年當隆冬，敝衣不掩脛，伍欲解衣衣之，畏其清介，言欲發而中止。鶴年當困苦時，人有濟之者，雖饘粥之費，無所受。然行橐稍裕，每好赴人之急，人之享其惠者，蓋數數然也。時兵戈四起，鶴年益逃匿海島，絶其迹。已而海上多盜，鶴年轉徙無常，大抵皆明之境内。明當方氏之盛，幕府頗待士，士之至者踵接。鶴年獨逡巡遠避，門無一迹。慈溪縣尹陳麟[illegible]稱賢令，四方士大夫多依之，鶴年居是邑數載，未嘗覿其面。鶴年天質穎悟，讀書過目輒成誦，善詩歌，而尤工于唐律，爲文章有氣。至于筭數、導引、方藥之説，亦靡不旁習。然專以躬行爲學，非其食不食，非其衣不衣，重然諾，尚氣節，入或有失，雖尊盛，必盡言以告；已有過，雖少賤者規之，必斂袵聽受，見人一善，稱之不容口，即不善，未嘗言。然性頗褊隘，於物少容，因自謂曰：凡為清士，當以廉為主，義為輔，和為衛，三者備，庶可免于今之世矣。由是德益修而行益勵，有東漢高士之遺風。員外郎馬子英不妄許可人，嘗曰：吾友多矣，可託妻子者，惟鶴年一人。世以為知言。（乾坤正氣集水雲山房集卷十九）

戴良之卒，先鶴年四十年，故傳中作洪武初年，為鶴年所親見，故鶴年寄九靈先生詩有為言標華今無自，閑向林泉記逸民之句，註先生嘗為丁作傳……

小注

何以[illegible]其為回回也。[illegible]明史[illegible]文苑傳云

回回[illegible]其說[illegible]本諸瞿佑歸田詩話。歸田詩話稱[illegible]鶴年為回

回人。瞿佑曾在杭見鶴年，鶴年為瞿佑[illegible]故次[illegible]高示

以著述[illegible]瞿佑深識之。[illegible]明史文苑傳[illegible]亦云[illegible]

東[illegible]色目人。鶴年[illegible]從此[illegible][illegible]語[illegible]其證一。

回[illegible]鶴年集附錄[illegible]雅漢[illegible]及[illegible]之愛[illegible]詩[illegible]之

人送之序[illegible][illegible]回回人[illegible]其父回

回。其[illegible]其證二。元史回回人多名丁。鶴年曾[illegible]

丁[illegible]跋丁鶴年[illegible]回回人名[illegible]

[illegible]丁鶴年[illegible]云西域人多名丁，故又[illegible]中國[illegible]

鶴年[illegible]丁姓[illegible]鶴年[illegible]

也。其證三。回回人居中國者多姓[illegible]雅漢人[illegible]之[illegible]

亦取馬姓[illegible]戴良[illegible]元[illegible]伯仲詩[illegible]伯[illegible]雅

讀丁仲[illegible]鶴年也。劉仁本[illegible]有[illegible]

任本化[illegible]

元史趙世延傳一〇八

趙世延字子敬其先雍古族人居雲中北邊曾祖黠公為金群牧使太祖得其所牧馬黠公死之祖按竺邇幼孤鞠於外大父术要甲訛為趙家因氏為趙驍勇善騎射從太祖征伐有功為蒙古漢軍征行大元帥鎮蜀因家成都父黑梓以門功襲父元帥職兼文州吐蕃萬戶達魯花赤世延天資秀發喜讀書究心儒者體用之學弱冠世祖召見俾入樞密院御史臺肄習官政至元二十九年轉奉議大夫出僉江南湖北道肅政廉訪司事敦儒學立義倉撤淫祠脩澧陽縣壞隄嚴常澧掠賣良民之禁部內晏然延祐元年省臣奏比奉詔漢人參政用儒者趙世延其人也帝曰世延誠可

用然雍古氏非漢人其署宜居右遂拜中書參知政事居中書二
十月遷御史中丞有旨省臣自平章以下率送之官其禮前所無
有由是爲權臣所忌乃用皇太后旨出世延爲雲南行省右丞

三年世延劾奏權臣太師右丞相帖木迭兒罪惡十有三詔奪其官職尋拜翰林學士承旨兼御史中丞世延固辭乃解中丞五年進光祿大夫昭文館學士守大都留守乞補外拜四川行省平章政事世延議即重慶路立屯田物色江津巴縣閑田七百八十三頃摘軍千二百人墾之歲得粟萬一千七百石明年仁宗崩帖木迭兒復居相位銳意報復屬其黨何志道誘世延從弟胥益兒哈呼誣告世延罪逮世延置對至夔路遇赦世延以疾抵荊門留就醫帖木迭兒遣使督追至京師俾其黨煅煉使成獄會有旨事經赦原勿復問帖木迭兒更以完事白帝繫之刑曹逼令自裁世延不為動居囚再歲胥益兒哈呼自以所訴涉誣欺亡去中書左丞

相拜往屢言世延亡辜、得旨出獄就舍以養疾、先是帝獵北涼亭
顧謂侍臣曰趙世延先帝所尊禮、而帖木迭兒妄入其罪、數請誅
之、此殆報私仇（怨）耳、朕豈能從之、侍臣皆叩頭稱萬歲、帖木迭兒在
上京聞世延出獄、索省牘視之、怒曰此左丞相冏上所為也、事聞
帝語之曰此朕意耳、未幾帖木迭兒死、事乃釋、世延出居於金陵。
泰定元年召還朝、

至順元年詔世延與虞集等纂修皇朝經世大典世延屢奏臣衰老乞解中書政務專意纂修帝曰老臣如卿者無幾求退之言後勿復陳四月仍加翰林學士承旨封魯國公秋以疾移文中書致其事明日即行養疾於金陵之茅山詔徵還朝不能行二年改封涼國公元統二年詔賜世延錢凡四萬緡至元改元仍除奎章閣大學士翰林學士承旨中書平章政事魯國公明年五月至成都十一月卒享年七十有七至正二年贈世忠執法佐運翊亮功臣太

元史卷一八〇世延傳不述其與道士交涉事，又道園學古錄卷一一〇有之。

馬祖常之請，又有書及張真人者，亦入主茅山為道士，見月令乃神道碑。

忠擇誤。

6

見安雅堂集
趙文銘

孫金紫光祿大夫上柱國追封魯國公諡文忠世延歷事凡九朝
踐歷省臺五十餘年負經濟之資而將之以忠義守之以清介飾
之以文學凡軍國利病生民休戚知無不言而於儒者名教尤拳
拳焉為文章波瀾浩瀚一根於理嘗較定律令彙次風憲宏綱行
于世五子達者三人野峻台衡州路總管次月魯江浙行省理問
官伯忽夔州路總管天歷初囊加台據蜀叛死于難特贈推忠秉
義效節功臣資善大夫中書右丞上護軍追封蜀郡公諡忠愍（元史
卷一八〇）

吾録此傳而略詳於世延語之叙一事者吾認此為與世延之學
道攸有關也。又許有壬至正集卷七十六有「祭平章趙世延」文

涼　裯

新鄉媼

蓬頭赤腳新鄉媼，青裙百結村中老。日間炊黍餉夫耕，夜紡綿華
到天曉。綿華織布供軍錢，倩人輾穀輸公田。縣裏工人要供給，布
衫剝去遭笞鞭。兩兒不歸又三月，祇愁凍餓衣裳裂。大兒運木起
官府，小兒擔土塡河決。茆檐雨雪燈半昏，豪家索債頻敲門。囊中
無錢甕無粟，眼前只有扶床孫。明朝領孫入城賣，可憐索價旁人
怪。骨肉生離豈足論，且圖償却門前債。數來三日當大年，阿婆墳
上無紙錢。涼漿澆濕墓前草，低頭痛哭聲連天。恨身不作三韓女，
車載金珠爭奪取。銀鐺燒酒玉杯飲，絲竹高堂夜歌舞。黃金絡臂
珠滿頭，翠雲繡出鴛鴦裯。醉呼閹妓解羅幔，床前爇火添香篝
篝。

詩中大意分三截。第一截寫專制政體之橫暴，第二截寫荒年貧婦之窘迫，第三截寫貧富懸殊之結果。何其言之沉痛也。

伯顏子中傳

丁之翰撰

伯顏字子中，世家西域。其祖父宦江西，因家焉，遂為進賢人。幼讀書，即通大義。稍長，無所嗜好，惟耽翫典籍，手不釋卷。從釣臺夏溥習進士業，四以春秋經領江西鄉舉，授龍興路東湖書院山長，改建昌路儒學教授。壬辰兵興，省臣以便宜授贛州路知事，陞經歷。時參政全普菴撒甲哈海赤守贛，以伯顏學行醇正，議論激烈，可與有為，以為都事。戊戌陳友諒陷江西，遣兵圍贛，參政命伯顏率壯士百人出收援兵於隣郡。將行，誓衆曰：苟為自全之計者，願受不測之誅。至夜三鼓，奮躍突圍而出，圍兵追不及。乃招募丁壯於龍南、安遠、寧都之間，遠近響應。值天淫雨，敵勢益滋蔓，向義之士往往惑於飛語轉相煽動合而復散伯顏知事不就乃往南雄方宣布天子德意以為集義之贛而南雄亦降矣衆四掠市里伯顏正衣冠端坐僧寺禪榻衆駭視不敢犯見其渠領則陳大義以拒之所與俱百人者屠戮擄獲殆盡既而贛亦陷全海二參政死之伯顏知無可為之機遂間道入閩江西右丞章公完者表為分省員外郎佐政有聲出奇攻復建昌遂命浮海獻捷京師因陳江南緩急之勢攻取之方言論剴切朝臣驚嘆奏授南恩州知州福建省郎中再詣朝堂計事退見總兵官擴廓于河南除兵部侍郎與吏部尚書伯顏帖木兒張翶銓選廣西舟次鐔江而全閩二廣皆歸附國朝矣伯顏由是潛形遁跡隱約江湖間時宦寓公知名願

明史作立本

交者皆不得一見、以先世有墓廬在彭蠡之涯、乃卜進賢之北山、誅茅剪荊、躬自為創竹屋三間、左圖右史、門戶瀟如、時寓其忠憤於詞翰之間而已、前進士熊釗操行孤厲、於人少許可、惟與伯顏相厚善、每語及往事、相對悲鳴、煩促涕泗潸然下、洪武己未秋、朝廷方搜求博學老成之士、江西布政使沈本立聞伯顏名、遣從事張布顏訓導胡以中以禮來徵、語之曰、爾偕進賢知縣親造其廬、若不起、爾毋來見也、伯顏聞使者將至、慨然曰、是不可以口舌爭也、先一夕具牲醴、作七哀詩、祭其先與昔時共事死節之士、復手書短歌一篇寄別熊釗、以後事囑之、夜漏盡、望北再拜、飲藥而卒、右伯顏子中之傳與詩、予同館於宗主萬五溪先生之門、五溪進賢人也。得觀國初進賢諸公私抄詩文，讀至子中傳，慨元史既未載也，而此或又失，千古無聞矣，遂錄於稿。嗚呼，讀子中七哀詩，寧不酸鼻。惜其贊有曰：「前之不死，銓選無社稷寄也。」嗚呼，太學生亦死之也，以此度子中，是不知子中者，遂為畧改數句，以明子中之心。而傳之者濟陰丁之翰，嗚呼，無之翰為文以傳，天下不知如子中者幾矣。七修類藁卷十六

王禮麟原集題有

伯顏子中詩集序云

子中既斷髮自廢，為民，忠憤邑鬱，仰屋浩嘆，付之無可奈何，而心不能自平，時時以其慷慨之情、憔悴之色，一寓于詩，又記其舊作，輯為一卷，俾予序之。余三復而歎曰：美哉，渢渢乎！殆有唐之正音，而陽明之氣也。夫文之在天地間，二氣之為也。蓋陽明之氣在天為日月星辰，在人為剛直，為樸厚，為豈弟君子，其于物也，為金為玉，為麟為鳳，為龍為虎，為後凋木，在地為原為阜為岡為陵，發為文章也，英華俊偉，明白正大，如春陽，如海運，神妙變化，而光彩不可掩抑。陰晦之氣，在天為雨雪，為雲霧，在人為讒佞，為殘忍，其于物也，為鉛為石，為梟為鳥為虺為狐，為葭莩，在地為汜為港為窪數為沮洳得之于文也淺澀塵濁晦昧散亂如寒螢光如焦穀芽讀之無足快人意者則是氣之為也然二氣升降無常而人之氣皆可變而況于文乎自科舉束致力程式之文者雖一詩歌一八牘往往如吃是小技之末且未能變況其大者乎由是觀之子中天賦高學力至其過人也遠矣雖然詩之為道似易而實難言近指遠者天下之至言也先輩有云詩如鏡中燈水中鹽謂之真不可謂非真亦不可蓋所詠在此而意見于彼言有盡思無窮非風人所以感物者乎子中與余同舉于鄉知其業三百篇者日與上下論議故以余嗜好之偏陳之子中今無民社之責將翔于青原白鷗之間歸其力于文字則余也萬中野服陪乎杖屨之末尚取

王礼

新作玩繹之、其推挹極矣、東野之拜有日矣、故書此以志讀稿歲月云、時戊戌（至正十八年）日南至也（麟原集卷四）

蒙人中只有其詩名傳，而其詩集序（或跋）尚見於他人文集，可以略窺其造詣者，有薛超吾（昂夫）松雪齋文集卷六有

薛昂夫詩集叙云

嗟夫吾觀昂夫之詩信乎學問之可以變化氣質也昂夫西戎貴種服旃裘食湩酪居逐水草馳騁獵射飽肉勇決其風俗固然也而昂夫乃事筆硯讀書屬文學為儒生發而為詩樂府皆激越慷慨流麗閑婉或累世為儒者有所不及斯亦奇矣蓋昂夫嘗執弟子禮於須溪先生之門其有得於須谿者當不止於是而余所見者詞章耳夫詞章之於世不為無所益今之詩猶古之詩也苟為無補則聖人何取焉雖是可以觀民風可以觀世道可以知人可以多識草木鳥獸之名其博如此嗟乎吾讀昂夫之詩知問學之變化氣質為不誣矣他日昂夫為學日深德日進道義之味淵乎

劉須溪辰翁生元太宗四年壬辰，卒大德元年，元詩選三集有劉辰翁須溪集。

見於詞章之間則余愛之敬之又豈止於是哉（松雪齋文集卷六）

[illegible]

13

薛昂夫詩集序

翰林直學士奉政大夫知制誥同修國史王德淵撰

薛超吾字昂夫其氏族為回鶻人其名為蒙古人其字為漢人蓋人之生世封域不同風氣綿亘而能氏不忘祖孝也仕元朝明聖之代蒙元朝水土之恩名不忘國忠也讀中夏模範之書免馬牛襟裾之誚字不忘師智也惟孝與忠智根本立矣文藻柯葉又何難為今觀集中詩詞新嚴飄逸如龍駒奮迅有並驅八駿一日千里之想振珂頓轡未見其止雖然孔孟生知淑質學猶有漸況其下者乎孔子四十不惑孟子四十不動心是四十以前孔孟猶慮有時而動心與昂夫之齒尚少今甫三十有一余欲與期之于十年之後德充氣老閫中肆外花殞而實甘糠揚而米鑿唐韓多武臣少見文士昂夫誠能簣進川增獨破天荒異時列名于儒林文

元史不能卷三十有薛超吾兒、字昂夫、秘書監郎、僉典瑞院事、

苑傳中、出類拔萃、超越前古、顧不偉歟。（天下同文集卷十五）

昂夫詩集今不傳、四部大詩者亦未曾一見、然由趙之

序之保證、吾人不能不認為西域詩人之一。薛因不得以其詩之

詩不傳、略而弗論、諸西域之詩人之外也

西域詩人中、又有其詩傳者不多、而別有聞於詩者

傳者、則郝天挺之唐詩鼓吹注、及辛文房之唐才子傳是矣

天曾為元汲黯、輯行二十年、西域詩人、馬祖常

郝天挺、字繼先、號新齋、出於朵魯別族、父和上拔都魯

冀宗之世、以武功稱、天挺幼受業於遺山元好問之門、是

所撰述、注唐詩鼓吹外、又修雲南實錄五卷、辛文房之文史本

傳（卷一七四）。天挺雖有人、而元史與漢人南人同列、一時四大儒

也。天挺詩傳者僅一二篇、其名似山一律、元文類並採之、張景經

佚。從金詩增補中州集卷四所補入金人郝天挺中、不

知金元之間有兩郝天挺也。一為元好問之師、一為元好問之弟

子也。天挺詩傳者、唯有沙北偶談六卷、辨之於前、郝天挺元詩選之、辨

一抄爾。四庫提要集部總集類引王士禎記錄、陸貽典之說、沈又新元史卷一四八

郝天挺傳中、又屢辯入金人郝天挺之語、原皆見中州集卷九郝

左丞郝公注唐詩鼓吹序云

鼓吹者何軍樂也選唐詩而以是名之者何譬之於樂其猶鼓吹乎遺山之意則深矣中書左丞郝公當遺山先生無恙時嘗學於其門其親得於指授者蓋非止於詩而已公以經濟之才坐廟堂以韋布之學研文字出其博洽之餘探隱發奧人為之傳句為之釋或意在言外或事出異書公悉取而附見之使讀其詩者知其人識其事物者達其義覽其詞者見其指歸然後唐人之精神情性始無所隱遁焉嗟夫唐人之於詩美矣非遺山不能盡去取之工遺山之意深矣非公不能發比興之蘊世之學詩者於是而細之繹之歟之飫之則其為詩將見隱如宮商鏗如金石進而為詩

中之詒渡矣，此政公惠後學之心，而亦遺山衷集是編之初意也。

耶律命為序，不敢辭，謹序其大意云。（松雪齋文集卷六）

趙序僅言天挺乃[illegible]那阿弟子孫，而未嘗詳言其為西域（色目）人也。

（姚燧序以注意及之曰

牧庵集卷三

唐詩鼓吹注序

鼓吹軍樂也大駕前後部設之役數百人具器惟鉦鼓長鳴中鳴觱篥皆金革竹無絲惟取便於騎作大朝會則置案於宮縣間雜而奏之最聲之宏壯而震厲者也或以旌武功而殺其數取以名書則由高宗退居德壽嘗纂唐宋遺事為幽閒鼓吹故遺山本之選唐詩近體六百餘篇亦以是名豈詠歌之其聲亦可凷是歟嘗疑遺山論詩于西崐有無人作鄭箋之恨漫不知何說心竊異之後聞高吏部談遺山誦義山錦瑟中四偶句以為寓意于適怨清和始知謂鄭箋者殆是事也遺山代人雲南參政郝公新齋視為鄉先生自童子時嘗親几杖得其去取之指歸恐其遺忘以易數

寒暑之勤，既輯所聞與奇文隱事之雜見他書者，悉附章下，則公
可當元門忠臣（其）又鄭箋之孔疏歟！公將種也，父兄再世數人，皆
長萬夫，于鼓吹之陪，爆豬而導繡幰者，似已飫聞，晚乃同文人詞
士，以是選為後部，寂寂而自隨，無亦太希聲乎！其亦宏壯而震厲
者亦有時乎為用也。（兵）志有之，不恃敵之不我攻，走聞江南詩學
壘有元戎，壇有精騎，假有詩敵挑戰而前，公以元戎握機於中，無
有精騎孰與出樂走頗知詩，或少數年，使得備精騎之一曲，横槊
于筆陣間，必能劘壘得儁而還。惜今白首，不得公一振，凱也。公由
陝西憲長以宣撫使巡行郡國淮河之南，欲序，故遂書此。牧庵集卷三

以嘉靖天挺閣鈔本校閱（為序出軍）。是書乃講求文化也，今通行本無序
詩話次無題跋二序，而有徐毅果序、田序、[illegible]謂天挺所諸
鈔本簡略，但釋出典，不涉學理，[illegible]明文序文物等所
鄭樵生於[illegible]同，序文物為鄭人，今通行本
[illegible]辛丑新[illegible]也。

胡應麟詩藪外編卷六　然必竟貫雅本論元詩……

馬伯庸吳娃蕩槳潮生浦，楚客吹簫月滿樓；雅正卿梅花路近偏逢雪，桃葉波平好渡江；一聲鐵笛千家月，十幅蒲帆萬里風；余廷心野人籬落通瀦口，賈客帆檣出漢陽；薩天錫河漢入樓天不夜，江風吹月海初潮等，皆句格莊嚴，詞藻瑰麗，上接大曆元和之軌，下開正德嘉靖之途。今以元人一概不復過目，故稍為拈出，以俟知音云。（詩藪外編卷六）

貴達猶近，而詩皆突自樸而出，男者不免，即雅琥本身之論詩

安堂北北高、許有壬

跋雅琥正卿所藏鮮于伯機詞翰云：

鮮于伯機詩，予知之已四十年。吉甫跋君嘅言人知其書，詩則知否相半。予方自幸在知者之中，而夷陵監郡雅琥正卿知之雖晚，愛之甚篤。然正卿素言晉後雖有書，終不能如晉；唐後雖有詩，終不能如唐。予謂詩發於人心，天地無窮，人心無窮，不當主世代計也。書視詩又藝之藝耳，正卿不屈也。及其觀伯機書，則謂真十七帖；觀其詩，又謂軼蘇州入彭澤矣。若然，則晉唐而後，書復有晉，詩復有唐矣。予非好勝，竊喜因正卿之言，使不知伯機之半行皆左袒，且以釋吉甫之嘅焉。（至正集卷第七十三）

[illegible]

贈買閭教授有序

買閭字兼善，西域人。元初祖哈只仕江南，遂家上虞。父亦不剌金，力資兼善學，以禮經領至正壬寅鄉貢。浙省臣因北向道梗，權尹和靖書院山長。既航海赴會試，而後期不果。禮部尚書李公尚絅時言之朝，勅授嘉興儒學教授。及還，會政屬淮閩，屏居幽遐且十餘年，毋奉二親甚至。今春訪予最閑園，風雨花落，離索滿目，覩其志尚孤卓，殆忘世之莽變、身之益貧也。乃酌之酒，贈之詩云：

顯卬西域士，鄉薦十年前。隴畝心中越，山河枕上燕。尊同澡梗地，門掃落花天。慕叔紫桑老，詩題甲子編。（梧溪集卷四下）

家因其父名亦不剌金，知為回回，蓋此家亦名剌金，今通譯亞伯拉罕，回回教人所多以為名者也。

西域之中國文家

考究元代西域人文家，以考究元代西域詩家爲難，[illegible]

今傳者[illegible]文集[illegible]

清乾隆[illegible]元[illegible]詩[illegible]

[illegible]

王士禛 字子真

元馬祖常伯庸石田文集十五卷至元五年江北淮東道肅政廉訪司奉旨刊行弘治中都御史熊翀重刊本翀與祖常皆光州人也元代文章極盛色目人著名者尤多如祖常及趙世延李术魯翀康里巙巙貫雲石辛文房薩都剌輩皆是也伯庸文五卷向屢從劉欽謨中州文表見之有文而無詩康熙己巳冬杪于竹垞寓齋得覯此本留旬日而歸之集首有肅政廉訪司牒趙郡蘇天爵太原王守誠閩陳旅三序李東陽熊翀二序 居易錄卷二

[illegible]

辛文房[illegible]

讀鄧文原

翰林侍讀學士貫公文集序（全文），由是可知其造詣所至。序云：

余往在詞林，職司撰著，獲事翰林承旨姚先生。於當世文章士少許可，然每稱貫公妙齡才氣英邁，宜居代言之選。予竊私幸，願倘得從公言於文字間。先生之取人也必信。未幾，公入拜翰林侍講學士，而余為外補，莫償所願。越二年，余以國子司業徵，日聚群弟子從佔嗶，每休沐或牽以它事，又不得一接顏面，如昔人所謂傾蓋而論交者，雖依士之歎，吾門日千百，而其樂終不以此易彼也。亡何而公與余相繼南還，又越一年，公來遊錢塘，過余相見若平生歡，示所著詩若文，予讀之，盡編而知公之才氣英邁，信如先生所言者，宜其詞章馳騁上下，如天驥擺脫馽羈，一縱千里，而王良造父亢為之僕貽御顧吁亦奇矣儒先有言古之名將必出于奇然後能勝然非審于為計者不能奇在速遲在畧此天下偉男子所為非拘牽常格之士所知也公之先大父丞相長少王統師南伐功在旂常公襲其休澤嘗為萬夫長韜畧固其素嫻詞章亦作豈亦有得于此乎漢李廣程不識俱稱善將廣行無部曲行陣不擊刁斗自衛幕府省文書其事甚簡畧然聲名常在不識右如予者自少好為文章謹守繩尺自程終亦不能奇也視公能不有愧哉嘗觀古今能文之士多出于羇愁草埜今公生長富貴不為燕酣綺靡是尚而與布衣韋帶角其技以自為樂此誠世所不能者大名者天下之公器也公亦慎勿多取也夫（巴西集卷上 序酸齋文集）

程鉅夫亦有
跋酸齋詩文跋云

右詩文一卷，故勳臣楚國武定公之孫酸齋所作。皇慶二年二月，拜翰林侍讀學士，與余同僚，因出此稾。余讀至送弟之永州序，懇款教告，五七言詩長短句，情景論至，迺歎曰：妙年所詣已如此，況他日所觀哉。君初襲萬夫長，政教並行，居頃之，從其弟以學行見知於上，而有今命。余聽其言，審其文，蓋功名富貴有不足易其樂者，世德之流，詎可涯哉。雪樓集卷廿五云云

察罕

察罕西域板勒紇城人也魁偉穎悟博覽强記通諸國字書暮年居德安白雲山别墅以白雲自號嘗入見帝望見曰白雲先生來也其被寵遇如此帝嘗問張良何如人對曰佐高帝興漢功成身退賢者也又問狄仁傑對曰當唐室中衰能卒保社稷亦賢相也因誦范仲淹所撰碑詞甚熟帝歎息良久曰察罕博學如此邪嘗譯貞觀政要以獻帝大悦詔繕寫徧賜左右且詔譯帝範又命譯脱必赤顔名曰聖武開天紀及紀年纂要太宗平金始末等書俱付史館 元史卷一三七

太平樂府中有周德清作品，德清漢人，精音韻，亦嘗互其所著中原音韻，中敍乃有西域人瑣非復初者，亦精音律，而德清所推服，

德清中原音韻後序云

泰定甲子秋，予既作中原音韻并起例，以遺青原蕭存存，未幾，訪西域友人瑣非復初，讀書是邦，同志羅宗信見餉，携東山之妓，開北海之樽，英才若雲，文筆如槊，復初舉杯，謳者歌樂府四塊玉，至彩扇歌，青樓飲，宗信止其音而謂予曰：彩字對青字，而歌青字為晴，吾揣其音，此字合用平聲，必欲揚其音，而青字乃抑之，非也，疇昔嘗聞蕭存存言，君所著中原音韻，迺正語作詞之法，以別陰陽字義，其斯之謂歟，細詳其調，非歌者之責也，予因大笑，越其席，捋其鬚而言曰：信哉吉之多士，而君又士之俊者也，嘗遊江海歌臺舞榭，觀其稱豪傑者，非富即貴耳，然能正其語之差，顧其曲之誤

螺

而以才動之之者鮮矣哉語未訖復初前驅紅袖而白同調歌曰
買笑金纏頭錦則是矣乃復嘆曰予作樂府三十年未有如今日
之遇宗信知某曲之非復初知某曲之是也舉首四顧螺山之色
鷺渚之波為之改容遂捧巨觴於二公之前口占折桂詞一闋煩
皓齒歌以送之以報其能賞音也明當盡携音韻的本并諸起例
以歸知音調曰宰金頭黑脚天鵝客有鍾期座有韓娥吟既能吟
聽還能聽歌也能歌和白雪新來較可放行雲飛去如何醉靚銀
河燦燦蟾孤點點星多歌既畢客醉予亦醉筆亦大醉莫知其所云
也挺齋周德清書

以後請從新起頭排版　初者至矣

瑣非復初中原音韻序亦曰

余勳業相門貂蟬滿座列伶女之國色歌名公之俊詞備嘗見聞矣如大德天壽賀詞普天樂云鳳凰朝麒麟見明君天下大德元年萬乘尊諸王宴四海安然朝金殿五雲樓瑞靄祥煙群臣頓首山呼萬歲洪福齊天音亮語熟渾厚宮樣黃鐘大呂之音也跡之江南無一二焉吾友高安挺齋周德清以出類拔萃通濟之才為移宮換羽製作之具所編中原音韻并諸起例（平分二義入派三聲）能使四方出語不偏作詞有法皆發前人之所未嘗發者所作樂府回文集句連環簡梅雪花諸体皆作今人之所不能作者略舉回文畫家名有數家嗔人門閉却時來問皆往復二意夏日詞

蟬自潔其身，螢不照他人，有古樂府之風。紅指甲詞「朱顏如退却，白首恐成空」，有言外意。後語有合掌玉蓮花未開，笑靨破香腮，切對。有殘梅千片雪，爆竹一聲雷，雪非雪，雷非雷，佳作也。長篇短章，悉可為人作詞之定格。贈人蕭鍾云篇，句句靈芝，字字與人為樣子，其亦自道也。以余觀京師之目，聞雅樂之耳，而公議曰：德清之韻，不獨中原，乃天下之正音也；德清之詞，不惟江南，實當時之獨步也。然德清不欲矜名於世，青原友人羅宗信能以具眼識之，求錄諸梓。噫！後輩學詞之福耳。西域拙齋瑣非復初序

觀此則其一時之和至謂知音相傳[illegible]矣。瑣非復初[illegible]

當德清[illegible]提倡，以為[illegible]，亦當時顧曲家風尚[illegible]

[illegible]

字

廉布肖字綉林畏吾人官至昭文館大學士封薊國公善扁牓大字

貫雲石海涯號酸齋北庭人官至翰林侍讀學士豪爽有風概富文學工翰墨其名章儁語流于豪端者怪怪奇奇若不凝滯于物即其書而知其胸中之所養矣

余闕字廷心武威人登進士第官至浙東肅政廉訪司副使兵興升淮西宣慰使出鎮安慶堅守六年城陷偕妻子死之累贈湖廣行省平章謚忠宣風采峭整負大節以王佐自任篆隸字體淳古

盛熙明，其先曲鮮人，後居豫章，清脩謹飭，篤學多材，工翰墨，亦能通六國書。至正甲申，嘗以所編法書考八卷進上覽之，徹參命藏禁中。

（蕭𣂏字圖南，本契丹人，金王黄華甥，博學多能，詩書畫皆追蹤黨氏）

（劉若水字濬齋，女直人，喜弄觚翰，子煥亦能篆）

甘立字允從，河西人，官至中書檢校，才思秀拔，亦善書札。

巎巎字子山，號正齋、恕叟，康里人，官至翰林學士承旨，風流儒雅，知經國大體，博涉經史，刻意翰墨，正書師虞永興，行草師鍾太傅、王右軍，筆意遒媚，轉摺圓勁，名重一時，評者謂國朝以書名回回生至元廿年，巙巙生元貞元年。

元史作尼波羅國人。

世者自趙魏公後便及公也

回回字子淵巎巎弟官至中書平章政事正書宗顔魯公甚得其

回回傳巙巙兄，回回生至元二十年，巙巙生元貞元年，此云弟者誤也。

阿尼哥字西軒蒙古人官至大司徒封國公善大字

（似衍）元史方技傳作尼波羅國人。

泰不華字兼善元名達溥化御賜今名號白野蒙古人狀元及第

官至浙東宣慰元帥台州路達魯花赤歿于王事追贈江浙行

省平章政事封魏國公謚忠介以清厲顯名骨鯁不同于物篆

書師徐鉉張有稍變其法自成一家行筆亦圓熟特乏風采耳

常以漢刻題額字法題今代碑額極高古可尚非他人所能及

正書宗歐陽率更亦有孫格

泰不華伯牙吾氏，非蒙古人，辨見前編。

涼字據元史添

斡玉倫都字克莊西夏人官至山南廉訪使文章事業覺出人表書蹟亦佳、

薩都剌字天錫回紇人登進士第官至淮西廉訪司經歷有詩名善楷書、

（元史一四四作高昌人、）

道童字石巖蒙古人官至江西行省平章政事封司徒姿儀雄偉威惠著明（元史略一作高昌人）尤工大字能作雙鈎書、

（元史 字明德、）

慶童字正臣康里人官至中書右丞相器量弘重政教宣著善大字、

脫脫（元史一四二字明德）蒙古人官至中書右丞相贈太師封鄭王材器宏大智謀善斷扁其燕處之室曰道濟書院延納儒士討論治道善大字

也先帖木兒脫脫弟官至御史大夫亦能大字

沙剌班字惟中蒙古人官至集賢大學士善大字

（元史類編卅六作字敬臣，號山齋，畏吾人，攻詩文，每與張翥諸大老多所賡酬）

別兒怯不花蒙古人官至中書右丞相有治國之才善大字

達識帖木兒字九成康里人官至江浙行省丞相封太尉知讀書能詩大字學釋溥光小字亦有骼力

普花帖木兒字兼善蒙古人官至江南行臺御史大夫憲度著明不屈節死善大字

伯顏不花的斤字蒼巖高昌國王子而鮮于太常甥官至江東廉訪副使浙東宣慰使介立不群草書似其舅氏

（元史一九五忠義傳，字蒼崖，畏吾兒氏）

康里不花字普修也里可溫人官至海北廉訪使篤志墳籍至于

俱據書史會要引 誤作進仁

百氏數術無不研覽書宗二王、

拔實字彥卿凱烈人官至禮部尚書行草宗晉人

紫僧字子仁回紇人登進士第官至江浙行樞密經歷楷書師虞

永興

朶爾直班蒙古人官中政院使日嘗奉敕書鄧文肅神道碑

悟良哈台蒙古人官至淮南行省平章嘗奉敕書平徐碑

邵海字德卿蒙古人官至鎮江路鎮守萬戶善大字郡之扁牓多

其所書

喜山字近仁畏吾人官至集賢都事亦工書

篤列圖字敬夫蒙古人登進士第官至監察御史善大字

偰也那先理，字彥元，畏吾人，楷書學虞永興，篆[illegible]

右二十人見書史會要卷七

邊魯字魯生，鄘下人，工古文奇字。（據西湖竹枝詞，魯為北庭人）

太平樂府選九皐樂府特多

馬九皐以字行，回紇人，官至太平路總管，能篆書，弟九霄亦能之。

哈喇字元素，也理可溫人，登進士第，官至中政院使，能文辭，其書

宗巙正齋

趙夫人鸞字應善，雍古部氏，中書平章世延女，中書參政許有壬

室，朗惠厚靜，能琴書，善筆扎。書史會要補遺

右五人見書史會要補遺、

觀其昆弟，大都不信[illegible]陵手記錄，如余闕之巙巙之[illegible]者也。西域[illegible]巙巙、[illegible]

元代西域書家，[illegible]巙巙最著者[illegible]。元史本傳卷一四三

稱巙巙之善真行書，識得者人爭寶，草牘片紙人爭寶之，

不翅金玉。圖繪寶鑑[illegible]趙巙巙二公翰墨，散有方

（見古今書畫彙考卷二十[illegible]）

九 泰不華自書所作詩

白野尚書向居會稽，登東山，泛曲水，日與高人羽客游，間遇佳紙妙墨，輒書所作歌詩以自適，清標雅韻，蔚有晉唐風度，予猶及見尚書先考郡侯，敦龐簡實，宛如古人，而於華言尚未深曉，今有子如此，信乎國家文治之盛。國人知尚書才華之美，而不知其政術之可稱也。每當論大事，決大疑，挺正不阿，凜然有直士風，而貢舉得賢之致，益可徵焉。（元）泰身居方外，而與之友，寶其詞翰，亦有識之士識。（書畫譜卷七十九引滋溪集卷三十。）

讀天爵此文，有足爲證明元時西域人同化之迹者。初，吾人研究此事，以爲西域人之同化中國也，其人居中國已二三百或數十年，方歆羨華風，以泰不華之父尚系純然一西域人也，泰不華之父尚未深曉華言，而其子竟於華學造詣如此，尤可見文化之能服人，雅頌其效比武力爲大也。不曾好功於文學，特以中國之文化論之，然此之類實是信出自於吾之說，泰不華之造詣，足見得非今昔比嘆之現也。年海上有可羅

臨川[illegible]之八家法書中，首泰不華行書贈堅上人詩，至正[illegible]西湖[illegible]

詞卷一首，用筆精映，有[illegible]人[illegible]，舊藏[illegible]蒙古[illegible]碑

餘有泰不華所書碑，可考見者有：

1 重建[illegible]南鎮廟碑記，小篆書，至正[illegible]年[illegible]月，浙江山陰，據兩浙金石志

2 [illegible]鳳山上乘寺記，至正[illegible]年[illegible]月，浙江上虞

3 [illegible]澤洛車寺佛殿碑，至正九年[illegible]月，江蘇上元，據[illegible]

4 王節婦碑，篆書，[illegible]，浙江山陰，其碑陸[illegible]書也

泰不華通篆籀，書法溫潤遒勁，嘗重類復古編十卷，考正訛字，於

經史多所據[illegible]，[illegible]御[illegible]，[illegible]鄭詔[illegible]，泰不華[illegible]

篆久知通文，作詩[illegible]通其韻，其才美[illegible]

泰不華篆額，見於[illegible]，[illegible]年者有

若克寺興造記，至正二年六月，浙江蕭山

重建[illegible]記，至正[illegible]年[illegible]月，浙江會稽

重建[illegible]記，至正七年，浙江會稽

[illegible]鄭振鐸[illegible] 至正九年九月 [illegible] 浙江鄭振鐸[illegible]

鐵網珊瑚[illegible] 至正十四年七月 [illegible]

貫酸齋不書

陳基夷白集書歸去來辭云：

酸齋公如冥鴻逸驥，不受繒繳羈靮，而其蟬蛻穢濁，逍遙放浪，而與造物者游，近世蓋未有能及之者。其自謂平日不寫古今人詩草，而獨慕陶靖節之為人，書其歸去來辭，觀者殊不可以尋常筆墨蹊徑求之也。至正十年五月二日臨海陳基識。書畫譜卷七十九引夷白齋集卷下

[illegible]

亦有名，宋濂之、劉伯溫、葉琛起

余闕篆 見余闕篆書後云

右四大篆蹟國忠宣公余闕爲浦陽戴君叔能書至正九年公持使者節來鎮浙部濂偕叔能往見公獎勵甚至且各書齋扁爲贈公去浙後江南大亂荊楚之域皆爲僞漢陳友諒所據公時以淮南行省右丞分治安慶安慶前後皆盜區公獨守六年小大二百餘戰未嘗敗北不幸糧絕城陷公遂赴水死君子稱其大節與日月爭光信哉公文與詩皆超逸絕倫書亦清勁與人相類然其忠義之氣可以攝亂賊清異屬天地因之以位君臣藉之以定斯豈細微雖所書不工猶當傳之萬世况能臻其妙者乎此紙所在定有神物呵護見者當如張中丞之詩段太尉之笏讚然起敬不可

徒以翰墨視之，公唐兀氏，余闕其名也，字廷心，一字天心，元統元年進士，世居武威，今為合肥人，翰林學士金華宋濂謹題（書畫譜卷七十九引宋學士芝園續集卷六）

佩文書畫譜[illegible]引紫桃軒又綴云：余忠宣小字似不經意，而豐度有褚遂良，瀟灑處有楊景度、林藻，豈漫不留意於墨池者所能符合耶（書畫譜卷三十八引紫桃軒又綴）

書以人重，則其書因其美，即不甚美，猶將以為伊之書，以其人化之矣。

西域人中有書名者，書畫譜論書者，[illegible]著錄[illegible]，盛熙明也（盛熙明著法書考，[illegible]至正四年進呈其書），其書[illegible]清四庫

[illegible]十二種[illegible]，尤有有虞集[illegible]湖、倪[illegible]

揭傒斯撰[illegible]氏，元曲歷人，[illegible]

道園學古錄[illegible]，[illegible]

元史[illegible]，[illegible]

其人刻意工書，[illegible]，為走書，運筆[illegible]

精心[illegible]，[illegible]如文云，大以西域人工中國書，

已為[illegible]之，又以其研究所及，著為書，以記[illegible]

近[illegible]著[illegible]，[illegible]

謂[illegible]，[illegible]也。

西域之中國畫家

鄉先生考西域畫家，以畫竹、中國畫為中國之畫，特色以元為尤大
印使有西域畫家挾其藝術（廣大利）來，其畫法以影於中國，然至元始有其
甚之研習畫家，不絕於中國畫法，所謂（畫大利）影，至於今日之畫壇，猶昌
西域畫家而為西域之中國畫家也，考元代西域畫家，有拔現於歲之書
史，即元人夏文彥之圖繪寶鑑，其敘述歷代畫家，至元朝，與陶宗儀
書史會要無異，敘述元代畫家相同，今特錄其西域人之畫家，凡三人，若張彥
西域人明代之說

邊魯字至愚號魯生善畫墨戲花鳥

高克恭字彥敬號房山其先西域人後居燕京官至刑部尚書善山水始師二米後學董源李成墨竹學黃華大有思致怍石噴浪灘頭水口烘鎖潑染作者鮮及

伯顏不花高昌世子而鮮于伯幾之甥號蒼巖官至江東廉訪副使工畫龍

丁野夫回紇人畫山水人物學馬遠夏圭筆法頗類（圖繪寶鑑卷五）

邊魯生北庭人，據西湖竹枝集，云邊魯善古樂府詩，尤工畫花竹，
按燕人也以熱情之書，史會要謂：丹年稱其工書，此元時有大名，張
與趙孟頫抗行，故謂書史黃溍謂其詩元又稱述西域人詩畫家焉

18

書尾云

元季四大家，以黃公望為冠，而王蒙、倪瓚、吳仲圭與之對壘。此數公評畫，必以高彥敬配趙文敏，恐非耦也。同上書

尚書又云

高彥敬尚書載吾松上海誌，元末避兵，子孫世居海上。余曾祖母則尚書之雲孫女也。今日詣竹岡先塋，宣三品贈誥，念余仕路遭迴，未及貤恩曾祖父母。展拜之次，惠勇公孺人在時，摩頂懸記之語，且余好為山水小景，似亦有因。歸舟寫此，付孫庭收貯，以見志。

勝國名手，以趙吳興為神品，而雲林以鷗波、房山所稱許者或有異同，此緣未見房山真跡耳。余得大姚村圖，乃高尚書真跡，烟雲淡蕩，格韻俱超，果非子久、幽山樵所能夢見也。為此圖以倣之。

衆議院

余嘗見勝國時推房山鷗波居四家之右，而吴興每遇房山畫輒題品作勝語，若讓伏不置者，顧近代賞鑒家或不謂然，此謂未見高尚書真跡耳。今年六月在吴門得其巨軸，烟雲變滅，神氣生動，米非子久山樵所能夢見，因与道寅為別，訝之容安草堂，出精素求畫，畫成此圖，即高家法也，觀者可意想房山規模於百一乎。

又云：趙集賢畫為元人冠冕，獨推重高彦敬，如後生事名家，而倪迂黄子久畫云雖不能夢見房山，特有筆意，則高尚書之品，錢与吴興埒矣。高乃一生學米，有不及，無過也。

初則曰趙子昂諸孫亦親弄，則曰未見房山真跡耳，今則曰高之品與趙吳興埒矣，终更推為古今之一人而

詩至少陵，書至魯公，畫至二米，古今之變，天下之能事畢矣。獨高彦敬兼有衆長，出新意於法度之中，寄妙理於豪放之外，所謂游刃餘地，運斤成風，古今一人而已。次稍推崇者詠者甚多

高克恭畫之見於元人題詠者甚多

元西域人華化考

西域人名氏效華俗

近世種人居中國者類以華言譯其舊名而稱之且或因名而命字焉是則雖非人道所當先者而亦古人之遺意也監察御史魯古訥丁故行省左丞資善公之嗣子系出奈蠻和利氏用蔭授應監瀘州西州惘惘愛民剛果清慎興學禮士藹然有聲既終更家居待次益自力問學以求其所未至閒從予遊溫恭自虛刻意清苦吾黨之士鮮能及之於其請字也為取崧高之詩所謂戎有良翰文武是憲者以良翰易其名且以周書亂為四輔之語合而字之曰憲輔蓋亦因其舊名而又因名以制字也以公之材而進學不已如此他日德業所就或無愧於古人是則必有非予所能及

書善夫歐陽大德八年以前已稱第君龍光

知者矣大德甲辰（冬十有一月甲子日南至）（安默庵先生文集卷四）

薦首云云也

元藁城安熙撰畿輔叢書本

卷五 有沙的行之字說 云

上古有名而無字，質也；中古有名而有字，文也。九州之内尚文，則如中古之後；九州之外尚質，則如上古之時。其俗之不同也舊矣。皇朝區宇之廣，鴻濛以來所未有，天之所覆，地之所載，九州内外，靡不臣屬，合諸國諸郡而為一家，蓋各從其俗而莫之或同者也。建康貳侯沙的公，西北貴族，於今日為能吏，其治所至有聲，同列嘉之，字之曰行之，以從中夏之俗。夫所貴乎中夏之俗者，以周公、孔子所置之禮法可慕也。所慕乎周公、孔子之禮法者，以行之為貴也。慕之切而行不繼，則虛文耳。尚文而虛，不若尚質之實也。行之之行既取信於同列，行之之字非直倅其名而已，抑亦表其實

黃溍文獻公集字說更多 [illegible] 其中西域人 [illegible]

云爲之書者吳興趙子昂，爲之説者臨川吳澄也（吳文正公集卷之五）。此可

以漢名爲榮也，請名人爲之説也，復請名人爲之書也，繼以香於國居

賓主之然也，來西域於同人之錫也，其與[illegible]蓋社會而

不並攻府，故一方攻府以蒙古名爲漢人也，而一方熱中利祿者趨之也，一方社會

以漢名爲色目人也，而解以文化者亦趨之也，利祿未必啟文化也。

吳文正集卷六又有

崇仁縣元侯木撒飛仁甫字説，於此義尤顯，某甫一字之褒，榮於華袞之言曰

昔我世祖皇帝建國號曰元元者衆善之長天地生物之仁也皇元之仁如天地唯仁足以長人故能臣妾萬方混一四海而為天下之君也郡縣設官寔分天子所仁之民而牧養之者一郡一鄉各有官長一員統治于守令之上以今官制參合古訓今之長官古之所謂元侯也豈非期之於長人之仁而命之為民官之長乎崇仁夙稱壯邑生齒之繁習俗之美他縣莫及木撒飛承務郎自州倅陞縣長承天子之命統治崇仁前時足跡不到江南而民情靡不通達事理靡不諳究涖政以來凡所施設無一不當人心而使民悦服咸曰仁哉元侯二三十年所未嘗有也侯慕效華風欲

立字以副其名夫字者匪但副其名而已蓋將表其德也以予嘗
位於朝忝文史之職則討論命字之義所不容辭於是表其可表
之德而字之曰仁甫而因聖朝之重長官而喜崇仁縣之得此仁
侯也(吳文正公集卷之六)

木撒飛化然為一回教人名字用其語化〻美名而書以中國〻雅一
美好詞字〻褒一也

同見集同卷五有

玉元鼎字說、元鼎[illegible]學者[illegible]蓋先有漢名而欲訓其名以行

之義者存焉政治身之德也澄之言曰

學者阿魯丁以玉氏以元鼎字其先西域人也始祖玉速阿剌從

太祖皇帝出征同飲黑河之水為勳舊世臣家名載國史今其苗

裔乃能學於中夏慕周公孔子之道可謂有光其先者矣以其字

而請教訓之辭予語之曰鼎者重大之器烹飪以養老養賢享帝享

親皆鼎之功也其在於易巽下離上之卦為鼎蓋取卑遜於內文

明於外之義卑遜者進德之基文明者進學之驗進德在於克己

以變氣質進學在於窮理以長識慮氣質變而若下巽之遜識慮

長而若上離之明此所以成其重大之器也元鼎讀大學論語其

習所謂窮理克己豈俟他求哉於二書格言寔用其力而已筆之

為元鼎字說以贈（吳文正公集卷之六）此綱譯文生義，由西寓教者勉勉之詞者也。

王惲秋澗集卷四十有西域人字說七 西曾以英甫字之其一為

忽治中名字說曰

予官御史時聞尚書工部郎中、今治中別乘合剌思慧功名樂善言而與士君子游、某嘗望君於稠人中飄然有玉立雲飛之舉欲願交而未暇也、至元壬申秋得同僚平陽相接如平生懽共事既久愛其材識通敏廉介有守處心臨政多中事宜殆與曩聞無異一日請名於予且求其說予曰上古之民林林而生系出一本聖人見其厥類蕃庶恐夫無別於是因官因封或勳或守王父之字賜姓氏以明之立名諱以識之表德業以貴之又以性有剛柔進退好惡之異而寓抑揚與奪之義焉君姓忽氏蓋父字也世為唐瀚海軍都護府人其國郊於乾兌之間標雲天之雄故其人多沉

乾西北之卦
兌正西之卦

潛剛克內明而外毅。吾子秉彝奇特、超拔倫萃、表著於一時、豈非能明其初德而光揚於外者乎、傳曰德明惟明、其是之謂歟、故以德輝名君、而英甫字之、蓋英者德之光發見於外者、甫者男子之美稱也、吾子以為如何、迺書以贈。（秋澗先生大全文集卷四十六）

其之后

米少尹名字説曰：

人之性有生而即敏者，有學而後明者。要之生而開敏者為上，習而成性者次之。錫倖米君燕産，世為西域人，性開敏，樂於為善。嘗憶其兄中丞丁多故際，衆無異議，中外稱其善良。予適劍浦，米来求名，因訓之曰闓。闓者，生其善心，顯其可踐迹也。内不先開，其何為而蘄？故字之曰英甫。秉汝年方壯，功名鼎来，若能以乃兄為法，篤其良心，踐其善迹，是不負天性，幼成訓夫闓之之義也。英甫其勉旃。庚寅九月十二日書於南劍廳事。（秋澗先生大全文集卷四十六）

跋：至元庚寅，壬申距至元十八年，而兩西域人先後求名，皆以英甫字之也。未知其偶然合耶，抑有意以此為西域人所同也……而特取前賢所以命字西域人者皆之也。

許有壬至正集卷五十五有西域人字說其一為

前和叔名凱森

齩思永字說曰

西域生齩大父嘗持憲數道世嘗在齩自以年未及學未充也日種學績文非儒生不交紈綺氣習濯刮殆盡予與其外舅和叔監郡遊時從過予俾賦詩每俄頃成且清麗不苟暇日請曰齩幸承下風不有擊其節使服膺以卒其業與不及門承教等耳昆季為華學率以思冠其字先生幸字之予觀世之人習於近而不究其遠狃於短而不求其長天下之通患也若世家子則此疾尤痼薰染性成知飽煖而不知有飢寒知富貴而不知有貧賤目前之利不知為生後之害一時之樂不知為百年之憂謂金幣可長有也用之如泥沙謂權勢可長恃也挾之以驕縱年邁家替日暮途遠

輕則飢寒之戚嬰其身，重則傾覆之禍及其族，雖跬步不能前矣。蓋不知思永之過也。書不云乎：慎厥身修思永。言身雖謹而所思者不永，則亦淺近而已矣。故必謹其所修，審其所思，爲遠大悠久之計，則學成而行立矣。故從其昆季之以思爲字也，而以思永字之，敘其概若此，俾思而有以自勗焉。至正集卷第六十五

元人所謂統傳氣習者，大抵指以我而起，謂色目人而言，未有指以詩書致貽相漢人也。故其人多不異，而鼓勵並及其後嗣，以傳世不變，至可謂有志華學之辭者矣。[illegible]

[illegible]

共二番

丁慎之字說

丁慎之者中書省玉典赤者。玉典赤者，[illegible]所役人也。[illegible]

中書總天下機務，帷幄佐史之屬，鱗次於其下，譬為巨室棟梁柱石之大，勝其任矣，楔闌扂楔之細，亦莫不各致其良，不以細而易之也。一或非良，雖傾覆不職，是而損敗之患，馴及其大矣。國制諸國之人，各有部以總其族，衛戍之餘，又各入其人於中書，中書祿之，秩視行人，而又優其年老，號玉典赤，譏門以嚴肅署，從直以擁護宰臣，備傳遞以宣布政令，出官七品，階是樹聲名至達官者多矣。予待罪中書，分而番直，殆徧其徒。從予最久者，西域札馬魯丁慎，而寡言，若詩書漸習之有素者。乎得請歸洹汧，馳傳過，再拜請曰：細人事公之日最多，習公之言，誘人使為善者非一，竊有感焉。

[illegible]

世西域而生中國，又得親公之教，敢不思所以自勵者，幸聞而訓之字，得服以自勵，則是事公於終身也。予素愛其人，不言得乎？凡今華其短裾，飛其組乘，事上則為使驛使，外則如達貴，視齊民如草芥，恣笑撐觸，謂人莫敢我侮者，滔滔也。乃能斂其鋒銳，求所以自勵者，且服役幾年，所直幾官，而獨有見於吾輩，其可進也哉！於是即其人之長，字之曰慎之，且諧之曰：若知慎之為義乎？立身之要道乎！慎於言而言無過，慎於行而行無失，無所往而不慎，則無往而不得其志，不但官日盛，名日著，將見進乎善而為成德之君子矣。慎之其益慎之哉！（至正集卷六五）

克哷穆騰字說

監深州郡克哷穆騰西域人世居什納什勒國唐初西域主阿喇愈氏始用其國言撰字修書以教其人以故能通者皆命爵賜姓以襃寵之克哷穆騰之先有能通其書與字者故因其地而賜姓什納什勒國初天兵西指其四世祖某以技藝得從中原占籍趙之中山監郡君與其弟舍克布問名與字於余史稱漢使通西域采玉不以歸然則玉故西方之物也而周官書玉人之事用之於廟祀致命於諸侯或以覲聘或以治兵大祭祀聘問征伐皆國之大事也其器必以玉蓋物之備五常者惟玉為然故君子貴之也而況什納什勒氏為西域之鉅族則必知玉之所以為貴矣

王沂

郎君故余名曰瓚，詩曰瑟彼玉瓚，黃流在中，夫必至寶之器而後能受至精之物，字之曰清之。名合克布曰璋，詩曰奉璋峨峨，髦士攸宜，夫執玉高卑容之俯仰，君子常以言休咎矣，是可不敬乎，故字之曰敬之。夫思其名之貴，則知其所以自貴，思其字之美，則知所以全其美，惟其曰貴曰美，則知所以自修矣（伊濱集卷十七）

見於此者多矣。人之著有漢名者也。其有漢名之不已，又從而爲之說，爲之說之不已，更有請多人爲之詩，以申其名字，爲起遠徵，當然此士大夫所藉者以收藏詩文以爲榮者也。此其西域人慕華風之太過者也。

此篇並不見集卷上有太古字說

此書見白雲稿外集卷上有

書太古字說後

河東運使高昌拜住公字太古，中朝諸名公為文為詩以發明其義，無餘蘊矣。復俾某一言以申其說。某聞公曾大父輦昌王、大父安懿王咸以純一無偽之德歷事累朝，卒至端拱之治。至公之父平章公、季父御史，祗遹先猷，為世大臣，而公又克承世澤，致位通顯。其在中臺為良御史，行部為賢使者，庸田司復著能聲，而仕臺也，又稱一時之慎選。然則所以紹其家業者，亦豈外於純一無偽。純一無偽者何？太古之道也。夫名者實之賓，而字所以敬名也。公方嚮用于時，所以奮庸熙帝之載，以光于前人，則於敬名以稱夫實乎何有？以公而勉之哉！

（見白雲稿外集卷下）

（太古字說當不止一篇矣）

吾所見者有宋刊影鈔並不出卷十一卷目。

先白當行系小
老下有書於
古字說後、

宋褧

太古字說

監察御史高昌拜住字太古，與予聯事。謂予曰：朋友命以字舊矣，君文人，幸衍其義教我。予辭曰：予不適不文，且有疑焉。太古當泰定初丞秘書監，予當備員典校，時相先後，未始識其人。然聞公卿大夫士交口薦譽者十有五年矣。其言曰：太古不崖岸，不畦畛，不鉤穿機巧，真淳樸茂，洞達樂易。今乃識其人，服用周備，車馬屋室殊非洪荒之世大庭赫胥之民，無標枝野鹿之態。或者哂曰：子文人也，論人以心乎？顧以迹乎？不崖岸，不畦畛，不鉤穿機巧，真淳樸茂，洞達樂易者，為今人乎？為古人乎？予欽袵嘆服其言之能釋予疑，遂志之，為太古字說（燕石集卷十三）。觀此可見太古之神情如繪。

者。蓋明之一西域人而愛慕華風者也。亦不啻太古之像贊也。

此以劉誨，特名字耳。西域人效漢人加姓於名字上，亦有特風尚，並不參考者。

此詩見舒道原載

宋褧

太學生劉君定挽詩二首 原注云：君定，西域人，延祐七年中大都鄉試，是歲冬客死京師。其父母時在浙西，蔡思康字有道、陳可久字宗德，皆胄子之翹楚者，歲并亡，故及之。

歲暮當風雪，喬松偃澗阿。丰儀思蘊藉，文采夾中和。前日陽春曲，今朝薤露歌。天高鬼神惡，此世定如何。

蔡子乘虬去，陳生跨鶴征。人方憐二妙，天遽奪三英。稚弟攀轅哭，羣公執紼行。庭闈四千里，悲動浙江城。燕石集卷五

元史卷一七一有趙榮傳，云其先西域人。是劉君定西域人之西域姓者也。此劉則……

又劉、劉因靜修文集卷十有古里氏名字序……

……

古里氏名字序

吳景初請予制其子名，自叙其為女真人，其子石倫為金大將，為金死之。本姓古里氏，以女真諸姓今各就其近似者易從中國姓，故古里氏例稱吳，已數世矣。予聞之，大以為不可。夫姓氏乃先世有所受而傳之子孫，其脈絡截然有不敢毫髮亂者，今非有所禁而自絶本根，附於他裔，顧乃因仍苟且，徇於流俗而不恤，彼也子之名何所不可，而反以為問乎？今先為正其姓，然後名其子承，字之延伯，蓋示其不忘所天，而且有所貽也。如是則古里氏其將為著姓矣，後世子孫雖欲改之，其可得矣。嗚呼，承也其勉聽之哉！至元庚寅重九日牧溪翁序。

靜修文集卷十九

昔日俗語
失多改易

其亦元本與漢人同列，[illegible]不可。況元自入中國，劉因之
第[illegible]祖帝世延等之漢姓者，
亦將仍以為祖帝，趙世延漢姓也，去其漢姓，[illegible]劉[illegible]自漢[illegible]
[illegible]書官民[illegible]所載元[illegible]以來[illegible]改之漢姓，又何從[illegible]劉氏[illegible]於大一統之時，
[illegible]人冒漢之[illegible]風，本[illegible]漢之[illegible]，[illegible]與劉因
方[illegible]令[illegible]此[illegible]族[illegible]人數[illegible]為[illegible]

[illegible]者

正同。

吾海同邑高某卷有

王氏家譜敘。其言曰。

河西古諸羌。漢武帝時始置郡。後擊逐而空其地。徙漢人實之。唐
肅宗起靈武。悉召其兵赴難。乘閒為吐蕃所呑。後張義潮發鄆兵
二千餘人往戍。河西之有中國人以此。周廣順閒申師厚為河西
節度使。用王廷翰等為將。蓋中國人子孫也。宋朝李元昊據之為
邊患。寶元康定相繼用兵。士有陷沒者。逮中原為金所併。不能自
還。雜為夏人。元初得天下。惟河西累年不服。最後乃服。世祖以其
人剛直守義。嘉之。賜姓唐兀氏。俾附國籍。次蒙古一等。其俗自別
舊羌為番。河西陷沒人為漢。河西而仕宦者。皆舍舊氏用新氏。國
家尚寬厚。雖占舊氏不禁。然能存者僅一二如數。若今福建江西行

省郎中王君翰先世齊人，没元昊者，其宗族在東阿陽穀甚盛。國初附屬時，其高祖即歸山東，歿，從其族葬陽穀。曾祖從右丞昂吉下江淮，以功授武德將軍，領兵千户，鎮廬州，迨今又三世，墳墓皆在廬州。迨君襲職，迺冠舊氏名上。一日出家譜相示，予觀其自曾祖以來，皆著私名，而以河西名綴其意，謂新氏迺天子所命而不敢違，舊氏迺祖宗所傳而不可棄，故兼錄之，所以尊君而重祖也。噫！世薄俗漓，人惟功利之趨，而不顧其本，固有自毀其祖而冒國籍以求仕之顯者。安有既授賜姓，猶不忍舍其舊乎？吾閱是譜，不覺為之感歎。況其後世子孫能以祖宗為心者乎？推此心也以往，孝在是也，忠在是也，節義可爲也，功業可成也。彼自棄其祖者使

吳澄者

得觀是譜而能動心焉庶亦可改也是譜益足為世勸也

送䓀元溥序云

盧州舒城長䓀元溥泰定四年進士也元溥蒙古人名䓀理普化無氏姓故人取名之首字加其字之上若氏姓云者以便稱謂今天下之通俗也（揭文安公文集卷之九）

無得而載者

據元史氏族表卷二改

程鉅夫雪樓集卷十五有里氏慶源圖引。述里氏得姓之由。可以推知西域人姓氏。其言曰：

氏族之制，所以定親疏、別嫌疑、厚人倫也。古者國有牒，家有譜，世猶有拜汾陽之墓者，類之者并亡之歟。其西北諸國以名稱相呼，以部落為屬，傳久而差失，真尤甚。此里氏慶源圖之所以作乎。里氏者，隆禧院使約爾珠所自氏也。按里氏世高昌人。高昌宅河西之境，在唐為伊州，其俗大抵與諸國類，又世蹂金革，雄豪王大族能自系其所自出者無幾，惟里氏世仕其國為大官，自大父薩吉思（撒吉思）仗義歸朝，佐定中夏，為山東大都督，其後列朝班，寄方伯，垂紳曳佩分符擁節者六十人，亦既盛矣。而隆禧君大懼世代日益遠

吉从土
思从田

生齒日益衆，無命氏以相別，終亦茫昧杳眇，不可知而已。何以奉
先而傳後哉。乃以身事本朝者，實自大父始，而大父之名從世俗
書有從土從田之文，考君伯考之名，皆有里字，而春秋有里氏，遂
自氏曰里氏。又遡而求之，定其可知者，自〇相棣、祐勤以下，逮乎
今九世，系以為譜，號曰里氏慶源圖，而隆禧為七世云。君好學，賡
向於忠君孝親之道，尤所篤慎。嗚呼，百世之下，觀此圖者，亦足以
見人之不可以無學，必尚敬念之哉，尚敬念之哉。
伯考不文撒吉思，吉從土，思從田也，田土合而為里也，其說文生魏也
故以里為氏也。四年本改撒吉思為薩吉蘇，失其命氏之意義且也
不知錢大昕何從土從田之說何矣也

溥博

宋濂鑾坡集卷七有

西域浦氏定姓碑文，述古今定姓之法尤詳。今節錄之，其有見元代西域人同化之漸進也。曰：

起居注浦君與予為同朝友自序其世系及定姓之因請予文以
勒諸碑予讀已嘆曰是不亦君子之道歟浦君西域阿魯溫人高
祖以上忘其名曾祖哲立理元太祖時遷燕之宛平生中順大夫
同知溫州路總管府事道吾道吾字善初因官于杭復居錢塘拱
衛鄉生六子曰沙的曰黑黑曰福州錄事司達魯花赤泰住丁曰
六十曰剌哲曰馬思護黑黑生二子曰江浙行省宣使羅里曰賽
魯丁六十生一子曰木八剌贅於女氏復遷於永嘉能務賢舉之
術家饒於貲剌哲生三子曰道剌沙曰溥博即浦君其字為仲淵
曰忻都馬思護生三子曰哈山唯是再世多已物故唯木八剌以

子及浦君存浦君性穎悟父與其母聶夫人訓之尤篤去從名師
傳道詩毛氏箋而析衷以朱呂之傳發為文辭其光燁然也中至
正壬寅江浙鄉闈一榜辟教諭德清轉嘉興遂占籍嘉興下魏塘
鎮居焉洪武辛亥郡府貢至南京試藝銓曹又中高選授侍儀使
再轉今官生四子曰顒曰卯曰珪曰璋皆蕭山沙氏出也夫西域
諸國初無氏系唯隨其部族以為號蓋其族淳龐其事簡略所以
易行若吾浦君居中夏聲名文物之區者三世衣被乎書詩服行乎
禮義而氏名猶存乎舊無乃不可乎於是與薦紳先生謀因其自
名而定以浦為姓使世世子孫不敢有所改易其深長之思可謂
切矣昔者代北群英隨北魏遷河南者皆革以華俗改三字四字

姓名為單辭而其他遵用夏法若叱丘之為呂力代之為鮑羽真之為高者又不可一二數也雖然豈特是哉中夏亦有之周卿是樊仲皮之後則以皮為氏吳丘壽夢之後則以壽為氏摯疇之後則以疇為氏豈非以名為氏者乎以名為氏猶可也有生李下而指李為姓者有闔伐木作所聲而以所為姓者有育子能言而以語兒為姓者有官高年耋乘車出入省中子孫則以車為氏者雖更僕有所不能盡此無他於理無所悖於事有所據先王制禮亦未嘗不與之也今浦君之為上符古義下合時宜非卓見絕識不得與於此彼拘拘守常之士則曰我先祖未之能行也是烏足以論變通之故嗚呼若浦君者不亦君子之道歟予既詳論定姓之

因而并述其世系相傳次第，使刻焉。初，中順公南征有功，授武畧將軍、大都督鎮撫。至元末，論事忤逆相，出為衢州判官，已而換文資，任杭州治中，階奉訓大夫，民皆安其政。後以前官致其事。卒，葬杭城靈芝寺左，聚景園中。而刺哲君祔焉。刺哲君後遷方，客谷陳寺山之陽。浦君以圖譜久喪，唯恐其事泯泯，請附書于末，使後裔有所考云。（宋文憲學士鑾坡集卷七）

變通方者，即同化也。讀博明傳回回人，其先名道輪徐，尤為元代回回人習用之名。達溥博而字仲淵，淵明之家中省讀溥博淵泉而時出之之義。後通詩元氏篆刻之，揪之手進於篆書文物之域矣。因彼持之字常之義，謂我之祖亦之終於華風變一等。依必有其原數阻撓之為甚，亦之於外暗跡，浦氏於逃其例，於宋濂之、宋濂之，識逸劉因遠矣。

西域人喪葬效華俗

參卷四、記述

西域使者哈只哈心碑、言凱霖一家改用華俗之事甚詳、兄名袁……其言曰

至大己酉始建中都設留司茴公將部刺為都事有壬為教官乙

卯計偕又與其弟凱霖同旅次京師徙寓合縣道故舊惟甚凱霖

以交其兄弟之久知其賤貧之老也走狀京師請銘其祖考西使

公諱夫聞善而與之君子之心也況交其子孫而銘其父祖也公

諱哈只哈心阿魯渾氏世西域人隸王旭烈邱從戰必捷屢入奏

稱旨歲丁巳割彰德路為分地江南平益以寶慶路王邸在極西

絕域遣使必慎擇其人以公偕魯思檀木子古里沙的入覲計事

公夙慕中土國挈家行聞疾留豐州至燕病卒時至元五年八月

廿三日也享年一百一十七歲初公至和林元帥茴公奇之妻以

○中略

担、原文、疑担、误

女生二子長阿合馬早卒次阿散一女適馬合謀苟氏惟没皆葬
殯都城西朝廷念其勞以阿散為大名路税課提領荅砧哈檐西
域名族念公卒賢贊阿散其家生二子長暗都剌始三歲次凱霖
始三月喪母繼張氏二子担古伯怯烈提領以至元十四年十二
月卒年四十有四藁殯大名暗都剌兄弟鞠於外家攻儒書既長
益習禮訓謀於師友曰古之姓或官或封無常也吾其從祖母之
苟乎遂姓苟氏又曰我兄弟讀書學禮無名字其可名則不敢忘
吾先而字則從華可也於是師友相與字暗都剌曰平叔凱霖曰

和叔

一 此言凱霖之弟名□□從華俗也 又云

和叔（公）賽始鄯陽移遼東赤移彰德路臨漳縣更移安陽覺其
山水思安其先卜地惡司空村有飄風旋塵為渦導馬首者七衆
皆見之下馬默禱若吾祖考宜此地當（止）風即泯買而為兆域遷
祖考妣考妣兄以泰定四年（歲丁卯）二月（癸酉）葬焉以公西來而
為使也表之曰西使之阡嫂（阿）速剌（氏）姪（安）童繼母（張）弟担古（迫）
相繼（而）沒俱祔焉（許有壬至正集五十三）

此言凱霖遂葬其先人以從華也 又云

（回）我元始征西北諸國（而）西域最先內附故其國人柄用尤多
大賈擅水陸利天下名域區邑必居其津要專其膏腴然而求其

善變者則無幾也。居中土也，服食中土也，而惟其國俗是泥也。和叔則曰：予非敢變予俗而取擯於同類也，其庶於道者，變焉。居是土也，服食是土也，是土之人與居也，予非樂於異吾俗而求合於是也，居是而有見也，亦惟擇其是者而從焉。自吾祖為使而入中國，委骨於是。若詩書禮樂，吾其可不從乎？俗之不同，理之類異，吾其可從乎？於戲！若和叔者，孟子所謂善變者也。其俗不銘，而銘其先；其俗墓近人，而必遠五害，此其變之小者也。（正集卷第五十三）

此言凱霖遷葬其先人以從華俗，蓋從遺也。凱霖實回回人也，其善變華俗如此，其持論亦平允。和叔謂如此，字曰和叔

道也美矣

丁孝子傳

丁孝子名鶴年字鶴年西域人也性狷介窮經博史尤工於詩自其祖入中夏世爲顯官父職馬祿丁公官武昌縣最長有善政歿而就瘞武昌後兵亂鶴年倉卒奉母夫人走南徐世父家生母馮氏先瘞邑之東村東村首難竟阻絶莫之知也餘十載母夫人歿鶴年又避地明之定海聞父墓嘗爲盜發掘生母又病死瘞洪道鄉日夕憂悸且却絶酒肉鹽酪示自貶又二十載道日通即告牒還武昌至則別竄地樊山窆父柩卜日襄事日已迫而淋雨十日不止鶴年先一日拜雨中願翌日雨止半日終事殯至質明密雲雖四塞雨則强不澍也及發引視窆而后雨傾瀉如故已而訪生

文津本誠

母塋地村聚中村聚自兵後草莽極目父老皆淪喪間有存者又
轉徙他地故母之塋地漫不省何所自秋至冬徧詢之終莫有知
者鶴年無以措意進作母主蚤暮拜母主前求五旬浹有拜報至七
日夜夢母氏出高堂中鶴年遽牽母衣慟哭以慟即寤晨起鄰老
楊重者至云吾昨夜夢子之母氏堂宇間自內出以酒肉見賜與
三人同食飲內一人不御也鶴年以夢母氏與鄰老同所夢堂宇
皆在舊業之西又同夢之又同斯氏塋地映兆誠與菜荒土物色
之因具畚鍤偕往徘徊顧視見平陸土有陷下者鶴年意謂吾聞
母塋時無棺槨下甃土磚上覆敗母板人無板腐盡乃爾茲迨可
啟而觀歟遂陳酒肉以祭祭畢斸其土骨果見板僅有松節土磚

拔

亦具在是矣。然恐他墓偶有同者，復嚙指血骨上試之，良久取去，
血骨通变黃色，可驗。母一齒當口中，如漆，視之亦驗。時四人同往，
享祭餘，鶴年未嘗入口，與鄰老嫠無少異。爽乃收骨棺斂，塟是
鄉，慈母王氏墓在寒溪塘，併加封樹，鶴年就廬於父墓，將終其身，
一時論者咸稱為孝子云。
論曰：子盡孝於父母，固當至感，夫幽冥涉至難而不变者，非孝誠
之至不能也。予考史冊，方多古而少今，孰謂鶴年屹然處乎頑薄
之中，為古今之所獨也？彼幽冥者且足以感之，顧不能感諸人歟？
（春草齋集卷七）

此言數年葬法之變華俗也。作姆[illegible]除回回之祭。

[illegible]傳，以回回法，血肉棺斂，亦華俗，非回回之俗。[illegible]

[illegible]凱霖之風，遵用禹首，[illegible]都，[illegible]見之，詞調[illegible]見其

受印象於華[illegible]俗也。

至三年之喪，及丁憂之制，元初西域人已有行之者，[illegible]

[illegible]元史一二六希憲傳

至元元年丁母憂，率親族行古喪禮，勺飲不入口者三日，慟則嘔血，不能起，寢臥草土，廬於墓傍，宰執以憂制未定，欲極力起之，相與詣廬，聞號痛聲，竟不忍言。未幾，有詔奪情起復，希憲雖不敢違旨，然出則素服從事，入必縗絰。及喪父，亦如之。（元史一二六）

四、尚有其他方法足以證之，將西域人喪葬漸效漢俗者

元典章禮三載有

「畏吾兒喪事體例，禁止畏吾兒效漢兒體例，其略所敘，兩句有所禁者也。其案如下」

一件，休似漢兒體例行者，搭麻花、掛孝、穿團頭，都休穿帶者，燒了收骨殖呵，休似人模樣包裹者，休燒墓兒者，休引靈者，或是揀莫那個七條裏，休依漢兒體例紙做來的金銀紙房、紙人紙馬襖子休做者。

行御史臺准御史臺咨，承奉中書省劄付，該准咬老瓦思八撒海迷失脫烈脫因納文字，譯該：畏吾兒田地裏從在先傳留下底各自體例有來，這漢兒田地裏的衆畏吾兒每喪事體例有呵，自己體例落後了，隨着漢兒體例，又喪事多宰殺做來的勾當每上位聽得上頭，帖薛木〔不〕速蠻也，喪事裏依各自體例行有，從今已後，這漢兒田地裏的衆畏吾兒每喪事裏只依在先自己體例行者，漢

木字誤不

皃體例休隨者、體例宰殺者、從今已後、不揀那裏畏吾兒喪自裏自己畏吾兒體例落後了、漢兒體例隨呵宰殺呵、那畏吾兒底家緣一半斷了者、麽道聖旨了也。依着了底聖旨畏吾兒底喪事裏合做底體例寫了和這文書一處將的去也。只依這體例文字教知者、欽此。(元典章[illegible])

漢兒因於畏吾的畏吾兒,即雜居漢地之畏吾兒也。畏吾兒雖居漢地,而仍沿[illegible]被化[illegible]雖有此禁,反覆門喀之禁戒,[illegible]奈[illegible]楚人[illegible]。何?帖薛、[illegible]謂基督教徒,[illegible]木速蠻謂回教徒,至元辨偽錄之遺所謂迭屑人奉彌失訶,言得生天,迭屑即帖薛,彌失訶,[illegible]彌賽亞也。[illegible]木速蠻[illegible]謂回教徒,長春西遊記上所謂至阿里馬城,鋪速滿國王領諸部人來迎,鋪速滿即木速蠻,[illegible]木速蠻[illegible]也。

王禮麟原集續六有

義塚記一篇，言西域人仕中國者，其土葬不[illegible]而歸[illegible]，其詞曰：

義塚者何，西域民族瑩也。瑩之者誰，吉安中憲大夫達魯花赤[illegible]也。于是可觀德矣，于是可知混一之盛矣。何也？西域之于中夏，言語嗜欲殊焉，雖漢唐以來，婚媾有之，然各懷舊族，不能雜處他土。願安有生西域而葬江南者，惟我皇元肇基龍朔，涉華垂統之際，西域與有勞焉。洎于世祖皇帝，四海為家，聲教漸被，無此疆彼界，朔南名利之相往來，適千里者如在戶庭，之萬里者如出鄰家。于是西域之仕于中朝、學于南夏，樂江湖而忘鄉國者眾矣。歲久家成，日暮途遠，而何肩肩首丘之義乎？嗚呼，一視同仁，未有盛于今日也。

至正十年辛卯，公以海北廣東監憲簡在帝心，選守名郡，實監吉安明

[illegible]

先當為花之誤

木不花

王禮

年淮致蔓延，賴公仁勇康明，戡定勞來，所以父母斯民至矣。又以餘力，買地一方于水之東，西域官死于此皆葬焉，築堂三間，以享以祀，俾帖漠伯先，量其後而世守之，庶無他族逼處，魂魄相安于九京也郡之耆老，嘆于里巷曰：傳稱親親而仁民，仁民而愛物，推是心也，將掩骼埋胔，如恐弗及，況士大夫之墓，有不封嘗之于餞錢于我土地者，有不惠利之乎？父兄詔其子弟曰：吾儕小人，服盡情盡，相視逢人，疾而不恃，喪而不救，壞土墓壤，甚若仇敵，閭賢太守之風，將不勝其愧悔矣嗚呼，民德歸厚，其在斯舉也夫，是不可以不記。（麟原集卷六）

西域人祠祭效華俗

貢師泰玩齋集卷七

義兵萬戶鴉哈穆特安塘生祠記、始知元人對於回教徒、亦以祀施

求如今義兵萬戶鴉哈穆特公致遠撫士恤民盡心報國始終不

渝者蓋不多見也按公之先自西域徙京師宦遊四方子孫益盛

致遠侍親杭浙以蔭補官勅授廬陵井岡巡檢職在察姦禁盜而

所至書策自隨深有意濂洛之學事上接下一於溫厚和平至綱

常大義所關則正色凜然不可毫髮忤臨危涉險慷慨出萬死如

履坦途蓋由詩書講貫之餘有以察夫天理民彝而此心之涵養

有素也於是里之父老相率立祠江滸以繫其思若召南甘棠之

詩西都循吏之傳張益州畫像之彷彿其生衣冠狀貌有不自知

其然而然者雖公之德業聞望不繫祠之有無然人情感慕之誠

中略

元人安積周氏劉孫楊章孝敬書

則必因祠以著（蓉石初集卷七）。其此文最能代表中國人之觀念，所以朝廷祠
之，回回與一神教徒皆排斥之偶像，其性質絕對不同。所
謂世業之思與先之祠，能為紀念性質者，何嘗有絲毫
邀恩祈福之意，此回紀詩，回回人信也，回教徒之偶像比
崇拜敬從者，守曰埃人乃以為之回教徒，亦同為合教
有非教之詞也。以此校也最進先薦之論，傳文進一步矣。
因佛之道像生前仲，而此之像祠則生者身也
非像又則異於因其祠也，以校為贊祥許家之褒
忠，京宣又進一步矣。因之祠……祠則……也
然北首合祀於前人，本祀於本祀者，皆元西域人
中亦恆見之，其出於基督教徒也，其染中華習俗者
矣。馬祖常石田有隋以同中之議，祠堂於天壇……基督教
宗儒……有……何當有祀，皆性情讀詩……
文宗……北教……

[illegible]

五龍廟碑 為

佚

中書左丞許有壬撰，其略曰：

彰德路安陽縣西北五里洹水之陽有五龍廟，廟之下水黑而深，洹水至是瀦而後泄，其龍居之淵乎。太原元裕之故廣初書言明昌中風拔廟樹，卯地有蹟，事頗涉怪，而不及廟之建始何時。其號五者，具五方為象設爾。以其禱之屢孚也，路達魯花赤曲公凱霖、同知阿監、判官毛刺真，嘗修其廢，築臺其前。至元四年戊寅夏旱甚，甫事請禱，六月二十日甲申，總管杜公德遠始下車，慶惶無措

曰不才之來，丁旱之會，又數日不雨，則苗盡槁，公何食，賦何徵，責
何以逭。盡走靈祠請（而禱）蔔。公曰：五龍廟効靈自昔，協恭精禱，神兵憫
乎。於是率僚屬，齋沐具香幣禱焉。戊子行事，雲乃起，是夕微雨，越
翌日雨大作，三日乃止。苗之槁者浡而興，市之閉遏者發，人之轉
徙者息，病者以蘇，訛言以寂，豐凶笑顰，變乎旦夕。既報祀，安陽縣
尹趙君時敏刻石以昭神貺，以達邦君之休。
系案碑久毀沒，今據至正集補入。至元四年夏旱甚，縣館杜德遠
與路達魯花赤蔔凱霖協謀禱雨有應，為述其事如此。凱霖見
至正集。西域佚者哈只哈心碑之凱霖，字和叔，撥寶慶路
達魯花赤移彰德路臨漳縣，臨漳終更移安陽，遷林州達魯花

[illegible]

补條

赤。陞奉議大夫彰德路總管府達魯花赤。兼本路諸軍奥魯總管府達魯花赤。管內勸農事。丙子春旱。入境即雨。和叔自渭偶然而民心是悅。其來也。作洹水石橋。修公廨。傳舍。百廢具興云云。

德遠見至正元年儒學雅樂記：至元戊寅夏六月。定興杜公由中書右司欽奉命以總管來蒞茲郡。下車祗謁大成殿。已乃興學官而進之。詢以祀未有樂。率□□為缺者一百有三十。造八音之器。其製六十又四。選儒生之妙齡俊秀者。而閑習之。禮行樂舉。間奏迭作。鏗鏘清越。既翕而繹。審是則二君之為政。舉得其要。故能致誠以感於神。非是恐龍不為靈也。安陽縣金石錄卷十

另起單行
四溝

白龍潭廟碑[illegible]
伏致和元年六月舊在潘流村
王博文撰并書其畧曰
距城西南二十里潘流村有白龍潭者叢祠蔚然其水不經見其
詳不得而致焉蓋山泉細滔泓渟洄洑匯而為潭者也故老相傳
中有神物居之頃年旱暵有禱輒應泰定丙寅燕人馬合謨來守
是邦德化昭昭民物熙熙越明年丁卯秋旱禱而果雨遂割俸金
一新廟貌所以答神貺也又明年戊辰實致和改元正月不雨至
六月褰陽肆山麥無完穗罹旱之禾日就焦槁太守有憂之躬率

刪存

傺僑絶蹕革去中機行香致懇徧告諸祠越五日僉判侯公思明乃諭於衆曰彼潘流龍祠者曩因旱請不旋踵而雨應今茲旱虐滋甚公等何待而不往禱焉且歲事不登饑饉洊至司民牧者爲之奈何祈禳救荒固下策也雖然書不云乎至誠感神矧恐吾人不能盡其誠耳吾其往焉幕僚知事王德暉照磨汲宗顯實佐其行協共乃事擇日涓潔徒步而指所謂白龍潭者即事之始先以絳帕冪二瓶置香案謂之請聖水得請則水滿其瓶不得請則瓶空如故亦可以卜雨之有無於是祈禱如儀肅拜無算此來發瓶中水滿而絳帕不濡斯爲靈也已既迺舉水以歸崇奉惟謹居二日陰雲四合而雨雨乃大作槁苗浡興人心敉寧歲號小稔嗚呼龍固靈

物也，不有僉判等之精誠，無以見其神異；僉判等固循吏也，不有太守閔農憂，無以盡其虔禱之勞；太守固賢二千石，不有視民如傷之心，無以回天地之和氣。嗚呼，盛矣哉！

祭案碑佚，今据鄭秉刪節本補入。撰文及書者出王博文一手，博文見元史李冶傳，云儒生有如魏璠、王鶚、李獻卿、蘭光庭、趙復、郝經、王博文輩，皆有用之才，又皆嘗王所當聘問者，舉而用之，何所不可。是博文為時所重如此，而鄭秉惟載博文魯人，挑居相之清和坊驛西，溪從元憲宗南征，歷官禮部尚書、御史中丞，卒，封魯國公，謚文定。其被薦舉之美尚未泯也，今觀其文導揚諸有司閔農祈雨，亦不溢美，則其言之不謬又可懷也。

案郭文簡續府志、採此文入藝文、於記末題承事郎睢陽尹郡人王博文撰、此必碑舊題也、蓋文簡時碑猶未埋毀、故得據以書寶、（安陽縣金石錄卷十）

武信

庚申，中統元年。

新元史列傳作也里迭兒，而氏族表則作也黑

紛為督辦

傳

元贈效忠宣力功臣太傅開府儀同三司上柱國追封趙國

公謚忠靖馬合馬沙碑

按也黑迭兒系出西域，唐為大食國人。世祖居潛，已見親任。已未

南征還，幸其第。也黑迭兒聞乘輿至，衣地金綱以藉馬蹄，尋裂金

綱分惠從官。上深納其勤款。庚申即祚，命董茶迭兒局。凡潛邸民匠

隸是局者，悉以屬之。茶迭兒云者，國言廬帳之名也。是年九月，錫

金虎符，護以璽書。至元三年定都于燕，八月，授嘉議大夫，佩已賜

虎符，領茶迭兒局諸色人匠總管府達魯花赤，兼領監宮殿。時方

用兵江南，金甲未息，土木嗣興，屬以大業甫定，國勢方張，宮室城

邑非鉅麗宏深，無以雄視八表。也黑迭兒受任勞勤，夙夜不違。心

二人元史皆無傳 劉秉忠張柔見元史百五十七、一百四十七

講目算指授胘龐咸有成畫太史練日圭臬斯陳少府命匠冬卿
掄材取貲地官賦力車騎教護傭功其麗不億魏闕端門正朝路
寢便殿掖庭承明之署受釐之祠宿衛之舍衣食器御百執事臣
之居以及池塘苑囿游觀之所崇樓阿閣縵廡飛簷具以法故後
不厲民財不靡國帑足使衆悉足勞人功成落之貺賞稱首歲十
二月有旨命光祿大夫安肅張公柔工部尚書段天祐暨也黑迭
兒同行工部脩築宮城乃具畚鍤乃樹楨榦伐石運甓縮版覆簣
兆人子來厥基阜崇厥址矩方其直引繩其堅凝金又大稱旨自
是寵遇日隆而筋力老矣紀功太常攸致欽崇部人鑿石作像髭
髯咸肖沒置墓舍族屬見之謂其非法謀棄隱處世祖夜夢也黑

迭兒若有愆事狀如生平明發召詰其家以像事告亟命止之賜

楮幣萬緡作祭事其子馬合馬沙寳世其任大駕時巡上京出狩

近郊入門甫植幄帳預存風雨收除㯳灑具宜齊祭張次燕享設

帝制作疊出等威以張物絕濫惡工極縝緻亦既歷年小心匪懈

數被殊眷積階正議大夫遂授工部尚書領茶迭兒局諸色人匠

總管府達魯花赤以終 圭齋文集卷之九

非詩文者，其居處於何見之，亦於詩文見之。

伯顏子中為元季詩人，世家江西之進賢，[illegible]卷十有伯顏子中傳，[illegible]已見前篇。

元詩選三集劉聞容窗集有詠

顏子中池亭二首云：

池淨天容湛，窗虛水氣通，遠山來戶外，飛雨灑亭中，薜荔含朝景，蒹葭集晚風，平生江海念，相對興無窮。

種樹年年長，開牕面面涼，雨苔生砌綠，秋葉墮池黃，得句閒拈筆，拋書懶近牀，旅懷隨所至，誰復計行藏。（元詩選二集劉聞容窗集）

由此二詩，可窺見子中居處之一斑。其[illegible]風景[illegible]、南風[illegible]也。

元詩選三集偰玉立世玉集有偰守居園池詩，其序云：

絳守居園池并序

至正五年乙酉之秋，七月既望，余自河中讞獄還司，過絳，登守居園池，昔日亭墅志已堙沒，獨洄漣亭、薌堂稍搆以還舊觀，流泉蓮沼猶仍故焉，堤柳陰翳，蓮花鮮妍，庭竹數竿，清風泠然，有塵外之思，即事賦詩云云。（元詩選三集庚偰玉立世玉集）

此非偰玉立園池，而偰玉立以一西域世家，尊尚古人遺跡，加意保存，西域[illegible]其題咏[illegible]，其愛慕古物，可知也。此亦西域人精神表現之一端也。

附刻忠宣公青陽山房記

青陽山房在今廬州東南六十里巢湖之上因山以為名武威余公讀書之處也余公之未第也躬耕山中以養其親即田舍置經史百家之書釋耒則卻坐而讀之以求古聖賢之學是時未有青陽山房之名也及其出而仕也不忘其初乃闢其屋之隘陋而加葺焉益儲書其中冀休官需次之暇以與里中子弟朋友講學於此於是始有青陽山房之名然而未有記也文容京師謁公於翰林辱不鄙而與之論學因及青陽山房之事而屬以記固辭不獲退而思之余公世家武威而居淮西武威之俗以馳馬試劍為雄淮西在宋時為極邊其民操干戈持弓矢習戰鬭賴國家承平偃

武修文未百年間余公以儒自奮文章政事卓然為時所宗而名聲遂流聞於天下是雖風俗與時移易而余公以拔萃之資出羣之材超世之志有不可誣者矣向使余公習其故常當國家偃武修文之餘風俗與時移易之後不知學問其天資才智自足以取富貴不過富貴之人將以號於天下曰儒者則未也所貴於儒者以其能學先王之道也故雖窮為匹夫其言其行猶足以化民而成俗流風餘韻亦足以起人仰慕於無窮而況於有位者乎夫青陽山房以余公而得名不然一田舍耳故地不自勝因人而勝人不自賢以學而賢甚矣人之不可以不學也余公之有是山房也非以自私也欲使學者讀書於此也里之子弟被余公之教皆曰青

陽山房多書吾其游焉讀書而有成郡邑之人慕余公之義又將曰青陽山房多書學之者衆吾其游焉讀書而有成四方之士聞余公之風莫不曰青陽山房多書學之者皆有成吾其游焉後來繼今聞風而興起者又若是將見賢才濟濟出為邦家之光青陽山房傳之不朽矣豈不盛哉此記所為作也若夫湖山之勝深者涯雲天高者薄霄漢蛟龍之所蟠虎豹之所蹲怒而為風喜而為雨聲色動植之物陰晴明晦之變古人之所爭今人之所賞遺墟奧壤可喜可傳則又青陽山房之奇觀也當有名公顯人妙能文辭者游而賦之記不備錄余公名闕字廷心元統癸酉進士及第初命泗州同知擢翰林應奉遷刑部主事復入翰林為修撰拜監察

御史、轉禮部員外郎、出為湖廣行省郎中、徵入集賢為經歷、尋改翰林待制、今為浙東廉訪僉事、云新安程文記、

[illegible]

〔葛邏祿迺賢〕

〔盍清堂并序〕

閩海憲使合魯桓穆公歸休嵩山之下鑿池引流列植卉木扁其燕處之堂曰愛蓮公没堂池逮廢其孫國子生張閭伯高謙恭好學思繼先志乃復增葺而新之國子先生陳伯敷易其名曰盍清伯高謂余曰與君世寓南陽且支裔聯屬可不無作因賦律詩十有四韻以復其命云

[illegible]

嵩嶽雲峯近高居水竹幽築室依別墅甃石帶芳溝翠荇含風弱紅蕖著雨柔菱歌花外發蘭槳月中遊卷幔紅雲亂開尊碧露浮使君曾秉節持斧照南州綠野池臺晚平泉草樹秋吾宗多秀發

[illegible]

公子獨清修、屢接何蕃武、長懷賈誼憂、拾螢供夜讀、走馬散春愁、朋友頻相過、琴觴每唱酬、籍通青瑣貴、文擅省闈優、歸思勞清夢、高情憶故丘、卜鄰端有約、歲晚共綢繆、（御選元詩卷六二頁之元近遊新集氏）

劉敏中

高唐監郡野爾多和托穆系出西域，圻節士，讀書樂善，士大夫稱之。兄弟六人，而君居季。其父獨以君襲是職，監郡凡三世矣。作忠順堂居之，因郡人元恒齋正卿來徵言，贈以二詩，有

系族來何遠，文儒夙所耽。白眉班在六，皂蓋世傳三。政體宜深得，民情亦飽諳。眼前忠順字，元不是虛談。

順有當行理，忠無不盡心。一堂非濫構，兩字是良箴。事業皆中出，名聲豈外尋。家門日光大，萬覽處淵深。卷三 中庵集

守中有霜月軒、
王毅木訥齋集有霜月軒詩序云、

王毅

霜月軒詩序

高昌守中榜其讀書之室曰霜月軒、將俾善讀書者詠歌其志、求予毅具卷端、余聞洙泗之訓曰知者樂水、仁者樂山、紫陽釋之以為仁者安於義理、而厚重不遷、有似於山、故樂山、知者達於事理而周流無滯、有似于水、故樂水、今守中無亦揆理顧嚴結潔有似于霜心術光輝有似于月、故明名其軒以見其志邪、守中造詣淺深予不得而知也、苟至於是、則當競業而加勉焉、若猶未也、則當勵揆揆洗心、不至於是不止也、否則不實之蹈、惟名之誇、此流俗之通患、非吾所望於守中者、守中家世顯榮、德性謙退、謝綺紈之習敦詩書之好、予愛其德、故進之以道、由是而勗之、則將凜凜乎其有守中昭昭乎其有見、而夜讀書軒中、庶幾斯名之稱情也哉、元至正癸巳九月初吉、瑯琊王毅序、（木訥齋文集卷之一）

西域人之中國建築（宮室）

西四前 閭將齋、美賢文忠集卷二十二有將齋記、見前

實哩甫白雲山別墅、見元史卷一三七察罕本傳、

閭里吉思有萬卷堂、見元文類卷廿三高唐忠獻王碑、皆見前篇

買閭有一樂堂、梧溪集卷五有

懷哲操 有序云

懷哲美買閭教授敬親愛弟也惟敬愛也不以禍亂窮覊少渝

馬搆堂名一樂前朝儒公卿頌述備至而琴操缺遺故予補之

云（父母俱存兄弟無故謂之一樂）

朝堂兮誦書思君陳兮履絢暮闈兮詠詩思張仲兮履綦天道兮

人事兮洒鑿兮齟齬茲樂兮蓋難匪人兮天與孝友孰先哲兮是懷

弦琅琅兮允諧樂安得兮众偕 梧溪集卷五

閭里吉思有萬卷堂、元文類二十三高唐王碑、見部第二節書房

窠罕有白雲山別墅

朝

來希集卷九有馬合馬沙碑、馬合馬沙之父也、其從兄爲建第燕都之前、

和宗大中有元田別宮殿製作一表不肯援人名氏、四年附存目

高昌偰公遠之近思齋、鄭元祐僑吳集卷七

孔子曰、切問而近思、仁在其中矣、

近思齋箴、為高昌偰公遠作、

聖人有心、孰能無思、思而惟一、睿聖可期、聖徒示訓、在思之近、譬則升階、斂步而進、級盡一級、學博理窮、篤志切問、仁在其中、必由親親、遂及仁民、方至愛物、由漸以循、格言用疏、昇爾齋規、吁嗟靈府、敬而聽之、（僑吳集卷七）

鄭元祐

博學篤志、切問而近思

高昌仲禮有九思堂。孔子曰，君子有九思。趙汸東山存稿四

君子有九思

九思堂記云，

九思堂者，高昌仲禮公閒居之所也。至正十一年冬，公涖兩浙鹽政，命前所治邑休寧諸生趙汸爲文以記之。汸聞諸君子，一言而可以決天理人欲之幾者，曰思而已。然或昧其常務，則剛者健決而失中，柔者纏繞而無斷，去夫不思而蹈於惡者不遠矣。故吾夫子之教，欲人即身心日用以慎夫所宜思。其目雖九，而思則一。夫曰視、曰聽、曰色、曰貌、曰言、曰事，六者皆人之所以交於物也。曰疑、曰忿、曰得，三者又交物之所不能無者。人惟忽而不察，與夫思之不以道也，是以欲動情勝，而蹈於一偏。設有覺焉，而天君內示以念其所當然，則必明必聰，而是非不壅於聞見，必溫必恭，而情慢

不攝於身體、必忠必敬、而悔尤不見於言行、以至於疑不滋惑、忽不忘身、敢不傷廉、而動無不當矣。故思者所以遏人欲而存天理之防也、詳其目則接於外者有恒、一其心則主於中者不二、譬如明鏡在室、上下四旁靡不照、而豈有一偏之失、罔斷之疑哉。自古聖賢所示脩身為政之要、莫切於此、公能取之以名其堂、信乎知所先務者矣。然汸觀公之治休寧也、不姑息以為寬、而民懷其惠、不任刑以為猛、而民畏其威、不避嫌以為刻、而民信其廉、既去而復相與立石頌焉、字剥而重刻、比淪於水、又出而樹之、愈久而愈不能忘。為御史、彈劾無所顧慮、言既不行、退居於家者八年、未嘗以一辭通貴人、親戚在水監、行視河患、不避險艱、及當興重役、則喟然嘆曰：大禹聖人，亦行其所無事而已。夫以公之見諸行事如此，則存諸念慮者正矣。其於夫子之言，所謂非苟知之，亦允蹈之者歟。近世論士大夫者，咸觀其取舍以為得失。然公嘗謂訪曰：凡人材性長短，皆得於天，至於義利取舍，則為之在我，又何難邪。蓋非見善明而用心剛，不足以語此，豈崇猜忌以察為明者可同日道哉。公之祖哈剌脫因監戰，公以萬夫長典御史丞相同樹勳績。考忽都不花公仕止鎮江監郡，有賢聲。而公以胄子入官，甚世家之澤遠矣。因名堂之義以進其德，而偉然自立於一時也，宜哉。（東山存稿卷四）

此外見於考藩者，有潤里吉思之万壽堂，[illegible]平章之白雲山別墅，四四之時亭，皆西域人之住構也，可以證明元西域人居處效華俗也。

薩紀錄參有瑞竹堂吳鑑跋文如采滿十有

瑞竹堂經驗方序云

人有恒言肴方三年無病可治治病三年無藥可療斯言何謂也
謂病之有方不難而方之有驗為難也盱江郡侯歷仕風憲民社
愛人一念隨寓而見有仁心有仁聞人之被其惠澤者奚翅百千
萬而蒞官餘暇猶注意於醫藥方書之事每思究病之所由起審
藥之所宜用或王公貴人之家或隱逸高人之手所授異方率和
劑焉因易簡等書之所未載遇有得必謹藏之遇有疾必謹試之
屢試屢驗積久彌富守盱之日進一二醫流相與訂正題曰瑞竹
堂經驗方爰鋟諸木以博其施皆愛人之仁所寓也既仁之以
善政復仁之以善藥孰有能如侯之仁者哉噫世之醫方甚繁用

之輒效者蓋鮮，今之所輯，悉已經驗，則非其他方書所可同也之。侯名薩德彌實，瑞竹堂者，往時侯揷竹為樊，竹再生根，遂生枝葉，人以為瑞，而侯以扁其堂云（吳文正公集卷之十三）

瑞竹堂經驗方今名傳於世者，清四庫輯永樂大典本。

中國藥方之由西域藥方也，自此可見元時西域人居華服食，無所往而不漢化也。此外如藥物之見於本草者，有阿里青思之方、老虎荳、答失罕、白雲小刻、野生回回之將、蕃營西域人之佳構也。

原序瑞竹堂經驗方序

曩予誦范文正公良相良醫之言，未嘗不歛袵嘉歎。何則？良相輔弼元首，治天下，興利除害，選賢任能，使人樂其業，而吾仁之見諸事者，足以澤被四海；良醫導和人身，療百病，脫痾起痼，斡元氣而開壽域，使人安其生，而吾仁之蘊諸心者，亦足以波及萬姓。蓋出處之轍雖異，而吾仁之用則同。君子不可斯須而忘吾仁，則吾仁之在天下，亦不可勝用矣。謙齋先生沙公，志文正之所志，學文正之所學，輕車埋輪，繡衣直指，所至摧奸貪之膽，拯生民之命。由柏垣而登徽府，一以是心，民以是厚。今為建昌守也，始將小試龔黃事，為異日姚宋張本，良相之效，豈不著哉！然公猶以為未盡，乃退而考訂名醫方書常經驗者，分門別類，為一十五卷，鋟梓郡庠，因目其書曰瑞竹堂經驗方，以惠斯世。噫，如公之仁，可謂至矣。予故序諸篇端，欲人人之誦此書者，不惟知公之心良於醫，又當知公之志良於相。二者皆自公仁心一點中出。王都中序

域人漢學之係者，蓋不見重之價數：吾佩雅好詩書，又其著焉者也。故之
貫、錄果、袁桷、代祀萬紹諸詩，無不有詩，首舉之二，而例也，其見可證
之言，静江諸序，亦載朝闌雅書雅正之，以文學才諸為出於天子、出其郡治，館閣
傳士及，承師年明一士，出作新而文章以表其所也，而傳余之而文序西域

送馬彥翬之赴江西省管勾詩序曰

金陵民寓官馬君彥翬由進士為江西行省管勾、行有日、其故人劉獻可具請於彥翬之所嘗與游、尤長於詩者、咏歌之、以張其行、得詩若干首、彙一卷、謂上元楊翮甫嘗習文詞、宜為序、虛其右方、屬焉、予惟昔者聖人既采周南召南邶鄘衛王鄭齊魏唐秦陳檜豳諸國風及小雅大雅周頌魯頌商頌、刪定為三百十一篇、而其徒卜商實序之、後之學者始得以通四詩之旨、而詩人之情性、郁然大明、今獻可類萃諸君子之什、其必有所取法已、余其可惜蕪陋、詞無以塞其意、乃受而為之論次、以附子夏之學序曰

金陵為江左文物之邦、歷晉宋齊梁陳及南唐為都會、其俗特善

歌詩自是以來作者日衆雖風氣之隆下有時而凡著在編簡者無不可觀也往者天朝克定李宋金陵獨未嘗被兵行御史臺開府郡中涵煦五六十載人才輩出文物蓋彬彬焉日先君子以經學教授於鄉間嘗取宋晋諸賢之詩令學者習之未幾而陶靖節謝康樂之遺音絶響一時復振比年來郭先生長卿丁先生仲容咸以盛唐之體為學者倡於是後進之士多翕然向風而李翰林杜拾遺之律度駸駸矣當此之時雖寓跡玄門釋宗者亦莫不知所慕尚吾鄉詩歌之作於斯為盛彦翚自早歲寓金陵有賢名其授官而復來也其合郡之學士大夫盡交焉故其上官之日因具得其詩而四方文秀人名公卿之在金陵者亦附詩卷中由是在卷

文津本作城、

楊翮

之詩美且富君也惟彥翬始以西域世冑入天子太學用大興府
鄉舉擢右科進士今任郎官為列有僚屬得共卿相共事其年正
强才德方懋憲官御史將交章論薦彥翬彥暉顧何假於詩所稱
道然江西幕府則有若大梁崔公九方河南王公止善實為郎中
皆當世之通顯號為能詩者嘗以文辭事二公於浙有年彥翬
往而有同寅之好他日將從容取吾鄉之詩而觀之則是詩烏可
之國風觀於此者庶有以見諸君子之於彥翬蓋厚也因論次而
書之至正甲申四月十又九日序（佩玉齋類稿卷四）

城

李存

安仁饒州引

江西貴信有

侯菴集卷十九有

弋陽縣阿里公宣差詩卷序云

至正四年□秋西域阿里公受命於朝來監信之弋陽縣公世居燕南以孝友稱故御史李公□學士貫公□參政蘇公伯修郎中王公□咸詩以美之咸文以紀之前乎此嘗監□□膠水有惠政其民述而刻之石今茲□以是理未幾而邑人歌詠之者復盈耳而載路碩安仁之於弋陽也壤地相接聞而知之亦有不能已於言者桂君才甫集而次焉何其聲之似弋陽也由其風於人者易而速故其形於音者皆諒而和論語曰惟孝友施於有政其阿里公之謂歟（侯菴集卷十九）

當時第一科興也，蒙古色目人即有應試，能中和其讀書實在未興科

第一次科舉林第一次，第一次也，胡長孺有

元延祐元年

送欣都朱盧饒諸生會試京師詩序見水東日記卷十 胡長孺 其文曰、

皇帝龍飛御天之三年十有一月詔天下郡縣興賢者能者明年、行江浙中書省試士錢唐凡一千二百有奇九月辛未列合格名、士里寓於書上丞相府蒙古色目五人欣都舉首江浙閩二十八人、朱嶸第九盧可繼第二十一江西行省試士南昌饒抃第七、四人者嘗授經永康胡長孺故欣都生之行也長孺告之曰若知夫舉選之故歟四代事舉言揚邈矣、孝弟力田賢良茂才漢也、秀才中正魏晉也、進士明經隋唐宋也、壹操行則質木而少文、專詞章則雜博而寡要、二者交相為病、縉紳先生深念之、卒莫之能革、二十年教化風俗之被於下、禮樂刑政之出於上、俱不能以無媿

古人固也今一變至古二三子又相望鄉書中是知選舉之故已長孺也其何以告若粹白莊遜以持其身幽深邃遠以致其學直方正大以立其節醇雅暢潔以肆其言告若止是矣繫以詩而敘之水東日記卷十二

揭傒斯文安公集[illegible]

送也速荅兒赤序也速荅兒赤字仲華者也其父曰

至元初從軍襄樊有抄兒赤者合祿魯人也以功為千夫長抄兒赤傳禿魯罕禿魯罕傳禿林台三世皆戍建昌而三世皆賢禿林台之子也速荅兒赤從郡人李宗哲學進士業有聲今年夏從其婦翁增城左君至京師拜余程文憲公故宅貌粹而氣和才清而志銳他日必為明進士然君子之學非所以為富貴利達之謀也所以進其德而達其才者也故其學不止于為進士夫文以制治武以定亂法律以輔治財用以立國皆君子之事所當學者且文武非兩途也用之制治則文用之定亂則武非文之外有武武之外有文也法律非不任也任之以為輔治之具非為治之本也財用

非不務也生之有道而用之有節非瘠民以肥國也故君子之學也用以致其君則為堯舜之君用以治其民則為堯舜之民非徒學以自別于農工商賈而已國家養之必以其道待之必以其誠任之必盡其才非徒用以竊任賢之名而已然學在我養不養用不用非所計也而用不用寔關天地之否泰國家之盛衰否道之通塞此君子之所憂不敢計焉者子帰第務學焉勿以科舉廢興為去就當天下任者倘有仁人之心不忍坐視淪胥于苛暴慘刻必有為國家計有也幸勉旃毋自畫（揭文安公文集卷之九）

由此可見色目人之讀書，大抵自入中國之二三世以後，其學與華人無異

我國力無前，風氣煥於中國，中國文物，如歐邏巴而不肯思歸

則惟有讀書入仕之一途而已

宋史四二一有家鉉翁，眉州人，仕宋元，大德間卒。元文類三十八有家鉉翁題中州詩集後，即□□之鉉翁，為宋使元被留，宋亡不屈，□教授於河間。

陳文圭牆東類稿六

送家鉉翁序

五方之人言語不通嗜欲不同性善則一修道之教所以明此善

也先皇帝武定內難文致太平舉中原百年之曠典大比興賢天

下之士雷動響應山巖藪澤之間搜羅殆盡而殊方異俗釋棚掉

甲理冠帶習俎豆來游來歌蹈德詠仁莫不洗然滌思奉明詔立

躋膴仕然有司事不素講學識淺陋紕繆不精故舉一遺百莫□

士論家君鉉翁輝和爾氏其先居北庭托克托太師寧國

公之裔孫幼穎悟自命不凡脫去紈袴習修孔氏之業讀文公之

書應江浙進士舉及格貢詣京師旋報罷自是杜門養志閱憲聞

其才而辟之君亦欲以所學自見不辭而就尋調行臺御史府掾

泰定丙寅余自暨陽出應容山縣聘校生徒於學君以六月慮囚隨二繡衣至縣一見握手如舊交謂余曰知子名久矣乃今得會於此相與道家世出處本末慨然久之君貌嶷嶷美髯如戟神采逼人必能曉暢官事觀御史職無不統奚止訟獄而已今不幸南北方數千里水旱民且狼顧振濟之方未知攸出奸豪侮法官得貪墨夤緣縱弛三尺無所施君能援經守律引義力爭何事不濟漢掾吏多為三公當時流品未分士競節行避驄埋輪之舉非一手所能安知在下無佐之者御史風聞言事耳目不可無也君年富氣銳功業未可量余老墓木且拱惜不及見之姑序梗概而已

陸文圭撰（牆東類稿卷六）

只抄參兩外，其言有可以證明西域人信仰風氣者。劉壎水雲村稿有

中大夫延平路宣相杏林公墓誌銘一篇云

公諱亦都忽立，其先回鶻人，徙燕，今為燕人，所居種杏成林，因以自號。父某，嘗總治鷹房事，世祖皇帝以才辯被眷遇，仕至工部尚書。公幼隨侍，通清光，因諜進。尚書曉之曰：兒乏詞辯，慮倉卒奏對失次，適自累耳。乃以中書選為蒙古譯史，博通諸國字語，既慎且勤，為時相所信用。會攻圍襄陽，缺馬，公被檄馳河朔括馬，不踰月，得駼駿數千赴軍，大得濟。又馳山東督餉，遄告辦，復得濟，時相稱信愛。久之，積年勞，宣受兗州達嚕噶齊，年甫三十，初筮即紫綬，人羨早貴。凡再任為許州、真州達嚕噶齊，入為萬億庫提舉，亦再仕。出為江陵路同知。七年，擢中大夫、延平路達嚕噶齊，秉傳開藩延

祐二年三月也、政尚寬靜、不弛不貪、不作威弄權、尤不忍興、造煩
民所專轄驛騮弓兵程督雖嚴無豪分擾、鄰郡汀有屬邑曰寧化
寇突至破之、披昌振鄰將樂元邇封也、民驚潰空其邑、公閫亟提
蠻卒馳救、又募諸邑義勇佐官軍、公指畫令屯、寇諜知不犯、公坐
鎮兩月、綏招逃散、邑復全、乃還府、府倉受權、歲委長貳更迭監臨
類有私覿、是歲公遞當次、嚴禁令、鏟宿蠹廩、無敢以私進、救輸送
速辦公私忘譯、明年臺察臨郡、多所糾摘、風動冰立、廉知公無玷
善待而行、公笑謂予曰、繼今慎而益慎矣、又曰、吾齒寢邁、吾將自
休、吾奎相有贍外節其贏堪謀生而逸老矣、入夏後咳嗽冷瓜暴下
不飲藥、五月十五日卒、年六十有七、邦人賢而哀之、其家發遣儀、

乃見無所蓄藏、隨身適用而已、人以是益信其果不貪也、夫人某
氏、男四、曰馬合、曰大都驢、俱未成、丁餘二尤幼、歿三日禮殯于谿
東二里之小沙、寶葬也、構亭覆其上、九月亭成、夫人使子來乞銘、曰、
我公雅敬惟老師父、師父亦雅知我公、盍爲公述平生大略、傳其
子孫乎、予哀其請、輒述弗辭、因思西北人材、雄傑悍鷙。、尚武而
嗜殺。、意者天地勁氣攸萃耶。、而公獨稟和易。、趨尚文雅。、通儒書。禮
秀士。、喜談僊佛。、善作大字。、綽有中州風度。、其鍾天地之仁氣者歟。、
胄出西土、而種靈特異者歟。、噫、善人亡矣、可哀也乎、銘曰、
仁氣篤生、西極異稟、譽被璞玉、天質孚尹、地分千里、秩崇三品、施
也弗吝、霜木凋隕、民懷循良、士頌謙謹、燕雲超超、託此旅殯、雙谿

劉壎

徽饒九峰揀筍桐鄉之恩、百世弗泯（水雲村稿卷八）。此者鄉恩之[illegible]鄉者[illegible]，

則飛業岡也。獨數（未能）西域人國籍世次，其所錄書，及劉壎之

所引述，則淳樸美風氣之遺，儒書未盡述。其考證佛仙者也。則

其史目，亦其可見合疑其光同回教人。

元時回回人之最受儒化者某某……阮元兩浙金石志卷十有舍剌甫丁墓碣……

元舍剌甫丁墓碣

故朝列大夫廣州路治中系本哈撒兒世居大（下闕）蘆溝橋公之父諱可剌馬丁乞答察大王位下諸色人匠宣差公諱舍剌甫丁至元十二年公（下闕）中書省伯顏丞相奇公之才薦引進見俾中書省咨發浙江省委充嘉興上海縣達魯花赤至元十九年祗（下）闕教命累調紹興之山陰衢之常山安豐之霍邱寧國之涇縣建康之句容皆任長官再調杭之稅司提舉又再調常州宜興同知延祐六年以資考陞轉欽受 宣命朝列大夫廣州路治中時公年未七旬遂移文謝事公平生以謹恪立身以勤儉成家以至誠奉上以慈惠撫下六宰縣一司征一同知州事過化之地皆有思

澤及民民愛之如父歷仕四十餘年其仕止久速意趣澹然康名
廣譽始終如一誠當世之良吏也及其餘年可仕乃急流勇退隱
居于杭之豐樂橋東舊班蓟築池圃植花竹爲高世避賢之舉以
禮義教子孫以詩酒交親友視富貴如浮雲得逍遥物外意易所
謂知進退存亡者公有之矣至治三年（癸亥）夏七月一夕公呼諸子前
曰我一生仕路廉謹勤儉賴以立身成家今與汝輩永訣汝輩當
念我各爲保家計遂正寢而逝公生於庚戌歲之十月十五日没
於癸亥歲之七月十二日享年七十有四公娶夫人楚赫别諸子
侍奉在堂子男五人長木八剌沙次哈馬剌丁阿老天丁忽賽因
皆蚤世次納速魯丁蒙古翰林伴讀女二人長實憐次惜里别

即新月旗

子男孫三人長阿老丁次法忽魯丁童童孤子木剌沙納速魯丁已於癸亥至治歲孟秋吉日奉公塋葬于錢塘之西湖南園從治命也然哀慕公之罔極遂誌公之功德于石口示後之子孫于無窮庶少發公之幽潛于萬一云　泰定改元甲子孤子木八剌沙納速魯丁立

右在南屏山麓正書廿三行行字不等碑無額上刻雲月之象。按文舍剌甫丁以伯顏薦咨發江浙六宰縣一司征一同知過化之地皆有恩澤似有政績可考今唯至大己酉湖州府治碑有忠武校尉總管府治中木八剌沙是其子衢府志載至元二十四年舍剌甫丁以敦武校尉任常山達魯花赤而已、年未七十、隱居杭之豐樂橋、卒葬西湖之南園、而墓碣之出、復得與於載籍、亦幸矣哉、回回貴族稱賽典赤、此云系本哈撒尼乞答察大王位下、諸色人匠宣差、知非顯族也、長孫阿老丁、曾于西文錦坊南營真教寺、俗稱禮拜寺、有明永樂敕諭碑、見杭州府志、南園即(倪)伲胄別墅、元詩猶有此稱、兩浙金石志卷十六

西湖遊覽志卷十八言真教寺為元時回回大師阿老丁所建，此碑言瞻思丁卒於至治三年，而阿老丁為其孫，以其時計之，決為二人同名也

賽典赤瞻思丁之為回回教世家無疑，然此碑既以阿老丁……

阿老丁實於文錦坊南營真教寺，依名禮拜寺可證也。據西湖遊覽志謂真教寺為元時回回大師阿老丁所建，此碑稱瞻思丁卒於至治三年，……阿老丁……

……真教寺之建……賽典赤瞻思丁……

四六四

雲松隱者圖序　庚寅（至正十年）

雲松隱者，西域彥修君之別號也。孰為之圖？秘書監劉君伯熙也。彥修君世胄高顯，蚤游成均，歷官清要，今與劉君同官為少監，然襟度夷雅，恬淡自將，居京師修文坊，杜門卻埽，留情詩書文藝之間。嘗誦唐李翰林廬山巢雲松之詩，而愛其山屹立江上，飛泉怪石，佳花美木，往往而見，昔賢之遺跡可以歷歷指數，誠東南之名山奧區。徒以縻於職守，未遑置身其地，故寄興是圖，朝夕覽觀焉。嗚呼，世之人亦孰窺其高致哉！昔者翰林謫過九江，雖嘗賞愛廬山，而有青天夫容之諭，亦曰吾將而已，則其巢松之語終弗能踐。今彥修君際國家盛明之時，駸駸日鄉於顯用，其勢莫得遂其

雲松隱者圖序

超然遠舉之志，則雲松之巢僅見其彷彿於圖畫爾。若余之不才，貪戀微祿於輦轂之下，春馬鄉邑實邇茲山，於是及其强健乞身以去，託迹煙霞水石孤迴寂寥之地，則隱者之稱宜歸於僕。吾虞修君果能讓之否乎？劉君亦肯為之圖否乎？（危太樸文集卷九說學齋集卷四）

何以知為答失蠻？則以元詩選初集李士瞻經濟集有甲午歲

題江陝王架樓和答石章彥修韻，甲午為至正十四年，故

知其為雲松隱者之彥修也。許有壬至正集卷六十七有

元詩選二集丁復檜亭集有送答失蠻彥修侍御史調西臺詩、

答失蠻彥修雲溪小隱像贊，稱其具有聖哲，想其英年嫺雅而

北郡數代、膏粱貴胄，詞曰：

厭膏粱之飫而釆山釣魚，舍鮮華之服而博帶長裾，拂朝市之塵

而居巖壑之僻，刷貴介之習而為山澤之臞，自非重於內而輕於

外，得其精而遺其粗，孰能棲神於澹泊，游心乎詩書，長松蔭庭，春

酒在壺，人間富貴之樂，有及此迂疏者乎？政恐不免於用世，而亦

將為一琴一鶴之徒也。（至正集卷第六十七）

題某某某記，卷三記之季

士大夫風雅相尚，若翰林周士夫、西域士夫，其高雅乃讓漢

人也。元詩選二集丁復檜亭集有送答失蠻彥修侍史調西臺

詩，答失蠻所答失蠻彥修之侍御簡稱也。

故魯郡夫人趙氏墓誌銘

中書參知政事安陽許公有壬之夫人趙氏、諱鸞、字善應、渤南大元帥贈開府儀同三司封秦國公謚忠宣諱按竺爾之曾孫女、蒙古漢軍元帥贈太尉銀青榮祿大夫封梁國公謚忠憲諱黑梓之孫女、奎章閣大學士翰林學士承旨銀青榮祿大夫知制誥兼修國史中書平章政事封魯國公諱世延之女、國母劉氏、封益國魯國夫人、魯公本雍古部人。、孫公業儒、始氏趙氏。、其外祖氏也、夫人朗惠而厚靜、幼時古文歌詩入耳輒能記、七歲、倍誦周易書屬對、九歲使習學女事、則論語孟子小學書皆成誦、其魯公之平章蜀省也、姦臣囚公居中司時、嘗論其罪至是、以詒遠公、繫請室、夫人年十

道家教

此三字旋鎖

安陽金石錄
揚子學書跋

三即却葷肉，向北斗拜禱，凡三年，旦夕哭泣，至翳其兩目，殁巨匹
魯公難解，目遂明如初。魯公文學政事重海內，爲國元老，而女又
賢明，選壻良稱難其人。初，參政以進士廷對，魯公爲讀
卷官，其對在第三等，謂同列曰："此人言磊落可行。"力爭之，寘第三
等，世以公爲知人。及參政爲兩淮轉運使，喪偶且期，值魯公還金
陵別業，因請婚，於是夫人歸焉。前趙夫人有子曰燕山，纔八歲，女
纔三歲，鞠育如己出。燕山幼讀書，親教之。婢嘗逐兒，竊擲置不問，
察之逾年，得婢篋中，以語參政。曰："何言之不早也？"曰："恐公躁怖
兒，吾知其必妄，故不言也。"夫人及事姑魯郡高夫人，未幾而姑卒，
終喪語及必流涕，謂不得盡婦職也。魯公以其能補易，嘗教之筮。

遂初錄

自廣陵如鄞來至金陵三十里聞魯公與劉夫人偕來筮得觀之
益曰納甲法乾宮金用上為父母陽土伏而不出其飛來者陰土
也切身且動吾母其獨來乎已而果然至鄞聞城中火且及所居
參政以為憂筮得坎。其占為傷財。夫人曰此則不必以納甲論當
冬占火而得坎火能神乎火果止其識類非師傳方冊所有者諸
陰陽家書皆能通之。魯公嘗言吾教之一。其自得蓋六七云。能琴
居五年參政不知偶攜琴自怡夫人始一鼓乃作十餘曲又能善筆
札皆不自表襮生長將相家而服食約素遇親舊不擇貴賤一異
柳若寒門女其善行蓋有不可殫言者初封高陽郡夫人後封魯
郡夫人至正元年正月廿一日卒于京師年三十四生二女一子

皆不育，發引之日，天子賜賻中統鈔萬五十貫，公卿大夫士咸送之郭外。是年四月甲申，葬安陽武官原從舅姑之兆。參政以旅為魯公門生，使為銘，將以納諸幽。旅義不得辭，乃為之銘曰：夫人之生也，為魯公女，為許公婦，則天雖嗇其壽，而於生也厚矣。（安雅堂集卷十）

（二）

（據安陽縣金石錄卷十二云，此石藏小營村趙氏典家，乾隆二十一年出土，字畫漫滅，今移置許文忠祠內）

（附）自上以其銘詞為以下，安陽金石錄全闕，據安雅堂集補。

此文不詳其名，趙世延孝女墓誌銘，當時家譽人所稱之方法淡明。

其晚年好道，嘗撰武當山、茅山、龍虎山志，詳備老籍，今此文亦言其女拜

[illegible]書，以道隱為家言，可知此史。家學實有所本。

隱陽衍數為一辭，色且人治業并傳，緣其進於此

（脫於陳旅元史本）傳卷一[illegible]，據此陽存貫公神道碑，[illegible]

[illegible]之女又，有學識，能文辭，通經學，嫻筆札，謙名父，[illegible]

[illegible]二女子，移為此書偶

西域婦女之華學

趙夫人、丁月娥、[illegible]孝女[illegible]、仇達迦[illegible]、[illegible]士、貴壽女

吾曹見偰氏[illegible]，詳傳[illegible]。[illegible]

魏郡夫人偉吾氏墓誌銘

至正元年四月二十日今吏部尚書偰哲篤公之夫人卒壽四[illegible]

有一（以）某年某日葬于溧陽州某鄉某山之麓尚書既親志于幽[illegible]

堂其子偰伯僚遜等復以尚書之命徵予銘揭諸封隧用昭示于

後以予辱與尚書有同年之雅政不敢以不文辭謹按夫人諱

月倫石護篤字順貞系出偉吾氏曾祖諱雍吉脫忽倫由雍吉脫

忽倫而上世仕本國祖諱脫烈事世祖皇帝為功德使以勞績被

褒錫甚厚桑葛東政嫉其能而惡其不附己誣構以罪遂遇害考

諱八里麻吉而底資善大夫福建道宣慰使都元帥妣廉氏中書

右丞布口迷失海牙之女夫人生而聰慧稍長能知書誦孝經論

語、女孝經、列女傳、甚習見前史所記女婦貞烈事、必再三復讀而歎慕焉。年十七歸于偰氏。偰氏本突厥之貴戚、自唐以來世相儕吾氏、遂為其國人。（金華黄先生文集卷三九）云云。[illegible]中書夫人事姑教子事甚詳、[illegible]

[illegible]

[illegible]先文[illegible]謂、[illegible]業學[illegible]書經[illegible]女孝經

列女傳[illegible]女史[illegible]

書[illegible]

謂[illegible]學[illegible]

吾周行也。

[illegible]丁鶴年[illegible]

[illegible]鶴年所學[illegible]于其姊[illegible]授也。鶴年[illegible]明史[illegible]列女傳

[illegible]傳[illegible]詳、其所取[illegible]

[illegible]月娥傳[illegible]

於此今[illegible]錄其文如下、

月娥傳

月娥者、某年燕湖萬通甫之妻、武昌邑長職馬錄丁公之女、西域人也、少聰慧靜幽、諸伯氏皆明經工舉子業、月娥隨而誦說、通奧義、及長、歸通甫、及閨門事上撫下、凜如禮法、家婦盧見月娥德踰於己、一日率諸婦諸女請曰、願以諸婦諸女屬之、婦蚤莫教語之、月娥奉命惟謹、紡織之隙、必告以婦道、及援引古烈女示以為則、以是咸淑其化、既而寇羣起、其七據酉豫章、自上游而下、勢張甚、郡邑悚懼、盧曰、郡有城郭可恃、且有兵守固、遂月娥挾諸婦諸女避郡城、未幾寇果至、城陷、寇紀綱民事、月娥嘆曰、吾生簪組世家、其忍出犬彘下耶、遂抱所生女赴水死、諸婦諸女咸驚愕言曰姆之死必安於義，吾可幸生乎哉，亦相與死水中，凡九人，莫有後者。其姻張綱中爲物色死所，得其屍時，夏暑方熾，七日不汎，顔色如生。郡人靡不駭異。父老剛中議曰：十節同志死，不可異壙，乃於故居之南黃池里作巨穴，同以葬焉，題其石曰：十節墓。其弟鶴年相與樹碑墓下，以昭節行。月娥無子，其夫子與冢婦盧皆死於寇。鶴年富於經史，有操行，幼時讀書，皆月娥口授。月娥，幼名也。今亦以月娥名焉。

論曰：月娥不忍處寇境，死以素習禮義，諸婦諸女之死，以素化於禮義，以禮義死，安於生也。始一人自以死，而九人亦相與俱，何化之深耶！是則九人者，一月娥也。自是而遠邇化其風者，豈無其人，奚止九人而已。然不惟感諸人也，至若屍七日而不

十節墓，明史作十女墓。婦女未見[illegible]須死節，故亦得諡中華
[illegible]禮教[illegible]者，於是人所取其[illegible]，学也乎

腐於毒暑、又豈非精氣感於鬼神、鬼神為翊其靈歟、嗚呼異哉、春草

齋集
卷七

善詞者多備寫

而以彈丸黑子之地、抗二大國、傳世五六百年而後亡、非偶然也
自數十年來、吾夏人之居合肥者、老者皆已亡、少者皆已長、其習
日以異、其俗日不同、貴長賤則少傲其長、兄强弟弱則兄棄其
弟、臨小利害不翅毫髮、則親戚相賊害如仇讎、予猶疑江淮之士
薄、而人之生長於此者、亦因以變、及以問夏人、凡國中之俗今亦
莫不皆然、其於親姻如此、則異姓之人可知也、夫夏小國也、際時
分裂而用武、必不能篤於所教、而區區遐方、教之亦未必合於先
王之法、及國家受天命、一海内、收其兵甲、而摩以仁、柔養之以學
校、而誘之以利祿、今百餘年、於茲絃誦之聲、内自京師、達於海徼、
其教亦云至矣、而俗迺日降如此、吾不知其何說也、我祖宗之置
肅政廉訪司於天下、大要以風俗為先、而其職以學校為重、故世
謂之風憲、是得先王為治之意也、故嘗選任尊官、非道德爵位出

乎庶僚者不得與、是選所以為民表也、今皇帝用嵬名公為御史
大夫、公乃歷選朝著、盡拔諸名臣為廉訪司、而吾歸君彥溫以樞
密院判官、而為河西、君少擢科目、能古文辭、有大節、由國子博士
五轉而遷是官、今為廉使於夏、必能興學施教、以澤吾夏人、吾夏
人聞朝廷以儒臣為尊官以莅已、必能勸於學、以服君之化、風俗
必當丕變、以復於古、其異姓相與如親姻如國初時、如余所云者
矣、故道吾夏之俗、以望吾歸君焉（青陽山房集卷三）

小字右移理

哀自是凡至杭遇公舊遊追憶臨別之後未嘗不爲之愴然出涕
呼酒相酹也公薨廿又五年其子阿思蘭海涯展省于燕顧公神
道未銘願屬筆焉其忍銘乎公家世北庭雲石其名酸齋其號也
故湖廣行省右丞相贈宣威服遠輔德翊運功臣大師開府儀同

三司上柱國追封江陵王謚武定阿里海涯之孫故江浙行省平章政事贈光祿大夫河南行省平章政事柱國追封楚國公謚忠惠貫只哥之子母趙國夫人廉氏故平章政事希閔之女公之初生趙國夜夢神人取天星為明珠以授趙國掌玩而吞之已而有身公生神采迥異年十二三膂力絕人善騎射工馬槊嘗使壯士驅三惡馬疾馳公持矟前立而逆之馬至騰上越而跨之運矟風生觀者辟易挽强射生逐猛獸上下初襲父爵為兩淮萬戶府達魯花赤鎮永州在軍氣候分明賞罰必信初忠惠公寬仁麾下觳之公至嚴令行伍肅然軍務整暇雅歌投壺意欲自適不為形勢禁格然其超擢塵外之志夙定于斯時一日呼弟忽都海涯語之

阿里海涯者，廿二史劄記所謂元初諸將多掠人為私戶，而阿里海涯所掠最多，至三千餘戶之三萬餘人者也。

曰吾生宦情素薄然祖父之爵不敢不襲今已數年法當讓汝即
日以書告于忠惠公署公牘移有司解所綰黃金虎符欣然授之
退與文士倘徉佳山水處倡和終日浩然忘歸北從承旨姚文公
學公見其古文峭厲有法及歌行古樂府慷慨激烈大奇其才仁
宗皇帝在春坊聞其以爵位讓弟謂其宮臣曰將相家子弟有如
是賢者誠不易得姚公入侍又數薦之未幾進直解孝經稱旨進
爲英宗潛邸說書秀才宿衛御位下仁宗正位宸極特旨拜翰林
學士中奉大夫知制誥同脩國史一時館閣之士素聞公名爲之
爭先快覩會國家議行科舉姚公已去國與承旨程文憲公侍講
元文敏公數人定條格贊助居多今著于令未幾公上書條六事

一曰釋邊戍以脩文德、二曰教太子以正國本、三曰立諫官以輔
聖德、四曰表姓氏以旌勳胄、五曰定服服色以變風俗、六曰舉賢
才以恢至道、凡萬餘言、往往切中時弊、上覽嘉歎、未報、公自籌曰、
昔賢辭尊居卑、今翰苑侍從之職、高於所讓軍資、人將謂我沽美
譽而貪美官也、是可去矣、移疾辭歸江南、十餘年間、恣覽勝槩、著
述滿家、所至縉紳之士、逢掖之子、方外奇人、從之若雲、得其詞翰、
片言尺牘、如獲珙璧、公曰、我志逃名、而名隨我、是將見害、江浙物
繁地大、可以晦迹、乃東遊錢塘、賣藥市肆、詭姓名、易冠服、混於居
人、嘗過梁山濼、見漁父織蘆花絮爲被、愛之、以紬易被、漁父見其
貴易賤、異其爲人、陽曰、君欲吾被、當更賦詩、公援筆立成、竟持被

往詩傳人間號蘆花道人公至錢塘因以自號入天目山見本中峯禪師劇談大道箭鋒相當每夏坐禪包山暑退始入城自是為學日博為文日邃詩亦冲澹簡遠書法稍取法古人而變化自成一家其論世務精覈平實識者喜公謂將復為世用而公之踪跡與世接漸踈日過午擁被堅卧賓客多不得見僮僕化之以晝為夜道味日濃世味日淡去而違之不翅鮮帶泰定改元五月八日薨于錢塘寓舍年三十有九自士大夫至兒童賤隷莫不悼惜某年月日諸孤奉柩瘞于析津之祖塋娶石氏北京名家江陵總管天麟之女有婦德追封京兆郡夫人子二人長阿思蘭海涯歷蘭溪州達魯花赤榷茶提舉慈利州達魯花赤所至以清白吏著聞

元史本傳四三、有學識能文章六字在適子前、

元史百三、百本妙作傳、

次八思海涯孫四人長南山次寧山次葆山皆業進士應舉女一人適懷慶路總管段謙有學識能文章玄嘗評公武有戡定之策文有經濟之才以武易文職掌帝制固為斯世難得然承平之代世祿之家勢宜有之至如鉢視軒冕高蹈物表居之弗疑行之若素泊然以身終此山林之士所難能斯其人品之高豈可淺近量哉有碑銘記敘襍著詩詞若干卷及所進孝經行于世 圭齋文集卷之九

元名臣文士，如移剌楚才，東丹王突欲孫也；廉希憲、貫雲石，畏吾兒人也；趙世延、馬祖常，雍古部人也；孛术魯翀，女真人也；迺賢，葛邏祿人也；薩都剌，色目人也；郝天挺，朶魯別族也；余闕，唐兀氏人也；顏宗道，哈剌魯氏人也；瞻思，大食國人也；辛文房，西域人也。事功節義文章，彬彬極盛，雖齊魯吳越衣冠士冑，何以過之。（王士禎池北偶談卷七）

其所見[illegible]趙翼[illegible]為獨到[illegible]吾人今[illegible]所論，乃與王士禎表同情也。[illegible]試更進而考察[illegible]時西域人漢[illegible]書[illegible]說是元[illegible]代[illegible]之[illegible]究[illegible]說。

元人眼中西域人之華化

危素之敘迺易之金臺後稿序也，在至正十一年辛卯，其言曰：

易之金臺前稿余既序之矣，及再至京師，又得後稿一卷，為之論曰：昔在成周之世，采詩以觀民風，其大小之國千有八百，西方之國，纔得七篇，秦得十卷而止。夫以雍州之域，實在王畿，自豳秦而西，未見有詩，豈其風氣未開，習俗不能以相通也歟。易之葛邏祿氏也，彼其國在北庭西北金山之西，去中國遠甚，太祖皇帝取天

此敘在今金臺集卷首。

与戴良丁鶴年集序同意。

馬松莊春華齋集卷八有送馬易之偏情北上序

下其名王與回紇最先來附至今□百□年其人之散居四方者往往業詩書而工文章易之伯氏既登進士第易之乃泊然無意於仕進退藏句章山水之間其所為詩清麗而粹密學士大夫多傳誦之然則葛邏祿氏之能詩者自易之始此足以見我朝文化之洽無遠弗至雖成周之盛未有也昔余客鄞為文送易之北來以為祖宗取天下豐功大業宜制樂歌薦諸郊廟易之之才足以為之聖君賢相制禮作樂豈終舍吾易之者哉（危太樸文集卷十[illegible]）

干文傳〻叙

鴈門集序也……其言曰

亦以成周之化比元也

我元之有天下、拓基啟祚、皆始於西北、其去周之邠鎬益遠、然而

大山崇林、長河曠壤、鍾於兩間、而為風氣所凝結、況祖宗深仁厚

澤、浸灌陶煦、有加而無已、是以人生其間、多質直端重、才豐而氣

昌、豈比規規佔畢尖新剽掠以為言者哉、觀之姚牧菴、馬文清、達

兼善、巎子山諸公輩、其所為詩、往往宏偉舂容、卓然凌於萬

物之表、而性情不自失、可以軼漢唐而闖諸風雅、有周忠厚之氣

象、為之一新、若吾友薩君天錫、亦國之西北人也、自其祖思蘭不

花、父阿魯赤、世以膂力起家、累著勳伐、受知於世祖、英宗、命仗節

鉞、留鎮雲代、生君於鴈門、故以為鴈門人、君幼歧嶷不羣、稍長愈

美字

穎敏、編校傳傑、獲聆緒論、乃深有益、遂爲文詞、雄健倜儻、迴邁乎人人、踰弱冠、登丁卯進士第、應奉翰林文字、久之除燕南經歷、陞侍御史於南臺、凡所巡覽、悉形諸咏歌、傳頌士林、膾炙人口、以彈劾權貴之不法、左遷鎮江錄事、宣差後陟官閩憲幕（謹按此處敘公歷官）（先後多誤）由是往還吳中、嘗出其所作之詩曰鴈門集者見示、予得以盡觀其豪放、若天風海濤、魚龍出沒、險勁如泰華雲門、蒼翠孤聳、其剛健清麗、則如淮陰出師、百戰不折、而洛神凌波、春花霽月之嬋娟也、有詩人直陳之事、有撥彼狀此、托物興詞之義、可以頌美德而盡夫羣情、可以感人心而裨乎時政、周人忠厚之意具在、以一掃往宋委靡之弊矣、閒索予序之、予之言曷足以序君之詩嘗念君與予聚首京師，相與商榷古道，以祈至當不易之歸。迨今休老於鄉，愧莫自振，惟徒羨君優詣作者之域，得與諸公相頡頏，用挽回風化習俗之大，其有功於詩，有功於世道何如哉！國家元氣肇自西北，以及於天下，有源而有委，讀是詩者尚有以見之。君姓薩，名都剌，薩都剌云者，即華人所謂濟善也。天錫其字，則號直齋云。以生於鴈門，遂取名集。又有巧題百首，皆七言律，別爲一集云。

至正丁丑秋八月望，嘉議大夫禮部尚書兼集賢待制史向總裁官吳郡干文傳書。

薩龍光云、丁丑乃己丑之誤、不知至正無丁丑也、元余據日人藏元本亦作丁酉、乃至正十七年也

元人眼中西域人之華化

以九靈山房集校

鶴年先生詩集序

昔者成周之興，肇自西北，西北之詩見之於國風者，僅自豳秦而止。豳秦之外，王化之所不及，民俗之所不通，固不得繫之列國矣。我元受命，亦由西北而興，而西北諸國，若回回、吐蕃、康里、畏吾兒、也里可溫、唐兀之屬，往往率先臣順，奉職稱藩，其沐浴休光，霑被寵澤，與京國內臣無少異。積之既久，文軌日同，而子若孫遂皆舍弓馬而事詩書。至其以詩名世，則貫公雲石、馬公伯庸、薩公天錫、余公廷心其人也。論者以謂馬公之詩似商隱，貫公、薩公之詩似長吉，而余公之詩則與陰鏗、何遜齊驅而並駕。他如高公彥敬、巙公子山、達公兼善、雅公正卿、聶公古柏、斡公克莊、魯公至道、三公廷圭輩，亦皆清新俊拔，成一家言。此數公者，皆居西北之遠國，其去豳秦蓋不知其幾千萬里，而其為詩，乃有中國古作者之遺風，亦足以見我朝王化之大行，民俗之丕變，雖成周之盛莫及也。鶴年亦西北人，其視數公差後起，家世以勳業著，而鶴年兄弟俱業儒，伯氏之登進士第者三人。鶴年乃泊然無意於仕進，遭時兵亂，逃隱海上，遯不與世接，凡幽憂憤悶悲哀痛苦之情，一於詩焉發之。觀其古體歌行諸作，要皆清麗可喜，而注意之深，用工之苦，尤在於五七言律。但一篇之作，一語之出，皆所以寓夫憂國愛君之心，憫亂思治之意，讀之使人感情激烈，不知涕泗之横流也。蓋其措辭命意多出杜子美，而音節格調則又兼得我朝諸閣老之所長，故其入人之深，感人之妙，有非它詩人之所可及。嗚呼！若鶴年者，豈向數公之流亞歟？然數公之在當時，皆達而在上者也，濁世之士子孰不膾炙其言辭？鶴年遭夫氣運之適衰，方獨退處遐陬，而爲所謂窮者之詩以自慰，其能知夫注意之深、用工之苦者幾何人哉！

危素、于文傳、戴良皆南人，其人皆生元季，其論……元人之代

徐勿……同出一途，於此與論者流耶

知與不知、在鶴年未足輕重、第以祖宗涵煦百年之久、致使遐方
絕域之詩俱得繫之天子之國、而鶴年之所以著明王化民俗之
盛、以與數公並傳於斯世者、將遂泯無聞矣、不亦重可悲夫、故取
其吟槀若干卷、序而傳之、以俟世之知鶴年者相與諷詠焉耳、鶴
年之清節峻行、已別有傳、茲不著、至正甲午秋、九靈山人金華戴
良序、（丁鶴年集序）

一、元好問生元初（金末），[illegible]其所選詩，稱曰中州集。宋人之識當元者有家鉉翁題其集，見元文類卷三八曰：

題中州詩集後　家鉉翁

世之治也，三光五岳之氣，鍾而為一代人物，其生乎中原，奮乎齊魯汴洛之間者，固中州人物也。亦有生於四方，奮於遐外，而道學文章為世所宗，功化德業被於海內，雖謂之中州人物可也。蓋天為斯世而生斯人，氣化之全，光岳之英，實萃於是，一方豈得而私其有哉。迨夫宇縣中分，南北異壤，而論道統之所自來，必曰宗於某；言文脈之所從出，必曰派於某。又莫非盛時人物範模憲度之所流衍，故壤地有南北，而人物無南北；道統文脈無南北。雖在萬里外，皆中州也，況於在中州者乎？余嘗有見於此，自燕徙而河間，稍得與儒冠縉紳遊，暇日獲觀遺山元子所裒中州集者，百年而

此宋家鉉翁，號則堂，眉州人，宋史四二一，與西域之家鉉翁同名。則堂集又載此文。

上南北名人節士、鉅儒達官所為詩、與其平生出處大致、皆采錄不遺、而宋建炎以後銜命見留與留而得歸者、其所為詩與其大節始終、亦復見紀、凡十卷、總而名之曰中州集、盛矣哉、元子之為此名也、廣矣哉、元子之用心也、夫生於中原而視九州四海之人物、猶吾同國之人、生於數十百年後而視數十百年前人物、猶吾生並世之人、片言一善、殘編佚詩、搜訪惟恐其不能盡、於是知元子之胸懷卓犖、過人遠甚、彼小智自私者、同室藩籬、一家爾汝、視元子之宏度偉識、溟涬下風矣、嗚呼、若元子者、可謂天下士矣、數百載之下、必有謂予言為然者、（國朝文類卷三八）

故文[illegible]宋人、、、光見

而其爲是言者也、蓋[illegible]元[illegible]年[illegible]得觀[illegible]八編遺佚[illegible]

元初人物氣節[illegible]故有是論也、[illegible]

百年而南北[illegible]之[illegible]既已[illegible]稍稍[illegible]若此也

元史卷一一八至一四五皆蒙色目人，自一四六至一八八皆漢人南人，唯趙世延与揭傒斯只二傳例外。 十二年四月十七日

馬祖常

西湖竹枝集馬雍古祖常字伯庸俊儀可溫氏延祐第一科護都踏兒榜及第官至御史臺中丞詩名敵虞王西夏氏之詩振始於石田集也竹枝蓋和王繼之作其音檢矯健類山谷老人云

華化考已採

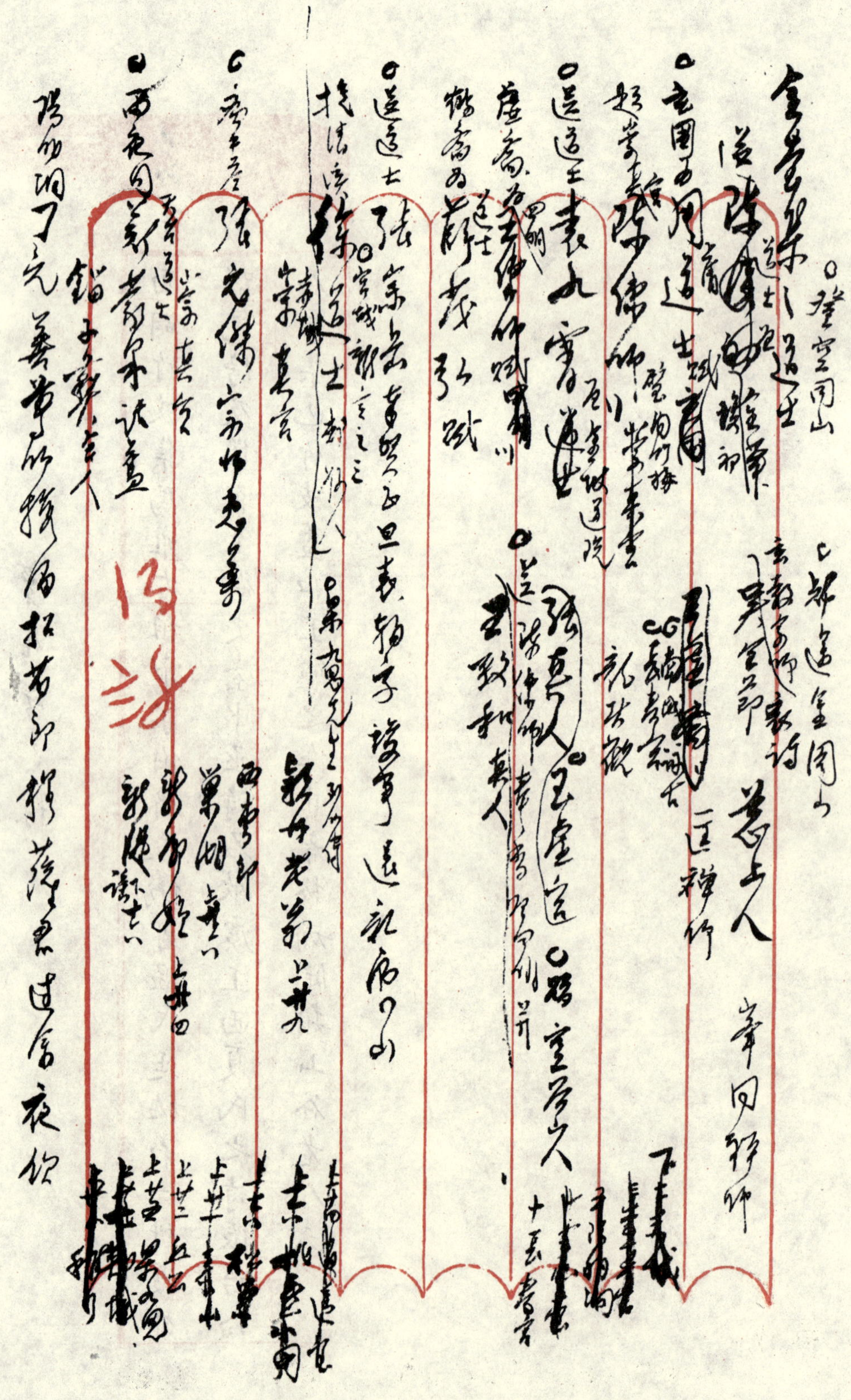

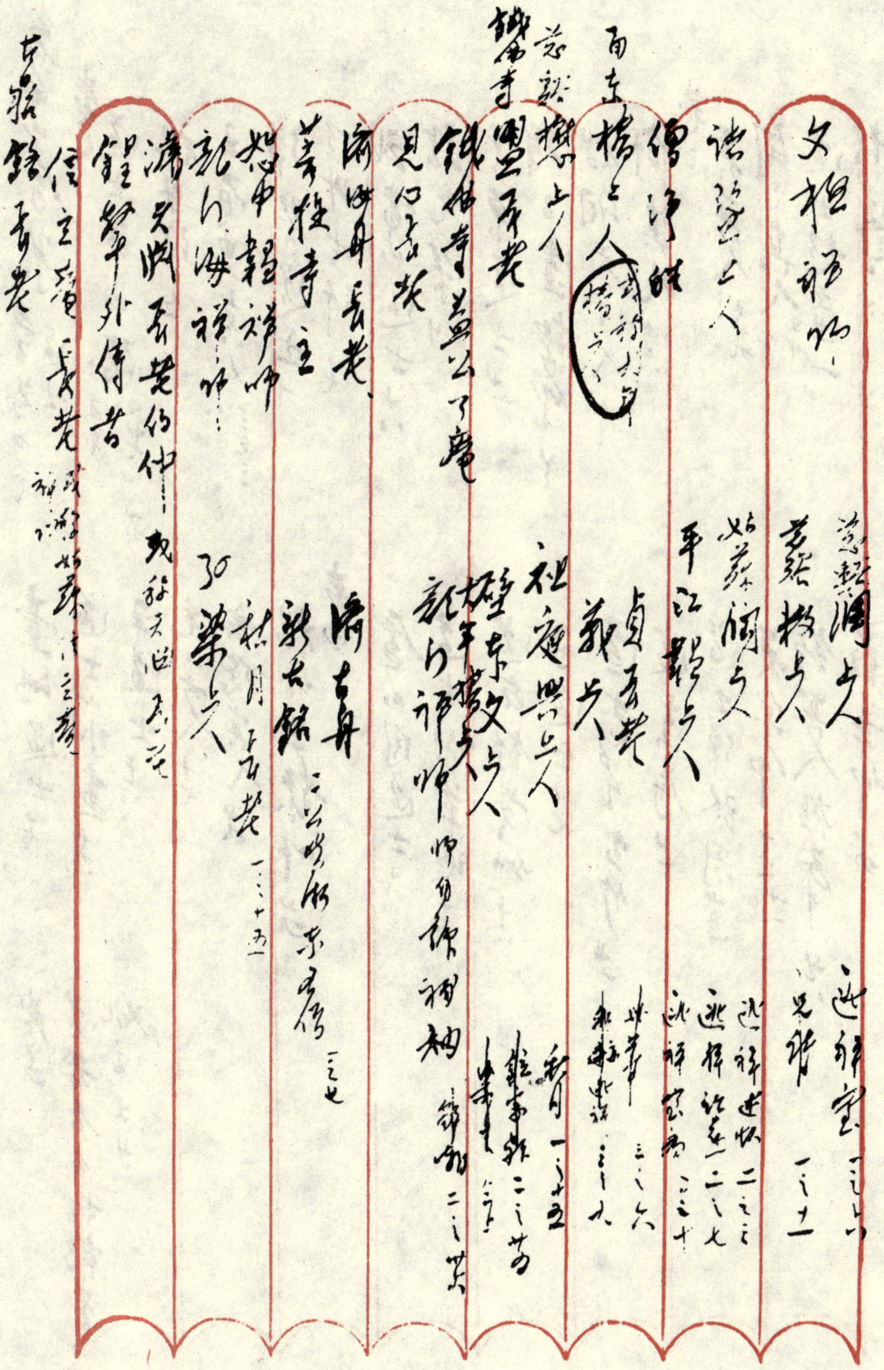

文桓禪師　慈谿澗上人

諸暨上人　慈谿撒上人

僧淨珠　姑蘇謝上人　平江彰上人

楼上人　貞長老　義上人

慈谿懋上人　祖庭照上人

錢塘寺益公了庵　海東文上人

見心長老　龍門禪師

海舟長老　海舟

菩提寺主　新長銘

楚中輯禪師　秋月長老

龍門海禪師　了梁上人

鍾嶽外傳者

信主蒼長老

古岩銘長老

石田山房集 五百篇中之道士

卷二

道士華山隱 五頁 又其四之九

祝丹陽 十三

王有文真人 八 三之三

彈琴道士 十

可中山人 十七

武當山道士 十六

張文傑 廿

雲泉道士 廿一

項子靈鍊師 廿

楊洞天道人 廿二

舒真人 廿六

卷三

吳真人 三 又其

閔之真人 四 又廿

道士趙虚生 一四

朴道士 九

陳玉林 十一

臺湖道士 十四

道士山水畫 十五

王道士 十六

毛真人 十七

玄從真人 廿

楊冰壬鍊師 廿

卷四

廬山周道士 十四

道士謝草池 十四

道友舒貴和 十六

蜀道士 十七

道士瑤台竹 廿

道士書房 廿

道士彈琴圖 廿一

吳宗師 廿二

舒真人鶴舞 廿八

薛玄卿 廿九

題畫山水卿 卅

年某陽 廿二

卷五

道者居吉松鶴堂 十六

姚道士 廿

詩共二題　元首數

馬祖常……十五……

辛文房、

高克恭……七

趙世延、

郝天挺、

文共一賦又奏九題

馬祖常……廿……

趙世延、

傅習、孫存吾

訪碑錄卷十一之 廿八

八 十一上 加封孔子碑 行書 皇慶二年 長安 陝西

七 十一上五一 重修宣聖廟碑 趙世延撰 正書 大德十年 盩厔

了 十一上十三 東岳仁聖宮昭德殿碑 天歷二年 [illegible]

与 十三上卅三 任城郡公孔思晦碑 趙世延撰 至元二年 曲阜

山 十二上十七 白雲崇福觀碑 元統元年 山東

十三 巙巙書諸碑

贈禮部尚書晁公神道碑 無年月 山東鄆城

大都城隍廟碑 至順二年 直隸大興

敕修曲阜宣聖廟碑 後至元五年 山東曲阜

贈河南行省參知政事張思忠碑 至元六年 拓本

王氏世德碑 至正元年 陝西朝邑

崇慶路下將軍新廟記 至正三年 江蘇江寧

少林寺達摩大師碑 至正七年 河南登封

清風嶺王節婦碑陰 無年月 浙江山陰

泰不華書

王節婦碑 篆書 無年月

十三 [illegible] 重修南鎮廟碑 八分書 至正四年 浙江山陰

鳳山上乘寺記 至正七年 浙江上虞

析津治平寺佛殿碑 至正九年 江蘇上元

元西域人華化考餘料

明史、二四〇陳友定傳、王翰字用文、仕元爲潮州路總管、友定敗、爲黃冠、棲永泰山中者十載、太祖聞其賢、強起之、自刎死、有子偁知名、

録進元詩作先姓唐兀氏、

王總管翰

翰字用文、靈武人、先世本齊人、役於西夏、元初賜姓唐兀氏、從下江淮、以領兵千戶鎮廬州、家焉、翰初名那木罕、年十六、領所部、有能名、有府交薦、除廬州路治中、改福州路、尋以同知升理問官、綜理永福羅源二縣、擢江西福建行省郎中、事陳有定、據守全閩、留居幕府、敬且憚之、表授潮州路總管、兼督循梅惠三州、陳氏敗、浮海抵交占界、不果、屏居永福之觀獵山、自號友石山人、釋冠弁服、葛屨繩帶、與樵童牧豎田夫漁父雜處、如是者十年、辟書再至、歎曰、女豈可更適人哉、時長子偁纔九歲、屬其友人吳海、且賦詩見志云、者在潮陽

留此

我欲死宗祠如絲我無子彼時我死作忠臣霞祀絕宗良可恥今年辭書親到門丁男屋下三人存寸刃在手顧不惜一死却了君親恩遂自引決年四十六時明洪武戊午之二月也用文將家子有古烈士風晚年隱居林壑尤以詩自娛廬陵陳仲述謂皆心聲之應而非剪然炫葩組華者比遺藁即其子偁所掇拾偁永樂中為簡討以能詩名 元詩選初集庚 友石山人遺藁

王偁字孟敭父翰仕元抗節死偁方九歲父友吳海撫教之永樂初用薦授翰林檢討與修大典學博才雄最為解縉所重閩中詩首稱十才子林鴻為之冠偁為十才子之一 明史二八六文苑林鴻傳

友石山人遺稿有自決之詩

閩中十子詩卅卷、明袁表馬熒同編、四庫著錄偁詩名虛舟集耀州元陝西奉元路，今陝西耀縣。

德安府元河南省，今湖北德安府安陸縣。

代白雲山人送李耀州歸白兆山建長庚書院序

國家樹教育材之本，莫先於學校，而天下之學廪稍不足者，士既無所於養；廪稍之有餘者，秪益郡縣出稽覬望之資。教官率以將迎為勤，會計為能，而怠於教事，非其人皆不賢，其勢然也。惟書院若庶幾焉，而居城邑隸有司者，其弊政與前等。近世士君子之賢者，往往因前脩之迹，擄江山之會，割田析壤，建為書院，既不隸于有司，而教育之功乃得專焉。馮翊李君仲章為德安府判官時，予方家白雲山中，君尋亦買田築室於城西三十里白兆山之麓而居之，乃李太白題桃花故處，相傳太白嘗讀書于此。予既出山，君亦累遷耀州守。皇慶二年春，君赴調京師，南還，割田二頃，建河南書敢多讓于古人而人亦不以為誇至於為文抑揚頓挫反覆開闔一主乎理而氣以攄之綽有古作者風其文若干卷傳之四方宜有賞者僕不足以盡知之也玄卿天資明敏高出倫輩於古人書無不讀彬彬然文學之士矣于是相與鼓舞而賡續者凡幾人雖不足以希望盛製抑亦和氣之所形于山川者然也遂書諸卷首

至正庚寅春番陽李存序

上饒夏天祐玄卿著凡十二卷江安傅氏藏

二二卄天祐傳見入錄

元事雜鈔

勵耘書屋

十年一月罗

贈翰林學士追封吉國公謚忠懿木沙剌福丁

北庭總木忽里兀察兒男贈平章政事追封吉

國公謚明襄札剌魯丁

翰林學士承旨贈大司徒追封吉國公謚忠簡

亦福的哈魯丁

中書參知政事烏巴都剌

度藏課 韓嵩壽

花騰端

燕石集十五卷 二本

、卷十五附錄 國子典簿河東孟昉天暐哀詞

安雅堂集十三卷 四冊

、卷六末 述律後遼氏序

、卷十三 跋蘭蕙同芳圖

、 書述律行迹詩卷后

、 跋牧犢圖

、 韓勒允帶學說

僑吳集十二卷 八冊

、卷九 與戈陽吳禄

經濟文集十一卷 二册

、卷一　与察罕平章書

玩齋集十卷 四册

、卷八　跋賽其齊氏家傳

、　跋諸公所寄馬伯庸書札

、　跋巎子山書陸宣公立端

雲陽集十卷 六册

、卷三　青陽先生文集序

松鄉集 第十架三册

卷一 平章政事賽典赤榮祿公世美之碑

卷四末 易說用序

養吾齋集 第十架十六册

卷九 天下同文集序

畏齋集 第十架五册

卷三 送烏爾圖赴薊縣詩卷序

雪樓集 十架十五册

卷十五 歷代帝王紀年纂要序

送布呼前平章北還詩序

、送白雲平章序

、作白雲山人送李耀州歸白兆山桃花巖書院序

、卷廿三　白雲平章畫像贊

伊濱集十一卷八冊

、卷十三　孝經直解序

燕石集十一卷十冊

、卷十一　天馬賦并序

、卷十六　述律元帥復姓卷跋

、趙明仲所藏姚子敬書高彥敬詩

粵雅堂第二集有揭文安公文粹一卷，其卷一

内有「重修揭氏族譜序」一篇，觀之可

知揭与回教絶無関係。

粵雅堂第十三集，有翁方綱編米海岳年譜

一卷，亦尋不出米与回教有何関係，觀

其末引志林云云，則米元章晚年學

禪，更与回教風馬牛不相及。

有蘇東坡志林

有米元章志林、

瞻思遺文

十二年八月廿日

寰宇訪碑記十二

2 重陽萬壽宮創建方丈記　瞻思撰　元統元年十月　陝西盩厔

常山貞石志作三年　補訪作陝西盩厔

補第五　神第五作元統三年十月、　五

16 撒里哈珊神道碑　瞻思撰并書　至順三年十月　直隸景城

36 龍興寺鈔主通照大師碑　瞻思撰　至正元年八月　正定

40 龍興寺住持佛光弘教大師碑　仝上

元碑存目　繆荃孫

寰宇訪碑志　十萬卷樓

贍思遺文目錄

加號大成詔書碑

碑高八尺七寸，廣三尺九寸，十行，行二十字，正書。篆額失拓，有陰，泰定元年十月立，今在獲鹿縣黌。

詔書不錄

碑陰

上截闕德記二十一行，行二十四字。中截贍思記二十行，行八字。下截官吏銜名二十一行，行字不等，並行書。

大德十一年

成宗皇帝加封聖號，詔示天下，所在廟庭想皆刻石。獲鹿縣以事

力未集，久闕是典。至治癸亥，巡行御史明安君遣及陳君尚賓歷

此謁廟而詢訪焉。教諭張師哲以樂石已具而未遇名筆，因與縣

官同請翰林陳君慨然□□□書丹，又得翰長西野郭公篆其額，

多々

上截不錄

明安無考

尚賓、陳毅字、元史亦有陳毅、疑類此行此事、誤之矣、

陳觀書丹

郭貫篆額

此碑并見同治
欒城志卷十四

欒城志誤
不書大夫
二字据本碑

乩

哈珊神道碑

碑高六尺三寸廣三尺一寸三十二行行六十四字
隸書篆額失拓至順三年十二月立今在欒城縣

有元甘肅等處行中書省平章政事榮祿公神道碑銘并序

應奉翰林文字將仕佐郎同知制誥兼國史院編修官贍

思撰并書篆額

至順壬申之冬孟諸生班祝再拜以請曰弟子生甫逾年而孤音

容不誌顧復有恃而長今亦奄棄大事既襄墓碑未銘深懼風聲

不樹訪諸故老得先人行事之略願吾子文諸石以資不朽予以

義荒辭乃序其槩公諱哈珊畏兀人世王高昌在唐為回鶻祿山

之滅史存功載後以神異禪今高昌王之遠祖而身相之□世其

忘、字上有蟬聯二字，據石刻補

小字石脫忽憐

官贊綏雲仍未艾逮高昌歸我

蟬聯

太祖皇帝公之大父諱禼云赤篤忽璘以本國兀魯愛兀赤洎實從

來既而　命以宣差真定府路都達魯華赤斷事官監臨是郡因

麗兹土愛兀赤公之息四伯諱八僧以左右手都萬戶領天下鷹

房而侍　中近習莫與之京仲諱速混察從

皇弟旭烈育遹道西域叔諱哈剌哈孫以資德大夫中書右丞行中

書省事從以本官襲父職終于位季諱闊闊嘗為宣慰使公實出

伯氏而養於叔室從績其緒門長身美鬚髯辯給而明於事物沈

謀有成知本國文字兼長騎射

裕宗潛春宮以世家之胄服象胥之役至元廿年以奉訓大夫為

須

春

并載同治欒城志十四

善衆寺創建方丈記

碑高五尺一寸，廣二尺一寸五分，二十行，行三十六字，正書，篆額，元統三年二月立，今在欒城縣本寺內。

欒城縣善衆寺創建方丈記

應奉翰林文字將仕佐郎同知　制誥兼　國史院編修官瞻思撰并篆額

光州儒學正鄭忞書丹

欒城縣，治故關縣也。元魏分平棘北部，於漢關縣故城置欒城縣，蓋取西南晉欒賓舊邑之名。近郭艮隅，漢棘蒲侯柴武之故臺存焉。上廣博，有佛剎曰善衆。隋唐之盛，高僧惠休、辯數、辯英皆著蹟於此。迨其未丙之前，亦嘗掛錫。歷代廢興，靡有常定。

一〇

道光廿二年沈濤撰廿四卷沈書共真定府二十閱月發古碑二百五十餘種又自叙

龍興寺通照大師碑

碑高七尺五寸，廣二尺七寸，二十八行，行七十三字，行書，篆額失拓。至正六年八月立，今在正定府城内隆興寺。

真定府龍興寺鈔主賜紫沙門通照大師之碑

將仕郎僉浙東海右道肅政廉訪司事瞻思撰，

奉直大夫僉湖東江西道肅政廉訪司事威茂氏安童書，

承直郎僉河東山西道肅政廉訪司事楊俊民篆額。

太上立德，其次立功，其次立言，蓋德充於身，功著於世，而言垂於後，功德匪言不傳，是知立言之功，有益於德也。後世著述之已□皆宗之，推及方外，亦莫不然。釋門著述之事，世恒有矣。鈔主通照大師，亦其人焉。師賈姓，世居槀之北瓦亭，其生也有異，岐嶷而嬉

陳垣《元西域人華化考》創作歷程

——用稿本説話——

陳智超／編著

（下）

國家圖書館出版社

桑原隲藏先生指正

陳垣敬呈 十二年十二月

元西域人華化考

稿本 上册

油印稿本

元西域人華化考上冊目錄

第一 緒論

第二 儒學篇

嚈噠慶童　沙班　泰不華

回回　伯顏師聖　欣都

也速答兒赤　家鉉翁

二　基督教世家之儒學

馬祖常　闊里吉思

三　回回教世家之儒學

贍思丁　忽辛　贍思溥博

四　佛教世家之儒學

阿魯渾薩里

五　摩尼教世家之儒學

高昌偰氏

第三　佛老篇

一　西域詞人之佛老

貫雲石　迺賢　馬時憲

亦都忽立　剌馬當

二　回回教世家由儒入佛

丁鶴年

三　基督教世家由儒入道

馬節　趙世延

第四　文學篇

一　西域之中國詩人

泰不華　廼賢　余闕

聶古柏　斡玉倫徒　三寶柱

張雄飛　昂吉　完澤　伯顏子中　薛超吾

鄯天挺　辛文房　馬彥翬

阿里

二　基督教世家之中國詩人

馬潤　馬祖常　馬世德

雅琥　別都魯沙

三　回回教世家之中國詩人

元西域人華化考稿本

陳　垣援菴撰

第一　緒論

一　西域範圍

西域之名、漢已有之、其範圍隨時代之地理知識及政治勢力而異、漢武以前、大抵自玉門關陽關以西、至今新疆者、止為西域、其後西方知識漸增、推而至葱嶺以西、撒馬兒干今俄領土耳其斯坦、及印度之一部、更進而至波斯、大食、小亞細亞及印度全部、亦稱西域、元人著述中所謂西域、其範圍亦極廣漠、自唐兀畏吾兒歷西北三藩所封地、以達於東歐、皆屬焉、質而言之、西域人者、色目人也、不曰色目而曰西域者、以元時分所治為蒙古、色目、漢人、南人面色、公牘上稱色目、普通著述上多稱西域也、陶宗儀輟耕錄一卷載蒙古七十二種、色目三十一種、漢人八種、錢大昕元史氏族表識其重複、譌舛、惜無他書是正、然藉此可略知元時蒙古色目之別、又可知元時所謂漢人南人者、以金宋疆域為判、故契丹女直高麗稱漢人、據元史選舉志、又以平定先後為判、故雲南四川亦稱漢人、而江浙湖廣江西三行省、及河南行省中之江北淮南諸路稱南人、所謂江浙者、包含今閩浙、江西包含今贛粵、湖廣包含今湘黔桂、江北淮南包含今蘇皖鄂、當時鄉會試蒙古色目為右榜、漢人南人為左榜、元史列傳編纂法、亦以蒙古色目為一類、漢人南人為一類、其有色目人因載漢姓而誤置於漢人南人之列、如趙世延都天祚有史臣失檢也、趙翼陔餘叢考十四廿二史劄記二九謂列傳三十一二卷已載元末死事諸臣余闕等、而三十三卷以後又以開國諸臣耶律楚材等編入、前後倒置、係分二次進呈、未將前後兩書重加編訂云、其說非也、以錢大昕十駕養新錄卷九廿二史考異九七所說為是、

本書所論既限於西域、故蒙古契丹女直諸族不與、亦以蒙古等本無文化、其同化華族不奇、若日本高麗琉球安南諸邦、則又襲用華人文字制度已久、其華化亦不奇、惟畏吾兒突厥波斯大食敘利亞等國、本有文字、本有宗教、畏吾兒外、西亞諸國去中國尤遠、非東南諸國比、然一旦入居華地、亦改從華俗、且於文章學術

有聲焉、是真前此所未聞而為元所獨也、孫勷序元人十種詩曰、天錫易之、崛生窮髮不毛之域、流商刻羽、含英咀華、駸駸周作者之室、豈非奇渥溫氏帝天下、而風會極一時之盛歟、天錫者薩都剌、易之者迺賢也、是不可以不記、

二　元時西域文化狀況

未言西域人華化之先、不可不知元時西域人文化之狀況、元時西域文化、本由祆教而佛教、而景教、而回教、更唱迭和、浸淫濃郁者數百年、最後役於西遼、及大石林牙之漢化耳濡目染者又近百年、當元人未據西域之先、大石林牙已將漢族文明炫燿於中亞大陸、斯時佛儒回景諸教並立、頗呈璀璨之觀、東歐人至今稱

中國為契丹亦始於此際、猶之耶律楚材邱處機等遊記、統稱西域為回紇、皆以其所與接觸者舉近概遠也、西域人既雜受印度猶太波斯希臘亞剌伯諸國之文明、復曾觀中國文明之一線、其渴望身親見之之情可想也、元軍先定西域、後下中原、西域人之從軍者、被虜者、貿易者接踵而至、平昔所想望之聲明文物、盡陳於目前、元制色目人又自由雜居、故一傳再傳遂多敦詩書而說禮樂、茲編之作、正所以著其盛也、

三　華化意義

至於華化之意義、則以後天所獲、華人所獨者為斷、故忠義孝友政治事功之屬、或出於先天所賦、或本為人類所同、均不得謂之

華化、即美術文學為後天所獲矣、而其文學為本國之文學、或其美術非中國之美術、亦只可謂之西域人之文學、西域人之美術、不得謂之西域人之中國文學、西域人之中國美術、又有西域人久居漢地、歸化中國、然不能於漢族文化中有特別可紀、如漢書地理志、上郡有龜茲縣、今陝西榆林縣師古曰、龜茲國人來降附者處之於此、故以名云、又開元釋教錄第二、優婆塞支謙傳、支謙大月支人、祖父法度、以漢靈帝世率國人數百名歸化、又漢書西域傳溫宿國條下、師古曰、今雍州醴泉縣北有山名溫宿嶺者、本因漢時得溫宿國人、令居此地田牧、因以為名、凡此種種、可見西域人歸化中國之事、古所恒有、特其人不能於中國文化有所表見、亦無足述、又有嫻習華言、博綜漢典、如高僧傳中之西域翻經沙門及明末清初之耶穌會士、可以謂之華學矣、然不得謂之華化、今特舉元以前華化者數人為例、

四　西域人華化先導

李彥昇　安世通　蒲壽宬

元以前西域人仕中國者多武人、以文事著者絶少、回教人著述有以米芾為回回人者、以尚無確據、姑置之、而論其有確據者唐末有大食國人李彥昇、李彥昇純漢姓名、睹其名已知其受華化已深矣、全唐文七六七載陳黯文、有一篇曰「華心」、華心者、夷其形而華其心也、文曰

大中初年、大梁連帥范陽公得大食國人、李彥昇薦於闕下天子詔春司考其才、二年以進士第名顯、然常所賓貢者不得擬、或曰帥受命於華君、仰祿於華民、其薦人也、則求於夷、豈夷人獨可用耶、曰帥薦才不私其人也、苟以地言、則有華夷、以教言、亦有華夷乎、夫華夷者辨在心、辨心在察其趣嚮、有生於中州、而行戾乎禮義、是形華而心夷也、生於夷域、而行合乎禮義、是形夷而心華也、若盧綰少卿之叛亡、其夷人乎、金日磾之忠赤、其華人乎、繇是觀之、皆任其趣嚮耳、今彥昇來從海外、能以道祈知於帥、帥故異而薦之、以激夫戎狄、俾日月所燭、皆歸於文明、蓋華其心而不以其地而夷焉、作華心、大梁連帥范陽公、汴州刺史宣武軍節度使盧鈞也、鈞嘗為嶺南節度、嶺南蕃坊多大食國人、故鈞得識李彥昇而薦之、詔春司考其才、以進士第名顯、是所試者為唐試進士法、彥昇之才必通五經而明時務也、以唐試進士有時務策有五經、故唐時太學本許外夷子弟入學、然未聞西域子弟有以華學名、諸夷蕃將尉遲勝哥舒翰等之子弟亦未聞有以華學名、故盧鈞之舉李彥昇時人以為奇、而陳黯乃為文釋之也、

宋末有安世通、安世通疑為安息人、以安息人而入青城山學道、不可謂之不奇也、宋史隱逸傳有安世通傳、曰青城山道人安世通者本西人、其父有謀策、為武官、數以言干當路、不用、遂有沈於

酒而終、世通亦隱居青城山中不出、吳曦反、乃獻書於成都帥楊
輔曰、世通在山中忽聞國外之變、不覺大慟、世通雖方外人、而大
人先生亦嘗發以入道之門、竊以為公初得曦檄、即當聚官屬軍
民、與仗義之師、以順討逆、而士大夫皆酒缸飯囊、不明大義、徒為
婦人女子之悲、所謂停囚長智也、區區行年五十二矣、古人言「
可以生而生、福也、可以死而死、亦福也」決不忍汗面戴天、同為
叛民也、輔有重名、蜀中士大夫多勸以舉義、而世通之言尤切至、
輔不能決、遂東如江陵、請吳獵舉兵討曦、未幾曦敗、獵使蜀薦士、
以世通為首云、
吳曦之叛在開禧二年、安世通不肯附曦、而為忠義憤發之論、實

難能可貴、然此不得謂之華化、今所取者、取其能以西人而入道、純全中國化也、何以疑安世通為安息國人、漢時譯經者有安世高、名安清、安息國王太子、西方賓旅、呼為安侯、見開元釋教錄卷一、以國為姓、自昔然也、支讖為月支國人、竺法蘭為中天竺國人、安世與安息音相近、安世通其一例也、可以生而坐、可以死而死二語、出列子力命篇、安世通蓋深於莊列之旨者矣、

宋末又有蒲壽宬、壽宬西域人、為泉州市舶使蒲壽庚之兄、工詩、知梅州、有惠政、光緒嘉應州志十九引舊志云、蒲壽晟咸淳七年知梅州、一毫無取於民、居處飲食儉約、見曾井遺澤在民、遣人還籍取家貲、建石亭其上、日汲井水二瓶、置諸公堂、欲常目之而踵其

武岡州進士楊圭題其梁曰：「曾氏井泉千古冽，蒲侯心地一般清。」今祀名宦祠。曾井者，南漢時程鄉令曾芳所遺之井，壽宬景仰流風，思則效之，兩州人深許其能美也。循吏可貴，然亦不得謂之華化。今所取者，取其能以西域人而工中國之詩，純華化也。壽宬有心泉學詩稿，已佚。清人在永樂大典中輯為六卷，余家藏有寫本。四庫提要別集類十八稱「其詩沖澹閒遠，在宋元之際，猶屬雅音」。西域中國詩人，元以前唯蒲氏一家耳。今彊村叢書有心泉詩餘一卷，即四庫本附於心泉學詩稿末者。明人著述對壽宬兄弟多致微詞，曹學佺泉州府志勝卷五云：

宋末西域人蒲壽宬與弟壽庚以互市至，咸淳末擊海寇有功，壽庚歷官至招撫使，壽宬授知吉州不赴，勸壽庚據泉以降元，策既定，儔着黄冠野服入法石山中，自稱處士，偽示不臣之意。忽有二書生因其晝寢，各投一詩，不著姓名而去。其詩云：梅花落地點蒼苔，天意相商要入梅，蛺蝶不知春去也，雙雙飛過粉墻來。其二云：劍戟紛紛扶主日，山林寂寞閉門時，水聲禽語皆時事，莫道山翁總不知。

乾隆福建志六六引八閩通志有同樣之記載，其詞皆譏壽宬，然壽宬之能詩，反於此可證。使壽宬而不知詩，雖刺之何益。閩書一五二及心史記壽宬兄弟事頗詳，日知錄十三、鮚埼亭外集三三均有貶壽宬語、止日本桑原隲藏氏、考壽庚事尤詳盡、史學雜誌廿六七編而四庫提要乃謂壽宬之名不見於史、不知元史世祖紀至元十三年二月辛酉條下大書「伯顏遣不伯周青招泉州蒲壽庚壽宬兄弟」也、此提要之疏略也、安世通爲青城山道人、蒲壽宬爲法石山處士、南宋兩西域人、足開有元一代西域人華化之先聲矣、西域之範圍明、華化之意義定、可以進言元西域人之如何華化、

元西域人華化考 稿本

陳垣援菴撰

第二 儒學篇

一 西域人之儒學

高智耀 廉希憲 不忽木

巙巙 慶童 沙班 泰不華

回回 伯顏師聖 欣都

也速答兒赤 家鉉翁

儒學為中國唯一產物、言華化者應首言儒學、元初不重儒術、故南宋人有九儒十丐之謔、然其後能知尊孔子、用儒生、卒以文致太平、西域諸儒實與有力、其最先以儒術說當世者為高智耀、翰耕錄二卷高學士之條云、國朝儒者自戊戌選試後、所在不務存恤、往往混為編氓、至於奉一札十行之書、崇學校、獎秀藝、正戶籍、免徭役、皆翰林學士高公奏陳之力也、公河西人、今學校中往往有祠之者、

西夏人華化

當興耳

戊戌為元太宗十年、據元史太宗紀及選舉志、太宗九年八月下詔考試諸路儒士、蓋詔下於九年八月、而選試於十年戊戌也、元史高智耀傳、智耀世仕夏國、登本國進士第、夏亡、隱賀蘭山、皇子闊端鎮西涼、儒者皆隸役、智耀謁藩邸、言儒者給役已久、一旦與廝養同役、非便、請除之、皇子從其言、是智耀為儒者盡力之第一次、

憲宗即位智耀入見言儒者所學堯舜禹湯文武之道自古有國
家者用之則治不用則否宜蠲免徭役以教育之帝問儒家何如
巫醫曰儒以綱常治天下豈方技所得比帝曰善前此未有以是
告朕者詔復海内儒士徭役無有所與是智耀為儒者盡力之第
二次
世祖即位召見又力言儒術有補治道反覆辯論辭累千百帝異
其言鑄印授之命凡免役儒户皆從之給公文為左驗時淮蜀士
遭俘虜者皆没為奴智耀奏言以儒為驅古無有也陛下方以古
道為治宜除之以風厲天下帝然之即命循行郡縣區别之得數
千人貴臣或言其詭濫帝詰之對曰士譬則金也金色有淺深謂

之非金不可、才藝有淺深、謂之非士亦不可、帝悅、是智耀為儒者盡力之第三次、

智耀姓高、非漢姓、其孫納麟、元史別有傳、一四二不載高姓也、五代而後、河西隴西夏者二百年、諸羌雜處、元人謂之唐兀氏、為色目之一種、元史卷一一八至一四五、為蒙古色目人列傳卷一四六至一八八、為漢人南人列傳、高智耀傳在卷一二五、固明示其為色目而非漢人也、智耀雖色目人、然西夏風習漢化、廟祀孔子、智耀之尊儒不足為異、王惲[1]秋澗集八六有彈高智耀狀、言智耀「事佛敬僧、延其所樂、迹其心行、一有髮僧耳」、是智耀固儒而釋者、不純為儒也、

西域人純為儒者、有廉希憲、希憲畏吾兒氏、史稱其篤好經史、手不釋卷、一日方讀孟子、聞召、急懷以進、世祖問其說、以性善義利仁暴之旨對、世祖嘉之、目曰廉孟子、歲甲寅、世祖以京兆分地命希憲為宣撫使、希憲日從名儒若許衡、姚樞輩諮訪治道、首請用衡提舉京兆學校、衡之應召自此始也、而希憲實為舉主、國制為士者無隸奴籍、京兆多豪強、廢令不行、希憲至、悉令著籍為儒、己未、世祖渡江取鄂州、希憲列儒生百餘拜伏軍門、言今王師渡江、凡軍中俘獲士人、宜官贖遣還、以廣異恩、世祖納之、還者五百餘人、時方尊禮國師、帝命希憲受戒、對曰臣受孔子戒矣、帝曰孔子亦有戒耶、對曰為臣當忠、為子當孝、孔子之戒如是而已希憲事蹟、詳元史本傳、一二六、及元名臣事略卷七、元明善所為希憲神道碑元文類六五、元色目人中足稱為理學名臣者、以希憲為第一、希憲系出畏吾兒、去中原甚遠、較高智耀之系出唐兀、其沾被華化倍難、然希憲篤信好學、過於高智耀、斯為可貴、

希憲而後有不忽木、不忽木世為康里部大人、元史仁宗紀廿四謂不忽木為蒙古人者、以其全部曾被虜於蒙古、給事東宮也、不忽木師事太子贊善王恂、恂從北征、乃受學於國子祭酒許衡、衡亟稱之、謂必大用於時、名之曰時用、字之曰用臣、至元十三年、與同舍生堅童、太答、秃魯等上興學疏、凡千言、力言儒學之要、規畫學校制度及考試之法甚備、文詳元史本傳、一三〇。趙孟頫為文貞康里

公碑（松雪齋集卷七）言、上每與公論古今成敗之理、謂公曰、曩與許仲平論治、仲平不及汝遠甚、豈許仲平有隱於朕耶、抑汝之賢過於師耶、公皇恐謝曰、臣師見理甚明、臣之所聞、知何足以跂其萬一、第臣師起於布衣、君臣分嚴、進見有時、言不克究、臣賴先臣之力、陛下撫臣兄弟如家人兒子、朝夕左右、陛下又幸聽其言、故得盡言、至此可見世祖目中之不忽木固超過許衡也、康里在元時為朮赤所封地、在今日為南俄其地、去中原又比畏吾兒為遠、而其人能崇儒重道若此、是真可驚異者矣、

不忽木之子為巎巎、巎巎幼肄業國學、博通羣籍、其正心修身之要、得諸許衡及父兄家傳、既以重望居高位、四方士大夫翕然宗

之元史本傳一四三有「愛儒答問」一則備錄如左達官有怙勢者言曰儒有何好君酷愛之嚶嚶曰世祖以儒足以政治命裕宗學於贊善王恂今祕書所藏裕宗倣書當時御筆於學生之下親署「御名習書謹呈」其敬慎若此世祖嘗暮召我先人坐寢榻下陳說四書及古史治亂至丙夜不寐世祖喜曰朕所以令卿從許仲平學正欲卿以嘉言入告朕耳卿益加懋敬以副朕志今汝言不愛儒寧不念聖祖神宗篤好之意乎且儒者之道從之則君仁臣忠父慈子孝人倫咸得國家咸治違之則人倫咸失家國咸亂汝欲亂而家吾弗能禦汝慎勿以斯言亂我國也儒者或身若不勝衣言若不出口然腹中貯儲有過人者何可易視也達官色

魏、巙巙之手儀可見矣
巙巙之後、康里氏之崇儒術者有慶童、兩浙金石志十八越中金石記卷十有紹興路儒學教授來鐸所為御史大夫康里公勉勵學校記、碑陰題名多西域人之官斯土者、凡此皆足為西域人熱心儒學之一證、

然此皆西域人之握政權者耳、有離卻政權而特注意於社會教育者、沙班也、沙班色目人、居杭州、守子中、舉進士、授建安經歷、吳克恭寅夫集有送沙子中經歷建寧詩、沙班既致仕、乃熱心興學、劉基誠意伯集卷四有沙班子中興義塾詩序云、至正十一年春、沙班子中來言曰、杭於江南視他郡為大、民多而儒少、豈教育之未

至乎、吾嘗得隙地于慶遠、顧築室以為義學、招子弟以教、余聞而嘆曰、方今天下郡縣無不有學、名山古蹟、又有書院、咸設學官、糈之城、郡縣學及書院、凡四處、生徒蟻集、有憲臨焉、又何俟於子之室乎、子中曰、噫、是子不知余也、子以為予之學猶官之學與、非也、予請為子言學、夫學也者、學為聖人之道也、學成而以措諸用、故師行而弟子法之、今之學主以文墨為教、弟子上者華而鮮實、下者習字畫以資刀筆官司應酬、廩粟之外無他用心、其亦異乎予之所欲為者乎、夏之校、殷之序、周之庠、吾不得而見之矣、而有志焉、吾固將以盡吾心、終吾年、縱不能行於今、庶幾或垂於後、予聞而壯之、書其言以為序、抄班之志、蓋不滿意於官學之專為利祿、

西欲獨創一正誼明道之私學以行其素志中國之學者未能或
之先也、
宋元以來中國儒學史上有所謂理學或稱道學之一派、吾不知
其稱名當否、然其實確與漢唐以來之儒學不同、蓋儒學中之雜
有道家及禪學之成分者也、元儒學既有此一派、吾言西域人之
儒學不可不於此求之、則宋元學案有二人焉曰趙世延、曰泰不
華、世延雍古部人、基督教世家、為桀驁同調、列蕭同諸儒學案中九五
吾以其晚年好道於佛老篇論之、今先論泰不華、元史本傳一四三
泰不華字兼善、伯牙吾台氏、初名達普化、文宗賜以今名、世居
白野山、父塔不台、歷仕台州錄事判官、遂居於台、家貧好讀書能

記問集賢待制周仁榮、養而教之、年十七、江浙鄉試第一、明年至治元年進士及第、授集賢修撰、先是廷試第一皆國人、泰不華既以第一及第、故或稱為蒙古人、其實伯牙吾台、是色目之一、非蒙古、錢大昕元史氏族表、泰不華列色目表、不列蒙古表、是也、至正元年、泰不華除紹興路總管、行鄉飲酒禮、教民興讓、越俗大化、禮讓者中國人所以化西北強悍之族、而泰不華乃以化越人、奇也、泰不華為本心門人、宋元學案列北山四先生學案中。[一八]元史周仁榮傳。[一九]稱仁榮所教弟子多為名人、而泰不華實為進士第一、其引重可知也、泰不華雖書生、然膂力過人、猶有西北方氣概、當其守台州也、方國珍降而復叛、泰不華乘潮而前、搏敵船、射死五人、敵躍入船、復刺死二人、敵舁槊來刺、輒斫折之、敵羣至、欲抱持過船、泰不華嗔目叱之、脫起奪敵刀、又殺二人、敵攢槊刺之、中頸死、植立不仆、年四十九、時至正十二年壬辰三月也、劉基為賦弔之、誠意伯集卷九 楊維楨挽達兼善詩注、則謂其辛卯八月殁于南洋、傳聞異詞也、延祐庚申泰不華江浙鄉試第一、年十七、至正壬辰死節、年四十九、正符。辛卯則四十八、年應以史為正、史又稱泰不華尚氣節、不隨俗浮沉、太平為臺臣劾去、相位泰不華獨餞送都門外、太平曰公且止、勿以我累公、泰不華曰士為知己死、寧畏禍耶、後雖為時相擯斥、人莫不韙之、曹安讕言長語卷下 有泰不華佚事一則、亦足見其清節云、元達不華為台州守、有邢廉察夜宿村

儒學篇 七

家閫鄰婦有娣姒夜績者婦曰夜寒如此我有濁酒在牀下汝可分其清者留以奉姑濁者吾與爾飲之姒如其言起而注清者于他器且曰此達元帥也吾等不得嘗矣婦曰到底清耶遂笑而罷不華聞之未曙即去其清節感人若此惟泰不華著述今無傳者元詩選顧北集僅錄其詩元史本傳祇言事功不言學業宋元學案更疏略僅綴拾本傳數語無可考見余在滋溪文稿二四發見蘇天爵有與達兼善郎中書述皇極經世書之授受源流頗詳知泰不華嘗有志於邵子之學時泰不華爲江浙行省左右司郎中距死節之年尚十餘歲未知其後造詣何如也書云

君子之仕固欲行其志也然事之齟齬者十常八九欲舍而去之

読辭候聞

不知者以為忘斯世矣閣下以進士得官二十餘年始以文字為執業人則曰儒者也及官風紀屢行而屢止孰知其志之所存乎向諭印祝泌皇極經世說謹裝潢納上某嘗學于臨川吳先生澄聞其言曰邵康節天人之學也雖其子弗克傳焉蜀人張行成蓋能得其彷彿行成既沒其學又弗傳矣祝泌生于宋季所學者風角鳥占之術特假皇極之名張大之耳撫州人有傳其術者觀物即知休咎嘗欲以學授予予弗從而止某又嘗學于太史齊公履謙每見公讀邵子書不去手晚歲又釋外篇令某傳錄其言曰皇極之名見于洪範皇極之數始于經世書數非極也特寓其數于極耳經世書有內外篇內篇則因極而明數外篇則由數以會極某

嘗欲集諸家釋外篇者爲一書、顧未能也、又聞國初李徵君俊民李翰林治皆能通邵子之書、或言徵君得于河南隱士荊先生、而翰林不知得于何人也、世廟在潛邸時、嘗召徵君問之、徵君既亡、復召翰林問之、以某觀之、二公不過能通其數耳、而康節之學蓋未易言也、故曰欲知吾之學者、當於林下相從二十年方可學也、因閣下求祝泌之書、偶言及此、

祝泌之書今傳者有觀物篇解五卷、附皇極經世解起數訣一卷、詳四庫著錄子部術數類、朱彝尊經義考又有泌所撰皇極經世鈐十二卷、未知泰不華所求及蘇天爵所與者何種、然天爵此書實可補宋元學案之闕也、

西域儒者、康希憲、不忽木、均曾從許衡遊、而宋元學案皆無傳。巙巙兄回回、字子淵、元史附巙巙傳、稱其敦默寡言、嗜學能文、與弟巙巙皆為時之名臣、世號雙璧、而不言其學術。余在吳文正集二二發見有時齋記、蓋澄為回回作、而後知回回曾從澄遊、好讀易、不止能文善書已也。記云

康里子淵卜築於國子監之西、而名其齋居之室曰時。大矣哉時之義乎、昔先文貞公不忽木為國名臣、從賢師知聖學、其行于身、施于家、發于事業、固已得中得宜、而當其可矣。子淵淳正明敏、益之以平日家庭之所聞、衆人紛紛競進、而退然閑處、若無意斯世者。然苟所當辭、雖近而怯就、苟所當受、雖遠而勇去、所謂中、所謂宜、

所謂可盡亦無忝於其先公、此所以名其齋室之意也、雖然、時之為時義備於易、先儒謂之隨時變易以從道、夫子傳六十四彖、獨於十二卦發其凡、而贊其時與時義、時用之大、時之百千萬變無窮、而吾之所以時其時者一而已矣、淵好讀易、於是以云爾、因不見草廬學案中、此文亦可補其闕、

元史儒學傳尚有一西域儒學大師、宋元學案應為立傳而遺之者、曰伯顔師聖、伯顔學無師承、崛起鄉里、講求實用、自成一家、譬之清儒、於顔元為近、而魄力過之、所謂平民學者也、宋元學案中應補伯顔學案、惜乎其著述燬於兵燹、徒令人想望低徊而已、然百世之下、聞者莫不興起也、傳錄如左、

伯顔一名師聖、字宗道、哈剌魯氏、世居開州濮陽縣、六歲從里儒授孝經論語、即成誦、蚤喪父、其兄曲出買經傳等書以資之、日夜誦不輟、稍長、受業宋進士建安黄坦、坦曰、此子穎悟過人、非諸生可比、因命以顔爲氏、且名而字之焉、久之、坦辭曰、余不能爲爾師矣、羣經有朱子説、具在、歸而求之可也、伯顔自弱冠、即以斯文爲己任、其於大經大法、粲然有覩、而心所自得、每出於言意之表、鄉之學者來問質難、隨問隨辨、咸解其惑、於是中原之士、聞而從游者日益衆、至正四年、以隱士徵至京師、授翰林待制、預修金史、既畢辭歸、四方之來學者、至千餘人、蓋其爲學專事講解、而務眞知力踐、不屑事舉子詞章、而必期措諸實用、士出其門、不問知其爲

伯顏氏學者、上至於異端之徒、亦往往棄其學而學焉、十八年、河
南賊蔓延河北、伯顏糾其鄉民為什伍以自保、而賊兵大至、伯
顏乃渡漳北行、邦人從之者數十萬家、至磁、與賊遇、賊知伯顏名
士、生劫之、不屈、與妻子俱死之、年六十有四、既死、人或剖其腹、見
其心有數孔、曰古稱聖人心有七竅、此非賢士乎、乃納心其腹中、
覆壙而揜之、有司上其事、謚文節、太常謚議曰、以城守論之、伯顏
無城守之責、以風紀論之、伯顏無在官之責、以平生有用之學、成
臨義不奪之節、乃古之所謂君子人者、時以為確論、平生修輯六
經、多所著述、皆燬於兵、凡此皆可稱為西域理學名儒也、
當科舉之初興也、蒙古色目人即有應試者、可知其讀書實在未

興科舉以前、延祐二年、舉行第一次進士、胡長孺有送欧都丞曆
饒譜生會試京師詩序見水東日記二十、其文曰、皇帝龍飛御天之
三年十有一月、詔天下郡縣興賢者能者、明年行江浙中書省試
士錢唐凡一千二百有奇、九月辛未列合格名士里寓於書上丞
相府、蒙古色目五人、欧都舉首、江浙閩二十八人、朱嶸第九、盧可
繼第二十一、江西行省試士南昌、饒扦第七四人、者嘗攜種永康
胡長孺、叙欧都生之行也、長孺繫以詩而叙之、
揭傒斯文安公集卷九有送也速答兒赤序、也速答兒赤亦事科舉
者、其文曰、至元初、從軍襄樊、有抄兒赤者、合祿魯人也、以功為千
夫長、抄兒赤傳禿魯罕、禿魯罕傳禿林台、三世皆戍建昌、而三世

儒學篇　十一

皆賢秃林之子也，速各與赤，從郡人李宗哲學進士業，有聲。今年夏，從其婦翁增城左君至京師，拜余程文憲公故宅，貌粹而氣和，才清而志銳，他日必爲明進士。然君子之學，非所以爲富貴利達之謀也，所以進其德而達其才者也。故其學不止于爲進士，予歸策務學焉，勸以科舉廢興爲去就。

由此可見色目人之讀書，大抵在入中國一二世以後，其初皆軍人，宇內既平，武力無所用，而炫於中國之文物，視爲樂土，而不肯思歸，則惟有讀書入仕之一途而已。

陸文圭牆東類稿卷六有送家鉉翁序，言色目人初入仕，有司事不素講，莫諳士論，猶可見西域人改從華俗之迹，曰：五方之人言語不通、嗜欲不同、性善則一、先皇帝武定内難、文致太平、舉中原百年之曠典、天下之士、雷動響應、殊方異俗、釋棚棹甲、理冠帶、習俎豆、來游來歌、莫不洗滌思奉明詔、立濟縣仕、然有司事不素講、學識淺陋、冀賢士論、家君鉉翁畏吾兒氏、其先居北庭、脫脫太師寧國公之裔孫、幼穎悟、負命不凡、脫去紈袴、習修孔氏之業、讀文公之書、應江浙進士、舉及格、閩憲聞其才而辟之、泰定三年丙寅、余自暨陽出應容山縣聘、授生徒、於學君至縣、一見握手如舊交、相與道家世出處本末、慨然久之、君貌巍巍、美髯如戟、神采過人、必能曉暢官事、年富氣銳、功業未可量、余老惜不及見之、

家鉉翁為畏吾兒氏、與宋使臣被留於元之家鉉翁號則堂、元文

類八三錄其中州詩集跋者另一人、陸文圭稱其美髯如戟、神采逼人、想猶是色目人習氣、其相見即道家世出處本末、想猶念念其爲色目人、而以能修孔氏之業自慰也、此亦可稱西域人之儒學也。

二 基督教世家之儒學

馬祖常　闊里吉思

上章所舉爲普通西域人之儒學、其人本身或先世信仰何教、未能確指也、今有可以確證其人本身或先世信仰他教、而改奉儒教或服膺儒教者、請先論基督教、

元代版圖最廣、括有中亞細亞全部、故當時回教各國及基督教

摩尼教流行之地多隸之種人來往頻繁，散居中國內地者眾，及而信仰改宗之事遂不可掩，其最著者為基督教世家馬祖常也。元時典籍無基督教之名，其稱也里可溫者即指基督教各派也，說詳拙著「元也里可溫考」。顧何以知馬祖常為也里可溫世家？吾友張君星烺近譯注馬可孛羅遊記，舉出三證定馬祖常為基督教。一、凡元史中雍古部人傳每多基督教徒之名，祖常為雍古部人。二、馬祖常所作其曾祖月合乃神道碑，敘述家世，人名漢式名二十五，蒙古名一，基督教徒名十有四。月合乃祖名把造馬野禮屬，此名基督教聶思脫里派中尤多見之，說詳馬可孛羅遊記卷一第五十九章附注。余於張君所舉三證之外，發現更有

力之從掾五、

1楊維楨西湖竹枝集馬祖常小傳云馬雍古祖常字伯庸浚儀可溫氏浚儀者開封可溫者也里可溫之有文武脫文無疑也、

2黃溍金華文集卷四三馬氏世譜祖常有族祖名奧剌罕楊子縣達魯花赤掾至順鎮江志卷十六丹徒縣達魯花赤馬奧剌憨、（康熙志誤作懋）也里可溫人、元貞二年六月至其與奧剌罕同為一人先後為楊子丹徒兩縣達魯花赤無疑也奧剌罕為也里可溫祖常當然為也里可溫

3馬氏世譜祖常父有從諸父名世德以國子生擢進士第由監察御史還中書檢校官掾余闕青陽集卷三合肥修城記云馬世

德、字元臣、也里可溫人、由進士第歷官中書檢校、同一人也、世德
爲也里可溫、祖常當然爲也里可溫、
什元也里可溫、大概包涵羅馬希臘聶思脫里各派、馬祖常之先
究屬何派、據馬氏世譜開宗明義第一句、即云「馬氏之先、出西
域聶思脫里 Nestorius 貴族、始來中國者和祿寀思」、則馬祖
常之先、也里可溫中之聶思脫里派、而又嘗掌高等神職者也、
乃更有一事、富有宗教意味、令人神往者、元好問遺山集二十七、
有恆州刺史馬君神道碑、馬君即祖常之高祖、碑云君諱慶祥字
瑞寧、姓馬氏、以小字習里吉斯行、出于花门貴種、宣政之季、與種
人居臨洮之狄道、蓋已莫知所從來矣、金兵略地陝右、盡室遷遼

東、因家焉、太宗嘗出獵、恍惚間見金人挾日而行、心悸不定、莫敢仰視、因罷獵而還、救以所見者物色、訪求、或言上所見殆佛陀變現、而遼東無塔廟、尊像不可得、唯回鶻人梵唄之所有之、因取畫像進之、真與上所見者合、上懽喜讚嘆、為作福田以應之、凡種人之在藏獲者、貰為平民、賜錢幣、從遣之、君之祖諱迭木兒越哥氏把驢馬也、里默、又遷靜州之天山、天山占籍、今四世矣、金史一二四馬慶祥傳即采此、此文極有宗教意味、當未解釋此文之先、余有一聲明、吾國學者對於外來宗教、每辨別不清、以甲作乙、如顧炎武之以摩尼為回教（日知錄廿九）杭世駿之以回教為景教（道古堂集廿五）是也、元好問生金元間、亦何能逃此例、日出於花門貴族、即誤以聶思脫里為回回、不若黃溍馬氏世譜之明瞭矣、何以知好問所述非回回回回禮拜之所、斷無像設、今日尊像不可得、惟回鶻梵唄之所有之、則又以聶思脫里為回鶻矣、回回禁像至嚴、唯聶思脫里有之、景教碑述貞觀詔、所謂「遠將經像來獻上京」者是也、金太宗所遇、與新約使徒行傳九章三節保羅所遇相類、國明明基督教影響也、好問曾讀真經、故於此等神話靡靡道之、以此而言、馬祖常之為基督教世家、毫無疑義、

據馬氏世譜、和祿罙思於遼道宗咸雍間、（西一〇六五至一〇七四）來中國、道宗官之不就、遂家臨洮、二世始仕遼、為馬步軍指揮使、三世當宣政之季、被金兵擄至遼東、久之因獻像事、被釋放、還靜州之天山、

四世即習禮吉思馬慶祥、始仕金爲鳳翔兵馬判官、遷䢴都、遂爲汴人、五世月合乃仕元、爲禮部尚書、是爲祖常之曾祖、二世四世、均官名有馬、故馬氏世譜及元史月乃合（應作合乃）傳謂馬氏始於二世、而禮部尚書馬公神道碑、及蘇天爵馬文貞公墓誌、（滋溪文稿卷九）則謂馬氏始於四世也、

馬祖常之家世既明、可進言馬祖常之儒學、馬祖常非出自中國、本人並不以爲諱、且津津樂道之、故其爲馬公神道碑、則云我曾祖尚書世非出於中國、而學問文獻、過於鄒魯之士、俾其子孫百年之間、革其舊俗、其爲銘文有云、齡矣我祖、百年於茲、衣冠之傳、實爲啟之、世多王公、亦多華靡、惟不革俗、而忽其祀、則厭其惡舊俗

傾慕華俗之情、概可見矣、石田集一卷又有飲酒詩六首、其第五首云、

昔我七世上、養馬洮河西、六世徙天山、日日聞鼓鼙、金室狩河表、我祖先羣黎、詩書百年澤、濡翼豈梁鵜、嘗觀漢建國、再世有日磾、後來興唐臣、胤裔多羌氐、春秋聖人法、諸侯亂冠笄、夷禮即夷之、毫髮各有稽、吾生賴陶化、孔階力攀躋、敷文佐時運、爛爛應璧奎、

以日磾羌氐自擬、以夷狄進於中國自慰、以得受孔道陶化為幸、以努力攀躋孔階自奮、磊落光明、莫有倫比、而朋輩中之稱道之者、亦輒不忘其所自、而竭力揄揚之、文矩子方集送馬伯庸御史

奉使回隴起四內云、「聖朝啟文運、同軌來無方、夫君起天回、崛起千仞翔」、明指其非出自中國也、許有壬至正集四六馬文貞公神道碑亦云、公先世已事華學、至公始大以肆、文云部族有儒文貞伊始、又曰、後承聿修、講學諸夏、王守誠為石田集序亦云、公系出西裔、斤斤於華學、於部族、於諸夏、而不能忘其非中國人、深讚其能用夏變夷也、

惟馬氏既世奉基督、至何時始舍基督而歸儒、在祖常本身亦抑祖常之先已有開其端者乎、是亦吾人所亟欲聞者也、據祖常所自述、及許有壬所稱道馬氏之儒學、肇自祖常曾祖月合乃、據袁桷所著祖常父潤州路同知馬君神道碑、清容集二六則馬氏之儒

學成於祖常父馬潤至祖常乃大以肆也、碑云禮部尚書諱月合、植德秉志贖士人之爲學者後皆爲達官、而子孫更業儒術卒致光顯、禮部子諱世昌傾貲粟結儁秀、家日困落、子孫益用儒自振、是生漳州諱潤、以文墨入官、守光州、取官粟之羨者廣弟子員、以食光久爲用武地、司馬公相生於光、公歲率諸生以祠民、始知爲儒以自重、所爲詩曰樵隱集、觀其命名、足以知志意矣、韋布踵門、降席倒屣、傾家治具、輒所得俸、高下賢否以奉、而其教子晷刻不肯置、

又據蘇天爵所著祖常弟祖謙墓碣銘、「祖謙母楊氏、生母李氏、」是祖謙爲祖常異母弟、而馬潤實有二妻也、祖常亦有三妻、蘇

天爵馬文貞公墓誌銘、云公娶索氏、次怯烈氏、二妻為基督教人所大戒、祀鬼亦為基督教律所不容、而馬潤既有二妻、復率諸生祀司馬光之鬼、其悍然不守基督教律可知也、及至祖常對於祠祭更隨俗浮沉而無所忌、故石田集有陪可用中議祠星於天寶宮詩、其他類此者、不一而足、蓋已蕩盡基督教之藩籬矣、袁桷馬潤碑三致意於馬氏子孫之用儒自振、必有所見而云然也、馬氏世譜叙和祿罘思至祖常之子凡九世、祖常從諸父中尚有基督教徒之名、如岳難雅古保六賜之屬、至於祖常同懷文人、則無一基督教徒名矣、其從昆弟中尚有一基督教徒之名、即蘇天爵石田集所稱也既沒、其從弟察院掾易朔 Yohanah 出公詩文若干篇之易朔是也、由此種種精密觀察、尚可見祖常一家背基督而歸儒之經過、其曾祖雖好儒術、尚未至於背基督、其父行則不然、其季父名節者、且入王屋山為道士、（詳佛老篇）是背基督當自其父行始、即馬氏世譜之七世也、八世至祖常、且特為儒張目矣、石田集卷四有蜀道士歸儒詩云、

青城羽客燒丹罷、要近東家問六經、却笑山陰癡道士、白鵞閑覓寫黃庭、

由此觀之、則其季父之為道士、亦祖常所不悅、所謂士各有志、不能強同、馬氏一家老輩皆奉基督、後生則為道為儒、分道揚鑣、可謂極信仰之自由者矣、

馬氏而外、基督徒之尊崇儒術者、有高唐王濶里吉思 George、濶里吉思本身為基督徒、與馬潤馬祖常之世代為基督徒者不同、世代為基督徒者、其信仰屬於遺傳、吾謂之曰「世襲信仰」、世襲信仰非出於自由、其信仰實不可靠、唯自由信仰乃真信仰、濶里吉思之為基督徒、屬於自由信仰者也、然在漢籍中實無左證、據近人之考察、則濶里吉思即馬可孛羅遊記之佐治王 King George、其所據者、為現存羅馬之西紀一三〇五年元大德九年一月八日主教蒙哥未諾在燕京所發之第一書、其所述之信教佐治王地位及卒年遺孤等、均與駙馬高唐王之濶里吉思相合、俄國總主教柏雷狄斯以元史本傳有「尚忽答的迷失公主、繼尚愛牙失里公主」之語、疑基督徒同時而有二妻、為不可解、張君星烺據元文類廿三閻復著駙馬高唐忠獻王碑稱「忠獻王前尚皇妹忽答的迷失、追封齊國大長公主、繼尚皇女愛牙失里、追封齊國公主」、知前尚之皇妹已死、後乃繼尚皇女、並非同時而有二妻、無足異也、元史闊里吉思傳以閻復碑為藍本、刪一前字、遂啟後人疑竇、然吾因閻復碑所述、照此等觀察、亦足證明闊里吉思之先世非基督徒、何以言之、據閻復碑闊里吉思非同時而有二妻、然闊里吉思之祖武毅王則固同時而有姬侍、碑稱「初武毅未有子、公主為進姬侍以廣嗣續、鞠育之恩不啻已出」、嗣續云云、正中國人多妻之唯一口實、然則闊里吉思之祖、必非基督徒也、近人因闊里吉思為汪古部長、即雍古元史本傳載其兄弟姊妹之名又皆基督徒之名、遂斷定為即馬可孛羅遊記及蒙哥未諾第一書之佐治王、吾亦據此以斷定其先人非基督教何也、則其兄弟姊妹而外、其父及伯叔父以至于曾祖皆無一為基督徒名也、此節既明、則可以言闊里吉思之儒學、據蒙哥未諾第一書、闊里吉思初信聶思脫里派之基督教、遇蒙哥未諾、始改信羅馬派、而其兄弟仍守聶思脫里派也、然閻復碑云「忠獻王生長北方金革之間、國其所長、而崇儒重道出於天性、興建廟學、裒集經史、築「萬卷堂」於私第、講明義理、陰陽術數靡不經意」、元史本傳稍易其詞、云「性勇毅、習武事、尤篤於儒

術、築萬卷堂於私第、日與諸儒討論經史、性理、陰陽、術數、靡不該
貫、々是澗里吉思既信基督、又好儒術也、蒙哥未諳書、稱其嘗於
治所建聖堂、未識與闕復碑所謂興建廟學者、是一是二耳、吾人於
絕不相謀之中西記述、狼籍而互勘之、偶有異同、其樂正無極也、
予近在順治吉安府志二五儒行傳、發見澗里吉思嘗從吉人吳鄭
問易、足見史稱其日與諸儒討論經史一語、不為虛誕、志云、「吳
鄭、永新人、宋末兵亂、避仇轉徙山西、改姓名張應珍、注周易宗程
朱而不為苟同、元駙馬都尉高唐郡王澗里吉思嘗從之質疑焉、
為刻其書於平陽路、且序其里居為評書、今藏秘閣、」々菉竹堂千
頃堂書目、均有張應珍周易注十卷、經義考四四題為吳鄭、疑即澗

里吉思刻於平陽路者、鄭先改名張應珍、仕元為秘書少監、大德九年復更姓名吳鄭、見元秘書志九、闊里吉思提鄭質疑時、鄭固名張應珍也、闊里吉思之好儒學又多一證、

三　回回教世家之儒學

瞻思丁　忽辛　瞻思濟博

回回教世家中有地位與闊里吉思相若而崇儒好學又復相類者、為咸陽王賽典赤瞻思丁、元史本傳一二五稱瞻思丁回回人、別庵伯爾之裔、其國言賽典赤猶華言貴族也、至元十一年拜平章政事、行省雲南、雲南俗無禮儀、男女往往自相配偶、親死則火之、不為喪祭、無秔稻桑麻、子弟不知讀書、賽典赤教之拜跪之節、婚

姻行媒、死者爲之棺槨、貫罪敎民播種、爲陂池以備水旱、創建孔子廟、明倫堂、購經史、撥學田、由是文風稍興、贍思丁之爲回回教世家元史已證明、不若瀾里吉思馬祖常等之史無明文、必須旁搜佐證、别庵伯爾者、猶言天使、蓋指摩訶末、劉郁西使記所謂師名癖顏八兒、經文甚多、皆癖顏八兒所作是也、（秋澗文集九五）瀾里吉思討高唐王、贍思丁封咸陽王、瀾里吉思興建廟學、裒集經史、鎮爲卷堂、贍思丁創建孔子廟、購經史、撥學田、二人所爲、柳何類也、吾甚不解贍思丁以摩訶末嫡裔而尊崇孔子若是、史有溢詞、柳果實錄也、然雲南孔子廟雖爲贍思丁所創建、贍思丁所撥廟田曾爲僧徒所奪、其子忽辛力爭之、事見忽辛傳、同卷稱忽辛大德九年改雲南行省右丞先是贍思丁為雲南平章時建孔子廟為學校撥田五頃以供祭祀教養贍思丁卒田為大德寺所有忽辛按廟學舊籍奪歸之乃復下諸郡邑遍立廟學選文學之士為之教官文風大興其父子媲美如此此雲南人士所亟應記念者今雲南回教徒甚衆人皆知為贍思丁所遺孰知雲南孔教勢力之伸張亦不出於孔子之徒而為別庵伯爾之裔贍思丁父子所引進也此孔教徒所不及料者也

尤可異者元史儒學傳有阿剌伯人贍思為元好問再傳弟子以漢文著書十餘種並文集三十卷清初黃虞稷撰千頃堂書目時諸書尚存真元朝儒學之特色也贍思係出大食其為回回教世

家不必問今節錄其本傳如下
贍思字得之其先大食國人國既內附大父魯坤乃家真定父斡直始從儒先生問學贍思生九歲日記古經傳至千言比弱冠以所業就正於翰林學士承旨王思廉之門由是博極群籍汪洋茂衍見諸踐履皆篤實之學故其年雖少已為鄉邦所推重延祐初詔以科第取士有勸其就試者贍思笑而不應泰定三年詔以遺逸徵至上都時倒剌沙柄國西域人多附焉贍思獨不往見倒剌沙屢使人招致之即以養親辭歸天歷三年召入為應奉翰林文字賜對奎章閣文宗問曰卿有所著述否明日進所著帝王心法文宗稱善詔預修經世大典以論議不合求去後至元二年拜陝

西行臺監察御史、即上封事十條、皆一時羣臣所不敢言、戚里有執政陝西行省者、恣爲非道、贍思發其罪而按之、輒棄職夜遁、三年除僉浙西廉訪司事、以浙右諸僧寺私蔽猾民、有所謂道人道民行童者、類皆瀆常倫、隱徭役、使民力日耗、契勘嘉興一路、爲數已二千七百、乃建議請勒歸本族、俾供王賦、庶以少寬民力、朝廷是之、即著以爲令、贍思歷官臺憲、平反大辟之獄、先後甚衆、然未嘗故出人罪、以市私恩、著審聽要訣、至正十年、召爲秘書少監、議治河事、皆辭疾不赴、十一年卒於家、年七十有四、謚曰文孝、贍思邃於經、而易學尤深、至於天文地理、鐘律算數、水利旁及外國之書、皆究極之、家貧、饘粥或不繼、其考訂經傳、常自樂也、睢思著述、今存者有河防通議二卷、（守山閣本）輯諸永樂大典、其所著老莊精詣、西國圖經、西域異人傳等、皆不可得見、徒令人想望其瑰異而已、回回教中著名儒者、尚有丁鶴年、鶴年通詩書禮三經、以其晚而逃禪、（詳佛老篇）名不甚著、而通詩毛氏說、折衷以朱呂之傳、發爲文辭、其光燁然者、有溥博、字子淵、西域阿魯渾人、回回儒者也、見宋濂鑾坡集卷七西域浦氏定姓碑文、

四　佛教世家之儒學

阿魯渾薩理

元時佛教世家、無逾阿魯渾薩理、三世精佛學、又爲釋教總統、身受業於國師八思馬、以此世襲、信仰其思想、宜不易動搖也、而抑

知事實上不然、特患其不通中國之文、不讀中國之書耳、苟習其文、讀其書、鮮有不被其陶化者、今將趙孟頫所爲趙國公全公神道碑銘（松雪齋集卷七）節錄如下、元史阿魯渾薩理傳。一三即從此出者也、碑云、

太祖皇帝既受天命、略定西北諸國、回鶻最彊最先附、由是有一材一藝者畢效於朝、至元大德間在位之臣、非有攻城野戰之功、而道包儒釋、學際天人、寄天子之腹心者、惟趙國文定公而已、公諱阿魯渾薩理、回鶻北庭人、今所謂畏吾兒也、以父字爲全氏、祖諱阿台薩理、父諱乞台薩理、早受浮屠法於智全赤利可吾坡地沙圓通辯悟、當時咸推讓之、生公兄弟三人、公從國師八思馬學

浮屠法，不數月盡通其書，旁達諸國及漢語。世祖知其材，俾習漢文書，頃之，遍通諸經史百家，若陰陽歷數圖緯方技之說，靡不精詣。會國師西還，携與俱，歲餘乞歸省師，遣之，曰「以汝之學，非為我佛弟子者，我敢受汝拜耶，勉事聖君」。相泣而別。比至闕，師已上書薦之，繇是得召入宿衛，日以筆札侍左右。至元二十年冬，有一僧西來，見，自言知天象，上召通象胥者數輩與語，莫能解。有脫烈、對言公可使，立召與語，僧乃屈謝不如。上大悅。公明時務，識大體，初為世祖所知，即勸以治天下必用儒術，江南諸老以及山林藪澤有道藝之士，皆宜招納，以備選錄。於是置集賢院，下求賢之詔，遂使天下，天下聞風而起。至者悉命公館之，禮意周洽，皆盡過望、其有不稱旨者、亦讀厚齋而遣之、以勸來者、而集賢長貳極一時名流、盡公所爲用、又請置國子監、學官增博士弟子員、優其廩餼、學者益衆、

本篇最可注意者、爲阿魯渾薩理之學、先釋而後儒、元時隆禮國師、過於孔子、苟無二三西域人之服膺孔學者、撐柱其間、釋氏之徒、且欲以其道易天下、藉兵威之所及、非盡變中國如印藏不止、中國儒者其得國主之信用、遠不逮西域儒者、是故、高智耀之入見憲宗也、力言儒者之道、帝曰、前此未有以是告朕者、不忽木之與世祖論道也、世祖曰曩與許仲平衡論治、仲平不及汝遠甚、均見前章當是時、百漢人之言不如一西域人之言、一西域人儒者之言、

不如一西域人釋精之言之尤為有力而得國主之信用也。許衡、吳澄之徒之所以能見用於將者，純恃有二三西域人援先奔走之；而孔子之道之所以能見重於元者，亦頗賴有多數異教西域人誦其詩、讀其書，傾心而輔翼之也。國師之送阿魯渾薩理曰：「以汝之學非吾我佛弟子者，我敬愛汝，拜師。」國師義然，知阿魯渾薩理之不能為佛教張目，而將為儒教效其勞者也。故阿魯渾薩理初見用於世祖，即勸以治天下必用儒術，天下者中國耳，治中國非用儒術不可。阿魯渾薩理由中國歷史觀察，熟審當時情形，以為惟此於元有利，遂主張以此收服中國之人心也。元史本傳敘阿魯渾薩理先世有及補趙孟頫碑之闕者，曰：「阿

儒學篇　　廿三

魯澤薩理祖阿台薩理、精佛氏學、生乞台薩理、襲先業、通經律論、業既成、師名之曰萬全、至元十二年入為釋教都總統、以釋教總統之子而主張用儒術治天下、亦猶高智耀之本事佛教僧而力言儒術有補治道也、此佛教世家之儒學也、

五　摩尼教世家之儒學

高昌偰氏、

摩尼教興於波斯、唐時入中國、因為回鶻所信奉、更藉回鶻之勢力延蔓於中華、回鶻既分竄甘和諸州、摩尼教徒遂隨之轉徙、觀余闕述西夏風俗、有極類曾受摩尼化者、其送歸彥溫赴河西康使序云、予家合淝、淝之戍軍皆夏人、其性大抵質直而上義、平居

相與、雖異姓如親姻、凡有所得、雖簞食豆羹、不以自私、必分其朋友、朋友之間、有無相共、有餘即以與人、無即取諸人、亦不少以屬意、百斛之粟、數千百緡之錢、可一諾而致也、予初以為此異鄉相親乃爾、及以問夏人、凡國中之俗、莫不皆然、其異姓之人如此、其親姻可知矣、（青陽集卷三）凡曾讀摩尼教經者、即知此等有類於共產之風俗、為摩尼教之風俗、即曾考究閩宋時閩浙摩尼教情形者、亦知此為摩尼教風俗、西夏既以回鶻竄入之故、受摩尼教之感化、則原為回鶻地之高昌等處、其受摩尼感化必更強、摩尼教元時中國尚有、余前在閩書（卷七）發現泉州華表山有元時所遺留之摩尼教菴、近又於談遷棗林雜俎義集目錄天主教條下發見有

「明教附」三字小注、明教即摩尼教、惜余所見之叢林雜俎、為宣統間排印本、此條特注缺字、有錄無書、想因天主教事有所避諱而刊落之也、安得談氏原稿而讀之、明時中國既尚有摩尼教、則原為回鶻地之高昌等處、其摩尼教必更盛、宋史高昌傳述北宋初王延德使高昌、尚見有摩尼寺波斯僧、此其證也、摩尼教流行歷史略明、則可據此吾所欲述之摩尼教世家為誰氏、吾所欲述之摩尼教世家、高昌偰氏也、元時高昌人多矣、何以獨推偰氏、則以偰氏自唐以來、世為回紇相、而唐時回紇相之與摩尼又極有密切之關係、如舊唐書回鶻傳長慶元年回鶻入朝、則興寧相都督公主摩尼等俱、白氏長慶集與迴鶻可汗書賜物回鶻則與內外宰相及判官摩尼師等俱摩尼既為回鶻尊崇可汗常與共國則其國相豈能獨外茲將歐陽玄高昌偰氏家傳之前段節錄如下以明偰氏為摩尼教世家之證傳曰偰氏偉兀人也其先世曰暾欲谷以女妻默棘連可汗為可敦默棘連卒國亂故地盡為回纥所有暾欲谷子孫遂相回纥回纥嘗自以其鷙捷如鶻請於唐更以回鶻為號偉兀者回鶻之轉聲也今偉兀稱高昌地則高昌人則回鶻也高昌王有印曰「诸天敬護護國第四王印」即唐所賜回鶻印也言「诸天敬護」者其國俗素重佛氏因為梵言以祝之也暾欲谷子孫既世為偉兀貴臣因為偉兀人又嘗從其主居偰輦河上子孫宗暾欲谷為始祖因以偰為氏焉

相傳暾欲谷初為國相，適當唐天寶之際、唐以安氏之亂、求回鶻援兵、暾欲谷與太子闕特勒帥師與討安祿山有功、封太傅忠武王、進位司空、年百二十而終、傳數世至克直魯傭龑為本國相答剌罕、錫號阿大都督。圭齋集十一

此傳有事實錯誤者二、有文字異同者二、先為辯正而後推求其與摩尼教有關焉。據舊唐書突厥傳、毗伽可汗默棘連乃闕特勒之兄、以開元四年即位、時暾欲谷年七十餘、開元二十年新書作十九年闕特勒死、上有為碑文、同年默棘連死、李融為碑文、二碑於清光緒十五年西一八八九與九姓回鶻可汗碑同出土。元耶律鑄雙溪醉隱集卷二取和林樂府自注有云、「和林城苾伽可汗之故地也、城

東北七十里、有唐明皇開元壬申御製御書闕特勤碑。案唐史突厥傳、闕特勤、苾伽可汗之弟也、名闕、開元十九年闕特勤卒、詔為立碑、上自為文、其碑額及碑文、特勤皆是殷勤之勤字、唐新舊史凡書特勤皆作衛勒之勒字、誤也、諸突厥部之遺俗、猶呼其可汗之子弟為特勤、則與碑文符矣」

李文田和林金石詩（靈鶼閣本）所謂「因恩移剌（即耶律）雙溪集、字字分明闕特勒」指此也、而歐氏傳乃循兩唐書作勒、其異一、默棘連、兩唐書均作連、李文田詩「遺址剝榛默棘連、大唐祠像舊香煙」是也、而歐氏傳獨作速、其異二、此猶文字之小小異同者也、安祿山之亂、在天寶末年、闕特勤之死、在開元十九年、其碑之立、在開元二十年、是安氏亂時、闕特勤死已二十餘年矣、而傑氏傳乃謂暾欲谷與闕特勤帥師討安祿山有功、其誤一、且闕特勤是突厥可汗太子、而助唐討安祿山者、是回纥太子、舊唐書回纥傳至德元載七月、肅宗即位靈武、遣使回纥修好徵兵、二載九月回纥遣太子葉護、領其將帝德等兵馬四千餘衆、助國討逆、收復兩京、加司空封忠義王是也、而傑氏傳乃以闕特勤為回纥太子、其誤二、究其所以致誤之由、則因史有乾元元年八月回纥又使王子骨啜特勤等助國討逆之言、而誤以骨啜特勤為闕特勤乎、不可知也、

突厥之滅、據新唐書突厥傳、謂在天寶四年、是暾欲谷由突厥入

回紇時、年已百有餘歲、其(助唐)討逆時、年百一十歲、史稱開元四年(西七一六)暾欲谷年七十餘、與傑氏傳稱暾欲谷助唐討逆後、年百二十而終、其說正相合也、暾欲谷之卒、在代宗初年、去大歷三年(西七六八)敕建摩尼大雲光明寺之年、不過一二年、回紇為摩尼護法、暾欲谷為回紇謀臣、其興摩尼教有關、尚何待論

顧家傳既明言其國俗素重佛氏、何以猶謂之摩尼、則以唐時回紇自天寶而後、全國已改奉摩尼、(說見拙著摩尼教入中國考)唐所賜回鶻印、係在天寶求援回鶻以後、當然以其所信奉者視之、豈復有以佛氏語視之之理、君恒言中國人對於外來諸教、辨別輒不明瞭、如新唐書常袞傳(一一五)稱回紇有戰功者、得留京師、創邸第佛祠、佛

祠云、實摩尼寺也。九姓回鶻可汗碑言摩尼闡教，回鶻壹悉明，今日可爲鐵證。此碑出土時，江標和李文田金石詩猶以摩尼爲佛，則前此之謬指爲佛者更何足怪。江標詩云：

大字先題登里囉，可汗名字曰毗伽。本從佛法治天下，莫怪年來景教多。

佛法云云，謂摩尼明教也。閩書亦稱「摩尼佛」，又稱至道中懷安士人得佛像於京城，佛像云云，亦摩尼像也，則偰氏傳所稱之佛，正可證其爲摩尼佛。舊唐書回紇傳謂摩尼爲回鶻所信奉，與家傳所謂其國俗素重佛氏者正同。偰氏之先既世爲偉兀貴臣，且曾與於安史之役，則其爲摩尼教世家，毫無疑義也。

偰氏為摩尼教世家之說既明、則可與言偰氏之儒學、克直魯爾
者、合剌普華之高祖、合剌普華見元史忠義傳、其孫偰玉立、偰哲
篤等六人、皆登進士第、其曾孫之登進士第者三人、一門兩代凡
九進士、時論榮之、許有壬為合剌普華墓誌、黃溍為合剌普華神
道碑、皆以為積德累仁之報、然無論是否為積德累仁之報、其孫
曾能以儒術致通顯若此、不可謂非色目人之特色也、
偰哲篤、延祐首科進士、與馬祖常、歐陽玄、許有壬、黃溍等為同年、
偰玉立、延祐五年進士、至正中為泉州路達魯花赤、閩書卷五三
文蒞志、稱其興學校、賑貧乏、考求圖志、搜訪舊聞、聘寓公三山吳
鑒成清源續志二十卷、以補一郡故事、郡人皆勸於文學、顧嗣立

元詩選有偰玉立世玉集、偰哲篤詩附焉、千頃堂書目二十八、有偰遜近思齋逸稿、注回鶻人、初名百遼、即偰哲篤子也、碑刻中亦時見偰氏昆仲文字、偰氏昆仲雖擢高第、能文章、然區區科名詎得謂之儒學、今亦以儒學目之者、隨俗稱也、吾之為是篇、亦以證明西域人之同化中國而已、曾謂科名之盛如偰氏、不讀孔氏之書而能然耶、元時科目、蒙古色目與漢人南人各一榜、蒙古色目人中選比漢人南人為易、程度比漢人南人為低、元史選舉志載考試程式、蒙古色目人第一場經問五條、大學論語孟子中庸內設問、用朱氏章句集注、第二場策一道、以時務出題、限五百字以上、其義理精明、文辭典雅者為中選、今有偰玉立偰哲篤二人於

政事文章有可考見外、其他七人、學問深淺、無可考見、然既中選、則必義理精明、文辭典雅可知也、此磨尾撒世家之儒學也、

附偰氏一門九進士圖 數目字、著其登第之先後、由延祐二年乙卯、至至正八年戊子、凡三十四年、

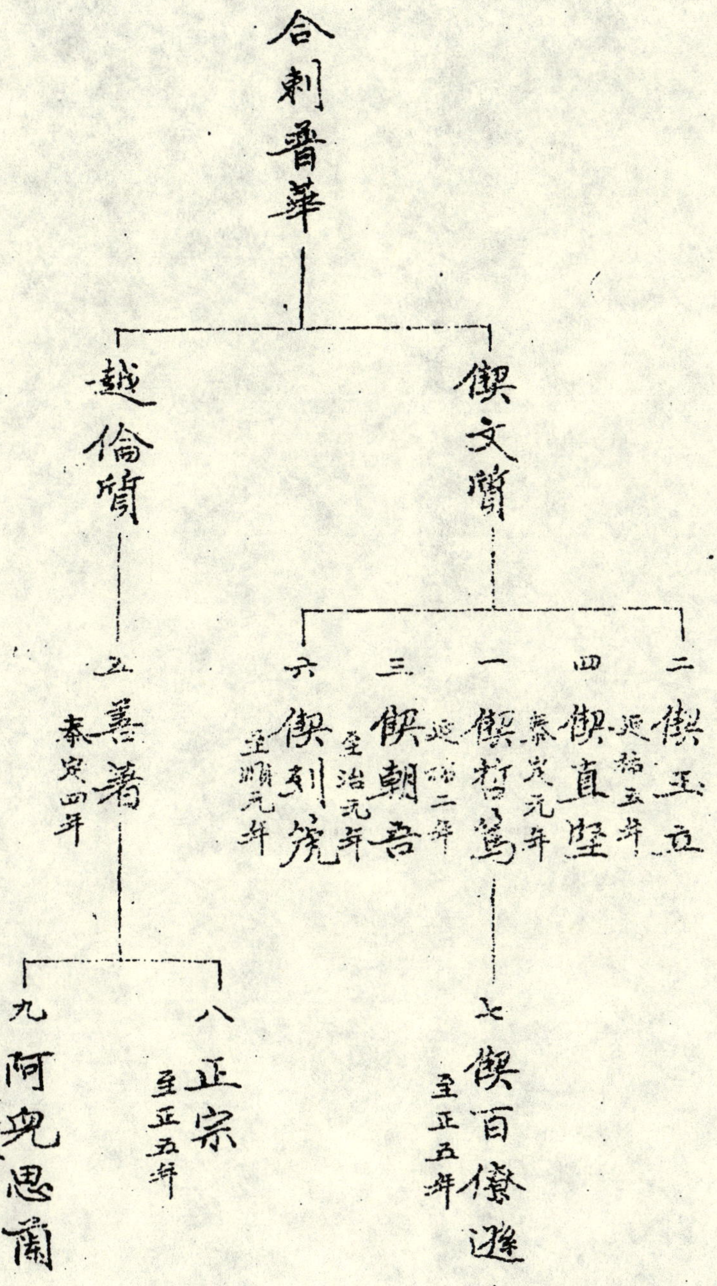

元西域人華化考稿本

陳垣援菴撰

第三　佛老篇

一　西域詞人之佛老

貫雲石　迺賢　馬時憲

亦都忽立　剌馬當

佛非出於中國、然元時佛教之入中國已千三百餘年、本分禪教兩大宗、其禪宗早已成為華化、倘其人之佛學得自梵文、或得諸西域、固不可謂之華化、倘其佛學係由漢譯经論、或由晉唐以來之支那撰述而得、而又非出家剃度、身為沙門、僅以性耽禪悅、自附於居士之林、則不得不謂之華化、阿魯渾薩理以釋教總統之子、先學佛於國師八思馬、學成而復習儒書、故名曰佛教世家之儒學、若西域人既還於漢學、又以境遇感性近之故、去而談禪、則可謂之雙料華化矣。吾於此得二人焉、曰小雲石海涯、丁鶴年、丁鶴年為回回教世家、將別論之、今先言小雲石海涯、

小雲石海涯、為平宋功臣阿里海涯之孫、阿里海涯者畏吾人、趙翼廿二史劄記十三謂元初諸將多掠人為私戶、而莫甚於阿里海涯、張雄飛傳、阿里海涯行省荊湖、以降民三千八百戶沒入為家奴、自置吏治之、歲收其租稅、有司莫敢問、世祖本紀至元十七年詔覈阿里海涯等所俘三萬二千餘人、並放為民、十九年御史臺言阿里海涯占降民為奴、而以為征討所得、有旨降民還之有司、

二事並見卷一二八相威傳、宋子貞文以阿里海涯所虜逃民千人清出屯田、可見其所佔之戶以千萬計、兵權在握、恣意營私也、此阿里海涯即小雲石海涯之祖父、今非欲暴小雲石海涯祖父之惡、然非此無以證小雲石海涯為濁世佳公子其家世如此、其思想遂不禁別有所感覺也、

小雲石海涯之家世既明、則可言小雲石海涯之歷史、元史一四三有小雲石海涯傳、然不足證明小雲石海涯之學佛、因元史本傳、採自歐陽玄貫公神道碑、圭齋集卷九而刪節其詞、故小雲石海涯學佛之精神、亦被刊落、今欲證明小雲石海涯之佛學、當舍元史本傳而用貫公神道碑、貫公即小雲石海涯、父名貫只哥、因以貫為

氏、元人著述通稱貫雲石、雲石文學另詳文學篇、其佛學則神道碑開始一段已可證明、碑云「至治三年秋、玄校藝浙省、既竣事、出而猶徉湖山之間、故人内翰貫公與玄周旋者半月餘、及將去杭、薄暮携酒來別、謂玄曰少年於朋友知契、每別輒繾綣數日、近年讀釋氏書、乃知釋子甚有是心、謂之記生根焉、吾因以是為戒、今於君之別、獨不能禁、且何哉、言已、悽然而別」此節在當日不過着者敘述與雲石之交情、正史本傳自無留存之必要、而在今日欲考察西域人之寓中國、曾否染有中國之佛化、則不可謂之閒文、碑中敘雲石與通以易蘆花被後、尚有雲石與中峯和尚論道一節、亦係閒情、乃本傳於蘆花被事、則點竄入傳、而於見中峯

事、則一字不提、若為雲石諱者、雲石本非以儒學自任、談禪何足
為、諱、茲錄碑文大略如左、亦可見雲石之出處及人生觀矣、曰、了
公、辭歸江南十餘年間、歷覽勝槩、著述滿家、所至縉紳之士逢掖
之子、方外奇人、從之若雲、得其詞翰、片言尺牘、如獲拱璧、乃東遊
錢、塘入天目山、見本中峯禪師、劇談大道、箭鋒相當、每夏坐禪包
山、暑退始入城、自是公之蹤跡與世接漸疏、道味日濃、世味日淡、
去而違之、不翅解帶、乚則雲石之學佛、無可為諱、七修類稿二三云、
貫雲石嘗休暑鳳凰山、今北山棲雲菴、其藏修之所也、是以碑復
論之、曰、公武有戡定之策、文有經濟之才、固為斯世難得、然承平
之代、世祿之家、勢宜有之、至如錄視軒冕、高蹈物表、居之弗疑、行

佛老篇 三

之若素、泊然以終身、此山林之士所難能、斯其人品之高、豈可淺近量哉、雲石蓋有得於禪者也、

西域詞人中、才名與雲石相埒、而愛慕道家者、有迺賢、迺賢字易之、元史無傳、元人著述稱合魯易之、或稱葛邏祿迺賢、合魯元譯、葛邏祿、唐以前譯、漢言馬也、故又稱馬易之、世居金山之西、元興、西北諸部、仕中國者、隨便往居、故迺賢稱南陽人、後隨其兄塔海仲良、官江浙、遂卜居於鄞、甬上耆舊詩傳三卷、謂其師事鄞人鄭以道、以道集有贈門人馬易之序、迺賢善歌詩、一再游京師、盡交其名士、有金臺集、又性好古、所至訪求名跡、摩挲斷碣、發為詠歌、著河朔訪古記、劉仁本羽庭集、王褘忠文集、均有序、原書久軼、乾隆

時在永樂大典中搜得一百三十餘條、聚珍版印行之、廼賢之發慕道家傳無明文、吾在金臺集發見之、集共詩一百八十餘篇、紀遊詠古之外為道士賦者占十之一、試錄其目亦知其香火氣之深也、

1 送陳道士復初歸金華、
2 玄圃為上清周道士賦、
3 題崇真宮陳鍊師壁間竹梅、
4 送道士袁九霄歸金城道院、
5 虛齋為四明王鍊師賦、
6 鶴齋為道士薛茂弘賦、

佛者篇

四

7 送道士張宗岳還龍虎山、

8 晚清溪徐道士

9 赤城金閣山在赤城西郡洞明真人修鍊之所山中盛產青李來禽諸果、

10 次上都崇真宮呈同遊諸子、

11 病中答張元樸宗師惠藥、

12 崇真宮夜望司天臺、

13 雨夜同天台道士鄭蒙泉話舊并懷劉子彝、注、蒙泉時奉祠上京崇真宮子彝嘗於四明東湖築天壇道院以待蒙泉東歸、

14 陽明洞丁元善尊師携酒過余夜飲、

15 玄教大宗師吳全節哀詩、

16 南城詠古十六首序云至正十一年秋太史宇文公、太常危公、偕燕人梁處士九思、臨川葛君殿士、四明道士王虛齋、新進士朱夢炎與余凡七人聯轡出遊燕城覽故宮之遺蹟各賦詩十有六首、

17 長春宮全真邱神仙處機之居、太祖嘗召至西域之雪山講道、虞勸上以不殺、

18 玉虛宮大道教以供薪水之勞為其張本、宮主張真人其貌甚清古、

19 題王虛齋所藏鎮南王墨竹

20 送陳練師奉香歸四明、慶熙玉皇閣寄王致和真人、

詩人結識道士之多罕有若延賢之衆者也、方以類聚同志為明、則延賢之好道無疑義矣、更觀詩之內容、則延賢所好之道實神仙服餌之一派、故丁苓芝青精之等自輒見於行間、如玄圖云、

明年我亦山中去、騰采瑤芝滿藥囊、

桃花山水圖云、

我昔捫蘿探山谷、青精煮飯松邊宿、至今瞳子有神光、細字猶能夜深讀、

送袁道士歸金城道院云、
君還練石髓、九轉成玄霜、他時肯分贈、碧落同翱翔、
松巢云、
茯苓倘可餐、永矢謝城邑、
望泰山云、
懸崖芝草承甘露、溜雨松根長伏苓、
送張宗岳還龍虎山云、
後夜相思京雒士、黃精還許寄來嘗、
挽清溪徐道士云、
碧乳分茶烹雪水、青精煮飯薦冰蔬、

答張元傑惠藥云、

卧病臨高館、丹芝幸見分、明朝得强健、長禮紫虛宮、

贈空谷山人歸武當云、

小甕春風紫术香、長鑱落日黃精熟、

送陳鍊師歸四明云、

山中芝草還分得、贈我能令白髮稀、

正春秋繁露所謂意之重詞之複、其中必有美者、後之人可因此以知其性之所近也、廼賢與雲石不同、雲石志在遺世、故佯狂詠歌以卒歲、廼賢不忘用世、故希藉修鍊以長生、其環境不同、其思想遂隨之而異、一禪一道、所以分途也、張起巖題金臺集云、「長

使馬周賓作客、令人千古媿常何上嘆迺賢之不用也、迺賢於神仙境界、時寄遐想、如登崆峒山有云、

路逢一道士、高結冠巍巍、忽是廣成子、再拜欲問之、長歌入深林棄我忽若遺、靈蹤邈難及、千載生遐思、

其神往低徊之意、溢於言表、其對於元初丘處機、尤殷慕之、詠之至再、京城雜言云、

丘公神仙流、學道青海東、扣馬諫不殺、嘉辭動天容、保此一言善、元祚垂無窮、

自注、世祖納全真丘處機之一言、國家始終好生不殺、其長春宮

又云、

羸騰蹋秋日、遐遯瑶琳宮、草昧艱難日、沖仙第一功、

可謂傾倒之至矣、其所與遊之燕人梁九思、名有、亦一好古而慕仙之人、與遯賢性相近、遯賢有河朔訪古記、梁有文海英瀾、遯賢好神仙、梁有有續列仙傳、文海英瀾者、二百卷、彙録南北金石刻三萬餘通、續列仙傳十卷、均見遯賢寄梁九思詩注、詩中有「泗水中流尋漢刻、秦山絶頂得秦碑、仙人久致青牛約、弟子能修白鹿規」之句、梁有亦儒而好道者也、元朝著名道士張雨號句曲外史、遯賢以西域詩人、亦自號河朔外史、凡此種種、皆足為遯賢好道之一證、

有佯狂似雲石、而不忘用世似遯賢者、未知其學佛乎、學仙乎、號

曰笑笑道人、則似於道家爲近、然六朝以道人爲沙门之稱、雲石學佛、國亦嘗號「蘆花道人」、「酸齋道人」也、學佛抑學仙、本無庸细辨、今日吾人所欲説明者、西域人中有此一派耳、則笑笑道人之行誼可一述也、王禮送馬時憲還維揚詩序云、西域馬君時憲以胄監弟子貢舉進士、爲翰林編修官、志不屑也、性重默無汎交、跡絶權貴之门、衆以是奇之、一日聞有「笑笑道人」者、荷笠披紙衣、擊節行歌于市、憩江東雷岡亭、飛舞而上馬祖岩、歌聲若金石、悲壯激越、林木爲動、田翁樵子棄業而聚觀、意其散仙也、怪而察焉、則時憲耳、噫、其果于忘世若焚狂接輿者耶、抑猶豪傑不偶之士、雄才莫施、輒佯狂詭其迹、輕世肆志以泄憤

懸無聊之氣耶，矧燕趙素多忼慨悲歌之士，安知不猶有曩之風烈耶。余有以知時憲倜儻不羈之情矣。麟原集卷四

此等舉動，不論其所託者爲佛爲仙，皆可表明其爲一不得志於時者之詩人。其系出西域，爲可異也。劉壎水雲村稿卷八有杏林公墓誌銘云：亦都忽立，其先回鶻人，所居種杏成林，因以自號，享年六十有七，男四，曰馬合，曰大都驢，殁三日，夫人使子來乞銘。因思西北人材，率雄傑悍鷙，尚武而嗜殺，而公獨稟和易，趨尚文雅，通儒書禮秀士，喜談僊佛，善作大字，綽有中州風度，其鍾天地之仁氣者歟，胄出西土而種靈特異者歟，噫，善人亡矣。

亦都忽立之名，其子未脫西域人舊俗也，而其自號及劉壎所述，

則已深染華風、通儒書不奇、奇其喜談仙佛也、名其子曰馬合、疑其先固回回人、然此四人者、皆未嘗為僧為道士、不過其學術思想趨嚮於是耳、吾於王逢梧溪集發見一西域人入全真教為道士、真可謂應有盡有矣、

梧溪集五卷有儉德堂懷寄凡二十二首、每首各有小序、其第八首序云、刺馬當文郁、西域人、由父蔭累遷南臺御史、今寄跡全真教中、詩云、

清修馬道士、憶過小林丘、脫略青驄轡、追隨白兔游、君親心獨耿、河海淚同流、好在醫閭北、徘徊紫氣浮、

刺馬當其名、文郁其字、其名譯西域音、其字取中國義、刺馬云者、

未識是喇嘛教之喇嘛否乎若然以喇嘛而入道尤青中之奇者矣玩王逢詩意刺馬當之入道似在元亡而後寄跡黄冠亦勝國遺臣之恒事特出於西域人則安世通不得專美於前矣

二　回回教世家由儒入佛

丁鶴年

貫雲石廼賢等雖系出西域然其家世及原奉宗教不明故只可概括之曰西域人之佛老若其家世及原奉之宗教確有可考者當專論之則丁鶴年之經歷最奇也前篇曾論回回教世家之儒學丁鶴年亦回回教世家之儒者然其後復由儒而入佛則其所受中國化之濃厚又比專門儒者為甚也丁鶴年生三十三歲而

元亡至明永樂末年始卒年九十矣故元史無傳明史入文苑傳叙述甚略蓋本戴良所撰高士傳而節損之今考鶴年生平當仍採之高士傳九靈山房集九十高士傳云

鶴年西域人曾祖阿老丁與弟烏馬兒皆元初巨商祖苫思丁累官至臨江路達魯花赤父職馬祿丁重義輕財盡取祖父遺貲賑諸親故之不足及他士之貧者性尚豪邁不喜榮名年四十辭主臨川縣簿避武昌縣達魯花赤有惠政解官之日父老為築種德之堂請曰吾縣蓋公之桐鄉願留居毋去遂家焉生子五人鶴年最幼武昌公死時鶴年年甫十二其俗素短喪所禁止者獨酒鶴年以為非古制乃服斬衰三年家有遺貲悉推與諸兄不留一錢

佛老篇

十

自遺也、武昌公在時、以鶴年倜儻、類己甚、鍾愛、昇蔭從父桓州職、鶴年辭謝不敢有、惟益屬志為學、清貧自苦、或曰、汝貴家子、顧乃過自矯激如此、鶴年曰、吾宗固貴顯、然以文學知名於世者恒少、吾欲奮身為儒生、豈碌碌襲先蔭、苟取祿位而已耶、鄉之諸儒長者以其年幼而有志、多樂教之、年十七、通詩書禮三經、豫章周懷孝楚大儒、時寓武昌、獨器重鶴年、且欲同歸豫章、而妻以愛女、鶴年以母老、諸兄皆宦千里外、辭不行、明年、淮兵渡江、襲武昌、鶴年奉母夫人以行、夫人捐館舍、鶴年哀毀盡癯、鹽酪不入口者五年、聞從兄吉雅謨丁避地越江上、徒步往依焉、辟從事、舉校官、舉孝廉、俱不應、南臺大夫沙藍答兒被召還朝、思得文儒之士以備諮訪、徵以從事辟之、江西閩海二道肅政府、又以其有儒學提學薦、皆不就、留四明、或旅食海鄉、為童子師、或寄居僧舍賣藥以自給、行囊稍裕、每好赴人之急、人之享其惠者、蓋數數然也、鶴年天質穎悟、讀書過目輒成誦、善詩歌、而尤工于唐律、為文章有氣、至于算數、導引、方藥之說、亦靡不旁習、然專以躬行為學、非其食不食、非其衣不衣、重然諾、尚氣節、有東漢高士之遺風、員外郎馬子英、不妄許可人、嘗曰、吾友多矣、可託妻子者、惟鶴年一人、世以為知言、

戴良之卒、先鶴年四十年、此傳作於洪武初年、為鶴年所親見、故鶴年寄九靈先生詩有「萬言椽筆今無用、閒向林泉紀逸民」

之句注、先生嘗爲予作傳即此傳也、此傳所述関於鶴年前半世事略備、此傳之後有烏斯道丁孝子傳、（春草齋集卷七）紀鶴年夢得母墓事、亦可参考、惟學佛一節、兩傳皆無明文、蓋是時鶴年學佛之迹尚未著也、兩傳記鶴年部族、僅汎稱爲西域人、鶴年集自署亦只曰丁西域鶴年」、何以知其爲回回教世家也、則有左列之諸證據、

明史文苑傳云、丁鶴年者回回人、其說蓋本諸瞿佑歸田詩話、歸田詩話梧竹軒條、謂鶴年爲回回人、瞿佑曾在杭見鶴年、鶴年爲佑審閲鼓吹續音、示以著述之法、佑深感之、明史文苑傳稱方國珍據浙東、最忌色目人、鶴年轉徙逃匿、即歸田詩話語也、證一、鶴

年集附錄鶴年程兄吉雅謨丁、及鶴年次兄愛理沙詩、據元末入選元音二十二人小傳胡稱回回人、其兄回回、其弟當然回回、證二、元史回回人多名丁、鶴年曾祖阿老丁、祖苫思丁、父職馬祿丁、皆回回人名、楊士奇跋丁鶴年詩東里集卷十云西域人、多名丁、既入中國、因以為姓、故鶴年亦丁姓、余在武昌遇之、時已老矣、是鶴年本亦名丁也、證三、回回人居中國者、馬姓至多、吉雅謨丁字元德、亦取馬姓、劉仁本羽庭集卷五有送馬元德任奉化州序、戴良又有題馬元德伯仲詩後九靈山房集卷廿二、伯即吉雅謨丁、仲即鶴年也、馬子英為鶴年族兄、鶴年集有題族兄馬子英進士梅花詩、是鶴年亦可馬姓也、證四、賽典赤贍思丁為回回教祖別菴伯爾之後、已見

「儒學篇」鶴年集有贈表兄賽景初詩注「景初咸陽王賽典赤之孫也」，表兄為回回人，表弟宜亦回回人。證五　回回俗葬無棺槨，丁孝子傳言鶴年訪母墓時，見平陸土有陷下者，意謂母葬時無棺槨，此回回葬法也。高士傳又謂其俗素短喪，所禁止者獨酒。證六　回回入中國者，多以賣藥為業，其俗至今尚存，京師圖書館善本室有回回藥方三十六卷，高士傳謂鶴年於導引方藥之說，靡不旁習，在四明或賣藥自給，此亦回回風也。證七　鶴年父重義輕財，鶴年亦倜儻類其父，每好赴人之急，此尤為回回教所尚，所謂五功之一也。證八

有此八證，鶴年為回回教世家，毫無異義，至於鶴年本身，則實一

儒家讀高士傳已可概見、當其父死時、年十二耳、即以短喪為非古制、而服斬衰三年、其自幼已沾被儒風也、又欲奮身為儒生、年十七即通詩書禮三經、為大儒周懷孝所器重、今鶴年集有「奉懷先師豫章周孝思先生詩」、即其人也、鶴年既以儒學名、故凡思得文儒之士相助為理者、皆舉鶴年、鶴年皆不之赴、所以為高也、集中亦常以儒自命、有腐儒避地海東偏、落魄乾坤一腐儒等句、其他舉動之背回教而同化中國者、可於孝子傳見之、一作母主、蚤暮以拜、二陳酒肉以祭、三改葬用棺、皆非回教所宜有、惟儒教似之、戴良鶴年吟稿序云、鶴年兄弟俱業儒、伯氏之登進士第者三人、皆足為鶴年儒教之證、而孰知其又不終於儒、此則與環

境極有關係者矣、

始吾讀明史鶴年傳見有晚學學屠法一語而疑之以爲回回與浮屠絶不相入也、及讀藝海珠塵本丁孝子詩集見其與僧侶唱酬之作極多、而知明史之語有所本、極獲琳瑯秘室本丁鶴年集原分四集第三卷曰方外集與僧侶唱酬之作悉隸焉、核其與所遊之僧見之詩者凡三十人、又較與賢所與遊之道侶爲多矣、茲按方外集次第舉其名如下、漏載者據藝海珠塵本補之、

大極禪師　諸暨上人　僧淨皓

甬東椿上人　愚谿懋上人　鐵佛寺盟長老

鐵佛寺益公了菴　見心長老　濟汝舟長老

菩提寺主　恕中蘊禪師　龍門海禪師
濬天淵長老伯仲　鏗聲外侍者　信五齋長老
古鼎銘長老　悳谿潤上人　悳谿敉上人
姑蘇潤上人　平江蘊上人　貞長老
義上人　祖庭興上人　璧東文上人
大年椿上人　龍門禪師補衲
右二十六人見琳琅秘室本丁鶴年集卷三方外集、
濬古舟　新古銘二人皆浙東名僧　秋月長老
梁上人
右四人從藝海珠塵本丁孝子詩録補、

佛老篇　十四

鶴年集兩本互有詳略、今獨取琳琅本者、以其特標方外一集、又明鶴年學佛之說不誣、而已非重其為元刻也、且此本並非元刻本、將於文學篇辨之、

鶴年以工詩嗣迹叢林、構所居曰逃禪室、所與遊者盡緇流、莫不以得其一言為幸、故編帙遂日積而日富、觀其所自述及親族所觀察、鶴年似真有意於空門、如送鐵佛寺益公有云、

世尊出西域、教化極東土、大道本無為、盛德人所慕、只今滅度二千年、授經弟子如親傳、我生懶僻甚貪佛、或謂三生有勝緣、

題古鼎銘鍵秀閣云、我亦逃禪雲水客、便應蕭散共松扃、寄鉉宗鼎云、萬里思鄉瞻北斗、十年學道事西宗、宿梁上人溪舍云、見性

本圖先作佛、勞形羸愧早成翁、皆自證其學佛之經過也、鶴年集附錄其從兄吉雅謨丁詩、亦有丁鶴年弟盡棄紈綺故習清心學道、特遺棺帳資其澹泊之好、仍備以詩、等語在宗族眼光觀之、亦共證其為專心學道也、然以吾人今日研究之結果、鶴年之依佛、殆一種避禍不得已之苦衷、暫行遁迹空门而已、讀其逃禪室諸詩、較然明白、如逃禪室臥病柬諸禪侶云、

高秋多病客、古寺宿黃昏、野迥常疑虎、天寒早閉门、離愁燈下影、鄉淚枕邊痕、賴有諸禪侶、情親似弟昆、

又逃禪室與蘇伊舉話舊云、

不學揚雄事草玄、且隨蘇晉暫逃禪、無錐可卓香嚴地、有柱難

擘杞國天、謾說丹霞燒木佛、誰憐青露泣銅仙、茫茫東海皆魚鼈、何處堪容魯仲連、

一種悲怖憂患之情、溢於言表、何與於禪、無怪乎曰「壽黄昏」「暫逃禪」耳、又有逃禪室述懷十六韻、文繁不能備錄、其中如恥酒窮途泣、閒修淨土緣、有相皆虛妄、無才幸苟全、高蹈慚真隱、狂歌愧昔賢、誰餘空念在、山寺日逃禪等句、皆足證明其始非有真知灼見、必須學佛、不過借此苟全性命耳、

然始而避地、繼而參禪、終而高蹈、濡染既深、詎無所獲、藝海本有贈秋月長老一首、爲琳琅本所無、其意境亦爲全集所未有、當係晚年參禪有得之言也、詩云

秋月既虛明、禪心亦清淨、心月兩無虧、炯然大圓鏡、流光燭萬物、萬物咸鮮瑩、倒影入千江、千江忽輝映、情塵苟不掃、緣忽迷真性、所以學道人、于此分凡聖、視身等虛空、無得亦無證、偉哉寒山翁、典型安心竟。

三　基督教世家由儒入道

馬節　隨世延

基督教世家之入道、最著者為馬祖常之季父馬節、節入王屋山為道士、疏見元文類七六禮部尚書馬公神道碑、碑為馬祖常撰、自述家世、至可信據、王屋山在今河南濟源縣西北百里、為唐司馬承禎修道之所、乾隆濟源縣志十六載林靈素遊天壇三十二韻有云林泉何處愜予心、收拾圖書擬卜築、崎嶇不敢千里辭、東至大行入王屋是也、馬節入山後、無所表見、元人著述鮮有及之者、其甘心隱遯可知也、欲考馬節家世、可觀馬祖常之家世、其祖為元名臣、又生元盛時、非有不得已必須隱遯之情可見也、家世奉基督、何以棄基督而入道、奇也、祖常為節猶子、祖常父子棄基督而入儒、讀石田山房文集、祖常亦好與道士往還、集中贈道士詩占全集十四分之一、與廼賢金臺集相埒、然吾不以祖常為學道者、則以石田集贈道士詩雖多、皆模棱其詞、未嘗有傾仰之意、與金臺集絕異、集中求如寄舒真人云「憑師消鄙吝、猶可採山薇」等句已不可多得、其稱許道家處、亦不過如王道士慶壽堂「

生男不必皆富貴學道亦足傳其家」而已、所以多與道士往還者因祖常夙負詩名、諸黃冠咸以得其片詞為幸、祖常亦樂此不疲、故題舒真人鶴峯云、

山中道士索題詩、柿葉千層寫好詞、不見龍鸞空揖去、此生雖老可臨池、

可見其來者不拒之態度、及道士求詩之衆矣、至道士之好儒者、祖常更樂與之遊、集中有丁貴道士歸儒」一首、已見儒學篇、祖常之與道士往還、虛與委蛇而已、然證以馬節之入道、則基督教世家與道家之接近、此中亦自有因緣、

馬節而外、有趙世延、與馬節同為雍古部人、雍古部為昔年基督

教聶思脫里派流行之地、故元史雍古部人多基督教人名若友張星烺馬哥孛羅遊記譯注謂世延之父及子皆用基督教徒之名、斷趙世延為基督教世家、說不誣也、世延雖基督教世家、然其本身所學則為儒、宋元學案九五列蕭同諸儒學案中稱為榘菴同調、榘菴者同恕也、茲先將元史趙世延傳節錄如下

趙世延字子敬、其先雍古族人、曾祖黯公Johanan 祖按竺邇Anthony 幼孤鞠於外大父术要甲、訛為趙家、因氏為趙、父黑梓Hosea 世延天資秀發、喜讀書究心儒者體用之學、延祐元年省臣奏此奉詔漢人參政用儒者、趙世延其人也、帝曰世延誠可用、然雍古氏非漢人、其署宜居右、遂拜中書參知政事、三年、勅

秦權臣太師右丞相帖木迭兒罪惡十有三、尋拜四川行省平章
政事、仁宗崩、帖木迭兒復相、銳意報復、誘世延從弟胥益兒哈呼
誣告世延罪、逮世延置對、至夔路、遇赦、帖木迭兒遣使督追至京
師、鍛煉使成獄、會有旨事經赦原、勿復問、帖木迭兒更以他事白
帝、繫之刑曹、逼令自裁、世延不為動、居囚再歲、胥益兒哈呼自以
所訴涉誣欺、亡去、中書右丞相拜住屢言世延亡辜、得旨出獄、就
舍養疾、帖木迭兒死、事乃釋、世延出居金陵、泰定元年、召還朝、至
順元年、詔與虞集等纂修皇朝經世大典、屢奏臣衰老、乞解中書
政務、專意纂修、秋、以疾移文中書、致其事、明日即行、養疾於金陵
之茅山、世延歷事九朝、歷省臺五十餘年、負經濟之資而守之

佛老篇　十八

以清介、飭之以文學、而於儒者名教、尤拳拳焉、為文章波瀾浩瀚、一根於理、嘗較定律令、彙次風憲宏綱、行于世、五子、達者三人、野峻台、次月魯Julius 伯忽、

吾錄此傳、而特詳於世延被誣入獄一事者、吾認此為與世延之學道極有關也、許有壬至正集七六有丁辯平章趙世延之文、即為此事、可參考鐵木迭兒傳二五。及英宗本紀二七、亦可參考鐵木迭兒、必欲置世延於死地、由成都逮捕至京後、虐禁錮前後三年纔出獄、時世延年六十餘矣、凡人經歷艱險則信仰宗教之念愈然而生、佛老生涯又多與林泉接近、人即不信宗教、而情甘隱遁、自易與佛老為緣、丁鶴年之念佛、趙世延之學道、皆不能逃此例也、

惟世延學道，史無明文，本傳謂其事釋，復出居金陵，所謂金陵，蓋茅山也，下文謂其養疾於金陵之茅山是也，史特諱言耳，然此亦何容諱，世延著述，今傳者不多，吾所見者南唐書序外，有京師東嶽廟昭德殿碑文，見圖書集成職方典廿六，其存目待訪者，有盩厔重陽宮勑藏御服碑，內容白雲崇福觀碑，見寰宇訪碑記，皆與道教有關者也，又世延之詩，元詩選癸集所收僅七首，而詠道院之作已占其五，

一、白雲觀即景用韻，

二、華陽道院石亭，

三、許長史井，

四、玉晨觀懷古、

五、出茅山宿青玄觀、

其華陽道院、云何當借我東偏屋、靜掩柴扉學鍊形、其許長史井云因觀長史陰陽井、始悟混元玄牝门、其宿青玄觀云莫道歸途清興滅、夜来和月飲刀圭、似世延所學、亦服食鍊形一派、而非虛談玄理者比、

更有一事、足覘世延家學、儒道雜糅、而與基督實不相容、陳援菴郡夫人趙氏墓誌（安雅堂集十一）云「夫人趙氏、魯國公世延之女、魯公之平章蜀省也、姦臣以治違公繫請室、夫人年十三即却葷肉向北斗拜禱、凡三年」禮拜北斗、正道家法、又云「魯公以其能請

易書教之盛、諸陰陽家書皆能道之、止陰陽術數、亦與道家爲近、此世延家學之帶有道家色彩者也、世延晚年尤深黃老之術、權衡庚申外史載元統元年太師燕帖木兒溺於酒色、宴趙中丞家、男女共坐、名爲鴛鴦延席、偶坐中有一婦人顏色甚麗、太師目之、問曰此爲誰、竟欲留之、左右告曰此太師叔夫人某氏也、元史燕鐵木兒傳一三八 案此事以鴛鴦延席爲鴛鴦會、然無論爲延席爲會、此何等事、是可忍孰不可忍、而世延乃曲忍之、不惜以自邸爲彼荒淫地、與昔年彈劾鐵木迭兒之氣概、一何判若二人乎、豈閱世既深、則趨避熟乎、無惑乎當時有監察御史萬明識者劾世延固位取容、無補於事、請斥歸田里也、元史三四 此學黃老者之蔽也、然則

世延之火及于、雖用基督教之名、實不過一種基督化情力耳、

元西域人華化考稿本

陳垣援菴撰

第四 文學篇

一 西域之中國詩人

泰不華　迺賢　余闕

聶古柏　斡玉倫徒　三寶柱

張雄飛（野吉 完澤）　伯顏子中　薛超吾

郝天挺　辛文房　馬彥翬

阿里

前編所論、如巙巙、馬祖常、泰不華、貫雲石、迺賢、丁鶴年等、皆有詩名、

巙巙詩傳者不多、顧嗣立元詩選癸集僅據石刻及元風雅選其

數首、巙巙本以書名家、故詩名爲書名所掩、詳美術篇、貫雲石有酸齋集、見元詩選、酸齋以樂府名、將別論之、馬祖常爲基督教世家、丁鶴年爲回回教世家、亦將別論之

泰不華死於方國珍之難、元詩選有顧北集、與余闕青陽集並列、推爲元季詩人第一、其言曰、自科舉之興、諸部子弟類多感勵奮發、以讀書稽古爲事、迨至正用兵、勳舊重臣往往望風奔潰、而挺然抗節秉志不回、乃出于一二科目之士、如達兼善、余廷心者、其死事爲最烈、然後知爵祿豢養之恩、不如禮義漸摩之澤也、故論詩至元季、諸臣以兼善爲首、廷心次之、亦足見二人之不負科名云云、

至於廼賢、則有金臺集傳世、楊彝、跋盛稱其潁州老翁、西曹郎、巢湖、新鄉媼、新隄諸篇撫事感懷、有得於風人之旨、潁州老翁編幅太長、今特介紹新鄉媼一篇如下

蓬頭赤腳新鄉媼、青裙百結村中老、日間炊黍餉夫耕、夜紡綿華到天曉、綿華織布供軍錢、倩人輾穀輸公田、縣裏公人要供給、布衫剝去遭笞鞭、兩兒不歸又三月、祇愁凍餓衣裳裂、大兒運木起官府、小兒擔土填河決、 茆簷雨雪燈半昏、豪家索債頻敲門、囊中無錢甕無粟、眼前只有扶床孫、明朝領孫入城賣、可憐索價旁人怪、骨肉生涯豈足論、且圖償卻門前債、數來三日當大年、阿婆墳上無紙錢、涼漿澆濕墓前草、低頭痛哭聲連

天、恨身不作三韓女、車載金珠爭奪取、銀鐺燒酒玉杯飲、絲竹高堂夜歌舞、黃金絡臂珠滿頭、翠雲繡出鴛鴦稠、醉呼閹奴解羅幔、床前爇火添香篝、

詩中大意可分三截、第一截寫專制政體之橫暴、第二截寫資本主義之壓迫、第三截寫貧富階級之懸殊、抑何其言之沉痛也、廼賢、葛邏祿人、葛邏祿今為俄地、其殆開後來俄國文學之先路乎、而同時詩人則固以廼賢為被中原之化者也、金臺集李好文序謂丁嘗變賀六渾陰山敕勒歌、語意渾然不假雕劇、顧其雄偉質直、善於模寫、政如東丹突欲畫本土人物、筆迹超絕、不免有遼東風氣之偏、惟易之之作粹然獨有中和之氣、非聖人之化、仁

義漸被詩書禮樂之教而致然耶」貢師泰序則謂「予聞葛邏祿氏在西北金山之西，與回紇壤相接，俗相類，其人便捷善射，又能相時居貨，媒取富貴，易之世出其族，而心之所好獨異，宜乎見於詩者卓乎有以異於人也」程文序則謂「易之葛邏祿人，在中國西北數千里之外，而能被服周公仲尼之道，家國有閥閱勳勞，可藉以取富貴，而棄不就，臞然一寒生，專以詩名世」則廼賢直抗爾斯太一流之所自出也，而戴良為丁鶴年集序，歷數元時西域詩人，獨不及廼賢，抑亦異矣。

琳瑯祕室本鶴年集序，與九靈山房集鶴年吟藁序，稍有異同，琳瑯本為初稿，九靈本為定稿也。琳瑯本云，我元受命，西北諸國若回回吐蕃康里畏吾兒也里可溫唐兀之屬、率先臣順、奉職稱藩、積之既久、文軌日同、而子孫遂皆舍弓馬而事詩書、至其以詩名世、則貫公雲石、馬公伯庸、薩公天錫、余公廷心其人也、論者以馬公之詩似商隱、貫公、薩公之詩似長吉、而余公之詩則與陰鏗、何遜、齊驅而並駕、他如高公彥敬、巙巙公子山、達公兼善、雅公正卿、聶公古柏、斡公克莊、魯公至道、三公廷圭輩、亦皆清新俊拔、成一家言、此數公者、皆居西北之遠國、其去幽秦蓋不知其幾千萬里、而其為詩乃有中國古作者之遺風、足見我朝王化之大、行雖成周之盛、莫及也、

右所舉西域詩人十二人、獨闕廼賢、九靈本則僅留馬薩余三人、

並貫雲石高彥敬等九人而去之、此十二人者、其詩名高下不同
而其可與中國作者抗行則一也、戴良初以十二人並舉、正可見
其同負時名、足為今日言西域詩人者之參考、茲將十二人中之
已見或未見於前者、疏其略歷如下、
馬伯庸即馬祖常、達兼善即泰不華、薩天錫曾至遼為回回教世
家、雅正卿為基督教世家、別有專論、高彥敬名克恭、亦回回人、有
房山集、見元詩選、善畫墨竹山水、詩名為畫名所掩、詳美術篇、
余廷心名闕、河西人、河西古諸羌、李元昊據之為西夏、元初累征
之不服、世祖以其人剛直守義、賜姓唐兀氏、為色目人之一、其俗
自別舊羌、為蕃、河西陷沒人為漢、余闕蓋蕃而非漢也、據元史本

、傳余闕父名沙剌藏卜、據元統癸酉進士錄、余闕父名眉耳、為祖
及曾祖均名銑、節、皆非漢姓、故余闕實西域人、至正十八年守安
慶死節、有青陽山房集今傳於世、元史稱其詩體尚江左、高視鮑
謝、徐庾以下不論也、四庫提要稱其詩以漢魏為宗、優游沉涵、於
元人中別為一派、胡應麟詩藪外編六（廣雅本缺此卷）云、元人制作、大槩
諸家如一、惟余廷心古詩近體、咸規倣六朝、清新明麗、頗自足賞、
惜中厄王事、使成就當有可觀、泰兼善絶句、温靚和平、殊得唐調、
二人皆才藻氣節兼者云、

聶古柏官吏部侍郎、據黎崱安南志略三、至大四年、聶古柏曾奉
使安南、元詩選三集有侍郎集、魯貞桐山老農集二有送聶古伯

主簿序、同名異人也、傅習元風雅採聶古柏詩七首其番禺道中一首、各家選本皆採之、末有句云「中朝耆舊如相問鳥語啾啁正未堪」竟笑吾粵為鴃舌南蠻、而不自審其出於何族也、

斡克莊名斡玉倫徒、徒或作都、或作圖、西夏人、虞集弟子、道園學古錄三九有海樵說、即為斡玉倫徒作、元文類十八有虞集撰西夏相斡公畫像贊、斡公即玉倫徒之高祖、元詩選癸之丁有斡玉倫徒詩、癸之戊又有王倫徒詩、王為玉之譌、元詩選誤作二人、虞伯生詩續編卷首有監丞玉倫徒詩刻本亦或誤作王、元風雅則作玉實一人也、斡玉倫徒為纂修宋史廿三人之一、見圭齋集十三進宋史表、陔餘叢考十三刻本譌為斡三倫徒、實誤、

三廷圭名三寶柱，畏吾人，元史一四四附星吉傳，元詩選癸之丙有三寶柱詩。凡此諸人，其詩今日或傳或不傳，然在當日則皆有聲於時，然後為載良所論列也。

唐兀去中國最近，其國又頗崇儒術，習覩漢文，故入元以來，以詩名者較他族為衆，余闕、斡玉倫徒之外，尚有張雄飛、昂吉、完澤等。張雄飛登延祐首科進士，與馬祖常、許有壬等同年，至正集三三有張雄飛詩集序云：延祐首科，國人暨諸部列右榜者十六人，唐兀氏張君雄飛，首科右榜有聞者也，尤工於詩，佳章奇句，不可悉舉云云。與元史之張雄飛字鵬擧者同名異人，一漢人，一唐兀氏也。

昂吉字啓文，至正八年進士，楊維楨送啓文會試詩有西涼家世

東甌學、公子才名久擅揚之門、玉山名勝集有昂吉倡和詩、元詩選有啓文集、完澤守瀟石西湖竹枝集稱其聰敏過人、善讀書尤工詩律、

元詩選二集有子中集、伯顏子中亦西域人、明史一二四附陳友定傳、子中卒於洪武十二年、故元史無傳、濟陰丁之翰爲作傳載七修類稿十六中傳云

伯顏子中字、世家西域、其祖父官江西、遂爲進賢人、幼讀書通大義、稍長無所好、惟耽典籍、手不釋卷、從鈞臺夏溥習進士業、四以春秋經領江西鄉舉、授龍興路東湖書院山長、改建昌路儒學教授、壬辰兵興、全閩二廣皆歸附國朝、伯顏由是潛形遁跡、隱約江湖

間以先世有墓廬在彭蠡之涯乃卜進賢之北山誅茅剪荆努自爲創竹屋三間左圖右史閉户潛如時寓其忠憤於詞翰之間而已洪武十二年己未秋朝廷搜求博學老成之士江西布政使沈本立明史作立本聞伯顔名遣從事以禮來徵伯顔聞使者至慨然曰是不可以口舌爭也先一夕具牲醴作七哀詩祭其先與昔時共事死節之士復手書短歌一篇飲藥而卒

王禮麟原集卷四有伯顔子中詩集序云子中既斷髮自廢爲民忠憤色鬱仰屋浩嘆付之無可柰何而心不能自平時時以其慷慨之情憔悴之色一寓於詩又記其舊作輯爲一卷俾予序之余三復而歎曰美哉渢渢乎殆有唐之正音而陽明之氣也子中今無

民杜之責、將翔于青原白鶴之間、肆其力于文字、則余也當中野
服、陪乎杖屨之末、尚取新作玩繹之、其推挹極矣、
西域人中、更有其詩不傳、而其詩集序跋尚見於他人文集、可以
略窺其造詣者、有薛昂夫、松雪齋文集六卷有薛昂夫詩集序云、嗟
夫、吾觀昂夫之詩、信乎學問之可以變化氣質也、昂夫西戎貴種、
服旃裘、食湩酪、居逐水草、馳騁獵射、飽肉勇決、其風俗固然也、而
昂夫乃事筆硯、讀書屬文、學為儒生、發而為詩樂府、皆激越慷慨、
流麗閑婉、或累世為儒者有所不及、斯亦奇矣、蓋昂夫嘗執弟子
禮於須溪先生之門、其有得於須谿者、當不止於是、而余所見者
詞章耳、他日昂夫為學日深、德日進、道義之味、淵乎見於詞章之

聞、則余愛之敬之、又豈止於是哉、
元時西域人華學之盛、論者輙謂與科舉有關、若不謂然也、當延
祐未興、科舉前、如不忽木回回巙巙等文、采斐然、何嘗由於科舉、
然此猶得謂不由科舉而由學校也、若廉希憲贍思趙世延等又
何嘗出身學校、即以科舉既興論、貫雲石廼賢丁鶴年等又何嘗
出身科舉、馬祖常等出身科舉矣、而延祐首科即已中選、其文章
學問、必早蓄於未興科舉之前、豈為科舉而求學也、薛昂夫亦生
於元初、科舉未興、未嘗入國學、徒以愛慕華學、執業於宋遺民劉
辰翁之門、其華學遂燦然有聞、趙孟頫所以驚為奇事而深信學
問之可以變化氣質也、

辰翁子精孫養吾齋集四二有薛超吾字說云昂夫為超吾之字而不言為西域人天下同文集五十有王德淵所為薛昂夫詩集序述昂夫家世較詳以為回鶻人能讀中夏之書破天荒而出類拔萃也曰薛超吾字昂夫其氏族為回鶻人其名為蒙古人其字為漢人人之生世封域不同而能氏不忘祖孝也仕元朝明聖之代名不忘國忠也讀中夏模範之書免馬牛襟裾之誚字不忘師智也惟孝與忠智根本立矣文藝柯葉又何難為今觀集中詩詞新嚴飄逸如龍駒奮迅有並驅八駿一日千里之想振珂珮鑾求見其止昂夫今甫三十有一余欲與期之于十年之後唐（人二字）應有種率多武臣少見文士昂夫誠能賁進川增獨破天荒異時列名于儒林

文學篇　八

文苑傳中出類拔萃超越前古顧不傳歟、昂夫詩集今不傳、昂夫詩吾亦未一見、然由趙王兩序之保證、不能不認為西域詩人之一、固不得以其詩之不傳而屏之也、

西域詩人中又有其詩傳者不多、而別以與詩有關係之著述傳者、則郝天挺之唐詩鼓吹注、及辛文房之唐才子傳、是蘇天爵為元文類、蒐輯殆二十年、而西域詩人僅採五家、馬祖常、高克恭、趙世延外、辛郝二家而已、

郝天挺字繼先、號新齋、出於朵魯別族、父和上拔都魯、以武功顯、天挺幼受業於遺山元好問之門、多所撰述、注唐詩鼓吹十卷外、又修雲南實錄五卷、事蹟具元史本傳一七四、天挺色目人、而元史

與漢人同列、一時失檢也、天挺詩傳者僅一二篇、其麻姑山一律、元風雅、元文類並採之、而康熙御定全金詩二四乃據以補入金人之郝天挺卷中、不知金元之間有兩郝天挺、一為元好問師、一為好問弟子、池北偶談卷六元詩選癸之乙先後辨之、四庫提要總集類三亦引池北偶談說、釋陸貽典之疑、乃新元史八一四郝天挺傳中又羼入金人郝天挺語、原語見中州集卷九郝天挺小傳、曰「讀書不為藝文、選官不為利養、唯通人能之」、又曰「男子生世不耐飢寒、則雖小事不能成、予試以吾言求之」、此元好問述其師郝天挺語、而新元史以為是好問弟子郝天挺之言、亦一時失檢也、特附識於此、唐詩鼓吹者元好問所編、而郝天挺注之、趙孟頫序云鼓吹者何、軍樂也、選唐詩而以是名之者何、譬之於樂、其猶鼓吹乎、遺山之意深矣、中書左丞郝公當遺山先生無恙時、嘗學於其門、其親得於指教者、蓋非止於詩而已、公以經濟之才坐廟堂、以韋布之學研文字、出其博洽之餘、探隱發奧、人為之傳、而為之釋、或意在言外、或事出異書、公悉取而附見之、然後唐人之精神情性、始無所隱遁焉、嗟夫、唐人之於詩美矣、非遺山不能盡去取之工、遺山之意深矣、非公不能發比興之蘊、此政公惠後學之心、而亦遺山衷集是編之初意也、（松雪齋文集卷六）

趙序僅言天挺為好問弟子、而未嘗注意其為色目人、姚燧序則注意及之、曰鼓吹軍樂也、遺山選唐詩近體六百餘篇、以是名遺山代人、雲南參政鄒公新齋、視為鄉先生、自童子時嘗覲几杖、得其去取之指歸、恐其遺忘、既輯所聞與奇文隱事之雜見他書者、悉附章下、則公可當元門忠臣、公將種也、以見再世數人、皆長萬夫于鼓吹之陪驂、稍而尊攬幰者、似已飫聞、乃同文人詞士以是選為後部、寂寂而自隨、無亦太希聲乎、其亦宏壯而震厲者、亦有時乎為用也、牧齋集卷三

則直以鄒天根為原出將門、至是乃講求文學也、今通行本唐詩鼓吹、無趙姚二序、而有徐乾學序、四庫提要謂天根所注、點頗簡略、而但釋出典、不涉穿鑿、與明廖文炳等所解橫生枝節者不同、廖文炳為吾鄉人、觀今通行本廖文炳等所解、卒不能廢、蓋初學

便之也、

薛文房亦有詩名、陸友研北雜志云「王伯益執謙以字行、大名人、同時有薛文房良史、西域人、楊載仲弘、浦城人、並以能詩稱」、

楊仲弘集卷七有「元日早朝次韻薛良史」七律一首、句曲外史集卷四亦有「元日雪霽早朝大明宮和薛良史省郎二十二韻」、

薛文房詩不多見、元文類載其蘇小小歌卷四及清明日遊太傅林亭卷八二篇、四庫提要傳記類二謂僅一篇者、沿池北偶談十二誤也、王士禎撰楊東里集卷十知薛文房有唐才子傳、恨不得見、乾隆時纂四庫全書始在永樂大典中輯為八卷、後三間草堂粵雅堂得日本刊足本十卷重雕之、此書遂復傳於世、孰料西域人乃有此著述

也、四庫提要稱其較唐詩紀事敘述有條理、文筆亦秀潤可觀、傳授綴論多摘摭詩家利病、足以津逮藝林、伍崇曜跋稱其評隲精審、似鍾嶸詩品、標舉新穎似劉義慶世說、而敘次古雅則又與皇甫謐高士傳等相同、稱之者至矣、惟唐才子傳三百九十七人中、無一西域人焉、則運會之異也、予在馬祖常石田集發見文房有披沙詩集、與唐李咸用詩集同名、恨未得見、安得如唐才子傳之復出人間也、茲將石田集卷二題「辛良史披沙集詩」錄左、亦可窺見文房詩格之一斑、詩云、

未可披沙揀、黃金柢自多、悠悠今古意、落落短長歌、秋塞鳴霜鏑、春房剪畫羅、吟邊變餘髮、蕭颯是陰何、

陰何陰鏗何遜也、以此相比、深許之矣、無感乎其與王執謙等齊名、而楊載等與之倡和也、

西域人有不以詩名、而由贈詩者之衆、亦可知其人之風雅、楊翮佩玉齋類稿四卷有送馬彥翬赴江西省管勾詩序、曰金陵寓官馬彥翬由進士爲江西行省管勾、行有日、其故人劉獻可具請於彥翬之所嘗與游、尤長於詩者、咏歌之以張其行、得詩一卷、謂上元楊翮習文詞、宜爲序、虛其右方屬焉、予惟金陵爲江左文物之邦、歷晋宋齊梁陳及南唐爲都會、其俗特善歌詩、天朝克定季宋、金陵獨未嘗被兵、涵煦五六十載、人才輩出、彥翬自早歲寓金陵、有賢名、與合郡之學士大夫盡交焉、故其上官之日、具得其詩而四

方秀人名公卿之在金陵者、亦附詩卷中、由是卷之詩美且富、惟
彥舉以西域世胄入天子太學、擢右科進士、其年正強、才穩方懋、
憲官御史、將交章論薦、何假於詩、然江西幕府若大梁崔公、河南
王公、皆當世之魏能詩者、彥舉往而有同寅之好、他日將從容取
吾鄉之詩而觀之、則是詩烏可少、
又有官於此縣、而他縣人贈之詩者、如安仁縣人之於弋陽縣監
縣阿里是也、李存安仁人、安仁為弋陽之鄰縣、而俟菴集九十有弋
陽縣阿里公宣差詩卷序云、至正四年秋、西域阿里公受命於朝、
來監信之弋陽縣、公世居燕南、以孝友稱、故御史李公、學士貫公、
參政蘇公、郎中王公、或詩以美之、或文以紀之、前于此嘗監膠水

有惠政、其民述而刻之石、今茲未幾、而邑人歌詠之者復盈耳而載路、顧安仁之於汾陽也、壤地相接、聞而知之、亦有不能已於言者、桂君才甫集而次焉、何其聲之似弋陽也、此真有合於風人之旨者也、不問其本人是否能詩、然邦人士既各以詩投之、則其人必爲風雅之士、

二　基督教世家之中國詩人

馬潤　馬祖常　馬世德

雅琥　别都魯沙

西域詩人中有爲基督教世家者、莫著於雍古馬氏、馬祖常父馬潤、所爲詩曰樵隱集、見袁桷所撰神道碑、此馬祖常之家學也、樵

隱集今不傳、馬祖常石田集則至元五年奉旨爲之刊行、蘇天爵序稱其詩接武隋唐上追漢魏、後生爭慕效之、文章爲之一變、四庫提要亦稱其詩才力富健、如都門壯遊諸作、長篇巨製、迥薄奔騰、具有不受羈勒之氣、集中昆仲倡和之作、亦彰風流文采萃於一門、彬彬稱盛矣、

祖常從父馬世德、爲保祿賜之子、由進士第、歷官應奉翰林文字、曾爲膚田僉事、城姑蘇、後爲淮南廉訪僉事、又城合肥、余闕青陽集有合肥修城記、即頌馬世德之功德者也、記稱世德字元臣、也里可溫國人、與余前後爲史氏、云世德亦工詩、元詩選癸之丁有馬世德過靈泉寺二絕、云世德浚儀人、官刑部尚書、而闕其字、考

馬氏自祖常高祖習禮吉思始遷浚都，西湖竹枝集顯馬祖常為浚儀可溫人是也。元詩選癸之己有潘煌門陪侍尚書元臣公寓靈泉寺詩，由此可知過靈泉寺之尚書馬世德即合肥修城守元臣之馬世德。城合肥時為淮南廉訪僉事，過靈泉寺時為刑部尚書也。元詩選癸之癸據王賓虎邱山志有馬世德題虎邱詩，遂別出一馬世德，不知即為過靈泉寺之人。由其胥城姑蘇一事推定，則題虎邱正其為廣田僉事時也。今錄其詩如下，亦足覘其蹤跡。

滄海何年湧此峯，亭亭秀出玉芙蓉，高低樓觀毗盧室，表裏江山太白封。寶劍有時能化虎，石潭無際卻潛龍。小吳軒伴登臨

屢致我青雲第一重

馬氏而外、基督教世家詩人當推雅琥、雅琥、字正卿、元詩選二集、有正卿集、顧何以知雅琥為基督教世家、其證有三、一傅與礪詩文集卷三有憶昔行送雅琥正卿參書南歸作、原注「初名雅古、登天曆第、御筆改雅琥」雅古為亞伯拉罕之孫、基督教徒恒以此為名、元詩選此詩猶存此注、康熙御選元詩卷五將此注刪去、而雅琥為基督教世家之證據、缺其一矣、二孫原理選元音卷九採雅琥詩、稱為「可溫人」此與西湖竹枝集之稱馬祖常為「可溫人」同一例、其必為也里可溫人無疑矣、四庫本元音卷七改為雅哈袞諾爾、八令人不知為何語、謬甚、三元祕書監志卷十題名、著作佐郎雅古、賜進士出身、字正卿、也里可溫人、泰定元年十一月二十六日、以承事郎上著作佐郎、在前、登進士第在後、故志仍雅古名、而退紀其賜進士出身也、有此三證、雅琥之為基督教世家、無疑問矣、琥曾為奎章閣參書、元史文宗紀三五、至順二年三月、御史臺臣言、奎章閣參書雅琥、阿媚奸臣、所為不法、宜罷其職、所謂奸臣者、泰定帝時宰相倒剌沙、烏伯都剌等、文宗黨惡之、目為奸臣、魏源元史新編一四平反之、允也、不足為雅琥病、馬祖常石田集卷九有送雅琥參書之官靜江詩序、云、雅正卿以文學才谞遇知於天子、出貳郡治、館閣僚友及京師聲明之士、各忻然為文章以美其行、而請余為之序、雅琥詩名藉甚、瞿佑歸田詩話、盛稱其御溝流葉詩云雅正卿有四美人圖詩惟御溝流葉最佳、丁彩毫將恨付霜紅、恨自綿綿水自東、金屋有閑防虎豹、玉書無路托麟鴻、秋期暗度鸞催織、春信潛通燕守宮、莫道人間音問杳、明年錦樹又西風、亦琢句甚工、

胡應麟詩藪外編六論元詩、亟賞馬伯庸吳娃蕩槳潮生浦、楚客吹簫月滿樓、雅正卿梅花路近偏逢雪、桃葉波平好渡江、一聲鐵笛千家月、十幅蒲帆萬里風、等句、以為間格莊嚴、詞藻瑰麗、上接大曆元和之軌、下開正德嘉靖之途、今以元人一概不復過目、故稍為拈出以俟知音云、

貴遠賤近、向聲背實、自古而然、賢者不免、即雅琥本人之論詩亦

嘗犯此病、許有壬跋雅琥所藏鮮于伯機詞翰云、鮮于伯機詩、知之已四十年、吉甫段君既言人知其書詩則知否相半、予方自幸在知之者中、而夷陵監郡雅琥正卿知之雖晚、愛之甚篤、正卿素言晉後雖有書、終不能如晉、唐後雖有詩、終不能如唐、予謂詩發於人心、天地無窮、人心無窮、不當主世代計也、書視詩、又藝之藝耳、正卿不屈也、及其觀伯機書、則謂真十七帖、觀其詩、又謂軼蘇州、入彭澤矣、若然、則晉唐而後、書後有晉、詩後有唐矣、予非將勝竊喜因正卿之言、使不知伯機之來、行將左袒、且以釋吉甫之嘅焉、至正集七三則雅琥初持復古論、繼亦改持進化論者、許有壬嘲之亦藝林佳話也、雅琥增則、都魯沙亦有詩名、黃鎮成秋聲集有雅正

鄉塔判都魯沙廉憲使歸漢陽詩、

三　回回教世家之中國詩人

薩都剌　丁鶴年　吉雅謨丁　噯理沙

魯至道　哲馬魯丁　仉機沙　判里沙　買閭

回回教世家之詩人、莫著於薩都剌、丁鶴年、薩都剌字天錫、有雁門集傳世、毛晉跋之曰、天錫以北方之裔、而入中華、目弄翠翰、遂成南國名家、今其詩諸體俱備、飛落激昂、不獵前人一字、中山云、清似尋常最有崛、成如容易却艱辛、余於天錫亦云、顧嗣立元詩選薩都剌小傳云、有元之興、西北子弟、盡為橫經、涵養既深、異才並出、雲石海涯、馬伯庸以綺麗清新之派、振起於前、而天錫繼之、清而不佻、麗而不縟，真能于袁、趙、蔣、楊之外，別開生面者也。于是雅正卿、達兼善、迺易之、余廷心諸人，各呈才華，標奇競秀，亦可謂極一時之盛云。

顧何以謂薩都剌爲回回教世家，一據楊維楨西湖竹枝集謂薩都剌爲答失蠻氏，答失蠻者，長春真人西遊記譯爲「大食馬」（石）云：國中有稱大石馬者，識其國字，專掌簿籍是也。元史三二武宗紀，至大二年六月，宣政院奏免儒、道、也里可溫、答失蠻租稅，錢大昕廿二史考異元史二據元典章謂答失蠻爲回回之修行者，至元辯僞錄卷三作達失蠻，此可證薩都剌爲回回人也。二據陶宗儀書史會要卷七謂薩都剌爲回紇人，回紇，唐元和間改爲回鶻，其族類本在葱嶺之東、夙奉摩尼教、與回回之在葱嶺以西奉阿薩蘭教者迥殊。五代時回鶻既衰、漸有改奉阿薩蘭教者、遼史稱為「阿薩蘭回鶻」。元初諸人、對於此等外教、多不能辨別、故統目之為回紇。長春西遊記、劉郁西使記之所謂回紇、皆指阿薩蘭教國也。其後漸覺有不同、於是以畏吾偉兀等代表昔日之回鶻、以回回代表奉阿薩蘭教之回紇。凡元史所謂畏吾兒者、回鶻也。其稱回紇者、回回也。王惲玉堂嘉話卷三云「回鶻今外五、回紇今回回」是也。元史太祖紀、汪罕走河西回鶻回回三國、是元人目中回鶻與回回異也。世祖紀卷十言回回人中阿合馬才任宰相、而姦臣傳則稱阿合馬為回紇人、是元人目中回紇與回回一也。余別有專論詳

猪[illegible]

之，此不過證明薩都剌為回回人而已。

更有謂薩都剌非回回人，而適足反證其為回回人者，蔣一葵堯山堂外紀謂薩都剌本朱氏子，冒為西域回回人。其說本之孔齊至正直記云，可證明薩都剌當時必自認為回回人，而人亦以回回人目之，然豈可誣為冒也。至於朱氏子云云，實因回回教人不食豕肉，諱言豬，猪與朱音同，謂其為朱氏子者，謔之也。加異教以惡謚，自昔有之，輟耕錄廿八有嘲回回一條，薄俗也。今雁門集卷首有薩都剌遺像，其丰采純然一回回人。集中客中九日詩有「佳節相逢作遠商」之句，薩都剌曾為商，遠商亦波斯大食人本俗。據薩氏家譜，薩都剌弟名剌忽丁，剌忽丁回回教人名也。四庫提要因千文傳雁門集序有薩都剌即華人所謂濟善一語曲解薩都剌為蒙古語遂謂薩都剌為蒙古人繆甚至於薩都剌本人是否仍守回回教舊俗實一疑問其漢行中秋賦月詩則固以儒自命曰丁有子在官名在儒」然此西域人習華學者之通例也

薩都剌而後回回教詩人首推丁鶴年丁鶴年由儒入禪前編已評論之至其詩則實為元季詩人後勁戴良鶴年吟稿序稱丁鶴年古體歌行皆清麗可喜而注意之深用工之至尤在於五七言律其措辭命意多於杜子美而音節格調則又兼得我朝諸閣老之所長其入人之深感人之妙有非他詩人之所可及」今鶴年集通行者有二本藝海珠塵本三卷題曰丁孝子詩集琳瑯秘室

叢書本四卷、題曰丁鶴年集、以余所考、二本所收、皆明刻本、而黄丕烈諸人則以此本為元刻本、不知其一時疏略、抑自欺欺人也、黄丕烈跋云、「此元刻元人丁鶴年詩、余友顧澗蘋歲試玉峯時所收、而以歸之余者也、余向藏正統重刻本、止三卷、今元本分四集、一曰海巢集、二曰哀思集、三曰方外集、四曰續集、以附錄終焉、嘗取與明刻校勘、分卷分體、俱非其舊、即如海巢一詩、元刻在卷一、茲以是名集、職是之故、明刻列諸卷二中、失其旨矣、他如哀思以下三卷、猶有敬意、而後之稱者、僅據至仁一序、意以海巢名之、有是理乎、得此可證廬山面目、益嘆元本之不致淪沒者幾希、」此黄丕烈以四卷本為元刻本之說也、然試一考本集内容則了夢得先妣墓上一首在焉。序云：己未夏五月，還武昌，遷葬其後，陵谷變遷，先妣封樹竟迷所在，久覓不得，露禱大雪中。冬十一月廿日夜，忽感異夢，翌日遂得其處，賦詩一首，以紀歲月云。己未，洪武十二年也。元刻何能有洪武詩？此非元刻證一。鶴年還武昌在洪武十二年，而集中守墓陳情上武昌太守傅藻詩，於太守承恩下、玉京及擁經東出辭儲館等，由恩字另行平擡，玉京、儲館均空一格，此為明刻證二。鶴年從兄馬元德，卒於昌國州任。當其任昌國前，曾任奉化州，劉仁本羽庭集卷五有送馬侯元德任奉化州序，為至正二十二年夏作，則元德之卒，至早亦當在至正廿三四年，而集中有此元太守死事之十有七年於故史董文中家見所題竹詩因雪溪吹其韻一首、又當在洪武己未後矣、此非元刻、證三、又其第四卷續集為門人尙誠編次、注曰「兵後還武昌作」、則此卷更為入明以後作可知、故輓衛知事胡公鼎有云「江海論交四十年、故家文物羨君賢」、若為元刻、則元亡鶴年才三十三歲、豈能說「論交四十年」耶、此非元刻、證四、據明史文苑傳、至正壬辰武昌被兵、鶴年奉母出走、年僅十八、由此至洪武己未還武昌、中間二十八年、鶴年年四十五矣、故逃禪室述懷有他鄉二十年之句、兵後還武昌有亂後還家兩鬢蒼之句、顧廣圻黃丕烈亦明知此集在還武昌遷葬以後作、顧題詞云「須知海巢集只說武昌前」、黃題詞云「廬墓全親孝、居山謝世緣」是也、然何以不一考鶴年還武昌廬墓係在何年，而遽斷此爲元刻，此真不可解矣。其始顧廣圻以紿黃丕烈，而黃丕烈誤信之，其後張金吾以假胡跋、兩胡跋刊之、校之，皆不復考究，甚矣校本家之不可靠也。柳有言者，此本戴良序末署至正甲午秋云云，亦殊誤也。至正甲午，鶴年才二十耳，而序末云「鶴年之清節峻行，已別有傳，茲不著」。是此序之作，尚在高士傳後，而高士傳述鶴年事已至其避地四明時，非至正甲午，一也。高士傳述壬辰淮兵襲武昌，鶴年奉母夫人以行，夫人歿，鶴年鹽酪不入口者五年，壬辰之後加以五年，至少亦在丁酉，非甲午，二也。至正甲午去元亡之年尚十有三年，而序中有「鶴年遭夫氣運之遽壞」一語，曾謂甲午而有是言即非甲午三也、序又言鶴年伯氏之登進士第者三人、其一即任奉化州之馬元德、據雍正浙江志一五二引成化四明志、馬元德至正十七年丁酉進士、尚在甲午後三年、非甲午四也、據九靈山房集、此序在鄞游稿內、亦惟鄞游稿始有與鶴年倡和詩、至正甲午鶴年未至鄞、戴良亦未避鄞、非甲午五也、以余考之、甲午當為丙午之訛、丙午為元亡之前一年、時東南已非元有、故可云氣運之適衰、九靈山房鄞遊集八、余繼公手帖後題云、「至正丙午秋、良與縣安劉膚道同客四明」、未署「九月朔」、此序之作、當同在此時、時鶴年避地四明、而戴良適避鄞也、鄞遊集傳第一篇為高士傳、序第一篇為鶴年吟藁序、題跋第一篇、為余繼公手帖後題、跋、就編輯常理言、此三篇部居同、其撰著之時當同、余鑑公手帖題跋為丙午九月作、此序為丙午秋、作處無假借、序作於至正丙午二人適同居鄞、而集則刻於洪武己未、鶴年還武昌之後、其丙午誤為甲午者、猶之雁門集于文傳序之至正丁酉誤為丁丑也、至正無丁丑、薩龍光雁門集注以為己丑之譌、據日人島田翰刻永和本薩天錫逸詩序、則丁丑實為丁酉、兩國鐵詩人集序于文傳誤、可謂無獨有偶者矣、胡珽校刊此集時、一字不苟、而於此等緊要關目獨遺略之、其識語又云、此集四庫全書止有一卷、今攷四庫本實三卷、而總目簡明目錄誤為一卷、不應盡信總目而不考閣書之實在也、四庫總目謬誤恒有、烏斯道作丁孝子傳、未嘗以申屠蟠比鶴年，而總目謂烏斯道、戴良爲作傳，皆以申屠蟠擬之。高士傳謂諸非謨丁爲鶴年從兄，而總目謂爲鶴年長兄，皆失精審也。

至鶴年之高行，聞世猶稱道之。全祖望鮚埼亭集外編八十有海巢記，云殘元遺民以文苑巨子不屑節而爲吾鄉之寓公者三人：九靈戴先生良、玉笥張先生憲、暨丁先生鶴年也。鶴年以朝不坐、燕不與之身，豈有故國故君之寄託，況又出自西域，非有中原華閥之繫望，乃欲以孫康卑憤支持一代之星火，其亦間世之豪傑也已。至鶴年之詩，頡頏於馬伯庸、薩天錫、余廷心之間，則前輩表章已多，尚其小焉者云。

吉雅謨丁、字元德、亦有詩名、戴良有題馬元德伯仲詩後、鄭遊稿八曰

元德騎驢上天六七年矣、平生詩詞流落人間者、六丁取之殆盡、

獨此三詩猶為其弟鶴年所蓄、鶴年藏之為卷、且追書和答之作、

併題四韻於後、予得而讀之、於是知二君之詩為足傳矣、今鶴年

集附有吉雅謨丁與愛理沙詩、愛理沙字允中、亦鶴年兄、至正間

進士、官應奉翰林文字、

戴良鶴年集序、舉西域詩人十二人、中有魯至道、至道、潭州路總

管、楊瑀山居新話、有魯至道挽樊時中實哥兩參政詩、元詩選缺

載、王逢梧溪集有訪魯至道總管詩、元秘書志九卷、有伯篤魯丁字

至道、進士、至正元年四月由禮部侍郎遷秘書太監、當即此人、元

詩選癸之丁有伯篤魯丁浮雲寺詩答失蠻人、進士至元三年任嶺南廣西道肅政廉訪副使癸之巳有唐兀氏買住和伯篤魯丁浮雲寺詩則曾為魯之號、卽魯至道也、其他回回教詩人之見於元詩選者癸之丙有哲馬魯丁、癸之丁有别里沙别里沙字彥誠、西湖竹枝集作别羅沙、而癸之戊又別出別羅沙一人、重出也、癸之辛有仉機沙字大用、顧嗣立疑卽西湖竹枝集之掌機沙、然掌機沙字密卿、當另一人也、

回回教詩人中有為元詩選所不及選、而見於賴良大雅集者曰買閭、買閭字兼善、大雅集選其詩至十篇、稱為會稽人、御選元詩稱為西域人、王逢梧溪集卷四有贈買閭教授詩序云買閭字兼善、

西域人、元翻祖哈只壯江南遺家上虞、父亦不剌金、力質兼善學、以禮經領全江兵憲鄉貢、擢尹和靖書院山長、禮部尚書李公內擱言之朝、勅授嘉興儒學教授、會政屬淮閩、屏居幽遐、今春訪予最閑園、風雨花落、離懷滿目、觀其志尚孤卓、殆忘世之榮變、身之益貧也、乃酬之酒醴之詩云、

顯印西域士、鄉薦十年前、隴畝心中遠、山河枕上遐、尊同澤梗地、門掃落花天、慕殺柴桑老、詩題甲子編、

余因其父名亦不剌金、知為回回教世家、亦不剌金今通譯亞伯拉罕、回回教人恒用以為名也、

四　西域之中國文家

趙世延　馬祖常　余闕

孟昉　貫雲石　贍思

察罕

考元西域文家、比考元西域詩家其難數倍、因元西域人專集、其傳
者類皆有詩無文、而元詩總集今傳者尚衆、如元風雅、草堂雅集、
大雅集、乾坤清氣集、元音、元詩體要等、皆元末明初人選本、後有
陳焯宋元詩會、顧嗣立元詩選、康熙御選元詩等集其大成、一展
卷而西域詩人悉備、並於西域人專集之詩文並傳者、今只有馬祖
常余闕二家、元文總集只有天下同文集及元文類、同文集限於
大德以前、西域人作品無有、元文類詩有五家、文有馬祖常趙世

廷二家、趙世延只有兩唐書序一首、至正間詔修遼金宋三史、西域人預纂修之役者、遼史有康惠山海牙、金史有沙剌班伯顏師聖、宋史有斡玉倫徒泰不華余闕、皆一時之儁、然官書公同編纂、不能確指某篇為某人手筆也、王士禎論馬祖常石田文集云、元代文章極盛、色目人著名者尤多、如祖常及趙世延、孛术魯翀、康里巎巎、貫雲石、辛文房、薩都剌輩皆是也、居易錄卷二然薩都剌以詩名、巎巎以書名、其文並不概見、貫雲石詩文為程鉅夫鄧文原所稱述、而文亦不傳、辛文房唐才子傳志在談詩、雖非專意為文、而文尚琅琅可誦、孛术魯翀則系出女直、本不列於色目人、則元西域人之文、實寥寥可數也、

趙世延文傳者，南唐書序外，據寰宇訪碑錄有

加封聖號詔碑皇慶元年　長安

重陽宮勅藏御服碑延祐二年趙孟頫書　盩厔余近得有拓本

東嶽廟昭德殿碑天曆三年三月　大都

白雲崇福觀碑元統元年　內客

任城郡公札思忽兒覩墓碣至元三年三月　濟南攈古錄作濟寧

元史世延傳一八一。稱世延為文章波瀾浩瀚，一根於理，惜乎存者不多也。

論西域文家，仍推馬祖常，今石田文集完全具在，蘇天爵序稱公少嗜學，非三代兩漢之書不觀，文則富麗而有法，新奇而不鑿，故

元文類選祖常文多至二十一篇、而石田文集亦天爵與祖常從弟易朔所輯、請旨刊諸維揚郡學者也、易朔為基督教徒、恒用之名、近譯以撒亞伯拉罕之子雅各之父也、

馬祖常外西域文家、厥推余闕、闕以忠烈顯、重其人者兼重其文、故青陽集傳本較多、有五卷本、有六卷本、有明刊九卷本、四庫本六卷、總目簡明目錄誤作四卷、史稱其為文有氣魄、能達所欲言、原集具在、吾人可自得之、元文類不錄其文、實因其行輩較晚也、

與余闕同時同為唐兀人、而以古文名者有孟昉、元史類編三六文翰傳、孟昉字天曉、西域人、寓居北平、至正中由翰林待制官南臺御史、工書法、有孟待制文集、多歌曲、精究聲韻之學云、孟待制文

集千頃堂書目尚存、陳基夷白齋集二二、有序稱爲西夏人、傅與礪文集卷四有孟天暐文稿序稱爲河東人、蓋唐元氏也、孟昉文不多見、元詩選癸之辛有十二月樂詞并序一篇、兩浙金石志八十有杭州路重建廟學記一篇、略可見其梗概、惟余闕蘇天爵宋褧等集、均有題孟天暐擬古文後、青陽集卷五云孟君天暐善模倣先秦文章、多似之、滋溪文稿卷三云太原孟天暐學博而識敏、氣清而文奇、觀所擬先秦兩漢諸篇、步趨之筆、言語之工、蓋欲傑出一世、燕石集十五云、河東孟君天暐明敏英妙、蹟美而行懿、嘗擬先秦西漢諸作、摹倣工緻、大夫士皆與之、由此觀之、則孟昉古文實開後來李夢陽何景明一派、特余闕等對之、皆有微詞耳至貫雲石、則本為元古文家姚燧弟子、歐陽玄貫公神道碑、稱燧見其古文峭厲有法、及歌行古樂府、慷慨激烈、大奇其才、惜不永年、年僅三十九、有碑銘記敘雜著詩詞行世、今其文不可得見、僅元詩選輯錄其詩、讀鄧文原貫公文集序、亦可知其造詣所至、序云、余往在詞林、獲事翰林承旨姚先生、於當世文章士少許可、然每稱貫公妙齡、才氣英邁、宜居代言之選、越二年、公來逆錢塘過余、相見若平生歡、示所著詩若文、予讀之盡編、而知公之才氣英邁、信如先生所言、宜其詞章馳騁上下、如天驥擺脫馽羈、一蹴千里、而王良造父為之愕眙却顧、吁亦奇矣、儒先有言、古之名將必出于奇、然後能勝、然非審于為計、不能此天下偉男子所為、

非拘牽常格之士所知也、公之先大父、丞相長沙王、功在漸常、公
襲其休澤、嘗為萬夫長、韜略圍其素嫻、詞章變化、豈亦有得于此
乎、如予者自少好為文、僅謹守繩尺、自程終亦不能奇也、視公能
不有愧哉、嘗觀古今能文之士、多出于羇愁草埜、今公生長富貴、
不為燕酣綺靡是尚、而與布衣韋帶角其技、以自為樂、此誠世所
不能者、夫名者天下之公器也、公亦慎勿多取也、夫己酉集上亦傾慕
之至矣、程鉅夫亦有酸齋詩文跋、云故勳臣楚國武定公之孫酸
齋、皇慶二年二月拜翰林侍讀學士、與余同僚、因出此藁、余請至
送東之永州序、懇欵教告五七言詩長短句、情景論至、廻歎曰妙
年所詣已如此、聽其言、審其文、蓋功名富貴有不足易其樂者、世

德之流、詎可涯哉、（雪樓集二五）惜今傳者詩詞而外無一文也、

元西域人中有著述甚富而文亦不傳者爲大食國人贍思、事蹟具儒學篇、其所著於經有四書闕疑、五經思問、於易有奇偶陰陽消息圖、於史有西域人傳、金哀宗記、正大諸臣列傳、於地理有鎮陽風土記、續東陽志、重訂河防通議、西國圖經、於子有老莊精詣、於法家有審聽要訣、於集有文集三十卷、皆見元史本傳。（一九）千頃堂書目悉著於錄、今存者只河防通議二卷、輯於永樂大典、餘皆不可得見、吾嘗在常山貞石志發見贍思文五篇、五篇中關涉佛教者占其三、則贍思誠九流三教無所不通者也、真可謂異人矣、今介紹其目如下、倘好事者再事搜羅、所得當不止此、

加號大成誥書碑陰記 至治三年五月 獲鹿 見常山金石志十九

哈珊神道碑 隸書並篆額 至順三年十二月 欒城

善眾寺創建方丈記 並篆額 元統三年二月 欒城 見常山貞石志廿一

龍興寺鈔主道照大師碑 至正六年八月 正定

龍興寺住持佛光弘教大師碑 年月仝上 正定 見常山貞石志廿二

誥書碑陰記署眞定贍思識、善眾寺方丈記署大食贍思記、贍思不忘大食也、余藏有此碑拓本、善眾寺在直隸欒城、同治欒城志十四亦載此碑、而寰宇訪碑錄十二誤作陝西、元統三年亦誤作元統元年、趙之謙補錄不誤、

西域人中有文名不甚顯、而能盡翻譯之能事者、有察罕、察罕西

域板勒紇城人、魁偉穎悟、博覽强記、通諸國字書、暮年居德安丁白雲山別墅、以白雲自號、嘗譯貞觀政要以獻、帝大悅、詔繕寫徧賜左右、且詔譯帝範、又命譯脫必赤顏名曰聖武開天紀、及紀年纂要、太宗平金始末等書、俱付史館、元史一三七 前二書譯漢爲蕃、後三書譯蕃爲漢也、脫必赤顏疑即今所傳元秘史、黃虞稷撰千頃堂書目、諸書尚存、元人本有白話文一派、察罕所譯、未必悉爲白話文、今黎崱安南志略、有察罕序、辭旨典雅、足窺察罕文品一斑、察罕賜姓白氏、徐明善芳谷集卷二有白雲察罕平章賜姓白氏序、以白居易比之、想其文老嫗都解耶、此亦元西域文家應備之一派也、

五　西域之中國曲家

貫雲石　馬九皋　瑣非復初　不忽木

元人文學之特色，尤在詞曲，而西域人之以曲名者，亦不乏人。貫雲石，其最著也。楊朝英朝野新聲太平樂府選雲石曲至夥，如塞鴻秋、殿前歡、水仙子、清江引、燒闌人、陽春曲、醉高歌、上小樓、點絳唇、新水令、闘鵪鶉、好觀音諸調，皆有雲石作品。雲石之曲，不獨在西域人中有聲，即在漢人中亦可稱絕唱也。姚桐壽言海鹽人以能歌名於浙右，而其始實得貫雲石之傳。其所著樂郊私語云：「州少年多善歌樂府，其傳皆出於澉川楊氏，當康惠公存時，節俠風流、善音律、與武林阿里海涯之子雲石交善、雲石翩翩公子、無論所製樂府散套駿逸為當行之冠、即歌聲高引可徹雲漢、而康惠獨得其傳、所謂州、海鹽也、康惠、楊梓也、雲石為阿里海涯之孫、云子者傳寫訛也、姚桐壽以海鹽之曲推楊氏、而楊氏實傳諸雲石、則雲石為當時宗匠可知也、王士禎香祖筆記一卷云、今世俗所謂海鹽腔、實發於貫酸齋、源流遠矣、酸齋、雲石號、選太平樂府之楊朝英號淡齋、淡齋與酸齋游、酸齋曰、我酸子當淡、遂以號之、語見太平樂府序、同時有徐姓者號甜齋、亦負時名、人稱酸甜樂府、皆一時佳話也、

雲石而外、西域人中善歌者有馬九皋、太平樂府選九皋作品亦

多有塞鴻秋叨叨令慶東原陽春曲山坡羊諸曲據陶宗儀書史會要補遺九皋回紇人以篆書名太平路總管蓋能歌兼能篆者也太平樂府又有阿里耀卿里西瑛沙正卿字羅諸人作品西瑛為耀卿子觀其名氏疑皆西域人以未有確證不述使馬九皋而無書史會要之證明亦無由知其為回紇也元人目中所謂回紇即回回而回鶻則畏吾兒也辨見前節不復贅道園學古錄八二有寄三衛守馬九皋詩知九皋曾為三衛守雁門集則有三衛守馬昂夫索題烟柯山石橋詩又有寄馬昂夫總管詩薩龍光注十二謂是一人先為三衛守後為太平路總管也元風雅有馬昂夫送僧詩注曰達魯花赤疑即此人然元曲選載丁涵虛子詞品又評元代

曲家有云、
貫酸齋如天馬脫羈、馬九皐如松陰鳴鶴、阿魯威如鶴唳青霄、
薩天錫如天風環珮、薛昂夫如雪窗翠竹、不忽木如閑雲出岫、
馬昂夫如秋蘭獨茂、
是以馬九皐馬昂夫為二人也、余在周德清中原音韻發見有西
域人瑣非復初者精音律為德清所推服、德清中原音韻後序云、
泰定甲子秋、予既作中原音韻並起例、訪西域友人瑣非復初讀
書是邦同志羅宗信見餉、携東山之妓、開北海之樽、復初舉杯謳
者歌樂府「四塊玉」、至「彩扇歌、青樓飲」、宗信止其音而謂
予曰、「彩字對青字而歌、青字為晴、吾揣其音、「此字合用平聲、必

文學篇　三十

欲揚其音、而青字乃抑之、非也、予因大笑、越其席、捋其鬚而言曰、
信哉、吾之多士、語未既、復初前驅紅袖而白同調歌曰、買笑金纏
頭錦、則是矣、乃復嘆曰、予作樂府三十年、未有如今日之遇宗
信、知某曲之非、復知某曲之是也、遂捧巨觴於二公之前、口占
折桂詞一闋、煩皓齒歌以送之、以報其能賞音也、則德清之傾倒
於瓚非復初者至矣、
瓚非復初中原音韻序亦曰、余趨叢相門、貂蟬滿座、列伶女之國
色、歌名公之傚詞、備嘗見聞矣、如大德天壽賀詞、晉天樂云、晉亮
語熱、渾厚宮樣、黃鐘大呂之音也、跡之江南、無一二焉、吾友挺齋
周德清、以出類拔萃通濟之才、為移宮換羽製作之具、所編中原

音韻、並諸起例、能使四方出語不偏、作詞有法、皆發前人之所未發者、以余觀京師之目聞雅樂之耳、而公議曰德清之韻不獨中原乃天下之正音也、德清之詞不惟江南實當時之獨步也。末署西域拙齋瑣非複初序、

觀此、則其一唱一和、互相〔詡〕知音、相得極矣、瑣非複初號拙齋、德清號挺齋、以齋爲號、亦當時顧曲家風尚、勳業相門云云、瑣非複初蓋青介公子、青介公子與聲色狗馬之好易近、瑣非複初、貫雲石之所爲、蓋開納蘭性德諸人之先例者也、

西域青介之擅名樂府、而在貫雲石之先者有不忽木、不忽木作品、余未之見、元詩選癸之乙、僅錄其過贊皇五馬山泉七絕一首

云、

相彼山泉源本清、太平君子濯塵纓、冷吟似與遊人說、說盡今

來往古情、

流麗可喜、鍾嗣成錄鬼簿以與貫雲石薩都剌並稱、特許為公卿居要路者所獨擅、而深致不滿於平民、其言曰、前輩已死名公、有樂府行於世者、不忽木平章、貫酸齋學士等三十一人、方今名公、薩天錫照磨等十人、右前輩公卿居要路者、皆高才重名、亦於樂府留心、蓋文章政事、一代典型、乃平日之所學、而歌曲詞章、由於和順積中、英華自然發外、自有樂章以來、得其名者止於此、蓋風流蘊藉、自天性中來、若夫村樸鄙陋、固不必論也、鍾嗣成蓋以歌

曲詞章之事、出於天才、惟貴介為易得名、而元時貴介、西域人特多、此西域人、所以在元朝文學界中占有重要地位也、

油印稿本

元西域人華化考

稿本 下冊

元西域人華化考下册目録

第五 美術篇

第六 禮俗篇

一 西域人名氏效華俗

魯古訥丁 沙的行之 木撒飛

玉元鼎 合剌思 來少尹

齩思永 札馬魯丁 怯里木丁

拜住 劉君定 趙榮 劉因反對種人效漢姓

吳海反對漢人冒國姓 里氏慶源圖

浦氏定姓碑文

二 西域人喪葬效華俗

凱霖 丁鶴年 廉希憲

儗公進道思齋　　辨禮九思堂

薩德彌寶瑞竹堂　　顏守中池亭

儗玉立絳守居園池　　舍甫刺丁池園

答彥脩雲溪小像

第七　女學篇

西域婦女之華學

趙世延女貫雲石女　　儗哲篤妻

丁鶴年姊餘姪二女

第八　結論

一　總論元文化

元西域人華化考稿本

陳垣援菴撰

第五　美術篇

一　西域之中國書家

康希貢等二十五人　巎巎　泰不華

貫雲石　余闕　盛熙明

書法在中國為藝術之一，以其為象形文字，而又有篆隸楷草各體之不同，數千年來，遂蔚為藝術史上一大觀。然在拼音文字種族中，求能執筆為中國書，已極不易得，況云工乎？故非浸潤於中國文字經若干時，實無由言中國書法也。元人入中國不及百年，色目人醉心華化，日與中國文字相接觸，耳濡目染，以書名當世

者大不乏人、欲考此種事實、比他篇為易、以有元末人現成之書
史會要、具載歷代書家、直至於元、略為鈎稽、即可知西域人能書
者有若干人、不勞遍搜羣籍也、茲將書史會要中元時西域書家
鈎稽如下、
廉希貢字鄉林、畏吾人、官至昭文館大學士、善扁牓大字、
貫雲石、北庭人、官至翰林侍讀學士、豪爽有風概、富文學、工翰墨、
其名章俊語、流于毫端者、怔怔奇奇、若不凝滯于物、即其書而知
其胸中之所養矣、
余闕、武威人、登進士第、官至浙東廉訪司副使、風采峭整、
篆隸字體淳古、

盛熙明、其先曲鮮人、後居豫章、清修謹飭、篤學多材、工翰墨、能通六國書、至正甲申、以所編「法書考」八卷進上覽之、徹卷命藏禁中、

甘立、字允從、河西人、官至中書檢校、才具秀拔、亦善書札、

巎巎、號正齋、恕叟、康里人、官至翰林學士承旨、風流儒雅、博涉經史、刻意翰墨、正書師虞永興、行草師鍾太傅王右軍、筆畫遒媚、轉摺圓勁、名重一時、評者謂國朝以書名世者、自趙魏公後、便及公也、

回回、字子淵、巎巎弟、官至中書平章政事、正書宗顏魯公、甚得其體、

回回係巎巎兄、回回生至元二十年巎巎生元貞元年此云弟稍誤也、

阿尼哥字西軒、蒙古人、官至大司徒、善大字、

元史方技傳作尼波羅國人、

泰不華、元名達溥化、御賜今名、號白野、蒙古人、狀元及第、官至浙東宣慰元帥、以清厲顯名、骨鯁不同于物、篆書師徐鉉、張有、稍變其法、自成一家、行筆亦圓熟、常以漢刻題額字法題今代碑額、極高古、而尚非他人所能及、正書宗歐陽率更、亦有體格、

泰不華、伯牙吾氏、是色目非蒙古、辨見儒學篇道園學古錄二三

句容郡王世績碑云、欽察之先、武平北折連川按答罕部族也、

後遷西北即玉黎北里之山居焉、元史一四三和尚傳、和尚、玉耳
別里伯牙吾台氏、玉耳別里即玉黎北里、伯牙吾台因山為氏、
遼金元姓譜列以山為姓類中是也、元成宗后有伯岳吾氏、元史
一一四
斡玉倫都、字克莊、西夏人、官至山南廉訪使、文章事業爰出人表、
書蹟亦佳、
薩都剌、回紇人、官至淮西廉訪司經歷、有詩名、善楷書、
道童、字石巖、蒙古人、官至江西行省平章政事、姿儀雄偉、尤工大
字、能作雙鉤書、
元史一四四作高昌人、

慶童字正臣康里人官至中書右丞相器量弘重善大字
元史一四二字明德
沙剌班字惟中蒙古人官至集賢大學士善大字
元史類編三十六字敬臣號山齋畏吾人能詩文每與張翥論
文翥多屈服
達識帖木兒字九成康里人官至江浙行省丞相知讀書能詩大
字學釋溥光小字亦有骨力
伯顏不花的斤字蒼巖高昌國王子鮮于太常甥官至江東廉訪
副使介立不群草書似其舅氏
元史一九五忠義傳字蒼崖畏吾兒氏

康里不花、字普脩、也里可温人、官至海北廉訪使、篤志墳籍、至于百氏數術、無不研覽、書宗二王、

樂僧、字守仁、回紇人、登進士第、官至江浙行樞密經歷、楷書師虞永興、

喜山、字近仁、畏吾人、官至集賢都事、工書、

佩文書畫譜三十六引誤作進仁、

隱也那失理、字廣元、畏吾人、楷書學虞永興、

右二十人、見書史會要卷七、

邊魯、字魯生、鄞下人、工古文奇字

據西湖竹枝詞、知為北庭人、

馬九皋、以字行、回紇人、官至太平路總管、能篆書、弟九霄、亦能之、

吳樹篇

哈喇、字元素、也里可溫人、登進士第、官至中政院使、能文辭、書宗巙正齋、

趙夫人鸞、字應善、雍古部氏、中書平章世延女、中書參政許有壬室、朗惠厚靜、能琴書、善筆札、據陳旅撰墓誌銘、字善應、

右五人見書史會要補遺、

元代西域書家、略備於是、觀其次第、大約不依時代、隨手記錄、如余闕在巙巙之前是也、西域人書名巙巙最盛、元史本傳一四三稱巙巙書得晉人筆意、單牘片紙人爭寶之、不翅金玉、式古堂書考二十載張翥趙巙二公翰墨歌有云、

元朝翰墨推擅場、北巙南趙、高頡頏、二公才名並當世、片楮傳楮如琛璋、子山學士位館閣、天水王孫登玉堂、官居位望正相似、後先雙璧聯輝也、

北巙南趙、係當時通稱、然巙書實不如趙、其有此稱譽者、半因位望甚高、半因系出西域、希有可貴也、巙巙墨蹟及碑刻傳世者亦遠不如趙之衆、式古堂書考十七著錄者有

十二月十二日帖、

臨懷素自叙卷、

書梓人傳卷、

三希堂石渠寶笈二十三冊有

美術篇

五

漁父辭、

顏魯公書論、

皆有聲於時者也、並其碑刻之見於寰宇訪碑錄二十者有、

贈禮部尚書晁公神道碑 無年月 山東鄆城

大都城隍廟碑 至順二年 直隸大興

勅修曲阜宣聖廟碑並碑陰題名 至元五年十一月 山東曲阜

贈江南行省參知政事張思忠碑 至元六年九月 江南華縣

與王由義書 至正元年 陝西朝邑

王氏世德碑 至正元年 陝西朝邑

集慶路下將軍新廟記 至正五年十一月 江蘇江寧

少林寺達摩大師碑 至正七年 河南登封
王節婦碑陰清風篇 無年月 浙江山陰
等九種，其見於吳式芬攈古錄十九者，有
寧國路總管府推官楊載墓誌 泰定三年 江蘇吳縣
飛騎尉楊君世慶碑 元統三年三月 河南濬縣
中順大夫州溫台碑 至元元年 烏蘭城 城屬作坡
中順大夫達魯花赤□公碑 至元四年五月 烏丹城
佛慧圓明正覺普度禪師斷崖義公塔銘篆額 至元六年三月 浙江□□
慕容氏先塋碑篆額 至元六年五月 山東城武
等六種，備全搨而影印傳之，亦一美舉也。巎巎康里部人，康里為

美術篇 六

油印稿本

术亦所封也、在鹹海北岸、今為南俄羅斯也、吾人嘗仰慕俄國文學、豈知此間六百年前、乃有多數邃於華學之人耶

然須知巎巎等之得名、用力至深、用功至勤、非浪得時名者比、山居新語輟耕錄十五、詞載有巎巎與客問答一則、云江浙平章子山公書法妙一時、自松雪翁之後、便及之、嘗問客、有人一日能寫幾字、客曰、聞趙學士言、一日可寫萬字、公曰、余一日寫三萬字、未嘗以力倦而輟筆、其精力如此、實為可驚、不如今日青年聞之、作何感想也、

泰不華、伯牙吾氏、伯牙吾一作白野、故泰不華恒自署白野泰不華、人亦稱為白野尚書、蘇天爵滋溪文集十三有題泰不華自書所

作詩後、亞白野尚書向居會稽、登東山、泛曲水、日與高人羽客游、閒遇佳紙、妙墨輙書所作歌詩以自適、清標雅韻、蔚有晉唐風度、予猶及見尚書先考郡侯、敦厖質實、宛如佳人而於華言尚未深曉、今有子如此、信乎國家文治之盛、而貢舉得賢之效、益可徵焉」、讀天爵此文、可證元時西域人同化之速、始于研究此事、以為西域人同化中國、必其人入居中國已一二世或百數十年、今觀天爵所言、則泰不華之父、尚純然一西域人、華言尚未深曉、而其子乃能邃於華學若此、可見文化之感人、其效比武力為大、天爵歸功於貢舉、特皮毛之論耳、巙巙、貫雲石何嘗出於貢舉也、惟泰不華遺蹟之傳於今者、比巙巙更少、近年海上有珂羅版印丁元八

家法書、中有泰不華行書贈堅上人重往江西謁虞閣老詩一首

鳳華掩映可稱美德不知何人所藏寰宇訪碑錄十二有泰不華所

書碑四通

1重修南鎮廟記、八分書 至正四年四月 浙江山陰 攈古錄作會稽

2重建鳳山上乘寺記、至正七年八月 浙江上虞

3柘澤治平寺佛殿碑 至正九年四月 江蘇上元 攈古錄作柘澤

4即王節婦碑、篆書其碑陰嶁嶁書也 浙江山陰

泰不華並通小學善篆隸溫潤遒勁嘗重類複古編十卷元史一四三

本傳稱其考正譌字於經史多有據御選元詩五六載鄭韶贈泰

不華詩有句云「古篆久知通史籀、新詩端擬過黃初」其才華

之美可想。泰不華篆額見於據古錄卷十九及二十者有

覺苑寺興造記　至正三年三月　浙江蕭山

重建儒學記　至正五年七月　浙江會稽

重建旌忠廟記　至正七年　浙江會稽

重修鄞縣學記　至正九年九月　浙江鄞縣

重修后土廟記　至正十一年七月　陝西渭南

重修后土祠記　至正十四年　拓本

貫雲石亦工書、陳基夷白齋外集卷下跋其書歸去來辭云、酸齋公如冥鴻逸驥、不受繒繳羈靮、而其蟬脫穢濁、逍遙放浪、而與造物者游、遁世蓋未有能及之者、其自謂平日不寫古今人詩而獨纂

陶靖節之為人、書其歸去來辭、觀者殆不可以尋常筆墨蹊徑求

之也、

余闕篆書有名、宋濂芝園續集卷六題余闕篆書後云、右四大篆題

國忠宣公余闕為浦陽戴君叔能書、至正九年、公持使者節來鎮

浙部、濂偕叔能往見、公獎勵甚至、且各書齋扁為贈、公文與詩偕

超逸絕倫、書亦清勁、與人相類、其忠義之氣、雖所書不工、猶當傳

之萬世、況能臻其妙者乎、此紙所在、定有神物呵護、不可褻、以驗

墨硯之、佩文書畫譜八三引紫桃軒又綴云、余忠宣小字似不經意、

而豐處有褚遂良、潦倒處有楊景度、林藻豈漫不留意於墨池者

所能符合耶、書以人重、美者固美、即不甚美者、即將以景仰之意

而美化之矣、西域人中有著書專論書法者、龜茲盛熙明也、熙明以能書辟奎章閣書史、著法書考八卷、進呈、清四庫著錄、楝亭十二種刻之、卷首有虞集、歐陽玄、揭奚斯三序、揭序稱盛氏之先曲鮮人、今家豫章、書史會要之說、即本於此、道園學古錄卷三有題東平王與盛熙明手卷詩、作曲先、盛熙明、元史類編三六謂曲鮮為鮮卑、歐陽序謂熙明為龜茲人、刻意攻書、而能研究宗原、作為是書、運筆之妙、評書之精、非老於斲輪者疇克如是云云、夫以西域人而工中國之書、已屬難能、況又以其研究所及著為成書、以詔當世、豈非空前盛業乎、朱彝尊曝書亭集卷四〇三有是書跋、稱其文約其旨該、不意九州之外、乃有此人云、既明並學佛、能詩、著補陀洛迦山考、見道光普陀山志、十五元詩選癸之壬、錄其遊補陀落迦山七言律一首、龜茲本佛國、其學佛固不奇也、

二　西域之中國畫家

邊魯　高克恭　伯顏不花

丁野夫

中國畫有中國畫特色、以元版圖之大、即有西域畫家挾意大利波斯土耳其之畫法、以顯於中國、如清之郎世寧者、亦並不奇、然此之所謂畫家、乃中國畫法、非西域畫法、故不曰西域畫家而曰西域之中國畫家也、考元代畫家、亦有極現成之書、即元夏文彥

之圖繪寶鑑、其叙述歷代畫家直至元季、與陶宗儀書史會要相同。今特鈎稽其卷五中西域人善中國畫者、以張君西域人華化之說。

邊魯字至愚、號魯生、善畫墨戲花鳥。

高克恭字彥敬、號房山、其先西域人、後居燕京、官至刑部尚書、善山水、始師二米、後學董源、李成、墨竹學黃華、大有思致、怪石噴浪灘頭水口、烘鎖潑染、作者鮮及。

伯顏不花、高昌世子、鮮于伯機甥、號蒼巖、官至江東廉訪副使、工畫龍。

丁野夫、回紇人、畫山水人物、學馬遠、夏圭、筆法頗類。

邊魯北庭人、據西湖竹枝集、魯善古樂府詩、尤工畫花竹、權貴人不能以勢約之、書史會要亦稱其工書也、元時畫家有大名、能與趙孟頫抗行者、惟高克恭、克恭兼有詩名、元文類選西域人詩五家、馬祖常外、選高克恭詩比三家特多、輟耕錄二六「詩畫題三絕」一條云、高文簡公一日與客遊西湖、見素屏潔雅、乘興畫奇石古木、數日後文敏公為補叢竹、虞文靖公題詩其上、有「國朝名筆誰第一、尚書醉後妙無敵、（元詩選房山集小傳誤稱為趙孟頫詩）趙公自是真天人、獨與尚書情最親」等句、此圖遂成三絕、以高配趙、正與書家文以巙巙配趙者相同、元朝書畫推趙獨步、然與趙頡頏者、書畫皆西域人、亦足見元西域人天資學力並不讓漢人也、董其昌對

於以高配趙之說、初頗懷疑、後乃翕服、試觀畫旨所述、前後持論不同、

畫旨云元季四大家以黃公望為冠、而王蒙倪瓚吳仲圭與之對壘、此數公評畫必以高彥敬配趙文敏、恐非耦也、而其後云高彥敬尚書載吾松上海誌、元末避兵子孫世居海上、余曾祖母、尚書之雲孫女也、余好為山水小景、似亦有因、勝國名手以趙吳興為神品、而雲林以鷗波房山所稱許者、或有異同、此繇未見房山真跡耳、余得大桃村圖、乃高尚書真跡、烟雲淡蕩、格韻俱超、果非子久山樵所能夢見也、又云趙集賢畫為元人冠冕、獨推重高彥敬、如後生輩名家、而倪迂黃子久畫云、雖不能夢見房山、特有筆意、則

美術篇

油印稿本

高尚書之品、叔興吳興埒矣、

初則曰高與趙恐非耦、再則曰未見房山真跡耳、三則曰高之品叔興吳興埒矣、終更推為古今一人、曰詩至少陵、書至魯公、畫至二米、古今之變、天下之能事畢矣、獨高彥敬兼有衆長、出新意於法度之中、寄妙理於豪放之外、所謂游刃餘地、運斤成風、古今一人而已、今將高克恭畫之見於元人題詠者、略舉其目如下、

桑落洲望廬山圖　雲林煙嶂圖　越山圖

山邨圖　夜山圖　秋山暮靄圖

墨竹圖　青山白雲圖　滄洲石林圖

倣老米雲山圖　烟嶺雲林圖　山村隱居圖

秋山遇雨圖　春雲曉靄圖　墨竹坡石圖

雲山雙鶴圖　越山春曉圖

其尤習見者，爲夜山圖及秋山暮靄圖二幀，當時有名詩人題詠殆遍，育詩人侯克中亦有二絶句。夜山圖云：此人清夜思高閒，誤落龍眠筆研間，萬仞峰巒千里月，廣寒宫裏看三山。越山春曉圖云：滿目烟嵐滿意春，江山如畫畫如真，巖巖萬壑千峰秀，可惜中間無一人。見侯克中所著艮齋詩集卷十，所謂無目者且知其妓也。今其原蹟雖不可得見，然流風餘韻，尚可神遊目想得之。鄧文原巴西集卷下有尚書高公行狀，述克恭生平行誼至詳，稱其「畫墨竹，妙處不減文湖州，畫山水，初學米氏父子，後乃用李成、董元、巨然法、造詣精絕、公卒後購公遺墨者、一紙率百千緡、其爲時見重如此、其畫純中國法、且爲米氏父子以來之變法、與帶有匠氣之界畫、迥然不同、其爲詩亦不尚鉤棘、自得天趣、柳貫待制集八十題姚子敬書高彥敬絕句詩後有云、高公畫入能品、故其詩神超韻勝、如王摩詰在輞川莊、李伯時泊皖口舟中、思與境會、脫口成章、自有一種奇秀之氣、胡應麟詩藪外編六云、宋以前詩文書畫、人各自名、即有兼長、不過一二、勝國則文士鮮不能詩、詩流靡不工書、且時旁及繪事、亦前代所無也、高克恭即詩畫兼長之一人、然克恭究爲西域何許人、亟欲研究之、惜書闕有間矣、據鄧文原高公行狀、已言譜牒散佚、莫迹其所始、然尚知其祖名樂道、父名亨字嘉甫，觀其命名，知其受華化已深。又言嘉甫力學，不事權貴，朝夕講肆，遂得大究於易、詩、書、春秋及濂洛諸先生緒言，則儼然儒者也。克恭蚤習父訓，於經籍奥義，靡不口誦心研，務極源委，則亦純然儒者也。然克恭之婿為烏伯都剌，烏伯都剌者何人？泰定帝時中書平章政事，文宗朝所目為奸臣者也。此元朝家事，吾人今日正不必為左右袒，惟元史不為烏伯都剌立傳，烏伯都剌事蹟僅散見於本紀及宰相表中。烏伯都剌為回回人，其父益福的哈魯丁有大勲勞於回回文字，此研究元朝文化史者不可不注意之事也。元史釋老傳：世祖至元六年以前，施用文字悉用漢楷及畏吾兒字，六年頒行蒙古新字，凡璽書頒降，並用新字，仍各以

其國字副之。選舉志言至元二十六年尚書省言「亦思替非文
字宜施於用，今翰林院益福的哈魯丁能通其字學，乞授以學士
之職，凡公卿大夫與夫富民之子，皆依漢人入學之制，日肄習之。」
帝可其奏。是歲八月，始置回回國子學。至仁宗延祐元年四月，復
置回回國子監，（參百官志）黃金華文集卷八翰林國史院題名記云「
先是蒙古新字及亦思替非並教習於本院，今回回學士亦省而
亦思替非以特制兼掌之。」試綜合此種種史料，則知元初只用
畏吾兒字及漢字，至元六年始頒行蒙古新字，至元二十六年又
以興西域諸國交通頻繁，始置回回國子學，教習亦思替非文字。
文宗以後，中央勢力大衰，西北三藩漸失其統馭能力，交通幾乎

斷絶而亦思替非之用乘稀、故以待制兼掌之、而回回學士亦省

也、蓋元制文字用途之區别、雖以蒙古新字為主、而不甚通行、有

所謂布頒各以其國字為副、大抵漢字用於中國本部、畏吾兒字

用於葱嶺以東、亦思替非文字用於葱嶺以西諸國也、亦思替非

簡稱亦思替、元典章卷七吏部正七品官有教習亦思替文字博

士、吾始疑亦思替為「粟特」之異譯、粟特國見魏書西域傳、粟

特語應以前盛行於中亞細亞、回教興後、波斯語漸代之、亦思替

非 استيفا …為波斯古代都城之名、亦思替非文字者、波斯文

字也、回回國子學者、教習波斯文字者也、元時所謂回回文字、實

波斯文字、此為吾人最近研究之所承認、蓋福的哈魯丁能通其

吳術篇

十四

字學為回回國子學開設教授者之一人、故曰益福的哈魯丁有大勲勞於元時回回文字也、益福的哈魯丁元史亦無傳、何以知為烏伯都剌之父、則據程鉅夫雪樓集卷二有烏伯都剌三代封制、烏伯都剌祖為札剌魯丁、曾祖為木沙剌福丁、皆回回人名、四庫本改烏伯都剌為額卜德呼勒、改益福的哈魯丁為伊卜德隔羅丹、不知作何語矣、烏伯都剌為高克恭之婿、益福的哈魯丁為高克恭之親家、以此斷高克恭為回回人、即猶有發見、亦可信其無誤、倪瓚清閟閣集卷九云、高房山清節雅尚、有馬先生、亦其國人、遂號彥敬、蓋司馬慕藺之意、所謂馬先生者、回回國人無疑、清河書畫舫綠字號曰、高士安字彥敬、回鶻人、不知何據、不敢以證吾說、內閣書目三謂高文簡公名克恭作父名克四庫總目以高克恭為金人而識元藝圃集載入元詩為失斷限尤荒謬今所欲知者為高克恭本身是否仍守回回教是也、據鄧文原高公行狀克恭卒之日命喪葬用朱文公法此心不以生死亂衆謂講學之驗云則克恭已棄回從儒者也、然吾細察鄧文原所著行狀有為克恭隱飾意、應用回回屢輒易以西域、此元代文人習慣其實系出回回有何可諱釋大訢題高彥敬墨竹云西域高侯自愛山此君冰雪故相看、蒲室集柯九思題秋山暮靄圖云三代以來推盛世九州之外有斯人、丹邱生稿周伯琦題青山白雲圖云西域才人畫似詩雲山高下畧淋漓、式古堂書考十七危素題高房山畫云、房山居士高使君、系出西域才超群、鐵網珊瑚卷三凡此皆不能忘其為西域人、而未聞有以回回二字入詩者、西域之名、出於漢以前、回回之名、起於晚近、貴遠賤近、人性然也、謂丁野夫為回紇人、亦此意、元人公牘文字多從俗、用回回、暨於士夫執筆為文、則輒易回回為回紇、以回紇之名較古雅也、嘗讀合魯人、而必稱之為葛邏祿者、亦用唐以前名也、今吾人目中文與元人異、回回係指阿薩蘭教徒、其祖國在今阿刺伯、回紇則北方一種族、曾有功於唐、改名為回鶻、高昌北庭、其餘裔也、元人謂之畏吾兒、邊魯、伯顏不花、其人也、據繪事備考、邊魯作品有鸂鶒話寒圖、蘆汀宿雁圖、水墨牡丹圖等、皆中國畫、非西域畫、伯顏不花以龍名、繪事備考載有哀霧戲波龍圖、坐龍圖、出山子母龍圖、戲龍圖等、亦中國畫所特有也。

三　西域人之中國建築

也黑迭兒燕京宮闕

凡考一代之美術、必兼考其建築遺物、顧吾國言建築者向無專書、而元西域人建築之存於今者尤罕、廣州之懷聖寺塔、修於至正十年、有郭嘉為之記、見道光南海志廿九、泉州之清淨寺塔、修於至正九年、有吳鑒為之記、見閩書七、杭州有真教寺、延祐間建、見西湖遊覽志十八、四明有禮拜寺二、延祐以後建、見至正四明續志十、略可代表元時回回教建築、鎮江有也里可溫寺八、杭州有也里可溫寺一、至元十八年以後建、見至順鎮江志九、及西湖遊覽志十六、甘州有十字寺見元史三十八、揚州有十字寺見元典章三十六、略可代表元時基督教建築、泉州華表山有摩尼教草菴見閩書七、略可代表元時摩尼教建築、然此諸建築今多不存、亦以（即存）可謂為西域人建築、不可謂為西域人之中國建築、元時西域人中國建築有極偉大而為吾人所未經注意者無過於（今）北京之宮殿及都城、雖以朱彝尊之該博、而日下舊聞略之、雖以孫承澤之熟諳掌故、而春明夢餘錄亦略之、非有所諱言、即程來輕視工程學者之故也、予近程歐陽玄圭齋集卷九馬合馬沙碑、發見元時燕京都城及宮殿、為大食國人也黑迭兒所建、也黑迭

兒為馬合馬沙之父、父子世總元工部事、以大食國人而為中國
如許工程、實可驚也、碑云、
也黑迭兒系出西域、唐為大食國人、世祖即祚、命董茶迭兒局、茶
迭兒云者、國言廬帳之名也、至元三年、定都于燕、八月領茶迭兒、
局諸色人匠總管府達魯花赤、兼領監宮殿、屬以大業甫定、國勢
方張、宮室城邑、非鉅麗宏深、無以雄視八表、也黑迭兒受任勞勤、
夙夜不遑、心講目算、指授肱麾、咸有成畫、太史秉日、冬卿掄材、魏
闕端門、正朝路寢、便殿掖庭、承明之署、受釐之祠、宿衛之舍、衣食
器御、百執事臣之居、以及池塘苑囿游觀之所、崇樓阿閣、縵廡飛
簷、具以法、歲十二月、有旨命光祿大夫安肅張公柔、工部尚書段

美術篇　十七

天祐、暨也里迭兒同行工部、修築宮城、乃具畚鍤、乃樹楨幹、伐石運甓、貓版覆簣、兆人子來、廠基阜崇、廠址矩方、其直引繩、其堅凝金、又大稱旨、自是寵遇日隆、而筋力老矣、也黑迭兒、元史無傳、世祖紀紀修築宮城事、只稱丁至元三年十二月丁亥、詔安肅公張柔、行工部尚書段天祐等同行工部事、修築宮城、乚而不及也黑迭兒、故自昔無人知有也黑迭兒也、遼金故城、在今城西南、至元遷拓東北、分十一门、東西南三面皆三门、北二门、至明乃大殺其北面、而稍拓其南面、東西各留二门、故至今九门、其面積已不若元時之大矣、然今人遊北京者、見城郭宮闕之美、猶輒驚其鉅麗、而孰知篳路藍縷、以啟之者、乃出於大食國人也、也里迭兒雖大食國人、其建築實漢法、元史一五二高智耀傳言丁酉北藩王遣使入朝、謂本朝舊俗與漢法異、今留漢地、建都邑城郭儀文制度、遵用漢法、其故何如、」此即建築燕京時西北藩王所來之質問也、然何以當時宮闕必用漢人制度、則以元起朔漠、所居者特廬帳耳、也里迭兒所典之茶迭兒局、即掌廬帳者、使以當王為貴、則廬帳實貴於宮闕、而元人自知廬帳之陋、不如漢家宮闕之美、故雖以武力征服其人、而既入主中原、則不能不改從中原制度、所謂馬上得之、不能以馬上治之也、此亦元人自審除武力外、文明程度不及漢人、故不惜舍廬帳而用宮闕、而也里迭兒深知其意、故採中國制度而行、以威加海內之規模、夫如是庶可慴服中國人、而不虞其竊笑矣、輟耕錄一二有宮闕制度一篇、垂四千五百言、知不足齋叢書有故宮遺錄一篇、垂二千六百餘言、述元時宮闕規模宏偉極矣、吾人讀歐陽玄文、既知為也黑迭兒所為、今日不能不以此光榮還諸勞力勞心之原主、雖當時行工部尚書者不止一人、元制工部尚書三員、正三品、掌天下營造百工之政令、然張柔為張弘範父、元史一四七有傳、武夫不諳工事、且翌年即卒、未覩其成、可無論矣、段天祐元史亦無傳、僅一七七吳元珪傳有云、至元二十六年、繕修宮城、尚書省奏役軍士萬人、留司（守）主之、元珪亟陳其不便、乃立武衛、繕理宮城、以留守段天祐兼都指揮使、知段天祐亦武人、至元三年興也黑迭兒修築宮城後、二十六年復修宮城、曾任大都留守司兼武衛親軍都指揮使、元史卷九十百官志大都留守司、秩正二品、掌守衛宮闕都城、調度本路供億諸務、卷八六武衛親軍都指揮使司、秩正三品、掌修治城隍及京師內外工役之事、參兵志此段天祐之職掌也、而也黑迭兒則領茶迭兒局諸色人匠總管府、元史卷八五百官志、茶迭兒局總管府、秩正三品、管領諸色人匠造作等事、諸色人匠總管府、秩正三品、掌百工之技藝、試以二人職掌相比勘、則段天祐猶今步軍統領、而也黑迭兒則土木工程局長也、且也黑迭兒四世領茶迭兒局、授工部尚書、倘非工程世家、曷克有此、歐陽玄碑中所論、亦專以考工為言、而深贊其建邦之能、世官之美、誠爲景山一望，當時之泱泱風度，恍惚猶在目前、而元史遺之、至創造主名竟歸湮沒、不有此墓前片石，則也黑迭兒之心血，不與草木同腐者幾希、即云諛墓之文、恐有溢美、然世領工部、何能攫造新元史一一三為之補傳宜矣、惟尚嫌未能發揮也黑迭兒建築之精神、竊以為應置諸方技傳之首也、且氏族表作也黑、傳與目作也黑、亦應改為一律、

元西域人華化考稿本

陳垣援菴撰

第六　禮俗篇

一　西域人名氏效華俗

魯古訥丁　沙的行之　木撒飛

玉元鼎　合剌思　米少尹

歐思永　札馬魯丁　怯里木丁

拜住　劉君定　趙榮　劉因反對種人效漢姓

吳海反對漢人冒國姓　里氏慶源圖

浦氏定姓碑文

趙翼廿二史劄記三十有元漢人多作蒙古名一條以爲自有賜名

之例、漢人皆以蒙古名為榮、故雖非賜名、亦多仿之、且元制本聽
漢人學習蒙古語、惟其通習、故漢人多以蒙古語為名、一時風會
使然也、然以余所考、則與此所論、適得其反、試一檢元人文集、種
人之請字請名者、觸目皆是、其人皆慕效華風、出於自願、並非有
政府之獎勵及強迫、而皆以漢名為榮、且元制不禁種人學習漢
文、故種人多以漢語為名、亦一時風會、康希憲、郝天挺、高克恭、趙
世延、馬祖常、顏師聖、丁鶴年等無論矣、安熙默庵文集（卷四）有御史
和利氏名字序一篇云、近世、種人居中國者、類以華言譯其舊名、
且或因名而命字焉、是雖非人道所當先、而亦古人遺意也、監察
御史魯古訥丁、係出奈蠻和利氏、歷監濬邳兩州（畿輔叢書本作西州）惻怛

愛民、興學禮士、既終、家居待次、益自力問學、以求其所未至、間從
予遊、刻意清苦、吾黨之士鮮能及之、於其請字也、為取崧高之詩、
所謂戎有良翰文武是憲者、以良翰易其名、且以周書亂為四輔
之語、合而字之曰憲輔、蓋亦因其舊名、而又因名以制字也、末署
大德甲辰著、是大德八年以前西域人已多有華名者、故篇首云
云也、
吳澄文正集、字說更多、凡八十餘篇、其中西域人請字者、五卷有沙
的行之字說、云上古有名而無字、質也、中古有名而有字、文也、九
州之內尚文、則如中古之後、九州之外尚質、則如上古之時、其俗
之不同也舊矣、皇朝區宇之廣、鴻濛以來所未有、九州內外、靡不

臣屬、合諸國諸郡而為一家、蓋各從其俗、而莫之或同者也、建康貳侯沙的、以西北貴族、其治所至有聲、同列嘉之、字之曰行之、以從中夏之俗、夫所貴乎中夏之俗者、以周公孔子之禮法可慕也、所慕乎周公孔子之禮法者、以行之為貴也、慕之切而行不繼、則虛文耳、尚文而虛、不若尚質之實也、行之之行、既取信於同列、行之之字、非直侔其名而已、抑亦表其實云、為之書者吳興趙子昂、為之說者臨川吳澄也、此則以漢名為榮、既請名人為之說、複請名人為之書、雖非出於君主之賜、而出於同人之賜、其獎勸蓋在社會而不在政府、故一方政府以蒙古名賜漢人、而熱中利祿者趨之、一方社會以漢名贈色目人、而醉心文化者亦趨之也．

吳文正集卷六又有崇仁縣尹侯木撒飛仁甫字說、於此義尤顯、載有一字之褒、榮於華袞之意、曰崇仁、夙稱壯邑、生齒之繁、習俗之美、他縣莫及、木撒飛承務郎自州倅陞縣長、前時足跡不到江南、而涖政以來、凡所施設、無一不使民悅服、咸曰仁哉尹侯、二三十年所未有也、侯慕效華風、欲立字以副其名、夫字者匪但副其名而已、蓋將表其德也、於是表其可表之德、而字之曰仁甫、喜崇仁縣之得此仁侯也、木撒飛既然為一回教人名、因其治化之美、而以中國之唯一美詞字之、褒之也、

同集同卷又有玉元鼎字說、元鼎一學者、蓋先有漢名、而欲就其名以取得訓誨之義、亦近取諸身之法也、澄之言曰、學者阿魯丁、以

王氏、以元鼎字其先、西域人也、始祖王速阿剌、從太祖皇帝出
為勳舊世臣、名載國史、今其苗裔、乃能學於中夏、慕周公孔子之
道、可謂有光其先者矣、以其字而請教訓之辭、予語之曰、鼎者
大之器、其在於易、巽下離上之卦為鼎、蓋取卑遜於內、文明於
之義、卑遜者進德之基、文明者進學之驗、進德在於克己、進學
於窮理、元鼎讀大學論語、其習所謂窮理克己、實用其力而已
之為元鼎字說以贈、此則望文生義、而致勸勉之詞者也、
王惲秋澗集六四亦有西域人字說、而皆以英甫字之、其一為忽
中名字說、曰、予官御史時、聞今治中別乘合剌思憲功名、樂善
而與士君子游、至元壬申秋、得同僚平陽、相接如平生懽、一日

名於予、君姓忽氏、蓋以字也、世為唐瀚海軍都護府人、其國郊於乾光之間、其人多沈潛剛克、內明而外毅、君子秉彝奇特、表著於一時、故以德輝名君、而英甫字之、蓋英者德之光發見於外者、甫者男子之美稱也、

其二為本少尹名字說、曰、敏倅來、君世為西域人、性開敏、樂於為善、予過劍浦、來來求名、因訓之曰闇、闇者生其善心、顯其可踐迹、也、內不先開、英何為而發、故字曰英甫、未署庚寅九月十二日至元庚寅、距至元壬申、凡十八年、而兩西域人先後求名、皆以英甫字之、未知其偶合耶、抑以為同是西域人、特取前時所以字西域人者字之耶、

許有壬至正集五六　亦有西域人字說、其一為齩思永字說、曰、西域
生齩、大父嘗持憲數道、世嘗在齩、自以年未及學未充也、日種學
績文、非儒生不文、紈綺習氣濯刮殆盡、予與其外舅和叔監郡游、
時從過予、俾賦詩、每儀頃成、且清麗不苟、暇日請曰、齩幸承下風、
昆季為華學、辱以思冠其字、先生幸字之、予觀世之人、習於近而
不究其遠、狃於短而不求其長、天下之通患也、若世家子則此疾
尤痼、盖不知思永之過也、書不云乎、慎厥身修思永、故從其昆季
之以思為字也、而以思永字之、凡元人所謂紈綺氣習者、大抵指
武功起家之色目人而言、未有指以詩書致卿相之漢人也、故其
人多不學、而齩則盡反其故習、非儒生不文、可謂有華學之癖者

矣、

其二為丁慎之字說、丁慎之者中書省玉典赤、玉典赤者、服役人也、非勳閥而執賤役、無所謂紈綺氣習矣、而習聞諸先生緒論、亦愛慕華風、許有壬曰中書玉典赤授予最久者、西域札馬魯丁慎而寡言、若詩書漸習之有素者、再拜請曰細人世西域而生中國、又得親公之教、幸閔而訓之字、得服以自勵乎、素愛其人、且服役幾年、所直幾官、而獨有見於吾輩、其可進也、於是即其人之長字之曰慎之、且語之曰若知慎之為義乎、慎於言而言無過、慎於行而行無失、無所往而不慎、則將進乎善而為成德之君子矣、慎之其益慎之哉、

禮俗篇　五

王沂伊濱集七十亦有西域人怯里木丁字說、以玉爲西方之物、遂取以名其人、不知古所謂出玉之國、實指于闐、于闐在葱嶺以東、其去波斯、大食、尚較去中國爲遠也、曰監深州郡怯里木丁、西域人、世居什納什勒國、唐初西域王阿喇愈氏、始用其國言撰字修書、以教其人、怯里木丁之先、有能通其書與字者、故因其地而賜姓什納什勒、國初天戈西指、其四世祖某、以技藝故、得從中原占籍、趙之中山、監郡君與其弟舍克布、問名與字於余、史稱漢使通西域、采玉石以歸、然則玉故西方之物也、什納什勒氏爲西域之鉅族、必知玉之所以爲貴、故余名監郡君曰瓚、字之曰清之、名舍克布曰璋、字之曰敬之、夫思其名之貴、則知其所以自貴、思其字

之美則知所以全其美矣、

凡此皆西域人之喜有漢名者也、喜有漢名之不已、又從而為之說、一人為之說之不已、更有以其名字為題遍徵當世士大夫詩文以為樂者、此真西域人慕華風之太過者也、

陳基夷白齋稿外集下卷有書太古字說後一篇云、河東運使高昌拜住公字太古、中朝諸名公為文為詩、以發明其義無餘蘊矣、後俾某一言、以申其說、則太古字說當不止一篇矣、吾所見者有宋褧燕石集三十一篇曰監察御史高昌拜住字太古說、予曰、朋友命以字舊矣、君文人、幸衍其義、教我、予辭曰、予不習不文、且有疑焉、太古當泰定初、丞秘書監、予嘗備員典校、時相先後、未始識其人、

然聞公卿大夫士交口薦譽者十有五年矣、其言曰太古不崖岸、不畦畛、不隨穿機巧、真純樸茂、洞達樂易、今乃識其人、服用冠佩、車馬屋室、殊非洪荒之世、大庭赫胥之民、無標枝野鹿之態、或者哂曰、子論人以心乎、顧以迹乎、不崖岸不畦畛不隨穿機巧真淳樸茂洞達樂易者、為今人乎、為古人乎、予斂衽嘆服其言之能釋予疑、遂志之為太古字說、觀此則太古之神情如繪矣、蓋明明一西域人而潛慕華風者也、是不啻太古之像贊也。

然此所論特名字耳、西域人於名字上效漢人加姓、亦當時風尚、燕石集卷五有太學生劉君定挽詩、原注云、君定西域人、延祐七年中大都鄉試、明史一一七有趙榮傳云其先西域人、此西域人之加漢姓者也、然種人加漢姓、當時學者實反對之、劉因靜修文集九十有古里氏名字序一篇、發表其極端反對之論、至將古里氏數世稱吳之例推翻之、而復乎古里、此則講學家之矯情奪理者也、其言曰、吳景初請予制其子名、自叙其為女真人、本姓古里氏、以女真諸姓、各就其近似者、易從中國姓、故古里氏例稱吳、已數世矣、予聞之、大以為不可、夫姓氏乃先世有所受而傳之子孫、其脉絡截然有不敢毫髮亂者、今非有所禁而自絶本根、附於他裔、顧乃因仍苟且、狃於流俗而不恤、彼兒子之名何所不可、而反以為問乎、今先為正其姓、然後名其子永之、字延伯、蓋示其不忘所天、而且有所貽也、夫吳景初所請者名耳、而劉因乃推翻其姓、何以為情、古里氏、是女真、非色目、女真在元、本與漢人同列、其改漢姓猶不可、況色目乎、劉因之說若行、則馬祖常、趙世延等皆須去漢姓、然祖常、世延等之漢姓可去、魏書官氏志所載元魏以來種人所改之漢姓、何待而去之、種族狹隘之見、不應出於大一統之時、劉因之反對種人冒漢姓、防種族混合耳、然種族混合於人類社會之進化為害為利、必有能言之者、後來吳海又持反對漢人冒國姓之論、其用意與劉因正同、

吳海聞過齋集一卷有王氏家譜叙、曰、河西古諸羌、宋季元昊據之為邊患、相繼用兵、互有陷没者、雜為夏人、元初得天下、賜姓唐兀氏、俾附國籍、次蒙古一等、河西而仕宦者、皆舍舊氏用新氏、國家

尚寬厚、雖占舊氏不禁、然能存者僅一二數、今福建江西行省郎
中王君翰、先世齊人、沒元昊者、廼冠舊氏名上、一日出家譜相示、
自曾祖以來、皆著私名、而以河西名綴、其意謂新氏廼天子所命
而不敢違、舊氏乃祖宗所傳而不可棄、故兼錄之、噫世薄俗漓、人
惟功利之趨、圖有自毀其祖而冒國籍、以求仕之顯者、安有既授
賜姓、猶不忍舍其舊、予嘗閱是譜、不覺為之感歎、彼自棄其祖者
使得觀是譜、而能動心焉、庶亦可改也、
雖然、以名為姓、古所恒有、貫雲石以父名首字為姓、薩都剌以自
名首字為姓、而稱薩氏乎焉、不獨色目人如此、凡無氏姓之種人
胥如此、揭傒斯文安集卷九有送燮元溥序、云廬州舒城長燮元溥、

蒙古人、名燮理普化、無氏姓、故人取名之首字加其字之上、若氏姓云者、以便稱謂、今天下之通俗也、可見以名為姓、實一極自然之稱謂、無得而議者、

程鉅夫雪樓集五十有里氏慶源圖引、述里氏定姓之由、可以推知西域各姓、皆有慕乎中華氏族之制而效之者也、曰、氏族之制、所以定親疏、別嫌疑、厚人倫也、西北諸公、以名稱相呼、以部落為屬、傳久而差、失真尤甚、此里氏慶源圖之所以作乎、里氏者、隆禧院使約著所自氏也、按里氏世高昌人、其俗大抵與諸國類、又世臻金革、雖豪王大族、能自系其所自出者無幾、惟里氏世仕其國為大官、自大父撒吉思仗義歸朝、佐定中夏、其後列朝班寄方伯者

六十八、亦既盛矣、而隆禧君大懼世代日益遠、生齒日益衆、無命氏以相別、終亦茫唐杳眇不可知而已、乃以身事本朝者實自大父始、而大父之名從世俗書有從土從田之文、考若伯考之名皆有里字、而春秋有里氏、遂自氏曰里氏、又遡而求之、定其可知者至于今九世、系以爲譜、號曰里氏慶源圖、而隆禧爲七世云、約着大父爲撤吉思、俗書吉從土、思從田、田土合而爲里、璽文生訓故以里爲氏、四庫本改撤吉思爲薩奇蘇、不獨失其命氏之意、且不知從土從田之謂何矣、

宋濂鑾坡集卷七有西域浦氏定姓碑文、述古今定姓之法尤詳、今節錄之、亦可見元西域人同化之往迹也、曰浦君西域阿魯溫人、

高祖以上忘其名、曾祖哲五理、元太祖時遷山之宛平、生同知溫州路總管府事道吾、道吾生剌哲、剌哲生道剌沙、溥博、即浦君、其字為仲淵、性穎悟、從名師傳通毛氏箋、中至正壬寅江浙鄉闈一榜、辟教諭嘉興、遂占籍焉、夫西域諸國、初無氏系、唯隨其部族以為號、蓋其族淳龐、其事簡略、所以易行、若吾浦君居中夏、聲名文物之盛者三世、衣被乎書詩、服行乎禮義、而氏名猶存乎舊、無乃不可乎、於是與薦紳先生謀、因其首名而定以浦為姓、昔者代北群英隨北魏遷河南者、皆革以華俗、改三字四字姓名為單辭、而其他適用夏法、今浦君之為、上符古義、下合時宜、非卓見絕識、不得與於此、彼拘拘守常之士、則曰我先祖未之能行也、是惡足以

論變通之故、

變通云者即同化也、溥博明係回回人、其兄名道剎沙、尤為元代回回人習用之名、至溥博而呼仲淵、則明明取中庸溥博淵泉而時出之之義、復通詩毛氏學、則彬彬乎進文明之域矣、彼拘守常義謂我先祖未之能行者、凡變一法革一俗、必有同類阻撓之力、無古今中外皆然、蒲氏定姓、不能獨免、故宋濂奬之、宋濂之識過劉因遠矣、

二　西域人喪葬效華俗

凱霖　丁鶴年　廉希憲

趙世延　別的因　也黑迭兒部人

畏吾兒喪事體例

禁色目人效漢法丁憂

人類社會最大之禮制、莫過於喪葬、然考元人喪葬較考元人名氏為難、因宋元人習慣、喜求人為名字說、故易於考見、而闕於喪葬之記載、則諸家著述極稀、許有壬至正集三五有西域使者哈只哈心碑、言凱霖一家改革舊俗事甚詳、名氏喪葬均改從華俗而不恤、凱霖兄弟交許有壬久、故有壬備知之、其言曰、公諱哈只哈心、阿魯渾氏、西域人、隸王旭烈兀邸、王邸在極西、遣公入覲、計事、公夙慕中土、挈家行、初至和林、元帥藺公奇之、妻以女、生二子、長阿合馬、次阿散麥砧哈檐、西域名族念公賢、贅阿散、其家生二子、長暗都剌、次凱霖、暗都剌兄弟鞠於外家、攻儒書、既長益習禮訓、謀於師友曰、古之姓、或官或封、無常也、吾其從祖母之茵子遂姓茵氏、又曰我兄弟讀書學禮、無名字其可名則不敢忘吾先而字則從華可也、於是師友相與字晤都剌曰平叔、凱霖曰和叔、此言凱霖兄弟名氏改從華俗之理過也、又云和叔寶慶路邵陽縣達魯花赤移彰德路臨漳縣、更移安陽、愛其山水、思安其先、卜地司空村、有飄風旋塵爲渦、導馬首者七、衆皆見之、下馬默禱、若吾祖考宜此地、當止、風即泯、買而爲兆域、遷祖考妣、考妣兄、以泰定四年二月葬焉、以公西來而爲使也、表之曰西使之阡、嫂姪繼母弟相繼歿、俱祔焉、又云我元始征西北諸國、西域最先内附、故其國人柄用尤多、大賈擅水陸利、天下名域區邑、必居其津要、專其膏腴、然而求其善變者、則無幾也、居中土也、服食中土也、而惟其國俗是泥也、和叔則曰「予非敢變予俗、而取擯於同類也、其戾於道者變焉、居是土也、服食是土也、是土之人與居也、予非樂於異吾俗而求合於是也、居是而有見也、亦惟擇其是者而從焉、自吾祖為使而入中國、委骨於是、若詩書禮樂、吾其可不從乎、俗之不同理之損異、吾其可從乎」於戲、若和叔者、孟子所謂善變者也、其俗不銘而銘其先、其俗基近人而必遠、五害此其變之小者也、此言凱霖遷葬其先人改從華俗之經過也、凱霖實回回人、其善變華俗如此、其持論之平允和靄、又如此、字曰和叔宜矣、

凱霖而後、西域人喪葬改從華俗最著者為丁鶴年、戴良高士傳

云、九靈山房集十九鶴年父武昌公死時、鶴年年甫十二、已屹然如成人、其俗素短喪、鶴年以為非古制、乃服斬衰三年、及夫人捐館舍、鶴年哀毀盡癯、鹽酪不入口者五年、此言鶴年喪制從華俗也、烏斯道丁孝子傳春草齋集卷七言鶴年避地二十餘年、兵後還武昌訪生母葬地、自秋至冬、徧詢莫知者、鶴年作母主、蚤暮拜母主前、求五旬決有報、拜至七日夜、夢母氏出高堂中、以慟、即寤、晨起、鄰老楊重者至、云吾昨夜夢子之母氏、堂宇間自内出、以酒肉見賜、鶴年以夢母氏與鄰老同、試即其地物色之、見平陸土有陷下者、意謂吾聞母葬時無棺椁、上覆敗舟板、人與板腐盡乃爾、遂陳酒肉以祭、祭畢、斸其土、骨果見、然恐他墓偶有同者、復嚙指血骨上、良久枝

禮俗篇

去血骨通變黃色乃收骨棺斂葬是鄉鶴年廬墓終身一時論者咸稱爲孝子此言鶴年葬法從華俗也作母主以拜陳酒肉以祭皆漢法非回回法血骨棺斂亦華俗非回回俗至於夢示葬處與凱霖之風導馬首同爲吾國說部習見之詞調足見其受印象於華俗者深也

然三年之喪及丁憂之制元初西域人已有行之者不自鶴年等始也元史一二六廉希憲傳至元元年丁母憂率親族行古喪禮勺飲不入口者三日慟則嘔血不能起寢卧草土廬於墓傍宰執以憂制未定欲極力起之相與詣廬聞號痛聲竟不忍言未幾有詔奪情起復希憲雖不敢違旨然出則素服從事入必縗絰及喪父

亦如之、又卷一八〇、趙世延傳、元貞元年、除江南行御史臺都事、丁内艱不赴、時丁憂之制尚未著為令甲也、然康希憲趙世延已自行之、元典章一十大德八年詔書三年之喪古今通制、今後除應當怯薛人員征戍軍官外、其餘官吏父母喪亡、丁憂終制、方許叙仕、是大德八年以前、實無丁憂限制也、故元史卷一七八梁曾傳云大德元年、除杭州路總管、四年、丁内艱、此是丁憂之制未行、曾上言請如禮、此漢人自請如禮也、康希憲趙世延非漢人、而亦熱心古禮、且元制凡關於中國禮俗之事、必令蒙古色目人除外、無限制之者、元史卷八三選舉志大德二年詔、凡值喪除蒙古色目人員各從本俗外、管軍官並朝廷職不可曠者不拘此例、斤斤然唯恐漢法之拘束之、而康希憲趙世延乃樂於受古禮之拘束、此猶謂文人曾讀孔氏書者然耳、而亦有非文人而用中國禮者、據黃溍金華集卷二八、答祿乃蠻氏先塋碑、乃蠻曲出祿後人有別的因者、至元間為池州台州兩路總管府達魯花赤、居喪用中國禮、黃溍稱之曰、公之至孝出於天性、蓋北方喪禮極簡、無衰麻哭踊之節、葬則刳木為棺、不封不樹、飲酒食肉無所禁、見新月即釋服、迨公居張夫人之喪、始悉用中國禮、踰年乃從吉、考張夫人之卒在至元二十一年、時三年之喪未定、而別的因自行之、可見其受華化甚早也、

又有一事足證元時西域人模倣中國習俗、應有盡有、前吾聞天

主教人有不滿於利瑪竇者、至謂其京師阜城門外葬地、有翁仲等供地下之驅遣、拳匪来、始發其覆云、吾疑其極譏利瑪竇過甚、及見歐陽玄所為馬合馬沙碑、圭齋集卷九始信天下事無奇不有、有非思想所能及者、馬合馬沙之父也黑迭兒、建築燕京宮城、已詳美術篇、碑稱也黑迭兒、以修築宮城有功、部人鑿石作像、髭髯咸肖、設置墓舍、族屬見之、謂其非法、謀棄隱處、世祖夜夢也黑迭兒若有愬事狀、如生平、明發召詰其家、以像事告、亟命止之、斯事也、與天主教人誣利瑪竇之事甚相類、也黑迭兒為回回教徒、回回教之厭惡偶像、比天主教過無不及也、而也黑迭兒之墓道竟有翁仲焉、此翁仲非出於華人、而出於部人、雖出於部人、而其子馬合馬沙任之、尤奇馬特原碑所稱「亟命止之」者、止而不設乎抑、止而不棄乎、部人設置之、族屬謀棄之也、黑迭兒之示夢取何態度、歐陽玄文不明瞭、若也黑迭兒而不欲棄此石像也、則真死心於中國化者矣、即也黑迭兒而欲棄此石像、然其部人已設置之、亦可表示其部人之中國化、

尚有其他方法、足反證元時西域人喪葬有效漢俗者、「元典章三十有「畏吾兒喪事體例」、禁止畏吾兒效漢兒體例、必其有所效、而後有所禁也、其條文如下、

一件、休似漢兒體例行者、捨麻花、掛孝、穿團頭、都休穿帶者、燒了收骨殖呵、休似人模樣包裹者、休墳墓兒者、休引靈者、或是棟莫

那個七條裏、休依漢兒體例、紙做来的金銀、紙房、紙人、紙馬、襖子、
休做者、
行御史臺准御史臺咨、承奉中書省劄付、畏吾兒田地裏、從在先
傳留下底各自體例有来、這漢兒田地裏的衆畏吾兒每、喪事體
例有阿自己體例落後了、隨着漢兒體例、又喪事多宰殺做来的
勾當每、上位聽得上頭、帖薛不速蠻也喪事裏、依各自體例行有、從
今已後、這漢兒田地裏的衆畏吾兒每、喪事裏只依在先自己體
例行者、漢兒體例休隨者。

漢兒田地裏的畏吾兒、即雜居漢地之畏吾兒、畏吾兒雜居漢地、
即沾被漢化、雖有此反覆叮嚀之禁戒、奈衆楚人咻之何、帖薛謂

基督教徒、至元辨僞錄卷三所謂迭屑人奉彌失訶言得生天、迭屑即帖薛、彌失訶、近譯彌賽亞也、不速蠻謂回教徒、長春西遊記卷上所謂至阿里馬城鋪速滿國王領諸部人來迎、鋪速滿即不速蠻、或作木速兒蠻也、

又元史三十、泰定帝紀、「致和元年夏四月己亥、塔失帖木兒倒刺沙請凡蒙古色目人效漢法丁憂者、除其名」、丁憂之制、本蒙古色目人除外、其後蒙古色目人效漢法者衆、塔失帖木兒代表蒙古人、倒刺沙以回回代表色目人、各欲限制其本俗、然流風所被、莫之能禦也、元史三十二文宗紀天曆元年即致和元年十二月戊午詔蒙古色目人願丁父母憂者聽、如舊制、此即取銷四月時倒

剌沙之議、文宗黨深惡泰定黨、故特反其所為、然亦因效漢法者慣例已成、除名不勝除、不若聽之為便、元史八十三選舉志、天曆二年詔官吏丁憂、各依本俗、蒙古色目倣效漢人者、不用部議、蒙古色目人願丁父母憂者聽、此與文宗紀所記本同一事、特詳略稍殊、彼云天曆元年、此云天曆二年、實一事、天曆元年十二月己丑朔、十二月戊午除夕也、故選舉志繫之二年、不用部議者、不除其名、聽其自便也、不曾明許之矣、

王禮麟原集卷六有義塚記一篇、言西域人以中國為樂土、而不肯西歸、其詞曰、「義塚者何、西域氏族塋也、營之者誰、吉安達魯花赤也、」于是可知混一之盛矣、何也、西域之于中夏、言語嗜欲殊焉、

補蒲考

雖漢唐以來，婚媾有之，然各懷舊族，不能離處他土，願安有生西域而葬江南者，惟我皇元肇基龍朔，剏業垂統之際，西域與有勞焉，洎于世祖皇帝四海為家，聲教漸被，無此疆彼界，朔南名利之相往來，適千里者如在戶庭，之萬里者如出隣家，于是西域之仕于中朝，學于南夏，樂江湖而忘鄉國者衆矣，歲久家成，日暮途遠，尚何屑屑首丘之義乎，嗚呼，一視同仁，未有盛于今日也，上蒲郎

之義不顧，尚何論乎葬儀悉從華俗者衆矣，

三　西域人祠祭效華俗

馬慶祥褒忠廟　馬合麻生祠

凱霖五龍廟　馬合謨白龍潭廟

古者有功於民則祀、建祠造像、所以崇德報功、其為用與今之鑄銅像立紀念塔者無異、或一鄉一族中不能不有一公共聚會之場、於是立廟建祠、置彼此所共崇拜古先之像、或主於其中、以伸景仰、亦人情所不能已也、愚者為之、則信偶像之有靈、有向之禱祀邀福者矣、一神教徒所以以拜偶像為大戒、而不容此等祠宇之存在也、然此特末流之失耳、與有功於民則祀之初旨何關、今人遊建國偉人銅像之旁、免冠致敬、瞻仰徘徊而不忍去、又胡為者、不能以習俗儀節之不同、遂謂露天矗立之銅像為優、而廟貌森嚴之偶像為劣也、明乎此、可以與言元時西域人關於祠祭之觀念、始吾讀元遺山集二七恒州刺史馬君神道碑、知為馬祖常之高祖馬慶祥、固明明基督教世家也、說見儒學篇 而馬慶祥沒後、金人為立像汴京褒忠廟、歲時致祭、吾極疑之、以為不應以此施之基督徒、既而思之、立像猶鑄銅像耳、歲時致祭、紀念之爾、所異乎銅像者、廟祀而已、有何不可、及讀周霆震石初集卷七、又有義兵萬户馬合麻安塘生祠記、始知元人對於回教徒、亦以此施之、所謂有功於民則祀也、其詞曰、今義兵萬户馬合麻公致遠、撫士恤民、盡心報國、始終不渝、公之先、自西域徙京師、宦遊四方、子孫益盛、致遠侍親杭浙、以蔭補官、授廬陵井岡巡檢、職在察姦求盜、而所至書策自隨、深有意濂洛之學、事上接下、溫厚和平、至綱常大義所關、則正色凜然、不可毫髮忤、臨危涉險、慷慨出萬死如履坦途、蓋由詩書講習之餘、有以察夫天理民彝、而此心之涵養有素也、於是里之父老相率立祠江滸、以繫其思、若召南甘棠之詩、西都循吏之傳、張益州畫像之、彷彿其平生衣冠狀貌、有不自知其然而然者、雖公之德業聞望、不繫祠之有無、然人情感慕之誠、則必因祠以著、

此文最能代表中國人所以立廟建祠之故、與一神教徒所排斥之偶像、其性質絕對不同、所謂甘棠之思、感慕之誠、純為紀念性質、何嘗有絲毫邀恩祈福之意、此而不許、非人情也、回教徒惡偶像、比基督教徒尤甚、今安塘人乃以施之回教徒、未聞馬合麻有拒絕之詞也、以較也黑迭兒墓舍之翁仲、又進一步矣、因彼之像

在翁仲、而此之祠在本身也、以較馬慶祥汴京之褒忠廟、亦進一步矣、因彼之廟在死後、而此之祠在生前也、然此皆受人祠祭者耳、猶可謂其權不操諸己也、更有致祭於羣祀者、在元西域人中亦恒見之、奇其出於基督教及回教徒也、是真深染中華習俗者矣、馬祖常石田集有「陪可用中議祠星於天寶宮」詩、薛漢宗海集又有送馬少卿伯庸南祀嵩恒淮瀆詩、固已絕非基督教世家所宜有矣、然其他詩文集中如此類題尚衆、且或出於回教徒、不勝引、年前基督教徒李和、以不肯祭闕岳去官、君在教部時、嘗值丁祭、辭不與也、夫嵩恒淮瀆、為古諸侯所祭、載在典禮、馬祖常既歸儒、宜可往祭、然有事不師古、遊涉荒唐、非佛非儒、等於迷信者、亦

時見有一神教徒隨俗祭之旁也今舉安陽金石錄卷十五龍廟白龍潭二碑以著其例

五龍廟碑為許有壬撰其略曰彰德路安陽縣西北五里洹水之陽有五龍廟廟之下水黑而深洹水至是瀦而後泄其龍居之淵乎太原元裕之效虞初書言明昌中風拔廟樹印地有蹟事頗涉怪而不及廟之建始何時其號五者具五方為象設爾以其禱之屢孚也路達魯花赤蔄公凱霖同知阿藍判官毛剌真嘗修其廢築臺其前至元四年戊寅夏旱甚苗盡槁蔄公曰五龍廟効靈自昔協恭精禱神其惻乎於是率僚屬齋沐具香幣禱焉戊子行事雲乃起是夕微雨越翌日雨大作三日乃止苗之槁者浡而興市之

閑者（通）發、人之轉徙者息、病者以蘇、訛言以寂、豐凶笑顰變乎旦夕、既報祀、安陽縣尹趙君時敏刻石以昭神貺、以達邦君之休、原案、碑久毀沒、今據至正集二五補入、凱霖即前編西域使者哈只哈心碑之凱霖、國明明回教徒也、五龍云云、與舊約書中以色列人之金牛犢何異、而凱霖竟隨俗祭之、出於中國官吏不奇、出於其他西域官吏亦不奇、出於回回教世家之官吏則奇、習俗移人、抑（宦）守有限也、

白龍潭廟碑、為王博文撰並書、其略曰、距城西南二十里潘流村、有白龍潭者、叢祠蔚然、其水不狂見、其詳不得而放焉、故老相傳、中有神物居之、頃年旱暵、有（禱）輒應、泰定丙寅、燕人馬合謨來守是

邦、越明年丁卯秋旱、禱雨果雨、遂割俸金、一新廟貌、所以答神貺也、又明年戊辰寶𢧐和改元、正月不雨至六月、褰陽肆凶、麥無完穗、太守有憂之、躬率僚屬絕蹕單去巾襪、徒步而詣所謂白龍潭者、即事之始、先以絳帕羃二瓶、置香案、謂之請聖水、得請則水滿其瓶、不得請則瓶空如故、於是祝奠如儀、肅拜無算、未幾瓶中水滿、而絳帕不濡、舉水以歸、崇奉惟謹、居二日、陰雲四合、而雨乃大作、槁苗浡興、人心敉寧、歲覬小稔、嗚呼、龍固靈物也、不有僉判等之精誠、無以見其神異、不有太守閔農憂、無以盡其虔禱之勞、太守固賢二千石、不有視民如傷之心、無以回天地之和氣、嗚呼盛矣哉、原案碑亦佚，據鄞乘刪節本補入，碑所云云，實為神話，而太守之虔禱乃出於精誠，吾不知其信仰改變之心理若何，而中華習俗之移入，真有可驚者。魯人獵較，孔子亦獵較，吾見今一神教徒之躋登顯要，輒改其故步，亦可持此解嘲乎。其他祠廟碑刻中之西域人題名，尤不勝枚舉，大抵一廟一碑之立，凡官於斯土者，例得列名碑陰，不論其與本身之信仰若何也。攈古錄十八載山東臨朐縣碑刻有沂山東鎮廟祭春記，為至大四年馬合麻撰並書，皆西域人祠祭之效華俗者。前清時回回教徒有官至三品，即須反教之謠，吾聞而疑之。綜觀以上事實，則其說不為無因歟。

四、西域人居喪效華俗

馬祖常石田山房　　余闕青陽山房
張閭益清堂　　馬季子懷靜軒
忽都魯忠順堂　　守中霜月軒
答里麻失理一清堂　　買閭一樂堂
偰公遠近思齋　　仲禮九思堂
薩德彌實瑞竹堂　　顏子中池亭
偰玉立絳守居園池　　舍甫剌丁池園
答彥脩雲溪小像

居處能表現人之精神、簞瓢陋巷、顏子樂之、環堵蕭然、五柳先生晏如也、然此非所論於元西域人、因元西域人豐裕者多、貧乏者寡、無論如何、不致有環堵蕭然之景況也、惟名園別墅則有之、此唐風也、自唐以來、莊園之風極盛、離宮別館、櫰棟相望、風氣所趨、西域人亦競相倣效、此其故半因豪富、半因愛慕華風、迨乎建置既繁、題榜署名、輒相因襲、王士點禁扁之作、即所以標異遞同、其盛可想也、

馬祖常於淮南築別業、名石田山房、自為園記、（石田集附錄）指顧求詩、其詞有曰、屋側有崇丘、可五七丈、溪水傍折而出、岸碕之上、嘉樹芭竹蓊蔚、蔽虧、前為木梁、梁溪而行、周垣悉編菅葦、門屋覆之以荻、歲時里鄰、酒食往來、牛種田器、更相貰貸、寒冬不耕、其父老各率子若孫、持書來問孝経論語孔子之説、其耕之土雖磽瘠寡

殖、不如江湖之沃饒、然猶愈於無業也、此馬祖常之所居以山房為名、而以耕讀相標榜也、

余闕亦於淮西築别業名青陽山房、儲書其中、屬新安程文為之記、青陽集附錄曰、青陽山房在今廬州東南六十里巢湖之上、因山以為名、武威余公讀書之處也、余公之未第也、躬耕山中以養其親、即田舍置經史百家之書、釋耒則却坐而讀之、以求古聖賢之學、是時未有青陽山房之名也、及其出仕、不忘其初、乃闢其屋之隘陋而加葺焉、益儲書其中、冀休官需次之暇、以興里中子弟朋友講學於此、始有青陽山房之名、此余闕之所居、以山房為名、而以耕讀相標榜也、

山房之名、宋始有之、大抵爲山居讀書之所、蘇軾東坡文集三五有李君山房記、云、李公擇少時讀書廬山白石菴、公擇既去、山中之人思之、指其所居爲李氏山房、藏書九千餘卷、不藏於家、而藏於故所居之僧舍、此仁者之心也、宋史四一六曹豳傳、豳知建昌縣、複故尚書李常山房、建齋舍以處諸生、是山房者實含有藏書以供人就讀之意、焉祖常余澗以是名其居、猶是家人遺俗也、張閣有益清堂、廼賢金臺集題益清堂詩序云、閩海憲使合魯桓穆公歸休嵩山之下、鑿池引流、列植卉木、扁其燕處之堂曰愛蓮、公沒、堂池遂廢、其孫國子生張閣伯高、謙恭好學、思繼先志、乃複增葺而新之、國子先生陳伯敷易其名曰益清、伯高謂余曰與君

世寓南陽、且支裔聯屬、不可無作、因賦律詩十有四韻、以復其命、
有吾宗多秀發、公子獨清修之句、張閬之張、漢姓也、不有此序、孰
知其與延賢同宗、今以益清名其堂、蓋有取於愈進文明去舊俗
愈遠之意乎、
然亦有雖進文明、而不忘舊俗者、馬祖常之從子馬季子是也、馬
季子有懷靜軒、王逢梧溪集卷四下題懷靜軒詩序云、懷靜軒者居
延馬季子之所叔也、季子之先曰月哥、曰理术、自雍古部族居靜
州天山、一傳為習禮吉思、仕金死節、二傳為月忽那、從世皇南征、
以勞拜禮部尚書、三傳為世昌、四傳為禮、五傳為祖中、仲氏祖常、
六傳為季子、居於淞之竹岡、軒以懷靜名、示不忘本也、

静者静州、馬季子祖所居也、元時西域世族、類能以詩書化其樸野、其祖若父雖起家甲胄、一二傳即沾被華風、其舊俗譬之江河、中國文明則海也、海無所不容、故無所不化、而其所以能化之速者、首由物質供給之豐腴、而詩書禮義隨其後、所謂衣食足則禮義興也、

忽都魯有忠順堂、劉敏中中菴集卷三云、高唐監郡斡爾朶忽都魯、系出西域、折節下士、讀書樂善、士大夫稱之、兄弟六人、而君為季、其父獨以君襲是職、監郡凡三世矣、作忠順堂居之、因郡人元恒齋正卿來徵言、贈以二詩、有系族來何遠、文儒風所躭之句、忠順堂者、忽都魯讀書宴客之所也、中菴集十九又有樗亭銘、原注曰、為

回紇人作則標亭者又回紇人之中國建築也、

守中有霜月軒。王毅木訥齋集一卷有霜月軒詩序、云高昌守中標、其讀書之室曰「霜月軒」、求予叙其卷端、守中無亦操履嚴潔、有似于霜、心術光輝、有似于月、故名其軒以見志耶、守中家世顯榮、德性謙退、謝紈綺之習、敦詩書之好、予愛其德由是而勖之、則將凜凜乎其有守、昭昭乎其有見、雨夜讀書軒中、庶幾斯名之稱情也、

答里麻識理有一清堂。舒頔貞素齋集一卷有一清堂記、云前江浙知府理侯來宰吾邑、漢倚官安而吏多暇、築堂於寓舍之陳為燕息之所、扁曰一清、侯高昌人也、仕於南國歷年多見世之汩泥揚波

者衆懼辱於己、乃棄大府而僻壤是依、潔身治事、若甚宜之、扁堂曰清、俟之心可見矣、

買閭有一樂堂、孟子曰、父母俱存、兄弟無故、一樂也、梧溪集三卷有懷哲操序云、懷哲美買閭教授敬親愛弟也、惟敬愛也、不以禍亂窮覊少渝焉、構堂名一樂、前朝儒公卿頌述備至、而琴操缺遺、故予補之云、

偰公遠有近思齋、孔子曰、切問而近思、仁在其中矣、鄭元祐僑吳集七卷有近思齋箴、注曰、為高昌偰公遠作、有聖徒示訓、在思之近、譬則升階、歛步而進、級盡一級、學博理窮、篤志切問、仁在其中之向、

仲禮有九思堂、孔子曰、君子有九思、趙汸東山存稿卷四九思堂記云、九思堂者、高昌仲禮公閒居之所也、至正十一年冬、公涖兩浙鹽政、命前所治邑休寧諸生趙汸爲文以記之、汸聞諸君子、一言而可決天理人欲之幾者、曰思而已、故吾夫子之教、欲人即身心日用以慎夫所宜思、其目雖九、而思則一、公能取之以名其堂、信乎知所先務者矣、

薩德彌實有瑞竹堂、吳澄文正集三十有瑞竹堂經驗方序云、時江郡侯薩官餘暇、注意於醫藥方書之事、遇有得必藏之、積久彌富、題曰瑞竹堂經驗方、侯名薩德彌實、瑞竹堂者、往時侯插竹爲樊、竹再生根、遂生枝葉、人以爲瑞、而侯以扁其堂云、

瑞竹堂經驗方今不傳、所傳者清四庫輯永樂大典本、固中國藥方而非西域藥方也、元有回回藥方院可見元時西域人居處服食、無所往而不華化矣、

此外建築物之見於儒學篇者、有澗里吉思之萬卷堂、回回之時齋、見於文學篇者、有察罕之白雲山別墅、皆西域人佳搆之慕效華風者、文學篇又稱伯顏子中卜居進賢之北山、躬自創竹屋三間、讀書其中、讀元詩選劉聞容窗集、有詠顏子中池亭二首、猶可想見其風景、詩云、

池淨天容湛、窗虛水氣通、遠山來戶外、飛雨灑亭中、薜荔含朝景、蒹葭集晚風、平生江海念、相對興無窮、

種樹年年長、閑聽雨雨涼、雨苔生砌綠、秋葉墮池黃、得句閑拈筆、拋書懶近牀、旅懷隨所至、誰復計行藏、

其風景固江南風景也、元詩選偰玉立世玉集有絳守居園池詩、序云乙酉之秋七月既望、余自河中讞獄還司、過絳登守居園池、昔日亭墅悉已埋沒、獨洄漣亭花萼堂後構、以還舊觀、流泉蓮沼、猶仍故焉、堤柳陰翳、蓮花鮮妍、庭竹數竿、清風泠然、有塵外之思、即事賦詩云云、

偰玉立以一摩尼教世家（見儒學篇）、對於古人遺蹟、加意保存、發為詠歌、寄其遐想如此、此又西域人之愛慕林泉者也、林泉之好、為人類所共、不能謂為中華所獨、然元西域人率以武功起家、其性質

〈禮俗篇〉 卅六

宜興林泉不相近、而有時飄然物外、輙令人神往、不料其爲西域人者不得不謂之華風、阮元兩浙金石志十六、有金剌甫丁墓碣、爲泰定元年物、得諸南屏山麓、無額、上刻雲月之形、雲月形者回教徽號、即今新月旗也、碑稱公以伯顏丞相薦、尹嘉興上海縣達魯花赤、累調紹興之山陰、衢之常山、建康之句容、過化之地、皆有恩澤及民、乃急流勇退、隱居于杭之豐樂橋東、築池圃、植花竹、爲高世避賢之舉、以禮義教子孫、以詩酒交親友、視富貴如浮雲、得逍遥物外、意易所謂知進退存亡者、公有之云、以至治三年卒、年七十有四、子五人、長木八剌沙、次納速魯丁、孫三人、長阿老丁、葬于錢塘之西湖南園、舍剌甫丁爲回回教世家當無疑義、惟阮元跋據杭州府志謂其長孫阿老丁曾於文錦坊南建真教寺俗名禮拜寺則謬也、據西湖遊覽志十八真教寺爲延祐間回回大師阿老丁所建今碑稱舍剌甫丁卒於至治三年是真教寺之建在舍甫剌丁未卒前七八年阿老丁爲舍甫剌丁長孫時年未滿三十未必可稱爲回回大師且祖若父並存即有建白亦未必冒居其名則建真教之阿老丁當另一人也、不能以其同名而一之因西域人同名者衆也、

回回教世家有高致不減舍剌甫丁而爲同時文人所稱慕者有答失蠻彥修、彥修於至正十年爲秘書少監危素說學齋集卷四有雲松隱者圖序云雲松隱者西域彥修君之別號也、彥修世胄高顯、

登游成均、歷官清要、襟度夷雅、恬淡自將、居京師修文坊、恒杜門却埽、留情詩書文藝之間、嘗誦唐李翰林廬山巢雲松之詩、而愛其山屹立江上、飛泉怪石、佳花美木、往往而見、徒以縻於職守、未遑置身其地、故寄興是圖、朝夕覽觀焉、嗚呼、世之人亦孰窺其高致哉、

何以知爲答失蠻、則以李士瞻經濟集有甲午歲題江漢王粲樓和答石蠻彥修韻一首、甲午爲至正十四年、故知其爲雲松隱者之彥修也、許有壬至正集六七又有答失蠻彥修雲溪小象贊、尤具有出塵之想、蓋涵煦百年、而北鄙殺伐之聲絶響矣、其詞曰、厭膏粱之膩、而采山釣魚、舍鮮華之服、而博帶長裾、拂朝市之塵、而居

巖壑之僻、側貴介之胄、而為山澤之臞、栖神於澹泊、游心乎詩書、長松蔭𢈔、春酒在壺、人間富貴之樂、有及此迂踈者乎、政恐不免於用世而亦將為一琴一鶴之徒也、趙翼廿二史劄記三十謂元季士夫風雅相尚、豈獨中國士夫、西域士夫其高致不讓華人也、丁復檜亭集有送答彥修御史調西臺詩、答即答失蠻之簡稱、

元西域人華化考 稿本

陳垣援菴撰

第七 女學篇

西域婦女之華學

趙世延女　貫雲石女　偰哲篤妻

丁鶴年姊　鐵鉉二女

一代之史、一方之志、卷末必附列女、今言西域人之華化、不可不於婦女求之、前美術篇引書史會要補遺、有趙夫人鸞、中書平章世延女、中書參政許有壬室、能琴書、善筆札云云、應詳求趙夫人歷史、至正集六四有亡室高陽郡夫人趙氏志、夫人名定、永平人、與此雍古部氏絕非一人、惟同志末有夫人子燕山、繼夫人趙氏子之如己子一語、則此當為許有壬之繼室、安陽金石錄、十二有魯郡夫人趙氏墓誌銘、夫人諱鸞、誌中亦有前趙夫人有子曰熙山、撫育如己出一語、即書史會要所稱道者也、據金石錄此石藏小營村民家、乾隆二十一年出土、字多沒滅、今移置許文忠公祠内、後半截殘闕不完云、其文為陳旅所撰、安雅堂集十一載之、武億蓋未之見、今撮錄以補安陽金石錄之闕、文云

中書參知政事安陽許公有壬之夫人趙氏、諱鸞、字善應、魯國公諱世延之女、母劉氏、魯公本雍古部人、繇公業儒、始氏趙氏、夫人朗惠而厚靜、幼時古文歌詩入耳輒能記、七歲倍誦周易書、屬對九歲使類學女事、則論語孟子小學書皆成誦矣、魯公之平章蜀

肖也、姦臣以諂逮公繫請室、夫人年十三、即却葷肉、向北斗拜禱、凡三年、旦夕哭泣、至翳其兩目、魯公難解、目遂明如初、魯公文學政事重海內、而女又賢明、選壻難其人、初參政以進士廷對、魯公為讀卷官、及參政為兩淮轉運使、喪偶、且期、值魯公還金陵別業、因請婚、於是夫人歸焉、魯公以其能誦易、嘗教之、並自廣陵如鄂、未至金陵三十里、聞魯公與劉夫人偕來、並得觀之、並曰納甲法、乾宮金用上為父母、陽土伏而不出、其飛來者陰土也、切身且動、君母其獨來乎、已而果然、至鄂、聞城中火、且及所居、參政以為憂、並得坎、其占為傷財、夫人曰、此則不必以納甲論、當冬占火而得坎、火能神乎、火果止、其識類非師傅方冊所有者、諸陰陽家書

皆能通之、魯公嘗言吾教之一、其自得蓋六七云、能琴、居五年、叅
政不知、偶攜琴自恬、夫人始一鼓、乃作十餘曲、又善筆札、皆不自
表襮、生長將相家、而服食約素、遇親舊不擇貴賤、一巽抑若寒門
女、其善行蓋有不可殫言者、
自魯公以其能誦易向以下、安陽金石錄全錄此文、可注意者、趙
世延本基督教世家、予既由種種方法證明其晚年好道、隱居金
陵之茅山、詳佛老篇、今此文言其女拜斗善卜、通陰陽家言、可知世延
家學實雜孔老陰陽術數為一爐、色目人沾染華俗之深、無逾於
此、貫雲石晚好浮屠、元史本傳一四三、據歐陽玄貫公神道碑、謂雲
石女一人、有學識、能文章、適懷慶路總管段謙名父之女、皆慕華

學、二女可稱無獨有偶、

畏吾兒偰氏爲摩尼教世家、（詳偰學篇）孔齊至正直記（卷三）云、高昌偰哲篤、世南以儒業起家、在江西時兄弟五人、同登進士第、時人榮之、且教子有法、爲色目本族之冠、其子偰伯僚遜至正五年進士、歷官翰林應奉文字、人知偰哲篤教子有法、不知非獨哲篤能也、其夫人亦賢母也、黄溍金華集（三九）有魏郡夫人偉吾氏墓誌銘云、今吏部尚書偰哲篤公之夫人卒、尚書既親志于幽堂、其子偰伯遼遜等、復以尚書之命、徵予銘、予辱與尚書有同年之雅、不敢以不文辭、謹按夫人諱月倫石護篤、字順貞、系出偉吾氏、曾祖而上世仕本國、夫人生而聰慧、稍長、能知書、誦孝經、論語、女孝經、列女傳

甚習見前史所記女婦貞烈事、必再三復讀而歎慕焉、年十七歸于偰氏、偰氏本突厥之貴族、自唐以來世相偉吾氏、遂為其國人云、

誌中叙夫人事姑教子事甚詳、以闡婦德、不備述、非輕婦德、以為婦德者何族蔑有、不得指為華學、本篇所論是華學、非婦德也、偉吾氏文字與漢文異、夫人所習之孝經論語、非畏吾兒文、而為漢文、故謂之華學、孝經論語或有畏吾兒譯本、然女孝經列女傳及前史所記女婦貞烈事、必無畏吾兒譯本、且此諸書、即使有畏吾兒譯本、而其原本究為華文、故能習此者、亦謂之華學、可見元時華學之廣被、且化及西域閨門也、

回回教世家丁鶴年前篇屢論之矣、丁鶴年以詩名家、孰知其幼時所學皆出其姊所口授也、鶴年姊名月娥、明史列女傳列卷首、然不詳其所取在死節與乎所取異趣也、烏斯道春草齋集七卷有月娥傳較詳明史、即本於此、今節錄其文如下、

月娥者、蕪湖葛通甫之妻、武昌邑長職馬祿丁之女、西域人也、少聰慧靜止、諸伯氏皆明經工舉子業、月娥隨而誦說、通奧義、及長、歸通甫、事上撫下、凜如禮法、諸婦諸女、咸淑其化、既而寇群起、據豫章、自上游而下、勢張甚、月娥挾諸婦諸女避郡城、未幾寇果至城陷、月娥抱所生女赴水死、諸婦諸女亦相與死水中凡九人、父老議曰十節同志死、不可異壙、乃於故居之南黃池里作巨穴同

葬焉、題其名曰十節墓、其弟鶴年相與樹碑墓下、以昭節行、鶴年富於經史、有操行、幼時讀書、嘗月娥口授、月娥幼名也、十節墓、明史作十女墓、城陷婦女未必即須死節、此亦得諸中華禮教者歟、然吾所取者其華學也、又修續稿五卷有鎖氏二女詩、為鄧州色目人鎖鉉女、鉉革除間叅政、因忤成祖被誅、二女發教坊司、女誓不受辱、已而放出、各上詩一律謝恩、其長詩有「舊曲聽來猶有恨、故園歸去已無家」之句、傳誦一時、事並見震澤紀聞、然則元時西域婦女之華學、其流風至明未艾也、

元西域人華化考稿本

陳垣援菴撰

第八　結論

一　總論元文化

綜計全書所論凡百十六人、儒學篇廿八、佛老篇八、文學篇卅八、美術篇廿八、禮俗篇卅六、女學篇六、去其各篇互見者尚存百有十八人、此百有十人中、有著明部族者、有泛稱西域或色目者、惜不能一一確指為今何地、然可略分葱嶺東西兩大部列表如下、

葱嶺東部　四十五人

唐兀七	畏吾兒十	回鶻二	高昌十
北庭一	龜茲一	乃蠻二	合魯二

哈剌魯二　雍古八

葱嶺西部　五十六人

西域廿二　回回十二　回纥三　答失蠻三

大食三　阿魯渾二　板勒纥城一　康里五

伯牙吾氏一　也里可温五

其他九人

朶魯別族一　尼波羅國一　色目七

其中有一地而二名、或一族而數譯者，皆用名從主人之例，如回鶻畏吾高昌北庭、元人本視為一，回回回纥、元人亦視為一，說詳文學篇，凡此諸人、皆見諸載籍、於中國文化有表見者，其有載籍不載、或載而今已佚、或未佚而為余疏陋所未及見者、何可勝道、蓋自遼金宋偏安後、南北隔絶者三百年、至元而門户洞開、西北拓地數萬里、色目人雜居漢地無禁、所有中國之聲明文物、一旦盡發無遺、西域人羨慕之餘、不覺事事為之倣效、且元自延祐肇興科舉、每試色目進士少者十餘人、多者數十人、中間雖經廢罷、然舉行者猶十五六科、色目人之讀書應試者甚衆、故儒學文學、均盛極一時、而論世者輕之、則以元享國不及百年、明人蔽於戰勝餘威、輒視如無物、加以種族之見、横亘胸中、有時雜以嘲戲、王夫之夕堂永日緒論外編謂胡元詩人貫雲石薩天錫欲矯宋詩之衰、而躓氣乘之云云、其一例也、清人去元較遠、同以異族入主、間有一二學者、平心靜氣求之、則王士禎趙翼兩家之言可參攷也、趙翼廿二史劄記三十有元諸帝多不習漢文一條、云元起朔方不惟帝王不習漢文、即大臣中習漢文者亦少、如小雲石海牙、李术魯翀、巙巙、薩都剌等、當為翹楚矣、言外頗有不滿於元朝文物之意、然同卷又有元季風雅相尚一條、云元季士夫好以文墨相尚、獨怪有元之世、文學甚輕、當時有九儒十丐之謠、科舉亦屢興屢廢、宜乎風雅之事、棄如弁髦、乃搢紳之徒、風雅相尚如此、蓋自南宋遺民故老、相與唱嘆於荒江寂寞之濱、流風餘韻、久而弗替、遂成風會、固不繫乎朝廷令甲之輕重也、據此則趙翼亦知元人文化不弱、且不繫乎政府之提倡、第以此歸其功於南宋遺民則遺民何代蔑有、須知文化是一事、政治又是一事、政治之紛擾孰甚於戰國六朝、而學術思想之自由、亦惟戰國六朝為最、漢唐號稱盛世、然學術思想、輒統於一尊、其成績未必即優於亂世、風雨如晦、雞鳴不已、吾人亦行其素焉耳、以論元朝、為時不過百年、今之所謂元時文化者、亦指此西紀一二六〇年至一三六〇年間之中國文化耳、若由漢高唐太論起、而截至漢唐得國之百年以及由清世祖論起、而截至乾隆二十年以前、而不計其乾隆二十年以後、則漢唐清學術之盛、豈過元時、且元時並不輕視儒學、至大元年加號孔子為大成至聖文宣王、延祐三年詔春秋釋奠以顏曾思孟配享、皇慶二年以許衡從祀、又以周程張朱等九人從祀、至順元年、以董仲舒從祀、至正廿一年以楊時李侗等從祀、又並不輕視文學、延祐五年七月、加封屈原為忠節清烈公、致和元年四月、改封柳宗元為文惠昭靈公、後至元三年四月、且謚杜甫為文貞、其崇尚文儒若此、此中消息、王士禛參之最透、故居易錄（卷二）之論石田集也、則謂元代文章極盛、色目人著名者尤多、如祖常趙世延輩是也、其論燕石集也、（卷三）則謂此與石田集皆奉旨刊行、元時崇文如此、或謂九儒十丐、當是天曆未行科舉以前語、天曆應作延祐、九儒十丐之說、出於南宋人之詆詞、不足為論據、謝枋得送方伯載歸三山序（疊山集卷二）云、滑稽之雄、以儒為戲者曰、我大元制典、人有十等、一官二吏、先之者貴之也、七匠八娼九儒十丐、後之者賤之也、若人品豈在娼之下丐之上乎、此一説也、鄭思肖大義略序曰、下心文韃法、一官二吏、三僧四道、五醫六工、七獵八民、九儒十丐、各有所統轄、又一説也、然七八之目二説已自不同、況謝枋得明謂為滑稽之雄以儒為戲者云爾、非元制果如是也、池北偶談卷七列舉元代色目文人、持論至為平允、曰元名臣文士如廉希憲、貫雲石畏吾兒人也、趙世延、馬祖常雍古部人也、迺賢葛邏祿人也、薩都剌色目人也、郝天挺朶魯別族也、余闕唐兀氏人也、顏宗道、哈剌魯氏人也、贍思大食國人也、辛文房西域人也、事功節義文章彬彬極盛、雖齊魯吳越衣冠士冑何以過之、其所見較趙翼為獨到、予茲所論、正與王士禎同也、試更進而考察親見元

時西域人華化者之言論以完吾說、

二　元人眼中西域人之華化

危素　干文傳　戴良

家鉉翁

危素之敍金臺後稿也、在至正十一年辛卯、其言曰、昔在成周之世、采詩以觀民風、西方之國、豳得七篇、秦得十卷而止、自豳秦而西、未見有詩、豈其風氣未開、習俗不能以相通也歟、易之、葛邏祿氏也、彼其國在北庭西北金山之西、去中國遠甚、太祖皇帝取天下、其名王與回紇最先來附、至今百有餘年、其人之散居四方者、往往業詩書而工文章、易之伯氏、既登進士第、易之乃泊然無意於仕進、退藏內章山水之間、其所為詩、清麗而粹密、學士大夫多傳誦之、然則薊邏禄氏之能詩者自易之始、此足以見我朝文化之洽、無遠弗至、雖成周之盛、未之有也、此允素以成周比元、而謂其能化行西域也、

干文傳之叙雁門集也、在至正十七年丁酉、亦以成周之化比元、其言曰、我元之有天下、拓基啓祚、皆始於西北、去周之邠、鎬益遠、是以人生其間、多質直端重、才豐而氣昌、觀之馬文清貞應作達兼善、巙子山輩、其所為詩、往往宏偉春容、卓然凌於萬物之表、可以軼漢唐而闖風雅、有周忠厚之氣象、為之一新、若吾友薩君天錫、亦國之西北人也、君幼岐嶷不群、稍長愈穎敏、為文詞雄健倜儻、

迥邁乎人人書出其所作之詩曰雁門集者見示予得以盡觀
人忠厚之意具在、一掃往宋委靡之弊、國家元氣肇自西北以及
於天下、有源而有委、讀是詩者尚有以見之、
載良之叙鶴年吟稿也、在至正二十六年丙午、說亦云然、曰昔者
成周之興、肇自西北、西北之詩見之於國風者、僅自豳秦而止、豳秦
之外、王化之所不及、民俗之所不通、固不得繫之列國以興邶鄘
曹檜等矣、我元受命、亦由西北而興、而西北諸國如克烈乃蠻也
里可温回回西蕃天竺之屬、往往率先臣順、奉職稱藩、其沐浴休
光、霑被寵澤、與京國内臣無少異、積之既久、文軌日同、而予若孫
遂皆舍弓馬而事詩書、至其以詩名世者、皆居西北之遠國、其去

邈秦、蓋不知其幾萬里、而其為詩乃有中國古作者之遺風、亦足
以見我朝王化之大行、民俗之丕變、雖成周之盛莫及也、
危素干文傳、戴良、皆南人、其人皆生元季、其論元人之化洽西域
也、同出一詞、所謂與論者非耶、元好問生金末元初、其所選詩號
中州集、宋人之留元者有家鉉翁、為題其後、文見元文類、三八曰世
之治也、三光五岳之氣、鍾而為一代人物、其生乎中原奮乎齊魯
汴洛之間者、固中州人物也、亦有生於四方、奮於遐外、而道學文
章、為世所崇、功化德業、被於海內、雖謂之中州人物可也、故壤地
有南北、人物無南北、道統文脈無南北、雖在萬里外、皆中州也、暇
日獲觀遺山元子所裒中州集、百年而上、南北名人節士所為詩、

皆采錄不遺盛矣哉元子之為此名也、廣矣哉元子之用心也、夫生於中原而視九州四海之人猶吾同國之人胸懷卓犖過人遠甚若元子者可謂天下士矣數百載之下必有謂吾言為然者此又宋人之先見而其後竟言中者也蓋鉉翁留元十餘年得覩元初人物氣象與宋人之褊淺狹隘迥然不同知其後必昌故為是論豈知不用百載而西北子弟之成就已過乎鉉翁所期也、

十二年十月九日寫於

北京西安门外恒德厰

元西域人華化考 稿本

陳　垣援菴撰

附録

元西域人華文著述表

漢唐以來、翻經沙門、傳教教士、華文著述衆矣、然大抵皆宣揚本教、發揮西學之書、求可以稱華學者、蓋寡、元西域人不然、百年之間、作者至三十餘人、著述至八十餘種、經史詞章、老莊申韓、輿地藝術、陰陽醫藥之屬、無一不具、且皆華法、非西法、與徒誇彼善俗思革吾華風者、迥不同、此元人特色也、元史無藝文志、清金門詔、倪燦、錢大昕諸家補之、互有詳略、今茲所錄、不過西域人之部、然已有出諸家補志外者、刪疏漏、仍恐不免、姑俟異日續補之、

人名	書名	備考
蒲壽宬 回回	心泉學詩稿	四庫輯永樂大典本 閩志誤以爲壽庚弟
	心泉詩餘	彊村叢書本
巎巎 康里	大元通制	删修人之一見順帝紀
馬潤 雍古	樵隱集	見清容集馬公神道碑
馬祖常 雍古	英宗實錄	以下六種見元史本傳
	皇圖大训	
	承華事略	
	烈后金鑑	
	千秋記略	

贍思 大食

章疏一卷　見千頃堂書目

石田山房集　近日影印元四家集本

帝王心法　以下十四種見本傳

四書闡疑

五經思問

奇偶陰陽消息圖

老莊精詣　詣千頃堂書目作語

鎮陽風土記

續東陽志

重訂河防通議　四庫輯永樂大典本

西國圖經

西域異人録

金哀宗紀

正大諸臣列傳

審聽要訣

文集三十卷

偰玉立 回鶻

世玉集 元詩選

偰百僚遜 回鶻

近思齋逸稿 千頃堂書目外國類

泰不華 伯牙吾氏

重類復古編十卷 本傳

顧北集 元詩選

伯顏師聖 哈剌魯氏

貫雲石 畏吾兒

廼賢 合魯氏

宋史 分撰廿三人之一見圭齋集進宋史表

金史 分撰六人之一見進金史表

直解孝經一卷 本傳

貫公文集 巴西集有序

酸齋文集 千頃堂書目

酸齋集 元詩選

▲河朔訪古記 四庫輯永樂大典本

金臺集 近日翻元本

金臺後集 說學齋集有序

前岡詩集 見宋元詩會

丁鶴年	回回
趙世延	雍古
余闕	唐兀

海雲清嘯集	千頃堂書目
丁鶴年集	琳琅秘室本
丁孝子詩集	藝海珠塵本
皇元風雅	九靈山房集有序與蔣易傳習等所編同名
經世大典	纂修人之一見元文類經世大典敘錄
風憲宏綱	本傳
五經傳注	本傳
易說五十卷	見九靈山房集余闕公手帖後題
青陽山房集	有四卷五卷六卷八卷各本
宋史	分撰廿三人之一見圭齋集進宋史表

油印稿本

高克恭 西域	房山集	元詩選
	高尚書文集	式古堂書考有王士熙跋
	高文簡公文集七卷	見千頃堂書目
聶古柏	侍郎集	元詩選
斡玉倫徒 唐兀	宋史	分撰廿三人之一見圭齋集進宋史表
張雄飛 唐兀	張雄飛詩集	至正集有序
昂吉 唐兀	啟文集	元詩選
伯顏子中 西域	子中集	元詩選
薛超吾 回鶻	薛昂夫詩集	松雪齋集及天下同文有序
郝天挺 朵魯別族	雲南實錄五卷	本傳

著述表 四

辛文房 西域
雅琥 也里可温
薩都剌 答失蠻
沙剌班 畏吾兒

唐人鼓吹注十卷 通行本
●唐才子傳十卷 粤雅堂本日本本近翻元本
披沙集 石田集有題披沙集詩
正卿集 元詩選
雁门集 有三卷六卷八卷二十卷各本
薩天錫詩集二卷 千頃堂書目
集外詩一卷 毛晋刻
薩天錫逸詩 日本刻
西湖十景词 見元史類编
金史 公撰六人之一見進金史表

康惠山海牙 畏吾兒

遼史 分撰四人之一見進遼史表

仁宗實錄 以下二種見本傳

英宗實錄

孟昉 西域

孟待制文集 夷白齋集有序

孟天暐擬古文 燕石集 滋溪集 青陽集有題詞

察罕 西域板勒紇城

聖武開天記 由脫必赤顏譯漢 千頃堂書目作皇元太祖聖武開天記 以下三種均見本傳

紀年纂要 千頃堂作帝王紀略纂要 明翰林學士黃諫補

太宗平金始末

盛熙明 龜茲

法書考八卷 楝亭十二種本

著述表 五

	補陀洛迦山考	見普陀山志
薩德彌實	瑞竹堂經驗方	四庫輯永樂大典本吳文正集有序稱天仁惠局藥方咏成於衆色目人之手道園學古錄有序
保八 色目	易原奧義一卷	以下三種見四庫總目
	周易原旨六卷	
	周易尚占三卷	
戈直	貞觀政要集論十卷	通行本
札馬魯丁 西域	萬年曆	見曆志至元四年進
可里馬丁 西域	萬年曆	見仁宗紀皇慶二年十二月上
忽思慧	飲膳正要三卷	道園學古錄有序

元西域人華化考徵引書目

漢書　舊唐書　新唐書

遼史　金史　宋史

元史　元史類編　元史新編

新元史　元史氏族表

補遼金元三史藝文志倪燦

補遼金元三史藝文志金門詔　元史藝文志錢大昕

遼金元姓譜　元名臣事略　明史

廿二史考異　廿二史劄記　南唐書

河朔訪古記　重訂河防通議　安南志略

至順鎮江志　至正四明續志　西湖遊覽志
泉州府志勝　閩書　順治吉安府志
雍正浙江通志　日下舊聞考　春明夢餘錄
乾隆福建通志　乾隆濟源縣志　道光南海志
道光普陀山志　同治欒城縣志　光緒嘉應州志
耶律楚材西遊錄　長春真人西遊記　劉郁西使記
張星烺馬可孛羅遊記譯注　元秘書監志
元典章　兩浙金石志　越中金石志
常山貞石志　安陽金石錄　和林金石錄
和林金石詩　寰宇訪碑錄　補寰宇訪碑錄

攈古錄　經義考　內閣書目
萊竹堂書目　千頃堂書目　四庫總目提要
四庫簡明目錄　列子　宋元學案
觀物篇解　皇極經世解起數訣
瑞竹堂經驗方　回回藥方　法書考
書史會要　圖繪寶鑑　畫旨
清河書畫舫　鐵網珊瑚　繪事備考
式古堂書畫彙考　佩文書畫譜　三希堂石渠寶笈
元八家法書　續夷堅志　玉堂嘉話
研北雜志　山居新話　禁扁

至正直記
庚申外史
七修類稿
棗林雜俎
池北偶談
陔餘叢考
至元辨僞錄
摩尼教殘經
白居易長慶集
鄭思肖心史

輟耕錄
讕言長語
震澤紀聞
日知錄
香祖筆記
高僧傳
景教流行中國碑
元也里可温考
蘇軾東坡文集
蒲壽宬心泉學詩稿

故宮遺錄
樂郊私語
堯山堂外紀
居易錄
十駕齋養新錄
開元釋教錄
摩尼教入中國考
圖書集成職方典
謝枋得疊山集

元好問遺山文集　陸文圭牆東類稿　鄧文原巴西集
趙孟頫松雪齋集　吳澄文正集　劉因靜修文集
劉將孫養吾齋集　耶律鑄雙溪醉隱集
安熙默菴文集　王惲秋澗集　姚燧牧菴集
程鉅夫雪樓集　徐明善芳谷集　袁桷清容居士集
釋大訢蒲室集　侯克中艮齋詩集　劉敏中中菴集
馬祖常石田集　虞集道園學古錄　楊載仲弘集
揭傒斯文安集　丁復檜亭集　王沂伊濱集
黃溍金華文集　歐陽玄圭齋集　柳貫待制集
許有壬至正集　宋褧燕石集　黃鎮成秋聲集

薩都剌雁門集
陳旅安雅堂集
傅若金與礪詩文集

李存俟菴集
蘇天爵滋溪文稿
余闕青陽集

李士瞻經濟集
迺賢金臺集
貢師泰玩齋集

劉仁本羽庭集
張雨句曲外史集
柯九思丹邱生稿

鄭元祐僑吳集
吳海聞過齋集
丁鶴年集

舒頔貞素齋集
周霆震石初集
王逢梧溪集

戴良九靈山房集
楊翮佩玉齋類稿
倪瓚清閟閣集

王禮麟原集
趙汸東山存稿
陳基夷白齋稿

王毅木訥齋集
高克恭房山集（以下十二種據元詩選）

貫雲石酸齋集
聶古柏侍郎集
雅琥正卿集

劉聞容窗集
文矩子方集
偰玉立世玉集
泰不華顧北集
薛漢宗海集
吳克恭寅夫集
耶吉敵文集
伯顏子中集
宋濂學士集
劉基誠意伯集
王禕忠文集
危素說學齋集
烏斯道春草齋集
楊士奇東里集
王夫之薑齋詩文集
朱彝尊曝書亭集
全祖望鮚埼亭集
杭世駿道古堂集
中州集
唐詩鼓吹注
元風雅
西湖竹枝集
大雅集
玉山名勝集
元音
乾坤清氣集
元詩體要
元人十種詩
宋元詩會
全金詩

御選元詩

天下同文集

朝野新聲太平樂府

中原音韻

詩藪

元詩選

元文類

唐才子傳

錄鬼簿

甬上耆舊詩

全唐文

元曲選

歸田詩話

哈珊之文無傳、揭碑、具大父名為云壽為忽都、又以儒、

知其為元之文。小雲石脫忽憐傳之，所撰以再〇考四十也。

書而今不志者之思碑，所復撰碑之撰書人為畦

思、瞻思何許人，大名開州人也。哈珊墓示有華嚴寺

寺有劍建方丈記，亦瞻思撰記，亦揭用署大名瞻

思也。瞻思行領揭傒斯之文，僧家傳元揭西域人說

而著述之眾，亦有若瞻思者也。去年夏余藏書長歌壽

方丈記拓本如獲瑰寶，此迺以贍思書而藏，今因

新西丈以贍思碑拓本相見示，不知贍思亦能文字也，

其書法用力亦已深也。因字儀書史會要述元代西

域書家凡一千餘人，而不及贍思，可知元時西域人善

書者有遺漏也，所載也。

民國十二年六月　新會陳垣識

齋宮（旁改：故宮）存高克恭畫　　壬申七月十六日記

、春雲曉靄圖一軸　一八七之40

林巒雲風一軸　二〇〇之47　、青山白雲圖一軸　二二八之27

雲山一軸　二〇二之9　林巒煙靄圖一軸　二二九之80

晴嵐圖一軸　二一七之65　春山晴雨一軸　二三〇之22

雨山圖一軸　二二七之15　又有薩都剌嚴陵釣台圖一軸　二一五之7

鍾粹宮調字一六五之55　高房山雲山烟樹圖一卷

天七之6　元人青山白雲圖一卷

二三〇之73　高克恭雲橫秀嶺一軸

二三四之73　高克恭雲京邪溪圖一軸

二七〇之80　御筆高克恭雲山圖一卷

不知其臨是從、疑無信

鍾辨云有薩天錫畫梅雀——一軸題云

香滿疏簾月滿庭。風檐鳴鐵研池冰。
夜寒人靜梟禽語。卻憶羅浮雪外鶯。

延祐二年早春薩天錫寫并題。

雁門集又載其詩。

元西域人無畫名，而其書畫傳於世者（書見）如[illegible]物[illegible]有薩都剌、薩天錫[illegible]同一軸，又有梅雀一軸，為延祐二年早春寫并題句云：香滿疏簾月滿庭。風檐鳴鐵研池冰。夜寒人靜梟禽語。卻憶羅浮雪外鶯。梅[illegible]高致，詩亦可，雁門集竟不載。

並見世祖紀中統四年三月、亦黑迭兒丁請修瓊華島，不從；至元元年二月，修瓊華島。亦黑迭兒丁即也黑迭兒，瓊華島即今北海。當亦修築宮城之先。也黑迭兒曾請修北海，見其為建築家也。

元典章四十 刑部三 大不敬 闌入禁苑條 都堂鈞旨 送工部 監修官也黑迭兒丁呈：捉獲跳過太液池圍子禁墻人楚添兒招：於六月二十四日帶酒見倒訖土墻，望澤內有船，採打蓮蓬，跳過墻去，被捉到官。罪犯法司擬：闌入禁苑徒一年杖六十，部擬五十七下。省准擬。

[illegible]

作也黑迭兒丁[illegible]

四庫總目提要政書類存目考工之屬有永樂大典本元内府宮殿制作一卷。不著撰人名氏，記元代司郎官所制作甚詳，諸其詞頗俚俗，殆不諳文士文字，蓋將當時營繕曹司移知之檔，撰之本書，錄其書不傳，故印也，足以見當時[illegible]之[illegible]撰，[illegible]未[illegible]削，[illegible]出於文士之文飾者也。

[illegible]年三月十五

衆議院用箋

兩浙金石志卷十五有

元答失蠻重裝佛像記云

靈隱禪寺伏承大功德主開府儀同三司上柱國江浙等處行省口口左丞相順口口答失蠻布施金子彩色重裝佛國山諸佛菩薩聖像所集洪因端為祝延皇帝萬歲萬歲萬萬歲皇太后皇后齊年皇太子千秋仍祈風調雨順國泰民安者至大三年九月日住持傳正傳謹題

右記在西湖飛來峯摩崖正書十三行字徑一寸餘答失蠻元史無傳見武宗紀三年九月御史臺臣言江浙省丞相答失蠻于天壽節日毆其平章政事孛蘭奚事屬不敬月江浙省左丞相答失蠻來朝又按是年八月以江浙行尚書省左丞

西一三一二

相忽剌出爲御史大夫答失蠻應于此時莅浙仁宗紀皇慶元年十一月知樞密院事答失蠻罷是在浙不及二年也又成化四明志載象山縣令答失蠻似非一人

兩浙金石志十三

始由[illegible]華化稱[illegible]王國維凡箋、詳[illegible]先生古我李珣[illegible]

[illegible]詞，何光遠鑒誡錄嘆均成珣為波斯[illegible]詩

名[illegible]著者，瓊瑤集可補[illegible]西域人蘇[illegible]化先導一章[illegible]此

李同李珣為[illegible]及[illegible]王衍昭儀李舜絃，[illegible]情詞點、舜

絃李珣孫[illegible]為[illegible]王衍昭儀，傳詞譜者[illegible]上一[illegible]誤入花

[illegible]夫人[illegible]詞云[illegible]

舜絃夫人[illegible]詩[illegible]舜絃[illegible]詩也[illegible]文

[illegible]同修[illegible]鐘[illegible]月夕[illegible]坐南軒，竹影

[illegible]下[illegible]起[illegible]清[illegible]寫[illegible]窗，明[illegible]衣[illegible]

亦自是，李舜絃[illegible]李珣為西域人

華化之先[illegible]李舜絃[illegible]元西域歸[illegible]華[illegible]先[illegible]

津逮本
學津本
琳琅秘室本

李四郎

李四郎名玹字廷儀其先波斯國人隨僖宗入蜀授率府率兄珣有詩名預賓貢焉玹舉止溫雅頗有節行以鬻香藥為業。善弈棋好攝養以金丹延駐為務暮年以爐鼎之費家無餘財唯道書藥囊而已嘗得耳珠先生與青城南六郎書一紙論淮南玉煉秋石之法每焚香熏之有一桃核盃圍可尺餘紋彩爍然真蟠桃之實爾至晚年末而服之雍熙元年春遊青城山於六時巖下溪水中得一塊石如雁卵色黑溫潤嘗與同道者玩之一日誤墜于地碎為數片其中空焉可容一合許物四畔皆雕刻龍鳳雲草之形文理纖妙皆甚奇異殆非人工或曰此神仙所玩之物矣 茅亭客話卷二

李四郎

勵耘書屋

四部叢刊本作十二卷

後蜀何光遠

花間集卷十有李秀才珣詞三十七首（此據紹興中鼂謙之刊本，宋鄂州本洵作珣）

（南宋）王灼碧雞漫志（卷五）云：李珣瓊瑤集有鳳臺一曲，注云：俗謂之喝馱子

又云：花間集和凝有長命女曲，偽蜀李珣瓊瑤集亦有之。又卷三云

李珣有倒排甘州，卷四云：李珣有河滿子（是珣詞有名瓊瑤集者，南宋初尚存。碧雞漫志所載四曲又直花間所無）

鑑誡錄（[illegible]）卷四：李珣字德潤，本蜀中土生波斯也。少小苦心，屢稱賓貢，所吟詩句，往往動人。尹校書鶚者，錦城煙月之士也，與李生常為善友，因戲遇嘲之，李生文章掃地而盡。詩曰：異域從來不亂常，李波斯強學文章。假饒折得東堂桂，胡臭薰來也不香。

[illegible]

[illegible]

本

古本有之刪

〇李珣、字德潤、先世本波斯人、家於梓州、王衍昭
儀李舜絃兄也、為蜀秀才、嘗以賓貢、有
瓊瑤集一卷 歷代詩餘百一、詞人姓氏、蜀
昔蜀後主王衍、沒元於綿、以聲伎光寵、共閨諫、
衍有才思、尤好艷麗之詞、所製多詞曲、蜀人
咸傳誦焉、同上
司馬昇文宗九年 歷代詩餘百九、詞人姓氏元
高昉、字天倚、本西域人、高昌平、至正中以翰林待
制、除官至江南行臺監察御史 同上、
程遇孫成都文類、李珣、梓州人、其妹為王衍昭儀、
有詞藻、
洪邁萬首絕句、有李舜絃夫人釣魚不得詩、

李珣

、瓊瑤集，多李舜絃宮詞，可以考其賢妃爲一首，

、楊慎詞品：舜絃，李珣妹，爲昭儀，鏡說蕎芳鳥

嘗見上一首，誤入花蕊夫人集。

、浣花淺錄：李舜絃，梓州人，爲王衍昭儀，其有詞

葉，嘗作應制詩云：

、夏文彥圖繪寶鑑：西蜀李夫人，月夕獨坐南軒，

竹影婆娑可喜，即起揮毫濡素，模寫

紙窗，明日視之，生意具足。

〇卓珂月詞統：李珣南鄉子竹枝詞

〇李調元全五代詩話，周草窗曰：李珣，舉供奉人，

〇鄭方坤五代詩話：李珣，昭儀李舜絃之兄也。珣以小

詞爲後主所賞。

〇朱彝尊詞綜：李珣巫山一段雲詞

、讀智元茅亭客話：前蜀秀才李珣，其先波斯人，善屬文，兼工詩，

詞。李珣以秀才預賓貢，其兄李

珣，事蜀主衍，蜀亡不仕，有南鄉子，以志風土。

證類本草海藥輯

李珣海藥本草輯

李珣海藥本草輯

金 别録中品

山海經所説諸山出金極多不能備録廣州記云大食國出金最多貨易並用金錢異物志云金生麗水又蔡州瓜子金雲南出顆塊金在山石間采之黔南遂府吉州水中並產麩金嶺表録云五嶺内富州賓州澄州涪縣江溪河皆產金居人多養鵝鴨取屎以淘金片日得一兩或半兩有經日不獲一星者其金夜明 生者有毒熟者無毒

馬祖常

送李公敏之官序

天子有意于禮樂之事則人皆慕義向化矣延祐初詔舉進士三
百人會試春官五十人或朔方于闐大食康居諸土之士咸囊書
橐筆聯裳造庭而待問於有司於時可謂盛矣 余在河南即
聞于闐人李君公敏能尊孔子之教而變其俗其學日肆以衍浸
漬乎六經汪濊乎百家蔚然而為儒者流雖困苦益自刻厲教授
於青齊之间

石田文集卷九

排印本

元西域人華化考上

陳垣援庵撰

北京大學國學季刊編輯會

排印本

元西域人華化考上目錄

元西域人華化考上

陳垣

第一　緒論

一　"西域"之範圍

西域之名,漢已有之;其範圍隨時代之地理知識及政治勢力而異。漢武以前,大抵自玉門關陽關以西,至今新疆省止爲西域。其後西方知識漸增,推而至葱嶺以西,撒馬兒干,今俄領土耳其斯坦,及印度之一部。更進而至波斯,大食,小亞細亞,及印度全部,亦稱西域。元人著述中所謂西域,其範圍亦極廣漠,自唐兀畏吾兒,歷西北三藩所封地,以達於東歐,皆屬焉。質而言之,西域人者色目人也。不曰色目而曰西域者,以元時分所治爲蒙古,色目,漢人,南人四色,公牘上稱色目,普通著述上多稱西域也。陶宗儀輟耕錄(卷一)載蒙古七十二種,色目三十一種,漢人八種,錢大昕元史氏族表譏其重複謬舛,惜無他書是正;然藉此可略知元時蒙古色目之別,又可知元時所謂漢人南人者以金宋疆域爲判;故契丹女直高麗稱漢人。據元史選舉志,又以平定先後爲判;故雲南四川,亦稱漢人;而江浙湖廣江西三行省及河南行省中之江北淮南諸路稱南人。所謂江浙者,包含今閩浙;江西含今贛粤;湖廣含今湘黔桂;江北淮南含今蘇皖鄂。當時鄉會試,蒙古色目爲右榜,漢人南人爲左榜。元史列傳編纂法,亦蒙古色目爲一類,漢人南人爲一類。其有色目人因戴漢姓;而誤置於漢人南人之列,如趙世延郝天挺者,史臣失檢也。趙翼陔餘叢考(十四)廿二史劄記(二九)謂列傳三十一二卷已載元末死事諸臣余闕等;而三十三卷以後又以開國諸臣耶律楚材等編入;前後倒置,係分二次進呈,未將前後兩書重加編訂。其說非也。以錢大昕十駕齋養新錄(卷九)廿二史考異(九七)所說爲是。

本書所論既限於西域,故蒙古契丹女直諸族不與;亦以蒙古等本無文化,其同化華族不奇;若日本高麗琉球安南諸邦,則又襲用華人文字制度已久,其華化亦不奇。惟畏吾兒突厥波斯大食敘利亞等國,本有文字,本有宗敎;畏吾兒外,西亞諸國去中國尤遠,非東南諸國比;然一旦入居華地,亦改從華俗,且於文章學術有聲焉。是眞前此所未聞,而爲元所獨也。徐㸊序元人十種詩曰,"天錫易之崛生窮髮不毛之域,流商刻羽,含英咀華,駸駸闖作者之室。豈非奇渥溫氏帝天下,而風會極一時之盛歟?"天錫者,薩都剌;易之者,迺賢也。是不可以不記。

二　元時西域文化狀況

未言西域人華化之先,不可不知元時西域人文化之狀況,元時西域文化,本由祆敎而佛敎,而景敎,而回敎更唱迭和浸淫濃郁者數百年;最後役於西遼受大石林牙之漢化,耳濡目染者又近百年。當元人未據西域之先,大石林牙已將漢族文明炫耀於中亞大陸。耶律楚材懷古百韻,有"後遼興大石,西域統龜茲;萬里威聲震,百年名敎垂"之句。注,"大石林牙克西域數十國,幅員數萬里,傳數主,凡百餘年,頗尙文敎,西域至今思之"(湛然居士集十二)西遼五主,凡八十八年,皆有漢文年號,可知其在西域,必曾行使漢文。東歐人至今稱中國爲契丹,亦始於此際;猶之耶律楚材邱處機等之遊記統稱西域爲回紇,皆以其所與接觸者槪近槪遠也。西域人既雜受印度猶太波斯希臘亞剌伯諸國之文明,復曾覩中國文明之一線,其渴望身親見之之情可想也。元軍先定西域後下中原。西域人之從軍者,被虜者,貿易者,接踵而至。平昔所想望之聲明文物,盡觸於目前。元制,色目人又自由雜居;故一傳再傳,遂多敦詩書而說禮樂。茲編之作,正所以著其盛也。

三 "華化"之意義

至於"華化"之意義,則以後天所獲,華人所獨者爲斷。故忠義孝友政治事功之屬,或出於先天所賦,或本爲人類所同,均不得謂之華化。即美術文學,爲後天所獲矣;而其文學爲本國之文學,或其美術非中國之美術,亦只可謂之西域人之文學,西域人之美術;不得謂之西域人之中國文學,西域人之中國美術。又有西域人久居漢地,歸化中國,然不能於漢族文化中有特別可記。如漢書地理志上郡有龜茲縣。(今陝西榆林縣)師古曰,"龜茲國人來降附者,處之於此,故以名云。"又開元釋敎錄(第二)優婆塞支謙傳,"支謙,大月支人;祖父法度以漢靈帝世率國人數百名歸化。"又漢書西域傳溫宿國條下,師古曰,"今雍州醴泉縣北,有山名溫宿領者,本因漢時得溫宿國人,令居此地田牧,因以爲名。"凡此種種,可見西域人歸化中國之事,古所恆有;特其人不能於中國文化有所表見,亦無足述。又有嫻習華言,博綜漢典,如高僧傳中之西域翻經沙門,及明末清初之耶穌會士,可以謂之華學矣,然不得謂之華化。今特舉元以前"華化"者數人爲例。

四　西域人華化先導

李彥昇　安世通　蒲壽宬

元以前西域人仕中國者多武人;以文事著者絕少。回敎人著述有以米芾爲回回人者;以尙無確據,姑置之,而論其有確據者唐末有大食國人李彥昇李彥昇純漢姓名,睹其名已知其受華化已深矣。全唐文(七六七)載陳黯文,有一篇曰"華心。"華心者,夷其形而華其心也。文曰:

大中初年,大梁連帥范陽公得大食國人李彥昇,薦於闕下。天子詔春司考其才,二年以進士第名顯。然常所賓貢者不得擬。或曰"帥受命於華君,仰祿於華民;其薦人也,則求於夷。豈夷人獨可用邪?"曰,"帥薦才不私其人也。苟以地言則有華夷,以敎言亦有華夷乎?夫華夷者辨在心。辨心在察其趣嚮。有生於中州而行戾乎禮義,是形華而心夷也。生於夷域而行合乎禮義,是形夷而心華也。若盧綰少卿之叛亡,其夷人乎?金日磾之忠赤,其華人乎?繇是觀之,皆任其趣嚮耳。今彥昇來從海外,能以道祈知於帥;帥故異而薦之,以激夫戎狄,俾日月所燭,皆歸於文明;蓋華其心而不以其地而夷焉。"作華心。

大梁連帥范陽公,汴州刺史宣武軍節度使盧鈞也。鈞嘗爲嶺南節度,嶺南蕃坊多大食國人,故鈞得識李彥昇而薦之。詔春司考其才,以進士第名顯,是所試者爲唐試進士法。彥昇之才,必通五經而明時務也;以唐試進士,有時務策有五經故。唐時太學,本許外夷子弟入學;然未聞西域子弟有以華學名,諸夷蕃將尉遲勝哥舒翰等之子弟,亦未聞有以華學名。若尉遲樞之能爲'南楚新聞,'尉遲偓之能爲'中朝故事,'已絕無僅有。故盧鈞之舉李彥昇,時人以爲奇,而陳黯乃爲文釋之也。

宋末有安世通,疑爲安息人。以安息人而入青城山學道,不可謂之不奇也。宋史隱逸傳有安世通傳,曰"青城山道人安世通者,本西人。其父有謀策,爲武官,數以言干當路,不用,遂自沈於酒而終。世通亦隱居青城山中不出。吳曦反,乃獻書於成都帥楊輔曰:'世通在山中,忽聞關外之變,不覺大慟。世通雖方外人,而大人先生,亦嘗發以入道之門。竊以爲公初得曦檄,即當聚官屬軍民,興仗義之師,以順討逆。而士大夫皆酒缸飯囊,不明大義,徒爲婦人女子之悲,所謂停囚長智也。區區行年五十二矣。古人言,可以生而生,福也;可以死而死,亦福也。決不忍汗面戴天,同爲叛民也。'輔有重名蜀中士大夫多勸以舉義,而世通之言尤切至。輔不能決,遂東如江陵請吳獵舉兵討曦未幾曦敗,獵使蜀厲士,以世通爲首云。"

吳曦之叛在開禧二年。安世通不肯附曦,而爲忠義憤發之論,實難能,可貴。然此不得謂之華化。今所取者,取其能以西人而入道,純全中國化也。何以疑安世通爲安息國人?漢時譯經者有安世高,名安清,安息國王太子;西方賓旅,呼爲安侯;見開元釋敎錄卷一。以國爲姓,自昔然也。支謙爲月支國人,竺法蘭爲中天竺國人;安世與安息音相近,安世通其一例也。"可以生而生,可以死而死"二語,出列子力命篇。安世通蓋深於莊列之旨者矣。

宋末又有蒲壽宬。壽宬,西域人,爲泉州市舶使蒲壽庚之兄,工詩,知梅州,有惠政。光緒嘉應州志(十九)引舊志云,"蒲壽晟,咸淳七年知梅州,一毫無取於民,居處飲食儉約。見'曾井'遺澤在民,遣人還籍取家貲,建石亭其上;日汲井水二瓶,置諸公堂,欲常目之而踵其武也。州進士楊圭題其梁曰,'曾氏井泉千古冽,蒲侯心地一般淸。'今祀名宦祠。"

曾井者南漢時程鄉令曾芳所遺之井。壽宬景仰流風,思則効之,而州人深許其能媲美也。循吏可貴,然亦不得謂之華化。今所取者,取其能以西域人而工中國之詩,純華化也。壽宬有心泉學詩稿,已佚,淸人在永樂大典中輯爲六卷,余家藏有寫本。四庫提要(別集類十八)稱"其詩冲澹閒遠;在宋元之際,猶屬雅音。"西域中國詩人,元以前唯蒲氏一家耳。今彊村叢書有心泉詩餘一卷,即四庫本附於心泉學詩稿末者。明人著述,對壽宬兄弟多致微詞。曹學佺泉州府志勝(卷五)云:

宋末西域人蒲壽宬,與弟壽庚,以互市至;咸淳末擊海寇有功,壽庚歷官至招撫使;壽宬授知吉州,不赴,勸壽庚據泉以降元;策既定,佯着黃冠野服,入法石山中,自稱處士,僞示不臣之意。忽有二書生,因其書窓,各投一詩,不著姓名而去。其詩云,"梅花落地點蒼苔,天意相商要入梅。蛺蝶不知春去也,雙雙飛過粉墻來。"其二云,"劍戟紛紛扶主日,山林寂寞閉門時。水聲禽語皆時事,莫道山翁總不知。"

乾隆福建志(六六)引八閩通志,有同樣之記載。其詞旨雖譏壽宬,然壽宬之能詩,反於此可證;使壽宬而不知詩,雖刺之何益?

閩書(一五二)及心史記壽宬兄弟事頗詳;日知錄(十三)藷琦亭外集(三三)均有貶壽宬語。然吾據邱葵釣磯詩集,將爲壽宬訟冤。邱葵者宋末泉州人,呂大圭弟子。大圭死於蒲壽庚之難,而葵釣磯詩集卷三有與壽宬倡和詩,卷四復有挽壽宬詩。是葵對壽宬,始終無異詞。所謂水聲禽語皆時事,莫道山翁總不知者,特春秋責備賢者之意耳。近日本桑原騭藏氏考壽庚事極詳盡。(史學雜誌廿六七編)四庫提要謂壽宬之名不見於史,不知元史世祖紀,至元十三年二月辛酉條下,大書"伯顏遣不伯周靑招泉州蒲壽庚壽宬兄弟。"此提要之疏略也。安世通爲靑城山道人,蒲壽宬爲法石山處士,南宋兩西域人足開有元一代西域人華化之先聲矣。西域之範圍明,華化之意義定,可以進言元西域人之如何華化。

第二　儒學篇

一　西域人之儒學

高智耀	廉希憲	不忽木	巎巎慶童
沙班	泰不華	囘囘	伯顏師聖
欣都	也速答兒赤	丁希元	家鉉翁

儒學爲中國唯一產物,言華化者應首言儒學。元初不重儒術,故南宋人有九儒十丐之謠。然其後能知尊孔子,用儒生,卒以文致太平,西域諸儒實與有力。其最先以儒術說當世者爲高智耀。輟耕錄(卷二)高學士之條云:"國朝儒者,自戊戌選

試後，所在不務存恤，往往混爲編氓。至於奉一札十行之書，崇學校，獎秀藝，正戶籍，免徭役，皆翰林學士高公奏陳之力也。公，河西人，今學校中往往有祠之者。"

戊戌爲元太宗十年。據元史太宗紀及選舉志，太宗九年，八月下詔考試諸路儒士。蓋詔下於九年八月，而選試於十年戊戌也。元史高智耀傳，智耀世仕夏國，登本國進士第。夏亡，隱賀蘭山。皇子闊端鎮西涼，儒者皆隸役。智耀謁藩邸，言儒者給復已久，一旦與厮養同役，非便；請除之。皇子從其言。是智耀爲儒者盡力之第一次。

憲宗即位，智耀入見，言儒者所學堯舜禹湯文武之道，自古有國家者用之則治，不用則否；宜蠲免徭役以教育之。帝問，"儒家何如巫醫？"曰，"儒以綱常治天下，豈方技所得比？"帝曰，"善。前此未有以是告朕者。"詔復海內儒士徭役無有所與。是智耀爲儒者盡力之第二次。

世祖卽位召見，智耀又力言儒術有補治道；反覆辯論，辭累千百。帝異其言，鑄印授之，命凡免役儒戶皆從之，給公文爲左驗。時淮蜀士遭俘虜者皆沒爲奴。智耀奏言，"以儒爲驅，古無有也。陛下方以古道爲治，宜除之以風厲天下。"帝然之，卽命循行郡縣區別之，得數千人。貴臣或言其詭濫。帝詰之，對曰，"士譬則金也。金色有淺深，謂之非金不可；才藝有淺深，謂之非士亦不可。"帝悅。是智耀爲儒者盡力之第三次。

智耀姓高，非漢姓。其孫納麟，元史別有傳(一四二)，不載高姓也。五代而後，河西陷西夏者二百年，諸羌雜處，元人謂之唐兀氏，爲色目之一種。元史卷一一八至一四五爲蒙古色目人列傳;卷一四六至一八八爲漢人南人列傳。高智耀傳在卷一二五,固明示其爲色目而非漢人也。智耀雖色目人,然西夏夙習漢化,廟祀孔子,智耀之尊儒不足爲異。王惲秋澗集(八六)有彈高智耀狀,言智耀"事佛敬僧,迺其所樂。迹其心行,一有髮僧耳,"是智耀固儒而釋者,不純爲儒也。

西域人純爲儒者,有廉希憲。希憲,畏吾兒氏,史稱其篤好經史,手不釋卷。一日方讀孟子,聞召,急懷以進;世祖問其說,以性善義利仁暴之旨對。世祖嘉之,目曰廉孟子。歲甲寅,世祖以京兆分地,命希憲爲宣撫使。希憲日從名儒若許衡姚樞輩諮訪治道;首請用衡提舉京兆學校。衡之應召自此始也,而希憲實爲舉主。國制爲士者無隸奴籍;京兆多豪彊廢令不行。希憲至,悉令著籍爲儒。己未,世祖渡江取鄂州;希憲引儒生百餘,拜伏軍門,言今王師渡江,凡軍中俘獲士人,宜官贖遣還,以廣異恩。世祖納之,還者五百餘人。時方尊禮國師,帝命希憲受戒,對曰,"臣受孔子戒矣。"帝曰,"孔子亦有戒耶?"對曰,"爲臣當忠,爲子當孝;孔子之戒,如是而已。"

希憲事蹟,詳元史本傳(一二六)及元名臣事略(卷七)元明善所爲希憲神道碑(元文類六五)。元色目人中,足稱爲理學名臣者,以希憲爲第一。希憲系出畏吾兒,去中原益遠;較高智耀之系出唐兀,其沾被華化倍難。然希憲篤信好學,過於智耀,斯爲可貴。

希憲而後有不忽木。不忽木世爲康里部大人;元史仁宗紀(廿四)謂不忽木爲蒙古人者,以其全部曾被虜於蒙古,給事東宮也。不忽木師事太子贊善王恂;恂從北征,乃受學於國子祭酒許衡。衡亟稱之,謂必大用於時,名之曰時用,字之曰用臣。至元十三年,與同舍生堅童太答秃魯等上興學疏,凡千言,力言儒學之要,規畫學校制度及考試之法甚備;文詳元史本傳(一三〇)。趙孟頫爲文貞康里公碑,(松雪齋集卷七)言上每與公論古今成敗之理,謂公曰:"曩與許仲平論治,仲平不及汝遠甚。先許仲平有隱於朕耶?抑汝之賢過於師耶?"可見世祖目中之不忽木固超過許衡也。康里在元時爲朮赤所封地,在今日爲南俄;其地去中原又比畏吾兒爲遠,而其人能崇儒重道若此,是眞可驚異者矣。

不忽木之子爲巎巎。巎巎幼肄業國學,博通羣籍;其正心修身之要,得諸許衡及父兄家傳。旣以重望居高位,四方士大夫翕然宗之。元史本傳(一四三)言達官有怙勢者,言曰,"儒有何好,君酷愛之?"巎巎曰:"世祖以儒足以政治,命裕宗學於贊善王恂。今秘書所藏裕宗倣書,當時御筆,於學生之下,親署'御名習書謹呈,'其敬愼若此。世祖嘗暮召我先人坐寢榻下,陳說四書及古史治亂,至丙夜不寐。世祖喜曰,'朕所以令卿從許仲平學,正欲卿以嘉言入告朕耳。卿益加懋敬以副朕志。'今汝言不愛儒,寧不念聖祖神宗篤好之意乎?且儒者之道,從之則君仁臣忠,父慈子孝,人倫咸得,國家咸治;違之則人倫咸失,家國咸亂。汝欲亂而家,吾弗能禦。汝愼勿以斯言亂我國也。儒者或身若不勝衣,言若不出口;然腹中貯儲,有過人者;何可易視也?"達官色慚。巎巎之丰儀可見矣。

巎巎之後,康里氏之崇儒術者有慶童。两浙金石志(十八)越中金石記(卷十)有紹興路儒學教授朱鐘所爲御史大夫康里公勉勵學校記,碑陰題名多西域人之官斯土者。凡此皆足爲西域人熱心儒學之一證。

然此皆西域人之握政權者耳。有離却政權而特注意於社會敎育者,沙班也。沙班,色目人,居杭州,字子中,舉進士,授建安經歷。吳克恭寅夫集,有送沙子中經歷建寧詩。沙班旣致仕,乃熱心興學。劉基誠意伯集(卷四)有沙班子中興義塾詩序云,"至正十一年春,沙班子中來言曰,'杭於江南,視他郡爲大,民多而儒少,豈敎育之未至乎?吾嘗得隙地于慶遠,願築室以爲義學,招子弟以敎。'余聞而嘆曰,'方今天下郡縣無不有學。名山古蹟,又有書院,咸設學官。杭之城郡縣學及書院,凡四處,生徒蟻集,省憲臨焉。又何俟於子之室乎?'子中曰,'噫,是子不知余也。子以爲予之學,猶官之學與?非也。予請爲子言學。夫學也者,學爲聖人之道也。學成而以措諸用,故師行而弟子法之。今之學主以文墨爲敎,弟子上者華而鮮實,下者習字畫以資刀筆,官司應酬廩粟之外,無他用心:其亦異乎予之所欲爲者乎?夏之校,殷之序,周之庠,吾不得而見之矣,而有志焉。吾固將以盡吾心,終吾年;縱不能行於今,庶幾或垂於後。'予聞而壯之,書其言以爲序。"沙班之志,蓋不滿意於官學之專爲利祿,而欲獨創一正誼明道之私學,以行其素志。中國之學者未能或之先也。

宋元以來,中國儒學史上,有所謂理學或稱道學之一派。吾不知其稱名當否,然其實確與漢唐以來之儒學不同,蓋儒學中之雜有道家及禪學之成分者也。元儒學旣有此一派,吾言西域人之儒學,不可不於此求之。宋元學案有二人焉,曰趙世延，曰泰不華。世延，雍古部人，基督教世家，爲渠菴同調，列蕭同諸儒學案中（九五）。吾以其晚年好道，於佛老篇論之。今先論泰不華。元史本傳（一四三）：泰不華，字兼善，伯牙吾台氏，初名達普化，文宗賜以今名。世居白野山。父塔不台，歷仕台州錄事判官，遂居於台。家貧好讀書，能記問，集賢待制周仁榮養而教之。年十七，江浙鄉試第一。明年至治元年，進士及第，授集賢修撰。先是，廷試第一皆國人；泰不華既以第一及第，故或稱爲蒙古人。其實伯牙吾台是色目之一，非蒙古。錢大昕元史氏族表，泰不華列色目表，不列蒙古表，是也。至正元年，泰不華除紹興路總管；行鄉飲酒禮，敎民興讓，越俗大化。禮讓者，中國人所以化西北强悍之族，而泰不華乃以化越人，奇也。泰不華爲本心門人，宋元學案列北山四先生學案中（八一）。元史周仁榮傳（一九〇）稱仁榮所敎弟子多爲名人，而泰不華實爲進士第一。其引重可知也。泰不華雖書生，然膂力過人，猶有西北方氣概。當其守台州也，方國珍降而復叛，泰不華乘潮而前，搏敵船，射死五人；敵躍入船，復斫死二人。敵舉槊來刺，輒斫折之。敵羣至，欲抱持過船，泰不華嗔目叱之，脫起奪敵刀，又殺二人。敵攢槊刺之，中頸死，植立不仆，年四十九。時至正十二年壬辰三月也。劉基爲賦弔之（誠意伯集卷九）。楊維楨挽達兼善詩注，則謂其辛卯八月歿於南洋，傳聞異詞也。延祐庚申，泰不華江浙鄉試第一，年十七；至正壬辰死節，年四十九，正符。辛卯則四十八耳。應以史爲正。史又稱泰不華尙氣節，不隨俗浮沉。太平爲臺臣劾去相位，泰不華獨餞送都門外。太平曰："公且止，勿以我累公。"泰不華曰，"士爲知已死，寧畏禍耶？"後雖爲時相擯斥，人莫不韙之。曹安讕言長語(卷下)有泰不華佚事一則云,"元達不華爲台州守,有所廉察,夜宿村家,聞鄰婦有娣姒夜績者。娣曰,"夜寒如此。我有瓶酒在牀下,汝可分其清者,留以奉姑;濁者吾與爾飲之。"姒如其言,起而注清者于他器,且曰,"此達元帥也,吾等不得嘗矣。"娣曰"到底清邪?"遂笑而罷。不華聞之,未曙卽去。其清節感人若此。惟泰不華著述今無傳者。元詩選顧北集僅錄其詩;元史本傳祇言事功,不言學業。宋元學案更疏略,僅綴拾本傳數語,無可考見。余在滋溪文稿(二四)發見蘇天爵有與達兼善郎中書,述皇極經世書之授受源流頗詳,知泰不華曾有志於邵子之學。時泰不華爲江浙行省左右司郎中,距死節之年,尚十餘歲。未知其後造詣何如也。書云:

君子之仕,固欲行其志也。然事之齟齬者,十常八九。欲舍而去之,不知者以爲忘斯世矣。閣下以進士得官二十餘年;始以文字爲執業,人則曰儒者也;及官風紀,屢行而屢止,孰知其志之所存乎?向諭印祝泌皇極經世說謹裝潢納上。某嘗學于臨川吳先生(澄),聞其言曰,"邵康節,天人之學也。雖其子弗克傳焉。蜀人張行成蓋能得其彷彿。行成旣沒,其學又弗傳矣。祝泌生于宋季,所學者風角鳥占之術,特假皇極之名張大之耳。撫州人有傳其術者,覩物卽知休咎;嘗欲以學授予,予弗從而止。"某又嘗學于太史齊公(履謙),每見公讀邵子書不去手。晚歲又釋外篇,令某傳錄。其言曰,"皇極之名見于洪範。皇極之數,始于經世書。數非極也,特寓其數于極耳。經世書有內外篇,內篇則因極而明數,外篇則由數以會極。"某嘗欲集諸家釋外篇者爲一書,顧未能也。又聞國初李徵君俊民,李翰林冶皆能通邵子之書。或言徵君得于河南隱士荆先生而翰林不知得于何人也。世廟在潛邸時,嘗召徵君問之。徵君旣亡,復召翰林問之,以某觀之,二公不過能通其數耳。而康節之學,蓋未易言也。故曰欲知吾之學者,當於林下相從二十年,方可學也。因閣下求祝泌之書偶言及此。

祝泌之書,今傳者有觀物篇解五卷,附皇極經世解起數訣一卷。淸四庫著錄子部術數類。朱彝尊經義考又有泌所撰皇極經世鈐十二卷。未知泰不華所求,及蘇天爵所與者何種。然天爵此書,實可補宋元學案之闕也。

西域儒者,廉希憲,不忽木,均曾從許衡遊,而宋元學案皆無傳。巎巎兄回回,字子淵,元史附巎巎傳稱其敦默寡言,嗜學能文,與弟巎巎皆爲時之名臣,世號雙璧,而不言其學術。余在吳文正集(二二)發見有時齋記,蓋澄爲回回作,而後知回回曾從澄遊,好讀易,不止能文善書已也。記云:

康里子淵卜築於國子監之西,而名其齋居之室曰時。大矣哉時之義乎! 昔先文貞公(不忽木)爲國名臣,從賢師知聖學,其行于身,施于家,發於事業,固已得中得宜而當其可矣。子淵淳正明敏,益之以平日家庭之所聞;衆人紛紛競進,而退然閑處,若無意斯世者然;苟所當辭,雖近而怯就;苟所當受,雖遠而勇去。所謂中,所謂宜,所謂可,蓋亦無忝於其先公。此所以名其齋室之意也。雖然,時之爲時,莫備於易,先儒謂之隨時變易以從道。夫子傳六十四彖,獨於十二卦發其凡,而贊其時與時義時用之大。時之百千萬變無窮,而吾之所以時其時者一而已。子淵好讀易,予是以云。

回回不見草廬學案中,此文亦可補其闕。

元史儒學傳尚有一西域儒學大師,宋元學案應爲立傳而遺之者,曰伯顏師聖。伯顏學無師承,崛起鄉里,講求實用,自成一家。譬之淸儒,於顏元爲近。宋元學案中應補伯顏學案。惜其著述燬於兵燹,徒令人想望低徊而已。錄其傳如左:

伯顏一名師聖,字宗道,哈剌魯氏,世居開州濮陽縣。六歲從里儒授孝經論語,即成誦。蚤喪父,其兄曲出買經傳等書以資之。日夜誦不輟。稍長,受業宋進士建安黃坦。坦曰,"此子穎悟過人,非諸生可比。"因命以顏爲氏,且名而字之焉。久之,坦辭曰,"余不能爲爾師。羣經有朱子說具在,歸而求之可也。"伯顏自弱冠,即以斯文爲己任。其於大經大法,粲然有覩,而心所自得,每出於言意之表。鄉之學者,來相質難,隨問隨辨,咸解其惑。於是中原之士,聞而從游者日益衆。至正四年,以隱士徵至京師,授翰林待制,預修金史。旣畢,辭歸。四方之來學者至千餘人。蓋其爲學專事講解,而務眞知力踐;不屑事舉子詞章,而必期措諸實用。士出其門,不問知其爲"伯顏氏學者。"至於異端之徒,亦往往棄其學而學焉。十八年,河南賊蔓延河北。伯顏將結其鄉民爲什伍以自保,而賊兵大至,伯顏乃渡漳北行。邦人從之者數十萬家。至磁與賊遇。賊知伯顏名士,生刼之。不屈,與妻子俱死之,年六十有四。有司上其事,謚文節。太常謚議曰:"以城守論之,伯顏無城守之責。以風紀論之,伯顏無在官之責。以平生有用之學,成臨義不奪之節,乃古之所謂君子人者。”時以爲確論。平生修輯六經,多所著述,皆燬於兵。

當科舉之初興也,蒙古色目人即有應試者。可知其讀書實在未興科舉以前。延祐二年,舉行第一次進士。胡長孺有送欣都朱燾饒諸生會試京師詩序,見水東日記(十二)。其文曰,“皇帝龍飛御天之三年,十有一月,詔天下郡縣,興賢者能者。明年行江浙中書省試士錢唐,凡一千二百有奇。九月辛未,列合格名士里寓於書,上丞相府。蒙古色目五人,欣都舉首;江浙閩二十八人,朱燮第九,盧可繼第二十一。江西行省試士南昌,饒拃第七。四人者,嘗授經永康胡長孺。故欣都生之行也,長孺繫以詩而敍之。”

揭傒斯文安公集(卷九)有送也速答兒赤序。也速答兒赤亦事科舉者。其文曰,“至元初,從軍襄樊有抄兒赤者,合祿魯人也,以功爲千夫長。抄兒赤傳禿魯罕,禿魯罕傳禿林台,三世皆戍建昌,而三世皆賢。禿林之子也速答兒赤從郡人李宗哲學進士業有聲。今年夏,從其婦翁增城左君至京師,拜余程文憲公故宅。貌粹而氣和,才清而志銳,他日必爲明進士。然君子之學,非所以爲富貴利達之謀也,所以進其德而達其才者也;故其學不止於爲進士。子歸,第務學焉;勿以科舉廢興爲去就。”

夏天祐正思齋文集(卷八)有送丁希元序,曰:“淮西公告老於朝,天子不允,召拜翰林學士。於是公乘傳入覲,而以其甥丁希元從。公與希元皆斡端(于闐)國人。斡端與國朝地若犬牙錯列,去江浙二萬餘里。希元初侍其親,讀書江浙間,稽經質疑,問學大備。使對策大廷,其取必右選,若探囊發所素有。會舉選暫罷,人惜其學成而時違,而不知其蘊用以俟時也。”

由此可見色目人之讀書,大抵在入中國一二世以後。其初皆軍人;宇內既平,武力無所用,而炫於中國之文物,視爲樂土,而不肯思歸,則惟有讀書入仕之一途而已。

陸文圭牆東類稿(卷六)有送家鉉翁序,言色目人初入仕,有司事不素講,莫諳士論,猶可見西域人改從華俗之迹。曰,“五方之人,言語不通,嗜欲不同,性善則一。先皇帝武定內難,文致太平,舉中原百年之曠典;天下之士,雷動響應。殊方異俗,釋捌捍甲,理冠帶,習俎豆,來游來歌;莫不洗濯,思奉明詔,立蹐膴仕。然有司事不素講,學識淺陋,莫諳士論。家君鉉翁,畏吾兒氏,其先居北庭,脫脫太師寧國公之裔孫。幼穎悟自命不凡,脫去紈袴習;修孔氏之業,讀文公之書;應江浙進士舉,及格。閫憲聞其才而辟之。泰定三年丙寅,余自暨陽出應容山縣聘,授生徒於學。君至縣,一見握手如舊交,相與道家世出處本末,慨然久之。君貌巍巍,美髯如戟,神采逼人,必能曉暢官事;年富氣銳,功業未可量。余老,惜不及見之。”

家鉉翁爲畏吾兒氏;與宋使臣被留於元之家鉉翁,號則堂,元文類(三八)錄其中州詩集跋者,另一人。陸文圭稱其美髯如戟,神采逼人,想猶是色目人習氣,其相見即道家世出處本末,想猶念念其爲色目人,而以能修孔氏之業自慰也。此亦可稱西域人之儒學也。

二 基督教世家之儒學

馬祖常　闊里吉思

上章所舉,爲普通西域人之儒學:其人本身或先世信仰何教,未能確指也。今有可以確證其人本身或先世信仰他教,而改奉儒教或服膺儒教者。請先論基督教。

元代版圖最廣,括有中亞細亞全部。故當時回教各國,及基督教摩尼教流行之地多隸之。種人來往頻繁,散居中國內地者衆,久而信仰改宗之事遂不可掩。其最著者爲基督教世家馬祖常。

元時典籍,無基督教之名;其稱也里可溫者,即指基督教各派也。說詳拙著元也里可溫考顧何以知馬祖常爲也里可溫世家? 吾友張君星烺近譯註馬可孛羅遊記,舉出三證,定馬祖常爲基督教:⑴凡元史中雍古部人傳,每多基督教徒之名;祖常爲雍古部人;⑵馬祖常所作其曾祖月合乃神道碑,叙述家世人名;漢式名二十五,蒙古名一,基督教徒名十有四;⑶月合乃祖名把造馬野禮屬,此名基督教聶思脫里派中尤多見之。說詳馬可孛羅遊記卷一第五十九章附註。余於張君所舉三證之外,發現更有力之證據五:

⑴楊維楨西湖竹枝集,馬祖常小傳云:馬雍古祖常,字伯庸,浚儀可溫氏。浚儀者,開封,可溫者,也里可溫之省文或脫文無疑也。

⑵黃溍金華文集卷四三馬氏世譜,祖常有族祖名奥剌罕,楊子縣達魯花赤。據至順鎮江志卷十六,丹徒縣達魯花赤,馬奥剌憨,(康熙志誤作憖)也里可溫人,元貞二年六月至。其與奥剌罕同爲一人,先後爲楊子丹徒两縣達魯花赤,無疑也,此可見馬氏爲也里可溫世家。

(3)馬氏世譜祖常又有從諸父名世德,以國子生擢進士第,由監察御史遷中書檢校官。據余闕青陽集卷三合肥修城記云:馬世德,字元臣,也里可溫人,由進士第歷官中書檢校。同一人也。世德爲也里可溫,亦可證馬氏爲也里可溫世家。

(4)元也里可溫,大概包涵羅馬希臘聶思脫里各派。馬祖常之先究屬何派?據馬氏世譜開宗明義第一句,即云"馬氏之先,出西域聶思脫里(Nestorius)貴族,始來中國者和祿采思(Horam Meshech)。"則馬祖常之先爲也里可溫中之聶思脫里派而又嘗掌高等神職者也。

(5)更有一事,富有宗教意味,令人神往者。元好問遺山集二十七,有恒州刺史馬君神道碑馬君即祖常之高祖。碑云,"君諱慶祥,字瑞寧,姓馬氏,以小字習里吉斯行,出於花門貴種。宣政之季,與種人居臨洮之狄道蓋已莫知所從來矣。金兵略地陝右盡室遷遼東,因家焉。太宗嘗出獵,恍惚間見金人挾日而行,心悸不定,莫敢仰視,因罷獵而還。敕以所見者物色訪求。或言上所見殆佛陀變現。而遼東無塔廟,尊像不可得,唯回鶻人梵唄之所有之。因取畫像進之,眞與上所見者合。上憮喜讚嘆,爲作福田以應之。凡種人之在臧獲者,貰爲平民,賜錢幣縱遣之。君之祖諱迭木兒越哥,父把騷馬也里黜,又遷靜州之天山。天山占籍,今四世矣。"金史(一二四)馬慶祥傳即采此。此文極有宗教意味。當未解釋此文之先,余有一聲明:吾國學者,對於外來宗教,每辨别不淸,以甲作乙:如顧炎武之以摩尼爲回教(日知錄廿九),杭世駿之以回教爲景教(道古堂集廿五)是也。元好問生金元間,亦何能逃此例?曰"出於花門貴族,"即誤以聶思脫里爲回回,不若黃溍馬氏世譜之明瞭矣。何以知好問所述非回回? 回回禮拜之所斷無像設。今曰"尊像不可得惟回鶻梵唄之所有之,"則又以聶思脫里爲回鶻矣。回回禁像至嚴,唯聶思脫里派有之。景教碑述貞觀詔,所謂"遠將經像,來獻上京"者是也。金太宗所遇,與新約使徒行傳九章三節保羅所遇相類,固明明基督教影響也。好問曾續夷堅志,故於此等神話,靡靡道之。以此而言,馬祖常之爲基督教世家,毫無疑義。

據馬氏世譜,和祿采思於遼道宗咸雍間(四一〇六五至一〇七四)來中國;道宗官之不就,遂家臨洮。二世始仕遼爲馬步軍指揮使。三世當宣政之季,被金兵擄至遼東。久之因獻像事,被釋放,遷靜州之天山。四世即習禮吉思馬慶祥,始仕金爲鳳翔兵馬判官;遷浚都,遂爲汴人。五世月合乃仕元爲禮部尚書,是爲祖常之曾祖。二世四世均官名有馬故馬氏世譜及元史月乃合(應作合乃)傳謂馬氏始於二世;而禮部尚書馬公神道碑及蘇天爵馬文貞公墓誌(滋溪文稿卷九)則謂馬氏始於四世也。

馬祖常之家世旣明,可進言馬祖常之儒學。馬祖常非出自中國,本人並不以爲諱,且津津樂道之。故其爲馬公神道碑,則云"我曾祖尙書世非出於中國,而學問文獻過於鄒魯之士,俾其子孫百年之間,革其舊俗。"其爲銘又有云"懿矣我祖,百年於茲;衣冠之傳,實爲啓之。世多王公,亦多華靡;惟不革俗,而忽其圮。"則其厭惡舊俗,傾慕華俗之情槪可見矣。石田集(卷一)又有飮酒詩六首,其第五首云:

昔我七世上,養馬洮河西。六世徙天山,日日聞鼓鼙。金室狩河表,我祖先孳黎。詩書百年澤,濡翼豈梁鵜? 嘗觀漢建國,再世有日磾。後來興唐臣,胤裔多羌氐。春秋聖人法,諸侯亂冠笄。夷禮卽夷之,毫髮各有稽。吾生賴陶化,孔階力攀躋。敷文佐時運,爛爛應壁奎。

以日磾羌氐自擬,以夷狄進於中國自慰,以得受孔道陶化爲幸,以努力攀躋孔階自矢,磊落光明,莫有倫比。而朋輩中之稱道之者,亦輒不忘其所自,而竭力揄揚之。文矩子方集送馬伯庸御史奉使關隴起四句云:"聖朝啓文運,同軌來無方。夫君起天闕,崛起千仞翔"明指其非出自中國也。許有壬至正集(四六)馬文貞公神道碑,亦云,"公先世已事華學,至公始大以肆。"又云,"部族有儒,文貞伊始。"又曰,"後承聿修,講學諸夏。"王守誠爲石田集序,亦云公系出西裔,斤斤於華學;於部族,於諸夏,而不能忘其非中國人。深贊其能用夏變夷也。

惟馬氏旣世奉基督,至何時始舍基督而歸儒? 在祖常本身乎,抑祖常之先已有開其端者乎? 是亦吾人所亟欲聞者也。據祖常所自述,及許有壬所稱道,馬氏之儒學,肇自祖常曾祖月合乃。復據袁桷所著祖常父漳州路同知馬君神道碑(淸容集二六),則馬氏之儒學,成於祖常父馬潤,至祖常乃大以肆也。碑云:"禮部尙書諱月合,植德秉志,賙士人之爲孚者,後皆爲達官。而子孫更業儒術,卒致光顯。禮部子諱世昌傾貲粟,結雋彥,家日困落。子孫益用儒自振。是生漳州諱潤,以文墨入官,守光州,取官粟之羨者,廣弟子員以食。光久爲用武地;司馬丞相生於光,公歲率諸生以祠,民始知爲儒以自重。"

又據蘇天爵所著祖常弟祖謙墓碣銘,"祖謙母楊氏,生母李氏。" 是祖謙爲祖常異母弟,而馬潤實有二妻也。祖常亦有二妻。蘇天爵馬文貞公墓誌銘云公娶索氏,次怯烈氏。二妻爲基督敎人所大戒,祀鬼亦爲基督敎律所不容。而馬潤旣有二妻,復率諸生祀司馬光之鬼,其悍然不守基督敎律可知也。及至祖常,對於祠祭,更隨俗浮沉而無所忌。故石田集有陪可用中議祠星於天寶宮詩;其他類此者,不一而足,蓋已蕩盡基督敎之藩籬矣。袁桷之馬潤碑三致意於馬氏子孫之用儒自振,必有所見,而云然也。馬氏世譜叙和祿冞思至祖常之子凡九世。祖常從諸父中尙有基督敎徒之名,如岳難,雅古,保六賜,之屬。至祖常同懷七人,則無一基督敎徒名矣。其從昆弟中尙有一基督敎徒之名,即蘇天爵石田集序所稱"公旣沒,其從弟察院椽易朔 (Ishuah) 出公詩文若干篇"之易朔是也。由此種種精密觀察,尙可見祖常一家背基督而歸儒之經過。其曾祖雖好儒術,尙未至於背基督;其父行則不然;其季父名節者,且入王屋山爲道士(詳佛老篇)。是背基督當自其父行始,即馬氏世譜之七世也。八世至祖常,且特爲儒張目矣。石田集(卷四)有蜀道士歸儒詩,云:

> 青城羽客燒丹罷,要近東家問六經。却笑山陰痴道士,白鵝閑覓寫黃庭。

由此觀之,則其季父之爲道士,亦祖常所不悅;所謂士各有志,不能强同。馬氏一家,老輩皆奉基督,後生則爲道爲儒,分道揚鑣,可謂極信仰之自由者矣。

馬氏而外,基督徒之尊崇儒術者,有高唐王闊里吉思 (Georgine)。闊里吉思本身爲基督徒,與馬潤馬祖常之世代爲基督徒者不同。世代爲基督徒者,其信仰屬於遺傳,吾諡之曰"世襲信仰。"世襲信仰,非出於自由,其信仰實不可靠。唯自由信仰乃眞信仰。闊里吉思之爲基督徒,屬於自由信仰者也。然在漢籍中實無左證。據近人之考察,則闊里吉思,即馬可孛羅遊記之佐治王,(King George)其所據者爲現存羅馬之西紀一三〇五年(元大德九年)一月八日主敎蒙哥未諾在燕京所發之第一書。其所述之信敎佐治王地位事蹟及卒年遺孤等,均與駙馬高唐王之闊里吉思相合。俄國總主敎拍雷狄斯以元史本傳有"尙忽答的迷失公主,繼尙愛牙失里公主"之語,疑基督敎同時而有二妻,爲不可解。張君星烺據元文類廿三閻復著駙馬高唐忠獻王碑,稱"忠獻王前尙皇姊忽答的美實,繼尙皇女愛失里,"知前尙之皇姊已死,後乃繼尙皇女,並非同時而有二妻,無足異也。元史闊里吉思傳,以閻復碑爲藍本,删一前字,遂啓後人疑竇。然吾因閻復碑所述,亦足證明闊里吉思之先世非基督徒。據閻復碑,闊里吉思之祖武毅王,"初未有子,公主爲進姬侍,以廣嗣續。鞠育之恩,不啻己出。"嗣續云云,正中國人多妻之唯一口實。然則闊里吉思之祖,必非基督徒也。近人因闊里吉思爲汪古部長(即雍古),元史本傳載其兄弟姊妹之名又皆基督徒之名,遂斷定爲即馬可孛羅遊記及蒙哥未諾第一書之佐治王,然其兄弟姊妹而外,其父愛不花,季父君不花,亦皆熱心之基督徒也。說見 Histoire de men Jobeleka III。此節旣明,則可以言闊里吉思之儒學。

據蒙哥未諾第一書,闊里吉思初信聶思脫里派之基督敎;遇蒙哥未諾,始改信羅馬派,而其兄弟仍守聶思脫里派也。然闊復碑云,"忠獻王生長北方;金革之用固其所長,而崇儒重道,出於天性;興建廟學,裒集經史,築萬卷堂於私第,講明義理;陰陽術數,靡不經意。"元史本傳稍易其詞,云"性勇毅,習武事,尤篤於儒術;築萬卷堂於私第,日與諸儒討論經史性理;陰陽術數,靡不該貫。"是闊里吉思既信基督,又好儒術也。蒙哥未諸書稱其曾於治所建聖堂,未識與闊復碑所謂興建廟學者是一是二耳。吾人於絕不相謀之中西記述,披覽而互勘之,偶有異同,其樂正無極也。予近在順治吉安府志(二五)儒行傳,發見闊里吉思嘗從吉人吳鄹問易,足見史稱其日與諸儒討論經史一語,不爲虛誕。志云,"吳鄹,永新人,宋末兵亂,避仇轉徙山西,改姓名張應珍;注周易,宗程朱而不爲苟同。元駙馬都尉高唐郡王闊里吉思,嘗從之質疑焉;爲刻其書於平陽路,且序其里居爲詳,書今藏秘閣。"菉竹堂及千頃堂書目,均有張應珍周易注十卷。經義考(四四)題爲吳鄹,疑即闊里吉思刻於平陽路者。鄹先改名張應珍,仕元爲秘書少監;大德九年復更姓名吳鄹,見元秘書志九。闊里吉思從鄹質疑時,鄹固名張應珍也。闊里吉思之好儒學,又多一證。

三　回回教世家之儒學

贍思丁　忽辛　贍思(譯博)

回回教世家中有地位與闊里吉思相若,而崇儒好學,又復相類者,爲咸陽王"賽典赤"贍思丁。元史本傳(一二五)稱贍思丁,回回人,別庵伯爾之裔。其國言"賽典赤,"猶華言貴族也。至元十一年,拜平章政事,行省雲南。雲南俗無禮儀,男女往往自相配偶;親死則火之,不爲喪祭;無秔稻桑麻,子弟不知讀書。賽典赤敎之拜跪之節,婚姻行媒,死者爲之棺槨奠祭,敎民播種,爲陂池以備水旱,創建孔子廟,明倫堂,購經史,授學田。由是文風稍興。

贍思丁之爲回回敎世家,元史已證明,不若闊里吉思馬祖常等之史無明文,必須旁搜佐證。別庵伯爾者,猶言天使,蓋指摩訶末。劉郁西使記所謂師名癖顏八兒,經文甚多,皆癖顏八兒所作,是也。(秋澗文集九五)闊里吉思封高唐王,贍思丁封咸陽王;闊里吉思興建廟學,裒集經史,築萬卷堂,贍思丁創建孔子廟,購經史,授學田。二人所爲,抑何類也?吾甚不解贍思丁以摩訶末嫡裔,而尊崇孔子若是,史有溢詞,抑果實錄也?然雲南孔子廟,確爲贍思丁所創建。贍思丁卒後,廟田曾爲僧徒所奪,其子忽辛力爭之。事見忽辛傳。(同卷)忽辛大德九年,改雲南行省右丞。先是,贍思丁爲雲南平章時,建孔子廟爲學校,撥田五頃,以供祭祀敎養。贍思丁卒,田爲大德寺所有。忽辛按廟學舊籍奪歸之。乃復下諸郡邑,遍立廟學,選文學之士,爲之敎官。文風大興。其父子媲美如此。此雲南人士所亟應紀念者。今雲南回敎徒甚衆,人皆知爲贍思丁所遺。孰知雲南孔敎勢力之伸張,亦不出於孔子之徒,而爲別庵伯爾之裔贍思丁父子所引進也?此孔敎徒所不及料者也。

尤可異者,元史儒學傳有阿剌伯人贍思,爲元好問再傳弟子,以漢文著書十餘種,並文集三十卷。清初黃虞稷撰千頃堂書目時,諸書尙存。眞元朝儒學之特色也。贍思系出大食,其爲回回敎世家不必問。今節錄其本傳如下:

贍思字得之,其先大食國人。國旣內附,大父魯坤乃家眞定;父斡直,始從儒先生問學。贍思生九歲,日記古經傳至千言;比弱冠,以所業就正於翰林學士承旨王思廉之門。由是博極羣籍,汪洋茂衍,見諸踐履,皆篤實之學。故其年雖少,已爲鄉邦所推重。延祐初,詔以科第取士;有勸其就試者贍思笑而不應。泰定三年,詔以遺逸徵至上都。時倒刺沙柄國,西域人多附焉,贍思獨不往見。倒刺沙屢使人招致之,即以養親辭歸。天歷三年,召入爲應奉翰林文字,賜對奎章閣。文宗問曰,"卿有所著述否?" 明日進所著帝王心法。文宗稱善,詔預修經世大典。以論議不合求去。後至元二年,拜陝西行臺監察御史,即上封事十條,皆一時羣臣所不敢言。戚里有執政陝西行省者,恣爲非道;贍思發其罪而按之,輒棄職夜遁。三年除簽浙西肅政廉訪司事。以浙右諸僧寺私蔽猾民,有所謂道人道民行童者,類皆瀆常倫,隱徭役,使民力日耗;契勘嘉興一路,爲數已二千七百;乃建議請勒歸本族,俾供王賦,庶以少寬民力。朝廷是之,即著以爲令。贍思歷官臺憲,平反大辟之獄,先後甚衆,然未嘗故出人罪,以市私恩。著審聽要訣。至正十年召爲秘書少監,議治河事,皆辭疾不赴,十一年卒於家,年七十有四,諡曰文孝。贍思邃於經,而易學尤深, 至於天文地理,鐘律算數水利,旁及外國之書,皆究極之。家貧,饘粥或不繼;其考訂經傳,常自樂也。

贍思著述今存者有河防通議二卷(守山閣本),輯自永樂大典。其所著老莊精詣,西國圖經,西域異人傳等皆不可得見,徒令人想望其瑰異而已。回回教中著名儒者,尙有丁鶴年。鶴年通詩書禮三經;以其晚而逃禪,詳佛老篇。名不甚著,而通詩毛氏箋,折衷以朱呂之傳,發爲文辭,其光燁然者,有溥博,字子淵,西域阿魯渾人,回回儒者也,見宋濂鑾坡集卷七西域浦氏定姓碑文。

四　佛教世家之儒學

阿魯渾薩理

元時佛教世家無過阿魯渾薩理。三世精佛學,父爲釋教總統,身受業於國師八思馬,以此世襲信仰,其思想宜不易動搖也。抑知事實上不然。特患其不通中國之文,不讀中國之書耳;苟習其文,讀其書,鮮有不被其陶化者。今將趙孟頫所爲趙國公全公神道碑銘(松雪齋集卷七)節錄如下。元史阿魯渾薩理傳(一三〇)即從此出者也。碑云:

太祖皇帝既受天命,略定西北諸國,回鶻最彊,最先附。自是有一材一藝者,畢效於朝。至元大德間,在位之臣,非有攻城野戰之功,而道包儒釋,學際天人,寄天子之腹心者,惟趙國文定公而已。公諱阿魯渾薩理,回鶻北庭人,今所謂畏吾兒也。以父字爲全氏,祖諱阿台薩理;父諱乞台薩理,早受浮屠法於智全末利可吾坡地沙,圓通辯悟,當時咸推讓之。生公兄弟三人。公從國師八思馬學浮屠法;不數月,盡通其書,旁達諸國及漢語。世祖知其材,俾習漢文書。頃之,遂通諸經史百家;若陰陽歷數圖緯方技之説,靡不精詣。會國師西還,携與俱。歲餘,乞歸省。師送之曰:"以汝之學,非爲我佛弟子者。我敢受汝拜師? 勉事聖君。"相泣而別。比至闕,師已上書薦之裕宗,得召入宿衛,日以筆札侍左右。至元二十年冬,有二僧西來見自言知天象。上召通象胥者數輩與語,莫能解。有脫烈者,言公可使;立召與語,僧乃屈謝不如。上大悅。公明時務,識大體;初爲世祖所知,即勸以治天下必用儒術,江南諸老臣及山林藪澤有道藝之士,皆宜招納,以備選錄。於是置集賢院,下求賢之詔,遣使天下。天下聞風而起,至者悉命公館之,禮意周洽,皆喜過望。其有不稱旨者,亦請厚賚而遣之,以勸來者。而集賢長貳極一時名流,盡公所薦用。又請置國子監學官,增博士弟子員,優其廩旣,學者益衆。

本篇最可注意者,爲阿魯渾薩理之學,先釋而後儒。元時隆禮國師,過於孔子。苟無二三西域人之服膺孔學者搘柱其間,釋氏之徒且欲以其道易天下;藉兵威之所及,非盡變中國如印藏不止。中國儒者,其得國主之信用,遠不逮西域儒者。是故高智耀之入見憲宗也,力言儒者之道,帝曰,前此未有以是告朕者;不忽木之與世祖論道也,世祖曰曩與許仲平(衡)論治,仲平不及汝遠甚。(均見前章)當是時,百漢人之言,不如一西域人之言;一西域人儒者之言,不如一西域人釋者之言之尤爲有力而得國主之信用也。許衡吳澄之徒所以能見用於時者,純恃有二三西域人先後奔走之;而孔子之道所以能見重於元者,亦純賴有多數異教西域人誦其詩,讀其書,傾心而輔翼之也。國師之送阿魯渾薩理曰,"以汝之學,非爲我佛弟子者。我敢受汝拜耶?"國師蓋深知阿魯渾薩理之不能爲佛教張目,而將爲儒教效其勞者也。故阿魯渾薩理初見用於世祖,即勸以治天下必用儒術。天下云者,中國耳;治中國非用儒術不可。阿魯渾薩理由中國歷史觀察,熟審當時情形,以爲惟此於元有利,遂主張以此收服中國之人心也。

元史本傳叙阿魯渾薩理先世,有足補趙孟頫碑之闕者。曰,"阿魯渾薩理祖阿台薩理,精佛氏學;生乞台薩理,襲先業,通經律論。業旣成,師名之曰萬全;至元十二年,入爲釋教都總統。"以釋教總統之子,而主張用儒術治天下,亦猶高智耀之本事佛敬僧,而力言儒術有補治道也。此佛教世家之儒學也。

五　摩尼教世家之儒學

高昌偰氏

摩尼教興於波斯,唐時入中國,因爲回鶻所信奉,更藉回鶻之勢力,延蔓於中華。回鶻旣分竄甘和諸州,摩尼教徒遂隨之轉徙。觀余闕述西夏風俗,有極類曾受摩尼化者。其送歸彥溫赴河西廉使序云:"予家合淝。淝之戍軍皆夏人;其性大抵質直而上義;平居相與,雖異姓如親姻;凡有所得,雖簞食豆羹,不以自私,必召其朋友。朋友之間,有無相共;有餘即以與人,無即取諸人,亦不少以屬意。百斛之粟,數千百緡之錢,可一語而致也。予初以爲此異鄉相親乃爾。及以問夏人,凡國中之俗,莫不皆然。其異姓之人如此,其親姻可知矣。"(青陽集卷三)凡曾讀摩尼教經者,即知此等有類於共產之風俗,爲摩尼教之風俗。即曾考究南宋時閩浙摩尼教情形者,亦知此爲摩尼教風俗。西夏旣以回鶻竄入之故,受摩尼教之感化,則原爲回鶻地之高昌等處,其受摩尼感化必更強。摩尼教元時中國尙有。余前在閩書(卷七)發現泉州華表山有元時所遺留之摩尼教庵。近又於談遷棗林雜俎義集目錄天主敎條下,發見有"明敎附"三字小註。明敎即摩尼敎。惜余所見之棗林雜俎,爲宣統間排印本,此條特注"缺"字,有錄無書,想因天主敎事有所避諱而刋落之也。安得談氏原稿而讀之? 明時中國旣尙有摩尼敎,則原爲回鶻地之高昌等處,其摩尼敎必更盛。宋史高昌傳,述北宋初王延德使高昌,尙見有摩尼寺波斯僧。此其證也。

摩尼敎流行歷史略明,則可揭出吾所欲述之摩尼敎世家爲誰氏。吾所欲述之摩尼敎世家,高昌偰氏也。元時高昌人多矣,何以獨推偰氏? 則以偰氏自唐以來世爲回紇相,而唐時回紇相之與摩尼又極有密切之關係。如舊唐書回鶻傳,長慶元年,廻鶻入朝,則與宰相都督公主摩尼等俱;白氏長慶集與廻鶻可汗書,賜物囘鶻,則與內外宰相及判官摩尼師等俱。摩尼旣爲回鶻尊崇,可汗常與共國,則其國相豈能獨外? 玆將歐陽玄高昌偰氏家傳之前段,節錄如下,以明偰氏爲摩尼敎世家。傳云,"偰氏,偉兀人也。其先世曰暾欲谷,以女妻默棘速可汗爲可敦。默棘速卒,國亂,故地盡爲回紇所有。暾欲谷子孫遂相回紇。回紇嘗自以其鷙捷如鶻,請於唐,更以回鶻爲號。偉兀者,回鶻之轉聲也。今偉兀稱高昌;地則高昌,人則回鶻也。高昌王有印曰"諸天敬護護國第四王印"即唐所賜回鶻印也。言"諸天敬護"者,其國俗素重佛氏,因爲梵言以祝之也。暾欲谷子孫旣世爲偉兀貴臣,因爲偉兀人;又嘗從其主居偰輦河上,子孫宗暾欲谷爲始祖,因以偰爲氏焉。相傳暾欲谷初爲國相,適當唐天寶之際;唐以安氏之亂,求回鶻援兵,暾欲谷與太子闕特勤帥師與討安祿山有功,封太傅忠武王,進

位司空,年百二十而終。傳數世至克直魯爾,襲爲本國相,答剌罕,錫號阿大都督。"(圭齋集十一)

此傳有事實錯誤者二,有文字異同者二,先爲辨正,而後推求其與摩尼教有關焉。據舊唐書突厥傳,毗伽可汗默棘連,乃闕特勤之兄,以開元四年即位。時暾欲谷年七十餘。開元二十年,(新書作十九年)闕特勤死,上自爲碑文。同年默棘連死,李融爲碑文。二碑於淸光緒十五年(西一八八九)與九姓回鶻可汗碑同出土。元耶律鑄雙溪醉隱集(卷二)取和林樂府自注有云,"和林城,苾伽可汗之故地也。城東北七十里,有唐明皇開元壬申御製御書闕特勤碑。案唐史突厥傳,闕特勤,苾伽可汗之弟也,名闕。開元十九年闕特勤卒,詔爲立碑,上自爲文,其碑額及碑文,特勤皆是殷勤之勤字,唐新舊史凡書特勤皆作銜勒之勒字,誤也。諸突厥部之遺俗,猶呼其可汗之子弟爲特勤,則與碑文符矣。" 李文田和林金石詩(靈鶼閣本)所謂"因思移剌(卽耶律)雙溪集,字字分明闕特勤,"指此也。而偰氏傳乃循兩唐書作勒,其異一。默棘連,兩唐書均作連。李文田詩"遺址荆榛默棘連,大唐祠像舊香煙"是也。而偰氏傳傳作速,其異二。此猶文字之小小異同者也。

安祿山之亂在天寶末年,闕特勤之死在開元十九年。其碑之立,在開元二十年。是安氏亂時,闕特勤死已二十餘年矣。而偰氏傳乃謂暾欲谷與闕特勤帥師討安祿山有功,其誤一。且闕特勤是突厥可汗之太子,而助唐討安祿山者,是回紇太子。舊唐書回紇傳,至德元載七月,肅宗即位靈武,遣使回紇,修好徵兵;二載九月,回紇遣太子葉護,領其將帝德等兵馬四千餘衆,助國討逆,收復兩京,加司空,封忠義王,是也。而偰氏傳乃以闕特勤爲回紇太子,其誤二。究其所以致誤之由,則因史有乾元元年八月,回紇又使王子骨啜特勒等助國討逆之言,而誤以骨啜特勒爲闕特勒乎? 不可知也。

突厥之滅,據新唐書突厥傳謂在天寶四年。是暾欲谷由突厥入回紇時,年已百有餘歲;其助唐討逆時,年百一十歲。史稱開元四年(西七一六)暾欲谷年七十餘;與偰氏傳稱暾欲谷助唐討逆後,年百二十而終,其說正相合也。暾欲谷之卒,在代宗初年,去大歷三年(西七六八)勑建摩尼大雲光明寺之年,不過一二年。回紇爲摩尼護法,暾欲谷爲回紇謀臣,其與摩尼教有關,尙何待論。

顧家傳旣明言其國俗素重佛氏,何以猶謂之摩尼? 則以唐時回紇自天寶而後,全國已改奉摩尼(說見拙著摩尼教入中國考)唐所賜回鶻印,係在天寶求援回鶻以後,當然以其所信奉者祝之,豈復有以佛氏語祝之之理? 吾恒言中國人對於外來諸教,辨別輒不明瞭;如新唐書常衮傳(一五〇)稱回紇有戰功者,得留京師,創邸第佛祠。佛祠實摩尼寺也。九姓回鶻可汗碑言摩尼開教回鶻事甚明,今日可爲鐵證。然此碑出土時,江標和李文田金石詩,猶以摩尼爲佛,則前此之謬指爲佛者更何足怪? 江標詩云,

> 大字先題登里囉,可汗名字曰毗伽。半從佛法治天下,莫怪年來景教多。

佛法云云,謂摩尼明教也。閩書亦稱"摩尼佛,"又稱至道中懷安士人得佛像於京城。佛像云云,亦摩尼像也。則偰氏傳所

稱之佛正可證其爲摩尼佛。舊唐書回紇傳謂摩尼爲回鶻所信奉，與家傳所謂其國俗素重佛氏者正同。偰氏之先，旣世爲偉兀貴臣，且曾與於安史之役，則其爲摩尼教世家，毫無疑義也。

偰氏爲摩尼教世家之說旣明，則可與言偰氏之儒學。克直魯爾者，合剌普華之高祖。合剌普華見元史忠義傳。其孫偰玉立偰哲篤等六人，皆登進士第。其曾孫之登進士第者三人。一門兩代，凡九進士，時論榮之。許有壬爲合剌普華墓誌，黃溍爲合剌普華神道碑，皆以爲積德累仁之報。然無論是否爲積德累仁之報，其孫曾能以儒術致通顯若此，不可謂非色目人之特色也。

偰哲篤，延祐首科進士；與馬祖常，歐陽玄，許有壬，黃溍等爲同年。偰玉立，延祐五年進士，至正中爲泉州路達魯花赤。閩書卷五三文蒞志，稱其興學校，賑貧乏；考求圖志，搜訪舊聞；聘寓公三山吳鑒成清源續志二十卷，以補一郡故事，郡人皆勸於文學。顧嗣立元詩選有偰玉立世玉集；偰哲篤詩附焉。千頃堂書目二十八，有偰遜近思齋逸稿；注回鶻人，初名百遼，即偰哲篤子也。碑刻中亦時見偰氏昆仲文字。偰氏昆仲雖掇高第，能文章，然區區科名，詎得謂之儒學？今亦以儒學目之者，隨俗稱也。吾之爲是篇，亦以證明西域人之同化中國而已；徜謂科名之盛如偰氏，不讀孔氏之書而能然耶？元時科目，蒙古色目與漢人南人各一榜。蒙古色目人中選比漢人南人爲易；程度比漢人南人爲低。元史選舉志載考試程式蒙古色目人第一場經問五條，大學論語孟子中庸內設問，用朱氏章句集注；第二場策一道，以時務出題，限五百字以上。其義理精明，文辭典雅者爲中選。

今自偰玉立偰哲篤二人於政事文章有可考見外,其他七人,學問深淺,無可考見。然旣中選,則必義理精明,文辭典雅可知也。此摩尼敎世家之儒學也。

附偰氏一門九進士圖(數目字,著其登第之先後。由延祐二年乙卯,至至正八年戊子,凡三十四年。)

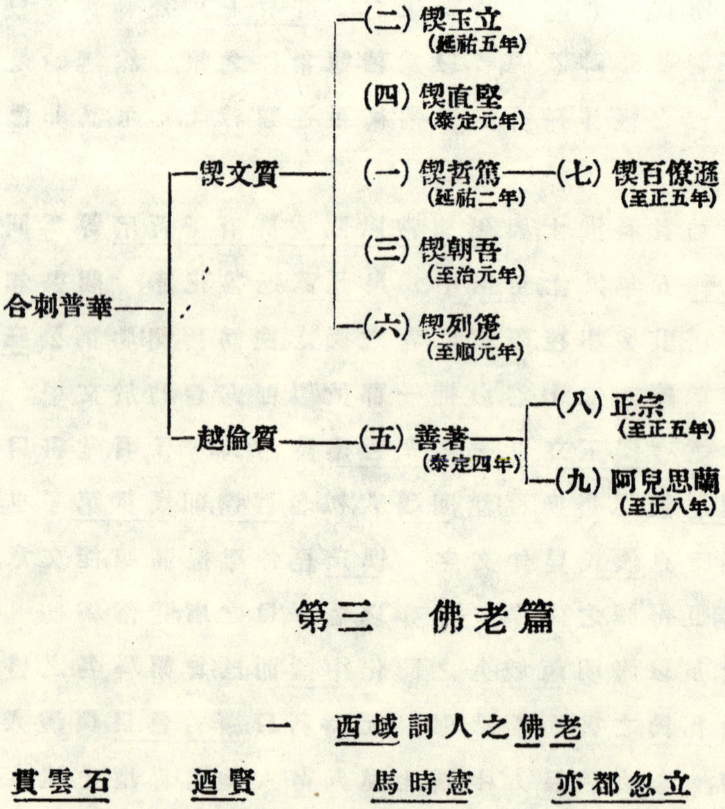

第三　佛老篇

一　西域詞人之佛老

貫雲石　迺賢　馬時憲　亦都忽立　剌馬當

佛非出於中國,然元時佛敎之入中國已千三百餘年,本分'禪''敎'两大宗,其禪宗早已成爲華化。倘其人之佛學得自梵文,或得諸西域,固不可謂之華化。倘其佛學係由漢譯經論,或由晉唐以來之支那撰述而得，而又非出家剃度，身爲沙門，僅以性耽禪悅，自附於居士之林，則不得不謂之華化。阿魯渾薩理以'釋敎總統'之子，先學佛於國師八思馬，學成而復習儒書，故吾名曰'佛敎世家之儒學。'若西域人旣邃於漢學，又以境遇或性近之故，去而談禪，則可謂之雙料華化矣。吾於此得二人焉，曰小雲石海涯，丁鶴年。丁鶴年爲回回敎世家，將別論之；今先言小雲石海涯。

小雲石海涯，爲平宋功臣阿里海涯之孫。阿里海涯者，畏吾人，趙翼廿二史劄記(三十)謂元初諸將多掠人爲私戶，而莫甚於阿里海涯。張雄飛傳阿里海涯行省荆湖，以降民三千八百戶沒入爲家奴，自置吏治之，歲收其租稅，有司莫敢問。世祖本紀，至元十七年，詔覈阿里海涯等所俘三萬二千餘人，並放爲民。十九年，御史臺言阿里海涯占降民爲奴，而以爲征討所得；有旨，降民還之有司，(二事並見卷一二八相威傳)。宋子貞又以阿里海涯所庇逃民千人，淸出屯田，可見其所佔之戶以千萬計，兵權在握，恣意營私也。此阿里海涯即小雲石海涯之祖父。今非欲暴小雲石海涯祖父之惡，然非此無以證小雲石海涯爲濁世佳公子，其家世如此，其思想遂不禁別有所感覺也。

小雲石海涯之家世旣明，則可言小雲石海涯之歷史。元史(一四三)有小雲石海涯傳，然不足證明小雲石海涯之學佛，因元史本傳，採自歐陽玄貫公神道碑(圭齋集卷九)而删節其詞，故小雲石海涯學佛之精神亦被刋落。今欲證明小雲石海涯之佛學，當舍元史本傳而用貫公神道碑。貫公即小雲石海涯，父名貫只哥，因以貫爲氏，元人著述通稱貫雲石。雲石文學另詳文學篇,其佛學則神道碑開始一段已可證明。碑云,'至治三年秋,玄校藝浙省,既竣事,出而徜徉湖山之間,故人內翰貫公與玄周旋者半月餘。及將去杭,薄暮携酒來別,謂玄曰,"少年於朋友知契,每別輒繾綣數日。近年讀釋氏書,乃知釋子嘗有是心,謂之記生根焉,吾因以是爲戒。今於君之別,獨不能禁,且何哉?"言已,悽然而別。'此節在當日不過著者敍述與雲石之交情,正史本傳自無留存之必要,而在今日欲考察西域人之寓中國曾否染有中國之佛化,則不可謂之閒文。碑中敍雲石與漁父易蘆花被後,尙有雲石與中峯和尙論道一節,亦係閒情。乃本傳於蘆花被事則點竄入傳,而於見中峯事則一字不提,若爲雲石諱者。雲石本非以儒學自任,談禪何足爲諱。玆錄碑文大畧如左,亦可見雲石之出處及人生觀矣。曰,'公辭歸江南,十餘年間,歷覽勝槩,著述滿家,所至縉紳之士,逢掖之子,方外奇人,從之若雲;得其詞翰,片言尺牘,如獲拱璧。乃東遊錢塘,入天目山,見本中峯禪師,劇談大道,箭鋒相當。每夏坐禪包山,暑退始入城。自是公之踪跡與世接漸疎。道味日濃,世味日淡,去而違之,不翅解帶。'中峰禪師者,名明本,號中峰,爲元世高僧,有中峰廣錄,中峰懷淨土詩等著述行世。則雲石之學佛無可爲諱。七修類稿(三二)云,'貫雲石嘗休暑鳳凰山;今北山棲雲菴,其藏修之所也。'是以碑復論之曰,'公武有戡定之策,文有經濟之才,固爲斯世難得,然承平之代,世祿之家,勢宜有之。至如銖視軒冕,高蹈物表,居之弗疑,行之若素,泊然以終身,此山林之士所難能,斯其人品之高豈可淺近量哉!'雲石蓋有得於禪者也。

排印本

西域詞人中,才名與雲石相埒而愛慕道家者,有迺賢。迺賢字易之,元史無傳,元人著述稱合魯易之,或稱葛邏祿迺賢;'合魯,'元譯,'葛邏祿,'唐以前譯,漢言馬也,故又稱馬易之。世居金山之西。元興,西北諸部仕中國者隨便住居,故迺賢稱南陽人。後隨其兄塔海仲良官江浙,遂卜居於鄞。甬上耆舊詩傳(卷三)謂其師事鄞人鄭以道,以道集有贈門人馬易之序。迺賢善歌詩,一再遊京師,盡交其名士,有金臺集。又性好古,所至訪求名跡,摩挲斷碣,發爲詠歌,著河朔訪古記。劉仁本羽庭集王褘忠文集均有序。原書久佚,乾隆時在永樂大典中搜得一百三十餘條,聚珍版印行之。迺賢之愛慕道家,傳無明文,吾在金臺集發見之。集共詩一百八十餘篇,紀遊詠古之外,爲道士賦者占十之一,試錄其目,亦知其香火氣之深也。

1,送陳道士復初歸金華。

2,玄圃,爲上清周道士賦。

3,題崇眞宮陳練師壁間竹梅。

4,送道士袁九霄歸金坡道院。

5,虛齋,爲四明王練師賦。

6,鶴齋,爲道士薛茂弘賦。

7,送道士張宗岳還龍虎山。

8,挽淸溪徐道士。

9,赤城,金閣山在赤城西,祁洞明眞人修鍊之所,山中盛產青李來禽諸果。

10,次上都崇眞宮,呈同遊諸子。

11,病中答張元傑宗師惠藥。

12,崇眞宮夜望司天臺。

13,雨夜同天台道士鄭蒙泉話舊,並懷劉子彝。注,'蒙泉時奉祠上京崇眞宮,子彝嘗於四明東湖築天壇道院,以待蒙泉東歸。'

14,陽明洞丁元善尊師携酒過余夜飲。

15,玄教大宗師吳全節哀詩。

16,南城詠古十六首。序云,'至正十一年秋,太史宇文公,太常危公,偕燕人梁處士九思,臨川黃君殷士,四明道士王虛齋,新進士朱夢炎,與余凡七人,聯轡出遊燕城,覽故宮之遺蹟,各賦詩十有六首。'

17,長春宮,全眞邱神仙處機之居,太祖嘗召至西域之雪山講道,屢勸上以不殺。

18,玉虛宮,大道敎以供薪水之勞爲其張本,宮主張眞人其貌甚淸古。

19,題王虛齋所藏鎭南王墨竹。

20,送陳鍊師奉香歸四明,慶醮玉皇閣,寄王致和眞人。

詩人結識道士之多,罕有若迺賢之衆者也。方以類聚,同志爲朋,則迺賢之好道無疑義矣。更觀詩之內容,則迺賢所好之道實神仙服餌之一派,故'苓芝靑精'等句輒見於行間。

如玄圃云,

明年我亦山中去,臏采瑤芝滿藥囊。

桃花山水圖云,

我昔捫蘿探山谷,靑精煮飯松邊宿。至今瞳子有神光,細字猶能夜深讀。

送袁道士歸金坡道院云,

君還練石髓,九轉成玄霜。他時肯分贈,碧落同翺翔。

松巢云,

茯苓倘可飧,永矢謝城邑。

望泰山云,

懸崖芝草承甘露,溜雨松根長茯苓。

送張宗岳還龍虎山云,

後夜相思京雒士,黃精還許寄來嘗。

挽淸溪徐道士云,

碧乳分茶烹雪水,靑精煮飯薦冰蔬。

答張元傑惠藥云,

臥病臨高館,丹芝幸見分。明朝得强健,長禮紫虛君。

贈空谷山人歸武當云,

小甕春風紫朮香,長鑱落日黃精熟。

送陳鍊師歸四明云,

山中芝草還分得,贈我能令白髮稀。

正春秋繁露所謂'書之重,詞之複,其中必有美者,'後之人可因此以知其性之所近也。迺賢與雲石不同:雲石志在遺世,故佯狂詠歌以卒歲;迺賢不忘用世,故希藉修鍊以長生。其環境不同,其思想遂隨之而異,一禪一道所以分途也。張起巖題金臺集云,'長使馬周貧作客,令人千古媿常何,'嘆迺賢之不用也。迺賢於神仙境界時寄遐想,如登崆峒山有云,

路逢一道士,高結冠巍巍。恐是廣成子,再拜欲問之。長歌入深林,棄我忽若遺。靈蹤邈難及,千載生遐思。

其神往低徊之意溢於言表。其對於元初丘處機尤殷慕之,詠之至再。京城雜言云,

丘公神仙流,學道青海東。扣馬諫不殺,嘉辭動天容。保此一言善,元祚垂無窮。

自注,'世祖納全眞丘處機之一言,國家始終好生不殺。'其長春宮又云,

贏𦢊踢秋日,迢遞謁琳宮。草昧艱難日,神仙第一功。

可謂傾倒之至矣。其所與遊之燕人梁九思,名有,亦一好古而慕仙之人,與迺賢性相近。迺賢有河朔訪古記;梁有有文海英瀾。迺賢好神仙;梁有有續列仙傳。文海英瀾者二百卷,彙錄南北金石刻三萬餘通,續列仙傳十卷,均見迺賢寄梁九思詩注。詩中有'泗水中流尋漢刻;泰山絕頂得秦碑。仙人久致青牛約;弟子能修白鹿規'之句,梁有亦儒而好道者也。元朝著名道士張雨,號句曲外史;迺賢以西域詩人,亦自號河朔外史凡此種種,皆足爲迺賢好道之一證。

有佯狂似雲石而不忘用世似迺賢者,未知其學佛乎,學仙乎,號曰笑笑道人,則似於道家爲近。然六朝以'道人,'爲沙門之稱,雲石學佛,固亦嘗號'蘆花道人,''酸齋道人'也。學佛抑學仙,本無庸細辨,今所欲說明者,西域人中有此一派耳。則笑笑道人之行誼可一述也。王禮送馬時憲還維揚詩序云,

西域馬君時憲,以胄監弟子員舉進士,爲翰林編修官,志不屑也。性重默,無汎交,跡絕權貴之門,衆以是奇之。一日聞有'笑笑道人'者,荷笠披紙衣,擊節行歌于市,憩江東雷岡亭,飛舞而上馬祖岩,歌聲若金石,悲壯激越,林木爲動,田翁樵子弃

業而聚觀,意其散仙也;怪而察焉,則時憲耳。噫,其果于忘世,若楚狂接輿者耶?抑猶豪傑不偶之士,雄才莫施,輒佯狂詭其迹,輕世肆志,以泄憤懣無聊之氣耶?矧燕趙素多忼慨悲歌之士,安知不猶有曩之風烈耶?余有以知時憲倜儻不羈之情矣。(麟原集卷四)

此等舉動,不論其所託者爲佛爲仙,皆可表明其爲一不得志於時者之詩人。其系出西域,爲可異也。劉壎水雲村稿(卷八)有杏林公墓誌銘云,'亦都忽立,其先回鶻人,所居種杏成林,因以自號。卒年六十有七。男四,曰馬合,曰大都驢。歿三日,夫人使子來乞銘,因思西北人材率雄傑悍鷙,尙武而嗜殺,而公獨禀和易,趨尙文雅,通儒書,禮秀士,喜談僊佛,善作大字,綽有中州風度,其鍾天地之仁氣者歟?胄出西土而種靈特異者歟?噫,善人亡矣!'

亦都忽立之名其子,未脫西域人舊俗也。而其自號,及劉壎所述,則已深染華風。通儒書不奇,奇其喜談仙佛也。名其子曰馬合,疑其先固回回人。然此四人者,皆未嘗爲僧爲道士,不過其學術思想趨嚮於是耳。吾於王逢梧溪集發見一西域人入全眞敎爲道士,眞可謂應有盡有矣。

梧溪集(卷五)有儉德堂懷寄,凡二十二首,每首各有小序。其第八首序云,'剌馬當文郁,西域人,由父廕累遷南臺御史,今寄跡全眞敎中。'詩云,

清修馬道士,憶過小林丘。脫略靑驄迹,追隨白兎游。君親心獨耿,河海淚同流。好在醫閭北,徘徊紫氣浮。

剌馬當其名,文郁其字。其名譯西域音,其字取中國義。剌馬

云者,未識是喇嘛敎之喇嘛否乎? 若然,以喇嘛而入道,尤奇中之奇者矣。玩王逢詩意,剌馬當之入道似在元亡而後,寄跡黃冠,亦勝國遺臣之恒事。特出於西域人,則安世通不得專美於前矣。

二 回回敎世家由儒入佛

丁鶴年

貫雲石迺賢等雖系出西域,然其家世及原奉宗敎不明,故只可概括之曰西域人之佛老。若其家世及原奉之宗敎確有可考者,當專論之,則丁鶴年之經歷最奇也。前篇曾論回回敎世家之儒學,丁鶴年亦回回敎世家之儒者,然其後復由儒而入佛,則其所受中國化之濃厚,又比專門儒者爲甚也。丁鶴年生三十三歲而元亡,至明永樂末年始卒,年九十矣,故元史無傳,明史入文苑傳,叙述甚略,蓋本戴良所撰高士傳而節損之。今考鶴年生平,當仍採之高士傳。九靈山房集(十九)高士傳云,

鶴年,西域人。曾祖阿老丁,與弟烏馬兒,皆元初巨商。祖苫思丁,累官至臨江路達魯花赤。父職馬祿丁,重義輕財,盡取祖父遺貲,賑諸親故之不足,及他士之貧者。性尙豪邁,不喜榮名。年四十,辟主臨川縣簿,陞武昌縣達魯花赤,有惠政。解官之日,父老爲築種德之堂,請曰,'吾縣蓋公之桐鄉,願留居毋去,'遂家焉。生子五人,鶴年最幼。武昌公死時,鶴年年甫十二,其俗素短喪,所禁止者獨酒,鶴年以爲非古制,乃服斬衰三年。家有遺貲,悉推與諸兄,不留一錢自遺也。武昌公在時,以鶴年倜儻類己,甚鍾愛,畀蔭從父桓州職。鶴年辭

謝不敢有,惟益厲志爲學,淸貧自苦。或曰,'汝貴家子,顧乃過自矯激如此?'鶴年曰,'吾宗固貴顯,然以文學知名於世者恒少,吾欲奮身爲儒生,豈碌碌襲先蔭,苟取祿位而已耶!'鄉之諸儒長者以其年幼而有志,多樂敎之。年十七,通詩書禮三經。豫章周懷孝,楚大儒,時寓武昌,獨器重鶴年,且欲同歸豫章,而妻以愛女。鶴年以母老,諸兄皆官千里外,辭不行。明年,淮兵渡江,襲武昌,鶴年奉母夫人以行。夫人捐館舍,鶴年哀毀盡瘽,鹽酪不入口者五年。聞從兄吉雅謨丁避地越江上,徒步往依焉。辟從事,舉校官,舉孝廉,俱不應。南臺大夫沙藍答兒被召還朝,思得文儒之士以備諮訪,復以從事辟之。江西閩海二道肅政府又以其省儒學提舉薦。皆不就。留四明,或旅食海鄉,爲童子師,或寄居僧舍賣藥以自給。行囊稍裕,每好赴人之急,人之享其惠者蓋數數然也。鶴年天質穎悟,讀書過目輒成誦,善詩歌,而尤工于唐律,爲文章有氣,至於算數導引方藥之說亦靡不旁習,然專以躬行爲學,非其食不食,非其衣不衣,重然諾,尙氣節,有東漢高士之遺風。員外郎馬子英不妄許可人,嘗曰,'吾友多矣,可託妻子者惟鶴年一人。'世以爲知言。

戴良之卒先鶴年四十年,此傳作於洪武初年,爲鶴年所親見,故鶴年寄九靈先生詩,有'萬言椽筆今無用,閑向林泉紀逸民'之句。注,'先生嘗爲予作傳,'即此傳也。此傳所述,關於鶴年前半世事略備。此傳之後,有烏斯道丁孝子傳,(春草齋集卷七)紀鶴年夢得母墓事,亦可參攷。惟學佛一節兩傳皆無明文,蓋是時鶴年學佛之迹尙未著也。兩傳紀鶴年部族,僅汎稱爲西域人，鶴年集自署亦只曰‘西域鶴年。’何以知其爲回回教世家也？則有左列之諸證據。

明史文苑傳云，‘丁鶴年者，回回人，’其說蓋本諸瞿佑歸田詩話。歸田詩話‘梧竹軒’條，謂鶴年爲回回人。瞿佑曾在杭見鶴年，鶴年爲佑審閱鼓吹續音，示以著述之法，佑深感之。明史文苑傳，稱方國珍據浙東，最忌色目人，鶴年轉徙逃匿，即歸田詩話語也。證一。鶴年集附錄鶴年從兄吉雅謨丁，及鶴年次兄愛理沙詩，據元末人選元音（十二）二人小傳，均稱回回人。其兄回回，其弟當然回回。證二。元史回回人多名‘丁，’鶴年曾祖阿老丁，祖苫思丁，父職馬祿丁，皆回回人名。楊士奇跋丁鶴年詩（東里集卷十）云，‘西域人多名丁，既入中國，因以爲姓，故鶴年亦丁姓。余在武昌遇之，時已老矣。’是鶴年本亦名丁也。證三。回回人居中國者馬姓至多，吉雅謨丁字元德，亦取馬姓，劉仁本羽庭集（卷五）有送馬侯元德任奉化州序，戴良又有題馬元德伯仲詩後，（九靈山房集廿二）伯即吉雅謨丁，仲即鶴年也。馬子英爲鶴年族兄，鶴年集有題族兄馬子英進士梅花詩，是鶴年亦可馬姓也。證四。賽典赤贍思丁爲回回教祖別庵伯爾之後，已見儒學篇。鶴年集有贈表兄賽景初詩注，‘景初，咸陽王賽典赤之孫也。’表兄爲回回人，表弟宜亦回回人。證五。回回俗葬無棺槨。丁孝子傳言鶴年訪母墓時，見平陸上有陷下者，意謂母葬時無棺槨，此回回葬法也。高士傳又謂其俗素短喪，所禁止者獨酒。證六。回回入中國者多以賣藥爲業，其俗至今尚存。京師圖書館善本室有回回藥方三十六卷。高士傳謂鶴年於導引方藥之說靡不旁習，在四明或賣藥自給，此亦回回風也。證七。鶴年父重義輕財;鶴年亦倜儻類其父,每好赴人之急。此尤爲回回敎所尙,所謂五功之一也。證八。

有此八證,鶴年爲回回敎世家,毫無異義。至於鶴年本身,則實一儒家,讀高士傳已可概見。當其父死時,年十二耳,即以短喪爲非古制,而服斬衰三年,其自幼已沾被儒風也。又欲奮身爲儒生,年十七即通詩書禮三經,爲大儒周懷孝所器重,今鶴年集有'奉懷先師豫章周孝思先生詩,'即其人也。鶴年旣以儒學名,故凡思得文儒之士相助爲理者皆舉鶴年。鶴年皆不之赴,所以爲高也。集中亦常以儒自命,有'腐儒避地海東偏,''落魄乾坤一腐儒'等句。其他舉動之背回敎而同化中國者,可於孝子傳見之。一作母主,蚤暮以拜,二陳酒肉以祭,三改葬用棺,皆非回敎所宜有,惟儒敎似之。戴良鶴年吟稿序,云,'鶴年兄弟俱業儒,伯氏之登進士第者三人,'皆足爲鶴年儒敎之證。而孰知其又不終於儒,此則與環境極有關係者矣。

始吾讀明史鶴年傳,見有'晚學浮屠法'一語而疑之,以回回與浮屠絕不相入也。及讀藝海珠塵本丁孝子詩集,見其與僧侶唱酬之作極多,而知明史之語有所本。復獲琳琅祕室本丁鶴年集,原分四集,第三卷曰方外集,與僧侶唱酬之作悉隸焉,核其所與遊之僧,見之詩者凡三十人,又較迺賢所與遊之道侶爲多矣。茲按方外集次第舉其名如下,漏載者據藝海珠塵本補之。

文極禪師	諸暨上人	僧淨皓
甬東椿上人	慈谿懋上人	鐵佛寺盟長老
鐵佛寺益公了庵	見心長老	濟汝舟長老

菩提寺主　恕中慍禪師　龍門海禪師
濬天淵長老伯仲　鍠聲外侍者　信立菴長老
古鼎銘長老　慈谿潤上人　慈谿敉上人
姑蘇潤上人　平江韞上人　貞長老
義上人　祖庭興上人　璧東文上人
大年椿上人　龍門禪師(補稿)

右二十六人,見琳琅秘室本丁鶴年集卷三方外集。

濟古舟　新古銘(二人皆浙東名僧)　秋月長老
染上人

右四人,從藝海珠塵本丁孝子詩錄補。

鶴年集兩本互有詳略,今獨取琳琅本者,以其特標方外一集,足明鶴年學佛之說不誣而已,非重其爲元刻也。且此本並非元刻本,將於文學篇辨之。

鶴年以工詩寄迹叢林,榜所居曰逃禪室,所與遊者盡緇流,莫不以得其一言爲幸,故編帙遂日積而日富。觀其所自述,及親族所觀察,鶴年似眞有意於空門。如送鐵佛寺益公有云,

世尊出西域,敎化極東土。大道本無爲,盛德人所慕。只今滅度二千年,授經弟子如親傳。我生頗僻苦貪佛,或謂三生有勝緣。

題古鼎銘鋪秀閣云,'我亦逃禪雲水客,便應蕭散共松扃。'寄鉉宗鼎云,'萬里思鄉瞻北斗;十年學道事西宗。'宿染上人溪舍云,'見性本圖先作佛,勞形慚愧早成翁。'皆自證其學佛之經過也。鶴年集附錄其從兄吉雅謨丁詩,亦有'鶴年弟盡棄紈綺故習,清心學道,特遺楮幌,賚其澹泊之好,仍侑以詩'等語。在

宗族眼光觀之,亦共證其爲專心學道也。然以吾人今日研究之結果鶴年之依佛,殆一種避禍不得已之苦衷,暫行遯迹空門而已。讀其逃禪室諸詩,較然明白。如逃禪室臥病柬諸禪侶云,

高秋多病客,古寺寄黃昏。野迥常疑虎,天寒早閉門。離愁燈下影,鄉淚枕邊痕。賴有諸禪侶,情親似弟昆。

又逃禪室與蘇伊舉話舊云,

不學揚雄事草玄,且隨蘇晉暫逃禪。無錐可卓香嚴地,有杞難擎杞國天。謾詫丹霞燒木佛,誰憐青露泣銅仙。茫茫東海皆魚鼈,何處堪容魯仲連?

一種恐怖憂患之情溢於言表,何與於禪! 無怪乎曰'寄黃昏''暫逃禪'耳。又有逃禪室述懷十六韻,文繁不能備錄,然其中如'恥洒窮途泣,閒修淨土緣,''有相皆虛妄,無才幸苟全,''高蹈慚眞隱,狂歌愧昔賢,''惟餘空念在,山寺日逃禪'等句,皆足證明其始非有眞知灼見,必須學佛,不過借此苟全性命耳。

然始而避地,繼而參禪,終而高蹈,濡染旣深,詎無所獲。藝海本有贈秋月長老一首,爲琳琅本所無,其意境亦爲全集所未有,當係晚年參禪有得之言也。詩云,

秋月旣虛明,禪心亦清淨。心月兩無虧,炯然大圓鏡。流光燭萬物,萬物咸鮮瑩。倒影入千江,千江悉輝映。情塵苟不掃,倏忽迷眞性。所以學道人,于此分凡聖。視身等虛空,無得亦無證。偉哉寒山翁,與汝安心竟。

三 基督教世家由儒入道

馬節　趙世延

基督敎世家之入道,最著者爲馬祖常之季父馬節。節入王屋山爲道士,說見元文類(六七)禮部尙書馬公神道碑。碑爲馬祖常撰,自述家世,至可信據。王屋山在今河南濟源縣西北百里,爲唐司馬承禎修道之所,乾隆濟源縣志十六載林靈素遊天壇三十二韻有云,'林泉何處愜予心,收拾圖書將卜築,崎嶇不敢千里辭,東至太行入王屋'是也。馬節入山後,無所表見,元人著述亦鮮及之者,其甘心隱遯可知也。欲攷馬節家世,可觀馬祖常之家世。其祖爲元名臣,又生元盛時,非有不得已必須隱遯之情可見也。家世奉基督,何以棄基督而入道,奇也。祖常爲節猶子。祖常父子棄基督而入儒。讀石田山房文集,祖常亦好與道士往還,集中贈道士詩占全集十四分之一,與迺賢金臺集相埒。然吾不以祖常爲學道者,則以石田集贈道士詩雖多,皆酬酢之詞,未嘗有傾仰之意,與金臺集絕異。集中求如寄舒眞人云,'憑師消鄙吝,猶可採山薇'等句,已不可多得。其稱許道家處,亦不過如王道士慶壽堂,'生男不必皆富貴,學道亦足傳其家,'而已。所以多與道士往還者,因祖常夙負詩名,諸黃冠咸以得其片詞爲幸,祖常亦樂此不疲。故題舒眞人鶴峯云,

山中道士索題詩,柹葉千層寫好詞。不見籠鵝空揖去,此生雖老可臨池。

可見其來者不拒之態度,及道士求詩之衆矣。至道士之好儒者,祖常更樂與之遊,集中有'蜀道士歸儒'一首,已見儒學篇。祖常之與道士往還,虛與委蛇而已。然證以馬節之入道,則基督

教世家與道家之接近此中亦自有因緣。

馬節而外,有趙世延,與馬節同爲雍古部人。雍古部爲昔年基督教聶思脫里派流行之地,故元史雍古部人多基督教人名。吾友張星烺馬哥孛羅遊記譯註,謂世延之父及子皆用基督教徒之名,斷趙世延爲基督教世家,說不誣也。世延雖基督教世家,然其本身所學則爲儒,宋元學案(九五)列蕭同諸儒學案中,稱爲'榘菴同調,'榘菴者,同恕也。茲先將元史趙世延傳節錄如下,

趙世延,字子敬,其先雍古族人。曾祖黜公,(Tekoah)。祖按竺邇,(Anthong)幼孤,鞠於外大父朮要甲,譌爲趙家,因氏爲趙。父黑梓,(Hosea)。世延天資秀發,喜讀書,究心儒者體用之學。延祐元年,省臣奏比奉詔漢人參政,用儒者,趙世延其人也。帝曰,世延誠可用,然雍古氏非漢人,其署宜居右,遂拜中書,參知政事。三年,劾奏權臣太師右丞相帖木迭兒罪惡十有三。尋拜四川行省平章政事。仁宗崩,帖木迭兒復相,銳意報復,誘世延從弟胥益兒哈呼誣告世延罪,逮世延置對。至夔,路遇赦。帖木迭兒遣使督追至京師,煆煉使成獄。會有旨,事經赦原,勿復問。帖木迭兒更以它事白帝,繫之刑曹,逼令自裁。世延不爲動。居四再歲,胥益兒哈呼自以所訴涉誣欺,亡去。中書左丞相拜住屢言世延亡辜,得旨,出獄就舍養疾。帖木迭兒死,事乃釋。世延出居金陵。泰定元年,召還朝。至順元年,詔與虞集等纂修皇朝經世大典。屢奏臣衰老,乞解中書政務,專意纂修。秋,以疾移文中書,致其事明日即行,養疾於金陵之茅山。世延歷事九朝,歐歷省臺五十餘年,負

經濟之資,而守之以清介,飾之以文學,而於儒者名敎尤拳拳焉。爲文章波瀾浩瀚,一根於理。嘗較定律令,彙次風憲宏綱,行于世。五子,達者三人,野峻台,次月魯,(Julius)伯忽。

吾錄此傳,而特詳於世延被誣入獄一事者,吾認此爲與世延之學道極有關也。許有壬至正集(七六)有'辯平章趙世延'文,即爲此事,可參考。鐵木迭兒傳(二〇五)及英宗本紀(二七)亦可參攷。鐵木迭兒必欲置世延於死地,由成都逮捕至京,淩虐禁錮,前後三年,纔出獄,時世延年六十餘矣。凡人經歷艱險,則信仰宗敎之念悠然而生,佛老生涯又多與林泉接近,人卽不信宗敎,而情甘隱遯,自易與佛老爲緣,丁鶴年之念佛,趙世延之學道,皆不能逃此例也。惟世延學道,史無明文,本傳謂其事釋後出居金陵,所謂金陵,蓋茅山也,下文謂其'養疾於金陵之茅山'是也,史特諱言耳。然此亦何容諱,世延著述,今傳者不多,吾所見者,南唐書序外,有茅山志序,有京師東嶽廟昭德殿碑,文見圖書集成職方典廿六,有盩厔重陽宮勅藏御服碑,見拓本,其存目待訪者,有句容白雲崇福觀碑,見寰宇訪碑記,皆與道敎有關者也。又世延之詩,元詩選癸集所收僅七首,而詠道院之作已占其五,蓋選自茅山志卷三十者:

一,白雲觀即景用韻。

二,華陽道院石亭。

三,許長史井。

四,玉晨觀懷古。

五,出茅山,宿靑玄觀。

其華陽道院云,'何當借我東偏屋,靜掩柴扉學鍊形?' 其許長史井云,'因觀長史陰陽井,始悟混元玄牝門。' 其宿青玄觀云,'莫道歸途清興減,夜來和月飲刀圭。' 似世延所學,亦服食鍊形一派,而非虛談玄理者比。

世延歸里後,有鳩貲創建文昌帝君祠一事,見清河內傳(卷九)趙延之(太原人)文昌帝君行祠記,尤足爲世延學道之證。曰,'後至元二年,前奎章閣大學士魯國公趙世延告老還成都,不忘舊德,拳拳於張君,甫下車,先侍生而卜焉。予因以建祠事告,公曰,"積歲存心,願莫之遂,若相神庥,敢披肝膽以勗。" 六月甲寅,遂卜其事,步城內外,擇異處焉。祠事始定,公自爲疏若干以鳩其貲。' 又曰,'主盟勝槩者,趙相也。晨夕劬躬,拮据卒徒者,侍生楊世仁也。' 則世延之學道,又可於道家著述證明之。張君云者,道家稱文昌帝君爲卽詩經之'張仲孝友'也。

更有一事,足覘世延家學儒道雜糅,而與基督實不相容。陳旅魯郡夫人趙氏墓誌(安雅堂集十一)云,'夫人趙氏,魯國公世延之女。魯公之平章蜀省也,姦臣以詔逮公繫請室,夫人年十三,卽却葷肉,向北斗拜禱,凡三年。' 禮拜北斗,正道家法。又云,'魯公以其能誦易,嘗敎之筮,諸陰陽家書皆能通之。' 陰陽術數亦與道家爲近,此世延家學之帶有道家色彩者也。世延晚年,尤深黃老之術。權衡庚申外史載元統元年,太師燕帖木兒溺於酒色,宴趙中丞家,男女共坐,名爲'鴛鴦筵席。' 偶坐中有一婦人,顏色甚麗,太師目之,問曰'此爲誰?' 竟欲留之。左右告曰,'此太師幾夫人某氏也。' 元史燕鐵木兒傳(一三八)采此事,改'鴛鴦筵席'爲'鴛鴦會,' 然無論爲筵席爲會,此何等事,是可忍孰不可忍,而世延乃曲忍之,不惜以自邸爲彼荒淫地,與昔年彈劾鐵木迭兒之氣概一何判若二人乎? 豈閱世既深則趨避熟乎? 無惑乎當時有監察御史葛明誠者,劾世延固位取容,無補於事,請斥歸田里也。(元史三四)此學黄老者之蔽也。然則世延之父及子雖用基督徒之名,實不過一種基督化惰力耳。

第四 文學篇

一 西域之中國詩人

泰不華　迺賢　余闕　聶古柏

斡玉倫徒　三寶柱　張雄飛(昂吉完澤)

伯顔子中　薛超吾　郝天挺　辛文房

馬彦翬　阿里

前編所論,如巙巙,馬祖常,泰不華,貫雲石,迺賢,丁鶴年等,皆有詩名。巙巙詩傳者不多,顧嗣立元詩選癸集僅據石刻及元風雅選其數首。巙巙本以書名家,故詩名爲書名所掩,詳美術篇。貫雲石有酸齋集,見元詩選。酸齋以樂府名,將別論之。馬祖常爲基督敎世家,丁鶴年爲回回敎世家,亦將別論之。

泰不華死於方國珍之難,元詩選有顧北集,與余闕青陽集並列,推爲元季詩人第一。其言曰,‘自科舉之興,諸部子弟類多感勵奮發,以讀書稽古爲事。迨至正用兵,勳舊重臣往往望風奔潰,而挺然抗節,秉志不回,乃出於一二科目之士,如達兼善余廷心者,其死事爲最烈。然後知爵祿豢養之恩不如禮義漸摩之澤也。故論詩至元季諸臣,以兼善爲首,廷心次之,亦足見二人之不負科名'云。

至於迺賢,則有金臺集傳世,楊彝跋盛稱其潁州老翁,西曹郎,巢湖,新鄉媼,新隄諸篇,撫事感懷,有得於風人之旨。潁州老翁篇幅太長,今特介紹新鄉媼一篇如下:

蓬頭赤脚新鄉媼,青裙百結村中老。日間炊黍餉夫耕;夜紡綿華到天曉。綿華織布供軍錢,倩人輾穀輸公田。縣裏工人要供給,布衫剝去遭笞鞭。兩兒不歸又三月,祇愁凍餓衣裳裂。大兒運木起官府,小兒擔土塡河決。

茆欄雨雪鐙半昏,豪家索債頻敲門。囊中無錢甕無粟,眼前只有扶床孫。明朝領孫入城賣,可憐索價旁人怪。骨肉生涯豈足論,且圖償却門前債。數來三日當大年,阿婆墳上無紙錢。凉漿澆濕墓前草,低頭痛哭聲連天。

恨身不作三韓女,車載金珠爭奪取。銀鐺燒酒玉杯飲;絲竹高堂夜歌舞。黃金絡臂珠滿頭;翠雲繡出鴛鴦裯。醉呼閹奴解羅幔,床前爇火添香篝。

詩中大意可分三截,第一截寫專制政體之橫暴,第二截寫資本主義之壓迫,第三截寫貧富階級之懸殊。抑何其言之沉痛也?

迺賢,葛邏祿人。葛邏祿今爲俄地,其殆開後來俄國文學之先路乎? 而同時詩人則固以迺賢爲被中原之化者也。金臺集李好文序謂'嘗愛賀六渾陰山敕勒歌語意渾然,不假雕劌。顧其雄偉質直,善于模寫,政如東丹突欲畫本土人物,筆蹟超絕,不免有遼東風氣之偏。惟吾易之之作,粹然獨有中和之氣,非聖人之化,仁義漸被,詩書禮樂之教而致然耶!' 貢師泰序則謂'予聞葛邏祿氏,在西北金山之西,與回紇壤相接,俗相類,其人便捷善射,又能相時居貨,媒取富貴。易之世出其族,而心之所好獨異,宜乎見於詩者卓乎有以異於人也。'程文序則謂'易之葛邏祿人,在中國西北數千里之外,而能被服周公仲尼之道,家固有閥閱勳榮,可藉以取富貴,而棄不就,臞然一寒生,專以詩名世。'則迺賢直托爾斯太一流之所自出也。而戴良爲丁鶴年集序,歷數元時西域詩人,獨不及迺賢,抑亦異矣。

琳琅秘室本鶴年集序,與九靈山房集鶴年吟藁序稍有異同。琳琅本爲初稿,九靈本爲定稿也。琳琅本云,'我元受命,西北諸國,若回回吐蕃康里畏吾兒也里可溫唐兀之屬,率先臣順,奉職稱藩。積之旣久,文軌日同,而子孫遂皆舍弓馬而事詩書。至其以詩名世,則貫公雲石,馬公伯庸,薩公天錫,余公廷心,其人也,論者以馬公之詩似商隱,貫公薩公之詩似長吉而余公之詩,則與陰鏗何遜齊驅而並駕。他如高公彥敬,巙公子山,達公兼善,雅公正卿,聶公古柏,斡公克莊,魯公至道,三公廷圭輩,亦皆清新俊拔,成一家言。此數公者,皆居西北之遠國,其去豳秦蓋不知其幾千萬里,而其爲詩乃有中國古作者之遺風,足見我朝王化之大行,雖成周之盛莫及也。'

右所舉西域詩人十二人獨闕迺賢,九靈本則僅留馬薩余三人,並貫雲石高彥敬等九人而去之。此十二人者,其詩名高下不同,而其可與中國作者抗行則一也。戴良初以十二人并舉,正可見其同負時名,足爲今日言西域詩人者之參考。茲將十二人中之已見或未見於前者,疏其畧歷如下:

馬伯庸即馬祖常,達兼善即泰不華,薩天錫魯至道爲回回敎世家,雅正卿爲基督敎世家,別有專論。高彥敬,名克恭,亦回回人,有房山集,見元詩選,善畫墨竹山水,詩名爲畫名所掩,詳美術篇。

余廷心名余闕,河西人。河西,古諸羌,李元昊據之爲西夏。元初累征之不服。世祖以其人剛直守義,賜姓唐兀氏,爲色目人之一。其俗自別舊羌爲番,河西陷沒人爲漢,余闕蓋番而非漢也。據元史本傳,余闕父名沙剌臧卜。據元統癸酉進士錄,余闕父名曆耳爲,祖及曾祖均名銑節,皆非漢姓。故余闕實西域人。至正十八年,守安慶死節,有青陽山房集,今傳於世。元史稱其詩體尙江左,高視鮑謝,徐庾以下不論也。四庫提要稱其詩以漢魏爲宗,優游沉涵,於元人中別爲一派。胡應麟詩藪外編六(廣雅本缺此卷)云,'元人制作,大槪諸家如一。惟余廷心古詩近體咸規倣六朝,淸新明麗,頗自足賞。惜中厄王事,使成就當有可觀。泰兼善絕句溫靚和平,殊得唐調。二人皆才藻氣節兼者'云。

聶古柏官吏部侍郎,據黎崱安南志畧三,至大四年,聶古柏曾奉使安南。元詩選三集,有侍郎集。魯貞桐山老農集二有送聶古伯主簿序,同名異人也。傅習元風雅採聶古柏詩七首,其番禺道中一首,各家選本皆採之。末有句云,'中朝耆舊如相問,鳥語啾啁正未堪,'竟笑吾粵爲鴃舌南蠻,而不自審其出於何族也。

斡克莊,名斡玉倫徒,'徒'或作'都,'或作'圖,'西夏人,虞集弟子。道園學古錄(三九)有海樵說,即爲斡玉倫徒作。元文類(十八)有虞集撰西夏相斡公畫像贊斡公即玉倫徒之高祖。元詩選癸之丁,有斡玉倫徒詩,癸之戊又有王倫徒詩,'王'爲'玉'之譌,元詩選誤作二人。虞伯生詩續編卷首,有監丞玉倫徒詩,刻本亦或誤作'王,'元風雅則作'玉,'實一人也。斡玉倫徒爲纂修宋史二十三人之一,見圭齋集十三進宋史表。陔餘叢考(十三)刻本譌爲斡三倫徒,實誤。

三廷圭,名三寶柱,畏吾人。元史(一四四)附星吉傳。元詩選癸之丙有三寶柱詩。凡此諸人,其詩今日.或傳或不傳,然在當日則皆有聲於時,然後爲戴良所論列也。

唐兀去中國最近,其國又頗崇儒術,習覩漢文,故入元以來,以詩名者較他族爲衆。余闕斡玉倫徒之外,尙有張雄飛,昂吉,完澤等。張雄飛,登延祐首科進士,與馬祖常許有壬等同年。至正集(三三)有張雄飛詩集序,云'延祐首科,國人曁諸部列右榜者十六人。唐兀氏張君雄飛,首科右榜有聞者也。尤工於詩,佳章奇句,不可悉舉'云云,與元史之張雄飛字鵬舉者同名異人,一漢人,一唐兀氏也。昂吉字啟文,至正八年進士。楊維楨送啟文會試詩,有'西涼家世東甌學,公子才名久擅場'之句。玉山名勝集有昂吉倡和詩。元詩選有啟文集。完澤字蘭石,西湖竹枝集稱其聰敏過人,善讀書,尤工詩律。

元詩選二集有子中集。伯顏子中亦西域人,明史(一二四)附陳友定傳。子中卒於洪武十二年,故元史無傳。濟陰丁之翰爲作傳,載七修類稿(十六)中。傳云:

> 伯顏字子中,世家西域,其祖父官江西,遂爲進賢人。幼讀書,通大義。稍長,無所好,惟躭典籍,手不釋卷。從釣臺夏溥習進士業。四以春秋經領江西鄉舉,授龍興路東湖書院山長

改建昌路儒學教授。壬辰兵興,全閩二廣皆歸附國朝,伯顏由是潛形遁跡,隱約江湖間。以先世有墓廬在彭蠡之涯,乃卜進賢之北山,誅茅剪荆,躬自爲創竹屋三間,左圖右史,閉戶澹如,時寓其忠憤於詞翰之間而已。洪武十二年己未秋,朝廷搜求博學老成之士,江西布政使沈本立(明史作立本)聞伯顏名,遣從事以禮來徵。伯顏聞使者至,慨然曰,'是不可以口舌爭也!'先一夕具牲醴,作七哀詩,祭其先與昔時共事死節之士,復手書短歌一篇,飲藥而卒。

王禮麟原集(卷四)有伯顏子中詩集序,云,'子中既斷髮自廢爲民,忠憤悒鬱,仰屋浩嘆,付之無可奈何,而心不能自平,時時以其慷慨之情,憔悴之色,一寓于詩。又記其舊作,輯爲一卷,俾予序之。余三復而歎曰,美哉渢渢乎,殆有唐之正音而陽明之氣也!子中今無民社之責,將翔于青原白鷺之間,肆其力于文字,則余也葛巾野服,陪乎杖屨之末,尚取新作玩繹之。'其推挹極矣。

西域人中,更有其詩不傳,而其詩集序跋尙見於他人文集,可以畧窺其造詣者,有薛昂夫。松雪齋文集(卷六)有薛昂夫詩集序云,'嗟夫,吾觀昂夫之詩,信乎學問之可以變化氣質也!昂夫西域貴種,服旃裘,食湩酪,居逐水草,馳騁獵射,飽肉勇決,其風俗固然也。而昂夫乃事筆硯,讀書屬文,學爲儒生,發而爲詩樂府,皆激越慷慨,流麗閑婉,或累世爲儒者有所不及,斯亦奇矣。蓋昂夫嘗執弟子禮於須溪先生之門,其有得於須谿者,當不止於是,而余所見者詞章耳。他日昂夫爲學日深,德日進,道義之味,淵乎見於詞章之間,則余愛之敬之,又豈止於是哉!'

元時西域人華學之盛，論者輒謂與科舉有關，吾不謂然也。當延祐未興科舉前，如不忽木回回巙巙等，文采斐然，何嘗由於科舉？然此猶得謂不由科舉而由學校也，若廉希憲贍思趙世延等又何嘗出身學校。即以科舉既興論，貫雲石迺賢丁鶴年等又何嘗出身科舉。馬祖常等出身科舉矣，至延祐首科即已中選，其文章學問，必早蓄於未興科舉之前，豈爲科舉而求學也。薛昂夫亦生於元初，科舉未興，未嘗入國學，徒以愛慕華學，執業於宋遺民劉辰翁之門，其華學遂燦然有爛，趙孟頫所以驚爲奇事，而深信學問之可以變化氣質也，

辰翁子將孫養吾齋集(二四)有薛超吾字說，云昂夫爲超吾之字，而不言爲西域人。天下同文集(十五)有王德淵所爲薛昂夫詩集序，述昂夫家世較詳，以爲回鶻人能讀中夏之書，破天荒而出類拔萃也。曰，'薛超吾，字昂夫，其氏族爲回鶻人，其名爲蒙古人，其字爲漢人。人之生世，封域不同，而能氏不忘祖，孝也。仕元朝明聖之代，名不忘國，忠也。讀中夏模範之書，兔馬牛襟裾之誚，字不忘師，智也。惟孝與忠智，根本立矣，文藻柯葉，又何難爲！今觀集中詩詞，新嚴飄逸，如龍駒奮迅，有並驅八駿一日千里之想。振珂頓轡，未見其止。昂夫今甫三十有一，余欲與期之于十年之後。唐(應有'種人'二字)率多武臣，少見文士，昂夫誠能篔進川增，獨破天荒，異時列名于儒林文苑傳中，出類拔萃，超越前古，顧不偉歟！'

昂夫詩集今不傳，昂夫詩吾亦未一見，然由趙王兩序之保證，不能不認爲西域詩人之一，固不得以其詩之不傳而屏之也。

西域詩人中，又有其詩傳者不多，而別以與詩有關係之著

述傳者,則郝天挺之唐詩鼓吹注及辛文房之唐才子傳是。蘇天爵爲元文類,蒐輯殆二十年,而西域詩人僅採五家,馬祖常高克恭趙世延外,辛郝二家而已。

郝天挺字繼先號新齋,出於朶魯別族。父和上拔都魯,以武功稱。天挺幼受業於遺山元好問之門,多所撰述,注唐詩鼓吹十卷外,又修雲南實錄五卷,事蹟具元史本傳,(一七四)。天挺,色目人,而元史與漢人同列,一時失檢也。天挺詩傳者僅一二篇,其麻姑山一律,元風雅元文類並採之,而康熙御定全金詩(四二)乃據以補入金人之郝天挺卷中。不知金元之間,有兩郝天挺,一爲元好問師,一爲好問弟子,池北偶談(卷六)元詩選(癸之乙)先後辨之。四庫提要(總集類三)亦引池北偶談說,釋陸貽典之疑。乃新元史(一四八)郝天挺傳中,又羼入金人郝天挺語。原語見中州集(卷九)郝天挺小傳,金史隱逸傳採之,曰,'讀書不爲藝文,選官不爲利養,唯通人能之;'又曰,'男子生世,不耐飢寒,則雖小事不能成,子試以吾言求之。'此元好問述其師郝天挺語,而新元史以爲是好問弟子郝天挺之言,亦一時失檢也。特附識于此。唐詩鼓吹者,元好問所編,而郝天挺注之,趙孟頫序云,

鼓吹者何?軍樂也。選唐詩而以是名之者何?譬之於樂其猶鼓吹乎!遺山之意深矣。中書左丞郝公,當遺山先生無恙時,嘗學於其門,其親得於指教者,蓋非止於詩而已。公以經濟之才坐廟堂,以韋布之學研文字,出其博洽之餘,探隱發奧,人爲之傳,句爲之釋,或意在言外,或事出異書,公悉取而附見之,然後唐人之精神情性始無所隱遁焉。嗟夫!唐人

之於詩美矣,非遺山不能盡去取之工,遺山之意深矣,非公不能發比興之蘊,此政公惠後學之心,而亦遺山裒集是編之初意也。(松雪齋文集卷六)

趙序僅言天挺爲好問弟子,而未嘗注意其爲色目人。姚燧序則注意及之,曰,'鼓吹,軍樂也。遺山選唐詩近體六百餘篇,以是名。遺山,代人,雲南參政郝公新齋視爲鄉先生,自童子時嘗親几杖,得其去取之指歸。恐其遺忘,旣輯所聞與奇文隱事之雜見他書者悉附章下,則公可當元門忠臣。公,將種也,父兄再世數人,皆長萬夫,于鼓吹之陪屬牙而導纛者,似已飫聞,乃同文人詞士,以是選爲後部寂寂而自隨,無亦太希聲乎?其亦宏壯而震厲者,亦有時乎爲用也?'(牧菴集卷三)

則直以郝天挺爲原出將門,至是乃講求文學也。今通行本唐詩鼓吹無趙姚二序,而有徐乾學序。四庫提要謂天挺所注,雖頗簡畧,而但釋出典,不涉穿鑿,與明廖文炳等所解橫生枝節者不同。廖文炳爲吾鄉人,觀今通行本,廖文炳等所解,卒不能廢,蓋初學便之也。

辛文房亦有詩名,陸友研北雜誌云,'王伯益執謙以字行,大名人。同時有辛文房良史,西域人,楊載仲弘,浦城人,並以能詩稱。楊仲弘集(卷七)有'元日早朝,次韻辛良史,'七律一首。句曲外史集(卷四)亦有'元日雪霽,早朝大明宮,和辛良史省郎二十二韻。'辛文房詩不多見,元文類載其蘇小小歌(卷四)及清明日遊太傅林亭(卷八)二篇。四庫提要(傳記類二)謂僅一篇者,沿池北偶談(十二)說也。王士禎據楊東里集,(卷十)知辛文房有唐才子傳,恨不得見。乾隆時纂四庫全書始在永樂大典中輯爲八卷。後三間草堂粤雅堂得日本刊足本十卷重雕之,此書遂復傳於世。孰料西域人乃有此著述也! 四庫提要稱其較唐詩紀事叙述有條理,文筆亦秀潤可觀,傳後綴論,多掎摭詩家利病,足以津逮藝林。伍崇曜跋稱其許騭精審,似鍾嶸詩品,標舉新穎,似劉義慶世說,而叙次古雅,則又與皇甫謐高士傳等相同,稱之者至矣。惟唐才子傳三百九十七人中,無一西域人焉,則運會之異也。予在馬祖常石田集,發見文房有披沙詩集,與唐李咸用詩集同名,恨未得見。安得如唐才子傳之復出人間也? 玆將石田集(卷二)題'辛良史披沙集詩'錄左,亦可窺見文房詩格之一斑。詩云,

未可披沙揀,黃金抵自多。悠悠今古意,落落短長歌。秋塞鳴霜鐙;春房剪畫羅。吟邊雙餘髮,蕭颯是陰何。

陰何,陰鏗何遜也。以此相比,深許之矣。無惑乎其與王執謙等齊名,而楊載等與之倡和也。

西域人有不以詩名,而由贈詩者之衆,亦可知其人之風雅。楊翮佩玉齋類稿(卷四)有送馬彥翬赴江西省管勾詩序,曰,'金陵寓官馬彥翬,由進士爲江西行省管勾,行有日,其故人劉獻可其請於彥翬之所嘗與游,尤長於詩者,咏歌之以張其行,得詩一卷。謂上元楊翮習文詞,宜爲序,虛其右方屬焉。予惟金陵爲江左文物之邦,歷晋宋齊梁陳及南唐爲都會,其俗特善歌詩。天朝克定季宋,金陵獨未嘗被兵,涵煦五六十載,人才輩出,彥翬自早歲寓金陵,有賢名,與合郡之學士大夫盡交焉,故其上官之日,具得其詩'而四方秀人名公卿之在金陵者亦附詩卷中,由是卷之詩美且富。惟彥翬以西域世胄,入天子太學,擢右科進

士,其年正强,才德方懋,憲官御史,將交章論薦,何假於詩! 然江西幕府,若大梁崔公,河南王公皆當世之號能詩者,彥帶往而有同寅之好,他日將從容取吾鄉之詩而觀之,則是詩烏可少!'

又有官於此縣而他縣人贈之詩者,如安仁縣人之於弋陽縣監縣阿里是也。李存安仁人,安仁爲弋陽之鄰縣,而俟菴集(十九)有弋陽縣阿里公宦差詩卷序,云,'至正四年秋,西域阿里公受命於朝,來監信之弋陽縣。公世居燕南,以孝友稱,故御史李公,學士賈公,參政蘇公,郎中王公,或詩以美之,或文以紀之。前乎此嘗監膠水,有惠政,其民述而刻之石。今玆未幾,而邑人歌詠之者復盈耳而載路。顧安仁之於弋陽也,壤地相接,聞而知之,亦有不能已於言者。桂君才甫集而次焉,何其聲之似弋陽也;'

此眞有合於風人之旨者也。不問其本人是否能詩,然邦人士旣各以詩投之,則其人必爲風雅之士。

二　基督敎世家之中國詩人

馬潤　馬祖常　馬世德　雅琥(別都魯沙)

西域詩人中有爲基督敎世家者,莫著於雍古馬氏。馬祖常父馬潤所爲詩,曰樵隱集,見袁桷所撰神道碑,此馬祖常之家學也。樵隱集今不傳。馬祖常石田集則至元五年奉旨爲之刋行,蘇天爵序稱其詩接武隋唐,上追漢魏,後生爭慕效之,文章爲之一變。四庫提要亦稱其詩才力富健,如都門壯遊諸作,長篇巨製,廻薄奔騰,具有不受羈勒之氣。集中昆仲倡和之作亦夥,風流文采,萃於一門,彬彬稱盛矣。

祖常從父馬世德,爲保祿賜之子,由進士第,歷官應奉翰林文字,曾爲庸田僉事,城姑蘇,後爲淮南廉訪僉事,又城合肥。余閱青陽集有合肥修城記,即頌馬世德之功德者也。記稱世德字元臣,也里可溫國人,與余前後爲史氏云。世德亦工詩,元詩選癸之丁,有馬世德過靈泉寺二絕,云世德浚儀人,官刑部尙書,而闕其字。考馬氏自祖常高祖習禮吉思始遷浚都,西湖竹枝集稱馬祖常爲浚儀可溫人是也。元詩選癸之巳有潘煒'陪侍尙書元臣公寓靈泉寺'詩,由此可知過靈泉寺之尙書馬世德即合肥修城字元臣之馬世德。城合肥時爲淮南廉訪僉事,過靈泉寺時爲刑部尙書也。元詩選癸之癸據王賓虎邱山志有馬世德題虎邱詩,遂別出一馬世德。不知即爲過靈泉寺之人,由其曾城姑蘇一事推之,則題虎邱正其爲庸田僉事時也。今錄其詩如下,亦足覘其鱗爪:

滄海何年湧此峯? 亭亭秀出玉芙蓉。高低樓觀毗盧室;表裏江山太白封。寶劍有時能化虎;石潭無際却潛龍。小吳軒伴登臨處,致我青雲第一重。

馬氏而外,基督敎世家詩人當推雅琥。雅琥,字正卿,元詩選二集,有正卿集。顧何以知雅琥爲基督敎世家,其證有三。一,傅與礪詩文集(卷三)有憶昔行,送雅琥正卿參書南歸作。原注,'初名雅古,登天歷第,御筆改雅琥。'雅古爲亞伯拉罕之孫,基督敎徒恒以此爲名。元詩選此詩,猶存此注。康熙御選元詩(卷五)將此注删去,而雅琥爲基督敎世家之證據,缺其一矣。二,孫原理選元音(卷九)採雅琥詩,稱爲'可溫人'此與西湖竹枝集之稱馬祖常爲'可溫人'同一例,其必爲也里可溫人無疑矣。四庫本元音(卷七)改爲雅哈,袞諾爾人,令人不知爲何語,謬甚。三,元秘書監志卷十題名,著作佐郎雅古,賜進士出身,字正卿,也里可溫人。泰定元年十一月二十六日,以承事郎上,爲著作佐郎在前,登進士第在後,故志仍雅古名,而追紀其賜進士出身也。有此三證,雅琥之爲基督教世家無疑問矣。琥曾爲奎章閣參書,元史文宗紀(三五)至順二年三月,御史臺臣言奎章閣參書雅琥阿媚奸臣,所爲不法,宜罷其職。所謂奸臣者,泰定帝時宰相倒剌沙烏伯都剌等,文宗黨惡之,目爲奸臣。魏源元史新編(四一)平反之,允也,不足爲雅琥病。馬祖常石田集(卷九)有送雅琥參書之官靜江詩序,云,'雅正卿以文學才諝遇知於天子,出貳郡治,館閣僚友及京師聲明之士,各忻然爲文章以美其行,而請余爲之序。'雅琥詩名籍甚,瞿佑歸田詩話盛稱其御溝流葉詩,云雅正卿有四美人圖詩,惟御溝流葉最佳,'彩毫將恨付霜紅,恨自綿綿水自東。金屋有關防虎豹;玉書無路託鱗鴻。秋期暗度驚催織;春信潛通誤守宮。莫道人間音問杳,明年錦樹又西風。'琢句甚工。

胡應麟詩藪外編六論元詩,亟賞馬伯庸'吳娃蕩槳潮生浦;楚客吹簫月滿樓,'雅正卿'梅花路近偏逢雪;桃葉波平好渡江,''一聲鐵笛千家月;十幅蒲帆萬里風'等句,以爲句格莊嚴,詞藻瑰麗.上接大曆元和之軌,下開正德嘉靖之途。今以元人一概不復過目,故稍爲拈出,以俟知音云。可見元人之詩久不在明人目中也。

貴遠賤近,向聲背實,自古而然,賢者不免。即雅琥本人之論詩,亦嘗犯此病。許有壬跋雅琥所藏鮮于伯機詞翰云,'鮮于伯機詩,予知之已四十年。吉甫段君嘅言人知其書,詩則知否相半。予方自幸在知者之中,而夷陵監郡雅琥正卿知之雖晚,愛之甚篤。正卿素言晉後雖有書,終不能如晉,唐後雖有詩,終不能如唐。予謂詩發於人心,天地無窮,人心無窮,不當主世代計也。書視詩,又藝之藝耳。正卿不屈也。及其觀伯機書,則謂真十七帖,觀其詩,又謂軼蘇州,入彭澤矣。若然,則晉唐而後,書復有晉,詩復有唐矣。予非好勝,竊喜因正卿之言,使不知伯機之半,行皆左袒,且以釋吉甫之嘅焉。(至正集七三)則雅琥初持復古論,繼亦改持進化論者。許有壬嘲之,亦藝林佳話也。雅琥壻別都魯沙,亦有詩名,黃鎭成秋聲集,有'雅正卿壻別都魯沙迓憲使歸漢陽'詩。

三　回回教世家之中國詩人

薩都剌　丁鶴年(吉雅謨丁暧理沙)

魯至道(哲馬魯丁　仉機沙　別里沙)　買閭

回回教世家之詩人,莫著於薩都剌,丁鶴年。薩都剌字天錫,有雁門集傳世。毛晉跋之曰,'天錫以北方之裔,而入中華,日弄柔翰,遂成南國名家。今其詩諸體俱備,磊落激昂,不獵前人一字。半山云,'看似尋常最奇崛,成如容易却艱辛,'余於天錫亦云。'顧嗣立元詩選薩都剌小傳云,'有元之興,西北子弟盡爲橫經。涵養旣深,異才並出。雲石海涯馬伯庸以綺麗清新之派,振起於前,而天錫繼之。清而不佻,麗而不縟,真能于虞趙虞楊之外,別開生面者也。于是雅正卿達兼善迺易之余廷心諸人,各逞才華,標奇競秀,亦可謂極一時之盛云。'

顧何以謂薩都剌爲回回敎世家? 一,據楊維楨西湖竹枝集,謂薩都剌爲答失蠻氏。答失蠻者,長春眞人西遊記譯爲'大石馬,'云,'國中有稱大石馬者,識其國字,專掌簿籍'是也。元史(二三)武宗紀至大二年六月,宣政院奏免儒,道也里可溫,答失蠻租稅。錢大昕廿二史考異(元史二)據元典章,謂答失蠻爲回回之修行者。至元辨僞錄(卷三)作達失蠻。此可證薩都剌爲回回人也。二,據陶宗儀書史會要,(卷七)謂薩都剌爲回紇人。回紇唐元和間改爲回鶻,其族類本在葱嶺之東,夙奉摩尼敎,與回回之在葱嶺以西奉阿薩蘭敎者逈殊。五代時回鶻旣衰,漸有改奉阿薩蘭敎者,遼史稱爲'阿薩蘭回鶻,'元初諸人對於此等外敎,多不能辨別,故統目之爲回紇。長春西遊記劉郁西使記之所謂回紇,皆指阿薩蘭敎國也。其後漸覺有不同,於是以畏吾偉兀等代表昔日之回鶻,以回回代表奉阿薩蘭敎之回紇。凡元史所謂畏吾兒者回鶻也,其稱回紇者回回也。王惲玉堂嘉話(卷三)云,'回鶻今外五,回紇今回回,'是也。元史太祖紀,汪罕走河西回鶻回回三國,是元人目中回鶻與回回異也。世祖紀(卷十)言回回人中阿合馬才任宰相,而姦臣傳則稱阿合馬爲回紇人,是元人目中回紇與回回一也。余別有專論詳之,此不過證明薩都剌爲回回人而已。

更有謂薩都剌非回回人,而適足反證其爲回回人者。蔣一葵堯山堂外紀(卷七二)謂薩都剌本朱氏子,冒爲西域回回人。其說本之孔齊至正直記。正可證明薩都剌當時必自認爲回回人,而人亦以回回人目之,然後可詆爲冒也。至於朱氏子云云,實因回回敎人不食豕肉,諱言猪,猪與朱音同,謂其爲朱氏子者，誣之也。加異教以惡謚，自昔有之。輟耕錄廿八有嘲回回一條，薄俗也。今雁門集卷首有薩都剌遺像，其丰采純然一回回人。集中客中九日詩，有'佳節相逢作遠商'之句，薩都剌曾爲商，遠商亦波斯大食人本俗。據薩氏家譜，薩都剌弟名剌忽丁，剌忽丁，回回教人名也。四庫提要因干文傳雁門集序，有'薩都剌即華人所謂濟善'一語，曲解薩都剌爲蒙古語，遂謂薩都剌爲蒙古人，謬甚。至於薩都剌本人，是否仍守回回舊俗，實一疑問。其溪行中秋玩月詩，則固以儒自命，曰'有子在官名在儒'也。此西域人習華學者之通例也。

薩都剌而後，回回教詩人首推丁鶴年。丁鶴年由儒入禪，前編已詳論之。至其詩則實爲元季詩人後勁。戴良鶴年吟稿序稱'鶴年古體歌行，皆清麗可喜，而注意之深，用工之至，尤在於五七言律。其措辭命意，多出杜子美而音節格調，則又兼得我朝諸閣老之所長。其入人之深，感人之妙，有非它詩人之所可及。'今鶴年集通行者有二本：藝海珠塵本三卷，題曰丁孝子詩集；琳琅秘室叢書本四卷，題曰丁鶴年集。以余所考，二本所收，皆明刻，而黃丕烈諸人則以四卷本爲元刻，不知其一時疎略，抑自欺欺人也？黃丕烈跋云，'此元刻元人丁鶴年詩，余友顧澗蘋歲試玉峯時所收，而以歸之余者也。余向藏正統重刻本，止三卷。今元本分四集：一曰海巢集，二曰哀思集，三曰方外集，四曰續集，以附錄終焉。嘗取與明刻校勘，分卷分體，俱非其舊。即如海巢一詩，元刻在卷一，或以是名集職是之故；明刻列諸卷二中，失其旨矣。他如哀思以下三卷，皆有取意，而後之稱者，僅據至仁一序，悉以海巢名之，有是理乎！得此可證廬山面目，益嘆元本之不致淪沒者幾希。'此黄丕烈以四卷本爲元刻本之說也。然試一考本集內容,則'夢得先妣墓'一首在焉。序云,'已未夏五月,還武昌遷葬。兵後陵谷變遷,先妣封樹,覓迷所在,久尋不得。露禱大雪中。冬十一月廿日夜,忽感異夢,翌日遂得其處。賦詩一首,以紀歲月云。'已未,洪武十二年也。元刻何能有洪武詩!此非元刻,證一。鶴年還武昌在洪武十二年,而集中守墓陳情上武昌太守傅藻詩,於'太守承恩下玉京,'及'擁經東出辭儲館'等句,'恩'字另行平擡,'玉京''儲館,'均空一格。此爲明刻,證二。鶴年從兄馬元德卒於昌國州任,當其任昌國前,曾任奉化州。劉仁本羽庭集(卷五)有送馬侯元德任奉化州序,爲至正二十二年夏作,則元德之卒,至早亦當在至正廿三四年,而集中有'先兄太守死事之十有七年,於故史董文中家見所題竹詩,因雪涕次其韻'一首,又當在洪武已未後矣。此非元刻,證三。又其第四卷續集,爲門人向誠編次,注曰,'兵後還武昌作,'則此卷更爲入明以後作可知。故輓術知事胡公鼎有云,'江海論交四十年,故家文物羡君賢。'若爲元刻,則元亡鶴年才三十三歲,豈能說'論交四十年'耶!此非元刻,證四。據明史文苑傳,至正壬辰,武昌被兵,鶴年奉母出走,年僅十八。由此至洪武已未還武昌,中間二十八年,鶴年年四十五矣。故逃禪室述懷有'他鄉二十年'之句。兵後還武昌,有'亂後還家兩鬢蒼'之句。顧廣圻黄丕烈亦明知此集在還武昌遷葬以後作,顧題詞云,'須知海巢集,只說武昌前,'黄題詞云,'廬墓全親孝,居山謝世緣,'是也。然何以不一考鶴年還武昌廬墓係在何年,而遽斷此爲元刻,此眞不可解矣。其始顧廣圻以紿黄丕烈,而黄丕烈誤信之,其後張金吾以假胡廷,而胡珽刋之校之,皆不復考究,甚矣板本家之不可靠也!

抑有言者,此本戴良序,末署'至正甲午秋'云云亦殊誤也。至正甲午,鶴年才二十耳,而序末云,'鶴年之清節峻行,已別有傳,玆不著,'是此序之作尙在高士傳後。而高士傳述鶴年事,已至其避地四明時。非至正甲午,一也。高士傳述壬辰淮兵襲武昌,鶴年奉母夫人以行,夫人沒,鶴年鹽酪不入口者五年。壬辰之後,加以五年,至少亦在丁酉,非甲午,二也。至正甲午,去元亡之年,尙十有三年,而序中有'鶴年遭夫氣運之適衰'一語,曾謂甲午而有是言耶! 非甲午,三也。序又言鶴年伯氏之登進士第者三人,其一即任奉化州之馬元德。據雍正浙江志一五二引成化四明志馬元德至正十七年丁酉進士,尙在甲午後三年。非甲午,四也。據九靈山房集,此序在鄞游稿內,亦惟鄞游稿始有與鶴年倡和詩。至正甲午,鶴年未至鄞,戴良亦未遊鄞。非甲午,五也。以余考之,甲午當爲丙午之訛。丙午爲元亡之前一年,時東南已非元有,故可云'氣運之適衰。'九靈山房鄞遊集八,余豳公手帖後題云,'至正丙午秋,良與臨安劉庸道同客四明,'末署'九月朔,'此序之作,當同在此時。時鶴年避地四明,而戴良適遊鄞也。鄞遊集,傳第一篇,爲高士傳,序第一篇,爲鶴年吟藁序,題跋第一篇,爲余豳公手帖後題。就編輯常理言,此三篇部居同,其撰著之時當同。余豳公手帖後題爲丙午九月作,此序爲丙午秋作,毫無假借。序作於至正丙午,二人適同居鄞,而集則刻於洪武己未鶴年還武昌之後。其丙午誤爲甲午者,猶之雁門集干文傳序之至正丁酉,誤爲丁丑也。至正無丁丑,薩龍光雁門集注以爲己丑之譌。據日人島田翰刻永和本薩天錫逸詩序,則丁丑實爲丁酉。兩回敎詩人集序干支均誤,可謂無獨有偶者矣。胡珽校刋此集時,一字不苟,而於此等緊要關目,獨遺略之。其識語又云,'此集四庫全書止有一卷。'今考四庫本實三卷,而總目簡明目錄誤爲一卷,不應遽信總目而不考閣書之實在也。四庫總目謬誤恒有,烏斯道作丁孝子傳,未嘗以申屠蟠比鶴年,而總目謂烏斯道戴良爲作傳,皆以申屠蟠擬之,高士傳謂吉雅謨丁爲鶴年從兄,而總目謂爲鶴年長兄,皆欠精審也。

至鶴年之高行,間世猶稱道之。全祖望鮚埼亭集外編(十八)有海巢記云,'殘元遺民,以文苑巨子,不屈節,而爲吾鄉之寓公者三人:九靈戴先生良,玉笥張先生憲,暨丁先生鶴年也。鶴年以朝不坐燕不與之身,豈有故國故君之寄託,况又出自西域,非有中原華閥之系望,乃欲以藜床草帽,支持一代之星火,其亦間世之豪傑也已!至鶴年之詩,頡頏於馬伯庸薩天錫余廷心之間,則前輩表章已多,尙其小焉者云。'

吉雅謨丁,字元德,亦有詩名。戴良有題馬元德伯仲詩後,(鄞遊稿八)曰,'元德騎鯨上天六七年矣。平生詩詞流落人間者,六丁取之殆盡。獨此三詩,猶爲其弟鶴年所蓄,鶴年聯之爲卷,且追書和答之作,併題四韻於後。予得而讀之,於是知二君之詩爲足傳矣。'今鶴年集附有吉雅謨丁與愛理沙詩。愛理沙字允中,亦鶴年兄,至正間進士,官應奉翰林文字。

戴良鶴年集序舉西域詩人十二人,中有魯至道。至道,潭州路總管。楊瑀山居新話,有魯至道挽樊時中賓哥兩參政詩,元詩選缺載。王逢梧溪集有訪魯至道總管詩。元秘書志(卷九)有'伯篤魯丁,字至道,進士,至正元年四月由禮部侍郎遷秘書太監,'當即此人。元詩選癸之丁有伯篤曾丁浮雲寺詩,'答失蠻人,進士,至元三年任嶺南廣西道肅政廉訪副使,'癸之已有唐兀氏買住和伯篤魯丁浮雲寺詩,則'曾'爲'魯'之譌,即魯至道也。其他回回教詩人之見於元詩選者,癸之丙有哲馬魯丁,癸之丁有別里沙。別里沙字彥誠,西湖竹枝集作別羅沙。而癸之戊又別出別羅沙,一人重出也。癸之辛有仉機沙,字大用。顧嗣立疑即西湖竹枝集之掌機沙,然掌機沙字密卿當另一人也。

回回教詩人中有爲元詩選所不及選,而見於賴良大雅集者,曰買閭。買閭字兼善,大雅集選其詩至十篇,稱爲會稽人。御選元詩稱爲西域人。王逢梧溪集(卷四)有贈買閭敎授詩,序云,'買閭字兼善,西域人。元初,祖哈只仕江南,遂家上虞。父亦不剌金力資兼善學。以禮經領至正壬寅鄉貢。擢尹和靖書院山長。禮部尙書李公尙絅言之朝,勅授嘉興儒學敎授。會政厲淮閫,屏居幽遐。今春,訪予最閒園,風雨花落,離索滿目。觀其志尙孤卓,殆忘世之荐變,身之益貧也。乃酌之酒贈之。'詩云:

顒印西域士,鄉薦十年前。隴畝心中越,山河枕上燕。聳同漂梗地,門掃落花天。慕殺柴桑老,詩題甲子編。

余因其父名亦不剌金,知爲回回敎世家。亦不剌金,今通譯亞伯拉罕,回回敎人恒用以爲名也。

四　西域之中國文家

趙世延　馬祖常　余闕　孟昉

貫雲石　瞻思　察罕

考元西域文家,比考元西域詩家其難數倍。因元西域人專集,其傳者類皆有詩無文,而元詩總集今傳者尚衆,如元風雅,草堂雅集,大雅集,乾坤清氣集,元音,元詩體要等,皆元末明初人選本,復有陳焯宋元詩會,顧嗣立元詩選,康熙御選元詩等集其大成,一展卷而西域詩人悉備。至於西域人專集之詩文並傳者,今只有馬祖常余闕二家。元文總集只有天下同文集,及元文類。同文集限於大德以前,西域人作品無有。元文類詩有五家,文有馬祖常趙世延二家,趙世延只有南唐書序一首。至正間詔修遼金宋三史,西域人預纂修之役者,遼史有廉惠山海牙,金史有沙剌班伯顏師聖,宋史有斡玉倫徒泰不華余闕,皆一時之儁。至順間詔修經世大典趙世延爲總纂,虞集爲其副。然官書公同編纂,不能確指某篇爲某人手筆也。王士禎論馬祖常石田文集云,'元代文章極盛,色目人著名者尤多。如祖常,及趙世延,孛朮魯翀,康里巙巙,貫雲石,辛文房,薩都剌輩,皆是也。'(居易錄卷二)然薩都剌以詩名,巙巙以書名,其文並不概見。貫雲石詩文爲程鉅夫鄧文原所稱述,而文亦不傳。辛文房唐才子傳,志在談詩,雖非專意爲文,而文尚琅琅可誦。孛朮魯翀則系出女直,本不列於色目人。則元西域人之文實寥寥可數也。

趙世延文傳者,南唐書序外,有茅山志序,見道藏;有天禧寺碑,見金陵古金石考;有靈谷寺鐘銘,見靈谷寺志;有鍾山崇禧萬

壽寺碑,見客座贅語。據寰宇訪碑錄,則有

加封聖號詔碑(皇慶元年) 長安

重陽宮勅藏御服碑(延祐二年趙孟頫書) 盩厔(余近得有拓本。)

東嶽廟昭德殿碑(天歷三年三月) 大都

白雲崇福觀碑(元統元年) 句容

任城郡公札思忽兒䚟墓碣(至元三年三月) 濟南(攈古錄作濟寧。)

元史世延傳,(一〇八)稱世延爲文章波瀾浩瀚,一根於理,惜乎存者不多也。

論西域文家,仍推馬祖常。今石田文集,完全具在,且有影印本行世。蘇天爵序稱公少嗜學,非三代兩漢之書不觀。文則富麗而有法,新奇而不鑿。故元文類選祖常文多至二十一篇,爲全集之冠;而石田文集,亦天爵與祖常從弟易朔所輯,請旨刋諸維揚郡學者也。易朔爲基督敎徒恒用之名,近譯以撒,亞伯拉罕之子,雅各之父也。

馬祖常外,西域文家,厥推余闕。闕以忠烈顯,重其人者兼重其文,故青陽集傳本較多:有五卷本,有六卷本,有明刋九卷本。四庫本六卷,總目簡明目錄誤作四卷。史稱其爲文有氣魄,能達所欲言。原集具在,吾人可自得之。元文類不錄其文,實因其行輩較晚也。

與余闕同時,同爲唐兀人,而以古文名者有孟昉。元史類編(三六)文翰傳,'孟昉,字天暐,西域人,寓居北平。至正中由翰林待制,官南臺御史。工書法,有孟待制文集,多歌曲,精究聲韻之學云。'孟待制文集,千頃堂書目尙存。陳基夷白齋集(二二)有序,稱爲西夏人,傅與礪文集(卷四)有孟天暐文稿序,稱爲河東人,盖唐兀氏也。孟昉文不多見,元詩選癸之辛有十二月樂詞,並序一篇,兩浙金石志(十八)有杭州路重建廟學記一篇,略可見其梗概。惟余闕蘇天爵宋褧等集,均有題孟天暐擬古文後。青陽集(卷五)云,'孟君天暐善模倣先秦文章,多似之。'滋溪文稿(卷三)云,'太原孟天暐,學博而識敏,氣清而文奇,觀所擬先秦西漢諸篇,步趨之卓,言語之工,蓋欲傑出一世。'燕石集(十五)云,'河東孟君天暐,明敏英妙,質美而行懿,嘗擬先秦西漢諸作,摹倣工緻,大夫士皆與之。'由此觀之,則孟昉古文實開後來李夢陽何景明一派,特余闕等對之皆有微詞耳。

至貫雲石,則本爲元古文家姚燧弟子。歐陽玄貫公神道碑,稱燧'見其古文峭厲有法,及歌行古樂府,慷慨激烈,大奇其才。'惜不永年,年僅三十九。有碑銘記敘雜著詩詞行世。今其文不可概見,僅元詩選輯錄其詩,讀鄧文原貫公文集序,亦可知其造詣所至。序云,'余往在詞林,獲事翰林承旨姚先生,於當世文章士,少許可,然每稱貫公妙齡,才氣英邁,宜居代言之選。越二年,公來遊錢塘,過余,相見若平生歡。示所著詩若文,予讀之盡編,而知公之才氣英邁,信如先生所言,宜其詞章馳騁上下,如天驥擺脫馽羈,一蹴千里,而王良造父,爲之愕眙卻顧。吁亦奇矣!儒先有言,古之名將,必出于奇,然後能勝,然非審于爲計不能。此天下偉男子所爲,非拘牽常格之士所知也。公之先大父丞相長沙王,功在旗常。公襲其休澤,嘗爲萬夫長,韜略固其素嫺。詞章變化,豈亦有得于此乎?如予者,自少好爲文,僅謹守繩尺自程,終亦不能奇也。視公能不有愧哉!嘗觀古今能文之士,多出于羈愁草埜,今公生長富貴,不爲燕酣綺靡是尚,而與布衣韋帶角其技,以自爲樂,此誠世所不能者。夫名者天下之公器也,公亦愼勿多取也夫!'(巴西集上)亦傾慕之至矣。程鉅夫亦有酸齋詩文跋,云,'故勳臣楚國武定公之孫酸齋,皇慶二年二月,拜翰林侍讀學士,與余同僚,因出此藁。余讀至送弟之永州序,懇欵敎告,五七言詩,長短句,情景淪至,迺歎曰,妙年所詣已如此,聽其言,審其文,蓋功名富貴有不足易其樂者,世德之流,詎可涯哉!'(雪樓集二五)惜今傳者詩詞而外,文僅陽春白雪一序而已。

元西域人中有著述甚富而文亦不傳者,爲大食國人贍思。贍思事蹟具儒學篇,其所著於經有四書闕疑,五經思問,於易有奇偶陰陽消息圖,於史有西域異人傳,金哀宗記,正大諸臣列傳,於地理有鎭陽風土記,續東陽志,重訂河防通議,西國圖經,於子有老莊精詣,於法家有審聽要訣,於集有文集三十卷,皆見元史本傳,(一九〇)。千頃堂書目悉著於錄,今存者只河防通議二卷,輯於永樂大典,餘皆不可得見。吾嘗在常山貞石志發見贍思文五篇,五篇中關涉佛敎者占其三,則贍思誠九流三敎無所不通者也。眞可謂異人矣! 今介紹其目如下;倘好事者再事搜羅,所得當不止此。

加號大成詔書碑陰記(至治三年五月)　　獲鹿

(見常山金石志十九)

哈珊神道碑(隸書並篆額,至順三年十二月)　　欒城

善乘寺創建方丈記(並篆額,元統三年二月)　　欒城

(見常山貞石志廿一)

龍興寺鈔主通照大師碑(至正六年八月)　　正定

龍興寺住持佛光弘敎大師碑(年月仝上)　　正定

(見常山貞石志廿二)

詔書碑陰記署'眞定贍思識,'善衆寺方丈記署'大食贍思記,'贍思不忘大食也。余藏有此碑拓本。善衆寺在直隸欒城,同治欒城志(十四)亦載此碑,而寰宇訪碑錄(十二)誤作陝西,'元統三年'亦誤作'元統元年。'趙之謙補錄不誤。

西域人中有文名不甚顯,而能盡翻譯之能事者,有察罕。察罕,西域板勒紇城人,魁偉穎悟,博覽强記,通諸國字書,暮年居德安'白雲山別墅,'以白雲自號。嘗譯貞觀政要以獻,帝大悅,詔繕寫徧賜左右,且詔譯帝範,又命譯脫必赤顏,名曰聖武開天紀,及紀年纂要,太宗平金始末等書,俱付史館,(元史一三七)。前二書譯漢爲蕃,後三書譯蕃爲漢也。脫必赤顏疑即今所傳元秘史。黃虞稷撰千頃堂書目,諸書尙存。元人本有白話文一派,察罕所譯,未必悉爲白話文。今黎崱安南志略,有察罕序,辭旨典雅,足窺察罕文品一斑。察罕賜姓白氏,徐明善芳谷集(卷二)有白雲察罕平章賜姓白氏序,以白居易比之,想其文老嫗都解耶? 此亦元西域文家應備之一派也。

五 西域之中國曲家

貫雲石　馬九皋　瑣非復初　不忽木

元人文學之特色,尤在詞曲,而西域人之以曲名者,亦不乏人。貫雲石其最著也。楊朝英朝野新聲太平樂府,選雲石曲至夥,如塞鴻秋殿前歡水仙子清江引凭闌人陽春曲醉高歌上小樓點絳唇新水令鬬鵪鶉好觀音諸調,皆有雲石作品。雲石之曲,不獨在西域人中有聲,即在漢人中亦可稱絕唱也。姚桐壽言海鹽人以能歌名於浙右,而其始實得自雲石之傳。其所著樂郊私語云,'州少年多善歌樂府,其傳皆出於澉川楊氏。當康惠公存時,節俠風流,善音律,與武林阿里海涯之子雲石交善。雲石翩翩公子,無論所製樂府散套,駿逸爲當行之冠,卽歌聲高引,可徹雲漢。而康惠獨得其傳。' 所謂州,海鹽也;康惠,楊梓也。雲石爲阿里海涯之孫,云'子'者,傳寫訛也。姚桐壽以海鹽之曲推楊氏,而楊氏實傳諸雲石,則雲石爲當時宗匠可知也。王士禎香祖筆記(卷一)云,'今世俗所謂海鹽腔,實發於貫酸齋,源流遠矣。' 酸齋,雲石號。選太平樂府之楊朝英號淡齋。淡齋與酸齋遊,酸齋曰,"我酸子當淡,"遂以號之。語見太平樂府序。同時有徐姓者,號甜齋,亦負時名,人稱"酸甜樂府。" 皆一時佳話也。

雲石而外,西域人中善歌者有馬九皋。太平樂府選九皋作品亦多,有塞鴻秋,叨叨令,慶東原,陽春曲,山坡羊諸曲。據陶宗儀書史會要補遺,九皋回紇人,以篆書名,太平路總管,蓋能歌兼能篆者也。太平樂府又有阿里耀卿,里西瑛,沙正卿,孛羅,諸人作品。西瑛爲耀卿子。觀其氏名,疑皆西域人,以未有確證不述。使馬九皋而無書史會要之證明,亦無由知其爲回紇也。元人目中所謂回紇卽回回,而回鶻則畏吾兒也,辨見前節,不復贅。道園學古錄(二八)有寄三衢守馬九皋詩,知九皋曾爲三衢守。雁門集則有三衢守馬昂夫索題爛柯山石橋詩,又有寄馬昂夫總管詩,薩龍光注(十二)謂是一人,先爲三衢守,後爲太平路總管也。元風雅有馬昂夫送僧詩,注曰達魯花赤,疑卽此人。然元曲選載'涵虛子詞品,'評元代曲家有云:

貫酸齋如天馬脫羈。馬九皋如松陰鳴鶴。阿魯威如鶴唳青霄。薩天錫如天風環珮。薛昂夫(即薛超吾)如雪窗翠竹。不忽木如閒雲出岫。馬昂夫如秋蘭獨茂。是分馬九皋馬昂夫爲二人也。余在周德淸中原音韻,發見有西域人瑣非復初者,精音律,爲德淸所推服。德淸中原音韻後序云,'泰定甲子秋,予旣作中原音韻並起例,訪西域友人瑣非復初讀書是邦。同志羅宗信見餉,携東山之妓,開北海之樽。復初舉杯,謳者歌樂府"四塊玉,"至"彩扇歌,青樓飲,"宗信止其音而謂予曰,"彩字對青字而歌,青字爲晴。吾揣其音,此字合用平聲,必欲揚其音,而青字乃抑之,非也。"予因大笑,越其席捋其鬚而言曰,"信哉吉之多士!"語未訖,復初前驅紅袖而白同調歌曰,"買笑金,纏頭錦,則是矣。"乃復嘆曰,"予作樂府三十年,未有如今日之遇宗信知某曲之非,復初知某曲之是也!"遂捧巨觴於二公之前,口占折桂詞一闋,煩皓齒歌以送之,以報其能賞音也。'則德淸之傾倒於瑣非復初者至矣。

瑣非復初中原音韻序亦曰,'余勳業相門,貂蟬滿座,列伶女之國色,歌名公之俊詞,備嘗見聞矣。如大德天壽賀詞普天樂,音亮語熟,渾厚宮樣,黃鍾大呂之音也。跡之江南,無一二焉。吾友挺齋周德淸,以出類拔萃通濟之才,爲移宮換羽製作之具,所編中原音韻,並諸起例,能使四方出語不偏,作詞有法,皆發前人之所未發者。以余觀京師之目,聞雅樂之耳,而公議曰,德淸之韻,不獨中原,乃天下之正音也。德淸之詞,不惟江南,實當時之獨步也。'末署'西域拙齋瑣非復初序。'

觀此,則其一唱一和,互詡知音,相得極矣。瑣非復初號拙齋,德淸號挺齋,以齋爲號,亦當時顧曲家風尙。'勳業相門'云云,瑣非復初蓋貴介公子,貴介公子與聲色狗馬之好易近。瑣非復初貫雲石之所爲,蓋開納蘭性德諸人之先例者也。

西域貴介之擅名樂府,而在貫雲石之先者,有不忽木。不忽木作品,傳者特少,太和正音譜僅錄其鵲踏枝散套云,

> 臣則待醉江樓,臥山丘,一任教談笑虛名,小子封侯。臣向仕路上爲官倦守,枉沉埋了錦帶吳鈎。(全文見陽春白雪后集二)

元詩選癸之乙,僅錄其過贊皇五馬山泉七絕一首云,

> 相彼山泉源本清,太平君子濯塵纓。泠泠似與遊人說,說盡今來往古情。

雖一爪一鱗,然流麗可喜。涵虛子詞品比之爲'閒雲出岫,'必有所見也。鍾嗣成錄鬼簿以與貫雲石薩都剌並稱,特許爲公卿居要路者所獨擅,而深致不滿於平民。其言曰,'前輩已死名公,有樂府行於世者,不忽木平章,貫酸齋學士等三十一人。方今名公,薩天錫照磨等十人。右前輩公卿居要路者,皆高才重名,亦於樂府留心,蓋文章政事,一代典型,乃平日之所學,而歌曲詞章,由於和順積中,英華自然發外。自有樂章以來,得其名者止於此。蓋風流蘊藉,自天性中來,若夫村樸鄙陋,固不必論也。'鍾嗣成蓋以歌曲詞章之事,出於天才,惟貴介爲易得名,而元時貴介西域人特多,此西域人所以在元朝文學界中占有重要地位也。

排印本

元西域人華化考下

陳垣援庵撰

燕京大學燕京學報編輯會

元西域人華化考下目錄

排印本

元西域人華化考下

陳垣

第五 美術篇

一 西域之中國書家

廉希貢等二十五人　巎巎　泰不華
貫雲石　余闕　盛熙明

書法在中國爲藝術之一，以其爲象形文字，而又有篆，隸，楷，草各體之不同，數千年來，遂蔚爲藝術史上一大觀。然在拼音文字種族中，求能執筆爲中國書；已極不易得；況云工乎？故非浸潤於中國文字經若干時，實無由言中國書法也。元人入中國不及百年，色目人醉心華化；日與中國文字相接觸；耳濡目染，以書名當世者大不乏人。欲考此種事實；比他篇爲易；以有元末人現成之書史會要，具載歷代書家，直至於元，略爲鈎稽，即可知西域人能書者有若干人，不勞遍搜羣籍也。茲將書史會要中元時西域書家鈎稽如下：

廉希貢，字蕙林，畏吾人。官至昭文館大學士。善扁牓大字。（鮮于樞困學齋雜錄作于闐人）。

貫雲石，北庭人。官至翰林侍讀學士。豪爽有風概，富文學，工翰墨。其名章俊語，流于豪端者，怪怪奇奇，若不凝滯于物。即其書而知其胸中之所養矣。

余闕，武威人。登進士第，官至浙東肅政廉訪司副使。風采峭整，工篆，隸，字體淳古。

盛熙明,其先曲鮮人,後居豫章。淸修勤飭,篤學多材,工翰墨,能通六國書。至正甲申,以所編法書考八卷進。上覽之徹卷,命藏禁中。

甘立,字允從,河西人。官至中書檢校。才具秀拔,亦善書札。

巎巎,號正齋,恕叟,康里人。官至翰林學士承旨。風流儒雅,博涉經史,刻意翰墨。正書師虞永興,行草師鍾太傅、王右軍。筆畫遒媚,轉摺圓勁,名重一時。評者謂國朝以書名世者,自趙魏公後,便及公也。

回回,字子淵。巎巎弟。官至中書平章政事。正書宗顏魯公,甚得其體。

回回係巎巎兄。回回生至元二十年,巎巎生元貞元年,此云弟者,誤也。

阿尼哥,字西軒,蒙古人。官至大司徒。善大字。(元史方技傳,作尼波羅國人。)

泰不華,元名達溥化,御賜今名,號白野,蒙古人。狀元及第,官至浙東宣慰元帥。以淸厲顯名,骨鯁不同于物。篆書師徐鉉、張有,稍變其法,自成一家,行筆亦圓熟,常以漢刻題額字法題今代碑額,極高古可尙,非他人所能及。正書宗歐陽率更,亦有體格。

泰不華,伯牙吾氏,是色目,非蒙古,辨見儒學篇。輟耕錄載蒙古七十二種,無伯牙吾氏。元史氏族表列泰不華於欽察。曰:"欽察者,西北部落。其先曲出,自武平折連川徙居西北玉里伯里山,因所居伯牙吾山爲氏,號其國曰欽察。"曾廉元書卷八十二,直曰:"泰不華,欽察人也。" 屠寄蒙兀兒史后妃列傳注曰:"元之欽察,其先本奚種,徙居西北玉耳別里山,然仍以舊日東方所居之巴牙兀山爲氏,不忘本也。" 遼金元姓譜列以山爲姓類中。元成宗后有伯岳吾氏。(元史一一四)順帝后燕鐵木兒女,欽察氏。據燕鐵木兒傳,(元史一三八)后亦伯牙吾氏。則伯牙吾氏之泰不華,果欽察,非蒙古也。

斡玉倫都,字克莊,西夏人。官至山南廉訪使。文章事業,夐出人表。書蹟亦佳。

薩都剌,回紇人。官至淮西廉訪司經歷。有詩名,善楷書。

道童,字石巖,蒙古人。官至江西行省平章政事。姿儀雄偉,尤工大字,能作雙鈎書。(元史(一四四)作高昌人。)

慶童,字正臣,康里人。官至中書右丞相。器量弘重,善大字。(元史(一四二)字明德。)

沙剌班,字惟中,蒙古人。官至集賢大學士。善大字。(元史類編三十六:字敬臣,號山齋,畏吾人。能詩文,每與張翥論文,翥多屈服。)

達識帖木兒,字九成,康里人。官至江浙行省丞相。知讀書,能詩。大字學釋溥光,小字亦有骼力。

伯顏不花的斤,字蒼巖,高昌國王子,鮮于太常甥。官至江東廉訪副使。介立不羣,草書似其舅氏。(元史一九五忠義傳:字蒼崖,畏吾兒氏。)

康里不花,字普修,也里可溫人。官至海北廉訪使。篤志墳籍,至于百氏數術,無不研覽,書宗二王。

桀僧,字子仁,回紇人。登進士第,官至江浙行樞密經歷。楷書師虞永興。

喜山,字近仁,畏吾人。官至集賢都事。工書。(佩文書畫譜三十六引,誤作進仁。)

隱也那失理,字處元,畏吾人。楷書學虞永興。

右二十人,見書史會要卷七,

邊魯,字魯生,鄗下人。工古文,奇字。(據西湖竹枝詞知爲北庭人。)

馬九皋以字行,回紇人。官至太平路總管。能篆書。弟九霄亦能之。

哈喇,字元素,也里可溫人。登進士第,官至中政院使。能文辭,書宗巙正齋。

趙夫人鸞,字應善,雍古部氏,中書平章世延女,中書參政許有壬室。朗惠厚靜,能琴書,善筆札。(據陳旅撰墓誌銘字善應。)

右五人,見書史會要補遺。

元代西域書家,略備於是。觀其次第,大約不依時代,隨手記錄;如余闕在巙巙之前是也。西域人書名,巙巙最盛。元史本傳(一四三)稱巙巙書得晉人筆意,單牘片紙,人爭寶之,不翅金玉。式古堂書考(二十)載張燦趙巙二公翰墨歌有云:

元朝翰墨誰擅場?北巙南趙高頡頏。二公才名蓋當世,片楮傳播如珪璋。子山學士位館閣,天水王孫登玉堂。官居位望正相似,後先雙璧聯輝光。

北巙南趙,係當時通稱,然巙書實不如趙。其有此稱譽者,半因位望甚高,半因系出西域,希有可貴也。巙巙墨蹟及碑刻傳世者,亦遠不如趙之衆。式古堂書考(十七)著錄者,有:

十二月十二日帖　　臨懷素自叙卷　　書梓人傳卷

三希堂石渠寶笈(二十三册)有:

漁父辭　顏魯公書論

皆有聲於時者也。然其碑刻之見於寰宇訪碑錄(十二)者,有:

贈禮部尙書晁公神道碑(無年月)	山東鄆城
大都城隍廟碑(至順二年)	直隸大興
敕修曲阜宣聖廟碑並碑陰題名(至元五年十一月)	山東曲阜
贈江南行省參知政事張思忠碑(至元六年九月)	河南鞏縣
與王由義書(至正元年)	陝西朝邑
王氏世德碑(至正元年)	陝西朝邑
集慶路卞將軍新廟記(至正五年十一月)	江蘇江甯
少林寺達摩大師碑(至正七年)	河南登封
王節婦碑陰淸風篇(無年月)	浙江山陰

等九種。其見於吳式芬攈古錄十九者,有:

甯國路總管府推官楊載墓誌(泰定三年)	江蘇吳縣
飛騎尉楊君世慶碑(元統三年三月)	河南澠池
中順大夫竹溫台碑(至元元年)	烏蘭城(城原作坡)
中順大夫達魯花赤口公碑(至元四年五月)	烏丹城
佛慧圓明正覺普度禪師斷崖義公塔銘篆額(至元六年三月)	浙江口口
慕容氏先塋碑篆額(至元六年五月)	山東城武

等六種。倘全拓而影印傳之,亦一美舉也。巙巙康里部人,康里爲北赤所封地,在鹹海北岸,今爲南俄羅斯地。時人嘗仰慕

俄國文學,豈知此間六百年前,乃有多數邃於華學之人耶?

然須知巎巎等之得名,用力至深,用功至勤,非浪得時名者比。山居新話,輟耕錄(十五)均載有巎巎與客問答一則云:"江浙平章子山公,書法妙一時,自松雪翁之後便及之。嘗問客:'有人一日能寫幾字?' 客曰:'聞趙學士言,一日可寫萬字。' 公曰:'余一日寫三萬字,未嘗以力倦而輟筆。' 其精力如此,實爲可驚,不知今日青年聞之,作何感想也。

泰不華,伯牙吾氏,伯牙吾一作白野,故泰不華恆自署白野泰不華,人亦稱爲白野尚書。蘇天爵滋溪文集(三十)有題泰不華自書所作詩後。云:"白野尚書,向居會稽。登東山,泛曲水,日與高人羽客游。間遇佳紙,妙墨,輒書所作歌詩以自適。清標雅韻,蔚有晉唐風度。予猶及見尚書先考郡侯,敦龐質實,宛如古人,而於華言尚未深曉;今有子如此,信乎國家文治之盛,而貢舉得賢之效,益可徵焉。

讀天爵此文,可證元時西域人同化之速。始予研究此事,以爲西域人同化中國,必其人入居中國已一二世,或百數十年。今覩天爵所言,則泰不華之父,尚純然一西域人,華言尚未深曉,而其子乃能邃於華學若此。可見文化之感人,其效比武力爲大。天爵歸功於貢舉,特皮毛之論耳。巎巎貫雲石,何嘗出於貢舉也。惟泰不華遺蹟之傳於今者,比巎巎更少。近年海上有珂羅版印元八家法書中有泰不華行書贈堅上人重往江西謁虞閣老七言律一首,爲元詩選顧北集所未載。詩云:

昔年曾到楚江干,採得驪珠振錫還。憶著匡廬成獨往,眼中秦望共誰攀! 蘗華牢落金閨彥,烟雨淒迷玉笥山,絕代佳人憐庾信,早年詞賦動天顏。

風華掩映,可稱美絕。不知何人所藏。寰宇訪碑錄(十二)有泰不華所書碑四通:

1 重修南鎮廟記,八分書,(至正四年四月) 浙江山陰
攈古錄作會稽

2 重建鳳山上乘寺記(至正七年八月) 浙江上虞

3 祈澤治平寺佛殿碑(至正九年四月) 江蘇上元

4 郎王節婦碑,篆書,其碑陰巎巎書也, 浙江山陰

泰不華並通小學,善篆,隸,溫潤遒勁,嘗重類復古編十卷。元史(一四三)本傳稱其考正譌字,於經史多有據。御選元詩(五六)載鄭韶贈泰不華詩。有句云:"古篆久知通史籀,新詩端擬過黃初。"其才華之美可想。泰不華篆額見於攈古錄卷十九及二十者,有:

覺苑寺興造記(至正三年三月) 浙江蕭山

重建儒學記(至正五年七月) 浙江會稽

重建旌忠廟記(至正七年) 浙江會稽

重修鄞縣學記(至正九年九月) 浙江鄞縣

重修后土廟記(至正十一年七月) 陝西渭南

重修后土祠記(至正十四年) 拓本

貫雲石亦工書。陳基夷白齋外集(卷下)跋其書歸去來辭云:"酸齋公如冥鴻逸驥,不受繒繳羈靮;而其蟬脫穢濁,逍遙放浪,而與造物者游,近世蓋未有能及之者。其自謂平日不寫古今人詩,而獨慕陶靖節之爲人,書其歸去來辭,觀者殆不可以尋常筆墨蹊徑求之也。

余闕篆亦有名。宋濂芝園續集(卷六)題余闕篆書後云:"右四大篆,豳國忠宣公余闕爲浦陽戴君叔能書。至正九年,公持使者節來鎮浙部,濂偕叔能往見,公獎勵甚至,且各書齋扁爲贈。公文與詩,皆超逸絕倫,書亦清勁,與人相類。其忠義之氣,雖所書不工,猶當傳之萬世,况能臻其妙者乎? 此紙所在,定有神物呵護,不可徒以翰墨視之。"佩文書畫譜(三八)引紫桃軒又綴云:"余忠宣小字似不經意,而豐處有褚遂良,澰倒處有楊景度林藻,豈漫不留意於墨池者所能符合邪?"書以人重,美者固美,即不甚美者,卽將以景仰之意而美化之矣。

西域人中有著書專論書法者,龜茲盛熙明也。熙明以能書辟奎章閣書史,著法書考八卷進呈。清四庫著錄,楝亭十二種刻之。卷首有虞集歐陽玄揭奚斯三序。揭序稱盛氏之先,曲鮮人,今家豫章。書史會要之說,卽本於此。道園學古錄(卷三)有題東平王與盛熙明手卷詩,作曲先盛熙明。元史類編(三六)誤曲鮮爲鮮卑。歐陽序謂:熙明爲龜茲人,刻意攻書,而能研究宗原,作爲是書。運筆之妙,評書之精,非老於斲輪者,疇克如是云云。夫以西域人而工中國之書,已屬難能,况又以其研究所及,著爲成書,以詔當世,豈非空前盛業乎? 朱彝尊曝書亭集卷四〇三,有是書跋,稱其文約,其旨該,不意九州之外,乃有此人云。熙明並學佛能詩,著補陀洛迦山考,見道光普陀山志。(十五)元詩選癸之壬,錄其遊補陀落迦山七言律一首。龜茲本佛國,其學佛固不奇也。

吾見元西域人能書,而書史會要不載者有贍思。張相文先生曾示我哈珊神道碑,請爲題跋,蓋贍思八分書也。體勢波磔,用力極深,而竟無書名;其書名爲文名所掩也。

二　西域之中國畫家

邊魯　高克恭　伯顏不花　丁野夫

中國畫有中國畫特色。以元版圖之大,卽有西域畫家挾意大利波斯土耳其之畫法,以顯於中國,如清之郎世寧艾啓蒙者,亦並不奇;然此之所謂畫家,乃中國畫法,非西域畫法;故不曰西域畫家,而曰西域之中國畫家也。考元代畫家,亦有極現成之書,卽元夏文彥之圖繪寶鑑。其叙述歷代畫家,直至元季,與陶宗儀書史會要相同。今特鈎稽其卷五中西域人善中國畫者,以張吾西域人華化之説。

邊魯字至愚,號魯生。善畫墨戲花鳥。

高克恭,字彥敬,號房山。其先西域人,後居燕京。官至刑部尙書。善山水,始師二米,後學董源李成。墨竹學黃華,大有思致。怪石噴浪,灘頭水口,烘瑣潑染,作者鮮及。

伯顏不花,高昌世子,鮮于伯幾甥,號蒼巖。官至江東廉訪副使,工畫龍。

丁野夫,回紇人。畫山水人物,學馬遠夏圭筆法頗類。

邊魯北庭人,據西湖竹枝集,魯善古樂府詩,尤工畫花竹,權貴人不能以勢約之。書史會要並稱其工書也。元時畫家有大名,能與趙孟頫抗行者惟高克恭。克恭兼有詩名。元文類選西域人詩五家,馬祖常外,選高克恭詩比三家特多。輟耕錄(二六)詩畫題三絶一條云:"高文簡公一日與客遊西湖,見素屛潔雅,乘興畫奇石古木。數日後,文敏公爲補叢竹,虞文靖公題詩其上。有:'國朝名筆誰第一,尙書醉後妙無敵,(元詩選房山集小傳,誤稱爲趙孟頫詩)趙公自是眞天人,獨與尙書情最親。'等句,此圖遂成三絕。" 以高配趙,正與書家之以巎巎配趙者相同。元朝書畫,推趙獨步,然與趙頡頏者,書畫皆西域人;亦足見元西域人天資學力,並不讓漢人也。董其昌對於以高配趙之說,初頗懷疑,後乃翕服。試觀畫旨所述,前後持論不同。畫旨云:"元季四大家,以黃公望爲冠,而王蒙倪瓚吳仲圭與之對壘,此數公評畫,必以高彥敬配趙文敏,恐非耦也。" 而其後云:"高彥敬尙書,載吾松上海誌。元末避兵,子孫世居海上。余曾祖母,尙書之雲孫女也,余好爲山水小景,似亦有因。勝國名手以趙吳興爲神品,而雲林以鷗波房山所稱許者,或有異同,此繇未見房山眞跡耳。余得大桃村圖,乃高尙書眞跡,烟雲淡蕩,格韻俱超,果非子久山樵所能夢見也," 又云:"趙集賢畫爲元人冠冕,獨推重高彥敬,如後生事名家;而倪迂黃子久畫云,雖不能夢見房山,特有筆意;則高尙書之品,幾與吳興埒矣," 初則曰:"高與趙恐非耦,"再則曰:"未見房山眞跡耳,"三則曰:"高之品幾與吳興埒矣,"終更推爲古今一人。曰:"詩至少陵,書至魯公,畫至二米,古今之變,天下之能事畢矣,'獨高彥敬兼有衆長,出新意於法度之中,寄妙理於豪放之外,所謂游刃餘地,運斤成風,古今一人而已。" 今將高克恭畫之見於元人題詠者,略舉其目如下:

桑落洲望廬山圖	雲林煙嶂圖	越山圖
山邨圖	夜山圖	秋山暮靄圖
墨竹圖	靑山白雲圖	滄洲石林圖

倣老米雲山圖　　煙嶺雲林圖　　山村隱居圖
秋山過雨圖　　春雲曉靄圖　　墨竹坡石圖
雲山雙鶴圖　　越山春曉圖

其尤習見者,爲夜山圖及秋山暮靄圖二幀。當時有名詩人,題詠殆遍。盲詩人侯克中亦有二絕句。夜山圖云:"幽人淸夜思高閒,誤落龍眠筆硏間,萬仞峰巒千里月,廣寒宮裏看三山。"越山春曉圖云:"滿目烟嵐滿意春,江山如畫畫如眞;巖巖萬壑千峰秀,可惜中間無一人。"見侯克中所著艮齋詩集,(卷十)所謂無目者且知其姣也。今故宮博物院所藏高克恭畫,爲吾所見者,尙十餘軸。雖眞僞一時莫辨,然已震而驚之矣。鄧文原巴西集,(卷下)有尙書高公行狀,述克恭生平行誼至詳,稱其"畫墨竹妙處,不減文湖州。畫山水初學米氏父子,後乃用李成董元巨然法,造詣精絕。公卒後,購公遺墨者,一紙率百千緡,其爲時見重如此。"其畫純中國法,且爲米氏父子以來之變法,與帶有匠氣之界畫,迥然不同。其爲詩亦不尙鈎棘,自得天趣。柳貫待制集(十八)題姚子敬書高彥敬絕句詩後有云:"高公畫入能品,故其詩神超韻勝,如王摩詰,在輞川莊,李伯時泊皖口舟中,思與境會,脫口成章,自有一種奇秀之氣。胡應麟詩藪外編六云:"宋以前詩文書畫,人各自名,即有兼長,不過一二。勝國則文士鮮不能詩,詩流靡不工書,且時旁及繪事,亦前代所無也。"高克恭即詩書兼長之一人。

然克恭究爲西域何許人,亟欲研究之,惜書闕有間矣。據鄧文原高公行狀,已言譜牒散佚,莫迹其所始;然尙知其祖名樂道,父名亨,字嘉甫。觀其命名,知其受華化已深。又言嘉甫力學，不事權貴，朝夕講肄，遂得大究於易，詩，書，春秋，及關洛諸先生緒言，則儼然儒者也。克恭蚤習父訓，於經籍奧義，靡不口誦心研，務極源委，則亦純然儒者也。然克恭之婿爲烏伯都剌，烏伯都剌者何人？泰定帝時中書平章政事，文宗朝所目爲奸臣者也。此元朝家事，吾人今日正不必爲左右袒；惟元史不爲烏伯都剌立傳，烏伯都剌事蹟，僅散見於本紀及宰相表中。烏伯都剌爲回回人，其父益福的哈魯丁，有大勳勞於回回文字。此研究元朝文化史者，不可不注意之事也。元史釋老傳，世祖至元六年以前，施用文字，悉用漢楷及畏吾兒字，六年頒行蒙古新字，凡璽書頒降，並用新字，仍各以其國字副之。選舉志言至元二十六年，尚書省言亦思替非文字，宜施於用。今翰林院益福的哈魯丁能通其字學，乞授以學士之職，凡公卿大夫與夫富民之子，皆依漢人入學之制，日肄習之。帝可其奏。是歲八月，始置回回國子學，至仁宗延祐元年四月，復置回回國子監。（參百官志）黃金華文集卷八，翰林國史院題名記云：“先是蒙古新字，及亦思替非，並敎習於本院，今回回學士亦省，而亦思替非以待制兼掌之。”試綜合此種種史料，則知元初只用畏吾兒字及漢字；至元六年始頒行蒙古新字；至元二十六年又以與西域諸國交通頻繁，始置回回國子學，敎習亦思替非文字；文宗以後，中央勢力大衰，西北三藩，漸失其統馭能力，交通幾乎斷絕，而亦思替非之用亦稀，故以待制兼掌之，而回回學士亦省也。蓋元制文字用途之區別，雖以蒙古新字爲主，而不甚通行，有所頒布，須各以其國字爲副。大抵漢字用於中國本部，畏吾兒字用於葱嶺以東，亦思替非文字用於葱嶺以西諸國也。亦思替非簡稱亦思替。元典章卷七,吏部正七品官有教習亦思替文字博士。吾頗疑亦思替爲粟特之異譯。粟特國見魏書西域傳。粟特語唐以前盛行於中亞細亞,回教興後,波斯語漸代之。亦思替非 Istakhr 爲波斯古代都城之名,亦思替非文字者,波斯文字也。回回國子學者,教習波斯文字者也。元時所謂回回文字,實波斯文字;益福的哈魯丁能通其字學,爲回回國子學開始教授者之一人,故曰益福的哈魯丁有大勳勞於元時回回文字也。

益福的哈魯丁元史亦無傳,何以知爲烏伯都剌之父,則據程鉅夫雪樓集(卷二)有烏伯都剌三代封制。烏伯都剌祖爲札剌魯丁,曾祖爲木沙剌福丁,皆回回人名。四庫本改烏伯都剌爲額卜德呼勒,改益福的哈魯丁,爲伊卜德噶羅丹,不知作何語矣。烏伯都剌爲高克恭之婿,益福的哈魯丁爲高克恭之親家,以此斷高克恭爲回回人。即後有發見,亦可信其無誤。倪瓚清閟閣集(卷九)云:"高房山清節雅尙,有馬先生,亦其國人,遂號彥敬,蓋司馬慕藺之意。"所謂馬先生者,回回國人無疑。清河書畫舫(綠字號)曰:"高士安,字彥敬回鶻人,"不知何據,不敢以證吾說。內閣書目三謂高文簡公名亨亦誤,應作父名亨。四庫總目以高克恭爲金人,而譏元藝圃集載入元詩爲失斷限,尤荒謬。今所欲知者,爲高克恭本身是否仍守回回教是也。據鄧文原高公行狀,"克恭卒之日,命喪葬用朱文公法,此心不以生死亂,衆謂講學之驗云,"則克恭已棄回從儒者也。然吾細察鄧文原所著行狀,有爲克恭隱飾意,應用回回處,輒易以西域。此元代文人習慣,其實系出回回,有何可諱。釋大訢題高彥敬墨竹云:"西域高侯自愛山,此君冰雪故相看。"(蒲室集) 柯九思題秋山暮靄圖云:"三代以來推盛世,九州之外有斯人。"(丹邱生稿)周伯琦題青山白雲圖云:"西域才人畫似詩,雲山高下墨淋漓。"(式古堂畫考十七) 危素題高房山畫云:"房山居士高使君,系出西域才超羣。"(鐵網珊瑚卷三) 凡此皆不能忘其爲西域人,而未聞有以回回二字入詩者。西域之名,出於漢以前,回回之名,起於晚近,貴遠賤近,人性然也。

謂丁野夫爲回紇人,亦此意。元人公牘文字,多從俗用回回,至於士夫執筆爲文,則輒易回回爲回紇;以回紇之名較古雅也。朱德潤題高彥敬房山圖云:"高侯回紇長髯客,唾灑冰紈作秋色。"(存復齋集卷十) 其例也。迺賢合魯人,而必稱之爲葛邏祿者,亦用唐以前名也。今吾人目中又與元人異;回回係指阿薩蘭教徒,其祖國在今阿剌伯;回紇則北方一種族,曾有功於唐,改名爲回鶻;高昌北庭,其餘裔也,元人謂之畏吾兒,邊魯,伯顏不花其人也。據繪事備考,邊魯作品,有羣鴉話寒圖,蘆汀宿雁圖,水墨牡丹圖等,皆中國畫,非西域畫。伯顏不花以龍名。繪事備考載有衮霧戲波龍圖,坐龍圖,出山子母龍圖,戲龍圖等,亦中國畫所特有也。

元西域人無畫名,而有畫傳於世者,吾見故宮博物院有薩都剌嚴陵釣台圖一軸,又有梅雀一軸,爲延祐二年春寫。並題句云:"香滿疎簾月滿庭,風檐鳴鐵研池冰,夜寒人靜梟禽語,卻憶羅浮雪外登。"極有高致,詩爲今雁門集所不載。

三　西域人之中國建築

也黑迭兒燕京宮闕

元西域人華化考下

凡考一代之美術,必兼考其建築遺物;顧吾國言建築者向無專書,而元西域人建築之存於今者尤罕。廣州之懷聖寺塔,修於至正十年,有郭嘉爲之記,見道光南海志二十九。泉州之清凈寺塔,修於至正九年,有吳鑒爲之記,見閩書七。杭州有眞敎寺,延祐間建,見西湖遊覽志十八。四明有禮拜寺二,延祐以後建,見至正四明續志十。略可代表元時回回敎建築。鎭江有也里可溫寺八,杭州有也里可溫寺一,至元十八年以後建,見至順鎭江志九,及西湖遊覽志十六。甘州有十字寺,見元史三十八。揚州有十字寺,見元典章三十六。略可代表元時基督敎建築。泉州華表山有摩尼敎草菴,見閩書七。略可代表元時摩尼敎建築。然此諸建築,今多不存,即存亦只可謂爲西域人建築,不可謂爲西域人之中國建築。

元時西域人中國建築有極偉大而爲吾人所未經注意者,無過於今北京之宮殿及都城。雖以朱彝尊之該博,而日下舊聞略之;雖以孫承澤之熟諳掌故,而春明夢餘錄亦略之;非有所諱言,即從來輕視工程學者之故也。予近從歐陽玄圭齋集(卷九)馬合馬沙碑,發見元時燕京都城及宮殿,爲大食國人也黑迭兒所建。也黑迭兒爲馬合馬沙之父,父子世綰元工部事;以大食國人而爲中國如許工程,實可驚也。碑云:

也黑迭兒系出西域,唐爲大食國人。世祖即祚,命董茶迭兒局。茶迭兒云者,國言廬帳之名也。至元三年,定都于燕,八月領茶迭兒局,諸色人匠總管府達魯花赤,兼領監宮殿。屬以大業甫定,國勢方張,宮室城邑,非鉅麗宏深,無以雄視八表;也黑迭兒受任勞勩,夙夜不遑,心講目算,指授肱麾,咸有成畫;

太史練日，冬卿掄材，魏闕端門，正朝路寢，便殿掖庭，承明之署，受釐之祠，宿衛之舍，衣食器御，百執事臣之居，以及池塘苑囿游觀之所，崇樓阿閣，縵廡飛簷，具以法。歲十二月，有旨命光祿大夫安肅張公柔，工部尚書段天祐，暨也黑迭兒同行工部，修築宮城。乃具畚鍤，乃樹楨幹，伐石運甓，縮版覆簣，兆人子來，厥基阜崇，厥址矩方，其直引繩，其堅凝金，又大稱旨。自是寵遇日隆，而筋力老矣。

也黑迭兒，元史無傳。世祖紀紀修築宮城事，只稱："至元三年十二月丁亥，詔安肅公張柔，行工部尚書段天祐等同行工部事，修築宮城。"而不及也黑迭兒，故自昔無人知有也黑迭兒也。遼金故城在今城西南，至元遷拓東北，分十一門，東西南三面，皆三門，北二門。至明乃大殺其北面，而稍拓其南面，東西各留二門，故至今九門，其面積已不若元時之大矣。然今人遊北京者，見城郭宮闕之美，猶輒驚其鉅麗，而孰知篳路藍縷以啓之者，乃出於大食國人也。也黑迭兒雖大食國人，其建築實漢法。元史（一二五）高智耀傳言："西北藩王遣使入朝，謂本朝舊俗與漢法異，今留漢地，建都邑城郭，儀文制度，遵用漢法，其故何如？"此即建築燕京時，西北藩王所來之質問也。然何以當時宮闕，必用漢人制度，則以元起朔漠，所居者特廬帳耳。也黑迭兒所典之茶迭兒局，即掌廬帳者。使以當王爲貴，則廬帳實貴於宮闕，而元人自知廬帳之陋，不如漢家宮闕之美，故雖以武力征服其人，而既入主中原，則不能不改從中原制度，所謂馬上得之，不能以馬上治之也。此亦元人自審除武力外，文明程度不及漢人，故不惜舍廬帳而用宮闕，而也黑迭兒深知其意，故採中國制度，而行以威加海內之規模；夫如是庶可懾服中國人，而不虞其竊笑矣。輟耕錄(二一)有宮闕制度一篇，垂四千五百言，知不足齋叢書有故宮遺錄一篇，垂二千六百餘言；述元時宮闕規模，宏偉極矣。吾人讀歐陽玄文，既知爲也黑迭兒所爲，今日不能不以此光榮，還諸勞力勞心之原主。雖當時行工部尚書者不止一人，元制，工部尚書三員，正三品，掌天下營造百工之政令；然張柔爲張弘範父，元史一四七有傳，武夫不諳工事，且翌年即卒，未覩其成，可無論矣。段天祐元史亦無傳，僅一七七吳元珪傳有云："至元二十六年，繕修宮城，尚書省奏役軍士萬人，留守司主之；元珪亟陳其不便；乃立武衛，繕理宮城，以留守段天祐兼都指揮使；知段天祐亦武人。至元三年與也黑迭兒修築宮城後，二十六年復修宮城；曾任大都留守司，兼武衛親軍都指揮使。元史卷九十百官志，大都留守司，秩正二品，掌守衛宮闕都城，調度本路供億諸務；卷八六.武衛親軍都指揮使司，秩正三品，掌修治城隍，及京師內外工役之事；(參兵志)此段天祐之職掌也。而也黑迭兒則領茶迭兒局，諸色人匠總管府；元史卷八五百官志，茶迭兒局總管府，秩正三品，管領諸色人匠造作等事；諸色人匠總管府，秩正三品，掌百工之技藝；試以二人職掌相比勘，則段天祐猶今步軍統領，而也黑迭兒則土木工程局長也。且也黑迭兒四世領茶迭兒局，授工部尚書，倘非工程世家，曷克有此。歐陽玄碑中所論，亦專以考工爲言，而深贊其建邦之能，世官之美；試登景山一望，當時之泱泱風度，恍惚猶在目前；而元史遺之，至創造主名，竟歸湮沒，不有此墓前片石，則也黑迭兒之心血，不與草木同腐者幾希。即云諛墓之文，恐有溢美；然世領工部，何能揑造。新元史(一三一)爲之補傳,宜矣;惟尙嫌未能發揮也黑迭兒建築之精神。竊以爲應置諸方技傳之首也,且氏族表作也黑,傳與目作也里亦應改正。

舊史世祖紀,"中統四年三月,亦黑迭兒丁請修瓊花島,不從。至元元年二月,修瓊花島。"亦黑迭兒丁者即也黑迭兒;瓊花島者即今北海。當未修築宮城之先,也黑迭兒曾請修北海,此又歐陽圭齋集所未言,而可見其爲建築學專家也。

四庫總目政書類存目考工之屬,有永樂大典本元內府宮殿制作一卷,不著撰人名氏。提要稱其記元代門廊宮殿制作甚詳,而譏其詞鄙俚冗贅,不類文士所爲。疑當時營繕曹司私相傳授之本,惜其書不傳;或即也黑迭兒之徒所撰未定;固不能以文士之文繩建築學者也。

第六　禮俗篇

一　西域人名氏效華俗

魯古訥丁	沙的行之	木撒飛
玉元鼎	合剌思	米少尹
獻思永	札馬魯丁	怯里木丁
拜住劉君定	李公敏	趙榮
劉因反對穜人效漢姓	吳海反對漢人冒國姓	
里氏慶源圖	浦氏定姓碑文	

趙翼二十二史箚記(三十)有元漢人多作蒙古名一條,以爲

自有賜名之例,漢人皆以蒙古名爲榮,故雖非賜名,亦多仿之;且元制本聽漢人學習蒙古語,惟其通習,故漢人多以蒙古語爲名;一時風會使然也。然以余所考,則與此所論,適得其反。試一檢元人文集,種人之請字請名者,觸目皆是。其人皆慕效華風,出於自願,並非有政府之獎勵及強迫,而皆以漢名爲榮。'且元制不禁種人學習漢文;故種人多以漢語爲名,亦一時風會。廉希憲,郝天挺,高克恭,趙世延,馬祖常,顏師聖,丁鶴年,等無論矣。安熙默庵文集(卷四)有御史和利公名字序一篇,云:"近世種人居中國者,類以華言譯其舊名,且或因名而命字焉。是雖非人道所當先,而亦古人遺意也。監察御史魯古訥丁,系出奈蠻和利氏,歷監濬邳兩州,(畿輔叢書本作西州)惻怛愛民,興學禮士。既終,家居待次,益自力問學,以求其所未至。間從予遊,刻意清苦,吾黨之士,鮮能及之。於其請字也,爲取崧高之詩,所謂'戎有良翰,文武是憲'者,以良翰易其名;且以周書'亂爲四輔'之語,合而字之曰憲輔;蓋亦因其舊名,而又因名以制字也。"末署大德甲辰著,是大德八年以前,西域人已多有華名者,故篇首云云也。

吳澄文正集字說更多,凡八十餘篇。其中西域人請字者,(卷五)有沙的行之字說,云:"上古有名而無字,質也;中古有名而有字,文也。九州之內尙文,則如中古之後;九州之外尙質,則如上古之時;其俗之不同也舊矣。皇朝區宇之廣,鴻濛以來所未有,九州內外,靡不臣屬,合諸國諸郡而爲一家,蓋各從其俗,而莫之或同者也。建康貳侯沙的公,西北貴族,其治所至有聲,同列嘉之,字之曰行之,以從中夏之俗。夫所貴乎中夏之俗者,以周公孔子之禮法可慕也,所慕乎周公孔子之禮法者,以行之爲貴也;蓋之切而行不繼則虛文耳,尙文而虛,不若尙質之實也;行之之行,旣取信於同列,行之之字,非直俾其名而已,抑亦表其實云。爲之書者吳興趙子昂,爲之說者臨川吳澄也。"此則以漢名爲榮,旣請名人爲之說,復請名人爲之書;雖非出於君主之賜,而出於同人之賜,其獎勸蓋在社會而不在政府。故一方政府以蒙古名賜漢人,而熱中利祿者趨之,一方社會以漢名贈色目人,而醉心文化者亦赴之也。

吳文正集(卷六)又有崇仁縣元侯木撒飛仁甫字說,於此義尤顯;幾有一字之褒,榮於華袞之意。曰:"崇仁夙稱壯邑,生齒之繁,習俗之美,他縣莫及。木撒飛承務郎,自州倅陞縣長,前時足跡不到江南,而涖政以來,凡所施設,無一不使民悅服,咸曰:'仁哉元侯,二三十年所未有也。'侯慕效華風,欲立字以副其名。夫字者匪但副其名而已,蓋將表其德也。於是表其可表之德,而字之曰仁甫,喜崇仁縣之得此仁侯也。"木撒飛純然爲一回敎人名,因其治化之美,而以中國之唯一美詞字之,褒之也。

同集同卷,又有玉元鼎字說。元鼎一學者,蓋先有漢名,而欲就其名以取得訓誨之義,亦近取諸身之法也。澄之言曰:"學者阿魯丁,以玉氏,以元鼎字,其先西域人也。始祖玉速阿剌,從太祖皇帝出征,爲勳舊世臣,名載國史,今其苗裔,乃能學於中夏,慕周公,孔子之道,可謂有光其先者矣。以其字而請敎訓之辭,予語之曰:'鼎者重大之器,其在於易,巽下離上之卦爲鼎,蓋取卑遜於內,文明於外之義。卑遜者進德之基,文明者進學之驗;進德在於克己,進學在於窮理;元鼎讀大學論語,其習所謂窮理,克己,實用其力而已。筆之爲元鼎字說以贈。'此則望文生義,而致勸勉之詞者也。

王惲秋澗集(四六)亦有西域人字說,而皆以英甫字之。其一爲忽治中名字說,曰:"予官御史時,聞今治中別乘合剌思憲功名,樂善言,而與士君子游。至元壬申秋,得同僚平陽,相接如平生懽。一日請名於予。君姓忽氏,蓋父字也。世爲唐瀚海軍都護府人。其國郊於乾兌之間;其人多沉鷙剛克,內明而外毅。吾子秉彝奇特,表著於一時,故以德輝名君,而英甫字之。蓋英者德之光發見於外者,甫者男子之美稱也。"

其二爲米少尹名字說曰:"劍倅米君,世爲西域人,性開敏,樂於爲善。予過劍浦,米來求名;因訓之曰:闓。闓者生其善心,顯其可踐迹也。內不先開,英何爲而發,故字曰英甫。"末署庚寅九月十二日。至元庚寅,距至元壬申,凡十八年,而兩西域人先後求名,皆以英甫字之,未知其偶合耶?抑以爲同是西域人,特取前時所以字西域人者字之耶?

許有壬至正集(六五)亦有西域人字說。其一爲皦思永字說曰:"西域生皦,大父嘗持憲數道,世賞在皦,自以年未及,學未充也,日種學績文,非儒生不交,紈綺氣習,濯刮殆盡,予與其外舅和叔監郡遊,時從過予;俾賦詩,每俄頃成,且清麗不苟。暇日請曰:'皦幸承下風,昆季爲華學,率以思冠其字,先生幸字之。'予觀世之人,習於近而不究其遠,狃於短而不求其長,天下之通患也;若世家子,則此疾尤痼;蓋不知思永之過也。書不云乎"愼厥身修思永,'故從其昆季之以思爲字也,而以思永字之。"

凡元人所謂紈綺氣習者,大抵指武功起家之色目人而言,未有指以詩書致卿相之漢人也。故其人多不學,而皦則盡反其故習,非儒生不交,可謂有華學之癖者矣。

其二爲丁慎之字說。丁慎之者,中書省玉典赤;玉典赤者,服役人也。非勳閥而執賤役,無所謂紈綺氣習矣,而習聞諸先生緒論,亦愛慕華風。許有壬曰:"中書玉典赤從予最久者,西域札馬魯丁。愼而寡言,若詩書漸習之有素者。再拜請曰:'細人世西域而生中國,又得親公之敎,幸閔而訓之字,得服以自勵。'予素愛其人,且服役幾年,所直幾官,而獨有見於吾輩,其可進也;於是即其人之長,字之曰愼之。且語之曰,若知愼之爲義乎?愼於言而言無過,愼於行而行無失,無所往而不愼,則將進乎善而爲成德之君子矣;愼之其益愼之哉。"

王沂伊濱集(十七)亦有西域人怯里木丁字說。以玉爲西方之物,遂取以名其人;不知古所謂出玉之國,實指于闐,于闐在葱嶺以東,其去波斯大食,尚較去中國爲遠也。曰:"監深州郡怯里木丁,西域人,世居什訥什勒國。唐初西域主阿喇愈氏,始用其國言撰字修書,以敎其人;怯里木丁之先,有能通其書與字者,故因其地而賜姓什納什勒。國初天戈西指,其四世祖某,以技藝故得徙中原,占籍趙之中山。監郡君與其弟舍克布問名與字於余。史稱漢使通西域,采玉石以歸,然則玉故西方之物也;什納什勒氏爲西域之鉅族,必知玉之所以爲貴;故余名監郡君曰瓚,字之曰淸之,名舍克布曰璋,字之曰敬之。夫思其名之貴,則知其所以自貴;思其字之美,則知所以全其美矣。"

凡此皆西域人之喜有漢名者也。喜有漢名之不已,又從而爲之說;一人爲之說之不已,更有以其名字爲題,遍徵當世士大夫詩文以爲樂者;此眞西域人愛慕華風之太過者也。

陳基夷白齋稿外集(卷下)有書太古字說後一篇,云:"河東運使高昌拜住公,字太古;中朝諸名公,爲文爲詩,以發明其義,無餘蘊矣,復俾某一言,以申其說,"則太古字說,當不止一篇矣。吾所見者有宋褧燕石集(十三)一篇,曰:"監察御史高昌拜住,字太古,諗予曰:'朋友命以字,舊矣;君文人,幸衍其義致我。'予辭曰:'予不啻不文,且有疑焉。太古當泰定初,丞秘書監,予嘗備員典校,時相先後,未始識其人;然聞公卿,大夫,士交口薦譽者十有五年矣。其言曰:太古不崖岸,不畦畛,不陷穽機巧,眞純樸茂,洞達樂易。今乃識其人;服用冠佩,車馬屋室,殊非洪荒之世,大庭赫胥之民,無標枝野鹿之態。或者哂曰:子論人以心乎?顧以迹乎?不崖岸,不畦畛,不陷穽機巧,眞純樸茂,洞達樂易者,爲今人乎?爲古人乎?予斂衽嘆服其言之能釋予疑,遂志之爲太古字說。"觀此則太古之神情如繪矣;蓋明明一西域人,而愛慕華風者也;是不啻太古之像贊也。

然此所論,特名字耳,西域人於名字上效漢人加姓,亦當時風尚。燕石集(卷五)有太學生劉君定挽詩,原注云,君定西域人,延祐七年,中大都鄉試。石田集(卷九)有送李公敏之官序,云:余在河南即聞于闐人李君公敏能尊孔子之教,而變其俗。明史(一七一)有趙榮傳,云:"其先西域人,"此西域人之加漢姓者也。然種人加漢姓,當時學者實反對之。劉因靜修文集(十九)有古里氏名字序一篇,發表其極端反對之論;至將古里氏數世稱吳之例推翻之,而復乎古里;此則講學家之矯情奪理者也。其言曰:"吳景初請予制其子名,自叙其爲女眞人,本姓古里氏,以女眞諸姓各就其近似者易從中國姓,故古里氏例稱吳,已數世矣。"

予聞之,大以爲不可,夫姓氏乃先世有所受而傳之子孫,其脈絡截然有不敢毫髮亂者;今非有所禁,而自絕本根,附於他裔,顧乃因仍苟且,徇於流俗而不恤;彼兒子之名,何所不可,而反以爲問乎? 今先爲正其姓,然後名其子承,字之延伯,蓋示其不忘所天,而且有所貽也。" 夫吳景初所請者名耳,而劉因乃推翻其姓,何以爲情。古里氏是女眞,非色目,女眞在元本與漢人同列,其改漢姓猶不可,況色目乎? 劉因之說若行,則馬祖常趙世延等皆須去漢姓;然祖常世延等之漢姓可去,魏書官氏志所載元魏以來種人所改之漢姓,何從而去之? 種族狹隘之見,不應出於大一統之時,劉因之反對種人冒漢姓,防種族混合耳。然種族混合,於人類社會之進化爲害爲利,必有能言之者。後來吳海又持反對漢人冒國姓之論,其用意與劉因正同。

吳海聞過齋集(卷一)有王氏家譜敍,曰:'河西古諸羌。宋季元昊據之爲邊患,相繼用兵,士有陷沒者,雜爲夏人。元初得天下,賜姓唐兀氏,俾附國籍,次蒙古一等;河西而仕宦者,皆舍舊氏用新氏。國家尙寬厚,雖占舊氏不禁,然能存者僅一二數。今福建江西行省郎中王君翰,先世齊人沒元昊者,迺冠舊氏名上。一日出家譜相示,自曾祖以來,皆著私名,而以河西名綴。其意謂新氏迺天子所命而不敢違,舊氏乃祖宗所傳而不可棄,故兼錄之。噫世薄俗漓,人惟功利之趨,固有自毀其祖而冒國籍,以求仕之顯者,安有旣授賜姓,猶不忍舍其舊乎? 吾閱是譜,不覺爲之感歎;彼自棄其祖者使得觀是譜而能動心焉,庶亦可改也。"

雖然,以名爲姓,古所恆有。貫雲石以父名首字爲姓;薩都剌以自名首字爲姓,而稱薩氏子焉。不獨色目人如此,凡無氏姓之種人胥如此。揭傒斯文安集(卷九)有送燮元溥序,云:"廬州舒城長燮元溥,蒙古人。名燮理普化,無氏姓,故人取名之首字,加其字之上,若氏姓云者,以便稱謂;今天下之通俗也。"可見以名爲姓,實一極自然之稱謂,無得而議者。

程鉅夫雪樓集(十五)有里氏慶源圖引,述里氏定姓之由,可以推知西域各姓,皆有慕乎中華氏族之制而效之者也。曰:"氏族之制,所以定親疏,別嫌疑,厚人倫也。西北諸公,以名稱相呼,以部落爲屬,傳久而差,失眞尤甚,此里氏慶源圖之所以作乎?里氏者隆禧院使約著所自氏也。按里氏世高昌人,其俗大抵與諸國類;又世踩金革,雖豪王大族,能自系其所自出者無幾;惟里氏世仕其國爲大官,自大父撒吉思仗義歸朝,佐定中夏,其後列朝班寄方伯者六十人,亦旣盛矣。而隆禧君大懼世代日益遠,生齒日益衆,無命氏以相別,終亦茫唐杳眇,不可知而已;乃以身事本朝者,實自大父始,而大父之名,從世俗書,有從土從田之文,考若伯考之名,皆有里字,而春秋有里氏,遂自氏曰里氏;又遡而求之,定其可知者,至於今九世,系以爲譜;號曰,里氏慶源圖;而隆禧爲七世云。"

約著大父爲撒吉思,俗書吉從土,思從田,田土合而爲里,望文生訓,故以里爲氏。四庫本改撒吉思爲薩奇蘇,不獨失其命氏之意,且不知從土從田之謂何矣。

宋濂鑾坡集(卷七)有西域浦氏定姓碑文,述古今定姓之法尤詳;今節錄之,亦可見元西域人同化之往迹也。曰:"浦君西域阿魯溫人。高祖以上忘其名;曾祖哲立理,元太祖時遷幽之宛平,生同知温州路總管府事道吾;道吾生剌哲,剌哲生道剌沙,溥博,即浦君。其字爲仲淵,性穎悟,從名師傳,通毛氏箋。中至正壬寅江浙鄉闈一榜,辟教諭嘉興,遂占籍焉。夫西域諸國,初無氏系,唯隨其部族以爲號;蓋其族淳龐,其事簡略,所以易行;若吾浦君,居中夏聲名文物之區者三世,衣被乎書詩,服行乎禮義,而氏名猶存乎舊,無乃不可乎? 於是與薦紳先生謀,因其自名,而定以浦爲姓。昔者代北羣英,隨北魏遷河南者,皆革以華俗,改三字四字姓名爲單辭,而其他遵用夏法;今浦君之爲,上符古義,下合時宜,非卓見絕識,不得與於此。彼拘拘守常之士,則曰我先祖未之能行也,是惡足以論變通之故。"

變通云者,即同化也。溥博明係回回人。其兄名道剌沙,尤爲元代回回人習用之名;至溥博而字仲淵,則明明取中庸'溥博淵泉,而時出之,'之義;復通詩毛氏箋,則彬彬乎進文明之域矣。彼拘守常義,謂我先祖未之能行者;凡變一法,革一俗,必有同類阻撓之力,無古今中外皆然,浦氏定姓,不能獨免,故宋濂奬之。宋濂之識過劉因遠矣。

二 西域人喪葬效華俗

凱霖　　丁鶴年　　廉希憲

趙世延　　別的因　　也黑迭兒部人

畏吾兒喪事體例　禁色目人效漢法丁憂

人類社會最大之禮制,莫過於喪葬;然考元人喪葬,較考元人名氏爲難;因宋元人習慣,喜求人爲名字說,故易於考見,而關於喪葬之記載,則諸家著述極稀。許有壬至正集(五三)有西域

使者哈只哈心碑,言凱霖一家改革舊俗事甚詳。名氏喪葬,均改從華俗而不恤。凱霖兄弟,交許有壬久,故有壬備知之。其言曰:

"公諱哈只哈心,阿魯渾氏,西域人。隸王旭列邸,王邸在極西,遣公入覲計事;公夙慕中土,挈家行。初至和林,元帥荀公奇之,妻以女,生二子;長阿合馬,次阿散。麥砧哈檐,西域名族,念公賢,贅阿散其家,生二子;長暗都剌,次凱霖。暗都剌兄弟鞠於外家,攻儒書。既長,益習禮訓,謀於師友曰:'古之姓,或官或封,無常也;吾其從祖母之荀乎?'遂姓荀氏。又曰:'我兄弟讀書學禮無名字其可;名則不敢忘吾先,而字則從華可也。'於是師友相與字暗都剌曰平叔,凱霖曰和叔。"

此言凱霖兄弟名氏改從華俗之經過也。又云:

"和叔寶慶路邵陽縣達魯花赤,移彰德路臨漳縣,更移安陽;愛其山水,思妥其先,卜地司空村;有飄風旋塵爲涡,導馬首者七,衆皆見之;下馬默禱:'若吾祖考宜此地,當止,風卽泯滅而爲兆域,遷祖考妣,考妣,兄,以泰定四年二月葬焉。以公西來而爲使也,表之曰西使之阡。嫂姪繼母弟相繼沒,俱祔焉。"

又云:

"我元始征西北諸國,西域最先內附,故其國人柄用尤多。大賈擅水陸利,天下名城區邑,必居其津要,專其膏腴;然而求其善變者,則無幾也。居中土也,服食中土也,而惟其國俗是泥也。和叔則曰:'予非敢變予俗,而取擯於同類也;其戾於道者變焉。居是土也,服食是土也,是士之人與居也,予非樂于異俗,而求合於是也;居是而有見也,亦惟擇其是者而從焉。

自吾祖爲使而入中國,委骨於是,若詩,書,禮,樂,吾其可不從乎?俗之不同,理之頓異,吾其可從乎?' 於戲! 若和叔者,孟子所謂善變者也。其俗不銘而銘其先,其俗墓近人而必遠五害,此其變之小者也。"

此言凱霖遷葬其先人改從華俗之經過也。凱霖實回回人,其善變華俗如此,其持論之平允和靄又如此,字曰和叔宜矣。

凱霖而後,西域人喪葬改從華俗最著者,爲丁鶴年。戴良高士傳云,(九靈山房集十九)"鶴年父武昌公死時,鶴年年甫十二,已屹然如成人。其俗素短喪,鶴年以爲非古制,乃服斬衰三年;及夫人捐館舍,鶴年哀毀盡禮,鹽酪不入口者五年。" 此言鶴年喪制從華俗也。烏斯道丁孝子傳(春草齋集卷七)言:"鶴年避地二十餘年,兵後還武昌,訪生母葬地,自秋至冬,徧詢莫知者.鶴年作母主,蚤暮拜母主前,求五旬浹有報。拜至七日夜,夢母氏出高堂中,以慟卽寤。晨起,鄰老楊重者至,云:'吾昨夜夢子之母氏,堂宇間自內出,以酒肉見賜。'鶴年以夢母氏與鄰老同,試卽其地物色之;見平陸土有陷下者,意謂吾聞母葬時無棺槨,上覆敗舟板,人與板腐盡乃爾;遂陳酒肉以祭,祭畢,斸其土,骨果見;然恐他墓偶有同者,復嚙指血骨上,良久拭去,血骨通變茜色,乃收骨棺斂葬是鄉。鶴年廬墓終身,一時論者咸稱爲孝子。"此言鶴年葬法從華俗也。作母主以拜,陳酒肉以祭,皆漢法,非回回法。血骨棺斂,亦華俗,非回回俗。至於夢示葬處,與凱霖之風導馬首,同爲吾國說部習見之詞調,足見其受印象於華俗者深也。

然三年之喪,及丁憂之制,元初西域人已有行之者,不自鶴年等始也。元史(一二六)廉希憲傳:"至元元年丁母憂,率親族行古喪禮,勺飲不入口者三日,慟則嘔血,不能起,寢臥草土,廬於墓傍。宰執以憂制未定,欲極力起之;相與詣廬,聞號痛聲,竟不忍言。未幾,有詔奪情起復,希憲雖不敢違旨;然出則素服從事,入必縗絰。及喪父亦如之。又卷一八〇,趙世延傳:"元貞元年,除江南行御史臺都事,丁內艱不赴。"時丁憂之制,尙未著爲令甲也;然廉希憲趙世延已自行之。元典章(十一)大德八年詔書:"三年之喪,古今通制;今後除應當怯薛人員,征戍軍官外,其餘官吏父母喪亡,丁憂終制,方許敘仕。"是大德八年以前,實無丁憂限制也。故元史卷一七八梁曾傳云:大德元年除杭州路總管,四年,丁內艱;先是丁憂之制未行,曾上言請如禮。'此漢人自請如禮也。廉希憲趙世延非漢人,而亦熱心古禮。且元制凡關於中國禮俗之事,必令蒙古色目人除外,無限制之者。元史卷八三選舉志:"大德二年詔,凡値喪除蒙古色目人員各從本俗外,管軍官並朝廷職不可曠者,不拘此例。"斤斤然唯恐漢法之拘束之,而廉希憲趙世延乃樂於受古禮之拘束;此猶謂文人曾讀孔氏書者然耳。

而亦有非文人而用中國禮者。據黃溍金華集卷二八,答祿乃蠻氏先塋碑,乃蠻曲出祿後人,有別的因者,至元間爲池州台州兩路總管府達魯花赤,居喪用中國禮。黃溍稱之曰:"公之至孝,出於天性;蓋北方喪禮極簡,無衰麻哭踊之節,葬則刳木爲棺,不封不樹。飲酒食肉無所禁,見新月即釋服;迨公居張夫人之喪,始悉用中國禮,踰年乃從吉。"考張夫人之卒,在至元二十一年,時三年之喪未定,而別的因自行之,可見其受華化甚早也。

又有一事,足證元時西域人模倣中國習俗,應有盡有。前吾聞天主教人有不滿於利瑪竇者,至謂其京師阜城門外葬地有翁仲等供地下之驅遣,幸拳匪來,始發其覆云。吾疑其誣衊利瑪竇過甚,及見歐陽玄所爲馬合馬沙碑,(圭齋集卷九)始信天下事無奇不有,有非思想所能及者。馬合馬沙之父也黑迭兒,建築燕京宮城,已詳美術篇。碑稱:"也黑迭兒,以修築宮城有功,部人鑿石作像,髭髯咸肖,設置墓徐。族屬見之,謂其非法,謀棄隱處。世祖夜夢也黑迭兒,若有愬事,狀如生平;明發詔詰其家,以像事告;亟命止之。"斯事也,與天主教人誣利瑪竇之事甚相類。也黑迭兒爲回回教徒,回回教之厭惡偶像,比天主教過無不及,而也黑迭兒之墓道,竟有翁仲焉;此翁仲非出於華人,而出於部人;雖出於部人,而其子馬合馬沙任之,尤奇焉。特原碑所稱'亟命止之'者,止而不設乎?抑止而不棄乎?部人設置之,族屬謀棄之,也黑迭兒之示夢,取何態度?歐陽玄文'不明瞭。若也黑迭兒而不欲棄此石像也,則眞死心於中國化者矣;卽也黑迭兒而欲棄此石像,然其部人已設置之,亦可表示其部人之中國化。

尙有其他方法,足反證元時西域人喪葬有效漢俗者。(1)元典章(三十)有畏吾兒喪事體例,禁止畏吾兒效漢兒體例;必其有所效,而後有所禁也。其條文如下:

一件,休似漢兒體例行者,搭麻花,掛孝,穿團頭,都休穿帶者,燒了收骨殖呵!休似人模樣包裹者;休燒墓兒者;休引靈者;或是揀莫那個七條裹,休依漢兒體例。紙做來的金銀,紙房紙人,紙馬,襖子,休做者。

行御史臺准御史臺咨,承奉中書省劄付:"畏吾兒田地裏,從在先傳留下底各自體例有來。這漢兒田地裏的衆畏吾兒每,喪事體例,有呵自己體例落後了,隨着漢兒體例;又喪事多宰殺做來的勾當每。上位聽得上頭帖薛不速蠻也喪事裏,依各自體例行有;從今已後,這漢兒田地裏的衆畏吾兒每,喪事裏只依在先自已體例行者,漢兒體例休隨者。

漢兒田地裏的畏吾兒,即雜居漢地之畏吾兒。畏吾兒雜居漢地,即沾被漢化,雖有此反覆叮嚀之禁戒,奈衆楚人咻之何。帖薛,謂基督教徒。至元辨僞錄(卷三)所謂'迭屑人奉彌失訶,言得生天,'迭屑卽帖薛,彌失訶,近譯彌賽亞也。不速蠻謂回教徒,長春西遊記(卷上)所謂'至阿里馬城,鋪速滿國王領諸部人來迎,'鋪速滿,即不速蠻,或作木速兒蠻也。

(2)元史三十,泰定帝紀,"致和元年夏四月己亥,塔失帖木兒倒剌沙請凡蒙古色目人效漢法丁憂者,除其名。"丁憂之制,本蒙古色目人除外,其後蒙古色目人效漢法者衆,塔失帖木兒代表蒙古人,倒剌沙以回回代表色目人,各欲限制其本俗;然流風所被,莫之能禦也。元史三十二文宗紀,"天歷元年(即致和元年)十二月戊午,詔蒙古色目人願丁父母憂者,聽如舊制。"此卽取銷四月時倒剌沙之議。文宗黨深惡泰定黨,故特反其所爲;然亦因效漢法者慣例已成,除名不勝除,不若聽之爲便。元史八十三選舉志:"天曆二年,詔官吏丁憂,各依本俗;蒙古色目做效漢人者,不用部議;蒙古色目人願丁父母憂者聽。"此與文宗紀所記本同一事,特詳略稍殊。彼云天曆元年,此云天曆二年，實一事；天曆元年，十二月己丑朔，十二月戊午，除夕也，故選舉志繫之二年。不用部議者，不除其名；聽其自便也，不嘗明許之矣。

王禮麟原集(卷六)有義塚記一篇，言西域人以中國爲樂土，而不肯西歸。其詞曰："義塚者何。西域氏族塋也。營之者誰？吉安達魯花赤也。於是可知混一之盛矣。何也？西域之於中夏，言語嗜欲殊焉；雖漢唐以來，婚媾有之，然各懷舊族，不能離處他土，顧安有生西域而葬江南者。惟我皇元，肇基龍朔，創業垂統之際，西域與有勞焉；洎於世祖皇帝，四海爲家，聲教漸被，無此疆彼界，朔南名利之相往來，適千里者，如在戶庭，之萬里者，如出隣家，於是西域之仕於中朝，學於南夏，樂江湖而忘鄉國者衆矣；歲久家成，日暮途遠，尙何屑屑首丘之義乎？嗚呼！一視同仁，未有盛於今日也。"首邱之義不顧，尙何論乎葬儀，恐從華俗者衆矣。

三　西域人祠祭效華俗

馬慶祥褒忠廟　　馬合麻生祠

凱霖五龍廟　　馬合謨白龍潭廟

答失蠻靈隱寺佛像

古者有功於民則祀；建祠造像，所以崇德報功，其爲用與今之鑄銅像立紀念塔者無異。或一鄉一族中，不能不有一公共聚會之塲，於是立廟建祠，置彼此所共崇拜古先之象或主於其中，以伸景仰，亦人情所不能已也。愚者爲之，則信偶像之有靈，有向之禱祀邀福者矣。一神教徒所以以拜偶像爲大戒，而不容此等祠宇之存在也。然此特末流之失耳,與有功於民則祀之初旨何關。今人遊建國偉人銅像之旁,免冠致敬,瞻仰徘徊而不忍去,又胡爲者。不能以習俗儀節之不同,遂謂露天矗立之銅像爲優,而廟貌森嚴之偶像爲劣也。明乎此可以與言元時西域人關於祠祭之觀念。

始吾讀元遺山集(二七)恆州刺史馬君神道碑,知爲馬祖常之高祖馬慶祥,固明明基督敎世家也;(說見儒學篇)而馬慶祥沒後,金人爲立像汴京褒忠廟,歲時致祭,吾極疑之,以爲不應以此施之基督徒;既而思之,立像猶鑄銅像耳;歲時致祭,紀念云爾;所異乎銅像者,廟祀而已,有何不可。及讀周霆震石初集,(卷七)又有義兵萬戶馬合麻安塘生祠記,始知元人對於回敎徒,亦以此施之,所謂有功於民則祀也。其詞曰:

"今義兵萬戶馬合麻公致遠,撫士恤民,盡心報國,始終不渝。公之先,自西域徙京師,官遊四方,子孫益盛。致遠侍親杭浙以蔭補官,授廬陵井岡巡檢;職在察姦求盜,而所至書策自隨,深有意濂洛之學。事上接下,溫厚和平,至綱常大義所關,則正色凜然,不可毫髮忤,臨危涉險,慷慨出萬死如履坦途;蓋由詩書講貫之餘,有以察夫天理民彝,而此心之涵養有素也。於是里之父老相率立祠江滸,以繫其思,若召南甘棠之詩,西都循吏之傳,張益州畫像之彷彿其平生衣冠狀貌,有不自知其然而然者。雖公之德業聞望,不繫祠之有無;然人情感慕之誠,則必因祠以著。"

此文最能代表中國人所以立廟建祠之故,與一神敎徒所排斥之偶像,其性質絕對不同;所謂甘棠之思,感慕之誠,純爲紀念性質,何嘗有絲毫邀恩祈福之意;此而不許,非人情也。回教徒惡偶像比基督教徒尤甚;今安塘人乃以施之回教徒,未聞馬合麻有拒絕之詞也;以較也黑迭兒墓舍之翁仲,又進一步矣,因彼之像在翁仲,而此之祠在本身也;以較馬慶祥汴京之褒忠廟亦進一步矣,因彼之廟在死後,而此之祠在生前也。然此皆受人祠祭者耳,猶可謂其權不操諸己也,更有致祭於羣祀者,在元西域人中亦恆見之;奇其出於基督教及回教徒也,是眞深染中華習俗者矣。馬祖常石田集有陪可用中議祠星於天寶宮詩,薛漢宗海集又有送馬少卿伯庸南祀嵩恆淮瀆詩,固已絕非基督教世家所宜有矣。然其他詩文集中如此類題倘衆,且或出於回教徒,不勝引。年前基督教徒李和,以不肯祭關岳去官,吾在教部時,嘗値丁祭,辭不與也。夫嵩恆淮瀆,爲古諸侯所祭,載在典禮,馬祖常旣歸儒,宜可往祭;然有事不師古,迹涉荒唐,非佛非儒,等於迷信者,亦時見有一神教徒隨俗祭之,奇也。今舉安陽金石錄(卷十)五龍廟白龍潭二碑以著其例:五龍廟碑爲許有壬撰。其略曰:

"彰德路安陽縣西北五里,洹水之陽,有五龍廟。廟之下,水黑而深,洹水至是潴而後泄,其龍居之淵乎? 太原元裕之效虞初書,言明昌中,風拔廟樹,印地有蹟,事頗涉怪,而不及廟之建始何時。其號五者,具五方爲象設爾。以其禱之屢孚也;路達魯花赤荀公凱霖,同知阿藍,判官毛剌眞,嘗修其廢,築臺其前。至元四年戊寅,夏,旱甚,苗盡槁;荀公曰,'五龍廟効靈自昔協恭精禱,神其憫乎?' 於是率僚屬,齋沐,具香幣禱焉。戊子行事,雲乃起,是夕微雨;越翌日,雨大作,三日乃止;苗之槁者浡而興,市之閉遏者發,人之轉徙者息,病者以蘇,訛言以寂,豐凶笑顰,變乎旦夕。既報祀,安陽縣尹趙君時敏刻石以昭神貺,以逹邦君之休。"

原案,碑久毁沒,今据至正集(五二)補入;凱霖即前編西域使者哈只哈心碑之凱霖,固明明回敎徒也。五龍云云,與舊約書中以色列人之金牛犢何異,而凱霖竟隨俗祭之;出於中國官吏不奇,出於其他西域官吏亦不奇,出於回回敎世家之官吏則奇,習俗移人,抑官守有限也。

白龍潭廟碑爲王博文撰並書。其略曰:

"距城西南二十里潘流村,有白龍潭者,叢祠蔚然;其水不經見,其詳不得而攷焉;故老相傳,中有神物居之,頃年旱暵,有禱輒應。泰定丙寅,燕人馬合謨來守是邦,越明年丁卯秋旱,禱而果雨,遂割俸金,一新廟貌,所以答神貺也。又明年戊辰,實致和改元,正月不雨至六月,蹇陽肆凶,麥無完穗。太守有憂之,躬率僚屬,絕羶葷,去巾襪,徒步而詣所謂白龍潭者。即事之始,先以絳帕羃二瓶,置香案,謂之請聖水;得請則水滿其瓶,不得請則瓶空如故。於是祝奠如儀,肅拜無算;未幾,瓶中水滿,而絳帕不濡;擎水以歸,崇奉惟謹。居二日,陰雲四合,而雨乃大作;槁苗浡興,人心敉寧,歲號小稔。嗚呼!龍固靈物也,不有僉判等之精誠,無以見其神異;不有太守閔農憂,無以盡其虔禱之勞;太守固賢二千石,不有視民如傷之心,無以回天地之和氣;嗚呼,盛矣哉!

原案,碑亦佚,据鄭乘刪節本補入。碑所云云,實爲神話,而太守之虔禱,乃出於精誠,吾不知其信仰改變之心理若何,而中華習俗之移人,眞有可驚者。魯人獵較,孔子亦獵較,吾見今一神教徒之躋登顯要,輒改其故步,亦可持此解嘲乎? 其他祠廟碑刻中之西域人題名,尤不勝枚舉。大抵一廟一碑之立,凡官於斯土者,例得列名碑陰,不論其與本身之信仰若何也。攈古錄十八載山東臨朐縣碑,刻有沂山東鎭廟祭春記,爲至大四年馬合麻僕並書,皆西域人祠祭之效華俗者。前淸時回回教徒有官至三品即須反教之謠,吾聞而疑之,綜觀以上事實,則其說不爲無因歟。

兩浙金石志(卷十五)有元答失蠻重裝佛像題記,云:"靈隱禪寺伏承大功德主,開府儀同三司,上柱國,江浙等處行省口口左丞相,順口口答失蠻,布施金子彩色,重裝佛國山諸佛菩薩聖像,所集洪因,端爲祝延皇帝萬歲。至大三年九月日,住持僧正傳謹題,"記在西湖飛來峰,摩崖正書,十三行,字徑一寸餘。答失蠻元史無傳,其以答失蠻爲名,當然爲回教徒。重裝佛像何事,而可出於回教徒者。元史武宗紀載:"至大三年九月御史臺臣言,江浙省丞相答失蠻于天壽節日毆其平章政事孛蘭奚,事屬不敬。"云云,與此題記年月正合。是答失蠻一面出資重裝佛像,一面施其野蠻手段於大庭廣衆中毆人,亦元西域人之特色,出於鉅官,載之正史,均可爲發噱者也。

四 西域人居處效華俗

馬祖常石田山房　　余闕青陽山房

張閭益淸堂　　馬季子懷靜軒

忽都魯忠順堂　　守中霜月軒

錢實臣容膝軒	答里麻失理一淸堂
買閭一樂堂	偰公遠近思齋
仲禮九思堂	薩德彌實瑞竹堂
顏子中池亭	偰玉立絳守居園池
舍甫剌丁池圖	答彥修雲溪小像

居處能表現人之精神,簞瓢陋巷,顏子樂之,環堵蕭然,五柳先生晏如也,然此非所論於元西域人,因元西域人豐裕者多,貧乏者寡,無論如何,不致有環堵蕭然之景況也,惟名園別墅則有之,此唐風也。自唐以來,莊園之風極盛,離宮別館,棟棟相望,風氣所趨,西域人亦競相倣效。此其故半因豪富,半因愛慕華風。迨乎建置既繁,題榜署名,輒相因襲,王士點禁扁之作,即所以標異避同,其盛可想也。

馬祖常於淮南築別業,名石田山房,自爲圖記,(石田集附錄)指韻求詩。其詞有曰:"屋側有崇丘,可五七丈;溪水傍折而出,岸碕之上,嘉樹苞竹,薈蔚蔽虧;前爲木梁,梁溪而行;周垣悉編菅葦,門屋覆之以茨。歲時里隣,酒食往來,牛種田器,更相貰貸,寒冬不耕,其父老各率子若孫,持書笈來問孝經論語孔子之說。其耕之土雖磽瘠寡殖,不如江湖之沃饒,然猶愈於無業也。"此馬祖常之所居,以山房爲名,而以耕讀相標榜也。

余闕亦於淮西築別業,名青陽山房。儲書其中,屬新安程文爲之記,(青陽集附錄)曰:"青陽山房,在今廬州東南六十里巢湖之上,因山以爲名,武威余公讀書之處也。余公之未第也,躬耕山中,以養其親,即田舍置經史百家之書,釋耒則却坐而讀之,以求古聖賢之學,是時未有青陽山房之名也,及其出仕,不忘其初,乃闢其屋之隘陋而加葺焉,益儲書其中,冀休官需次之暇,以與里中子弟朋友講學於此,始有青陽山房之名。' 此余闕之所居,以山房爲名,而以耕讀相標榜也。

山房之名,宋始有之,大抵爲山居讀書之所。蘇軾東坡文集(五三)有李君山房記,云:"李公擇少時讀書廬山白石菴,公擇既去,山中之人思之,指其所居爲李氏山房。藏書九千餘卷,不藏於家而藏於故所居之僧舍,此仁者之心也。" 宋史(四一六)曹豳傳"豳知建昌縣,復故尚書李常山房,建齋舍以處諸生。" 是山房者實含有藏書以供人就讀之意,馬祖常余闕以是名其居,猶是宋人遺俗也。

張閭有益清堂,迺賢金臺集題益清堂詩序云:"閩海憲使合魯桓穆公,歸休嵩山之下,鑿池引流,列植卉木,扁其燕處之堂曰愛蓮。公沒,堂池逮廢,其孫國子生張閭伯高,謙恭好學,思繼先志,乃復增葺而新之,國子先生陳伯敷易其名曰益清。伯高謂余曰:'與君世寓南陽,且支裔聯屬,不可無作。' 因賦律詩十有四韻,以復其命。" 有'吾宗多秀發,公子獨清修'之句。張閭之張,漢姓也,不有此序,孰知其與迺賢同宗。今以益清名其堂,蓋有取於愈進文明去舊俗愈遠之意乎?

然亦有雖進文明,而不忘舊俗者,馬祖常之從子馬季子是也。馬季子有懷靜軒,王逢梧溪集(卷四下)題懷靜軒詩序云:"懷靜軒者,居延馬季子之所創也。季子之先曰月哥,曰理朮自雍古部族居靜州天山;一傳爲習禮吉思,仕金死節;二傳爲月忽那,從世皇南征,以勞拜禮部尙書;三傳爲世昌,四傳爲禮,五傳爲祖中,仲氏祖常;六傳爲季子,居於淞之竹岡。軒以懷靜名,示不忘本也。"

靜者靜州,馬季子祖所居也。元時西域世族,類能以詩書化其樸野;其祖若父雖起家甲胄,一二傳即沾被華風;其舊俗譬之江河,中國文明則海也,海無所不容,故無所不化;而其所以能化之速者,首由物質供給之豐腴,而詩書禮義隨其後,所謂衣食足則禮義興也。

忽都魯有忠順堂,劉敏中中菴集(卷三)云:"高唐監郡斡爾朵忽都魯,系出西域。折節下士,讀書樂善,士大夫稱之。兄弟六人,而君爲季,其父獨以君襲是職。監郡凡三世矣,作忠順堂居之。因郡人元恆齋正卿來徵言,贈以二詩,"有'系族來何遠,文儒夙所躭,'之句。忠順堂者,忽都魯讀書宴客之所也。中菴集(十九)又有樗亭銘,原注曰:"爲回紇人作,"則樗亭者,又回紇人之中國建築也。

守中有霜月軒。王毅木訥齋集(卷一)有霜月軒詩序,云:"高昌守中,榜其讀書之室,曰霜月軒,求予敘其卷端。守中無亦操履嚴潔,有似於霜;心術光輝,有似於月,故名其軒以見志邪?守中家世顯榮,德性謙退,謝綺紈之習,敦詩書之好,予愛其德,由是而勗之,則將凜凜乎其有守,昭昭乎其有見,雨夜讀書軒中,庶幾斯名之稱情也。"

錢寶臣有容膝軒。陳高不繫舟漁集(卷十四)有容膝軒銘曰:"高昌錢寶臣氏,名所居之室曰容膝軒,昭其儉也。"

答里麻識理有一清堂。舒頔貞素齋集(卷一)有一清堂記云:"前江滏知府理侯來宰吾邑,(績溪)官安而吏多暇,築堂於寓舍之隙,爲燕息之所,扁曰一清。侯高昌人也,仕於南國歷年多,見世之汨泥揚波者衆,懼辱於已,乃棄大府而僻壤是依,潔身治事,若甚宜之,扁堂曰清;侯之心可見矣。"

買閭有一樂堂。孟子曰:"父母俱存,兄弟無故,一樂也。"梧溪集(卷五)有懷哲操序云:"懷哲,美買閭教授敬親愛弟也。惟敬愛也,不以禍亂窮羈少渝焉。搆堂名一樂,前朝儒公卿頌述備至,而琴操缺遺,故予補之云。"

偰公遠有近思齋。孔子曰:"切問而近思,仁在其中矣。"鄭元祐僑吳集(卷七)有近思齋箴;注曰:"爲高昌偰公遠作。"有'聖徒示訓,在思之近;譬則升階,斂步而進。級盡一級,學博理窮,篤志切問,仁在其中'之句。夏天祐正思齋文集(卷七)亦有爲偰公遠作近思齋箴。

仲禮有九思堂。孔子曰:"君子有九思。"趙汸東山存稿(卷四)九思堂記云:"九思堂者,高昌仲禮公閒居之所也。至正十一年冬,公涖兩浙鹽政,命前所治邑休寧諸生趙汸爲文以記之。汸聞諸君子,一言而可決天理人欲之幾者,曰思而已。故吾夫子之教,欲人卽身心日用以慎夫所宜思;其目雖九,而思則一。公能取之以名其堂,信乎知所先務者矣。

薩德彌實有瑞竹堂。吳澄文正集(十三)有瑞竹堂經驗方序云:"盱江郡侯,涖官餘暇,注意於醫藥方書之事,遇有得必藏之,積久彌富,題曰瑞竹堂經驗方。侯名薩德彌實。瑞竹堂者往時侯插竹爲樊,竹再生根,遂生枝葉,人以爲瑞,而侯以扁其堂云。"

瑞竹堂經驗方今不傳,所傳者清四庫輯永樂大典本;固中國藥方,而非西域藥方也。(元有回回藥方院)可見元時西域人居處服食,無所往而不華化矣。

此外建築物之見於儒學篇者,有闊里吉思之萬卷堂,回回之時齋;見於文學篇者,有察罕之白雲山別墅;皆西域人佳搆之慕效華風者。文學篇又稱伯顏子中卜居進賢之北山,躬自創竹屋三間,讀書其中。讀元詩選劉聞容窗集,有詠顏子中池亭二首,猶可想見其風景。詩云:

池淨天容湛,窓虛水氣通。遠山來戶外,飛雨灑亭中。薜荔含朝景,蒹葭集晚風。平生江海念,相對興無窮。

種樹年年長,開牕面面涼。雨苔生砌綠,秋葉墮池黃。得句閒拈筆,抛書懶近牀。旅懷隨所至,誰復計行藏。

其風景固江南風景也。元詩選偰玉立世玉集,有絳守居園池詩序云:"乙酉之秋,七月旣望,余自河中讞獄還司,過絳,登守居園池。昔日亭墅,悉已埋沒,獨洄漣亭,花萼堂,復搆以還舊觀,流泉蓮沼,猶仍故焉。堤柳陰翳,逕花鮮妍,庭竹數竿,清風冷然,有塵外之思,即事賦詩"云云。

偰玉立以一摩尼教世家,(見儒學篇)對於古人遺蹟,加意保存,發為詠歌,寄其遐想如此;此又西域人之愛慕林泉者也。林泉之好,為人類所共,不能謂為中華所獨;然元西域人率以武功起家,其性質宜與林泉不相近;而有時飄然物外,輒令人神往,不料其為西域人者,不得不謂之華風。阮元兩浙金石志十六,有舍剌甫丁墓碣,為泰定元年物,得諸南屏山麓;無額,上刻雲月之形;雲月形者,回教徽號,即今新月旗也。碑稱:公以伯顏丞相薦,充嘉興上海縣達魯花赤,累調紹興之山陰,衢之常山,建康之句容;過化之地,皆有恩澤及民。乃急流勇退,隱居于杭之豐樂橋東,築池圃,植花竹,爲高世避賢之舉;以禮義敎子孫,以詩酒交親友,視富貴如浮雲,得逍遙物外意;易所謂知進退存亡者,公有之云。以至治三年卒,年七十有四。子五人,長木八剌沙,次納速魯丁。孫三人,長阿老丁。葬于錢塘之西湖南園。

舍剌甫丁爲回回敎世家,當無疑義;惟阮元跋據杭州府志謂其長孫阿老丁,曾於文錦坊南建眞敎寺,俗名禮拜寺,則未必然也。據西湖遊覽志(十八)眞敎寺爲延祐間回回大師阿老丁所建;今碑稱舍剌甫丁卒於至治三年,是眞敎寺之建,在舍甫剌丁未卒前七八年;阿老丁爲舍甫剌丁長孫,時年未滿三十,未必可稱爲回回大師;且祖若父並存,卽有建白,亦未必自居其名;則建眞敎之阿老丁,當另一人也,不能以其同名而一之;因西域人同名者衆也。

回回敎世家有高致不減舍剌甫丁而爲同時文人所稱慕者,有答失蠻彥修。彥修於至正十年爲秘書少監。危素說學齋集(卷四)有雲松隱者圖序,云:"雲松隱者,西域彥修君之別號也,彥修世胄高顯,蚤游成均,歷官清要;襟度夷雅,恬淡自將;居京師修文坊,恒杜門卻埽,留情詩書文藝之間。嘗誦唐李翰林廬山集雲松之詩,而愛其山屹立江上,飛泉怪石,佳花美木,往往而見;徒以縻於職守,未遑置身其地;故寄興是圖,朝夕覽觀焉。嗚呼!世之人亦孰窺其高致哉。"

何以知爲答失蠻?則以李士瞻經濟集,有甲午歲題江漢王粲樓,和答石蠻彥修韻一首。甲午爲至正十四年,故知其爲雲松隱者之彥修也。許有壬至正集(六七)又有答失蠻彥修雲溪小象贊,尤具有出塵之想;蓋涵煦百年,而北鄙殺伐之聲絕響矣。其詞曰："厭膏粱之腴,而采山釣魚;舍鮮華之服,而博帶長裾,拂朝市之塵,而居巖壑之僻;刷貴介之習,而爲山澤之臞;栖神於澹泊,游心乎詩書,長松蔭庭,春酒在壺,人間富貴之樂,有及此迂疎者乎? 政恐不免於用世,而亦將爲一琴一鶴之徒也。"趙翼二十二史劄記(三十)謂元季士夫風雅相尚,豈獨中國士夫,西域士夫,其高致不讓華人也。丁復檜亭集有送答彥修御史調西臺詩,答即答失蠻之簡稱。

第七　女學篇

西域婦女之華學

李珣妹　趙世延女貫雲石女　偰哲篤妻

丁鶴年姊鐵鉉二女

一代之史,一方之志,卷末必附列女,今言西域人之華化,不可不於婦女求之。始吾西域人華化稿成,王國維周肇祥二先生先後告我以前蜀李珣事。據黃休復茅亭客話,(卷二)何光遠鑑誡錄,(卷四)均稱珣爲土生波斯,有詩名,所著有瓊瑤集;可補吾西域人華化先導一節。然吾因李珣而聯想及王衍昭儀李舜絃。楊慎詞品:"舜絃,李珣妹,爲王衍昭儀,饒詞藻。有鴛鴦瓦上一首,誤入花蕊夫人集。詞云:

鴛鴦瓦上瞥然聲,晝寢宮娥夢裏驚;元是我王金彈子,海棠花下打流鶯。

洪邁萬首絕句,亦有李舜絃夫人釣魚不得詩。是李舜絃以波斯女而能詩也。夏文彥圖繪寶鑑言西蜀李夫人月夕獨坐南軒,竹影婆娑可喜,卽起揮毫濡墨,模寫紙窗,明日視之,生意自足。是李舜絃復以波斯女而能畫也。李珣可爲元西域人華化之先導,李舜絃可爲元西域婦女華化之先導矣。

前美術篇引書史會要補遺,有趙夫人鸞,中書平章世延女,中書參政許有壬室,能琴書,善筆札云云;應詳求趙夫人歷史。至正集(六四)有亡室高陽郡夫人趙氏志:"夫人名定,永平人,"與此雍古部氏,絕非一人。惟同志末有'夫人子燕山,繼夫人趙氏子之如己子'一語,則此當爲許有壬之繼室。安陽金石錄(十二)有魯郡夫人趙氏墓誌銘,夫人諱鸞,誌中亦有'前趙夫人有子曰燕山,撫育如己出'一語,卽書史會要所稱道者也。據金石錄此石藏小營村民家,乾隆二十一年出土,字多沒滅,今移置許文忠公祠內,後半截殘闕不完云。其文爲陳旅所撰,安雅堂集(十一)載之,武億蓋未之見。今撮錄以補安陽金石錄之闕。文云:

中書參知政事安陽許公有壬之夫人趙氏,諱鸞,字善應,魯國公諱世延之女。母劉氏;魯公本雍古部人,繇公業儒,始氏趙氏。夫人朗惠而厚靜,幼時古文歌詩,入耳輒能記。七歲倍誦周易書,屬對。九歲使顓學女事,則論語孟子小學書皆成誦矣。魯公之平章蜀省也,姦臣以詔逮公繫請室。夫人年十三,即却葷肉,向北斗拜禱。凡三年,旦夕哭泣,至翳其兩目。魯公難解,目遂明如初。魯公文學政事重海內,而女又賢明,選婿稱難其人。初,參政以進士廷對,魯公爲讀卷官;及參政爲兩淮轉運使,喪偶且期,值魯公還金陵別業,因請婚,於是夫人歸焉。魯公以其能誦易,嘗教之筮。自廣陵如鄂,未至金

排印本

陵三十里,聞魯公與劉夫人偕來,筮得觀之益,曰:"納甲法,乾宮金用上爲父母,陽土伏而不出,其飛來者陰土也,切身且動,吾母其獨來乎?" 已而果然。至鄂,聞城中火,且及所居,參政以爲憂。筮得坎,其占爲傷財。夫人曰:"此則不必以納甲論,當冬占火而得坎,火能神乎?" 火果止。其識類非師傳方冊所有者,諸陰陽家書皆能通之。魯公嘗言,吾教之一,其自得蓋六七云。能琴,居五年,參政不知,偶攜琴自恬,夫人始一鼓,乃作十餘曲。又善筆札,皆不自表襮。生長將相家,而服食約素,遇親舊不擇貴賤,一巽抑若寒門女。其善行蓋有不可殫言者。

自'魯公以其能誦易'句以下,安陽金石錄全闕。此文可注意者,趙世延本基督教世家,予既由種種方面證明其晚年好道,隱居金陵之茅山;(詳佛老篇)今此文言其女拜斗,善卜,通陰陽家言,可知世延家學,實雜孔老陰陽術數爲一堂。色目人沾染華俗之深,無逾於此。貫雲石晚好浮屠。元史本傳(一四三)據歐陽玄貫公神道碑,謂雲石女一人,有學識,能文章,適懷慶路總管段謙。名父之女,皆慕華學,二女可稱無獨有偶。

畏吾兒偰氏,爲摩尼教世家。(詳儒學篇) 孔齊至正直記(卷三)云:"高昌偰哲篤世南,以儒業起家,在江西時,兄弟五人,同登進士第,時人榮之。且教子有法,爲色目本族之冠。其子偰伯僚遜,至正五年進士,歷官翰林應奉文字。" 人知偰哲篤教子有法,不知非獨哲篤能也,其夫人亦賢母也。黃溍金華集(三九)有魏郡夫人偉吾氏墓誌銘云:"今吏部尚書偰哲篤公之夫人卒,尚書既親志于幽堂,其子偰伯遼遜等復以尚書之命,徵予銘。

予辱與尚書有同年之雅,不敢以不文辭。謹按夫人諱月倫石護篤,字順貞,系出偉吾氏。曾祖而上世仕本國。夫人生而聰慧,稍長能知書,誦孝經論語,女孝經,列女傳,甚習。見前史所記女婦貞烈事,必再三復讀而歎慕焉。年十七,歸于偰氏。偰氏本突厥之貴戚,自唐以來,世相偉吾氏,遂爲其國人"云。

誌中敍夫人事姑敎子事甚詳,以關婦德,不備述。非輕婦德,以爲婦德者何族蔑有,不得指爲華學,本篇所論是華學,非婦德也。偉吾氏文字與漢文異,夫人所習之孝經論語,非畏吾兒文,而爲漢文,故謂之華學。孝經論語或有畏吾兒譯本;然女孝經列女傳及前史所記女婦貞烈事,未必有畏吾兒譯本。且此諸書,即使有畏吾兒譯本,而其原本究爲華文,故能習此者,亦謂之華學。可見元時華學之廣被,且化及西域閨門也。

回回敎世家丁鶴年,前篇屢論之矣。丁鶴年以詩名家,孰知其幼時所學,皆出其姊所口授也。鶴年姊名月娥,明史列女傳列卷首,然不詳,其所取在死節,與予所取異趣也。烏斯道春草齋集(卷七)有月娥傳,較詳,明史卽本於此。今節錄其文如下:

月娥者,蕪湖葛通甫之妻,武昌邑長職馬錄丁之女,西域人也。少聰慧靜幽,諸伯氏皆明經,工舉子業,月娥隨而誦說,通奧義。及長,歸通甫,事上撫下,凜如禮法,諸婦諸女,咸淑其化。旣而寇羣起,據豫章,自上游而下,勢張甚,月娥挾諸婦諸女避郡城。未幾寇果至,城陷,月娥抱所生女赴水死,諸婦諸女亦相與死水中,凡九人。父老議曰,十節同志死,不可異壙,乃於故居之南,黃池里,作巨穴,同葬焉,題其名曰十節墓。其弟鶴年,相與樹碑墓下,以昭節行。鶴年富於經史,有操行。幼時讀書,皆月娥口授。月娥,幼名也。

十節墓,明史作十女墓。城陷婦女未必卽須死節,此亦得諸中華禮敎者歟? 然吾所取者其華學也。七修續稿(卷五)有鐵氏二女詩,爲鄧州色目人鐵鉉女。鉉華除間參政,因忤成祖被誅。二女發敎坊司,女誓不受辱。已而放出,各上詩一律謝恩。其長詩有'舊曲聽來猶有恨,故園歸去已無家'之句,傳誦一時。事並見震澤紀聞。然則元時西域婦女之華學,其流風至明未艾也。惟錢謙益列朝詩集閏四謂此詩非鐵氏作。

第八 結論

一 總論元文化

綜計全書所論,凡百五十有一人。儒學篇二十九,佛老篇八,文學篇三十八,美術篇二十九,禮俗篇四十一,女學篇六,去其各篇互見者三十人,尙存百二十有一人。此百二十有一人中,有著明部族者,有泛稱西域或色目者,惜不能一一確指爲今何地。然可略分葱嶺東西兩大部。列表如下:

葱嶺東部　五十三人

唐兀七	畏吾兒十	回鶻二	高昌十六
北庭一	龜茲一	乃蠻二	合魯二
哈剌魯二	雍古八	斡端一	于闐一

葱嶺西部　六十人

西域二十二	回回十五	回紇三	答失蠻三
大食三	阿魯渾二	板勒紇城一	康里五

伯牙吾氏一　也里可溫五

其他　八人

朵魯別族一　尼波羅國一　色目六

其中有一地而二名,或一族而數譯者,皆用名從主人之例。如回鶻畏吾高昌北庭,元人本視爲一,回回回紇,元人亦視爲一,說詳文學篇。凡此諸人,皆見諸載籍,於中國文化有表見者;其有載籍不載,或載而今已佚,或未佚而爲余疏陋所未及見者,何可勝道。蓋自遼金宋偏安後,南北隔絕者三百年。至元而門戶洞開,西北拓地數萬里,色目人雜居漢地無禁,所有中國之聲明文物,一旦盡發無遺。西域人羨慕之餘,不覺事事爲之倣效。且元自延祐肇興科舉,每試,色目進士,少者十餘人,多者數十人,中間雖經廢罷,然舉行者猶十五六科,色目人之讀書應試者甚衆。馬祖常送李公敏之官序:"言天子有意禮樂之事,則人皆慕義向化,朔方于闐大食康居諸土之士,咸囊書橐筆,聯裳造庭而待問於有司。"(石田集卷九)故儒學文學,均盛極一時。而論世者輕之,則以元享國不及百年,明人蔽於戰勝餘威,輒視如無物;加以種族之見,橫亘胸中,有時雜以嘲戲。王夫之夕堂永日緒論(外編)謂:"胡元詩人貫雲石薩天錫欲矯宋詩之衰,而獷氣乘之,"云云,其一例也。清人去元較遠,同以異族入主,間有一二學者,平心靜氣求之,則王士禎趙翼兩家之言可參考也。趙翼二十二史箚記,(三十)有元諸帝多不習漢文一條,云:"元起朔方,不惟帝王不習漢文,即大臣中習漢文者亦少,如小雲石海牙,孛朮魯翀,巎巎,薩都剌等,當爲翹楚矣。"言外頗有不滿於元朝文物之意。然同卷又有元季風雅相尚一條,云:"元季士夫好以文墨相尚。獨怪有元之世,文學甚輕,當時有'九儒十丐'之謠,科舉亦屢興屢廢,宜乎風雅之事,棄如弁髦,乃搢紳之徒,風雅相尚如此。蓋自南宋遺民故老,相與唱嘆於荒江寂寞之濱,流風餘韻,久而弗替,遂成風會,固不繫乎朝廷令甲之輕重也。"據此,則趙翼亦知元人文化不弱,且不繫乎政府之提倡。第以此歸其功於南宋遺民,則遺民何代蔑有。須知文化是一事,政治又是一事。政治之紛擾,孰甚於戰國六朝,而學術思想之自由,亦惟戰國六朝爲最。漢唐號稱盛世,然學術思想,輒統於一尊,其成績未必即優於亂世。'風雨如晦,鷄鳴不已,'吾人亦行其素焉耳。以論元朝,爲時不過百年,今之所謂元時文化者,亦指此西紀一二六〇年至一三六〇年間之中國文化耳。若由漢高唐太論起,而截至漢唐得國之百年,以及由清世祖論起,而截至乾隆二十年以前,而不計乾隆二十年以後,則漢唐清學術之盛,豈過元時。且元時並不輕視儒學。至大元年加號孔子爲大成至聖文宣王;延祐三年,詔春秋釋奠,以顏曾思孟配享;皇慶二年,以許衡從祀,又以周程張朱等九人從祀;至順元年,以董仲舒從祀,至正二十一年,以楊時李侗等從祀。又並不輕視文學。延祐五年七月,加封屈原爲忠節清烈公,致和元年四月,改封柳宗元爲文惠昭靈公,後至元三年四月,且謚杜甫爲文貞,其崇尚文儒若此。此中消息,王士禎參之最透。故居易錄(卷二)之論石田集也,則謂:"元代文章極盛,色目人著名者尤多,如祖常趙世延輩是也。"其論燕石集也,(卷三)則謂:"此與石田集皆奉旨刋行,元時崇文如此。或謂'九儒十丐',當是天歷未行科舉以前語。"天歷應作延祐,'九儒十丐'之說,出於南宋人之詆詞,不足爲論據。謝枋得送方伯載歸三山序(疊山集卷二)云:“滑稽之雄,以儒爲戲者曰:我大元制典,人有十等,一官二吏,先之者貴之也;七匠八娼,九儒十丐,後之者賤之也。吾人品豈在娼之下丐之上乎?”此一說也。鄭思肖大義略序曰,(心史下)‘韃法,一官二吏,三僧四道,五醫六工,七獵八民,九儒十丐,各有所統轄。’又一說也。然七八之目,二說已自不同,況謝枋得明謂爲滑稽之雄以儒爲戲者云爾,非元制果如是也。池北偶談(卷七)列舉元代色目文人,持論至爲平允。曰:“元名臣文士,如廉希憲,貫雲石,畏吾兒人也。趙世延,馬祖常,雍古部人也。迺賢,葛邏祿人也。薩都剌,色目人也。郝天挺,朵魯別族也。余闕,唐兀氏人也。顏宗道,哈剌魯氏人也。贍思,大食國人也。辛文房,西域人也。事功節義文章,彬彬極盛,雖齊魯吳越衣冠士胄,何以過之。”其所見較趙翼爲獨到,予茲所論,正與王士禎同也。試更進而考察親見元時西域人華化者之言論以完吾說。

二 元人眼中西域人之華化

危素　干文傳　戴良　家鉉翁

危素之敘金臺後稿也,在至正十一年辛卯。其言曰:“昔在成周之世,采詩以觀民風,西方之國,豳得七篇,秦得十卷而止。自豳秦而西,未見有詩,豈其風氣未開,習俗不能以相通也歟?易之葛邏祿氏也,彼其國在北庭西北金山之西,去中國遠甚。太祖皇帝取天下,其名王與回紇最先來附,至今百有餘年。其人之散居四方者,往往業詩書而工文章。易之伯氏,既登進士第,易之乃泊然無意於仕進,退藏句章山水之間,其所爲詩,清麗而粹密，學士大夫多傳誦之。然則葛邏祿氏之能詩者，自易之始。此足以見我朝文化之洽，無遠弗至，雖成周之盛未之有也。”此危素以成周比元，而謂其能化行西域也。

干文傳之叙鴈門集也，在至正十七年丁酉，亦以成周之化比元。其言曰：“我元之有天下，拓基啓祚，皆始於西北，去周之邠鎬益遠。是以人生其間，多質直端重，才豐而氣昌。觀之馬文淸，(應作貞)達兼善，巙子山輩，其所爲詩，往往宏偉舂容，卓然凌於萬物之表，可以軼漢唐而闖風雅，有周忠厚之氣象，爲之一新。若吾友薩君天錫，亦國之西北人也。君幼岐嶷不羣，稍長愈穎敏，爲文詞，雄健倜儻，逈邁乎人人。嘗出其所作之詩，曰鴈門集者見示，予得以盡觀，周人忠厚之意具在，一掃往宋委靡之弊。國家元氣，肇自西北，以及於天下，有源而有委，讀是詩者倘有以見之。”

戴良之叙鶴年吟稿也，在至正二十六年丙午，說亦云然。曰：“昔者成周之興，肇自西北。西北之詩見之於國風者，僅自豳秦而止。豳秦之外，王化之所不及，民俗之所不通，固不得繫之列國以與邶鄘曹檜等矣。我元受命，亦由西北而興，而西北諸國，如克烈乃蠻也里可溫回回西蕃天竺之屬，往往率先臣順，奉職稱藩。其沐浴休光，霑被寵澤，與京國內臣無少異。積之旣久，文軌日同，而子若孫遂皆舍弓馬而事詩書。至其以詩名世者，皆居西北之遠國，其去豳秦，蓋不知其幾萬里，而其爲詩乃有中國古作者之遺風，亦足以見我朝王化之大行，民俗之丕變，雖成周之盛，莫及也。”

危素，干文傳，戴良，皆南人，其人皆生元季，其論元人之化洽西域也,同出一詞,所謂輿論者非耶? 元好問生金末元初,其所選詩,號中州集,宋人之留元者有家鉉翁,爲題其後,文見元文類。(三八) 曰:"世之治也,三光五岳之氣,鍾而爲一代人物,其生乎中原,奮乎齊魯汴洛之間者,固中州人物也;亦有生於四方,奮於遐外,而道學文章,爲世所崇,功化德業,被於海內,雖謂之中州人物可也。故壤地有南北,人物無南北;道統文脈無南北,雖在萬里外,皆中州也。暇日獲觀遺山元子所裒中州集,百年而上,南北名人節士所爲詩,皆采錄不遺,盛矣哉,元子之爲此名也! 廣矣哉,元子之用心也! 夫生於中原,而視九州四海之人,猶吾同國之人,胸懷卓犖,過人遠甚,若元子者可謂天下士矣。數百載之下,必有謂予言爲然者。" 此又宋人之先見,而其後竟言中者也。蓋鉉翁留元十餘年,得覩元初人物氣象,與宋人之褊淺狹隘,迥然不同,知其後必昌,故爲是論。豈知不用百載,而西北子弟之成就,已過乎鉉翁所期也。

附錄

元西域人華文著述表

漢唐以來,翻經沙門,傳教教士,華文著述衆矣;然大抵皆宣揚本教,發揮西學之書,求可以稱華學者蓋寡。元西域人不然,百年之間,作者至三十餘人,著述至八十餘種,經,史,詞,章,老,莊,申,韓輿地,藝術,陰陽,醫藥之屬,無一不具。且皆華法,非西法,與徒誇彼善俗,思革吾華風者迥不同。此元人特色也。元史無藝文志,清金門詔倪燦錢大昕諸家補之,互有詳略。今玆所錄,不過西域人之部,然已有出諸家補志外者,則疎漏仍恐不免,姑俟異日續補之。

人名	書名	備考
蒲壽宬 回回	心泉學詩稿	四庫輯永樂大典本。倪志誤以宬爲壽庚弟。
	心泉詩餘	彊村叢書本。
巎巎 康里	大元通制	删修人之一,見順帝紀。
馬潤 雍古	樵隱集	見清容集馬公神道碑。
馬祖常 雍古	英宗實錄	以下六種見元史本傳。
	皇圖大訓	
	承華事略	
	列后金鑑	
	千秋記略	
	章疏一卷	見千頃堂書目。
	石田山房集	近日影印元四家集本。
贍思 大食	帝王心法	以下十四種見本傳。
	四書闕疑	
	五經思問	
	奇偶陰陽消息圖	
	老莊精詣	詣,千頃堂書目作語。
	鎮陽風土記	
	續東陽志	
	重訂河防通議	四庫輯永樂大典本。

	西國圖經	
	西域異人錄	
	金哀宗紀	
	正大諸臣列傳	
	審聽要訣	
	文集三十卷	
偰玉立回鶻	世玉集	元詩選。
偰百僚遜回鶻	近思齋逸稿	千頃堂書目外國類,明詩綜亦有偰遜詩。
泰不華伯牙吾氏	重類復古編十卷	本傳。
	顧北集	元詩選。
	宋史	分撰二十三人之一,見圭齋集進宋史表。
伯顏師聖哈剌魯氏	金史	分撰六人之一,見進金史表。
貫雲石畏吾兒	直解孝經一卷	本傳。
	貫公文集	巴西集有序。
	酸齋文集	千頃堂書目。
	酸齋集	元詩選。
迺賢合魯氏	河朔訪古記	四庫輯永樂大典本。
	金臺集	近日翻元本。
	金臺後集	說學齋集有序。
	前岡詩集	見宋元詩會。
	海雲清嘯集	千頃堂書目。

排印本

丁鶴年回回	丁鶴年集	琳瑯秘室本。
	丁孝子詩集	藝海珠塵本。
	皇元風雅	九靈山房集有序,與蔣易傅習等所編同名。
趙世延雍古	經世大典	纂修人之一,見元文類經世大典叙錄。
	風憲宏綱	本傳。
余闕唐兀	五經傳注	本傳。
	易說五十卷	見九靈山房集余廂公手帖後題。
	青陽山房集	有四卷五卷六卷八卷各本。
	宋史	分撰二十三人之一,見圭齋集進宋史表。
高克恭西域	房山集	元詩選。
	高尙書文集	式古堂書考有王士熙跋。
	高文簡公文集七卷	見千頃堂書目。
聶古柏	侍郎集	元詩選。
斡玉倫徒唐兀	宋史	分撰二十三人之一,見圭齋集進宋史表。
張雄飛唐兀	張雄飛詩集	至正集有序。
昂吉唐兀	啓文集	元詩選。
伯顏子中西域	子中集	元詩選。
薛超吾回鶻	薛昂夫詩集	松雪齋集及天下同文集

		有序。
郝天挺朶魯别族	雲南實錄五卷	本傳。
	唐人鼓吹注十卷	通行本。
辛文房西域	唐才子傳十卷	粤雅堂本,日本本,近翻元本。
	披沙集	石田集有題披沙集詩,雪樓集十八有辛良史撰察罕父行狀。
雅琥也里可溫	正卿集	曹學佺歷代詩選元詩卷七雅正卿詩題元可溫雅琥著。
薩都剌答失蠻	雁門集	有三卷六卷八卷二十卷各本。
	薩天錫詩集二卷	千頃堂書目。
	集外詩一卷	毛晉刻。
	薩天錫逸詩	日本刻。
	西湖十景詞	見元史類編。
沙剌班畏吾兒	金史	分撰六人之一,見進金史表。
廉惠山海牙畏吾兒	遼史	分撰四人之一,見進遼史表。
	仁宗實錄	以下二種見本傳。
	英宗實錄	
孟昉西域	孟待制文集	夷白齋集有序。

	孟天暐擬古文	燕石集滋溪集青陽集有題詞。
察罕西域板勒紇城	聖武開天記	由脫必赤顏譯漢,千頃堂書目作皇元太祖聖武開天記,以下三種均見本傳。
	紀年纂要	雪樓集有序,千頃堂作帝王紀略纂要。
	太宗平金始末	
盛熙明龜茲	法書考八卷	楝亭十二種本。
	補陀洛迦山考	見普陀山志。
薩德彌實	瑞竹堂經驗方	四庫輯永樂大典本,吳文正集有序。承天仁惠局藥方亦成於衆色目人之手,道園學古錄有序。
保八色目	易原奧義一卷	以下三種,見四庫總目。統名易體用,任士林松鄉集十四有序。
	周易原旨六卷	
	周易尙占三卷	
戈直	貞觀政要集論十卷	通行本。
札馬魯丁西域	萬年曆	見曆志,至元四年進。
可里馬丁西域	萬年曆	見仁宗紀,皇慶二年十二月上。
忽思慧	飮膳正要三卷	道園學古錄有序。

排印本

徵引書目

1 漢書

2 舊唐書

3 新唐書

4 遼史

5 金史

6 宋史

7 元史

8 元史類編

9 元史新編

10 新元史

11 蒙兀兒史記

12 元書

13 元史氏族表

14 補遼金元三史藝文志(倪燦)

15 補遼金元三史藝文志(金門詔)

16 元史藝文志(錢大昕)

17 遼金元姓譜

18 元名臣事略

19 明史

20 二十二史考異

21 二十二史劄記

22 南唐書

23 河朔訪古記

24 重訂河防通議

25 安南志略

26 至順鎮江志

27 至正四明續志

28 西湖遊覽志

29 泉州府志勝

30 閩書

31 順治吉安府志

32 雍正浙江通志

33 日下舊聞考

34 春明夢餘錄

35 乾隆福建通志

36 乾隆濟源縣志

37 道光南海志

38 道光普陀山志

39 雲谷寺志

40 同治欒城縣志

41 光緒嘉應州志

42 耶律楚材西遊錄

43 長春眞人西遊記

44 劉郁西使記

45 張星烺馬可孛羅遊記譯注

46 元秘書監志

47 元典章

48 兩浙金石志

49 越中金石志

50 常山貞石志

51 安陽金石錄

52 和林金石錄

53 和林金石詩

54 寰宇訪碑錄

55 補寰宇訪碑錄

56 攈古錄

57 金陵古金石考

58 經義考

59 內閣書目

60 菉竹堂書目
61 千頃堂書目
62 四庫總目提要
63 四庫簡明目錄
64 列子
65 宋元學案
66 觀物篇解
67 皇極經世解起數訣
68 瑞竹堂經驗方
69 回回藥方
70 法書考
71 書史會要
72 圖繪寶鑑
73 畫旨
74 清河書畫舫
75 鐵網珊瑚
76 繪事備考
77 式古堂書畫彙考
78 佩文書畫譜
79 三希堂石渠寶笈
80 元八家法書
81 南楚新聞
82 續夷堅志
83 中朝故事
84 玉堂嘉話
85 困學齋雜錄
86 研北雜志
87 山居新話
88 禁扁
89 至正直記
90 輟耕錄
91 故宮遺錄
92 庚申外史
93 譾言長語
94 樂郊私語
95 客座贅語
96 七修類稿
97 震澤紀聞
98 堯山堂外紀
99 棗林雜俎
100 日知錄
101 居易錄
102 池北偶談
103 香祖筆記
104 十駕齋養新錄
105 陔餘叢考
106 高僧傳
107 開元釋教錄
108 至元辨僞錄
109 茅山志
110 景教流行中國碑
111 清河內傳
112 摩尼教入中國考
113 摩尼教殘經
114 元也里可溫考
115 圖書集成職方典
116 白居易長慶集
117 蘇軾東坡文集
118 謝枋得疊山集
119 鄭思肖心史
120 蒲壽宬心泉學詩稿
121 邱葵釣磯詩集
122 元好問遺山文集
123 耶律楚材湛然居士集
124 陸文圭牆東類稿
125 鄧文原巴西集
126 任士林松鄉集
127 趙孟頫松雪齋集
128 吳澄文正集
129 劉因靜修文集
130 劉將孫養吾齋集
131 耶律鑄雙溪醉隱集
132 安熙默菴文集

133 王惲秋澗集
134 姚燧牧菴集
135 程鉅夫雪樓集
136 徐明善芳谷集
137 袁桷清容居士集
138 釋大訢蒲室集
139 侯克中艮齋詩集
140 劉敏中中菴集
141 馬祖常石田集
142 虞集道園學古錄
143 楊載仲弘集
144 揭傒斯文安集
145 丁復檜亭集
146 王沂伊濱集
147 黃溍金華文集
148 歐陽玄圭齋集
149 柳貫待制集
150 許有壬至正集
151 宋褧燕石集
152 黃鎮成秋聲集
153 薩都剌雁門集
154 陳旅安雅堂集
155 傅若金與礪詩文集
156 李存俟菴集
157 蘇天爵滋溪文稿
158 余闕青陽集
159 李士瞻經濟集
160 迺賢金臺集
161 貢師泰玩齋集
162 劉仁本羽庭集
163 陳高不繫舟漁集
164 張雨句曲外史集
165 柯九思丹邱生稿
166 朱德潤存復齋集
167 鄭元祐僑吳集
168 夏天祐正思齋文集
169 吳海聞過齋集
170 丁鶴年集
171 舒頔貞素齋集
172 周霆震石初集
173 王逢梧溪集
174 戴良九靈山房集
175 楊翮佩玉齋類稿
176 倪瓚清閟閣集
177 王禮麟原集
178 趙汸東山存稿
179 陳基夷白齋稿
180 王毅木訥齋集
181 高克恭房山集

(181以下十二種據元詩選)

182 貫雲石酸齋集
183 聶古柏侍郎集
184 雅琥正卿集
185 劉聞容窗集
186 文矩子方集
187 偰玉立世玉集
188 泰不華顧北集
189 薛漢宗海集
190 吳克恭寅夫集
191 昂吉啓文集
192 伯顏子中集
193 宋濂學士集
194 劉基誠意伯集
195 王敬忠鶴集

196 危素說學齋集
197 烏斯道春草齋集
198 楊士奇東里集
199 王夫之薑齋詩文集
200 朱彝尊曝書亭集
201 全祖望鮚埼亭集
202 杭世駿道古堂集
203 中州集
204 唐詩鼓吹注
205 元風雅
206 西湖竹枝集
207 大雅集
208 玉山名勝集
209 元音
210 乾坤清氣集
211 元詩體要
212 元人十種詩
213 宋元詩會
214 全金詩
215 御選元詩
216 元詩選
217 列朝詩集
218 明詩綜
219 甬上耆舊詩
220 天下同文集
221 元文類
222 全唐文
223 朝野新聲太平樂府
224 樂府新編陽春白雪
225 元曲選
226 太和正音譜
227 中原音韻
228 唐才子傳
229 歸田詩話
230 詩藪
231 錄鬼簿
232 詞品

宋季益廣二王從福州航海幸泉州駐蹕港口守臣蒲壽
庚拒城不納壽庚戍人實謀其計皆出兄壽宬所籌畫部署事
既定佯著黃冠野服歸隱山中自稱處士示不臣二姓之意而
密倚壽庚以蜡丸裹降表命善水者由水門潛出納款於唆都
既而元以壽庚歸附之功授官兼開平海省於泉州富貴冠一
時壽宬亦居法石山二生踵門自稱從潮州來求謁處士閩人
以處士方晝寢辭焉書生坐中廳得紙筆書姓名僕覺報煩一
投章甚閩人乃遺以紙筆遂免賦詩一首其詩曰梅花落地點
蒼苔天意商量要入梅蛱蝶不知春去也雙雙飛過粉墻來翩
翩然扶主日山林寂寞閉門時水聲禽語皆時事莫道山翁

末兩城人蒲壽宬與弟壽庚以互市至咸淳末擊海寇有功壽庚官至招撫使壽宬授知吉州不赴壽庚擬泉以降元

縱不知書畫不著姓名攜袖而去壽歲既覺詢人以詩進惶汗失措大恚不畀白遂遣人四出追之磬竟不復見（弘治八閩通志八十六卷五葉）

引本志

宋末西域人蒲壽宬與弟壽庚以互市至咸淳末擊海寇有功壽庚歷官至招撫使壽宬授知吉州不赴勸壽庚據泉以降元策既定佯着黄冠野服入法石山中自稱處士僞示不臣之意忽有二書生因其晝寢各投一詩不著姓名而去詩云梅花落地點蒼苔天意相商要入梅蛱蝶不知春去也雙雙飛過粉墻來其二云劍戟紛紛扶主日山林寂寞閉門時水聲禽語皆時事莫道山翁總不知

右錄之書普修泉州府志勝卷五據弘治八閩通志

書目標記載忠在某卷內字句異同之校正

録鬼簿續編　永樂二年賈仲明撰

丁埜夫。西域人。故元西監生。羨錢塘山水之勝。因而家焉。動作有文。衣冠齊楚。善丹青小景。皆取詩意。套數小令極多。隱語亦佳。馳名寰海。

俊憨子　　賞西湖 月夜賞西湖

清風領 寫畫清風領　　漸江亭 遊賞漸江亭

雙鸞棲鳳 碧梧堂雙鸞棲鳳

蘭楚芳。西域人。江西元帥。功績多著。丰神秀英。才思敏捷。劉廷信在武昌府。和樂章。人多以元白擬之。時有名姬劉婆惜。筵間切贈公。因隨口歌落梅花云。金刀細剉錦鯉肥。更那堪玉葱纖細。剉接云得些醞成風味美誠寔俺這家滋味才子佳人誠不多見也。

全子仁名普庵撒里高昌家畏兀兒氏元贛州路監郡資性聰敏風流瀟灑人莫能及也其居官聲名赫然

全元素康里人氏名哈剌拔元工部郎中陞參知政事風流蘊藉度量寬宏笑談吟咏別成一家嘗有咏雪塞鴻秋為世絶唱後隨元駕北去不知所終

全文石元素之子也至正間與弟武石俱父廕補國子生因其父北去憂心成疾卒於金陵幼年從名姬順時秀歌唱其音律調清巧無毫釐之差節奏抑揚或過之及作樂府名公大夫伶倫

等輩舉皆嘆服。

月景輝，也里可溫氏，居京江。與陳敬齋同接官，至今尹。公人物俊偉，襟懷灑落，吟詩和曲，筆不停思，尤善於隱語。與人交，始終不渝其節。其視功名如敝屣，蓋時人多不及也。

賽景初，西域人。大父故元中書左丞，考浙省平章政事。公天性聰明，姿狀豐偉，幼從巙文忠公學書法，極爲工妙，文忠源嘉之。後校常熟判官，遭世多故，老於錢塘西湖之濱。

沐仲易，西域人。故元國子監生，讀書敏捷，工於詩，尤精書法。樂府隱語皆能窮其妙，一時大夫士交口稱嘆。公貌偉儁。有自賦大鼻子哨遍，又有破布衫要孩兒，盛行於世。

虎伯恭、西域人、與弟伯儉、伯讓、以孝義相友愛、日以考經行史為事、發明性理之學、詩學韋柳、字法獻羲、至於樂府隱語、靡不究意、與余為忘年交、不時買舟載酒、作湖山之遊、當時錢塘風流人物、咸以君之昆仲為首稱云。

月景輝

錄鬼簿續編月景輝也里可温氏居京江與陳敬齋同接官至令尹公人物俊偉襟懷灑落吟詩和曲筆不停思尤善於隱語與人交始終不渝其節其視功名如敝履蓋時人多不及也

華化考已採

儒學

高智耀 河西
廉希憲 畏吾兒
不忽木 康里
巙巙 康里
慶童 康里
沙班 色目
泰不華 伯牙吾
回回 康里
伯顏師聖 哈剌魯
欣都 色目

也速答兒赤 合祿魯
丁希元 斡端
家鉉翁 畏吾兒
馬祖常 雍古
闊里吉思 汪古
贍思丁 回回
忽辛 回回
贍思 大食 [illegible]實阿魯渾
溥博
阿魯渾薩里 回鶻

高昌偰氏、
偰哲篤 高昌
偰玉立
偰朝吾
偰直堅
善著
偰列篪
偰百僚遜
正宗
29 阿兒思蘭

2 佛老

3 文學

貫雲石 畏吾	余闕 唐兀	辛文房 西域
廼賢 合魯	聶古柏 色目	馬彥翬 西域
馬時憲 西域	斡玉倫徒 唐兀	阿里 西域
亦都忽立 回鶻	三寶柱 畏吾	馬潤 雍古
剌馬當 西域	張雄飛 唐兀	馬祖常 〃
丁鶴年 回回	昂吉 唐兀	馬世德 雍古 也里可溫
馬節 雍古	完澤 唐兀	雅琥 也里可溫
8 趙世延 雍古	伯顏子中 西域	別都魯沙 也里可溫
泰不華 〃	薛超吾 西域	薩都剌 答失蠻
廼賢 〃	郝天挺 朵魯別	丁鶴年 〃

30
8
50
32
41
6
167
31
136

吉雅謨丁 回回	孟昉 唐兀	寒山初[illegible]
愛理沙 回回	貫雲石 〃	沐仲易 [illegible]
魯至道 西域	贍思 大食 〃	虞山集 [illegible]
哲馬魯丁 答失蠻	察罕 板勒紇	仲傳
別里沙 回回	貫雲石 〃	[illegible]
仉機沙 回回	馬九皋 回紇	全子仁 [illegible]
買閭 西域	瑣非復初 西域 甲西	金之[illegible]
趙世延 〃	38 不忽木 〃	見之者列五計
馬祖常 〃	丁野夫 回紇	文二 詠之
余闕 〃	蘭楚芳 西域	[illegible]

4 美術

32
3

康希貢 畏吾
貫雲石 北庭 〤
余闕 武威 〣
盛熙明 曲鮮 龜茲 〣
甘立 河西
巙巙 康里 〢
回回 康里 〢
阿尼哥 蒙古 尼波羅
泰不華 蒙古 〣
斡玉倫都 [illegible] 〢

薩都剌 回紇 〢
道童 蒙古 高昌
慶童 康里 〢
沙剌班 蒙古 畏吾
達識帖木兒 康里
伯顏不花的斤 畏吾 高昌
康里不花 也里可溫
榮僧 回紇
喜山 畏吾
隱也那失理 畏吾

邊魯 北庭
馬九皋 回紇 〢
馬九霄 回紇
哈剌 也里可溫 〢
趙夫人鸞 雍古
、巙巙 〢
、泰不華 〤
、貫雲石 〥
、余闕 〤
、盛熙明 〢

[illegible]
[illegible] 〃
沐仲易 〃
[illegible] 〃

勵耘書屋

計書家一不 32

5

合 41

贍思 大食 川	王元鼎 西域	里氏 高昌
邊魯 〃	合剌思 西域	浦氏 蒲魯溫 〃
高克恭 回回	米少尹 西域	凱霖 阿魯渾
伯顏不花 〃	斅思永 西域	丁鶴年 川
丁野夫 回紇 〃	札馬魯丁 回回	康希憲 〃
薩都剌 川	怯里木丁 回回	趙世延 〃
也黑迭兒 大食	拜住 高昌	別的因 乃蠻
合魯古訥丁 奈蠻	劉君定 西域	也黑迭兒 大食 〃
沙的行之 西域	趙榮 西域	馬慶祥 雍古
木撒飛 回回	李公敏 于闐	馬合麻 回回

凱霖 〃　冒閭 [illegible] 〃　偰哲篤妻 [illegible]

馬合謨 回回　偰公遠 畏吾 〃　丁鶴年姊 回回

答失蠻 回回　仲禮 高昌　6 鐵鉉二女 色目

馬祖常 X　薩德彌實 色目

余闕 8　顏子中 〃

張閭 合魯　偰玉立 〃

馬季子 雍古　合剌 回回

忽都魯 西域　41 答彦修 答失蠻

守中 高昌　趙世延女 〃

饒寶臣 高昌

答里麻失理 高昌　貫雲石女 畏吾

畏兀 正
河西 T

畏吾 正正正正
回鶻 T
契丹 一

康里 正
西域 正正
高昌 正正正一

色目 正一
也里可溫 正
龜茲 一

伯牙吾 一
[illegible] 一
尼波羅 一

哈剌魯 T
合魯 T
乃蠻 T

斡端 一
于闐 一
雍古 正正T

回回 正正
答失蠻 一

大食 T
回紇 T

阿魯渾 T
拔勒紇 一

共103

回回 T
西域 正
畏吾 一
也里可溫 下

雲元 正　　河西 下

雪樓集卷五 壽白雲山人有白雲山人起西域，隱壽春為(?)心玉(?)詩(?)。

雪樓集卷十八 大元河東郡公布哥公神道碑，云諱(?)敕(?)因(?)文　正正一

陸(?)德(?)行(?)文(?)所為行狀，公諱(?)聊(?)倘(?)西域也剌哈人。

子男八人，長為(?)守(?)也。

諱錫 一　　于闐 一　　雍古 正下

回回 正正　　蒙古 一

太原 丁　　回紇 下

河東(?) 下　　敕勒(?)紇 一

四 下

西域 正

畏吾 一

也里(?)可溫(?) 下

2 汪古 丅　5 大食 丅　3 回紇 下

7 畏吾兒 正正一　6 阿魯渾 丅　7 [illegible] 一

8 [illegible] 正　4 回鶻 丅　[illegible] 一

色目 正一　5 高昌 正正正丅　6 北庭 一

9 伯牙吾 一　西域 正正正正下　8 [illegible] 丅

10 哈剌魯 一　1 唐兀 正一

9 [illegible] 下　[illegible] 一

12 [illegible] 丅　10 也里可溫 正下

11 [illegible] 正下　答失蠻 下

2 回回 正正正丅　7 [illegible] 一

誤	恒 俗字	凟 誤	况 俗	暢 誤	沖 同沖	最 譌字	缺 誤	欵 俗
正	恒	瀆	況	暢	沖	勖	缺	款

誤	却 俗	歴 誤	廻 同回，當作迴	决 俗	毒 誤 應从母	凖 誤	逈 誤	贗 不誤
正	卻	歷	迴	決	毒	準 同准	迥	贋 無

誤	[illegible] 誤	賴 誤	簡 無	春 全 同 篇	峘 姮 不誤	㕧 誤	閒 俗	頣 汲古
正	樊	頼	簡	春（廣韻）	峘 姮 無	叫 應亦叫	開	蹟

勵耘書屋

誤	正
編	篇
敲 誤	敲
預 與豫同，通作豫	豫
効 俗	效
瀝 誤	瀝
着 俗	著
騐 俗	驗
脚 通用	腳

誤	正
椽	椽
只	祇

元西域人華
化考八卷

民國卅三年冬

勵耘書屋鋟版

重刻元西域人華化考序

有清一代經學號稱極盛而史學則遠不逮宋人論者輒謂愛新覺羅氏以外族入主中國屢起文字之獄株連慘酷學者有所畏避因而不敢致力於史是固然矣然清室所最忌諱者不過東北一隅之地晚明初清數十年間之載記耳其他歷代數千歲之史事即有所忌諱亦非甚違礙者何以三百年間史學之不振如是是必別有其故未可以爲悉由當世人主摧毁壓抑之所致也夫義理詞章之學及八股之文與史學本不同物而治其業者又別爲一路之人可不取與共論獨清代之經學與史學俱爲考據之學故治其學者亦並號爲樸學之徒所差異者史學之材料大都完整而較備具其解釋亦有所限制非可人執一說無從判決其當否也經學則不然其材料往往殘闕而又寡少其解釋尤不確

定以謹愿之人而治經學則但能依據文句各別解釋而不能綜合貫通成一有系統之論述以誇誕之人而治經學則不甘以片段之論述爲滿足因其材料殘闕寡少及解釋無定之故轉可利用一二細微疑似之單證以附會其廣泛難徵之結論其論既出之後固不能犂然有當於人心而人亦不易標舉反證以相詰難譬諸圖畫鬼物苟形態略具則能事已畢其眞狀之果肖似與否畫者與觀者兩皆不知也往昔經學盛時爲其學者可不讀唐以後書以求速效聲譽既易致而利祿亦隨之於是一世才智之士能爲考據之學者羣舍史學而趨於經學之一途其謹愿者既止於解釋文句而不能討論問題其誇誕者又流於奇詭悠謬而不可究詰雖有研治史學之人大抵於宦成以後休退之時始以餘力肆及殆視爲文儒老病銷愁送日之具當時史學地位之卑下

若此。由今思之。誠可哀矣。此清代經學發展過甚。所以轉致史學之不振也。近二十年來國人內感民族文化之衰頹。外受世界思潮之激盪。其論史之作。漸能脫除清代經師之舊染。有以合於今日史學之真諦。而新會陳援庵先生之書。尤為中外學人所推服。蓋先生之精思博識。吾國學者自錢曉徵以來未之有也。今復取前所著元西域人華化考刻木印行。命寅恪序之。寅恪不敢觀三代兩漢之書。而喜談中古以降民族文化之史。故承命不辭。欲藉是略言清代史學所以不振之由。以質正於先生及當世之學者。至於先生是書之材料豐實。條理明辨。分析與綜合二者俱極其工力。庶幾宋賢著述之規模。則讀者自能知之。更無待於寅恪之贅言者也。摯仲洽謂杜元凱春秋釋例、本為左傳設。而所發明。何但左傳。今日吾國治學之士。競言古史。察其持論。間有類乎清季誇誕經學家之所爲者先生是書之所發明必可示以準繩匡其趨向然則是書之重刊流布關繫吾國學術風氣之轉移者至大豈僅局於元代西域人華化一事而已哉一千九百三十五年二月陳寅恪謹序

木刻本

元西域人華化考目錄

右稿前四卷民國十二年在北京大學國學季刊發表，後四卷民國十六年在燕京學報發表。

元西域人華化考卷一

新會　陳垣　援菴

緒論

一　西域範圍

西域之名。漢已有之。其範圍隨時代之地理知識及政治勢力而異。漢武以前。大抵自玉門陽關以西至今新疆省止爲西域。其後西方知識漸增。推而至葱嶺以西。撒馬兒干今俄領土耳其斯坦。及印度之一部。更進而至波斯大食小亞細亞及印度全部亦稱西域。元人著述中所謂西域。其範圍亦極廣漠。自唐兀畏吾兒歷西北三藩所封地。以達於東歐。皆屬焉。質言之。西域人者色目人也。不曰色目而曰西域者。以元時分所治爲蒙古色目漢人南人四色。公牘上稱色目。普通著述上多稱西域也。陶宗儀輟耕錄一卷載蒙古七十二種色目三十一種漢人八種錢大昕元史氏族表譏其重複譌舛惜無他書是正然藉此可略知元時蒙古色目之別又可知元時所謂漢人南人者以金宋疆域爲判故契丹女直高麗稱漢人據元史選舉志又以平定先後爲判故雲南四川亦稱漢人而江浙湖廣江西三行省及河南行省中之江北淮南諸路稱南人所謂江浙者包含今閩浙江西含今贛粤湖廣含今湘黔桂江北淮南含今蘇皖鄂當時鄉會試蒙古色目爲右榜漢人南人爲左榜元史列傳編纂法亦蒙古色目爲一類漢人南人爲一類其有色目人因戴漢姓而誤置於漢人南人之列如趙世延郝天挺者史臣失檢也趙翼陔餘叢考十四廿二史劄記二十九謂列傳三十一二卷已載元末死事諸臣余闕等而三十三卷以後又以開國諸臣耶律楚材等編入前後倒置係分二次進呈未將前後

兩書重加編訂云其說非也以錢大昕十駕齋養新錄卷九廿二史考異九七所說爲是

本編所論既限於西域故蒙古契丹女直諸族不與亦以蒙古等文化幼稚其同化華族不奇若日本高麗琉球安南諸邦則又襲用華人文字制度已久其華化亦不奇惟畏吾兒突厥波斯大食敘利亞等國本有文字本有宗教畏吾兒外西亞諸國去中國尤遠非東南諸國比然一旦入居華地亦改從華俗且於文章學術有聲焉是眞前此所未聞而爲元所獨也徐㓨序元人十種詩曰天錫易之崛生窮髮不毛之域流商刻羽含英咀華駸駸闖作者之室豈非奇渥溫氏帝天下而風會極一時之盛歟天錫者薩都剌易之者迺賢也是不可以不記

二　元時西域文化狀況

未言西域人華化之先不可不知元時西域人文化之狀況元時西域文化本由祆教而佛教而景教而回教更唱迭和浸淫濃郁者數百年最後役於西遼受大石林牙之漢化耳濡目染者又近百年當元人未據西域之先大石林牙已將漢族文明炫燿於中亞大陸耶律楚材懷古百韻有後遼興大石西域統龜茲萬里威聲震百年名教垂之句注大石林牙克西域數十國幅員數萬里傳數主凡百餘年頗尙文教西域至今思之云湛然居士集十二西遼五主凡八十八年皆有漢文年號可知其在西域必曾行使漢文東歐人至今稱中國爲契丹亦始於此際猶之耶律楚材丘處機等遊記統稱西域爲回紇皆以其所與接觸者舉近概遠也西域人既雜受印度猶太波斯希臘亞剌伯諸國之文明復曾覩中國文明之一線其渴望身親見之之情可想也元軍先定西域後下中

原西域人之從軍者被虜者貿易者接踵而至平昔所想望之聲明文物盡觸於目前元制色目人又自由雜居故一傳再傳遂多敦詩書而說禮樂茲編之作正所以著其盛也

三　華化意義

至於華化之意義則以後天所獲華人所獨者爲斷故忠義孝友政治事功之屬或出於先天所賦或本爲人類所同均不得謂之華化即美術文學爲後天所獲矣而其文學爲本國之文學或其美術非中國之美術亦只可謂之西域人之文學西域人之美術不得謂之西域人之中國文學西域人之中國美術又有西域人久居漢地歸化中國然不能於漢族文化中有特別可紀如漢書地理志上郡有龜茲縣今陝西榆林縣師古曰龜茲國人來降附者處之於此故以名云又開元釋教錄第二優婆塞支謙傳支謙大月支人

祖父法度以漢靈帝世率國人數百名歸化又漢書西域傳温宿國條下師古曰今雍州醴泉縣北有山名温宿領者本因漢時得温宿國人令居此地田牧因以爲名凡此種種可見西域人歸化中國之事古所恆有特其人不能於中國文化有所表見亦無足述又有嫻習華言博綜漢典如高僧傳中之西域翻經沙門及明末清初之耶穌會士可以謂之華學矣然不得謂之華化今特舉元以前華化者數人爲例

四　西域人華化先導

李彦昇　安世通　蒲壽宬

元以前西域人仕中國者多武人以文事著者絶少回教人著述有以米芾爲回回人者以尚無確據姑置之而論其有確據者唐末有大食國人李彦昇李彦昇純漢姓名睹其名卽知其受華化

木刻本

已深矣文苑英華三六四辯論文有一篇曰華心爲陳黯作華心者夷其形而華其心也文曰

大中初年大梁連帥范陽公得大食國人李彥昇薦於闕下天子詔春司考其才二年以進士第名顯然常所賓貢者不得擬或曰帥受命於華君仰祿於華民其薦人也則求於夷豈夷人獨可用邪曰帥薦才不私其人也苟以地言則有華夷以教言亦有華夷乎夫華夷者辨在心辨心在察其趣嚮有生於中州而行戾乎禮義是形華而心夷也生於夷域而行合乎禮義是形夷而心華也若盧綰少卿之叛亡其夷人乎金日磾之忠赤其華人乎繇是觀之皆任其趣嚮耳今彥昇來從海外能以道祈知於帥帥故異而薦之以激夫戎狄俾日月所燭皆歸於文明蓋華其心而不以其地而夷焉作華心

大梁連帥范陽公汴州刺史宣武軍節度使盧鈞也。鈞嘗爲嶺南節度，嶺南蕃坊多大食國人，故鈞得識李彥昇而薦之。詔春司考其才，以進士第名顯。是所試者爲唐試進士法。彥昇之才，必通五經而明時務也。以唐試進士有時務策、有五經，故唐時太學本許外夷子弟入學，然未聞西域子弟有以華學名，諸夷蕃將尉遲勝、哥舒翰等之子弟，亦未聞有以華學名。若尉遲樞之能爲南楚新聞、尉遲偓之能爲中朝故事，已絕無僅有。故盧鈞之舉李彥昇，時人以爲奇，而陳黯乃爲文釋之也。

宋末有安世通。安世通疑爲安息人，以安息人而入青城山學道，不可謂之不奇也。宋史隱逸傳有安世通傳，曰：青城山道人安世通者，本西人。其父有謀策，爲武官，數以言干當路，不用，遂自沈於酒而終。世通亦隱居青城山中，不出。吳曦反，乃獻書於成都帥楊輔曰世通在山中忽聞關外之變不覺大慟世通雖方外人而大人先生亦嘗發以入道之門竊以爲公初得曦檄即當聚官屬軍民與仗義之師以順討逆而士大夫皆酒缸飯囊不明大義徒爲婦人女子之悲所謂停囚長智也區區行年五十二矣古人言可以生而生福也可以死而死亦福也決不忍汙面戴天同爲叛民也輔有重名蜀中士大夫多勸以舉義而世通之言尤切至輔不能決遂東如江陵請吳獵舉兵討曦未幾曦敗獵使蜀薦士以世通爲首云

吳曦之叛在開禧二年安世通不肯附曦而爲忠義憤發之論實難能可貴然此不得謂之華化今所取者取其能以西人而入道純全中國化也何以疑安世通爲安息國人漢時譯經者有安世高名安淸安息國王太子西方賓旅呼爲安侯見開元釋教録卷

一以國爲姓自昔然也支謙爲月支國人竺法蘭爲中天竺國人
安世與安息音相近安世通其一例歟可以生而生可以死而死
二語出列子力命篇安世通蓋深於莊列之旨者矣
宋末又有蒲壽宬壽宬西域人爲泉州市舶使蒲壽庚之兄工詩
知梅州有惠政光緒嘉應州志十九引舊志云蒲壽晟咸淳七年知
梅州一毫無取於民居處飲食儉約見曾井遺澤在民遣人還籍
取家資建石亭其上日汲井水二瓶置諸公堂欲常目之而踵其
武也州進士楊圭題其梁曰曾氏井泉千古冽蒲侯心地一般淸
今祀名宦祠
曾井者南漢時程鄉令曾芳所遺之井壽宬景仰流風思則效之
而州人深許其能媲美也循吏可貴然亦不得謂之華化今所取
者取其能以西域人而工中國之詩純華化也壽宬有心泉學詩

稿已佚猜人在永樂大典中輯爲六卷余家藏有寫本四庫提要別集類十八稱其詩沖澹閒遠在宋元之際猶屬雅音西域中國詩人元以前唯蒲氏一家耳今彊村叢書有心泉詩餘一卷即四庫本附於心泉學詩稿末者明人著述對壽宬兄弟多致微詞弘治八閩通志八六云

宋季益廣二王從福州航海幸泉州守臣蒲壽庚拒城不納壽庚武人其計皆兄壽宬所籌畫部署既定壽宬着野服隱法石山中自稱處士示不臣二姓之意忽一書生踵門求謁閽人以處士晝寢弗爲白遂各賦詩一首其詩曰梅花落地點蒼苔天意商量要入梅蛺蝶不知春去也雙雙飛過粉牆來劍戟紛紛扶主日山林寂寞閉門時水聲禽語皆時事莫道山翁總不知書畢不著姓名而去

木刻本

曹學佺泉州府志勝卷五乾隆福建通志六六泉州府志七五均有同樣
記載其詞旨雖譏壽宬然壽宬之能詩反於此可證使壽宬而不
知詩雖刺之何益閩書一二五及心史記壽宬兄弟事頗詳日知錄
十三鮚埼亭外集三三均有貶壽宬語然吾據丘葵釣磯詩集將爲壽
宬訟冤丘葵者宋末泉州人呂大圭弟子大圭死於蒲壽庚之難
而葵釣磯詩集卷三有與壽宬倡和詩卷四復有挽心泉蒲處士
詩二首云

把釣秋風辱贈詩傷心無路送靈輀欲書誄語應難盡獨倚寒
梅照石猗

欲持雞絮列墳前俗了青霞頂上仙只合化爲溪畔鷺乘風飛
去弄清泉

是葵對壽宬始終無異詞所謂水聲禽語皆時事莫道山翁總不

知者特春秋責備賢者之意耳近日本桑原隲藏氏考壽庚事極詳盡（史學雜誌廿六七編）四庫提要謂壽宬之名不見於史不知元史世祖紀至元十三年二月辛酉條下大書伯顔遣不伯周青招泉州蒲壽庚壽宬兄弟也安世通爲青城山道人蒲壽宬爲法石山處士南宋兩西域人足開有元一代西域人華化之先聲矣西域之範圍明華化之意義定可以進言元西域人之如何華化

元西域人華化考卷二

新會 陳垣 援菴

儒學篇

一 西域人之儒學

高智耀　廉希憲　不忽木

巎巎慶童　沙班　泰不華

囘囘　伯顏師聖　欣都

也速答兒赤　丁希元　家鉉翁

儒學爲中國唯一產物言華化者應首言儒學元初不重儒術故南宋人有九儒十丐之謠然其後能知尊孔子用儒生卒以文致太平西域諸儒實與有力其最先以儒術說當世者爲高智耀輟耕錄卷二高學士之條云國朝儒者自戊戌選試後所在不務存恤

往往混爲編氓至於奉一札十行之書崇學校奬秀藝正戸籍免徭役皆翰林學士高公奏陳之力也公河西人今學校中往往有祠之者

戊戌爲元太宗十年據元史太宗紀及選舉志太宗九年八月下詔考試諸路儒士蓋詔下於九年八月而選試於十年戊戌也元史高智耀傳智耀世仕夏國登本國進士第夏亡隱賀蘭山皇子闊端鎭西涼儒者皆隸役智耀謁藩邸言儒者給復已久一旦與厮養同役非便請除之皇子從其言是智耀爲儒者盡力之第一次

憲宗即位智耀入見言儒者所學堯舜禹湯文武之道自古有國家者用之則治不用則否宜蠲免徭役以教育之帝問儒家何如巫醫曰儒以綱常治天下豈方技所得比帝曰善前此未有以是

告朕者詔復海內儒士徭役無有所與是智耀爲儒者盡力之第二次

世祖即位召見又力言儒術有補治道反覆辯論辭累千百帝異其言鑄印授之命凡免役儒戶皆從之給公文爲左驗時淮蜀士遭俘虜者皆没爲奴智耀奏言以儒爲驅古無有也陛下方以古道爲治宜除之以風厲天下帝然之即命循行郡縣區別之得數千人貴臣或言其詭濫帝詰之對曰士譬則金也金色有淺深謂之非金不可才藝有淺深謂之非士亦不可帝悅是智耀爲儒者盡力之第三次

智耀姓高非漢姓其孫納麟元史別有傳一四二不戴高姓也五代而後河西陷西夏者二百年諸羌雜處元人謂之唐兀氏爲色目之一種元史卷一一八至一四五爲蒙古色目人列傳卷一四六

至一八八爲漢人南人列傳高智耀傳在卷一二五固明示其爲色目而非漢人也智耀雖色目人然西夏夙習漢化廟祀孔子智耀之尊儒不足爲異王惲秋澗集八六有彈高智耀狀言智耀事佛敬僧迺其所樂迹其心行一有髮僧耳是智耀固儒而釋者不純爲儒也

西域人純爲儒者有廉希憲希憲畏吾兒氏史稱其篤好經史手不釋卷一日方讀孟子聞召急懷以進世祖問其說以性善義利仁暴之旨對世祖嘉之目曰廉孟子歲甲寅世祖以京兆分地命希憲爲宣撫使希憲曰從名儒若許衡姚樞輩諮訪治道首請用衡提舉京兆學校衡之應召自此始也而希憲實爲舉主國制爲士者無隸奴籍京兆多豪彊廢令不行希憲至悉令著籍爲儒已未世祖渡江取鄂州希憲引儒生百餘拜伏軍門言今王師渡江

木刻本

凡軍中俘獲士人宜官贖遣還以廣異恩世祖納之還者五百餘人時方尊禮國師帝命希憲受戒對曰臣受孔子戒矣帝曰孔子亦有戒耶對曰爲臣當忠爲子當孝孔子之戒如是而已

希憲事蹟詳元史本傳一二六及元名臣事略卷七元明善所爲希憲神道碑元文類六五。元色目人中足稱爲理學名臣者以希憲爲第一希憲系出畏吾兒去中原盍遠較高智耀之系出唐兀其沾被華化倍難然希憲篤信好學過於智耀斯爲可貴

希憲而後有不忽木不忽木世爲康里部大人元史仁宗紀廿四謂不忽木爲蒙古人者以其全部曾被虜於蒙古給事東宮也不忽木師事太子贊善王恂恂從北征乃受學於國子祭酒許衡衡亟稱之謂必大用於時名之曰時用字之曰用臣至元十三年與同舍生堅童太荅禿魯等上興學疏凡千言力言儒學之要規畫學

校制度及考試之法甚備文詳元史本傳一三〇趙孟頫爲文貞康里公碑松雪齋集卷七言上每與公論古今成敗之理謂公曰曩與許仲平論治仲平不及汝遠甚先許仲平有隱於朕耶抑汝之賢過於師耶可見世祖目中之不忽木固超過許衡也康里在元時爲朮赤所封地在今日爲南俄其地去中原又比畏吾兒爲遠而其人能崇儒重道若此是眞可驚異者矣

不忽木之子爲巎巎巎巎幼肄業國學博通羣籍其正心修身之要得諸許衡及父兄家傳既以重望居高位四方士大夫翕然宗之元史本傳一四三有愛儒答問一則備錄如左達官有怙勢者言曰儒有何好君酷愛之巎巎曰世祖以儒足以政治命裕宗學於贊善王恂今祕書所藏裕宗倣書當時御筆於學生之下親署御名習書謹呈其敬慎若此世祖嘗暮召我先人坐寢榻下陳說四

木刻本

書及古史治亂至丙夜不寐世祖喜曰朕所以令卿從許仲平學正欲卿以嘉言入告朕耳卿益加懋敬以副朕志今汝言不愛儒寧不念聖祖神宗篤好之意乎且儒者之道從之則君仁臣忠父慈子孝人倫咸得國家咸治違之則人倫咸失家國咸亂汝欲亂而家吾弗能禦汝愼勿以斯言亂我國也儒者或身若不勝衣言若不出口然腹中貯儲有過人者何可易視也達官色慙巎巎之丰儀可見矣

巎巎之後康里氏之崇儒術者有慶童兩浙金石志十八越中金石記卷十有紹興路儒學教授朱鏜所爲御史大夫康里公勉勵學校記碑陰題名多西域人之官斯土者凡此皆足爲西域人熱心儒學之一證

然此皆西域人之握政權者耳有離卻政權而特注意於社會教

育者沙班也沙班色目人居杭州字子中舉進士授建安經歷吳克恭寅夫集有送沙子中經歷建寧詩沙班既致仕乃熱心興學劉基誠意伯集卷四有沙班子中興義塾詩序云至正十一年春沙班子中來言曰杭於江南視他郡爲大民多而儒少豈教育之未至乎吾嘗得隙地于慶遠願築室以爲義學招子弟以教余聞而嘆曰方今天下郡縣無不有學名山古蹟又有書院咸設學官杭之城郡縣學及書院凡四處生徒蟻集省憲臨焉又何俟於子之室乎子中曰噫是子不知余也子以爲子之學猶官之學與非也予請爲子言學夫學也者學爲聖人之道也學成而以措諸用故師行而弟子法之今之學主以文墨爲教弟子上者華而鮮實下者習字畫以資刀筆官司應酬廩粟之外無他用心其亦異乎子之所欲爲者乎夏之校殷之序周之庠吾不得而見之矣而有志

焉吾固將以盡吾心終吾年縱不能行於今庶幾或垂於後予聞而壯之書其言以爲序沙班之志蓋不滿意於官學之專爲利祿而欲獨創一正誼明道之私學以行其素志中國之學者未能或之先也

宋元以來中國儒學史上有所謂理學或稱道學之一派吾不知其稱名當否然其實確與漢唐以來之儒學不同蓋儒學中之雜有道家及禪學之成分者也元儒學既有此一派吾言西域人之儒學不可不於此求之則宋元學案有二人焉曰趙世延曰泰不華世延雍古部人基督教世家爲榘菴同調列蕭同諸儒學案中九五吾以其晩年好道於佛老篇論之今先論泰不華元史本傳一四三泰不華字兼善伯牙吾台氏初名達普化文宗賜以今名世居白野山父塔不台歷仕台州錄事判官遂居於台家貧好讀書能

記問集賢待制周仁榮養而教之年十七江浙鄉試第一明年至治元年進士及第授集賢修撰先是廷試第一皆國人泰不華既以第一及第故或稱爲蒙古人其實伯牙吾台是色目之一非蒙古錢大昕元史氏族表泰不華列色目表不列蒙古表是也至正元年泰不華除紹興路總管行鄉飲酒禮教民興讓越俗大化禮讓者中國人所以化西北强悍之族而泰不華乃以化越人奇也泰不華爲本心門人宋元學案列北山四先生學案中一八元史周仁榮傳○一九稱仁榮所教弟子多爲名人而泰不華實爲進士第一其引重可知也泰不華雖書生然膂力過人猶有西北方氣概當其守台州也方國珍降而復叛泰不華乘潮而前搏敵船射死五人敵躍入船復斫死二人敵舉槊來刺輒斫折之敵羣至欲抱持過船泰不華瞋目叱之脫起奪敵刀又殺二人敵攢槊刺之中

頸死植立不仆年四十九時至正十二年壬辰三月也劉基爲賦弔之誠意伯集卷九楊維楨挽達兼善詩注則謂其辛卯八月歿於南洋傳聞異詞也延祐庚申泰不華江浙鄉試第一年十七至正壬辰死節年四十九正符辛卯則四十八耳應以史爲正史又稱泰不華尙氣節不隨俗浮沉太平爲臺臣劾去相位泰不華獨餞送都門外太平曰公且止勿以我累公泰不華曰士爲知己死寧畏禍耶後雖爲時相擯斥人莫不韙之曹安讕言長語卷下有泰不華佚事一則亦足見其清節云元達不華爲台州守有所廉察夜宿村家聞鄰婦有娣姒夜績者娣曰夜寒如此我有瓶酒在牀下汝可分其清者留以奉姑濁者吾與爾飲之姒如其言起而注清者于他器且曰此達元帥也吾等不得嘗矣娣曰到底清邪遂笑而罷不華聞之未曙即去其清節感人若此惟泰不華著述今無傳者

元詩選顧北集僅錄其詩元史本傳祗言事功不言學業宋元學案東疏略僅綴拾本傳數語無可考見余在滋溪文稿二四發見蘇天爵有與達兼善郎中書述皇極經世書之授受源流頗詳知泰不華嘗有志於邵子之學時泰不華爲江浙行省左右司郎中距死節之年尙十餘歲未知其後造詣何如也書云

君子之仕固欲行其志也然事之齟齬者十常八九欲舍而去之不知者以爲忘斯世矣閣下以進士得官二十餘年始以文字爲執業人則曰儒者也及官風紀屢行而屢止孰知其志之所存乎向諭印祝泌皇極經世說謹裝潢納上某嘗學于臨川吳先生澄聞其言曰邵康節天人之學也雖其子弗克傳焉蜀人張行成蓋能得其彷彿行成既沒其學又弗傳矣祝泌生于宋季所學者風角鳥占之術特假皇極之名張大之耳撫州人有傳其術者覩物

木刻本

郎知休咎嘗欲以學授予予弗從而止某又嘗學于太史齊公履謙每見公讀邵子書不去手晚歲又釋外篇令某傳錄其言曰皇極之名見于洪範皇極之數始于經世書數非極也特寓其數于極耳經世書有內外篇內篇則因極而明數外篇則由數以會極某嘗欲集諸家釋外篇者爲一書顧未能也又聞國初李徵君俊民李翰林治皆能通邵子之書或言徵君得于河南隱士荆先生而翰林不知得于何人也世廟在潛邸時嘗召徵君問之徵君既亡復召翰林問之以某觀之二公不過能通其數耳而康節之學蓋未易言也故曰欲知吾之學者當於林下相從二十年方可學也因閣下求祝泌之書偶言及此

祝泌之書今傳者有觀物篇解五卷附皇極經世解起數訣一卷清四庫著錄子部術數類朱彝尊經義考又有泌所撰皇極經世

鈐十二卷未知泰不華所求及蘇天爵所與者何種然天爵此書實可補宋元學案之闕也西域儒者廉希憲不忽木均會從許衡遊而宋元學案皆無傳巙巙兄回回字子淵元史附巙巙傳稱其敦默寡言嗜學能文與弟巙巙皆爲時之名臣世號雙璧而不言其學術余在吳文正集二發見有時齋記蓋澄爲回回作而後知回回曾從澄遊好讀易不止能文善書已也記云

康里子淵卜築於國子監之西而名其齋居之室曰時大矣哉時之義乎昔先文貞公不忽木爲國名臣從賢師知聖學其行于身施于家發于事業固已得中得宜而當其可矣子淵渟正明敏葢之以平日家庭之所聞衆人紛紛競進而退然閑處若無意斯世者然苟所當辭雖近而怯就苟所當受雖遠而勇去所謂中所謂宜

所謂可蓋亦無忝於其先公此所以名其齋室之意也雖然時之爲時莫備於易先儒謂之隨時變易以從道夫子傳六十四象獨於十二卦發其凡而贊其時與時義時用之大時之百千萬變無窮而吾之所以時其時者一而已子淵好讀易予是以云回回不見草廬學案中此文亦可補其闕

元史儒學傳尙有一西域儒學大師宋元學案應爲立傳而遺之者曰伯顏師聖伯顏學無師承崛起鄉里講求實用自成一家譬之淸儒於顏元爲近而魄力過之所謂平民學者也宋元學案中應補伯顏學案惜乎其著述燬於兵燹徒令人想望低徊而已然百世之下聞者莫不興起也傳錄如左

伯顏一名師聖字宗道哈剌魯氏世居開州濮陽縣六歲從里儒授孝經論語即成誦蚤喪父其兄曲出買經傳等書以資之日夜

誦不輟稍長受業宋進士建安黃坦坦曰此子穎悟過人非諸生可比因命以顏爲氏且名而字之焉久之坦辭曰余不能爲爾師羣經有朱子說具在歸而求之可也伯顏自弱冠即以斯文爲已任其於大經大法粲然有覩而心所自得每出於言意之表鄉之學者來相質難隨問隨辨咸解其惑於是中原之士聞而從游者日益衆至正四年以隱士徵至京師授翰林待制預修金史既畢辭歸四方之來學者至千餘人蓋其爲學專事講解而務眞知力踐不屑事舉子詞章而必期措諸實用士出其門不問知其爲伯顏氏學者至於異端之徒亦往往棄其學而學焉十八年河南賊蔓延河北伯顏將結其鄉民爲什伍以自保而賊兵大至伯顏乃渡漳北行邦人從之者數十萬家至磁與賊遇賊知伯顏名士生劫之不屈與妻子俱死之年六十有四有司上其事謚文節太常

謚議曰以城守論之伯顏無城守之責以風紀論之伯顏無在官之責以平生有用之學成臨義不奪之節乃古之所謂君子人者時以爲確論平生修輯六經多所著述皆燬於兵凡此皆可稱爲西域理學名儒也

當科舉之初興也蒙古色目人鄉有應試者可知其讀書實在未興科舉以前延祐二年舉行第一次進士胡長孺有送欣都朱盧饒諸生會試京師詩序見水東日記二十其文曰皇帝龍飛御天之三年十有一月詔天下郡縣興賢者能者明年行江浙中書省試士錢唐凡一千二百有奇九月辛未列合格名士里寓於書上丞相府蒙古色目五人欣都舉首江浙闔二十八人朱嵘第九盧可繼第二十一江西行省試士南昌饒抃第七四人者嘗授經永康胡長孺故欣都生之行也長孺繫以詩而叙之

木刻本

揭傒斯文安公集卷九有送也速答兒赤序也速答兒赤亦事科舉者其文曰至元初從軍襄樊有抄兒赤者合祿魯人也以功爲千夫長抄兒赤傳禿魯罕禿魯罕傳禿林台三世皆戍建昌而三世皆賢禿林之子也速答兒赤從郡人李宗哲學進士業有聲今年夏從其婦翁增城左君至京師拜余程文憲公故宅貌粹而氣和才清而志鋭他日必爲明進士然君子之學非所以爲富貴利達之謀也所以進其德而達其才者也故其學不止于爲進士子歸第務學焉勿以科舉廢興爲去就

鄭元祐僑吳集卷八有送丁希元序曰淮西公告老於朝天子不允召拜翰林學士於是公乘傳入覲而以其甥丁希元從公與希元皆幹端于闐國人幹端與國朝地若犬牙錯列去江浙二萬餘里希元初侍其親讀書江浙閒稽經質疑問學大備使對策大廷其取

必右選若採囊發所素有會舉選暫罷人惜其學成而時違而不知其蘊用以俟時也

由此可見色目人之讀書大抵在入中國一二世以後其初皆軍人宇內既平武力無所用而炫於中國之文物視爲樂土不肯思歸則惟有讀書入仕之一途而已

陸文圭牆東類稿卷六有送家鉉翁序言色目人初入仕有司事不素講莫諳士論猶可見西域人改從華俗之迹曰五方之人言語不通嗜欲不同性善則一先皇帝武定內難文致太平舉中原百年之曠典天下之士雷動響應殊方異俗釋棚掉甲理冠帶習俎豆來游來歌莫不洗滌思奉明詔立躋膴仕然有司事不素講學識淺陋莫諳士論家君鉉翁畏吾兒氏其先居北庭脫脫太師寧國公之裔孫幼穎悟自命不凡脫去紈袴習修孔氏之業讀文公

之書應江浙進士舉及格闖憲聞其才而辟之泰定三年丙寅余自暨陽出應容山縣聘授生徒於學君至縣一見握手如舊交相與道家世出處本末慨然久之君貌嶷嶷美髯如戟神采逼人必能曉暢官事年富氣銳功業未可量余老惜不及見之

家鉉翁爲畏吾兒氏與宋使臣被留於元之家鉉翁號則堂元文類三八錄其中州詩集跋者另一人陸文圭稱其美髯如戟神采逼人想猶是色目人習氣其相見即道家世出處本末想猶念念其爲色目人而以能修孔氏之業自慰也此亦可稱西域人之儒學也

二　基督教世家之儒學

馬祖常　闊里吉思

上章所舉爲普通西域人之儒學其人本身或先世信仰何教未

能確指也今有可以確證其人本身或先世信仰他教而改奉儒教或服膺儒教者請先論基督教

元代版圖最廣括有中亞細亞全部故當時回教各國及基督教摩尼教流行之地多隸之種人來往頻繁散居中國內地者衆久而信仰改宗之事遂不可掩其最著者爲基督教世家馬祖常也元時典籍無基督教之名其稱也里可溫者卽指基督教各派也說詳拙著元也里可溫教考顧何以知馬祖常爲也里可溫世家吾友張君星烺近譯註馬可孛羅遊記舉出三證定馬祖常爲基督教一凡元史中雍古部人傳每多基督教徒之名祖常爲雍古部人二馬祖常所作其曾祖月合乃神道碑敘述家世人名漢式名二十五蒙古名一基督教徒名十有四三月合乃祖名把造馬野禮屬此名基督教聶思脫里派中尤多見之說詳馬可孛羅遊

記卷一第五十九章附註余於張君所舉三證之外發見更有力之證據五

一楊維楨西湖竹枝集馬祖常小傳云馬雍古祖常字伯庸浚儀可溫氏浚儀者開封可溫者也里可溫之省文或脫文無疑也

二黃溍金華文集卷四三馬氏世譜祖常有族祖名奧剌罕楊子縣達魯花赤據至順鎮江志卷十六丹徒縣達魯花赤馬奧剌憨康熙志誤作悠也里可溫人元貞二年六月至其與奧剌罕同爲一人先後爲楊子丹徒兩縣達魯花赤無疑也奧剌罕爲也里可溫祖常當然爲也里可溫

三馬氏世譜祖常又有從諸父名世德以國子生擢進士第由監察御史遷中書檢校官據余闕青陽集卷三合肥修城記云馬世德字元臣也里可溫人由進士第歷官中書檢校郎此人也世德

木刻本

爲也里可温。祖常當然爲也里可温。

四元也里可温大概包涵羅馬希臘聶思脫里各派。馬祖常之先究屬何派。據馬氏世譜開宗明義第一句卽云馬氏之先出西域聶思脫里貴族。始來中國者和祿采思則馬祖常之先也里可温中之聶思脫里派而又嘗掌高等神職者也。

五更有一事。富有宗教意味令人神往者。元好問遺山集二十七有恆州刺史馬君神道碑。馬君卽祖常之高祖碑云君諱慶祥字瑞寧。姓馬氏。以小字習里吉斯行。出于花門貴種。宣政之季與種人居臨洮之狄道。蓋已莫知所從來矣。金兵略地陝右。盡室遷遼東。因家焉。太宗嘗出獵。恍惚間見金人挾日而行。心悸不定。莫敢仰視。因罷獵而還。敕以所見者物色訪求。或言上所見殆佛陀變見。而遼東無塔廟尊像不可得。唯回鶻人梵唄之所有之。因取畫像進之眞與上所見者合上懽喜讚嘆爲作福田以應之凡種人之在臧獲者貰爲平民賜錢幣縱遣之君之祖諱迭木兒越哥父把騷馬也里黜又遷靜州之天山天山占籍今四世矣金史一二四馬慶祥傳即采此此文極有宗教意味當未解釋此文之先余有一聲明吾國學者對於外來宗教每辨別不清以甲作乙如顧炎武之以摩尼爲回教日知錄廿九杭世駿之以回教爲景教道古堂集廿五是也元好問生金元間亦何能逃此例曰出於花門貴族即誤以聶思脫里爲回鶻不若黃溍馬氏世譜之明瞭矣回鶻自唐以來崇奉摩尼摩尼禮拜之所恆有像設今曰尊像不可得惟回鶻梵唄之所有之則又以聶思脫里爲摩尼矣然有像不獨摩尼聶思脫里亦有之景教碑述貞觀詔所謂遠將經像來獻上京者是也金太宗所遇與新約使徒行傳九章三節保羅所遇相類固明明基

督教影響也好問曾續夷堅志故於此等神話靡靡道之以此而言馬祖常之爲基督教世家毫無疑義

據馬氏世譜和祿采思於遼道宗咸雍間（西一〇六五至一〇七四）來中國道宗官之不就遂家臨洮二世始仕遼爲馬步軍指揮使三世當宣政之季被金兵擄至遼東久之因獻像事被釋放遷靜州之天山四世即習禮吉思馬慶祥始仕金爲鳳翔兵馬判官遷浚都遂爲汴人五世月合乃仕元爲禮部尚書是爲祖常之曾祖二世四世均官名有馬故馬氏世譜及元史月乃合（應作合乃）傳謂馬氏始於二世而禮部尚書馬公神道碑及蘇天爵馬文貞公墓誌（滋溪文稿卷九）則謂馬氏始於四世也

馬祖常之家世既明可進言馬祖常之儒學馬祖常非出自中國本人並不以爲諱且津津樂道之故其爲馬公神道碑則云我曾

祖尙書世非出於中國而學問文獻過於鄒魯之士俾其子孫百年之間革其舊俗其爲銘又有云懿矣我祖百年於茲衣冠之傳實爲啟之世多王公亦多華靡惟不革俗而忽其圯則其厭惡舊俗傾慕華俗之情概可見矣石田集卷一又有飲酒詩六首其第五首云

昔我七世上養馬洮河西六世徙天山日日聞鼓鼙金室狩河表我祖先羣黎詩書百年澤濡翼豈梁鵜嘗覯漢建國再世有日磾後來與唐臣胤裔多羌氏春秋聖人法諸侯亂冠笄夷禮卽夷之毫髮各有稽吾生賴陶化孔階力攀躋敷文佐時運爛爛應壁奎

以日磾羌氏自擬以夷狄進於中國自慰以得受孔道陶化爲幸以努力攀躋孔階自矢磊落光明莫有倫比而朋輩中之稱道之

者亦輒不忘其所自而竭力揄揚之文矩子方集送馬伯庸御史奉使關隴起四句云聖朝啟文運同軌來無方夫君起天關崛起千仞翔明指其非出自中國也許有壬至正集四六馬文貞公神道碑亦云公先世已事華學至公始大以肆又云部族有儒文貞伊始又曰後承聿修講學諸夏王守誠爲石田集序亦云公系出西裔斤斤於華學於部族於諸夏而不能忘其非中國人探賾其能用夏變夷也

惟馬氏既世奉基督至何時始舍基督而歸儒在祖常本身乎抑祖常之先已有開其端者乎是亦吾人所亟欲聞者也據祖常所自述及許有壬所稱道馬氏之儒學肇自祖常曾祖月合乃復據袁桷所著祖常父漳州路同知馬君神道碑清容集二六則馬氏之儒學成於祖常父馬潤至祖常乃大以肆也碑云禮部尚書諱月合

植德秉志。贖士人之爲孥者。後皆爲達官。而子孫更業儒術。卒致光顯。禮部子諱世昌。傾貲粟結雋彥。家日困落。子孫益用儒自振。是生漳州諱潤。以文墨入官。守光州。取官粟之羨者。廣弟子員以食。光久爲用武地。司馬丞相生於光。公歲率諸生以祠。民始知爲儒以自重。

又據蘇天爵所著祖常弟祖謙墓碣銘（滋溪文稿十九）祖謙母楊氏。生母李氏。是祖謙爲祖常異母弟。而馬潤實有二妻也。祖常亦有二妻。蘇天爵馬文貞公墓誌云。公娶索氏。次怯烈氏。二妻爲基督教人所大戒。祀鬼亦爲基督教律所不容。而馬潤既有二妻。復率諸生祀司馬光之鬼。其悍然不守基督教律可知也。及至祖常。對於祠祭更隨俗浮沉。而無所忌。故石田集有陪可用中議祠星於天寶宮詩。其他類此者不一而足。蓋已蕩盡基督教之藩籬矣。袁桷馬謂碑三致意於馬氏子孫之用儒自振，必有所見而云然也。馬氏世譜叙和祿罘思至祖常之子凡九世，祖常從諸父中尙有基督教徒之名，如岳難、雅古、保六賜之屬，至祖常同懷七人，則無一基督教徒名矣。其從昆弟中尙有一基督教徒之名，卽蘇天爵石田集序所稱「公既歿，其從弟察院掾易朔出公詩文若干篇」之易朔是也。由此種種精密觀察，尙可見祖常一家背基督歸儒之經過。其曾祖雖好儒術，尙未至於背基督，其父行則不然，其季父名節者，且入王屋山爲道士（詳佛老篇），是背基督當自其父行始，卽馬氏世譜之七世也。八世至祖常，且特爲儒張目矣。石田集（卷四）有蜀道士歸儒詩云：

青城羽客燒丹罷，要近東家問六經。卻笑山陰痴道士，白鵞閑覓寫黃庭。

由此觀之則其季父之爲道士亦祖常所不悅所謂士各有志不能强同馬氏一家老輩皆奉基督後生則爲道爲儒分道揚鑣可謂極信仰之自由者矣

馬氏而外基督徒之尊崇儒術者有高唐王闊里吉思闊里吉思本身爲基督徒與馬潤馬祖常之世代爲基督徒者不同世代爲基督徒者其信仰屬於遺傳吾謚之曰世襲信仰世襲信仰非出於自由唯自由信仰乃眞信仰闊里吉思之爲基督徒屬於自由信仰者也然在漢籍中實無左證據近人之考察則闊里吉思卽馬可孛羅遊記之佐治王其所據者爲見存羅馬之西紀一三〇五年（元大德九年）一月八日主教蒙哥未諾在燕京所發之第一書其所述之信教佐治王地位事蹟及卒年遺孤等均與駙馬高唐王之闊里吉思相合駐華東正教拍雷狄斯主教以元史本傳有尙

忽答的迷失公主繼尙愛牙失里公主之語疑基督徒同時有二妻爲不可解張君星烺據元文類廿三閻復著駙馬高唐忠獻王碑稱忠獻王前尙皇姊忽答的美實繼尙皇女愛失里知前尙之皇姊已死後乃繼尙皇女並非同時有二妻元史闊里吉思傳以閻復碑及劉敏中撰駙馬趙王先德碑爲藍本碑見元刻本中菴集卷四（四庫本缺載）趙王卽闊里吉思子朮安碑稱忠獻先尙主忽答的迷失繼尙愛牙失里一子朮安卽趙王繼出也元史删一先字遂啟後人疑竇然吾據閻復碑所述闊里吉思之祖武毅王則實有姬侍曰初武毅未有子公主爲進姬侍以廣嗣續鞠育之恩不啻己出嗣續云云正中國人多妻之唯一口實然則闊里吉思之祖尙非基督教徒近人因闊里吉思爲汪古部長（古卽雍古）元史本傳載其兄弟姊妹又皆用基督教徒之名其父愛不花伯父君不花

又皆熱心之基督徒遂斷定爲卽馬可孛羅遊記及蒙哥未諾第一書之佐治王宜可信也此節旣明則可以言闊里吉思之儒學據蒙哥未諾第一書闊里吉思初信聶思脫里派之基督教遇蒙哥未諾始改信羅馬派而其兄弟仍守聶思脫里派也然閻復碑云忠獻王生長北方金革之用固其所長而崇儒重道出於天性興建廟學裒集經史築萬卷堂於私第講明義理陰陽術數靡不經意元史本傳則據劉敏中碑稍易其詞云闊里吉思性勇毅習武事尤篤於儒術築萬卷堂於私第日與諸儒討論經史性理陰陽術數靡不該貫是闊里吉思旣信基督又好儒術也蒙哥未諾書稱其曾於治所建聖堂未識與閻復碑所謂興建廟學者是一是二吾人於絕不相謀之中西記述披挲而互勘之偶有異同其槩正無極也閻復碑又稱闊里吉思弟阿里八斛尙宗王完澤女

木刻本

奴倫公主。耽嗜儒術。予近在順治吉安府志二五儒行傳又發見闊里吉思嘗從吉人吳鄹問易。足見史稱其日與諸儒討論經史一語。不爲虛譽。志云吳鄹永新人。宋末兵亂。避仇轉徙山西。改姓名張應珍。注周易宗程朱而不爲苟同。元駙馬都尉高唐郡王闊里吉思。嘗從之質疑焉。爲刻其書於平陽路。且序其里居爲詳。今菉竹堂千頃堂書目。均有張應珍周易注十卷。經義考四四題爲吳鄹。疑卽闊里吉思刻於平陽路者。鄹先改名張應珍。仕元爲祕書少監。大德九年復更姓名吳鄹。見元祕書監志九。闊里吉思從鄹質疑時。鄹固名張應珍也。闊里吉思之好儒學。又多一證。

三　回回教世家之儒學

贍思丁　忽辛　贍思　博博

勖實戴

回回教世家中有地位與闊里吉思相若而崇儒好學又復相類者爲咸陽王賽典赤贍思丁元史本傳一二五稱贍思丁回回人別庵伯爾之裔其國言賽典赤猶華言貴族也至元十一年拜平章政事行省雲南雲南俗無禮儀男女往往自相配偶親死則火之不爲喪祭無秔稻桑麻子弟不知讀書賽典赤教之拜跪之節昏姻行媒死者爲之棺槨奠祭教民播種爲陂池以備水旱創建孔子廟明倫堂購經史授學田由是文風稍興

贍思丁之爲回回教世家元史已證明不若闊里吉思馬祖常等之史無明文必須旁搜佐證別庵伯爾者猶言天使蓋指摩訶末劉郁西使記所謂師名癖顏八見經文甚多皆癖顏八見所作是也秋澗文集九五闊里吉思封高唐王贍思丁封咸陽王闊里吉思與建廟學裒集經史築萬卷堂贍思丁創建孔子廟購經史授學田二

人所爲抑何類也吾甚不解贍思丁以摩訶末嫡裔而尊崇孔子若是史有溢詞抑果實錄也然雲南孔子廟確爲贍思丁所創建贍思丁卒後廟田曾爲僧徒所奪其子忽辛力爭之事見忽辛傳同卷稱忽辛大德九年改雲南行省右丞先是贍思丁爲雲南平章時建孔子廟爲學校撥田五頃以供祭祀教養贍思丁卒田爲大德寺所有忽辛按廟學舊籍奪歸之乃復下諸郡邑遍立廟學選文學之士爲之教官文風大興其父子媲美如此此雲南人士所亟應記念者今雲南回教徒甚衆人皆知爲贍思丁所遺孰知雲南孔教勢力之伸張亦不出於孔子之徒而爲別庵伯爾之裔贍思丁父子所引進也此孔教徒所不及料者也

尤可異者元史儒學傳有阿剌伯人贍思爲元好問再傳弟子以漢文著書十餘種並文集三十卷清初黃虞稷撰千頃堂書目時

諸書尙存眞元朝儒學之特色也贍思系出大食其爲回回教世家不必問今節錄其本傳如下

贍思字得之其先大食國人國既內附大父魯坤乃家眞定父斡直始從儒先生問學贍思生九歲日記古經傳至千言比弱冠以所業就正於翰林學士承旨王思廉之門由是博極羣籍汪洋茂衍見諸踐履皆篤實之學故其年雖少已爲鄉邦所推重延祐初詔以科第取士有勸其就試者贍思笑而不應泰定三年詔以遺逸徵至上都時倒剌沙柄國西域人多附焉贍思獨不往見倒剌沙屢使人招致之即以養親辭歸天曆三年召入爲應奉翰林文字賜對奎章閣文宗問曰卿有所著述否明日進所著帝王心法文宗稱善詔預修經世大典以論議不合求去後至元二年拜陝西行臺監察御史即上封事十條皆一時羣臣所不敢言戚里有

木刻本

執政陝西行省者惢爲非道贍思發其罪而按之輒棄職夜遁三年除簽浙西肅政廉訪司事以浙右諸僧寺私蔭猾民有所謂道人道民行童者類皆瀆常倫隱徭役使民力日耗契勘嘉興一路爲數已二千七百乃建議請勒歸本族俾供王賦庶以少寬民力朝廷是之即著以爲令贍思歷官臺憲平反大辟之獄先後甚衆然未嘗故出人罪以市私恩著審聽要訣至正十年召爲祕書少監議治河事皆辭疾不赴十一年卒於家年七十有四謚曰文孝贍思邃於經而易學尤深至於天文地理鐘律算數水利旁及外國之書皆究極之家貧饘粥或不繼其考訂經傳常自樂也

贍思著述今存者有河防通議二卷（守山閣本）輯諸永樂大典其所著老莊精詣西國圖經西域異人傳等皆不可得見徒令人想望其瑰異而已回回教中著名儒者尚有丁鶴年鶴年通詩書禮三經

以其晚而逃禪詳佛老篇名不甚著而通詩毛氏箋折衷以朱呂之傳發爲文辭其光燁然者有溥博字子淵西域阿魯渾人回回儒者也見宋濂鑾坡集卷七西域浦氏定姓碑文

又有勖實戴者字士希河南伊川鳴皐鎮回回砲手軍總管以家財剏立書院十年始就其子慕顔鐵木復建稽古閣貯書萬卷延祐間詣京師因集賢學士陳顥以聞奉勅賜名伊川書院令翰林直學士薛友諒撰文集賢學士趙孟頫書之此亦回回人之好儒學者也潛研堂金石文跋尾卷十九有勅賜伊川書院碑跋

四　佛教世家之儒學

阿魯渾薩理

元時佛教世家無過阿魯渾薩理三世精佛學父爲釋教總統身受業於國師八思馬以此世襲信仰其思想宜不易動搖也而抑

知事實上不然特患其不通中國之文不讀中國之書耳苟習其文讀其書鮮有不被其陶化者今將趙孟頫所爲趙國公全公神道碑銘（松雪齋集卷七）節錄如下元史阿魯渾薩理傳一三〇即從此出者也碑云

太祖皇帝既受天命略定西北諸國回鶻最彊最先附自是有一材一藝者畢效於朝至元大德間在位之臣非有攻城野戰之功而道包儒釋學際天人寄天子之腹心者惟趙國文定公而已公諱阿魯渾薩理回鶻北庭人今所謂畏吾兒也以父字爲全氏祖諱阿台薩理父諱乞台薩理早受浮屠法於智全末利可吾坡地沙圖通辯悟當時咸推讓之生公兄弟三人公從國師八思馬學浮屠法不數月盡通其書旁達諸國及漢語世祖知其材俾習漢文書頃之遂通諸經史百家若陰陽曆數圖緯方技之說靡不精

木刻本

詣會國師西還攜與俱歲餘乞歸省師送之日以汝之學非爲我佛弟子者我敢受汝拜耶勉事聖君相泣而別比至闕師已上書薦之裕宗得召入宿衛日以筆札侍左右至元二十年冬有二僧西來見自言知天象上召通象胥者數輩與語莫能解有脫烈者言公可使立召與語僧乃屈謝不如上大悅公明時務識大體初爲世祖所知卽勸以治天下必用儒術江南諸老臣及山林藪澤有道藝之士皆宜招納以備選錄於是置集賢院下求賢之詔遣使天下天下聞風而起至者悉命公館之禮意周洽皆喜過望其有不稱旨者亦請厚賚而遣之以勸來者而集賢長貳極一時名流盡公所薦用又請置國子監學官增博士弟子員優其廩旣學者益衆

本篇最可注意者爲阿魯渾薩理之學先釋而後儒元時隆禮國

師過於孔子苟無二三西域人之服膺孔學者搘拄其間釋氏之
徒且欲以其道易天下藉兵威之所及非盡變中國如印藏不止
中國儒者其得國主之信用遠不逮西域儒者是故高智耀之入
見憲宗也力言儒者之道帝曰前此未有以是告朕者不忽木之
與世祖論道也世祖曰曩與許仲平衡論治仲平不及汝遠甚均見
前章當是時百漢人之言不如一西域人之言一西域人儒者之言
不如一西域人釋者之言之尤爲有力而得國主之信用也許衡
吳澄之徒之所以能見用於時者純恃有二三西域人後先奔走
之而孔子之道之所以能見重於元者亦純賴有多數異教西域
人誦其詩讀其書傾心而輔翼之也國師之送阿魯渾薩理曰以
汝之學非爲我佛弟子者我敢受汝拜耶國師蓋深知阿魯渾薩
理之不能爲佛教張目而將爲儒教效其勞者也故阿魯渾薩理

初見用於世祖即勸以治天下必用儒術天下云者中國耳治中國非用儒術不可阿魯渾薩理由中國歷史觀察熟審當時情形以爲惟此於元有利遂主張以此收服中國之人心也

元史本傳敘阿魯渾薩理先世有足補趙孟頫碑之闕者曰阿魯渾薩理祖阿台薩理精佛氏學生乞台薩理襲先業通經律論業既成師名之曰萬全至元十二年入爲釋教都總統以釋教都總統之子而主張用儒術治天下亦猶高智耀之本事佛敬僧而力言儒術有補治道也此佛教世家之儒學也

五　摩尼教世家之儒學

高昌偰氏

摩尼教興於波斯唐時入中國因爲回鶻所信奉更藉回鶻之勢力延蔓於中華回鶻既分竄甘和諸州摩尼教徒遂隨之轉徙觀

余闕述西夏風俗有極類曾受摩尼化者其送歸彥溫赴河西廉使序云予家合淝淝之戍軍皆夏人其性大抵質直而上義平居相與雖異姓如親姻凡有所得雖簞食豆羹不以自私必召其朋友朋友之間有無相共有餘卽以與人無卽取諸人亦不少以屬意百斛之粟數千百緡之錢可一語而致也予初以爲此異鄉相親乃爾及以問夏人凡國中之俗莫不皆然其異姓之人如此其親姻可知矣（青陽集卷三）凡曾讀摩尼教經者卽知此等有類於共產之風俗爲摩尼教之風俗卽曾考究南宋時閩浙摩尼教情形者亦知此爲摩尼教風俗西夏旣以回鶻竄入之故受摩尼教之感化則原爲回鶻地之高昌等處其受摩尼咸化必更强摩尼教元時中國尚有余前在閩書（卷七）發見泉州華表山有元時所遺留之摩尼教庵近又于談遷棗林雜俎義集目錄天主教條下發見有

木刻本

明教附三字小注明教卽摩尼教惜余所見之東林雜俎爲宣統間排印本此條特注缺字有錄無書想因天主教事有所避諱而刊落之也安得談氏原稿而讀之明時中國旣尙有摩尼教則原爲回鶻地之高昌等處其摩尼教必更盛宋史高昌傳述北宋初王延德使高昌尙見有摩尼寺波斯僧此其證也

摩尼教流行歷史略明則可揭出吾所欲述之摩尼教世家爲誰氏吾所欲述之摩尼教世家高昌偰氏也元時高昌人多矣何以獨推偰氏則以偰氏自唐以來世爲回紇相而唐時回紇相之與摩尼又極有密切之關係如舊唐書回紇傳長慶元年回鶻入朝則與宰相都督公主摩尼等俱白氏長慶集與回鶻可汗書賜物回鶻則與內外宰相及判官摩尼師等俱摩尼旣爲回鶻尊崇可汗常與共國則其國相豈能獨外茲將歐陽玄高昌偰氏家傳之

前段節録如下以明偰氏爲摩尼教世家之證傳云偰氏偉兀人也其先世曰暾欲谷以女妻默棘速可汗爲可敦默棘速卒國亂故地盡爲回紇所有暾欲谷子孫遂相回紇回紇嘗自以其鷙捷如鶻請於唐更以回鶻爲號偉兀者回鶻之轉聲也今偉兀稱高昌地則高昌人則回鶻也高昌王有印曰諸天敬護護國第四王印卽唐所賜回鶻印也言諸天敬護者其國俗素重佛氏因爲梵言以祝之也暾欲谷子孫旣世爲偉兀貴臣因爲偉兀人又嘗從其主居偰輦河上子孫宗暾欲谷爲始祖因以偰爲氏焉相傳暾欲谷初爲國相適當唐天寶之際唐以安氏之亂求回鶻援兵暾欲谷與太子闕特勒帥師與討安祿山有功封太傅忠武王進位司空年百二十而終傳數世至克直魯爾襲爲本國相答剌罕錫號阿大都督

此傳有事實錯誤者二有文字異同者二先爲辨正而後推求其與摩尼教有關焉據舊唐書突厥傳毗伽可汗默棘連乃闕特勒之兄以開元四年卽位時暾欲谷年七十餘開元二十年（新書作十九年）闕特勤死上自爲碑文同年默棘連死李融爲碑文二碑於清光緒十五年（西一八八九）與九姓回鶻可汗碑同出土元耶律鑄雙溪醉隱集（卷二）取和林樂府自注有云和林城苾伽可汗之故地也城東北七十里有唐明皇開元壬申御製御書闕特勤碑案唐史突厥傳闕特勤苾伽可汗之弟也名闕開元十九年闕特勤卒詔爲立碑上自爲文其碑額及碑文特勤皆是殷勤之勤字唐新舊史凡書特勤皆作銜勒之勒字誤也諸突厥部之遺俗猶呼其可汗之子弟爲特勤則與碑文符矣李文田和林金石詩（靈鶼閣本）所謂回思移剌律（卽耶律）雙溪集字字分明闕特勤指此也而偰氏傳乃循兩唐

書作勒其異一默棘連兩唐書均作連李文田詩遺址判榛默棘連大唐祠像舊香煙是也而傑氏傳獨作速其異二此猶文字之小小異同者也

安祿山之亂在天寶末年闕特勤之死在開元十九年其碑之立在開元二十年是安氏亂時闕特勤死已二十餘年矣而傑氏傳乃謂暾欲谷與闕特勒帥師討安祿山有功其誤一且闕特勤是突厥可汗太子而助唐討安祿山者是回紇太子舊唐書回紇傳至德元載七月肅宗即位靈武遣使回紇修好徵兵二載九月回紇遣太子葉護領其將帝德等兵馬四千餘眾助國討逆收復兩京加司空封忠義王是也而傑氏傳乃以闕特勤爲回紇太子其誤二究其所以致誤之由則因史有乾元元年八月回紇又使王子骨啜特勒等助國討逆之言而誤以骨啜特勒爲闕特勒乎不

可知也。
突厥之滅。據新唐書突厥傳謂在天寶四年。是暾欲谷由突厥入囘紇時年已百有餘歲。其助唐討逆時年百一十歲。史稱開元四年（西七一六）暾欲谷年七十餘。與偰氏傳稱暾欲谷助唐討逆後年百二十而終。其說正相合。果暾欲谷之卒在代宗初年。去大曆三年（西七六八）勅建摩尼大雲光明寺之年不過一二年。囘紇爲摩尼護法偰氏世爲囘紇貴臣。其與摩尼教有關。尚何待論。
顧家傳旣明言其國俗素重佛氏。何以猶謂之摩尼。則以唐時囘紇自天寶而後全國已改奉摩尼。（說見摩尼教入中國考）唐所賜囘鶻印係在天寶求援囘鶻以後。當然以其所信奉者祝之。豈復有以佛氏語祝之之理。吾恆言中國人對於外來諸教。辨別輒不明瞭。如新唐書常袞傳（一五）稱囘紇有戰功者得留京師。創邸第佛祠。佛祠

木刻本

云云實摩尼寺也九姓回鶻可汗碑言摩尼開教回鶻事甚明今日可爲鐵證然此碑出土時江標和李文田金石詩猶以摩尼爲佛則前此之謬指爲佛者更何足怪江標詩云

一大字先題登里囉可汗名字曰毗伽半從佛法治天下莫怪年來景教多

佛法云云謂摩尼明教也閩書亦稱摩尼佛又稱至道中懷安士人得佛像於京城佛像云云亦摩尼像也則偰氏傳所稱之佛正可證其爲摩尼佛舊唐書回紇傳謂摩尼爲回鶻所信奉與家傳所謂其國俗素重佛氏者正同偰氏之先旣世爲偉兀貴臣且曾與於安史之役則其爲摩尼教世家毫無疑義也

偰氏爲摩尼教世家之說旣明則可與言偰氏之儒學克直魯爾者合剌普華之高祖合剌普華見元史忠義傳其孫偰玉立偰哲

篤等六人皆登進士第其曾孫之登進士第者三人一門兩代凡九進士時論榮之許有壬爲合剌普華墓誌黄溍爲合剌普華神道碑皆以爲積德累仁之報然無論是否爲積德累仁之報其孫曾能以儒術致通顯若此不可謂非色目人之特色也

偰哲篤延祐首科進士與馬祖常歐陽玄許有壬黄溍等爲同年偰玉立延祐五年進士至正中爲泉州路達魯花赤閩書卷五三文莅志稱其興學校賑貧乏考求圖志搜訪舊聞聘寓公三山吴鑒成清源續志二十卷以補一郡故事郡人皆勸於文學顧嗣立元詩選有偰玉立世玉集偰哲篤詩附焉千頃堂書目二十八有偰遜近思齋逸稿注回鶻人初名百遼郎偰哲篤子也碑刻中亦時見偰氏昆仲文字偰氏昆仲雖擢高第能文章然區區科名詎得謂之儒學今亦以儒學目之者隨俗稱也且吾之爲是篇亦以

木刻本

證明西域人之同化中國而已曾謂科名之盛如偰氏不讀孔氏之書而能然耶元時科目蒙古色目與漢人南人各一榜蒙古色目人中選比漢人南人爲易程度比漢人南人爲低元史選舉志載考試程式蒙古色目人第一場經問五條大學論語孟子中庸內設問用朱氏章句集注第二場策一道以時務出題限五百字以上其義理精明文辭典雅者爲中選今自偰玉立偰哲篤二人於政事文章有可考見外其他七人學問深淺無可考見然既中選則必義理精明文辭典雅可知也此摩尼教世家之儒學也

附偰氏一門九進士圖（數目字著其登第之先後由延祐二年乙卯至至正八年戊子凡三十四年）

合剌普華—偰文質—二偰玉立（延祐五年）
　　　　　　　　　四偰直堅（泰定元年）
　　　　　　　　　一偰哲篤（延祐二年）—七偰百僚遜（至正五年）

三僎朝吾 至治元年

六僎列篪 至順元年

越倫質—五善著 泰定四年

八正宗 至正五年

九阿兒思蘭 至正八年

木刻本

元西域人華化考卷三

新會　陳垣　援菴

佛老篇

一　西域詞人之佛老

貫雲石　迺賢　馬時憲

亦都忽立　剌馬當

佛非出於中國然元時佛教之入中國已千三百餘年本分禪教兩大宗其禪宗早已成爲華化倘其人之佛學得自梵文或得諸西域固不可謂之華化倘其佛學係由漢譯經論或由晉唐以來之支那撰述而得而又非出家剃度身爲沙門僅以性耽禪悅自附於居士之林則不得不謂之華化阿魯渾薩理以釋教總統之子先學佛於國師八思馬學成而復習儒書故吾名曰佛教世家

之儒學若西域人旣竄於漢學又以境遇或性近之故去而談禪則可謂之雙料華化矣吾於此得二人焉曰小雲石海涯丁鶴年丁鶴年爲回回教世家將別論之今先言小雲石海涯

小雲石海涯爲平宋功臣阿里海涯之孫阿里海涯者畏吾人趙翼廿二史劄記十三謂元初諸將多掠人爲私戶而莫甚於阿里海涯張雄飛傳阿里海涯行省荆湖以降民三千八百戶沒入爲家奴自置吏治之歲收其租稅有司莫敢問世祖本紀至元十七年詔覈阿里海涯等所俘三萬二千餘人並放爲民十九年御史臺言阿里海涯占降民爲奴而以爲征討所得有旨降民還之有司二事並見卷一二八相威傳宋子貞又以阿里海涯所庇逃民千人淸出屯田可見其所佔之戶以千萬計兵權在握恣意營私也此阿里海涯卽小雲石海涯之祖父今非欲暴小雲石海涯祖父之惡然非此

無以證小雲石海涯爲濁世佳公子其家世如此其思想遂不禁則有所感覺也

小雲石海涯之家世既明則可言小雲石海涯之歷史元史一四三有小雲石海涯傳然不足證明小雲石海涯之學佛因元史本傳採自歐陽玄貫公神道碑圭齋集卷九而删節其詞故小雲石海涯學佛之精神亦被刊落今欲證明小雲石海涯之佛學當舍元史本傳而用貫公神道碑貫公即小雲石海涯父名貫只哥因以貫爲氏元人著述通稱貫雲石雲石文學另詳文學篇其佛學則神道碑開始一段已可證明碑云至治三年秋玄校藝浙省既竣事出而徜徉湖山之間故人內翰貫公與玄周旋者半月餘及將去杭薄暮攜酒來別謂玄曰少年於朋友知契每別輒繾綣數日近年讀釋氏書乃知釋子嘗有是心謂之記生根焉吾因以是爲戒今

於君之別獨不能禁且何哉言已悽然而別此節在當日不過著者敘述與雲石之交情正史本傳自無留存之必要而在今日欲考察西域人之寓中國曾否染有中國之佛化則不可謂之閒文碑中敘雲石與漁父易蘆花被後尚有雲石與中峰和尚論道一節亦係閒情乃本傳於蘆花被事則點竄入傳而於見中峰事則一字不提若爲雲石諱者雲石本非以儒學自任談禪何足爲諱茲錄碑文大略如左亦可見雲石之出處及人生觀矣曰公辭歸江南十餘年間歷覽勝槩著述滿家所至縉紳之士逢掖之子方外奇人從之若雲得其詞翰片言尺牘如獲拱璧乃東游錢塘入天目山見本中峰禪師劇談大道箭鋒相當每夏坐禪包山暑退始入城自是公之蹤跡與世接漸疎道味日濃世味日淡去而違之不翅解帶中峰禪師者名明本號中峰爲元世高僧有中峰廣

木刻本

錄中峰懷淨土詩等著述行世則雲石之學佛無可爲諱七修類稿二三云貫雲石嘗休暑鳳凰山今北山棲雲庵其藏修之所也是以碑復論之曰公武有戡定之策文有經濟之才固爲斯世難得然承平之代世祿之家勢宜有之至如銖視軒冕高蹈物表居之弗疑行之若素泊然以終身此山林之士所難能斯其人品之高豈可淺近量哉雲石蓋有得於禪者也

西域詞人中才名與雲石相埒而愛慕道家者有迺賢迺賢字易之元史無傳元人著述稱合魯易之或稱葛邏祿迺賢合魯元譯葛邏祿唐以前譯漢言馬也故又稱馬易之世居金山之西元興西北諸部仕中國者隨便住居故迺賢稱南陽人後隨其兄塔海仲良官江浙遂卜居於鄞甬上耆舊詩傳卷三謂其師事鄞人鄭以道以道集有贈門人馬易之序迺賢善歌詩一再遊京師盡交其

木刻本

名士，有金臺集，又性好古，所至訪求名跡，摩挲斷碣，發爲詠歌，著河朔訪古記、劉仁本羽庭集、王褘忠文集，均有序。原書久佚，乾隆時在永樂大典中搜得一百三十餘條，聚珍版印行之。迺賢之愛慕道家，傳無明文，吾在金臺集發見之。集共詩一百八十餘篇，紀游詠古之外，爲道士賦者占十之一，試錄其目，亦知其香火氣之深也。

一送陳道士復初歸金華。

二玄圃爲上清周道士賦。

三題崇眞宫陳鍊師壁間竹梅。

四送道士袁九霄歸金坡道院。

五虛齋爲四明王鍊師賦。

六鶴齋爲道士薛茂弘賦。

十六 南城詠古十六首序云至正十一年秋太史宇文公太常危公偕燕人梁處士九思臨川黃君殷士四明道士王虛齋新進士朱夢炎與余凡七人聯轡出游燕城覽故宮之遺蹟各賦詩十有六首

十七 長春宮全眞丘神仙處機之居太祖嘗召至西域之雪山講道屢勸上以不殺

十八 玉虛宮大道教以供薪水之勞爲其張本宮主張眞人其貌甚清古

十九 題王虛齋所藏鎮南王墨竹

二十 送陳鍊師奉香歸四明慶醮玉皇閣齎王致和眞人

詩人結識道士之多罕有若迺賢之衆者也方以類聚同志爲朋則迺賢之好道無疑義矣更觀詩之內容則迺賢所好之道實神

仙服餌之一派。故茶芝青精等句。輒見於行間。

如玄圃云。

明年我亦山中去。臘采瑤芝滿藥囊。

桃花山水圖云。

我昔捫蘿採山谷。青精煮飰松邊宿。至今瞳子有神光。細字猶能夜深讀。

送袁道士歸金坡道院云。

君還鍊石髓。九轉成玄霜。他時肯分贈。碧落同翱翔。

松巢云。

茯苓倘可飡。永矢謝城邑。

望秦山云。

懸崖芝草承甘露。溜雨松根長伏苓。

送張宗岳還龍虎山云

後夜相思京雒士黃精還許寄來嘗

挽淸溪徐道士云

碧乳分茶烹雪水青精煮飰薦冰蔬

答張元傑惠藥云

卧病臨高館丹芝幸見分明朝得强健長禮紫虛君

贈空谷山人歸武當云

小甕春風紫朮香長鑱落日黃精熟

送陳鍊師歸四明云

山中芝草還分得贈我能令白髮稀

正春秋繁露所謂意之重詞之複其中必有美者後之人可因此以知其性之所近也迺賢與雲石不同雲石志在遺世故佯狂詠

木刻本

歌以卒歲迺賢不忘用世故希藉修鍊以長生其環境不同其思想遂隨之而異一禪一道所以分途也張起巖題金臺集云長使馬周貧作客令人千古媿常何嘆迺賢之不用也迺賢於神仙境界時寄遐想如登崆峒山有云

路逢一道士高結冠巍巍恐是廣成子再拜欲問之長歌入深林棄我忽若遺靈蹤邈難及千載生遐思

其神往低徊之意溢於言表其對於元初丘處機尤殷慕之詠之至再京城雜言云

丘公神仙流學道青海東扣馬諫不殺嘉辭動天容保此一言善元祚垂無窮

自往世祖納全眞丘處機之一言國家始終好生不殺其長春宮

又云

羸驂蹋秋日。迢遞謁琳宮。草昧艱難日。神仙第一功。

可謂傾倒之至矣。其所與游之燕人粱九思。名有。亦一好古而慕仙之人。與迺賢性相近。迺賢有河朔訪古記。粱有有文海英瀾。迺賢好神仙。粱有有續列仙傳。文海英瀾者二百卷。彙錄南北金石刻三萬餘通。續列仙傳十卷。均見迺賢寄粱九思詩注。詩中有泗水中流尋漢刻。泰山絕頂得秦碑。仙人久致青牛約。弟子能修白鹿規之句。粱有亦儒而好道者也。元朝著名道士張雨。號句曲外史。迺賢以西域詩人。亦自號河朔外史。凡此種種。皆足爲迺賢好道之一證。

有佯狂似雲石。而不忘用世似迺賢者。未知其學佛乎。學仙乎。號曰笑笑道人。則似於道家爲近。然六朝以道人爲沙門之稱。雲石學佛。固亦嘗號蘆花道人。酸齋道人也。學佛抑學仙。本無庸細辨。

木刻本

今所欲說明者西域人中有此一派耳則笑笑道人之行誼可一逃也王禮送馬時憲還維揚詩序云

西域馬君時憲以胄監弟子員舉進士爲翰林編修官志不屑也性重默無汎交跡絶權貴之門衆以是奇之一日聞有笑笑道人者荷笠披紙衣擊筘行歌於市憩江東雷岡亭飛舞而上馬祖巖歌聲若金石悲壯激越林木爲動田翁樵子棄業而聚觀意其散仙也怪而察焉則時憲耳噫其果于忘世若楚狂接輿者耶抑猶豪傑不偶之士雄才莫施輒佯狂詭其迹輕世肆志以泄憤懣無聊之氣耶矧燕趙素多忼慨悲歌之士安知不猶有曩之風烈耶余有以知時憲倜儻不羈之情矣（麟原集卷四）

此等舉動不論其所託者爲佛爲仙皆可表明其爲一不得志於時者之詩人其系出西域爲可異也劉壎水雲村稿卷八有杳林公

墓誌銘云亦都忽立其先囘鶻人所居種杏成林因以自號卒年六十有七男四曰馬合曰大都驢歿三日夫人使子來乞銘因思西北人材率雄傑悍驁尚武而嗜殺而公獨稟和易趨尙文雅通儒書禮秀士喜談僊佛善作大字綽有中州風度其鍾天地之仁氣者歟冑出西土而鍾靈特異者歟噫善人亡矣

亦都忽立之名其子未脫西域人舊俗也而其自號及劉壎所述則已深染華風通儒書不奇奇其喜談仙佛也名其子曰馬合疑其先固囘囘人然此四人者皆未嘗爲僧爲道士不過其學術思想趨嚮於是耳吾於王逢梧溪集發見一西域人入全眞教爲道士眞可謂應有盡有矣

梧溪集卷五有儉德堂懷寄凡二十二首每首各有小序其第八首序云剌馬當文郁西域人由父廕累遷南臺御史今寄跡全眞教

木刻本

中詩云

淸修馬道士憶過小林丘脫略青驄迹追隨白兎游君親心獨耿河海淚同流好在醫閭北徘徊紫氣浮

剌馬當其名文郁其字其名譯西域音其字取中國義剌馬云者未識是喇嘛教之喇嘛否乎若然以喇嘛而入道尤奇中之奇者矣玩王逢詩意剌馬當之入道似在元亡而後奇跡黃冠亦勝國遺臣之恆事特出於西域人則安世通不得專美於前矣

二　回回教世家由儒入佛

丁鶴年

貫雲石迺賢等雖系出西域然其家世及原奉宗教不明故只可概括之曰西域詞人之佛老若其家世及原奉之宗教確有可考者當專論之則丁鶴年之經歷最奇也前篇曾論回回教世家之

儒學丁鶴年亦回回教世家之儒者然其後復由儒而入佛則其所受中國化之濃厚又比專門儒者爲甚也丁鶴年生三十三歲而元亡至明永樂末年始卒年九十矣故元史無傳明史入文苑傳敘述甚略蓋本戴良所撰高士傳而節損之今考鶴年生平當仍採之高士傳九靈山房集十九高士傳云

鶴年西域人曾祖阿老丁與弟烏馬兒皆元初巨商祖苫思丁累官至臨江路達魯花赤父職馬祿丁重義輕財盡取祖父遺資賑諸親故之不足及他士之貧者性倘豪邁不喜榮名年四十辟主臨川縣簿陞武昌縣達魯花赤有惠政解官之日父老爲築甕德之堂請曰吾縣蓋公之桐鄉願留居毋去遂家焉生子五人鶴年最幼武昌公死時鶴年年甫十二其俗素短喪所禁止者獨酒鶴年以爲非古制乃服斬衰三年家有遺資悉推與諸兄不留一錢

自遺也武昌公在時以鶴年倜儻類己甚鍾愛畀蔭從父桓州職鶴年辭謝不敢有惟益厲志爲學清貧自苦或曰汝貴家子顧乃過自矯激如此鶴年曰吾宗固貴顯然以文學知名於世者恆少吾欲奮身爲儒生豈碌碌襲先蔭苟取祿位而已耶鄉之諸儒長者以其年幼而有志多樂教之年十七通詩書禮三經豫章周懷孝旉大儒時寓武昌獨器重鶴年且欲同歸豫章而妻以愛女鶴年以母老諸兄皆官千里外辭不行明年淮兵渡江襲武昌鶴年奉母夫人以行夫人捐館舍鶴年哀毀盡瘁鹽酪不入口者五年聞從兄吉雅謨丁避地越江上徒步往依焉辟從事舉校官舉孝廉俱不應南臺大夫沙藍答兒被召還朝思得文儒之士以備諮訪復以從事辟之江西閩海二道肅政府又以其省儒學提舉薦皆不就留四明或旅食海鄉爲童子師或寄居僧舍賣藥以自給

行囊稍裕每好赴人之急人之享其惠者蓋數數然也鶴年天資穎悟讀書過目輒成誦善詩歌而尤工于唐律爲文章有氣至于算數導引方藥之說亦靡不旁習然專以躬行爲學非其食不食非其衣不衣重然諾尙氣節有東漢高士之遺風員外郎馬子英不妄許可人嘗曰吾友多矣可託妻子者惟鶴年一人世以爲知言

戴良之卒先鶴年四十年此傳作於洪武初年爲鶴年所親見故鶴年寄九靈先生詩有萬言椽筆今無用閑向林泉紀逸民之句注先生嘗爲予作傳卽此傳也此傳所述關於鶴年前半世事略備此傳之後有烏斯道丁孝子傳（春草齋集卷七）紀鶴年夢得母墓事亦可參考惟學佛一節兩傳皆無明文蓋是時鶴年學佛之迹尙未著也兩傳紀鶴年部族僅汎稱爲西域人鶴年集自署亦只曰西

域鶴年何以知其爲回回教世家也則有左列之諸證據明史文苑傳云丁鶴年者回回人其說蓋本諸瞿佑歸田詩話歸田詩話梧竹軒條謂鶴年爲回回人瞿佑曾在杭見鶴年鶴年爲佑審閱鼓吹續音示以著述之法佑深感之明史文苑傳稱方國珍據浙東最忌色目人鶴年轉徙逃匿即歸田詩話語也證一鶴年集附錄鶴年從兄吉雅謨丁及鶴年次兄愛理沙詩據元末人選元音十二二人小傳均稱回回人其兄回回其弟當然回回證二元史回回人多名丁鶴年曾祖阿老丁祖苫思丁父職馬祿丁皆回回人名楊士奇跋丁鶴年詩東里集卷十云西域人多名丁既入中國因以爲姓故鶴年亦丁姓余在武昌遇之時已老矣是鶴年本亦名丁也證三回回人居中國者馬姓至多吉雅謨丁字元德亦取馬姓劉仁本羽庭集卷五有送馬侯元德任奉化州序戴良又有

題馬元德伯仲詩後九靈山房集廿二伯卽吉雅謨丁仲卽鶴年也馬子英爲鶴年族兄鶴年集有題族兄馬子英進士梅花詩是鶴年亦可馬姓也證四賽典赤贍思丁爲回回教祖別庵伯爾之後已見儒學篇鶴年集有贈表兄賽景初詩注景初咸陽王賽典赤之孫也表兄爲回回人表弟宜亦回回人證五回回俗葬無棺槨丁孝子傳言鶴年訪母墓時見平陸土有陷下者意謂母葬時無棺槨此回回葬法也高士傳又謂其俗素短喪所禁止者獨酒證六回回入中國者多以賣藥爲業其俗至今尚存京師圖書館善本室有回回藥方三十六卷高士傳謂鶴年於導引方藥之說靡不旁習在四明或賣藥自給此亦回回風也證七鶴年父重義輕財鶴年亦倜儻類其父每好赴人之急此尤爲回回教所尚所謂五功之一也證八

有此八證鶴年爲回回教世家毫無異義至於鶴年本身則實一儒家讀高士傳已可概見當其父死時年十二耳即以短喪爲非古制而服斬衰三年其自幼已沾被儒風也又欲奮身爲儒生年十七即通詩書禮三經爲大儒周懷孝所器重今鶴年集有奉懷先師豫章周孝思先生詩即其人也鶴年既以儒學名故凡思得文儒之士相助爲理者皆舉鶴年鶴年皆不之赴所以爲高也集中亦常以儒自命有腐儒避地海東偏落魄乾坤一腐儒等句其他舉動之背回教而同化中國者可於孝子傳見之一作母主蚤暮以拜二陳酒肉以祭三改葬用棺皆非回教所宜有惟儒教似之戴良鶴年吟稿序云鶴年兄弟俱業儒伯氏之登進士第者三人皆足爲鶴年儒教之證而孰知其又不終於儒此則與環境極有關係者矣

始吾讀明史鶴年傳見有晚學浮屠法一語而疑之以回回與浮屠絕不相入也及讀藝海珠塵本丁孝子詩集見其與僧侶唱酬之作極多而知明史之語有所本明回回詩人金大車大輿兄弟亦多與僧侶唱酬之作見金陵叢書丙集復獲琳琅祕室本丁鶴年集原分四集第三卷曰方外集與僧侶唱酬之作悉隸焉核其所與游之僧見之詩者凡三十一人又較迺賢所與游之道侶爲多矣茲按方外集次第舉其名如下漏載者據藝海珠塵本補之

文極禪師　諸暨上人　僧淨皓

甬東椿上人　慈谿懋上人　鐵佛寺盟長老

鐵佛寺益公了庵　見心長老　濟汝舟長老

菩提寺主　恕中韞禪師　龍門海禪師

濬天淵長老伯仲　鍠聲外侍者　信立庵長老

木刻本

古鼎銘長老　慈谿澗上人　慈谿敉上人

姑蘇澗上人　平江韞上人　貞長老

義上人　祖庭典上人　壁東文上人

大年椿上人　龍門禪師補衲

右二十六人見琳琅祕室本丁鶴年集卷三方外集。

濟古舟　新古銘東名僧二人皆浙　秋月長老

一鉉宗鼎　染上人

右五人從藝海珠塵本丁孝子詩錄補。

鶴年集兩本互有詳略今獨取琳琅本者以其特標方外一集足明鶴年學佛之說不誣而已非重其爲元刻也且此本並非元刻本將於文學篇辨之。

鶴年以工詩寄迹叢林榜所居曰逃禪室所與游者盡緇流莫不

以得其一言爲幸。故編帙遂日積而日富。觀其所自述。及親族所觀察。鶴年似眞有意於空門。如送鐵佛寺益公有云。

世尊出西域。教化極東土。大道本無爲。盛德人所慕。只今滅度二千年。授經弟子如親傳。我生嬾僻苦貪佛。或謂三生有勝緣。

題古鼎銘鍾秀閣云。我亦逃禪雲水客。便應蕭散共松扃。寄鉉宗鼎云。萬里思鄉瞻北斗。十年學道事西宗。宿染上人溪舍云。見性本圖先作佛。勞形黐愧早成翁。皆自證其學佛之經過也。鶴年集附錄其從兄吉雅謨丁詩。亦有鶴年弟盡棄紈綺。故習清心學道。特遺楮帳資其澹泊之好。仍侑以詩等語。在宗族眼光觀之。亦共證其爲專心學道也。然以吾人今日研究之結果。鶴年之依佛。殆一種避禍不得已之苦衷。暫行遯迹空門而已。讀其逃禪室諸詩。較然明白。如逃禪室卧病柬諸禪侶云。

木刻本

高秋多病客古寺寄黄昏野迥常疑虎天寒早閉門離愁燈下影鄉淚枕邊痕賴有諸禪侶情親似弟昆

又逃禪室與蘇伊舉話舊云

不學揚雄事草玄且隨蘇晉暫逃禪無錐可卓香嚴地有柱難擎杞國天謾詫丹霞燒木佛誰憐靑露泣銅仙茫茫東海皆魚鼈何處堪容魯仲連

一種恐怖憂患之情溢於言表何與於禪無怪乎曰寄黄昏暫逃禪耳又有逃禪室述懷十六韻文繁不能備錄然其中如恥洒窮途泣閒修淨土緣有相皆虛妄無才幸苟全高蹈慚眞隱狂歌愧昔賢惟餘空念在山寺日逃禪等句皆足證明其始非有眞知灼見必須學佛不過借此苟全性命耳

然始而避地繼而參禪終而高蹈濡染既深詎無所獲藝海本有

贈秋月長老一首爲琳琅本所無其意境亦爲全集所未有當係晚年參禪有得之言也詩云

秋月既虛明禪心亦淸淨心月兩無虧炯然大圓鏡流光燭萬物萬物咸鮮瑩倒影入千江千江悉輝映情塵苟不掃倏忽迷眞性所以學道人于此分凡聖視身等虛空無得亦無證偉哉寒山翁與汝安心竟

三　基督教世家由儒入道

馬節　趙世延

基督教世家之入道最著者爲馬祖常之季父馬節節入王屋山爲道士說見元文類六七禮部尙書馬公神道碑碑爲馬祖常撰自述家世至可信據王屋山在今河南濟源縣西北百里爲唐司馬承禎修道之所乾隆濟源縣志十六載林靈素游天壇三十二韻

有云林泉何處愜予心收拾圖書將卜築崎嶇不敢千里辭東至太行入王屋是也馬節入山後無所表見元人著述亦鮮及之者其甘心隱遯可知也欲考馬節家世可觀馬祖常之家世其祖爲元名臣又生元盛時非有不得已必須隱遯之情可見也家世奉基督何以棄基督而入道奇也祖常爲節猶子祖常父子棄基督而入儒讀石田山房文集祖常亦好與道士往還集中贈道士詩占全集十四分之一與迺賢金臺集相埒然吾不以祖常爲學道者則以石田集贈道士詩雖多皆酬酢之詞未嘗有傾仰之意與金臺集絶異集中求如寄舒眞人云憑師消鄙吝猶可採山薇等句已不可多得其稱許道家處亦不過如王道士慶壽堂生男不必皆富貴學道亦足傳其家而已所以多與道士往還者因祖常夙負詩名諸黃冠咸以得其片詞爲幸祖常亦樂此不疲故題舒

眞人鶴峰云
山中道士索題詩柿葉千層寫好詞不見籠鵞空揖去此生雖
老可臨池
可見其來者不拒之態度及道士求詩之衆矣至道士之好儒者
祖常更樂與之游集中有蜀道士歸儒一首已見儒學篇祖常之
與道士往還虛與委蛇而已然證以馬節之入道則基督教世家
與道家之接近此中亦自有因緣
馬節而外有趙世延與馬節同爲雍古部人雍古部爲昔年基督
教聶思脫里派流行之地故元史雍古部人多基督教人名吾友
張星烺馬哥孛羅游記譯註謂世延之父及子皆用基督教徒之
名斷趙世延爲基督教世家說不誣也世延雖基督教世家然其
本身所學則爲儒宋元學案九五列蕭同諸儒學案中稱爲集庵同

木刻本

調。榘庵者同恕也。茲先將元史趙世延傳節錄如下。
趙世延。字子敬。其先雍古族人。曾祖䵣公。祖按竺邇。幼孤。鞠於外
大父朮要甲。訛爲趙家。因氏爲趙。父黑梓。世延天資秀發。喜讀書。
究心儒者體用之學。延祐元年。省臣奏比奉詔漢人參政用儒者。
趙世延其人也。帝曰。世延誠可用。然雍古氏非漢人。其署宜居右。
遂拜中書參知政事。三年。劾奏權臣太師右丞相帖木迭兒罪惡
十有三。尋拜四川行省平章政事。仁宗崩。帖木迭兒復相。銳意報
復。誘世延從弟胥益兒哈呼誣告世延罪。逮世延置對。至夔路。遇
赦。帖木迭兒遣使督追至京師。煅煉使成獄。會有旨事經赦原。勿
復問。帖木迭兒更以宅事白帝。繫之刑曹。逼令自裁。世延不爲動。
居囚再歲。胥益兒哈呼自以所訴涉誣欺。亡去。中書左丞相拜住
屢言世延亡辜。得旨出獄。就舍養疾。帖木迭兒死。事乃釋。世延出

居金陵。泰定元年召還朝。至順元年。詔與虞集等纂修皇朝經世大典。屢奏臣衰老乞解中書政務專意纂修。秋以疾移文中書致其事。明日即行。養疾於金陵之茅山。世延歷事九朝。數歷省臺五十餘年。負經濟之資。而守之以清介。飾之以文學。而於儒者名教。尤拳拳焉。爲文章波瀾浩瀚。一根於理。嘗較定律令。彙次風憲宏綱行於世。五子達者三人。野峻台。次月魯伯忽

吾錄此傳。而特詳於世延被誣入獄一事者。吾認此爲與世延之學道極有關也。許有壬至正集七六有辯平章趙世延文。即爲此事。可參考。鐵木迭兒傳五二。○及英宗本紀七二。亦可參考。鐵本迭兒必欲置世延於死地。由成都逮捕至京。陵虐禁錮前後三年。纔出獄時世延年六十餘矣。凡人經歷艱險。則信仰宗教之念。悠然而生。佛老生涯。又多與林泉接近。人即不信宗教。而情甘隱遯。自易與

佛老爲緣丁鶴年之念佛趙世延之學道皆不能逃此例也惟世延學道史無明文本傳謂其事釋後出居金陵所謂金陵蓋茅山也下文謂其養疾於金陵之茅山是也史特諱言耳然此亦何庸諱世延著述今傳者不多吾所見者南唐書序茅山志序外有京師東嶽廟昭德殿碑文見圖書集成職方典廿六有盩厔重陽宮勑藏御服碑見拓本其存目待訪者有句容白雲崇福觀碑見寰宇訪碑記皆與道教有關者也又世延之詩元詩選癸集所收僅七首而詠道院之作已占其五蓋選自茅山志卷三十者

一玉晨觀懷古

二許長史井

三白雲觀卽景用韻

四華陽道院石亭

五出茅山宿青玄觀

其許長史井云因觀長史陰陽井始悟混元玄牝門其華陽道院云何當借我東偏屋靜掩巖扉學鍊形其宿青玄觀云莫道歸途清興減夜來和月飲刀圭似世延所學亦服食鍊形一派而非虛談玄理者比

世延歸里後有鳩貲創建文昌帝君祠一事見清河內傳卷九趙延之人太原文昌帝君行祠記尤足為世延學道之證曰後至元二年前奎章閣大學士魯國公趙世延告老還成都不忘舊德拳拳於張君甫下車先侍生而卜焉予因以建祠事告公曰積歲存心願莫之遂若相神庥敢披肝膽以勵六月甲寅遂卜其事步城內外擇異處焉祠事始定公自為疏若干以鳩其貲又日圭盟勝槩者趙相也晨夕劬躬拮据卒徒者侍生楊世仁也則世延之學道又

可於道家著述證明之張君云者道家稱文昌帝君爲郎詩經之張仲孝友也

更有一事足覘世延家學儒道雜糅而與基督實不相容陳旅魯郡夫人趙氏墓誌（安雅堂集十一）云夫人趙氏魯國公世延之女魯公之平章蜀省也姦臣以詔逮公繫請室夫人年十三即卻葷肉向北斗拜禱凡三年禮拜北斗正道家法又云魯公以其能誦易嘗教之筮諸陰陽家書皆能通之陰陽術數亦與道家爲近此世延家學之帶有道家色彩者也世延晚年尤深黃老之術權衡庚申外史載元統元年太師燕帖木兒溺於酒色宴趙中丞家男女共坐名爲鴛鴦筵席元史燕鐵木兒傳（一三八）采此事改鴛鴦筵席爲鴛鴦會然無論爲筵席爲會此何等事而世延乃曲忍之不惜以自邸爲彼荒淫地與昔年彈劾鐵木迭兒之氣概一何判若二人乎

木刻本

豈閱世既深則趨避熟乎無惑乎當時有監察御史葛明誠者劾世延固位取容無補於事請斥歸田里也（元史三四）此學黃老者之蔽也然則世延之父及子雖用基督徒之名實不過一種基督化惰力耳

木刻本

元西域人華化考卷四

新會 陳垣 援菴

文學篇

一 西域之中國詩人

泰不華 廼賢 余闕

聶古柏 斡玉倫徒 三寶柱

張雄飛 昂吉 完澤 伯顏子中 薛超吾

鄯天挺 辛文房 馬彥翬

阿里

前篇所論如巎巎馬祖常泰不華貫雲石廼賢丁鶴年等皆有詩名巎巎詩傳者不多顧嗣立元詩選癸集僅據石刻及元風雅選其數首巎巎本以書名家故詩名爲書名所掩詳美術篇貫雲石

有酸齋集見元詩選酸齋以樂府名將別論之馬祖常爲基督教世家丁鶴年爲回回教世家亦將別論之

泰不華死於方國珍之難元詩選有顧北集與余闕靑陽集並列推爲元季詩人第一其言曰自科舉之興諸部子弟類多感勵奮發以讀書稽古爲事迨至正用兵勳舊重臣往往望風奔潰而挺然抗節秉志不回乃出于一二科目之士如達兼善余廷心者其死事爲最烈然後知爵祿豢養之恩不如禮義漸摩之澤也故論詩至元季諸臣以兼善爲首廷心次之亦足見二人之不負科名云

至於迺賢則有金臺集傳世楊彝跋咸稱其潁州老翁西曹耶巢湖新鄉媪新隄諸篇撫事感懷有得於風人之旨潁州老翁篇幅太長今特介紹新鄉媪一篇如下

蓬頭赤脚新鄉媪。青裙百結村中老。日間炊黍餉夫耕。夜紡綿華到天曉。綿華織布供軍錢。倩人輾穀輸公田。縣裏工人要供給。布衫剝去遭笞鞭。兩兒不歸又三月。祇愁凍餓衣裳裂。大兒運木起官府。小兒擔土塡河決。茆櫩雨雪鐙半昏。豪家索債頻敲門。囊中無錢甕無粟。眼前只有扶床孫。明朝領孫入城賣。可憐索價旁人怪。骨肉生涯豈足論。且圖償卻門前債。數來三日當大年。阿婆墳上無紙錢。凉漿澆濕墓前草。低頭痛哭聲連天。恨身不作三韓女。車載金珠爭奪取。銀鐺燒酒玉杯飲。絲竹高堂夜歌舞。黄金絡臂珠滿頭。翠雲繡出鴛鴦裯。醉呼閹奴解羅幔。床前爇火添香篝。

詩中大意可分三截。第一截寫專制政體之横暴。第二截寫資本主義之壓迫。第三截寫貧富階級之懸殊。抑何其言之沈痛也。

迺賢葛邏祿人葛邏祿今爲俄地其殆開後來俄國文學之先路乎而同時詩人則固以迺賢爲被中原之化者也金臺集李好文序謂嘗愛賀六渾陰山敕勒歌語意渾然不假雕劇顧其雄偉質直善於模寫政如東丹突欲畫本土人物筆跡超絶不免有遼東風氣之偏惟吾易之之作粹然獨有中和之氣非聖人之化仁義漸被詩書禮樂之教而致然耶貢師泰序則謂予聞葛邏祿氏在西北金山之西與回紇壤相接俗相類其人便捷善射又能相時居貨媒取富貴易之世出其族而心之所好獨異宜乎見於詩者卓乎有以異於人也程文序則謂易之葛邏祿人在中國西北數千里之外而能被服周公仲尼之道家固有閥閱勳榮可藉以取富貴而棄不就臞然一寒生專以詩名世則迺賢與托爾斯太一流正有些相類而戴良爲丁鶴年集序歷數元時西域詩人獨不

木刻本

及迺賢抑亦異矣

琳琅祕室本鶴年集序與九靈山房集鶴年吟稿序稍有異同琳琅本爲初稿九靈本爲定稿也琳琅本云我元受命西北諸國若回回吐蕃康里畏吾兒也里可温唐兀之屬率先臣順奉職稱藩積之既久文軌日同而子孫遂皆舍弓馬而事詩書至其以詩名世則貫公雲石馬公伯庸薩公天錫余公廷心其人也論者以馬公之詩似商隱貫公薩公之詩似長吉而余公之詩則與陰鏗何遜齊驅而並駕他如高公彥敬巎公子山達公兼善雅公正卿聶公古柏斡公克莊魯公至道三公廷圭輩亦皆清新俊拔成一家言此數公者皆居西北之遠國其去幽秦蓋不知其幾千萬里而其爲詩乃有中國古作者之遺風足見我朝王化之大行雖成周之盛莫及也

右所舉西域詩人十二人，獨闕迺賢、九靈本則僅留馬、薩、余三人，並貫雲石、高彥敬等九人而去之。此十二人者，其詩名高下不同，而其可與中國作者抗衡則一也。戴良初以十二人並舉，正可見其同負時名，足爲今日言西域詩人者之參考。茲將十二人中之已見或未見於前者，疏其略歷如下：

馬伯庸，卽馬祖常，達兼善，卽泰不華，薩天錫，魯至道，爲回回教世家。雅正卿，爲基督教世家，別有專論。高彥敬，名克恭，亦回回人，有房山集，見元詩選，善畫墨竹山水，詩名爲畫名所掩，詳美術篇。

余廷心，名余闕，河西人。河西古諸羌，李元昊據之，爲西夏。元初累征之不服，其人剛直守義，蕃語謂之唐兀氏，爲元色目人之一。其俗自別，舊羌爲蕃，河西陷没人爲漢。余闕蓋蕃而非漢也。據元史本傳，余闕父名沙剌藏卜。據元統癸酉進士錄，余闕父名肩耳，爲

木刻本

祖及曾祖均名銑節皆非漢姓故余闕實西域人至正十八年守安慶死節有青陽山房集今傳於世元史稱其詩體尙江左高視鮑謝徐庾以下不論也四庫提要稱其詩以漢魏爲宗優游沈涵於元人中別爲一派胡應麟詩藪外編六云元人制作大槩諸家如一惟余廷心古詩近體咸規倣六朝淸新明麗頗自足賞惜中厄王事使成就當有可觀泰兼善絶句溫靚和平殊得唐調二人皆才藻氣節兼者云

聶古柏官吏部侍郎據黎崱安南志略三至大四年聶古柏曾奉使安南元詩選三集有侍郎集魯貞桐山老農集二有送聶古伯主簿序疑同名異人也傅習元風雅採聶古柏詩七首其番禺道中一首各家選本皆採之末有句云中朝耆舊如相問烏語啾啁正未堪竟笑吾粤爲鴂舌南蠻而不自審其出於何族也

斡克莊名斡玉倫徒徒或作都或作圖西夏人虞集弟子道園學古錄三九有海樵說即爲斡玉倫徒作元文類十八選虞集撰西夏相斡公畫像贊斡公即玉倫徒之高祖元詩選癸之丁有斡玉倫徒詩癸之戊又有王倫徒詩王爲玉之譌元詩選誤作二人虞伯生詩續編卷首有監丞玉倫徒詩刻本亦或誤作王元風雅則作玉實一人也斡玉倫徒爲纂修宋史二十三人之一見圭齋集十三進宋史表陔餘叢考十三刻本譌爲斡三倫徒皆誤

三廷圭名三寶柱畏吾人元史一四四附星吉傳元詩選癸之丙有三寶柱詩凡此諸人其詩今日或傳或不傳然在當日則皆有聲於時然後爲戴良所論列也

唐兀去中國最近其國又頗崇儒術習覩漢文故入元以來以詩名者較他族爲衆余闕斡玉倫徒之外尚有張雄飛昂吉完澤等

張雄飛登延祐首科進士與馬祖常許有壬等同科至正集三有張雄飛詩集序云延祐首科國人暨諸部列右榜者十六人唐兀氏張君雄飛首科右榜有聞者也尤工於詩佳章奇句不可悉舉云云與元史之張雄飛字鵬舉者同名異人一漢人一唐兀氏也

昂吉字啟文至正八年進士楊維楨送啟文會試詩有西涼家世東甌學公子才名久擅場之句玉山名勝集有昂吉倡和詩元詩選有啟文集完澤字蘭石西湖竹枝集稱其聰敏過人善讀書尤工詩律

元詩選二集有子中集伯顏子中亦西域人明史一二四附陳友定傳子中卒於洪武十二年故元史無傳濟陰丁之翰為作傳載七修類稿十六中傳云

伯顏字子中世家西域其祖父宦江西遂為進賢人幼讀書通大

義稍長無所好惟躭典籍手不釋卷從釣臺夏溥習進士業以春秋經領江西鄉舉授龍興路東湖書院山長改建昌路儒學教授壬辰兵興全閩二廣皆歸附國朝伯顏由是潛形遁跡隱約江湖間以先世有墓廬在彭蠡之涯乃卜進賢之北山誅茅剪荊躬自爲創竹屋三間左圖右史閉戶澹如時寓其忠憤於詞翰之間而已洪武十二年己未秋朝廷搜求博學老成之士江西布政使沈本立（明史及明史稿作立本）聞伯顏名遣從事以禮來徵伯顏聞使者至慨然曰是不可以口舌爭也先一夕具牲醴作七哀詩祭其先與昔時共事死節之士復手書短歌一篇飲藥而卒

王禮麟原集（卷四）有伯顏子中詩集序云子中既斷髮自廢爲民忠憤邑鬱仰屋浩嘆付之無可奈何而心不能自平時時以其慷慨之情憔悴之色一寓于詩又記其舊作輯爲一卷俾予序之余三

復而歎曰美哉渢渢乎殆有唐之正音而陽明之氣也子中今無民社之責將翔于青原白鷗之間肆其力于文字則余也葛巾野服陪乎杖履之末倘取新作玩繹之其推挹極矣

西域人中更有其詩不傳而其詩集序跋倘見於他人文集可以略窺其造詣者有薛昂夫松雪齋文集卷六有薛昂夫詩集序云嗟夫吾觀昂夫之詩信乎學問之可以變化氣質也昂夫西戎貴種服旃裘食湩酪居逐水草馳騁獵射飽肉勇決其風俗固然也而昂夫乃事筆硯讀書屬文學爲儒生發而爲詩樂府皆激越慷慨流麗閑婉或累世爲儒者有所不及斯亦奇矣蓋昂夫嘗執弟子禮於須溪先生之門其有得於須溪者當不止於是而余所見者詞章耳他日昂夫爲學日深德日進道義之味淵乎見於詞章之間則余愛之敬之又豈止於是哉

元時西域人華學之盛論者輒謂與科舉有關吾不謂然也當延祐未興科舉前如不忽木回回巙巙等文采斐然何嘗由於科舉然此猶得謂不由科舉而由學校也若廉希憲贍思趙世延等又何嘗出身學校即以科舉既興論貫雲石迺賢丁鶴年等又何嘗出身科舉馬祖常等出身科舉矣而延祐首科即已中選其文章學問必早蓄於未興科舉之前豈爲科舉而求學也薛昂夫亦生於元初科舉未興未嘗入國學徒以愛慕華學執業於宋遺民劉辰翁之門其華學遂燦然有爛趙孟頫所以驚爲奇事而深信學問之可以變化氣質也

辰翁子將孫養吾齋集二四有薛超吾字說云昂夫爲超吾之字而不言爲西域人天下同文集十五有王德淵所爲薛昂夫詩集序述昂夫家世較詳以爲回鶻人能讀中夏之書破天荒而出類拔萃

也曰薛超吾字昂夫其氏族爲回鶻人其名爲蒙古人其字爲漢人人之生世封域不同而能氏不忘祖孝也仕元朝明聖之代名不忘國忠也讀中夏模範之書免馬牛襟裾之誚字不忘師智也惟孝與忠智根本立矣文藻柯葉又何難爲今觀集中詩詞新麗飄逸如龍駒奮迅有並驅八駿一日千里之想振珂頓轡未見其止昂夫今甫三十有一余欲與期之于十年之後唐□□（應是種人二字）率多武臣少見文士昂夫誠能奮進川增獨破天荒異時列名于儒林文苑傳中出類拔萃超越前古顧不偉歟

昂夫詩集今不傳昂夫詩吾亦未一見然由趙王兩序之保證不能不認爲西域詩人之一固不得以其詩之不傳而屛之也

西域詩人中又有其詩傳者不多而別以與詩有關係之著述傳者則郝天挺之唐詩鼓吹注及辛文房之唐才子傳是蘇天爵爲

元文類蒐輯殆二十年而西域詩人僅採五家馬祖常高克恭趙世延外辛郝二家而已

郝天挺字繼先號新齋出於朶魯別族父和上拔都魯以武功稱天挺幼受業於遺山元好問之門多所撰述注唐詩鼓吹十卷外又修雲南實錄五卷事蹟具元史本傳(一七四)天挺色目人而元史與漢人同列一時失檢也天挺詩傳者僅一二篇其麻姑山一律元風雅元文類並採之而康熙御定全金詩(四二)乃據以補入金人之郝天挺卷中不知金元之間有兩郝天挺一爲元好問師一爲好問弟子池北偶談(卷六)元詩選(癸之乙)先後辨之四庫提要(總集類三)亦引池北偶談說釋陸貽典之疑乃新元史(一八四)郝天挺傳中又羼入金人郝天挺語原語見中州集(卷九)郝天挺小傳金史隱逸傳採之曰讀書不爲藝文選官不爲利養唯通人能之又曰男子生世

不耐飢寒則雖小事不能成子試以吾言求之此元好問述其師郝天挺語而新元史以爲是好問弟子郝天挺之言亦一時失檢也特附識於此唐詩鼓吹者元好問所編而郝天挺注之趙孟頫序云

鼓吹者何軍樂也選唐詩而以是名之者何譬之於樂其猶鼓吹乎遺山之意深矣中書左丞郝公當遺山先生無恙時嘗學於其門其親得於指教者蓋非止於詩而已公以經濟之才坐廟堂以韋布之學研文字出其博洽之餘探隱發奧人爲之傳句爲之釋或意在言外或事出異書公悉取而附見之然後唐人之精神情性始無所隱遁焉嗟夫唐人之於詩美矣非遺山不能盡去取之工遺山之意深矣非公不能發比興之蘊此政公惠後學之心而亦遺山裒集是編之初意也（松雪齋文集卷六）

趙序僅言天挺爲好問弟子，而未嘗注意其爲色目人。姚燧序則注意及之，曰：「鼓吹，軍樂也。遺山選唐詩近體六百餘篇，以是名。遺山代人雲南參政郝公新齋，視爲鄉先生，自童子時嘗親几杖，得其去取之指歸，恐其遺忘，旣輯所聞，與奇文隱事之雜見他書者，悉附章下，則公可當元門忠臣。公將種也，父兄再世數人，皆長萬夫，于鼓吹之陪𤗪矟而導繡幰者，似已飫聞，乃同文人詞士以是選爲後部，寂寂而自隨，無亦太希聲乎？其亦宏壯而震厲者亦有時乎爲用也。」（牧庵集卷三）則直以郝天挺爲原出將門，至是乃講求文學也。今通行本唐詩鼓吹無趙、姚二序，而有徐乾學序。四庫提要謂天挺所注雖頗簡略，而但釋出典，不涉穿鑿，與明廖文炳等所解橫生枝節者不同。廖文炳爲吾鄉人，覩今通行本廖文炳等所解，卒不能廢，蓋初學便之也。

辛文房亦有詩名。陸友研北雜誌云：王伯益執謙以字行，大名人。同時有辛文房良史，西域人。楊載仲弘，浦城人，並以能詩稱。楊仲弘集卷七有元日早朝次韻辛良史七律一首，句曲外史集卷四亦有元日雪霽早朝大明宮和辛良史省郎二十二韻。辛文房詩不多見，元文類載其蘇小小歌卷四及清明日游太傅林亭卷八二篇。四庫提要傳記類二謂僅一篇者，沿池北偶談十二說也。王士禎據楊東里集卷十知辛文房有唐才子傳，恨不得見。乾隆時纂四庫全書，始在永樂大典中輯為八卷。後三間草堂、粵雅堂得日本刊足本十卷，重雕之，此書遂復傳於世。孰料西域人乃有此著述也。四庫提要稱其校唐詩紀事，敘述有條理，文筆亦秀潤可觀。傳後綴論，多掎摭詩家利病，足以津逮藝林。伍崇曜跋稱其評騭精審，似鍾嶸詩品。

標舉新穎似劉義慶世說而敘次古雅則又與皇甫謐高士傳等相同稱之者至矣惟唐才子傳三百九十七人中無一西域人焉則運會之異也予在馬祖常石田集發見文房有披沙詩集與唐李咸用詩集同名恨未得見安得如唐才子傳之復出人間也茲將石田集卷二題辛亶史披沙集詩錄左亦可窺見文房詩格之一斑詩云

未可披沙揀黃金抵自多悠悠今古意落落短長歌秋塞鳴霜鐙春房剪畫羅吟邊變餘髮蕭颯是陰何

陰何陰鏗何遜也以此相比深許之矣無惑乎其與王執謙等齊名而楊載等與之倡和也

西域人有不以詩名而由贈詩者之衆亦可知其人之風雅楊翮佩玉齋類稿卷四有送馬彥翬赴江西省管勾詩序曰金陵寓官馬

木刻本

彦翚由進士為江西行省管勾行有日其故人劉獻可具請於彦翚之所嘗與游尤長於詩者咏歌之以張其行得詩一卷請上元楊翮習文詞宜為序處其右方屬焉予惟金陵為江左文物之邦歷晉宋齊梁陳及南唐為都會其俗特善歌詩天朝克定季宋金陵獨未嘗被兵涵煦五六十載人才輩出彦翚自早歲寓金陵有賢名與合郡之學士大夫盡交焉故其上官之日具得其詩而四方秀人名公卿之在金陵者亦附詩卷中由是卷之詩美且富惟彦翚以西域世胄入天子太學擢右科進士其年正强才德方懋憲官御史將交章論薦何假於詩然江西幕府若大梁崔公河南王公皆當世之號能詩者彦翚往而有同寅之好他日將從容取吾鄉之詩而觀之則是詩烏可少

又有官於此縣而他縣人贈之詩者如安仁縣人之於弋陽縣監

縣阿里是也。李存安仁人，安仁爲弋陽之鄰縣，而俟庵集十九有弋陽縣阿里公宣差詩卷序云：至正四年秋，西域阿里公受命於朝，來監信之弋陽縣。公世居燕南，以孝友稱。故御史季公、學士貫公、參政蘇公、郎中王公，或詩以美之，或文以紀之。前乎此，嘗監膠水，有惠政，其民述而刻之石。今茲未幾，而邑人歌詠之者，復盈耳而載路。顧安仁之於弋陽也，壤地相接，聞而知之，亦有不能已於言者。桂君才甫集而次焉，何其聲之似弋陽也。

此眞有合於風人之旨者也。不問其本人是否能詩，然邦人士旣各以詩投之，則其人必爲風雅之士。

二　基督教世家之中國詩人

馬潤　馬祖常　馬世德

雅琥　別都魯沙

西域詩人中有爲基督教世家者莫著於雍古馬氏馬祖常父馬潤所爲詩曰樵隱集見袁桷所撰神道碑此馬祖常之家學也樵隱集今不傳馬祖常石田集則至元五年奉旨爲之刊行蘇天爵序稱其詩接武隋唐上追漢魏後生爭慕效之文章爲之一變四庫提要亦稱其詩才力富健如都門壯游諸作長篇巨製迴薄奔騰具有不受覊勒之氣集中昆仲倡和之作亦夥風流文采萃於一門彬彬稱盛矣

祖常從父馬世德爲保祿賜之子由進士第歷官應奉翰林文字曾爲庸田僉事城姑蘇後爲淮南廉訪僉事又城合肥余闕靑陽集有合肥修城記即頌馬世德之功德者也記稱世德字元臣也里可溫國人與余前後爲史氏云世德亦工詩元詩選癸之丁有馬世德過靈泉寺二絕云世德浚儀人官刑部尚書而闕其字考

馬氏自祖常高祖習禮吉思始遷浚都西湖竹枝集稱馬祖常爲浚儀可溫人是也元詩選癸之己有潘煌陪侍尙書元臣公寓靈泉寺詩由此可知過靈泉寺之尙書馬世德卽合肥修城字元臣之馬世德城合肥時爲淮南廉訪僉事過靈泉寺時爲刑部尙書也元詩選癸之癸據王賓虎丘山志有馬世德題虎丘詩遂別出一馬世德不知卽爲過靈泉寺之人由其曾城姑蘇一事推之則題虎丘正其爲庸田僉事時也今錄其詩如下亦足覘其鱗爪

滄海何年湧此峰亭亭秀出玉芙蓉高低樓觀毗盧室表裏江山太白封寶劍有時能化虎石潭無際卻潛龍小吳軒伴登臨處致我青雲第一重

馬氏而外基督教世家詩人當推雅琥雅琥字正卿元詩選二集有正卿集顧何以知雅琥爲基督教世家其證有三一傳與礪詩

文集卷三有憶昔行送雅琥正卿參書南歸作原注初名雅古登天曆第御筆改雅琥雅古爲亞伯拉罕之孫基督教徒恆以此爲名元詩選此詩猶存此注康熙御選元詩卷五將此注删去而雅琥爲基督教世家之證據缺其一矣二孫原理選元音卷九採雅琥詩稱爲可温人曹學佺歷代詩選元詩卷七雅正卿詩亦題元可温雅琥著此與西湖竹枝集之稱馬祖常爲可温人同一例蓋也里可温之省文也四庫本元音卷七改爲雅哈衮諾爾人令人不知爲何語謬甚三元祕書監志卷十題名著作佐郎雅古賜進士出身字正卿也里可温人泰定元年十一月二十六日以承事郎上爲著作佐郎在前登進士第在後故志仍雅古名而追紀其賜進士出身也有此三證雅琥之爲基督教世家無疑問矣琥曾爲奎章閣參書元史文宗紀三五至順二年三月御史臺臣言奎章閣參書雅

琥阿媚奸臣所爲不法宜罷其職所謂奸臣者泰定帝時宰相倒剌沙烏伯都剌等文宗黨惡之目爲奸臣魏源元史新編一四平反之允也不足爲雅琥病馬祖常石田集卷九有送雅琥參書之官靜江詩序云雅正卿以文學才諝遇知於天子出貳郡治館閣僚友及京師聲明之士各忻然爲文章以美其行而請余爲之序雅琥詩名藉甚瞿佑歸田詩話盛稱其御溝流葉詩云雅正卿有四美人圖詩惟御溝流葉最佳詩云彩毫將恨付霜紅恨自綿綿水自東金屋有關防虎豹玉書無路託鱗鴻秋期暗度驚催織春信潛通誒守宮莫道人間音問杳明年錦樹又西風琢句甚工卷下胡應麟詩藪外編六論元詩亟賞馬伯庸吳娃蕩槳潮生浦楚客吹簫月滿樓雅正卿梅花路近偏逢雪桃葉波平好渡江一聲鐵笛千家月十幅蒲帆萬里風等句以爲句格莊嚴詞藻瑰麗上接

大曆元和之軌下開正德嘉靖之途今以元人一概不復過目故
稍爲拈出以俟知音云可見元人之詩久不在明人目中也
貴遠賤近向聲背實自古而然賢者不免即雅琥本人之論詩亦
嘗犯此病許有壬跋雅琥所藏鮮于伯機詞翰云鮮于伯機詩予
知之已四十年吉甫段君嘅言人知其書詩則知否相半予方自
幸在知者之中而夷陵監郡雅琥正卿知之雖晚愛之甚篤正卿
素言晉後雖有書終不能如晉唐後雖有詩終不能如唐予謂詩
發於人心天地無窮人心無窮不當主世代計也書視詩又藝之
藝耳正卿不屈也及其觀伯機書則謂眞十七帖觀其詩又謂軼
蘇州入彭澤矣若然則晉唐而後書復有晉詩復有唐矣予非好
勝竊喜因正卿之言使不知伯機之半行皆左袒且以釋吉甫之
嘅焉七三至正集則雅琥初持復古論繼亦改持進化論者許有壬嘲

之亦藝林佳話也雅琥塔別都魯沙亦有詩名黃鎮成秋聲集有雅正卿塔別都魯沙迓憲使歸漢陽詩卷三

三　回回教世家之中國詩人

薩都剌　丁鶴年　吉雅謨丁　愛理沙

魯至道　哲馬魯丁　仉機沙　別里沙　買閭

回回教世家之詩人莫著於薩都剌丁鶴年薩都剌字天錫有鴈門集傳世毛晉跋之曰天錫以北方之裔而入中華日弄柔翰遂成南國名家今其詩諸體俱備磊落激昂不獵前人一字半山云看似尋常最奇崛成如容易卻艱辛余於天錫亦云顧嗣立元詩選薩都剌小傳云有元之興西北子弟盡爲橫經涵養既深異才並出雲石海涯馬伯庸以綺麗清新之派振起于前而天錫繼之清而不佻麗而不縟眞能于袁趙虞楊之外別開生面者也于是

雅正卿達兼善迺易之余廷心諸人各逞才華標奇競秀亦可謂極一時之盛云

顧何以謂薩都剌為回回教世家一據楊維楨西湖竹枝集謂薩都剌為答失蠻氏答失蠻者長春眞人西游記譯為大石馬云國中有稱大石馬者識其國字專掌簿籍是也元史二三武宗紀至大二年六月宣政院奏免儒道也里可温答失蠻租稅錢大昕廿二史攷異元史二據元典章謂答失蠻為回回之修行者至元辨僞錄卷三作達失蠻此可證薩都剌為回回人也二據陶宗儀書史會要卷七謂薩都剌為回紇人回紇唐元和間改為回鶻其族類本在葱嶺之東夙奉摩尼教與回回之在葱嶺以西奉伊斯蘭教者迥殊五代時回鶻既衰漸有改奉伊斯蘭教者元初諸人對此等外教多不能辨別故統目之為回紇長春西游記劉郁西使記之所謂

木刻本

回紇皆指伊斯蘭教國也其後漸覺有不同於是以畏吾偉兀等代表昔日之回鶻以回回代表奉伊斯蘭教之回紇凡元史所謂畏吾兒者回鶻也其稱回紇者回回也王惲玉堂嘉話卷三云回鶻今外五回紇今回回是也元史太祖紀汪罕走河西回鶻回回三國是元人目中回鶻與回回二也世祖紀卷十言回回人中阿合馬才任宰相而姦臣傳則稱阿合馬爲回紇人是元人目中回紇與回回一也余別有專論詳之此不過證明薩都刺爲回回人而已更有謂薩都剌非回回人而適足反證其爲回回人者蔣一葵堯山堂外紀卷七二謂薩都剌本朱氏子冒爲西域回回人其說本之孔齊至正直記正可證明薩都剌當時必自認爲回回人而人亦以回回人目之然後可詆爲冒也至於朱氏子云云實因回回教人不食豕肉諱言猪猪與朱音同謂其爲朱氏子者誣之也加

木刻本

異教以惡諡自昔有之輟耕錄廿八有嘲回回一條薄俗也今雁門集卷首有薩都剌遺像其丰采純然一回回人集中客中九日詩有佳節相逢作遠商之句薩都剌曾爲商遠商亦波斯大食人本俗據薩氏家譜薩都剌弟名剌忽丁剌忽丁回回教人名也四庫提要因干文傳雁門集序有薩都剌即華人所謂濟善一語曲解薩都剌爲蒙古語遂謂薩都剌爲蒙古人謬甚至於薩都剌本人是否仍守回回舊俗實一疑問其溪行中秋玩月詩則固以儒自命曰有子在官名在儒此西域人習華學者之通例也

薩都剌而後回回教詩人首推丁鶴年丁鶴年由儒入禪前篇已詳論之至其詩則實爲元季詩人後勁戴良鶴年吟稿序稱鶴年古體歌行皆清麗可喜而注意之深用工之至尤在於五七言律其措辭命意多出杜子美而音節格調則又兼得我朝諸閣老之

所長其入人之深感人之妙有非他詩人之所可及今鶴年集通行者有二本藝海珠塵本三卷題曰丁孝子詩集琳瑯祕室叢書本四卷題曰丁鶴年集以余所考二本所收皆明刻而黃丕烈諸人則以四卷本爲元刻不知其一時疎略抑自欺欺人也黃丕烈跋云此元刻元人丁鶴年詩余友顧澗濱歲試玉峰時所收而以歸之余者也余向藏正統重刻本止三卷今元本分四集一曰海巢集二曰哀思集三曰方外集四曰續集以附錄終焉嘗取與明刻校勘分卷分體俱非其舊即如海巢一詩元刻在卷一或以是名集職是之故明刻列諸卷二中失其旨矣他如哀思以下三卷皆有取意而後之稱者僅據至仁一序悉以海巢名之有是理乎得此可證廬山面目益嘆元本之不致淪没者幾希此黃丕烈以四卷本爲元刻本之說也然試一考本集內容則夢得先妣墓一

首在焉序云己未夏五月還武昌遷葬兵後陵谷變遷先妣封樹竟迷所在久尋不得露禱大雪中冬十一月廿日夜忽感異夢翌日遂得其處賦詩一首以紀歲月云己未洪武十二年也元刻何能有洪武詩此非元刻證一鶴年還武昌在洪武十二年而集中守墓陳情上武昌太守傅藻詩於太守承恩下玉京及擁經東出辭儲館等句恩字另行平擡玉京儲館均空一格此爲明刻證二鶴年從兄馬元德卒于昌國州任當其任昌國前曾任奉化州劉仁本羽庭集卷五有送馬侯元德任奉化州序爲至正二十二年夏作則元德之卒至早亦當在至正廿三四年而集中有先兄太守死事之十有七年於故史董文中家見所題竹詩因雪涕次其韻一首又當在洪武己未後矣此非元刻證三又其第四卷續集爲門人向誠編次注日兵後還武昌作則此卷更爲入明以後作可

知故輓衛知事胡公鼎有云江海論交四十年故家文物羨君賢若爲元刻則元亡鶴年才三十三歲豈能說論交四十年耶此非元刻證四據明史文苑傳至正壬辰武昌被兵鶴年奉母出走年僅十八由此至洪武己未還武昌中間二十八年鶴年年四十五矣故逃禪室述懷有他鄉二十年之句兵後還武昌有亂後還家兩鬢蒼之句顧廣圻黃丕烈亦明知此集在還武昌遷葬以後作顧題詞云須知海巢集只說武昌前黃題詞云盧墓全親孝居山謝世緣是也然何以不一考鶴年還武昌盧墓係在何年而遽斷此爲元刻此眞不可解矣其始顧廣圻以紿黃丕烈而黃丕烈誤信之其後張金吾以假胡珽而胡珽刊之校之皆不復考究甚矣板本家之不可靠也

抑有言者此本戴良序末署至正甲午秋云云亦殊誤也至正甲

午鶴年才二十耳而序末云鶴年之清節峻行已別有傳茲不著是此序之作尚在高士傳後而高士傳述鶴年事已至其避地四明時非至正甲午一也高士傳述壬辰淮兵襲武昌鶴年奉母夫人以行夫人没鶴年鹽酪不入口者五年壬辰之後加以五年至少亦在丁酉非甲午二也至正甲午去元亡之年尚十有三年而序中有鶴年遭夫氣運之適衰一語曾謂甲午而有是言耶非甲午三也序又言鶴年伯氏之登進士第者三人其一即任奉化州之馬元德據雍正浙江志一五二引成化四明志馬元德至正十七年丁酉進士尚在甲午後三年非甲午四也據九靈山房集此序在鄞游稿內亦惟鄞游稿始有與鶴年倡和詩至正甲午鶴年未至鄞戴良亦未游鄞非甲午五也以余考之甲午當爲丙午之訛丙午爲元亡之前一年時東南已非元有故可云氣運之適衰

九靈山房鄞游集八余幽公手帖後題云至正丙午秋艮與臨安劉庸道同客四明末署九月朔此序之作當同在此時時鶴年避地四明而戴艮適游鄞也鄞游集傳第一篇爲高士傳序第一篇爲鶴年吟稿序題跋第一篇爲余幽公手帖後題就編輯常理言此三篇部居同其撰著之時當同余幽公手帖後題爲丙午九月作此序爲丙午秋作毫無假借序作於至正丙午二人適同居鄞而集則刻於洪武己未鶴年還武昌之後其丙午誤爲甲午者猶之雁門集干文傳序之至正丁酉誤爲丁丑也至正無丁丑薩龍光雁門集注以爲己丑之譌據日人島田翰刻永和本薩天錫逸詩序則丁丑實爲丁酉兩回教詩人集序干支均誤可謂無獨有偶矣胡珽校刊此集時一字不苟而於此等緊要關目獨遺略之其識語又云此集四庫全書止有一卷今攷四庫本實三卷而總

目簡明目録誤爲一卷不應遽信總目而不考閣書之實在也四庫總目謬誤恒有烏斯道作丁孝子傳未嘗以申屠蟠比鶴年而總目謂烏斯道戴良爲作傳皆以申屠蟠擬之高士傳謂吉雅謨丁爲鶴年從兄而總目謂爲鶴年長兄皆欠精審也

至鶴年之高行間世猶稱道之全祖望鮚埼亭集外編十八有海巢記云殘元遺民以文苑巨子不屈節而爲吾鄉之寓公者三人九靈戴先生良玉笥張先生憲暨丁先生鶴年也鶴年以朝不坐燕不與之身豈有故國故君之寄託況又出自西域非有中原華閥之系望乃欲以藜床皁帽支持一代之星火其亦間世之豪傑也已至鶴年之詩頡頏於馬伯庸薩天錫余廷心之間則前輩表章已多尚其小焉者云

吉雅謨丁字元德亦有詩名戴良有題馬元德伯仲詩後鄞游稿八日

木刻本

元德騎鯨上天六七年矣平生詩詞流落人間者六丁取之殆盡獨此三詩猶爲其弟鶴年所蓄鶴年聯之爲卷且追書和答之作併題四韻於後予得而讀之於是知二君之詩爲足傳矣今鶴年集附有吉雅謨丁與愛理沙詩愛理沙字允中亦鶴年兄至正間進士官應奉翰林文字

戴良鶴年集序舉西域詩人十二人中有魯至道至道潭州路總管楊瑀山居新話有魯至道挽樊時中寶哥兩參政詩元詩選缺載王逢梧溪集有訪魯至道總管詩元祕書監志卷九有伯篤魯丁字至道進士至正元年四月由禮部侍郎遷祕書太監當卽此人元詩選癸之丁有伯篤魯丁浮雲寺詩答失蠻人進士至元三年任嶺南廣西道肅政廉訪副使癸之己有唐兀氏買住和伯篤魯丁浮雲寺詩則曾爲魯之譌卽魯至道也其他回回教詩人之見

於元詩選者，癸之丙有哲馬魯丁，字師魯，鎮江儒學教授。癸之丁有別里沙，字彦誠，西湖竹枝集作別羅沙，而癸之戊又別出別羅沙一人，重出也。癸之辛有仉機沙，字大用，顧嗣立疑卽西湖竹枝集之掌機沙，然掌機沙字密卿，當另一人也。

囘囘教詩人中有爲元詩選所不及選而見於賴良大雅集者，曰買閭。買閭字兼善，大雅集選其詩至十篇，稱爲會稽人，御選元詩稱爲西域人。王逢梧溪集卷四有贈買閭教授詩，序云：買閭字兼善，西域人。元初祖哈只仕江南，遂家上虞。父亦不剌金力資兼善學，以禮經領至正壬寅鄉貢，擢尹和靖書院山長。禮部尙書李公尙絅言之朝，勅授嘉興儒學教授。會政屬淮閫，屏居幽遐。今春訪予最閒園，風雨花落，離索滿目，覩其志尙孤卓，殆忘世之荐變，身之益貧也，乃酌之酒，贈之詩云。

題印西域土鄉薦十年前隴畝心中越山河枕上燕尊同漂梗地門掃落花天慕殺柴桑老詩題甲子編

余因其祖名哈只父名亦不剌金知爲回回教世家哈只爲會朝天房者之稱亦不剌金今通譯亞伯拉罕回回教人恒用以爲名也

四 西域之中國文家

趙世延　馬祖常　余闕

孟昉　貫雲石　贍思　亦祖丁

察罕

考元西域文家比考元西域詩家其難數倍因元西域人專集其傳者類皆有詩無文而元詩總集今傳者尙衆如元風雅草堂雅集大雅集乾坤淸氣集元音元詩體要等皆元末明初人選本復

有陳焯宋元詩會顧嗣立元詩選康熙御選元詩等集其大成一展卷而西域詩人悉備至於西域人專集之詩文並傳者今只有馬祖常余闕二家元文總集只有天下同文集及元文類同文集限於大德以前西域人作品無有元文類詩有五家文有馬祖常趙世延二家趙世延只有南唐書序一首至正間詔修遼金宋三史西域人預纂修之役者遼史有廉惠山海牙金史有沙剌班伯顏師聖宋史有斡玉倫徒泰不華余闕皆一時之雋至順間詔修經世大典趙世延爲總纂虞集爲其副然官書公同編纂不能確指某篇爲某人手筆也王士禛論馬祖常石田文集云元代文章極盛色目人著名者尤多如祖常及趙世延孛朮魯翀康里巎巎貫雲石辛文房薩都剌輩皆是也（居易錄卷二）然薩都剌以詩名巎巎以書名其文並不概見貫雲石詩文爲程鉅夫鄧文原所稱述而

文亦不傳。辛文房唐才子傳志在談詩。雖非專意爲文，而文倘瑕瑕可誦。孛朮魯翀則系出女直，本不列於色目人，則亢西域人之文實寥寥可數也。

趙世延文傳者，南唐書序外，有茅山志序，見道藏。有天禧寺碑，見金陵古金石考。有靈谷寺鐘銘，見靈谷寺志。有鍾山崇禧萬壽寺碑，見客座贅語。據寰宇訪碑錄，則有

加封聖號詔碑 皇慶二年 長安

重陽宮勅藏御服碑 延祐二年 趙孟頫書 盩厔 余藏有拓本

東嶽廟昭德殿碑 天曆三年三月 大都

白雲崇福觀碑 元統元年 句容

任城郡公札思忽兒斛墓碣 至元三年三月 濟南 攈古錄作濟寧

元史世延傳。一八 稱世延爲文章，波瀾浩瀚，一根於理。惜乎存者

不多也。永樂大典臺字韻有世延撰御史臺題名記，刪節不全。論西域文家，仍推馬祖常。今石田文集完全具在，且有影印本行世。蘇天爵序稱公少嗜學，非三代兩漢之書不觀，文則富麗而有法，新奇而不鑿。故元文類選祖常文多至二十一篇，爲全集之冠。而石田文集亦天爵與祖常從弟易朔所輯，請旨刊諸維揚郡學者也。易朔爲基督教徒恒用之名，近譯以撒，亞伯拉罕之子，雅各之父也。

馬祖常外，西域文家厥推余闕。闕以忠烈顯，重其人者兼重其文，故青陽集傳本較多。有五卷本，有六卷本，有明刊九卷本。四庫本六卷，總目簡明目錄誤作四卷。史稱其爲文有氣魄，能達所欲言。原集具在，吾人可自得之。元文類不錄其文，實因其行輩較晚也。與余闕同時，同爲唐兀人而以古文名者有孟昉。元史類編三六文

木刻本

翰傳孟昉字天曔西域人寓居北平至正中由翰林待制官南臺御史工書法有孟待制文集多歌曲精究聲韻之學云孟待制文集千頃堂書目尙存陳基夷白齋集二有序稱爲西夏人傅與礪文集卷四有孟天曔文稿序稱爲河東人蓋唐兀氏也孟昉文不多見元詩選癸之辛有十二月樂詞並序一篇兩浙金石志十八有杭州路重建廟學記一篇略可見其梗概惟余闕蘇天爵宋褧等集均有題孟天曔擬古文後靑陽集卷五云孟君天曔善模倣先秦文章多似之滋溪文稿卷三云太原孟天曔學博而識敏氣淸而文奇觀所擬先秦西漢諸篇步趨之卓言語之工蓋欲傑出一世燕石集十五云河東孟君天曔明敏英妙質美而行懿嘗擬先秦西漢諸作摹倣工緻大夫士皆與之由此觀之則孟昉古文實開後來李夢陽何景明一派特余闕等對之皆有微詞耳

木刻本

至貫雲石則本爲元古文家姚燧弟子歐陽玄貫公神道碑稱燧見其古文峭厲有法及歌行古樂府慷慨激烈大奇其才惜不永年年僅三十九有碑銘記敘襍著詩詞行世今其文不可得見僅元詩選輯錄其詩讀鄧文原貫公文集序亦可知其造詣所至序云余往在詞林獲事翰林承旨姚先生於當世文章士少許可然每稱貫公妙齡才氣英邁宜居代言之選越二年公來游錢塘過余相見若平生歡示所著詩若文予讀之盡編而知公之才氣英邁信如先生所言宜其詞章馳騁上下如天驥擺脫馽羈一蹴千里而王良造父爲之愕眙御顧吁亦奇矣儒先有言古之名將必出于奇然後能勝然非審于爲計不能此天下偉男子所爲非拘牽常格之士所知也公之先大父丞相長沙王功在旂常公襲其休澤嘗爲萬夫長韜略固其素嫻詞章變化豈亦有得於此乎如

木刻本

予者自少好爲文僅謹守繩尺自程終亦不能奇也視公能不有愧哉嘗觀古今能文之士多出於羇愁草野今公生長富貴不爲燕酣綺靡是尙而與布衣韋帶角其技以自爲樂此誠世所不能者夫名者天下之公器也公亦愼勿多取也夫巴西集上亦傾慕之至矣程鉅夫亦有酸齋詩文跋云故勳臣楚國武定公之孫酸齋皇慶二年二月拜翰林侍讀學士與余同僚因出此稿余讀至送弟之永州序懇款教告五七言詩長短句情景淪至廼歎曰妙年所詣已如此聽其言審其文蓋功名富貴有不足易其樂者世德之流詎可涯哉雪樓集二五惜今傳者詩詞而外文僅陽春白雪集一序而已

元西域人中有著述甚富而文亦不傳者爲大食國人贍思贍思事蹟具儒學篇其所著於經有四書闕疑五經思問於易有奇偶

陰陽消息圖。於史有西域異人傳。金哀宗紀正大諸臣列傳。於地理有鎭陽風土記。續東陽志。重訂河防通議。西國圖經。於子有老莊精詣。於法家有審聽要訣。於集有文集三十卷。皆見元史本傳。一九千頃堂書目悉著於錄。今存者只河防通議二卷。輯於永樂大典。餘皆不可得見。吾嘗在常山貞石志發見贍思文五篇。五篇中關涉佛教者占其三。則贍思誠九流三教無所不通者也。眞可謂異人矣。今介紹其目如下。倘好事者再事搜羅。所得當不止此。

加號大成詔書碑陰記 至治三年五月 獲鹿 見常山貞石志十九

哈珊神道碑 隸書並篆額至順三年十二月 欒城

善眾寺創建方丈記 並篆額元統三年二月 欒城 見常山貞石志廿一

龍興寺鈔主通照大師碑 至正六年八月 正定

龍興寺住持佛光弘教大師碑 年月仝上 正定 見常山貞石志廿二

詔書碑陰記署眞定贍思識善果寺方丈記署大食贍思記贍思不忘大食也余藏有此碑拓本善果寺在直隸欒城同治欒城志十四亦載此碑而寰宇訪碑錄十二誤作陝西元統三年亦誤作元年趙之謙補錄不誤元統中有亦祖丁撰魏鄭公諫錄序亦回回也

西域人中有文名不甚顯而能盡翻譯之能事者有察罕察罕西域板勒紇城人魁偉穎悟博覽强記通諸國字書暮年居德安白雲山別墅以白雲自號程雪樓集卷廿九壽白雲山人詩有白雲山人起西域陽春爲心玉爲德之句嘗譯貞觀政要以獻帝大悅詔繕寫徧賜左右且詔譯帝範又命譯脫必赤顏名曰聖武開天記及紀年纂要太宗平金始末等書俱付史館元史一三七前二書譯漢爲蕃聖武開天記則譯蕃爲漢也脫必赤顏疑卽今所傳元祕史黃虞稷撰千頃堂書目諸書尚存元人本有白話文一派察罕所

譯未必悉爲白話文今黎崱安南志略有察罕序辭旨典雅足窺察罕文品一斑察罕蒙古語爲白故察罕賜姓白氏徐明善芳谷集卷二有白雲察罕平章賜姓白氏序以白居易比之想其文老嫗都解耶此亦元西域文家應備之一派也

五　西域之中國曲家

貫雲石　馬九皋　瑣非復初

不忽木　蘭楚芳等十二人

元人文學之特色尤在詞曲而西域人之以曲名者亦不乏人貫雲石其最著也楊朝英朝野新聲太平樂府選雲石曲至夥如塞鴻秋殿前觀水仙子清江引凭闌人陽春曲醉高歌上小樓點絳唇新水令鬬鵪鶉好觀音諸調皆有雲石作品雲石之曲不獨在西域人中有聲即在漢人中亦可稱絕唱也姚桐壽言海鹽人以

能歌名於浙右而其始實得自雲石之傳其所著樂郊私語云州少年多善歌樂府其傳皆出於澉川楊氏當康惠公存時節俠風流善音律與武林阿里海涯之子雲石交善雲石翩翩公子無論所製樂府散套駿逸爲當行之冠卽歌聲高引可徹雲漢而康惠獨得其傳所謂州海鹽也康惠楊梓也雲石爲阿里海涯之孫云子者傳寫訛也姚桐壽以海鹽之曲推楊氏而楊氏實傳諸雲石則雲石爲當時宗匠可知也王士禎香祖筆記卷一云今世俗所謂海鹽腔實發於貫酸齋源流遠矣酸齋雲石號選太平樂府之楊朝英號淡齋淡齋與酸齋游酸齋曰我酸子當淡遂以號之語見太平樂府序同時有徐姓者號甜齋亦負時名人稱酸甜樂府皆一時佳話也

雲石而外西域人中善歌者有馬九皋太平樂府選九皋作品亦

多有塞鴻秋叨叨令慶東原陽春曲山坡羊諸曲據陶宗儀書史會要補遺九皋回紇人以篆書名太平路總管蓋能歌兼能篆者也太平樂府又有阿里耀卿里西瑛沙正卿孛羅諸人作品西瑛爲耀卿子觀其氏名疑皆西域人以未有確證不遽使馬九皋而無書史會要之證明亦無由知其爲回紇也元人目中所謂回紇卽回回而回鶻則畏吾兒也辨見前章不復贅道園學古錄二八有寄三衢守馬九皋詩知九皋曾爲三衢守雁門集則有三衢守馬昂夫索題爛柯山石橋詩又有寄馬昂夫總管詩薩龍光注二十二謂是一人先爲三衢守後爲太平路總管也元風雅有馬昂夫送僧詩注曰達魯花赤疑卽此人然元曲選載涵虛子詞品評元代曲家有云

貫酸齋如天馬脫羈馬九皋如松陰鳴鶴阿魯威如鶴唳青霄

薩天錫如天風環珮薛昂夫如雪窗翠竹不忽木如閒雲出岫馬昂夫如秋蘭獨茂

是分馬九皋馬昂夫爲二人也余在周德淸中原音韻發見有西域人瑣非復初者精音律爲德淸所推服德淸中原音韻後序云泰定甲子秋予旣作中原音韻並起例訪西域友人瑣非復初讀書是邪同志羅宗信見餉攜東山之妓開北海之樽復初舉杯謳者歌樂府四塊玉至彩扇歌靑樓飲宗信止其音而謂予曰彩字對靑字而歌靑字爲晴吾揣其音此字合用平聲必欲揚其音而靑字乃抑之非也予因大笑越其席捋其鬚而言曰信哉吉之多士語未訖復初前驅紅袖而白同調歌曰買笑金纏頭錦則是矣乃復嘆曰予作樂府三十年未有如今日之遇宗信知某曲之非復初知某曲之是也遂捧巨觴於二公之前口占折桂詞一闋煩

皓齒歌以送之以報其能賞音也則德清之傾倒於瑣非復初者至矣

瑣非復初中原音韻序亦曰余勳業相門貂蟬滿座列伶女之國色歌名公之俊詞備嘗見聞矣如大德天壽賀詞普天樂云音亮語熟渾厚宮樣黃鐘大呂之音也跡之江南無一二焉吾友挺齋周德清以出類拔萃通濟之才爲移宮換羽製作之具所編中原音韻並諸起例能使四方出語不偏作詞有法皆發前人之所未發者以余觀京師之目聞雅樂之耳而公議曰德清之韻不獨中原乃天下之正音也德清之詞不惟江南實當時之獨步也末署西域拙齋瑣非復初序

觀此則其一唱一和互詡知音相得極矣瑣非復初號拙齋德清號挺齋以齋爲號亦當時顧曲家風尚勳業相門云云瑣非復初

蓋貴介公子。貴介公子與聲色狗馬之好易近。瑣非復初貫雲石
之所爲。蓋開納蘭性德諸人之先例者也。
西域貴介之擅名樂府。而在貫雲石之先者。有不忽木。不忽木作
品傳者特少。太和正音譜僅錄其鵲踏枝散套云。

臣則待　醉江樓。臥山丘。一任教　談笑虛名小子封侯。臣向　仕路
上爲官倦守。枉　沉埋了錦帶吳鈎。

元詩選癸之乙。僅錄其過贊皇五馬山泉七絕一首云。

相彼山泉源本清。太平君子濯塵纓。泠泠似與游人說。說盡今
來往古情。

雖一爪一鱗。然流麗可喜。涵虛子詞品比之爲閒雲出岫。必有所
見也。鍾嗣成錄鬼簿以與貫雲石薩都剌並稱。特許爲公卿居要
路者所獨擅。而深致不滿於平民。其言曰。前輩已死名公有樂府

木刻本

行於世者不忽木平章貫酸齋學士等三十一人方今名公薩天錫照磨等十人右前輩公卿居要路者皆高才重名亦於樂府留心蓋文章政事一代典型乃平日之所學而歌曲詞章由於和順積中英華自然發外自有樂章以來得其名者止於此蓋風流蘊藉自天性中來若夫村樸鄙陋固不必論也鍾嗣成蓋以歌曲詞章之事出於天才惟貴介爲易得名而元時貴介西域人特多此西域人所以在元朝文學界中占有重要地位也

永樂間賈仲明撰錄鬼簿續編尙有西域曲家多人曰蘭楚芳休仲易虎伯恭及其弟伯儉伯讓西域人丁野夫賽景初回回人全子仁名普庵撒里委兀兒人月景輝金元素名哈剌及其子文石武石也里可温人樂府皆有名

木刻本

木刻本

元西域人華化考卷五

新會　陳垣　援菴

美術篇

一　西域之中國書家

廉希貢等二十五人　巙巙　泰不華

貫雲石　余闕　盛熙明

贍思　賽景初　沐仲易　虎伯恭

書法在中國爲藝術之一以其爲象形文字而又有篆隸楷草各體之不同數千年來遂蔚爲藝術史上一大觀然在拚音文字種族中求能執筆爲中國書已極不易得況云工乎故非浸潤於中國文字經若干時實無由言中國書法也元人入中國不及百年色目人醉心華化日與中國文字相接觸耳濡目染以書名當世

者大不乏人欲考此種事實比他篇爲易以有元末人見成之書史會要具載歷代書家直至於元略爲鈎稽卽可知西域人能書者有若干人不勞遍覽羣籍也茲將書史會要中元時西域書家鈎稽如下其有色目誤爲蒙古者並附正之

廉希貢字葝林畏吾人官至昭文館大學士善扁膀大字

鮮于樞困學齋雜錄作于闐人

貫雲石北庭人官至翰林侍讀學士豪爽有風概富文學工翰墨其名章俊語流于豪端者怪怪奇奇若不凝滯于物卽其書而知其胸中之所養矣

余闕武威人登進士第官至浙東肅政廉訪司副使風采峭整工篆隸字體淳古

盛熙明其先曲鮮人後居豫章清修謹飭篤學多材工翰墨能通

木刻本

六國書至正甲申以所編法書考八卷進上覽之徹卷命藏禁中

甘立字允從河西人官至中書檢校才具秀拔亦善書札

巙巙號正齋恕叟康里人官至翰林學士承旨風流儒雅博涉經史刻意翰墨正書師虞永興行草師鍾太傅王右軍筆畫遒媚轉摺圓勁名重一時評者謂國朝以書名世者自趙魏公後便及公也

回回字子淵巙巙弟官至中書平章政事正書宗顏魯公甚得其體

回回係巙巙兄回回生至元二十年巙巙生元貞元年此云弟者誤也

阿尼哥字西軒蒙古人官至大司徒善大字

案元史方技傳作尼波羅國人新元史誤作阿尼哥尼

泰不華元名達溥化御賜今名號白野蒙古人狀元及第官至浙東宣慰元帥以清厲顯名骨鯁不同于物篆書師徐鉉張有稍變其法自成一家行筆亦圓熟常以漢刻題額字法題今代碑額極高古可尚非他人所能及正書宗歐陽率更亦有體格

泰不華伯牙吾氏是色目非蒙古辨見儒學篇元順帝后燕鐵木兒女欽察氏元史一一四據燕鐵木兒傳元史一三八稱女爲伯牙吾氏是伯牙吾氏乃欽察也曾廉元書卷八二直書曰泰不華欽察人

斡玉倫都字克莊西夏人官至山南廉訪使文章事業負出人表書蹟亦佳

薩都剌回紇人官至淮西廉訪司經歷有詩名善楷書

道童字石巖蒙古人官至江西行省平章政事姿儀雄偉尤工大

字能作雙鈎書。
元史一四四作高昌人。
慶童字正臣康里人官至中書右丞相器量弘重善大字。
元史一四二字明德。
沙剌班字惟中蒙古人官至集賢大學士善大字。
元史類編三十六沙剌班字敬臣號山齋畏吾人順帝時學士。
能詩文兼工大字疑卽此人。
達識帖木兒字九成康里人官至江浙行省丞相知讀書能詩大
字學釋溥光小字亦有骼力。
伯顏不花的斤字蒼巖高昌國王子鮮于太常甥官至江東廉訪
副使介立不羣草書似其舅氏。
元史一九五忠義傳字蒼崖畏吾兒氏。

康里不花字普修也里可温人官至海北廉訪使篤志墳籍至于
百氏數術無不研覽書宗二王
榮僧字子仁同紇人登進士第官至江浙行樞密經歷楷書師虞
永與
喜山字近仁畏吾人官至集賢都事工書
佩文書畫譜三十六引誤作進仁
隱也那失理字處元畏吾人楷書學虞永與
右二十人見書史會要卷七
邊魯字魯生鄴下人工古文奇字
據西湖竹枝詞知爲北庭人
馬九皋以字行同紇人官至太平路總管能篆書弟九霄亦能之
哈喇字元素也里可温人登進士第官至中政院使能文辭書宗

木刻本

嚶正齋
錄鬼簿續編作金元素康里氏名哈刺隨元駕北去不知所終
趙夫人鸞字應善雍古部氏中書平章世延女中書參政許有壬
室朗惠厚靜能琴書善筆札
據陳旅撰墓誌銘字善應
右五人見書史會要補遺
元代西域書家略備於是觀其次第大約不依時代隨手記錄如
余闕在巙巙之前是也西域人書名巙巙最盛元史本傳一四稱
巙巙書得晉人筆意單牘片紙人爭寶之不翅金玉式古堂書考三
二十載張㸌趙巙二公翰墨歌有云
元朝翰墨誰擅場北巙南趙高頡頏二公才名蓋當世片楮傳
播如珪璋子山學士位館閣天水王孫登玉堂官居位望正相

似後先雙璧聯輝光。

北巎南趙係當時通稱。然巎書實不如趙。其有此稱譽者。半因位

望甚高。半因系出西域。希有可貴也。巎巎墨蹟及碑刻傳世者。亦

遠不如趙之衆。式古堂書考十七著錄者有。

十二月十二日帖。

臨懷素自敘卷。

書梓人傳卷。

三希堂石渠寶笈二十三冊有。

漁父辭。

顏魯公書論。

皆有聲於時者也。然其碑刻之見於寰宇訪碑錄十二者有。

贈禮部尚書晁公神道碑無年月 山東鄆城

大都城隍廟碑 至順二年 直隸大興

勅修曲阜宣聖廟碑並碑陰題名 至元五年十一月 山東曲阜

贈江南行省參知政事張思忠碑 至元六年九月 河南鞏縣

與王由義書 至正元年 陝西朝邑

王氏世德碑 至正元年 陝西朝邑

集慶路卞將軍新廟記 至正五年十一月 江蘇江寧

少林寺達摩大師碑 至正七年 河南登封

王節婦碑陰清風篇 無年月 浙江山陰

等九種其見於吳式芬攈古錄者有十九

寧國路總管府推官楊載墓誌 泰定三年 江蘇吳縣

飛騎尉楊君世慶碑 元統三年三月 河南澠池

中順大夫竹温台碑 至元元年 烏蘭城 城原作坡

一中順大夫達魯花赤口公碑至元四年五月烏丹城

一佛慧圓明正覺普度禪師斷崖義公塔銘篆額至元六年三月浙江口口

慕容氏先塋碑篆額至元六年五月　山東城武

等六種倘全拓而影印傳之亦一美舉也巎巎康里部人康里為朮赤所封地在鹹海北岸今為南俄羅斯地時人嘗仰慕俄國文學豈知此間六百年前乃有多數邃於華學之人耶

然須知巎巎等之得名用力至深用功至勤非浪得時名者比山居新話輟耕錄十五均載有巎巎與客問答一則云江浙平章子山公書法妙一時自松雪翁之後便及之嘗問客有人一日能寫幾字客曰聞趙學士言一日可寫萬字公曰余一日寫三萬字未嘗以力倦而輟筆其精力如此實為可驚不知今日青年聞之作何感想也

泰不華伯牙吾氏伯牙吾一作白野故泰不華恆自署白野泰不華人亦稱爲白野尚書蘇天爵滋溪文集三十有題泰不華自書所作詩後云白野尚書向居會稽登東山泛曲水日與高人羽客游閒遇佳紙妙墨輒書所作歌詩以自適淸標雅韻蔚有晉唐風度予猶及見尚書先考郡侯敦龎質實宛如古人而於華言尚未深曉今有子如此信乎國家文治之盛而貢舉得賢之效益可徵焉讀天爵此文可證元時西域人同化之速始予研究此事以爲西域人同化中國必其人入居中國已一二世或百數十年今觀天爵所言則泰不華之父尚純然一西域人華言尚未深曉而其子乃能邃於華學若此可見文化之感人其效比武力爲大天爵歸功於貢舉特皮毛之論耳巙巙貫雲石何嘗出於貢舉也惟泰不華遺蹟之傳於今者比巙巙更少近年海上有珂羅版印元八家

法書中有泰不華行書贈堅上人重往江西謁虞閣老七言律一首為元詩選顧北集所未載詩云

昔年曾到楚江干採得驪珠振錫還憶著匡廬成獨往眼中泰望共誰攀聲華牢落金閨彥煙雨淒迷玉笏山絕代佳人憐庾信早年詞賦動天顏

風華掩映可稱美絕不知何人所藏寰宇訪碑錄十二有泰不華所書碑四通

一重修南鎮廟記八分書至正四年四月浙江山陰

二重建鳳山上乘寺記至正七年八月浙江上虞

三祈澤治平寺佛殿碑至正九年四月江蘇上元

四郎王節婦碑篆書其碑陰夔夔書也浙江山陰

泰不華並通小學善篆隸温潤遒勁嘗重類復古編十卷元史一四三

三本傳稱其攷正譌字於經史多有據。御選元詩五六載鄭韶贈泰不華詩有句云。古篆久知通史籀。新詩端擬過黃初。其才華之美可想。泰不華篆額見於攈古錄卷十九及二十者有

覺苑寺興造記　至正三年三月　浙江蕭山

重建儒學記　至正五年七月　浙江會稽

重建旌忠廟記　至正七年　浙江會稽

重修鄞縣學記　至正九年九月　浙江鄞縣

重修后土廟記　至正十一年七月　陝西渭南

重修后土祠記　至正十四年　拓本

貫雲石亦工書。陳基夷白齋外集下卷跋其書歸去來辭云。酸齋公如冥鴻逸驥。不受矰繳羈靮。而其蟬蛻穢濁。逍遙放浪而與造物者游。近世蓋未有能及之者。其自謂平日不寫古今人詩。而獨慕

陶靖節之爲人書其歸去來辭觀者殆不可以尋常筆墨蹊徑求之也。

余闕篆亦有名。宋濂芝園續集卷六題余闕篆書後云：右四大篆，幽國忠宣公余闕爲浦陽戴君叔能書。至正九年公持使者節來鎮浙部，濂偕叔能往見公，奬勵甚至，且各書齋扁爲贈。公文與詩皆超逸絶倫，書亦清勁，與人相類。其忠義之氣，雖所書不工，猶當傳之萬世，況能臻其妙者乎。此紙所在，定有神物呵護，不可徒以翰墨視之。佩文書畫譜三八引紫桃軒又綴云崇禎本又綴無此語：余忠宣小字似不經意，而豐處有褚遂良，潦倒處有楊景度、林藻，豈漫不留意於墨池者所能符合邪。書以人重，美者固美，即不甚美者，即將以景仰之意而美化之矣。

西域人中有著書專論書法者，龜茲盛熙明也。熙明以能書辟奎章閣書史著法書考八卷進呈清四庫著錄楝亭十二種刻之卷首有虞集歐陽玄揭奚斯三序揭序稱盛氏之先曲鮮人今家豫章書史會要之說卽本於此道園學古錄卷三有題東平王與盛熙明手卷詩作曲先盛熙明元史類編三六誤曲鮮爲鮮卑歐陽序謂熙明爲龜茲人刻意攻書而能研究宗原作爲是書運筆之妙評書之精非老於斵輪者疇克如是云云夫以西域人而工中國之書已屬難能況又以其研究所及著爲成書以詔當世豈非空前盛業乎朱彝尊曝書亭集卷四十三有是書跋稱其文約其旨該不意九州之外乃有此人云熙明並學佛能詩著補陀洛迦山考見道光普陀山志十五元詩選癸之壬錄其游補陀洛迦山七言律一首龜茲本佛國其學佛固不奇也

元時西域人能書而書史會要不載者有贍思張相文先生曾示

我哈珊神道碑請爲之跋蓋贍思所撰並八分書也體勢波磔用力極深而竟無書名其書名爲文名所掩也

錄鬼簿續編稱賽景初天性聰明幼從蘷文忠公學書法極爲工妙文忠屢嘉之又沐仲易西域人故元西監生工於詩尤精書法又虎伯恭西域人詩學韋柳字法獻羲皆書史會要所未載者

二　西域之中國畫家

邊魯　高克恭　伯顏不花

丁野夫　薩都剌

中國畫有中國畫特色以元版圖之大即有西域畫家挾羅馬波斯土耳其之畫法以顯於中國如清之郎世寧艾啟蒙者亦並不奇然此之所謂畫家乃中國畫法非西域畫法故不曰西域畫家而曰西域之中國畫家也考元代畫家亦有極見成之書即元夏

文彦之圖繪寳鑑。其敘述歷代畫家直至元季。與陶宗儀書史會要相同。今特鈎稽其卷五中西域人善中國畫者以張吾西域人華化之說。

邊魯字至愚。號魯生。善畫墨戲花鳥。

高克恭字彦敬。號房山。其先西域人。後居燕京。官至刑部尙書。善山水。始師二米。後學董源李成。墨竹學黄華。大有思致。怪石噴浪。灘頭水口。烘瑣潑染。作者鮮及。

伯顔不花。高昌世子。鮮于伯幾甥。號蒼巖。官至江東廉訪副使。工畫龍。

丁野夫。回紇人。畫山水人物。學馬遠夏圭。筆法頗類。

邊魯北庭人。據西湖竹枝集。魯善古樂府詩。尤工畫花竹。權貴人不能以勢約之。書史會要並稱其工書也。元時畫家有大名能與

木刻本

趙孟頫抗行者惟高克恭克恭兼有詩名元文類選西域人詩五家馬祖常外選高克恭詩比三家特多輟耕錄二六詩畫題三絶一條云高文簡公一日與客游西湖見素屏潔雅乘興畫奇石古木數日後文敏公爲補叢竹虞文靖公題詩其上有國朝名筆誰第一尚書醉後妙無敵（元詩選房山集小傳誤稱爲趙孟頫詩）趙公自是眞天人獨與尚書情最親等句此圖遂成三絶以高配趙正與書家之以巎巎配趙相同元朝書畫推趙獨步然與趙頡頏者書畫皆西域人亦足見元西域人天資學力不讓漢人也董其昌對於以高配趙之說初頗懷疑後乃翕服試觀畫旨所述前後持論不同

畫旨云元季四大家以黃公望爲冠而王蒙倪瓚吳仲圭與之對壘此數公評畫必以高彥敬配趙文敏恐非耦也而其後又云高彥敬尚書載吾松上海志元末避兵子孫世居海上余曾祖母尙

木刻本

書之雲孫女也余好爲山水小景似亦有因勝國名手以趙吳興爲神品而雲林以鷗波房山所稱許者或有異同此繇未見房山眞跡耳余得大桃村圖乃高尙書眞跡煙雲淡蕩格韻俱超果非子久山樵所能夢見也又云趙集賢畫爲元人冠冕獨推重高彥敬如後生事名家而倪迂黃子久畫云雖不能夢見房山特有筆意則高尙書之品幾與吳興埒矣

初則曰高與趙恐非耦再則曰未見房山眞跡耳三則曰高之品幾與吳興埒矣終更推爲古今一人曰詩至少陵書至魯公畫至二米古今之變天下之能事畢矣獨高彥敬兼有衆長出新意於法度之中寄妙理於豪放之外所謂游刃餘地運斤成風古今一人而已今將高克恭畫之見於元人題詠者略舉其目如下

桑落洲望廬山圖　雲林煙嶂圖　越山圖

木刻本、

山邨圖　夜山圖　秋山暮靄圖

墨竹圖　青山白雲圖　滄洲石林圖

倣老米雲山圖　煙嶺雲林圖　山村隱居圖

秋山過雨圖　春雲曉靄圖　墨竹坡石圖

雲山雙鶴圖　越山春曉圖

其尤習見者。爲夜山圖及秋山暮靄圖二幀。當時有名詩人。題詠殆遍。盲詩人侯克中亦有二絶句。夜山圖云。幽人清夜思高閒。詠落龍眠筆硏間。萬仞峰巒千里月。廣寒宮裏看三山。越山春曉圖云。滿目煙嵐滿意春。江山如畫畫如眞。巖巖萬壑千峰秀。可惜中間無一人。見侯克中所著艮齋詩集（卷十）。所謂無目者且知其姣也。今故宮博物院所藏高克恭畫。爲吾所見者倘十餘軸。雖眞僞一時莫辨。然已震而驚之矣。鄧文原巴西集（卷下）有倘書高公行狀。述克恭生平行誼至詳稱其畫墨竹妙處不減文湖州畫山水初學米氏父子後乃用李成董源巨然法造詣精絕公卒後購公遺墨者一紙率百千緡其爲時見重如此其畫純中國法且爲米氏父子以來之變法與帶有匠氣之界畫迥然不同其爲詩亦不尚鈎棘自得天趣柳貫待制集十八題姚子敬書高彥敬絕句詩後有云高公畫入能品故其詩神超韻勝如王摩詰在輞川莊李伯時泊皖口舟中思與境會脫口成章自有一種奇秀之氣胡應麟詩藪外編六云宋以前詩文書畫人各自名卽有兼長不過一二勝國則文士鮮不能詩詩流靡不工書且時旁及繪事亦前代所無也高克恭卽詩畫兼長之一人

然克恭究爲西域何許人亟欲研究之惜書闕有間矣據鄧文原高公行狀已言譜牒散佚莫迹其所始然尚知其祖名樂道父名

亨字嘉甫觀其命名知其受華化已深又言嘉甫力學不事權貴朝夕講肄遂得大究於易詩書春秋及關洛諸先生緒言則儼然儒者也克恭蚤習父訓於經籍奥義靡不口誦心研務極源委則亦純然儒者也然克恭之婿爲烏伯都剌烏伯都剌者何人泰定帝時中書平章政事文宗朝所目爲奸臣者也此元朝家事吾人今日正不必爲左右袒惟元史不爲烏伯都剌立傳烏伯都剌事蹟僅散見於本紀及宰相表中烏伯都剌爲回回人其父益福的哈魯丁有大勳勞於回回文字此研究元朝文化史者不可不注意之事也元史釋老傳世祖至元六年以前施用文字悉用漢楷及畏吾兒字六年頒行蒙古新字凡璽書頒降並用新字仍各以其國字副之選舉志言至元二十六年尙書省言亦思替非文字宜施於用今翰林院益福的哈魯丁能通其字學乞授以學士之

職凡公卿大夫與夫富民之子皆依漢人入學之制日肄習之帝可其奏是歲八月始置回回國子學至仁宗延祐元年四月復置回回國子監（參百官志）黃溍金華文集卷八翰林國史院題名記云先是蒙古新字及亦思替非並教習於本院今回回學士亦省而亦思替非以待制兼掌之試綜合此種種史料則知元初只用畏吾兒字及漢字至元六年始頒行蒙古新字至元二十六年又以與西域諸國交通頻繁始置回回國子學教習亦思替非文字文宗以後中央勢力大衰西北三藩漸失其統馭能力交通幾乎斷絕而亦思替非之用亦稀故以待制兼掌之而回回學士亦省也蓋元制文字用途之區別雖以蒙古新字爲主而不甚通行有所頒布須各以其國字爲副大抵漢字用於中國本部畏吾兒字用於葱嶺以東亦思替非文字用於葱嶺以西諸國也亦思替非簡稱

木刻本

亦思替元典章吏部一正七品官有教習亦思替文字博士吾始疑亦思替爲粟特之異譯粟特國見魏書西域傳粟特語唐以前盛行於中亞細亞回教興後波斯語漸代之亦思替非又爲波斯古代都城之名未知所謂回回國子學者是否與波斯文字有關益福的哈魯丁既能通其字學爲回回國子學開始教授之一人則必大有勳勞於元時回回文字者也

益福的哈魯丁元史亦無傳何以知爲烏伯都剌之父則據程鉅夫雪樓集卷二有烏伯都剌三代封制烏伯都剌祖爲札剌魯丁曾祖爲木沙剌福丁皆回回人名四庫本改烏伯都剌爲額卜德哷勒改益福的哈魯丁爲伊卜德噶羅丹不知作何語矣烏伯都剌爲高克恭之婿益福的哈魯丁爲高克恭之親家以此斷高克恭爲回回人即後有發見亦可信其無誤倪瓚淸閟閣集卷九云高房

山淸節雅尙有馬先生亦其國人遂號彥敬蓋司馬慕藺之意所謂馬先生者疑亦回回國人淸河書畫舫綠字號曰高士安字彥敬回鶻人未知何據內閣書目三謂高文簡公名亨亦誤應作父名亨四庫總目以高克恭爲金人反議元藝圃集載入元詩爲失斷限尤荒謬今所欲知者爲高克恭本身是否仍守回回教是也據鄧文原高公行狀克恭卒之日命喪葬用朱文公法此心不以生死亂衆謂講學之驗云則克恭已棄回從儒者也然吾細察鄧文原所著行狀有爲克恭隱飾意應用回回處輒易以西域此元代文人習慣其實系出回回有何可諱釋大訢題高彥敬墨竹云西域高侯自愛山此君冰雪故相看蒲室集柯九思題秋山暮靄圖云三代以來推盛世九州之外有斯人丹丘生稿周伯琦題青山白雲圖云西域才人畫似詩雲山高下墨淋漓式古堂書畫考十七危素題高房山

畫云房山居士高使君系出西域才超羣。鐵網珊瑚卷三凡此皆不能忘其爲西域人而未聞有以回回二字入詩者西域之名出於漢以前回回之名起於晚近貴遠賤近人性然也

謂丁野夫爲回紇人亦此意元人公牘文字多從俗用回回至於士夫執筆爲文則輒易回回爲回紇以回紇之名較古雅也朱德潤題高彥敬房山圖云高侯回紇長髯客唾灑冰紈作秋色存復齋集卷十其例也迺賢合魯人而必稱之爲葛邏祿者亦用唐以前名也今吾人目中又與元人異回回係指伊斯蘭教徒其祖國在今阿剌伯回紇則北方一種族曾有功於唐改名爲回鶻高昌北庭其餘裔也元人謂之畏吾兒邊魯伯顏不花其人也據繪事備考邊魯作品有羣鴉話寒圖蘆汀宿雁圖水墨牡丹圖等皆中國畫非西域畫伯顏不花以龍名繪事備考載有袞霧戲波龍圖坐龍圖

木刻本

出山子母龍圖戲龍圖等亦中國畫所特有也

元西域人無畫名而有畫傳於世者故宮博物院有薩都剌嚴陵釣臺圖一軸又有梅雀一軸爲延祐二年春寫並題句云香滿蕻簾月滿庭風檐鳴鐵硏池冰夜寒人靜臯禽語卻憶羅浮雪外登頗有高致

三 西域人之中國建築

也黑迭兒燕京宮闕

凡考一代之美術必兼考其建築遺物顧吾國言建築者向無專書而元西域人建築之存於今者尤罕廣州之懷聖寺塔修於至正十年有郭嘉爲之記見道光南海志廿九泉州之淸淨寺塔修於至正九年有吳鑑爲之記見閩書七杭州有眞教寺延祐間建見西湖游覽志十八四明有禮拜寺二延祐以後建見至正四明

續志十略可代表元時回回教建築鎮江有也里可温寺八杭州有也里可温寺一至元十八年以後建見至順鎮江志九及西湖游覽志十六甘州有十字寺見元史三十八揚州有十字寺見元典章三十六略可代表元時基督教建築泉州華表山有摩尼教草庵見閩書七略可代表元時摩尼教建築然此諸建築今多不存即存亦只可謂爲西域人建築不可謂爲西域人之中國建築元時西域人中國建築有極偉大而爲吾人所未經注意者無過於今北京之宮殿及都城雖以朱彝尊之該博而日下舊聞略之雖以孫承澤之熟諳掌故而春明夢餘錄亦略之非有所諱言卽從來輕視工程學者之故也予近從歐陽玄圭齋集卷九馬合馬沙碑發見元時燕京都城及宮殿爲大食國人也黑迭兒所建也黑迭兒爲馬合馬沙之父父子世緒元工部事以大食國人而爲中

國如許工程實可驚也碑云
也黑迭兒系出西域唐爲大食國人世祖即祚命董茶迭兒局茶
迭兒云者國言盧帳之名也至元三年定都于燕八月領茶迭兒
局諸色人匠總管府達魯花赤兼領監宮殿屬以大業甫定國勢
方張宮室城邑非鉅麗宏深無以雄視八表也黑迭兒受任勞勤
夙夜不遑心講目算指授肱麾咸有成晝太史練日冬卿掄材魏
闕端門正朝路寢便殿掖庭承明之署受釐之祠宿衛之舍衣食
器御百執事臣之居以及池塘苑囿游觀之所崇樓阿閣縵廡飛
簷具以法歲十二月有旨命光祿大夫安肅張公柔工部尚書段
天祐暨也黑迭兒同行工部修築宮城乃具畚鍤乃樹楨幹伐石
運甓縮版覆簣兆人子來厥基阜崇厥址矩方其直引繩其堅凝
金又大稱旨自是寵遇日隆而筋力老矣

木刻本

也黑迭兒元史無傳世祖紀記修築宮城事只稱至元三年十二月丁亥詔安肅公張柔行工部尚書段天祐等同行工部事修築宮城而不及也黑迭兒故自昔無人知有也黑迭兒也遼金故城在今城西南至元遷拓東北分十一門東西南三面皆三門北二門至明乃大殺其北面而稍拓其南面東西各留二門故至今九門其面積已不若元時之大矣然今人游北京者見城郭宮闕之美猶輒驚其鉅麗而孰知篳路藍縷以啟之者乃出於大食國人也也黑迭兒雖大食國人其建築實漢法元史一二五高智耀傳言西北藩王遣使入朝謂本朝舊俗與漢法異今留漢地建都邑城郭儀文制度遵用漢法其故何如此即建築燕京時西北藩王所來之質問也然何以當時宮闕必用漢人制度則以元起朔漠所居者特廬帳耳也黑迭兒所典之茶迭兒局即掌廬帳者使以當

木刻本

王爲貴則廬帳實貴於宮闕而元人自知廬帳之陋不如漢家宮闕之美故雖以武力征服其人而旣入主中原則不能不改從中原制度所謂馬上得之不能以馬上治之也此亦元人自審除武力外文明程度不及漢人故不惜舍廬帳而用宮闕也黑迭兒深知其意故採中國制度而行以威加海內之規模夫如是庶可懾服中國人而不虞其竊笑矣輟耕錄二一有宮闕制度一篇垂四千五百言知不足齋叢書有故宮遺錄一篇垂二千六百餘言述元時宮闕規模宏偉極矣吾人讀歐陽玄文旣知爲也黑迭兒所爲今日不能不以此光榮還諸勞力勞心之原主雖當時行工部尙書者不止一人元制工部尙書三員正三品掌天下營造百工之政令然張柔爲張弘範父元史一四七有傳武夫不諳工事且亞年卽卒未覩其成可無論矣段天祐元史亦無傳僅一七七吳元

珪傳有云至元二十六年繕修宮城尚書省奏役軍士萬人留守
司主之元珪亟陳其不便乃立武衞繕理宮城以留守段天祐兼
都指揮使知段天祐亦武人至元三年與也黑迭兒修築宮城後
二十六年復修宮城曾任大都留守司兼武衞親軍都指揮使元
史卷九十百官志大都留守司秩正二品掌守衞宮闕都城調度
本路供億諸務卷八六武衞親軍都指揮使司秩正三品掌修治
城隍及京師內外工役之事參兵志此段天祐之職掌也而也黑迭
兒則領茶迭兒局諸色人匠總管府元史卷八五百官志茶迭兒
局總管府秩正三品管領諸色人匠造作等事諸色人匠總管府
秩正三品掌百工之技藝試以二人職掌相比勘則段天祐猶今
步軍統領而也黑迭兒則土木工程局長也且也黑迭兒四世領
茶迭兒局授工部尚書倘非工程世家曷克有此歐陽玄碑中所

論亦專以考工爲言而深贊其建邦之能世官之美試登景山一
望當時之泱泱風度恍惚猶在目前而元史遺之至創造主名竟
歸湮没不有此墓前片石則也黑迭兒之心血不與草木同腐者
幾希卽云諛墓之文恐有溢美然世領工部何能捏造新元史一三
一爲之補傳宜矣惟尚嫌未能發揮也黑迭兒建築之精神竊以
爲應置諸方技傳之首也且氏族表作也黑傳與目作也里亦應
改正
舊史世祖紀中統四年三月亦黑迭兒丁請修瓊花島不從至元
元年二月修瓊花島亦黑迭兒丁卽也黑迭兒丁爲囘囘人名常
用之尾音瓊花島卽今北海當未修築宮城之先也黑迭兒曾請
修北海此又圭齋集所未言而足證其爲工程學者也
元典章刑部三闌入禁苑條有監修官也黑迷兒丁呈捉獲跳過

木刻本

太液池園子禁牆人楚添兒一事狀招於六月二十四日帶酒見倒訖土牆望潭內有船採打蓮蓬跳過牆去被捉到官云云此事有月無年當係至元間修瓊花島時事惟迭兒作迷兒未知孰是誠恐原作迷兒因涉茶迭兒局而誤作迭兒也

四庫總目政書類存目考工之屬有永樂大典本元內府宮殿制作一卷不著撰人名氏提要稱其記元代門廊宮殿制作甚詳而譏其詞鄙俚冗贅不類文士所爲疑當時營繕曹司私相傳授之本惜其書不傳或即也黑迭兒之徒所撰未定固不能以文士之文繩工程學者也

木刻本

元西域人華化考卷六

新會 陳垣 援菴

禮俗篇

一 西域人名氏效華俗

魯古訥丁 沙的行之 木撒飛
玉元鼎 合剌思 米少尹
畝思永 札馬魯丁 怯里木丁
拜住 劉君定 李公敏 趙榮 劉因反對種人效漢姓
吳海反對漢人冒國姓 里氏慶源圖
浦氏定姓碑文

趙翼廿二史劄記三十有元漢人多作蒙古名一條以爲自有賜名之例漢人皆以蒙古名爲榮故雖非賜名亦多倣之且元制本聽

漢人學習蒙古語惟其通習故漢人多以蒙古語爲名一時風會使然也然以余所考則與此所論適得其反試一檢元人文集種人之請字請名者觸目皆是其人皆慕效華風出於自願並非有政府之獎勵及强迫而皆以漢名爲榮且元制不禁種人學習漢文故種人多以漢語爲名亦一時風會廉希憲赫天挺高克恭趙世延馬祖常顏師聖丁鶴年等無論矣安熙默庵文集卷四有御史和利公名字序一篇云近世種人居中國者類以華言譯其舊名且或因名而命字焉是雖非人道所當先而亦古人遺意也監察御史魯古訥丁系出奈蠻和利氏歷監濬邳兩州畿輔叢書本作西州惻怛愛民興學禮士既終家居待次益自力問學以求其所未至間從予遊刻意清苦吾黨之士鮮能及之於其請字也爲取崧高之詩所謂戎有良翰文武是憲者以良翰易其名且以周書亂爲四輔

之語合而字之曰憲輔蓋亦因其舊名而又因名以制字也末署
大德甲辰著是大德八年以前西域人已多有華名者故篇首云
云也
吳澄文正集字說更多凡八十餘篇其中西域人請字者卷五有沙
的行之字說云上古有名而無字質也中古有名而有字文也九
州之內尙文則如中古之後九州之外尙質則如上古之時其俗
之不同也舊矣皇朝區宇之廣鴻濛以來所未有九州內外靡不
臣屬合諸國諸郡而爲一家蓋各從其俗而莫之或同者也建康
貳侯沙的公西北貴族其治所至有聲同列嘉之字之曰行之以
從中夏之俗夫所貴乎中夏之俗者以周公孔子之禮法可慕也
所慕乎周公孔子之禮法者以行之爲貴也慕之切而行不繼則
虛文耳尙文而虛不若尙質之實也行之之行旣取信於同列行

之之字非直倅其名而已抑亦表其實云爲之書者吳興趙子昂爲之說者臨川吳澄也此則以漢名爲榮旣請名人爲之說復請名人爲之書雖非出於君主之賜而出於同人之賜其獎勸蓋在社會不在政府故一方政府以蒙古名賜漢人而熱中利祿者趨之一方社會以漢名贈色目人而醉心文化者亦赴之也

吳文正集卷六又有崇仁縣元侯木撒飛仁甫字說於此義尤顯幾有一字之褒榮於華袞之意曰崇仁夙稱壯邑生齒之繁習俗之美他縣莫及木撒飛承務郎自州倅陞縣長前時足跡不到江南而涖政以來凡所施設無一不使民悅服咸曰仁哉元侯二三十年所未有也侯慕效華風欲立字以副其名夫字者匪但副其名而已蓋將表其德也於是表其可表之德而字之曰仁甫喜崇仁縣之得此仁侯也木撒飛純然爲一回教人名因其治化之美而

木刻本

以中國之唯一美詞字之褒之也。同集同卷又有玉元鼎字說。元鼎一學者，蓋先有漢名而欲就其名以取得訓誨之義，亦近取諸身之法也。澄之言曰：學者阿魯丁以玉氏，以元鼎字，其先西域人也。始祖玉速阿剌從太祖皇帝出征，爲勳舊世臣，名載國史。今其苗裔乃能學於中夏，慕周公孔子之道，可謂有光其先者矣。以其字而請教訓之辭。予語之曰：鼎者重大之器，其在於易，巽下離上之卦爲鼎，蓋取卑遜於內，文明於外之義。卑遜者進德之基，文明者進學之驗。進德在於克己，進學在於窮理。元鼎讀大學論語，其習所謂窮理克己，實用其力而已。筆之爲元鼎字說以贈，此則望文生義而致勸勉之詞者也。

王惲秋澗集四六亦有西域人字說，而皆以英甫字之。其一爲忽治中名字說，曰：予官御史時，聞今治中別乘合剌思意功名，樂善言而與士君子游至元壬申秋得同僚平陽相接如平生懽一日請名於予君姓忽氏蓋父字也世爲唐瀚海軍都護府人其國郊於乾兌之間其人多沈潛剛克内明而外毅吾子秉彝奇特表著於一時故以德輝名君而英甫字之蓋英者德之光發見於外者甫者男子之美稱也

其二爲米少尹名字說曰劍倅米君世爲西域人性開敏樂於爲善子過劍浦米來求名因訓之曰闓闓者生其善心顯其可踐迹也内不先開英何爲而發故字曰英甫末署庚寅九月十二日至元庚寅上距至元壬申凡十八年而兩西域人先後求名皆以英甫字之未知其偶合耶抑以爲同是西域人特取前時所以字西域人者字之耶

許有壬至正集六五亦有西域人字說其一爲黻思永字說曰西域

生齔大父嘗持憲數道世賞在齔自以年未及學未充也日種學績文非儒生不交紈綺氣習濯刮殆盡予與其外舅和叔監郡遊時從過予俾賦詩每俄頃成且清麗不苟暇日請曰齔幸承下風昆季爲華學卒以思冠其字先生幸字之予觀世之人習於近而不究其遠狃於短而不求其長天下之通患也若世家子則此疾尤痼蓋不知思永之過也書不云乎慎厥身修思永故從其昆季之以思爲字也而以思永字之凡元人所謂紈綺氣習者大抵指武功起家之色目人而言未有指以詩書致卿相之漢人也故其人多不學而齔則盡反其故習非儒生不交可謂有華學之癖者矣

其二爲丁慎之字說丁慎之者中書省玉典赤玉典赤者服役人也非勳閥而執賤役無所謂紈綺氣習矣而習聞諸先生緒論亦

愛慕華風許有王曰中書玉典赤從予最久者西域札馬魯丁愼而寡言若詩書漸習之有素者再拜請曰細人世西域而生中國又得親公之教幸閔而訓之字得服以自勵予素愛其人且服役幾年所直幾官而獨有見於吾輩其可進也於是卽其人之長字之曰愼之且語之曰若知愼之爲義乎愼於言而言無過愼於行而行無失無所往而不愼則將進乎善而爲成德之君子矣愼之其益愼之哉

王沂伊濱集七十亦有西域人怯里木丁字說以玉爲西方之物遂取以名其人不知古所謂出玉之國實指于闐于闐在葱嶺以東其去波斯大食尙較去中國爲遠也曰監深州郡怯里木丁西域人世居什納什勒國唐初西域主阿喇兪氏始用其國言撰字修書以教其人怯里木丁之先有能通其書與字者故因其地而賜

姓什納什勒國初天戈西指其四世祖某以技藝故得徙中原占籍趙之中山監郡君與其弟舍克布問名與字於余史稱漢使通西域采玉石以歸然則玉故西方之物也什納什勒氏爲西域之鉅族必知玉之所以爲貴故余名監郡君曰瓚字之曰清之名舍克布曰璋字之曰敬之夫思其名之貴則知其所以自貴思其字之美則知所以全其美矣

凡此皆西域人之喜有漢名者也喜有漢名之不已又從而爲之說一人爲之說之不已更有以其名字爲題遍徵當世士大夫詩文以爲樂者此眞西域人愛慕華風之太過者也

陳基夷白齋稿外集卷下有書太古字說後一篇云河東運使高昌拜住公字太古中朝諸名公爲文爲詩以發明其義無餘蘊矣復俾某一言以申其說則太古字說當不止一篇矣吾所見者有宋

褧燕石集十三一篇曰監察御史高昌拜住字太古諗予曰朋友命以字贊矣君文人幸衍其義教我予辭曰予不啻不文且有疑焉太古嘗泰定初丞祕書監予嘗備員典校時相先後未始識其人然聞公卿大夫士交口薦譽者十有五年矣其言曰太古不崖岸不畦畛不陷穽機巧眞淳樸茂洞達樂易今乃識其人服用冠佩車馬屋室殊非洪荒之世大庭赫胥之民無標枝野鹿之態或者哂曰子論人以心乎顧以迹乎不崖岸不畦畛不陷穽機巧眞淳樸茂洞達樂易者爲今人乎爲古人乎予斂袵歎服其言之能釋予疑遂志之爲太古字說觀此則太古之神情如繪矣蓋明明一

西域人而愛慕華風者也是不啻太古之像贊也

然此所論特名字耳西域人於名字上效漢人加姓亦當時風尚

燕石集卷五有太學生劉君定挽詩原注云君定西域人延祐七年

中大都鄉試石田集卷九有送李公敏之官序云余在河南卽聞于閩人李君公敏能尊孔子之教而變其俗明史一七有趙榮傳云其先西域人此西域人之加漢姓者也然種人加漢姓當時學者實反對之劉因靜修文集十九有古里氏名字序一篇發表其極端反對之論至將古里氏數世稱吳之例推翻之而復乎古里此則講學家之矯情奪理者也其言曰吳景初請予制其子名自敘其爲女眞人本姓古里氏以女眞諸姓各就其近似者易從中國姓故古里氏例稱吳已數世矣予聞之大以爲不可夫姓氏乃先世有所受而傳之子孫其脈絡截然有不敢毫髮亂者今非有所禁而自絕本根附於他裔顧乃因仍苟且徇於流俗而不恤彼兒子之名何所不可而反以爲問乎今先爲正其姓然後名其子承字之延伯蓋示其不忘所天而且有所貽也夫吳景初所請者名耳

而劉因乃推翻其姓何以爲情古里氏是女眞非色目女眞在元本與漢人同列其改漢姓猶不可況色目乎劉因之説若行則馬祖常趙世延等皆須去漢姓然祖常世延等之漢姓可去魏書官氏志所載元魏以來種人所改之漢姓何從而去之種族狹隘之見不應出於大一統之時劉因之反對種人冒漢姓防種族混合耳然種族混合於人類社會之進化爲害爲利必有能言之者後來吳海又持反對漢人冒國姓之論其用意與劉因正同

吳海聞過齋集一卷有王氏家譜敘曰河西古諸羌宋李元昊據之爲邊患相繼用兵士有陷沒者雜爲夏人元初得天下賜姓唐兀氏俾附國籍次蒙古一等河西而仕宦者皆舍舊氏用新氏國家尙寬厚雖占舊氏不禁然能存者僅一二數今福建江西行省郎中王君翰先世齊人沒元昊者迺冠舊氏名上一日出家譜相示

木刻本

自曾祖以來皆著私名而以河西名綴其意謂新氏廼天子所命而不敢違舊氏乃祖宗所傳而不可棄故兼錄之噫世薄俗漓人惟功利之趨固有自毁其祖而冒國籍以求仕之顯者安有旣授賜姓猶不忍舍其舊乎吾閱是譜不覺爲之感歎彼自棄其祖者使得覩是譜而能動心焉庶亦可改也

雖然以名爲姓古所恆有貫雲石以父名首字爲姓薩都剌以自名首字爲姓而稱薩氏子焉不獨色目人如此凡無氏姓之種人胥如此揭傒斯文安集卷九有送燮元溥序云廬州舒城長燮元溥蒙古人名燮理普化無氏姓故人取名之首字加其字之上若氏姓云者以便稱謂今天下之通俗也可見以名爲姓實一極自然之稱謂無得而議者

程鉅夫雪樓集十五有里氏慶源圖引述里氏定姓之由可以推知

西域各姓皆有慕平中華氏族之制而效之者也曰氏族之制所以定親疏別嫌疑厚人倫也西北諸公以名稱相呼以部落爲屬傳久而差失眞尤甚此里氏慶源圖之所以作乎里氏者隆禧院使約著所自氏也按里氏世高昌人其俗大抵與諸國類又世縣金革雖豪王大族能自系其所自出者無幾惟里氏世仕其國爲大官自大父撒吉思仗義歸朝佐定中夏其後列朝班寄方伯者六十人亦旣盛矣而隆禧君大懼世代日益遠生齒日益衆無命氏以相別終亦茫唐杳眇不可知而已乃以身事本朝者實自大父始而大父之名從世俗書有從土從田之文考若伯考之名皆有里字而春秋有里氏遂自氏曰里氏又遡而求之定其可知者至于今九世系以爲譜號曰里氏慶源圖而隆禧爲七世云

約著大父爲撒吉思俗書吉從土思從田田土合而爲里望文生

訓故以里爲氏四庫本改撤吉思爲薩奇蘇不獨失其命氏之意且不知從土從田之謂何矣

宋濂鑾坡集卷七有西域浦氏定姓碑文述古今定姓之法尤詳今節錄之亦可見元西域人同化之往迹也曰浦君西域阿魯温人高祖以上忘其名曾祖哲立理元太祖時遷幽之宛平生同知温州路總管府事道吾道吾生剌哲剌哲生道剌沙溥博即浦君其字爲仲淵性穎悟從名師傳通毛氏箋中至正壬寅江浙鄉闈一榜辟教諭嘉興遂占籍焉夫西域諸國初無氏系唯隨其部族以爲號蓋其族淳龐其事簡略所以易行若吾浦君居中夏聲名交物之區者三世衣被乎書詩服行乎禮義而氏名猶存乎舊無乃不可乎於是與薦紳先生謀因其自名而定以浦爲姓昔者代北羣英隨北魏遷河南者皆革以華俗改三字四字姓名爲單辭而

木刻本

其他遵用夏法今浦君之爲上符古義下合時宜非卓見絕識不得與於此彼拘拘守常之士則曰我先祖未之能行也是惡足以論變通之故

變通云者卽同化也溥博明係回回人其兄名道剌沙尤爲元代回回人習用之名至溥博而字仲淵則明明取中庸溥博淵泉之義復通詩毛氏箋則彬彬乎進文明之域矣彼拘守常義謂我先祖未之能行者凡變一法革一俗必有同類阻撓之力無古今中外皆然浦氏定姓不能獨免故宋濂獎之宋濂之識過劉因遠矣

二　西域人喪葬效華俗

凱霖　丁鶴年　廉希憲

趙世延　別的因　也黑迭兒部人

畏吾兒喪事體例　禁色目人效漢法丁憂

人類社會最大之禮制莫過於喪葬然考元人喪葬較考元人名氏爲難因宋元人習慣喜求人爲名字說故易於考見而闕於喪葬之記載則諸家著述極稀許有壬至正集三五有西域使者哈只哈心碑言凱霖一家改革舊俗事甚詳名氏喪葬均改從華俗而不恤凱霖兄弟交許有壬久故有壬備知之其言曰公諱哈只哈心阿魯渾氏西域人隸王旭列邸王邸在極西遣公入覲計事公夙慕中土挈家行初至和林元帥荀公奇之妻以女生二子長阿合馬次阿散麥砧哈檐西域名族念公賢贅阿散其家生二子長暗都剌次凱霖暗都剌兄弟鞠於外家攻儒書既長益習禮訓謀於師友曰古之姓或官或封無常也吾其從祖母之荀乎遂姓荀氏又曰我兄弟讀書學禮無名字其可名則不敢忘吾先而字則從華可也於是師友相與字暗都剌曰平叔凱霖曰和叔此言凱

霖兄弟名氏改從華俗之經過也又云和叔寶慶路邵陽縣達魯花赤移彰德路臨漳縣更移安陽愛其山水思妥其先卜地司空村有飄風旋塵爲渦導馬首者七衆皆見之下馬默禱若吾祖考宜此地當止風卽泯買而爲兆域遷祖考妣考妣兄以泰定四年二月葬焉以公西來而爲使也表之曰西使之阡嫂姪繼母弟相繼歿俱祔焉又云我元始征西北諸國西域最先內附故其國人柄用尤多大賈擅水陸利天下名城區邑必居其津要專其膏腴然而求其善變者則無幾也居中土也服食中土也而惟其國俗是泥也和叔則曰予非敢變予俗而取擯於同類也其戾於道者變焉居是土也服食是土也是土之人與居也予非樂於異吾俗而求合於是也居是而有見也亦惟擇其是者而從焉自吾祖爲使而入中國委骨於是若詩書禮樂吾其可不從乎俗之不同理

木刻本

之頓異吾其可從乎於戲若和叔者孟子所謂善變者也其俗不銘而銘其先其俗墓近人而必遠五害此其變之小者也此言凱霖遷葬其先人改從華俗之經過也凱霖實回回人其善變華俗如此其持論之平允和藹又如此字曰和叔宜矣

凱霖而後西域人喪葬改從華俗最著者爲丁鶴年戴良高士傳云九靈山房集十九鶴年父武昌公死時鶴年年甫十二已屹然如成人其俗素短喪鶴年以爲非古制乃服斬衰三年及夫人捐館舍鶴年哀毁盡瘠鹽酪不入口者五年此言鶴年喪制從華俗也烏斯道丁孝子傳春草齋集卷七言鶴年避地二十餘年兵後還武昌訪生母葬地自秋至冬徧詢莫知者鶴年作母主蚤暮拜母主前求五旬浹有報拜至七日夜夢母氏出高堂中以慟卽寤晨起鄰老楊重者至云吾昨夜夢子之母氏堂宇間自內出以酒肉見賜鶴年以

夢母氏與鄰老同試卽其地物色之見平陸土有陷下者意謂吾聞母葬時無棺槨上覆敗舟板入與板腐盡乃爾遂陳酒肉以祭祭畢斸其土骨果見然恐他墓偶有同者復嚙指血骨上良久拔去血骨通變茜色乃收骨棺斂葬是鄉鶴年廬墓終身一時論者咸稱爲孝子此言鶴年葬法從華俗也作母主以拜陳酒肉以祭皆漢法非回回法血骨棺斂亦華俗非回回俗至於夢示葬處與凱霖之風導馬首同爲吾國說部習見之詞調足見其受印象於華俗者深也

然三年之喪及丁憂之制元初西域人已有行之者不自鶴年等始也元史一二六廉希憲傳至元元年丁母憂率親族行古喪禮勺飲不入口者三日慟則嘔血不能起寢卧草土廬於墓傍宰執以憂制未定欲極力起之相與詣廬聞號痛聲竟不忍言未幾有詔

奪情起復希憲雖不敢違旨然出則素服從事入必縗絰及喪父亦如之又卷一八〇趙世延傳元貞元年除江南行御史臺都事丁內艱不赴時丁憂之制尚未著爲令甲也然廉希憲趙世延已自行之元典章吏部五官吏丁憂終制敍仕條載大德八年詔書曰三年之喪古今通制今後除應當怯薛人員征戍軍官外其餘官吏父母喪亡丁憂終制方許敍仕是大德八年以前實無丁憂限制也故元史卷一七八梁曾傳云大德元年除杭州路總管四年丁內艱先是丁憂之制未行曾上言請如禮此漢人自請如禮也廉希憲趙世延非漢人而亦熱心古禮且元制凡關於中國禮俗之事必令蒙古色目人除外無限制之者元史卷八三選舉志大德二年詔凡值喪除蒙古色目人員各從本俗外管軍官並朝廷職不可曠者不拘此例斤斤然唯恐漢法之拘束之而廉希憲

趙世延乃樂於受古禮之拘束此猶謂文人曾讀孔氏書者然耳
而亦有非文人而用中國禮者據黃溍金華集卷二八答祿乃蠻
氏先塋碑乃蠻曲出祿後人有別的因者至元間爲池州台州兩
路總管府達魯花赤居喪用中國禮黃溍稱之曰公之至孝出於
天性蓋北方喪禮極簡無衰麻哭踊之節葬則刳木爲棺不封不
樹飲酒食肉無所禁見新月卽釋服迨公居張夫人之喪始悉用
中國禮踰年乃從吉據碑張夫人之卒在至元二十一年時三年
之喪未定而別的因自行之可見其受華化甚早也別的因元史
一二一有傳而不言其居喪用中國禮
又有一事足證元時西域人模倣中國習俗應有盡有前吾聞天
主教人有不滿於利瑪竇者謂其京師阜成門外葬地有翁仲等
供地下之驅遣幸拳匪來始發其覆吾初疑其誣衊利瑪竇過甚

木刻本

及見歐陽玄所爲馬合馬沙碑圭齋集卷九乃信天下事無奇不有有非思想所能及者馬合馬沙之父也黑迭兒建築燕京宮城已詳美術篇碑稱也黑迭兒以修築宮城有功部人鑿石作像鬚髯咸肖設置墓舍族屬見之謂其非法謀棄隱處世祖夜夢也黑迭兒若有愬事狀如生平明發召詰其家以像事告亟命止之斯事也與天主教人誣利瑪竇之事甚相類也黑迭兒爲回回教徒回回教之厭惡偶像比天主教過無不及而也黑迭兒之墓舍竟有石像焉此石像非出於華人而出於部人雖出於部人而其子馬合馬沙任之尤奇焉特原碑所稱亟命止之者止而不設乎抑止而不棄乎部人設置之族屬謀棄之也黑迭兒之示夢取何態度歐陽玄文不明瞭若也黑迭兒而不欲棄此石像也則負死心於中國化者矣即也黑迭兒而欲棄此石像然其部人已設置之亦可

表示其部人之中國化。
倘有其他方法足證元時西域人喪葬有效漢俗者。一元典章禮部三有畏吾兒喪事體例禁止畏吾兒效漢兒體例。必其有所效而後有所禁也。其條文有云
休似漢兒體例行者。搭麻花掛孝穿圍頭都休穿帶者。燒了收骨殖呵休似人模樣包裹者。休煖墓兒者。休引靈者。或是揀莫那個七條裏休依漢兒體例紙做來的金銀紙房紙人紙馬襖子休做者。
又云中書省劄付畏吾兒田地裏從在先傳留下底各自體例有來。這漢兒田地裏的衆畏吾兒每喪事體例有呵。自已體例落後了。隨着漢兒體例。又喪事多宰殺做來的勾當每上位聽得上頭帖薛不速蠻也喪事裏依各自體例行有。從今已後這漢兒田地

裏底衆畏吾兒每喪事裏只依在先自己體例行者漢兒體例休隨者。漢兒田地裏的畏吾兒卽雜居漢地之畏吾兒。畏吾兒雜居漢地卽沾被漢化。雖有此反覆叮嚀之禁戒。奈衆楚人咻之何。帖薛謂基督教徒。至元辨僞錄卷三所謂迭屑人奉彌失訶言得生天。迭屑卽帖薛。彌失訶近譯彌賽亞也。不速蠻謂回教徒。長春西遊記卷上所謂至阿里馬城。鋪速滿國王領諸部人來迎。鋪速滿卽不速蠻。或作木速兒蠻也。

二元史三十泰定帝紀。致和元年夏四月己亥。塔失帖木兒倒剌沙請凡蒙古色目人效漢法丁憂者除其名。丁憂之制本蒙古色目人除外。其後蒙古色目人效漢法者衆。塔失帖木兒代表蒙古人。倒剌沙以回回代表色目人。各欲限制其本俗。然流風所被。莫之能禦也元史三十二文宗紀天曆元年（即致和元年）十二月戊午詔蒙古色目人願丁父母憂者聽如舊制此即取銷四月時倒剌沙之議文宗黨深惡泰定黨故特反其所爲然亦因效漢法者慣例已成除名不勝除不若聽之爲便元史八十三選舉志天曆二年詔官吏丁憂各依本俗蒙古色目倣效漢人者不用部議蒙古色目人願丁父母憂者聽此與文宗紀所記本同一事特詳略稍殊彼云天曆元年此云天曆二年因天曆元年十二月己丑朔十二月戊午除夕也故選舉志繫之二年不用部議者不除其名聽其自便也不啻明許之矣

王禮麟原集卷六有義塚記一篇言西域人以中國爲樂土而不肯西歸其詞曰義塚者何西域氏族塋也營之者誰吉安達魯花赤也于是可知混一之盛矣何也西域之于中夏言語嗜欲殊焉雖

木刻本

漢唐以來婚媾有之然各懷舊族不能雜處他土顧安有生西域而葬江南者惟我皇元肇基龍朔剙業垂統之際西域與有勞焉洎于世祖皇帝四海爲家聲教漸被無此疆彼界朔南名利之相往來適千里者如在戶庭之萬里者如出鄰家于是西域之仕于中朝學于南夏樂江湖而忘鄉國者衆矣歲久家成日暮途遠尙何屑屑首丘之義乎嗚呼一視同仁未有盛于今日也首丘之義不顧尙何論乎葬儀恐從華俗者衆矣

三　西域人祠祭效華俗

馬慶祥褒忠廟　馬合麻生祠

凱霖五龍廟　馬合謨白龍潭廟

答失蠻靈隱寺佛像

古者有功於民則祀建祠造像所以崇德報功其爲用與今之鑄

銅像立紀念碑者無異或一鄉一族中不能不有一公共聚會之場於是立廟建祠置彼此所共崇拜古先之像或主於其中以伸景仰亦人情所不能已也愚者爲之則信偶像之有靈有向之禱祀邀福者矣一神教徒所以以拜偶像爲大戒而不容此等祠宇之存在也然此特末流之失耳與有功於民則祀之初旨何關今人遊建國偉人銅像之旁免冠致敬瞻仰徘徊而不忍去又胡爲者不能以習俗儀節之不同遂謂露天矗立之銅像爲優而廟貌森嚴之偶像爲劣也明乎此可以與言元時西域人關於祠祭之觀念

始吾讀元遺山集二七恆州刺史馬君神道碑知爲馬祖常之高祖馬慶祥固明明基督教世家也說見偶像學篇而馬慶祥沒後金人爲立像汴京褒忠廟歲時致祭吾極疑之以爲不應以此施之基督徒

旣而思之立像猶鑄銅像耳歲時致祭紀念云爾所異乎銅像者廟祀而已有何不可及讀周霆震石初集卷七又有義兵萬戶馬合麻安塘生祠記始知元人對於回教徒亦以此施之所謂有功於民則祀也其詞曰今義兵萬戶馬合麻公致遠撫士恤民盡心報國始終不渝公之先自西域徙京師宦遊四方子孫益盛致遠侍親杭浙以蔭補官授廬陵井岡巡檢職在察姦求盜而所至書策自隨深有意濂洛之學事上接下溫厚和平至綱常大義所關則正色凛然不可毫髮忤臨危涉險慷慨出萬死如履坦途蓋由詩書講貫之餘有以察夫天理民彝而此心之涵養有素也於是里之父老相率立祠江滸以繫其思若召南甘棠之詩西都循吏之傳張益州畫像之彷彿其平生衣冠狀貌有不自知其然而然者雖公之德業聞望不繫祠之有無然人情感慕之誠則必因祠以

著

此文最能代表中國人所以立廟建祠之故與一神教徒所排斥之偶像其性質絕對不同所謂甘棠之思感慕之誠純爲紀念性質何嘗有絲毫邀恩祈福之意此而不許非人情也回教徒惡偶像比基督教徒尤甚今安塘人乃以施之回教徒未聞馬合麻有拒絕之詞也以較也黑迭兒墓舍之石像又進一步矣因彼之像在翁仲而此之祠在本身也以較馬慶祥汴京之褒忠廟亦進一步矣因彼之廟在死後而此之祠在生前也然此皆受人祠祭者耳猶可謂其權不操諸己也更有致祭於羣祀者在元西域人中亦恆見之奇其出於基督教及回教徒也是真深染中華習俗者矣馬祖常石田集有陪可用中議祠星於天寶宮詩薛漢宗海集又有送馬少卿伯庸南祀嵩恆淮瀆詩固已絕非基督教世家所

宜有矣然其他詩文集中如此類題尙衆且或出於回教徒不勝引年前基督教徒李和以不肯祭關岳去官吾在教部時嘗值丁祭辭不與也大嵩恆淮瀆爲古諸侯所祭載在典禮馬祖常旣歸儒宜可往祭然有事不師古迹涉荒唐非佛非儒等於迷信者亦時見有一神教徒隨俗祭之奇也今舉安陽金石錄卷十五龍廟白龍潭二碑以著其例

五龍廟碑爲許有壬撰其略曰彰德路安陽縣西北五里洹水之陽有五龍廟廟之下水黑而深洹水至是瀦而後泄其龍居之淵乎太原元裕之效虞初書言明昌中風拔廟樹印地有蹟事頗涉怪而不及廟之建始何時其號五者具五方爲象設爾以其禱之屢孚也路達魯花赤荀公凱霖同知阿藍判官毛剌眞嘗修其廢築臺其前至元四年戊寅夏旱甚苗盡槁荀公曰五龍廟效靈自

昔協恭精禱神其惘乎於是率僚屬齋沐具香幣禱焉戊子行事雲乃起是夕微雨越翌日雨大作三日乃止苗之槁者浡而興市之閉遏者發人之轉徙者息病者以蘇訛言以寂豊凶笑顰變乎旦夕旣報祀安陽縣尹趙君時敏刻石以昭神貺以達邦君之休原案碑久毀沒今據至正集二五補入凱霖卽前章西域使者哈只哈心碑之凱霖固明明回教徒也五龍云云與舊約書中以色列人之金牛犢何異而凱霖竟隨俗祭之出於中國官吏不奇出於其他西域官吏亦不奇出於回回教世家之官吏則奇習俗移人抑官守有限也

白龍潭廟碑爲王博文撰並書其略曰距城西南二十里潘流村有白龍潭者叢祠蔚然其水不經見其詳不得而攷焉故老相傳中有神物居之頃年旱嘆有禱輒應泰定丙寅燕人馬合謨來守

是邦越明年丁卯秋旱禱而果雨遂割俸金一新廟貌所以答神貺也又明年戊辰實致和改元正月不雨至六月蹇陽肆凶麥無完穗太守有憂之躬率僚屬絕葷去巾襪徒步而詣所謂白龍潭者卽事之始先以絳帕羃二瓶置香案謂之請聖水得請則水滿其瓶不得請則瓶空如故於是祝奠如儀肅拜無算未幾瓶中水滿而絳帕不濡舉水以歸崇奉惟謹居二日陰雲四合而雨乃大作槁苗浡興人心敉寧歲號小稔嗚呼龍固靈物也不有僉判等之精誠無以見其神異不有太守閔農憂無以盡其虔禱之勞太守固賢二千石不有視民如傷之心無以回天地之和氣嗚呼盛矣哉

原案碑亦佚据鄞乘删節本補入碑所云云實爲神話而太守之虔禱乃出於精誠吾不知其信仰改變之心理若何道光廣東通

志二四一宦續錄有馬合謨字端卿回回人後至元三年爲海北海南廉訪司副使重農勸學夏旱祈禱令儒生齋戒集文廟誦雲漢之詩告祝懇至即日大雨與守安陽之馬合謨事極相類名適相同未識是否一人而中華習俗之移人眞有可驚者魯人獵較孔子亦獵較吾見今一神教徒之躋登顯要輒改其故步亦可持此解嘲乎其他元代祠廟碑刻中之西域人題名不勝枚舉大抵一廟一碑之立凡官於斯土者例得列名碑陰不論其與本身之信仰若何也攈古錄十八載山東臨朐縣碑刻有沂山東鎭廟祭春記爲至大四年馬合麻撰並書皆西域人祠祭之效華俗者前淸時回回教徒有官至三品即須反教之謠吾聞而疑之綜觀以上事實其說不爲無因歟

兩浙金石志卷十五有元答失蠻重裝佛像記云靈隱禪寺伏承大

木刻本

功德主江浙等處行省口口左丞相答失蠻布施金子彩色重裝佛國山諸佛菩薩聖像所集洪因端爲祝延皇帝萬歲至大三年九月日住持僧正傳謹題記在西湖飛來峰摩崖正書字徑一寸答失蠻元史無傳然以答失蠻爲名當爲回教徒重裝佛像何事而可出於回教徒者元史武宗紀載至大三年九月御史臺臣言江浙省丞相答失蠻于天壽節日毆其平章政事孛蘭奚事屬不敬云云與此題記年月正合是答失蠻一面出貲重裝佛像一面於大庭廣衆中毆人亦元西域人之特色出於鉅官載之正史均可爲發噱者也

四　西域人居處效華俗

馬祖常石田山房　余闕青陽山房

張悶益清堂　馬季子懷靜軒

斡朵忽都魯忠順堂　守中霜月軒
錢實臣容膝軒　答里麻識理一清堂
買閭一樂堂　偰公遠近思齋
仲禮九思堂　薩德彌實瑞竹堂
顏子中池亭　偰玉立絳守居園池
舍甫剌丁池圃　答彥修雲溪小象

居處能表現人之精神。簞瓢陋巷，顏子樂之；環堵蕭然，五柳先生晏如也。然此非所論於元西域人，因元西域人豐裕者多，貧乏者寡，無論如何，不致有環堵蕭然之景況也。惟名園別墅則有之，此唐風也。自唐以來，莊園之風極盛，離宮別館，榱棟相望，風氣所趨，西域人亦競相倣效，此其故半因豪富，半因愛慕華風。迨乎建置既繁，題榜署名，輒相因襲，王士點禁扁之作，卽所以標異避同，其盛可想也。

馬祖常於淮南築別業名石田山房自爲圖記（石田集附錄）指韻求詩。其詞有曰屋側有崇丘可五七丈溪水傍折而出岸碕之上嘉樹苞竹蓊蔚蔽虧前爲木梁梁溪而行周垣悉編萱葦門屋覆之以茨歲時里鄰酒食往來牛種田器更相貰貸寒冬不耕其父老各率子若孫持書笈來問孝經論語孔子之說其耕之土雖磽瘠寡殖不如江湖之沃饒然猶愈於無業也此馬祖常之所居以山房爲名而以耕讀相標榜也。

余闕亦於淮西築別業名青陽山房儲書其中屬新安程文爲之記。（青陽集附錄）曰青陽山房在今廬州東南六十里巢湖之上因山以爲名武威余公讀書之處也余公之未第也躬耕山中以養其親即田舍置經史百家之書釋耒則卻坐而讀之以求古聖賢之學

木刻本

是時未有青陽山房之名也及其出仕不忘其初乃闢其屋之隘陋而加葺焉益儲書其中冀休官需次之暇以與里中子弟朋友講學於此始有青陽山房之名此余闢之所居以山房爲名而以耕讀相標榜也

山房之名宋始有之大抵爲山居讀書之所蘇軾東坡文集五三有李君山房記云李公擇少時讀書廬山白石菴公擇既去山中之人思之指其所居爲李氏山房藏書九千餘卷不藏於家而藏於故所居之僧舍此仁者之心也宋史四一六曹豳傳豳知建昌縣復故尚書李常山房建齋舍以處諸生是山房者實含有藏書以供人就讀之意焉祖常余闢以是名其居猶是宋人遺俗也

張閭有益清堂迺賢金臺集卷一題益清堂詩序云閩海憲使合魯桓穆公歸休嵩山之下鑿池引流列植卉木扁其燕處之堂曰愛

蓮公没堂池逮廢其孫國子生張閭伯高謙恭好學思繼先志乃復增葺而新之國子先生陳伯敷易其名曰益清伯高謂余曰與君世寓南陽且支裔聯屬不可無作因賦律詩十有四韻以復其命有吾宗多秀發公子獨清修之句張閭之張漢姓也不有此序孰知其與迺賢同宗今以益清名其堂蓋有取於愈進文明去舊俗愈遠之意乎

然亦有雖進文明而不忘舊俗者馬祖常之從子馬季子是也馬季子有懷靜軒王逢梧溪集卷四下題懷靜軒詩序云懷靜軒者居延馬季子之所栖也季子之先曰月哥曰理朮自雍古部族居靜州天山一傳爲習禮吉思仕金死節二傳爲月忽那從世皇南征以勞拜禮部尚書三傳爲世昌四傳爲禮五傳爲祖中仲氏祖常六傳爲季子居於淞之竹岡軒以懷靜名示不忘本也

靜者靜州馬季子祖所居也元時西域世族類能以詩書化其樸野其祖若父雖起家甲胄一二傳卽沾被華風其舊俗譬之江河中國文明則海也海無所不容故無所不化而其所以能化之速者首由物質供給之豐腴而詩書禮義隨其後所謂衣食足則禮義興也

斡朵忽都魯有忠順堂劉敏中中菴集元刻本卷廿三云高唐監郡斡朵忽都魯系出西城四庫本卷三作域讀書樂善士夫稱之兄弟六人而君爲季其父獨以君襲是職監郡凡三世矣作忠順堂居之因郡人元恆齋正卿來徵言贈以二詩有系族來何遠文儒夙所躭之句元恆齋爲高唐王闊里吉思客斡朵忽都魯爲高唐王屬吏忠順堂者其讀書宴客之所也中菴集十四又有樗亭銘四庫本十九注云爲回紇人作然則樗亭者亦回紇人之中國建築歟

守中有霜月軒王毅木訥齋集卷一有霜月軒詩序云高昌守中榜其讀書之室曰霜月軒求予敘其卷端守中無亦操履嚴潔有似于霜心術光輝有似于月故名其軒以見志邪守中家世顯榮德性謙退謝綺紈之習敦詩書之好予愛其德由是而勖之則將凛凛乎其有守昭昭乎其有見丙夜讀書軒中庶幾斯名之稱情也

錢寶臣有容膝軒陳高不繫舟漁集卷十四有容膝軒銘曰高昌錢寶臣氏名所居之室曰容膝軒昭其儉也

答里麻識理有一清堂舒頔貞素齋集卷一有一淸堂記云前江淮知府理侯來宰吾邑績溪官安而吏多暇築堂於寓舍之隙爲燕息之所扁曰一清侯高昌人也仕於南國歷年多見世之汨泥揚波者衆懼辱於已乃秉大府而僻壤是依潔身治事若甚宜之扁堂曰清侯之心可見矣

買閭有一樂堂孟子曰父母俱存兄弟無故一樂也梧溪集卷五有
懷哲操序云懷哲美買閭教授敬親愛弟也惟敬愛也不以禍亂
窮辯少渝焉搆堂名一樂前朝儒公卿頌述備至而琴操缺遺故
子補之云
偰公遠有近思齋孔子曰切問而近思仁在其中矣鄭元祐僑吳
集卷七有近思齋箴注曰爲高昌偰公遠作有聖徒示訓在思之近
譬則升階斂步而進級盡一級學博理窮篤志切問仁在其中之
句
仲禮有九思堂孔子曰君子有九思趙汸東山存稿卷四九思堂記
云九思堂者高昌仲禮公閒居之所也至正十一年冬公涖兩浙
鹽政命前所治邑休寧諸生趙汸爲文以記之汸聞諸君子一言
而可決天理人欲之幾者曰思而已故吾夫子之教欲人卽身心

日用以愼夫所宜思其目雖九而思則一公能取之以名其堂信乎知所先務者矣

薩德彌實有瑞竹堂吳澄文正集三十有瑞竹堂經驗方序云旴江郡侯莅官餘暇注意於醫藥方書之事遇有得必藏之積久彌富題曰瑞竹堂經驗方侯名薩德彌實瑞竹堂者往時侯插竹爲樊竹再生根遂生枝葉人以爲瑞而侯以扁其堂云

瑞竹堂經驗方今不傳所傳者淸四庫輯永樂大典本固中國藥方而非西域藥方也元有回回藥方院可見元時西域人居處服食無所往而不華化矣

此外建築物之見於儒學篇者有闊里吉思之萬卷堂回回之時齋見於文學篇者有察罕之白雲山別墅皆西域人佳構之慕效華風者文學篇又稱伯顏子中卜居進賢之北山躬自創竹屋三

間讀書其中讀元詩選劉聞容窗集有詠顏子中池亭二首猶可
想見其風景詩云
池淨天容湛窗虛水氣通遠山來戶外飛雨灑亭中薛荔含朝
景蒹葭集晚風平生江海念相對興無窮
種樹年年長開窗面面凉雨苔生砌綠秋葉墮池黃得句閑拈
筆拋書懶近牀旅懷隨所至誰復計行藏
其風景固江南風景也元詩選偰玉立世玉集有絳守居園池詩
序云乙酉之秋七月既望余自河中讞獄還司過絳登守居園池
昔日亭墅悉已埋沒獨洄漣亭花萼堂復搆以還舊觀流泉蓮沼
猶仍故焉堤柳陰翳逕花鮮妍庭竹數竿清風泠然有塵外之思
郇事賦詩云云
偰玉立以一摩尼教世家（見儒學篇）對於古人遺蹟加意保存發為詠

歌寄其遐想如此此又西域人之愛慕林泉者也林泉之好為人類所共不能謂為中華所獨然元西域人率以武功起家其性質宜與林泉不相近而有時飄然物外輒令人神往不料其為西域人者不得不謂之華風阮元兩浙金石志十六有舍剌甫丁墓碣為泰定元年物得諸南屏山麓無額上刻雲月之形雲月形者回回教徽號即今新月旗也碑稱公以伯顏丞相薦充嘉興上海縣達魯花赤累調紹興之山陰衢之常山建康之句容過化之地皆有恩澤及民乃急流勇退隱居于杭之豐樂橋東築池圃植花竹為高世避賢之舉以禮義教子孫以詩酒交親友視富貴如浮雲得逍遥物外意易所謂知進退存亡者公有之云以至治三年卒年七十有四子五人長木八剌沙次納速魯丁孫三人長阿老丁葬于錢塘之西湖南園

木刻本

舍剌甫丁爲回回教世家當無疑義。惟阮元跋據杭州府志謂其長孫阿老丁。曾於文錦坊南建眞教寺俗名禮拜寺。則未必然也。據西湖遊覽志十八眞教寺爲延祐間回回大師阿老丁所建。今碑稱舍剌甫丁卒於至治三年。是眞教寺之建在舍剌甫丁未卒前七八年阿老丁爲舍剌甫丁長孫。時年當未滿三十。未必可稱爲回回大師。且祖若父並存。卽有建白亦未必自居其名。則建眞教之阿老丁當另一人也。不能以其同名而一之。因西域人同名者衆也。

回回教世家有高致不減舍剌甫丁。而爲同時文人所稱慕者。有答失蠻彥修。彥修於至正十年爲祕書少監。危素說學齋集卷四有雲松隱者圖序云。雲松隱者。西域彥修君之別號也。彥修世胄高顯。蚤游成均。歷官淸要。襟度夷雅。恬淡自得。居京師修文坊。恆杜門卻掃留情詩書文藝之間嘗誦唐李翰林廬山巢雲松之詩而愛其山屹立江上飛泉怪石佳花美木往往而見徒以縻於職守未遑置身其地故寄興是圖朝夕覽觀焉嗚呼世之人亦孰窺其高致哉

何以知爲答失蠻則以李士瞻經濟集卷六有甲午歲題江漢王粲樓和答石蠻彦修韻一首甲午爲至正十四年故知其爲雲松隱者之彦修也許有壬至正集六七又有答失蠻彦修雲溪小象贊尤具有出塵之想蓋涵煦百年而北鄙殺伐之聲絶響矣其詞曰

厭膏粱之腴而采山釣魚舍鮮華之服而博帶長裾拂朝市之塵而居巖壑之僻刷貴介之習而爲山澤之臞栖神於瀞泊游心乎詩書長松蔭庭春酒在壺人間富貴之樂有及此迂疏者乎政恐不免於用世而亦將爲一琴一鶴之徒也

趙翼廿二史劄記三十謂元季士夫風雅相尚豈獨中國士夫西域士夫其高致不讓華人也丁復檜亭集卷八有送答彦修御史謂西臺詩答卽答失蠻之簡稱

元西域人華化考卷七　　新會　陳垣　援菴

女學篇

一　西域婦女華化先導

李舜絃

一代之史一方之志卷末必附列女今言西域人華化不可不於婦女求之始元西域人華化考成王國維英斂之二先生先後告我以前蜀李珣事據黃休復茅亭客話卷二何光遠鑑誡錄卷四均稱珣爲土生波斯有詩名所著有瓊瑤集可補吾西域人華化先導一節吾因李珣而聯想及王衍昭儀李舜絃舜絃李珣妹全唐詩第十一函有李舜絃詩楊慎詞品云王衍昭儀李舜絃饒詞藻有鴛鴦瓦上一首誤入花蕊夫人集詞云鴛鴦瓦上瞥然聲晝

木刻本

寢宮娥夢裏驚元是我王金彈子海棠花下打流鶯一作王建詩全唐詩又作王衍宮人李玉簫詩然無論此詩爲誰作李舜絃固以波斯女而能詩也圖繪寶鑑卷二言李夫人西蜀名家善屬文尤工書畫郭崇韜伐蜀得之夫人鬱悒不樂月夕獨坐南軒竹影婆娑可喜卽起揮毫濡墨模寫紙窗上明日視之生意具足云是李舜絃復以波斯女而能畫也李珣可爲元西域人華化之先導李舜絃可爲元西域婦女華化之先導矣

二　西域婦女之華學

趙世延女　貫雲石女　偰哲篤妻

丁鶴年姊　鐵鉉二女

前美術篇引書史會要補遺有趙夫人鸞中書平章世延女中書參政許有壬室能琴書善筆札云云應詳求趙夫人歷史至正集

六四有亡室高陽郡夫人趙氏志夫人名定永平人與此雍古部氏絶非一人惟同志末有夫人子燕山繼夫人趙氏子之如己子一語則此當爲許有壬之繼室安陽金石錄十二有魯郡夫人趙氏墓誌銘夫人諱鸞誌中亦有前趙夫人有子曰燕山撫育如己出一語卽書史會要所稱道者也據金石錄此石藏小營村民家乾隆二十一年出土字多沒滅今移置許文忠公祠後半截殘闕不完云其文爲陳旅所撰安雅堂集十一載之武億蓋未之見今撮錄以補安陽金石錄之闕文云

中書參知政事安陽許公有壬之夫人趙氏諱鸞字善應魯國公諱世延之女母劉氏魯公本雍古部人繇公業儒始氏趙氏夫人朗惠而厚靜幼時古文歌詩入耳輒能記七歲誦周易書屬對九歲使頴學女事則論語孟子小學書皆成誦矣魯公之平章蜀省

也姦臣以詔逮公繫請室夫人年十三即却葷肉向北斗拜禱凡三年旦夕哭泣至翳其兩目魯公難解目遂明如初魯公文學政事重海内而女又賢明選壻稱難其人初參政以進士廷對魯公爲讀卷官及參政爲兩淮轉運使喪偶且期値魯公還金陵別業因請婚於是夫人歸焉魯公以其能誦易嘗教之筮自廣陵如鄂未至金陵三十里聞魯公與劉夫人偕來筮得觀之益曰納甲法乾宮金用土爲父母陽土伏而不出其飛來者陰土也切身且動吾母其獨來乎已而果然至鄂聞城中火且及所居參政以爲憂筮得坎其占爲傷財夫人曰此則不必以納甲論當冬占火而得坎火能神乎火果止其識類非師傳方册所有者諸陰陽家書皆能通之魯公嘗言吾教之一其自得蓋六七云能琴居五年參政不知偶攜琴自怡夫人始一鼓乃作十餘曲又善筆札皆不自表

禄生長將相家而服食約素遇親舊不擇貴賤一巽抑若寒門女其善行蓋有不可殫言者

自魯公以其能誦易句以下安陽金石錄全闕此文可注意者趙世延本基督教世家子既由種種方法證明其晚年好道隱居金陵之茅山（詳佛老篇）今此文言其女拜斗善卜通陰陽家言可知世延家學實雜孔老陰陽術數爲一堂色目人沾染華俗之深無逾於此貫雲石晚好浮屠元史本傳（一四三）據歐陽玄貫公神道碑謂雲石女一人有學識能文章適懷慶路總管段謙名父之女皆慕華學二女可稱無獨有偶

畏吾兒偰氏爲摩尼教世家（詳儒學篇）孔齊至正直記（卷三）云高昌偰哲篤世南以儒業起家在江西時兄弟五人同登進士第時人榮之且教子有法爲色目本族之冠其子偰伯僚遜至正五年進士歷

官翰林應奉文字人知偰哲篤教子有法不知非獨哲篤能也其夫人亦賢母也黄溍金華文集三九有魏郡夫人偉吾氏墓誌銘云今吏部尚書偰哲篤公之夫人卒尚書既親志于幽堂其子偰伯僚遜等復以尚書之命徵予銘予辱與尚書有同年之雅不敢以不文辭謹按夫人諱月倫石護篤字順貞系出偉吾氏曾祖而上世仕本國夫人生而聰慧稍長能知書誦孝經論語女孝經列女傳甚習見前史所記女婦貞烈事必再三復讀而歎慕焉年十七歸于偰氏偰氏本突厥之貴戚自唐以來世相偉吾氏遂爲其國人云

誌中敘夫人事姑教子事甚詳以闕婦德不備述非輕婦德以爲婦德者何族蔑有不得指爲華學本篇所論是華學非婦德也偉吾氏文字與漢文異夫人所習之孝經論語當非畏吾兒文而爲

木刻本

漢文故謂之華學孝經論語或有畏吾兒譯本然女孝經列女傳及前史所記女婦貞烈事未必有畏吾兒譯本且此諸書即使有畏吾兒譯本而其原本究爲華文故能習此者即謂之華學可見元時華學之廣被且化及西域閨門也

回回教世家丁鶴年前篇論之屢矣丁鶴年以詩名家孰知其幼時所學皆出其姊所口授也鶴年姊名月娥明史列女傳列卷首然不詳其所取在死節與予所取異趣也烏斯道春草齋集卷七有月娥傳較詳明史即本於此今節錄其文如下

月娥者蕪湖葛通甫之妻武昌邑長職馬祿丁之女西域人也少聰慧靜幽諸伯氏皆明經工舉子業月娥隨而誦說通奧義及長歸通甫事上撫下稟如禮法諸婦諸女咸淑其化既而寇羣起擄豫章自上游而下勢張甚月娥挾諸婦諸女避郡城未幾寇果至

城陷，月娥抱所生女赴水死，諸婦諸女亦相與死水中，凡九人。父老議曰：十節同志死，不可異壙。乃於故居之南黃池里作巨穴，同葬焉。題其名曰十節墓。其弟鶴年相與樹碑墓下，以昭節行。鶴年富於經史，有操行，幼時讀書，皆月娥口授。月娥，幼名也。

十節墓，明史作十女墓。城陷，婦女未必即須死節，此亦得諸中華禮教者歟。然吾所取者，其華學也。七修續稿卷五有鐵氏二女詩，爲鄧州色目人鐵鉉女。鉉革除間參政，因忤成祖被誅，二女發教坊司。女誓不受辱，已而放出，各上詩一律謝恩。其長詩有「舊曲聽來猶有恨，故園歸去已無家」之句，傳誦一時。事並見震澤紀聞。然則元時西域婦女之華學，其流風至明未艾也。惟錢謙益列朝詩集閏四謂此詩非鐵氏作。

元西域人華化考卷八

新會　陳垣　援菴

結論

一　總論元文化

綜計全書所論凡百六十有八人儒學篇三十佛老篇八文學篇五一美術篇三一禮俗篇四一女學篇六去其各篇互見者三十六人尚存百三十二人此百三十二人中有著明部族者有泛稱西域或色目者惜不能一一確指爲今何地然可略分葱嶺東西兩大部列表如下

葱嶺東部　五十六人

唐兀八　畏吾兒十一　回鶻二　高昌十七

北庭一　龜茲一　乃蠻二　合魯二

哈剌魯二　雍古八人　斡端一　于闐七

葱嶺西部　六十八人

西域廿三　回回二十　回紇三　答失蠻三

大食二　阿魯渾二　板勒紇城一　康里五

伯牙吾氏一　也里可温八人

其他　八人

朵魯別族一　尼波羅國一　色目六

其中有一地而二名或一族而數譯者皆用名從主人之例列之如合魯即哈剌魯斡端即于闐回鶻畏吾高昌北庭元人本視爲一回回回紇元人亦視爲一說詳文學篇凡此諸人皆見諸載籍於中國文化有表見者其有載籍不載或載而今已佚或未佚而爲余疏陋所未及見者當不止此蓋自遼金宋偏安後南北隔絕

木刻本

者三百年至元而門戶洞開西北拓地數萬里色目人雜居漢地無禁所有中國之聲明文物一旦盡發無遺西域人羨慕之餘不覺事事爲之倣效且元自延祐肇興科舉每試色目進士少者十餘人多者數十人中間雖經廢罷然舉行者猶十五六科色目人之讀書應試者甚衆馬祖常送李公敏之官序言天子有意禮樂之事則人皆慕義向化朔方于闐大食康居諸土之士咸囊書橐筆聯裳造庭而待問於有司（石田集卷九）故儒學文學均盛極一時而論世者輕之則以元享國不及百年明人藐於戰勝餘威輒視如無物加以種族之見橫亙胸中有時雜以嘲戲王夫之夕堂永日緒論（外編）謂胡元詩人貫雲石薩天錫欲矯宋詩之衰而羶氣乘之云云其一例也清人去元較遠同以異族入主間有一二學者平心靜氣求之則王士禎趙翼兩家之言可參攷也趙翼廿二史劄

記十三有元諸帝多不習漢文條云元起朔方不惟帝王不習漢文卽大臣中習漢文者亦少如小雲石海牙孛术魯翀巙巙薩都剌等當爲翹楚矣言外頗有不滿於元朝文物之意然同卷又有元季風雅相尙一條云元季士夫好以文墨相尙獨怪有元之世文學甚輕當時有九儒十丐之謠科舉亦屢興屢廢宜乎風雅之事棄如弁髦乃搢紳之徒風雅相尙如此蓋自南宋遺民故老相與唱嘆於荒江寂寞之濱流風餘韻久而弗替遂成風會固不繫乎朝廷令甲之輕重也據此則趙翼亦知元人文化不弱且不繫乎政府之提倡第以此歸其功於南宋遺民則遺民何代蔑有須知文化是一事政治又是一事政治之紛擾孰甚於戰國六朝而學術思想之自由亦惟戰國六朝爲最漢唐號稱盛世然學術思想輒統於一尊其成績未必卽優於亂世風雨如晦雞鳴不已吾人

木刻本

亦行其素焉耳。以論元朝爲時不過百年。今之所謂元時文化者。亦指此西紀一二六〇年至一三六〇年間之中國文化耳。若由漢高唐太論起。而截至漢唐得國之百年。以及由淸世祖論起而截至乾隆二十年以前。而不計其乾隆二十年以後。則漢唐淸學術之盛。豈過元時。且元時並不輕視儒學。至大元年加號孔子爲大成至聖文宣王。延祐三年。詔春秋釋奠以顏曾思孟配享。皇慶二年以許衡從祀。又以周程張朱等九人從祀。至順元年以董仲舒從祀。至正廿一年以楊時李侗等從祀。又並不輕視文學。延祐五年七月加封屈原爲忠節淸烈公。致和元年四月改封柳宗元爲文惠昭靈公。後至元三年四月。且謚杜甫爲文貞。其崇尚文儒若此。此中消息。王士禛參之最透。故居易錄卷二之論石田集也。則謂元代文章極盛。色目人著名者尤多。如祖常趙世延輩是也。其論燕石集也卷三則謂此與石田集皆奉旨刊行元時崇文如此或謂九儒十丐當是天曆未行科舉以前語天曆應作延祐九儒十丐之說出於南宋人之詆詞不足爲論據謝枋得送方伯載歸三山序疊山集卷六云滑稽之雄以儒爲戲者曰我大元制典人有十等一官二吏先之者貴之也七匠八娼九儒十丐後之者賤之也吾人品豈在娼之下丐之上乎此一說也鄭思肖大義略序曰心史下韃法一官二吏三僧四道五醫六工七獵八民九儒十丐各有所統轄又一說也然七八之目二說已自不同況謝枋得明謂爲滑稽之雄以儒爲戲者云爾非元制果如是也池北偶談卷七列舉元代色目文人持論至爲平允曰元名臣文士如廉希憲貫雲石畏吾兒人也趙世延馬祖常雍古部人也迺賢葛邏祿人也薩都剌色目人也郝天挺朵魯別族也余闕唐兀氏人也顏宗道哈剌魯

氏人也贍思大食國人也辛文房西域人也事功節義文章彬彬極盛雖齊魯吳越衣冠士胄何以過之其所見較趙翼爲獨到予茲所論正與王士禎同也試更進而考察親見元時西域人華化者之言論以完吾說

二　元人眼中西域人之華化

危素　干文傳　戴良

家鉉翁

危素之敘金臺後稿也在至正十一年辛卯其言曰昔在成周之世采詩以觀民風西方之國豳得七篇秦得十篇而止自豳秦而西未見有詩豈其風氣未開習俗不能以相通也歟易之葛邏祿氏也彼其國在北庭西北金山之西去中國遠甚太祖皇帝取天下其名王與回紇最先來附至今百有餘年其人之散居四方者

往往業詩書而工文章易之伯氏既登進士第易之乃泊然無意於仕進退藏句章山水之間其所爲詩清麗而粹密學士大夫多傳誦之然則葛邏祿氏之能詩者自易之始此足以見我朝文化之洽無遠弗至雖成周之盛未之有也此危素以成周比元而謂其能化行西域也

干文傳之敘鴈門集也在至正十七年丁酉亦以成周之化比元其言曰我元之有天下拓基啟祚皆始於西北去周之邠鎬益遠是以人生其間多質直端重才豐而氣昌覩之馬文清（應作貞）達兼善巙子山輩其所爲詩往往宏偉春容卓然凌於萬物之表可以軼漢唐而闖風雅有周忠厚之氣象爲之一新若吾友薩君天錫亦國之西北人也君幼岐嶷不羣稍長愈穎敏爲文詞雄健倜儻迥邁乎人人嘗出其所作之詩曰鴈門集者見示予得以盡覩周

人忠厚之意具在一掃往宋委靡之弊國家元氣肇自西北以及於天下有源而有委讀是詩者倘有以見之

戴良之敘鶴年吟稿也在至正二十六年丙午說亦云然曰昔者成周之興肇自西北西北之詩見之於國風者僅自豳秦而止豳秦之外王化之所不及民俗之所不通固不得繫之列國以與邶鄘曹檜等矣我元受命亦由西北而興而西北諸國如克烈乃蠻也里可温回回西蕃天竺之屬往往率先臣順奉職稱藩其沐浴休光霑被寵澤與京國內臣無少異積之既久文軌日同而子若孫遂皆舍弓馬而事詩書至其以詩名世者皆居西北之遠國其去豳秦蓋不知其幾萬里而其爲詩乃有中國古作者之遺風亦足以見我朝王化之大行民俗之丕變雖成周之盛莫及也

危素干文傳戴良皆南人其人皆生元季其論元人之化洽西域

也同出一詞所謂輿論者非耶元好問生金末元初其所選詩號中州集宋人之留元者有家鉉翁爲題其後文見元文類三八曰世之治也三光五岳之氣鍾而爲一代人物其生乎中原奮乎齊魯汴洛之間者固中州人物也亦有生於四方奮於遐外而道學文章爲世所崇功化德業被於海內雖謂之中州人物可也故壤地有南北人物無南北道統文脈無南北雖在萬里外皆中州也暇日獲觀遺山元子所裒中州集百年而上南北名人節士所爲詩皆采錄不遺盛矣哉元子之爲此名也廣矣哉元子之用心也夫生於中原而視九州四海之人猶吾同國之人胸懷卓犖過人遠甚若元子者可謂天下士矣數百載之下必有謂予言爲然者此又宋人之先見而其後竟言中者也蓋鉉翁留元十餘年得覩元初人物氣象與宋季之偏激狹隘迴然不同知其後必昌故爲是

論豈知不用百載而西北子弟之成就已過乎鉉翁所期也

三　元西域人華文著述表

漢唐以來翻經沙門傳教教士華文著述衆矣然大抵皆宣揚本教發揮西學之書求可以稱華學者蓋寡元西域人不然百年之間作者至三十餘人著述至八十餘種經史詞章老莊申韓輿地藝術陰陽醫藥之屬無不具且皆華法非西法與徒誇彼善俗思革吾華風者不同此元人特色也元史無藝文志清金門詔倪燦錢大昕諸家補之互有詳略今茲所錄不過西域人之部然已有出諸家補志外者則疎漏仍恐不免姑俟異日續補之

人名	書名	備考
蒲壽宬　回回	心泉學詩稿	四庫輯永樂大典本倪志誤以壽宬爲壽庚弟

心泉詩餘　彊村叢書本

巙巙 康里　大元通制　刪修人之一見順帝紀三

馬潤 雍古　樵隱集　見凊容集馬公神道碑

馬祖常 雍古　英宗實錄　以下六種見元史本傳

皇圖大訓

承華事略

列后金鑑

千秋記略

章疏一卷　又見千頃堂書目

石田山房集　有影印元四家集本

贍思 大食　帝王心法　以下十四種見本傳

四書闕疑

五經思問

奇偶陰陽消息圖

老莊精詣　詣千頃堂書目作語

鎮陽風土記

續東陽志

河防通議　四庫輯永樂大典本

西國圖經

西域異人錄

金哀宗紀

正大諸臣列傳

審聽要訣

文集三十卷

偰玉立回鶻　世玉集　元詩選

偰百僚遜回鶻　近思齋逸稿　見千頃堂書目外國類明詩綜九五亦有偰遜詩

泰不華伯牙吾氏　重類復古編十卷　本傳

顧北集　元詩選

宋史　分撰廿三人之一見圭齋集進宋史表

伯顏師聖哈剌魯氏　金史　分撰六人之一見進金史表

貫雲石畏吾兒　直解孝經一卷　本傳

貫公文集　巴西集有序

酸齋文集　千頃堂書目

酸齋集　元詩選

迺賢 合魯氏

河朔訪古記　四庫輯永樂大典本.

金臺集　近日翻元本.

金臺後集　說學齋集有序.

前岡詩集　見宋元詩會.

海雲清嘯集　見千頃堂書目.

丁鶴年 回回

丁鶴年集　琳琅祕室叢書本.

丁孝子詩集　藝海珠塵本.

皇元風雅　九靈山房集有序與蔣易傳習等所編同名.

趙世延 雍古

經世大典　纂修人之一見元文類經世大典敘錄.

風憲宏綱　本傳.

余闕　唐兀　五經傳注　本傳

易說五十卷　見九靈山房集余幽公手帖後題

青陽山房集　有四卷五卷六卷八卷各本

宋史　分撰廿三人之一見圭齋集進宋史表

高克恭　西域

房山集　元詩選

高尚書文集　式古堂書考有王士熙跋

高文簡公集七卷　見千頃堂書目

聶古柏　侍郎集　元詩選

斡玉倫徒　唐兀　宋史　分撰廿三人之一見圭齋集進宋史表

木刻本

張雄飛 唐兀 張雄飛詩集 至正集有序。
昂吉 唐兀 啟文集 元詩選。
伯顏子中 西域 子中集 元詩選。
薛超吾 回鶻 薛昂夫詩集 松雪齋集天下同文集有序。
郝天挺 朵魯別族 雲南實錄五卷 本傳。
唐詩鼓吹注十卷 通行本。
辛文房 西域 唐才子傳十卷 粵雅堂本日本本近翻元本。
披沙集 石田集有題披沙集詩。
布都公行狀 見雪樓集布都公察罕父。
雅琥 也里可溫 正卿集 元詩選曹學佺歷代詩選。
薩都剌 答失蠻 雁門集 有三卷六卷八卷二十卷本。
薩天錫詩集二卷 千頃堂書目士禮居藏十卷。

集外詩一卷　毛晉刻

薩天錫逸詩　日本刻

西湖十景詞　見元史類編

沙剌班畏吾兒　金史　分撰六人之一見進金史表

廉惠山海牙畏吾兒　遼史　分撰四人之一見進遼史表

仁宗實錄　以下二種見本傳

英宗實錄

孟昉西域　孟待制文集　夷白齋集有序

孟天暐擬古文　燕石集滋溪集有題詞

察罕西域板勒紇城　聖武開天記　千頃堂作皇元太祖聖武開天記以下三種均見本傳

紀年纂要　雪樓集有序千頃堂作帝王

紀略纂要借月山房重訂本

太宗平金始末

盛熙明龜茲　法書考八卷　楝亭十二種本

補陀洛迦山考　見普陀山志

薩德彌實　瑞竹堂經驗方　四庫輯永樂大典本吳文正

集有序

保八色目　易原奧義一卷　以下三種見四庫總目統名

易體用松鄉集有序

周易原旨六卷

周易尙占三卷

戈直　貞觀政要集論十卷　通行本

札馬魯丁西域　萬年曆　見曆志至元四年進

可里馬丁 西域 萬年曆 見仁宗紀皇慶二年上。

忽思慧 飲膳正要三卷 道園學古錄有序。

附徵引書目

漢書　舊唐書　新唐書
宋史　金史　元史
元史類編　元史新編　新元史
元書　元史氏族表　補元史藝文志錢大昕
補遼金元三史藝文志倪燦　補遼金元三史藝文志金門詔
元名臣事略　明史　廿二史考異
廿二史劄記　南唐書　安南志略
至順鎮江志　至正四明續志　西湖游覽志
八閩通志　泉州府志勝　閩書
順治吉安府志　雍正浙江通志　乾隆福建通志
乾隆泉州府志　乾隆濟源縣志　道光廣東通志

道光南海縣志　道光普陀山志　同治欒城縣志
光緒嘉應州志　耶律楚材西游錄　長春眞人西游記
劉郁西使記　張星烺馬可孛羅游記譯注
元祕書監志　元典章　兩浙金石志
越中金石志　常山貞石志　安陽金石錄
和林金石錄　和林金石詩　寰宇訪碑錄
補寰宇訪碑錄　攈古錄　潛研堂金石文跋尾
金陵古金石考　經義考　內閣書目
菉竹堂書目　千頃堂書目　四庫總目提要
宋元學案　書史會要　圖繪寶鑑
畫旨　清河書畫舫　鐵網珊瑚
繪事備考　式古堂書畫彙考　佩文齋書畫譜

三希堂石渠寶笈　元八家法書　茅亭客話
鑑誡錄　玉堂嘉話　困學齋雜錄
研北雜志　山居新話　至正直記
輟耕錄　故宮遺錄　庚申外史
讕言長語　欒郊私語　客座贅語
七修類稿　震澤紀聞　堯山堂外紀
棗林雜俎　日知錄　居易錄
池北偶談　香祖筆記　十駕齋養新錄
陔餘叢考　開元釋教錄　至元辨僞錄
茅山志　清河內傳　摩尼教入中國考
元也里可温教考　蘇軾東坡文集　謝枋得疊山集
鄭思肖心史　丘葵釣磯詩集　耶律楚材湛然居士集

元好問遺山文集　陸文圭牆東類稿　鄧文原巴西集

任士林松鄉集　趙孟頫松雪齋集　吳澄文正集

劉因靜修文集　劉將孫養吾齋集　耶律鑄雙溪醉隱集

安熙默菴文集　王惲秋澗集　姚燧牧菴集

程鉅夫雪樓集　徐明善芳谷集　袁桷清容居士集

釋大訢蒲室集　侯克中艮齋詩集　劉敏中中菴集

馬祖常石田集　虞集道園學古錄　楊載仲弘集

揭傒斯文安集　丁復檜亭集　王沂伊濱集

黃溍金華文集　歐陽玄圭齋集　柳貫待制集

許有壬至正集　宋褧燕石集　黃鎮成秋聲集

薩都剌雁門集　陳旅安雅堂集　傅若金與礪詩文集

李存俟菴集　蘇天爵滋溪文稿　余闕青陽集

李士瞻經濟集　迺賢金臺集　貢師泰玩齋集
劉仁本羽庭集　陳高不繫舟漁集　張雨句曲外史集
柯九思丹丘生稿　朱德潤存復齋集　鄭元祐僑吳集
吳海聞過齋集　丁鶴年集　舒頔貞素齋集
周霆震石初集　王逢梧溪集　戴良九靈山房集
楊翮佩玉齋類稿　倪瓚清閟閣集　王禮麟原集
趙汸東山存稿　陳基夷白齋稿　王毅木訥齋集
高克恭房山集（自此至子中集十二種據元詩選）　貫雲石酸齋集
聶古柏侍郎集　雅琥正卿集　劉聞容窗集
文矩子方集　偰玉立世玉集　泰不華顧北集
薛漢宗海集　吳克恭寅夫集　昂吉啟文集
伯顏子中集　宋濂學士集　劉基誠意伯集

王禕忠文集　危素說學齋集　烏斯道春草齋集
楊士奇東里集　朱彝尊曝書亭集　王夫之薑齋詩文集
全祖望鮚埼亭集　杭世駿道古堂集　文苑英華
天下同文集　元文類　元風雅
西湖竹枝集　大雅集　玉山名勝集
元音　乾坤清氣集　元詩體要
元人十種詩　宋元詩會　全金詩
御選元詩　元詩選　列朝詩集
明詩綜　甬上耆舊詩　樂府新編陽春白雪
太和正音譜　中原音韻　朝野新聲太平樂府
元曲選　歸田詩話　詩藪
錄鬼簿　錄鬼簿續編　詞品

恕中無愠

始吾讀明史鶴年傳見有晚學浮屠法一語而疑之以回回與浮屠絶不相入也及讀藝海珠塵本丁孝子詩集見其與僧侶唱酬之作極多而知明史之語有所本明回回詩人金大車大輿兄弟亦多與僧侶唱酬之作見金陵叢書丙集復獲琳琅祕室本丁鶴年集原分四集第三卷曰方外集與僧侶唱酬之作悉隸焉核其所與游之僧見之詩者凡三十一人又較逥賢所與游之道侶爲多矣茲按方外集次第舉其名如下漏載者據藝海珠塵本補之

文極禪師　諸暨上人　僧淨皓

甬東椿上人　慈谿懋上人　鐵佛寺盟長老

鐵佛寺益公了庵　見心長老　濟汝舟長老

菩提寺主　恕中韞禪師　龍門海禪師

濬天淵長老伯仲　鍠聲外侍者　信立庵長老

貞長老下之育
培之宗師

古鼎銘長老　慈谿潤上人　慈谿敉上人
姑蘇潤上人　平江輼上人　貞長老
義上人　祖庭奐上人　壁東文上人
大年椿上人　龍門禪師補衲
右二十六人見琳琅祕室本丁鶴年集卷三方外集
濟古舟　新古銘東名僧二人皆浙　秋月長老
鉉宗鼎　染上人
右五人從藝海珠塵本丁孝子詩錄補
鶴年集兩本互有詳略今獨取琳琅本者以其特標方外一集足
明鶴年學佛之說不誣而已非重其爲元刻也且此本並非元刻
本將於文學篇辨之
鶴年以工詩寄迹叢林榜所居曰逃禪室所與游者盡緇流莫不

元時西域人華學之盛，論者輒謂與科舉有關，吾不謂然也。當延

天下同文集 牛士行 友諒本 卷之六 有廿四字

必有非復前日吳下之嘆，且金日磾拜貂于漢，哥舒翰建節于

似考67頁

孫存吾 有昔老伊夕振文崇遠堂者

一篇讀曲新記，提到薛超吾。

辰翁子將孫養吾齋集二四有薛超吾字說，云昂夫為超吾之字，而不言為西域人。天下同文集十五有王德淵所為薛昂夫詩集序，述昂夫家世較詳，以為回鶻人能讀中夏之書，破天荒而出類拔萃

艮輿臨安時鶴年避序第一篇。輯常理言。丙午九月適同居鄞。

似考
以十七字皆十行丁酉下應加注.
並錄案，黃溍金華集卷干公神道碑.
干文傳卒於至正十三年癸巳，何能於至正
十七年丁酉為雁門集作序，干叙至正丁丑
當正亥
實為至正丁丑之誤.

而集則刻於洪武己未鶴年還武昌之後其丙午誤爲甲午者猶之雁門集干文傳序之至正丁酉誤爲丁丑也至正無丁丑薩龍光雁門集注以爲己丑之譌據日人島田翰刻永和本薩天錫逸詩序則丁丑實爲丁酉兩同教詩人集序干支均誤可謂無獨有偶矣胡珽校刊此集時一字不苟而於此等緊要關目獨遺略之其識語又云此集四庫全書止有一卷今攷四庫本實三卷而總

英譯本第一版（一九六六年）封面

MONUMENTA SERICA MONOGRAPH XV

Western and Central Asians in China Under the Mongols

Their transformation into Chinese

元西域人華化考

by

Ch'ên Yüan 陳垣

Translated and annotated by
Ch'ien Hsing-hai 錢星海 and L. Carrington Goodrich

Published by
Monumenta Serica at the University of California
Los Angeles 1966

英譯本第二版（一九八九年）封面

英譯本第二版(一九八九年)扉頁

MONUMENTA SERICA MONOGRAPH SERIES

XV

Western and Central Asians in China Under the Mongols

Their transformation into Chinese

元西域人華化考

by

Ch'ên Yüan 陳垣

Translated and annotated by

Ch'ien Hsing-hai 錢星海 and L. Carrington Goodrich

FIRST PUBLISHED BY
MONUMENTA SERICA AT THE UNIVERSITY OF CALIFORNIA
LOS ANGELES 1966

PAPERBACK EDITION
STEYLER VERLAG – WORT UND WERK

NETTETAL 1989